BASSERMANN
JUGEND
LEXIKON

BASSERMANN JUGEND LEXIKON

Das aktuelle Wissen aus Natur und Technik von A–Z

Wie benutzt man dieses Lexikon?
Die Stichwörter dieses Nachschlagewerks sind nach dem Alphabet geordnet. Die Umlaute ä, ö und ü sind dabei wie a, o, u behandelt und nicht wie ae, oe und ue.
Jedes Stichwort ist fett gedruckt und dadurch leicht zu finden. Als weitere Suchhilfe stehen Leitwörter am oberen Rand jeder Seite, und zwar jeweils das erste Stichwort einer Doppelseite links, das letzte rechts.
Kommen in den Texten Begriffe vor, die an anderer Stelle als Stichwörter behandelt werden, so sind sie durch **halbfetten** Druck hervorgehoben. Wichtige Begriffe und Namen sind schräg *(kursiv)* gedruckt und am Ende des Buches, ab Seite 326, in einem Register von A bis Z zusammengefasst. Wer also ein Stichwort nicht findet, schlägt hinten im Register nach und geht den dort angegebenen Seitenzahlen nach.
Die wichtigsten Maße und Gewichte mit Abkürzungen sind beim Stichwort „Maßeinheiten" aufgelistet. Außer den Maßeinheiten werden in diesem Lexikon folgende übliche Abkürzungen verwendet:

Abb.	Abbildung	griech.	griechisch	u. U.	unter Umständen
Abk.	Abkürzung	lat.	lateinisch	v. Chr.	vor Christus
bzw.	beziehungsweise	n. Chr.	nach Christus	z. B.	zum Beispiel
ca.	circa, ungefähr	S.	Seite	z. T.	zum Teil
d. h.	das heißt	u. a.	unter anderem,		
engl.	englisch		und andere		
franz.	französisch	usw.	und so weiter		

Eine Übersicht über wichtige Erfindungen und Entdeckungen in Natur und Technik befindet sich auf den Seiten 324/325.

Der Text dieses Buches entspricht den Regeln
der neuen deutschen Rechtschreibung.

ISBN 3 8094 0470 5

© 1998 Genehmigte Ausgabe für Bassermann'sche Verlagsbuchhandlung,
65527 Niedernhausen/Ts.
© der Originalausgabe by FALKEN Verlag
Die Verwertung der Texte und Bilder, auch auszugsweise, ist ohne
Zustimmung des Verlags urheberrechtswidrig und strafbar. Dies gilt
auch für Vervielfältigungen, Übersetzungen, Mikroverfilmung und für
die Verarbeitung mit elektronischen Systemen.

Bildquellenverzeichnis: siehe Seite 336

Die Informationen in diesem Buch sind von Autoren und Verlag sorgfältig
erwogen und geprüft, dennoch kann eine Garantie nicht übernommen werden.
Eine Haftung der Autoren bzw. des Verlags und seiner Beauftragten für
Personen-, Sach- und Vermögensschäden ist ausgeschlossen.

Herstellung für diese Ausgabe: Albert Brühl
Redaktion für diese Ausgabe: Falk Steins
Gesamtkonzeption: Bassermann'sche Verlagsbuchhandlung,
D-65527 Niedernhausen/Ts.

Aal

Aale sind schlangenförmige **Fische,** deren Körper von winzigen Schuppen bedeckt ist, die wiederum von einer dicken Schleimschicht überzogen sind. Zum Laichen ziehen die Aale aus Europa und Amerika in die Sargassosee südlich der Bermudainseln. Dabei bewältigen sie eine Strecke von 4000–7000 km. Dort legen die weiblichen Aale ihren **Laich** ab. Dieser wird dann von den männlichen Aalen befruchtet. Da der Aal auch außerhalb des Wassers längere Zeit überleben kann, legt er auf seinen langen Wanderungen auch kürzere Strecken auf dem Festland zurück. Seine dicke Schleimschicht schützt ihn dabei vor Austrocknung. Die männlichen Aale werden bis zu 50 cm, die weiblichen bis zu 150 cm lang.

Abakus

Als Abakus wird ein Rechenbrett bezeichnet, mit dessen Hilfe man von der Antike bis ins 16. Jh. in den vier *Grundrechenarten* (Addition, Subtraktion, Multiplikation, Division) rechnete. Dazu werden die in Reihen angeordneten, frei beweglichen Steinchen zur Querleiste hin bewegt, an der man das Ergebnis ablesen kann. Der Abakus wird heute noch in China, Japan und Russland benutzt.

Chinesischer Abakus

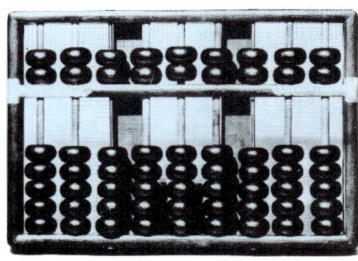

Glasaale

ABC-Waffen

Mit diesem Sammelbegriff bezeichnet man *atomare* **(Kernwaffen),** *biologische* (bakteriologische) und *chemische Waffen* und Kampfmittel. Ihnen gemeinsam ist die große, nur bedingt steuerbare Vernichtungsgewalt. Biologische Waffen verbreiten Krankheitserreger *(Milzbrand, Pest, Typhus)* und verseuchen damit Menschen, Tiere und Pflanzen. Ihre Anwendung gegen die Zivilbevölkerung wurde für völkerrechtswidrig erklärt. 1992 wurde ein internationales Verbot erreicht, das Entwicklung, Herstellung und Lagerung von chemischen Waffen untersagt, deren irritierende, lähmende oder tödliche Wirkung durch ihren Einsatz im *Ersten Weltkrieg,* im *Vietnamkrieg* (durch die USA) sowie im Irak (gegen die um ihre Selbstständigkeit kämpfende kurdische Minderheit) deutlich wurde. Dem Vertrag über die Nichtverbreitung von Atomwaffen gehören 178 Staaten an.

Abgase

Gase, die bei technischen *Verbrennungsvorgängen* oder aus Industrieanlagen abgehen, nennt man Abgase. Sie haben bereits den größten Teil ihrer Wärme abgegeben und bestehen im wesentlichen aus **Stickoxiden, Kohlenmonoxid, Kohlendi-**

Abgas-Dunstglocke über einer Großstadt

oxid, Wasserstoff, Sauerstoff und Wasserdampf. Die Abgase z. B. eines Autos sind giftig und können, über längere Zeit eingeatmet, zum Tode führen. Eine Entgiftung wird durch den Einsatz des **Katalysators** für Ottomotoren angestrebt, der Kohlenwasserstoffe, Kohlenmonoxid und Stickoxide in unschädliche Stoffe umwandelt.

Abkühlung

Abkühlung ist die Abnahme der **Temperatur** in einem gewissen Zeitraum. Feste Körper, wie z. B. die Erdoberfläche, kühlen durch *Wärmeausstrahlung* ab.

Ablagerung

Ablagerung

Als Ablagerung – auch *Sedimentation* genannt – wird das Absetzen von lockeren Schichtgesteinen bezeichnet. Bei einem Vulkanausbruch häuft sich **Lava** an, Flüsse führen *Geröll,* d. h. durch das Wasser abgerundete **Steine** sowie Sand und Kies mit sich, die sich an den Seiten des Flussbettes ablagern. In allen Gewässern setzen sich Lockermassen (Schlamm, Schlick, Kies, Sand) ab. Auch **Verwitterung** kann die Ursache für Sedimentation sein.

Ableger

Ableger sind Teile von Pflanzen, die *verholzen,* **Wurzeln** bekommen und, in die Erde gesteckt, zu neuen Pflanzen werden. Viele Gärtner arbeiten mit Ablegern, da man auf diese Weise viel schneller neue Pflanzen heranziehen und vermehren kann als mit **Samen**.

Absorption

Als Absorption bezeichnet man das teilweise oder völlige Verschlucken von *Strahlen* (z. B. Lichtstrahlen) und **Wellen** (z. B. Tönen) beim Durchgang durch feste, flüssige oder gasförmige Stoffe.
Auch die Auflösung eines Gases oder Dampfes in einer Flüssigkeit oder in einem festen Körper bezeichnet man als Absorption. Bei Menschen und Tieren bedeutet Absorption die Aufnahme von Gasen und Flüssigkeiten durch **Haut** und Schleimhäute, bei Pflanzen das Aufnehmen von im **Wasser** enthaltenen Nährstoffen durch die Wurzel.

Abstammungslehre

Die Abstammungslehre – im engeren Sinne auch *Darwinismus* genannt – baut ihre Erkenntnisse auf der Annahme auf, dass sich alle Lebewesen der Gegenwart über lange Zeiträume hinweg aus einfacheren Formen aus der Vorzeit entwickelt haben (**Evolution**). Begründet wurde die Abstammungslehre 1809 von *Jean Baptiste Lamarck* (1744–1829). Sie wurde 50 Jahre später durch *Charles Darwin* (1809–1882) (**Auslese**) weiter untermauert. Beweise liefern Beispiele vorweltlicher Pflanzen und Tiere, die einst sehr einfache Formen aufwiesen und im Laufe einer langen Zeit eine Höherentwicklung (z. B. durch Umweltveränderungen) durchgemacht ha-

Winderosion hat diesen Felsen im Garten der Götter bei Colorado Springs (USA) geformt

ben. Es gibt aber Tiergattungen, die diese Höherentwicklung nicht durchgemacht haben und sich heute noch in ihrer *Urform* zeigen. So besteht die Säugetierwelt Australiens beinahe ausschließlich aus **Beuteltieren**, weil sich dieser Erdteil schon zu einer Zeit von dem übrigen Festlandblock abgetrennt hat, in der sich höhere Säugetierformen noch nicht herausgebildet hatten.

Abtragung

Unter dem Begriff Abtragung werden alle Vorgänge zusammengefasst, die eine Einebnung oder Erniedrigung der Erdoberfläche (des Festlands) zur Folge haben. Die flächenmäßige Abtragung bezeichnet man als *Denudation*, die linienhafte als Erosion. Bei der *Erosion* unterscheidet man die Wassererosion – durch fließendes Gewässer (fluviatile Erosion) – von der marinen *Abrasion* (durch Meeresbrandung). Die Abtragung, die durch Regenwasser bewirkt wird, nennt man aqua-

Die abtragende Tätigkeit der Brandungswellen hat diesen Küstenabschnitt in Südschweden zu einer so genannten Abrasionsplatte geformt

Achse

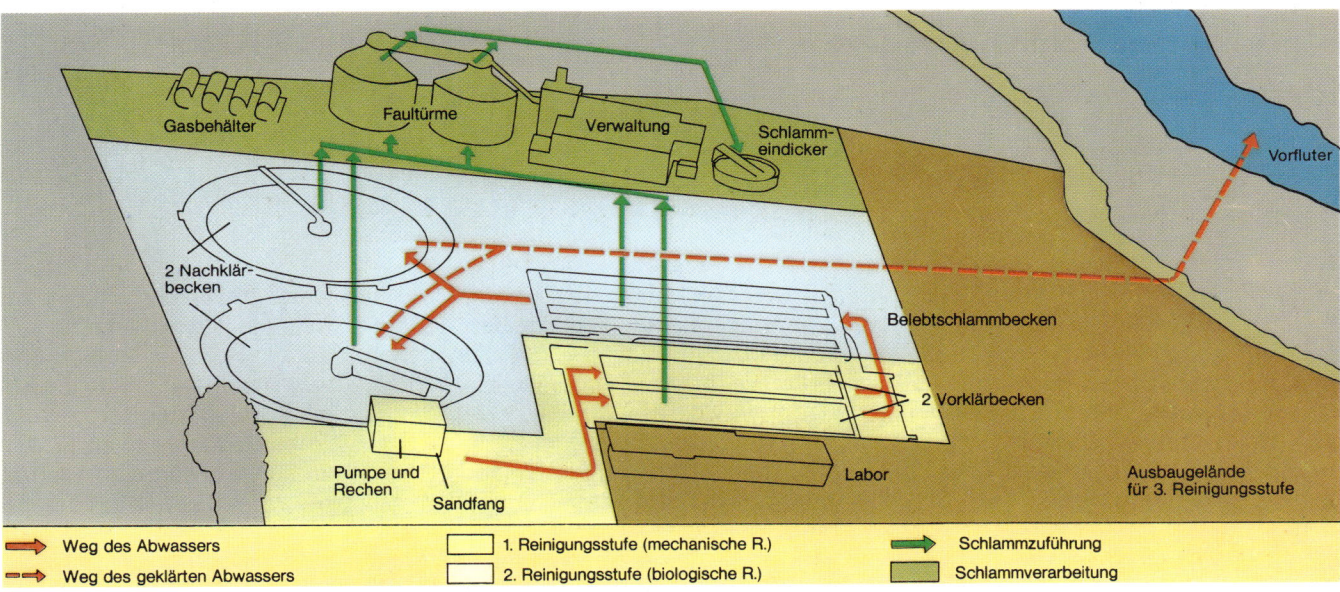

Zur Reinigung von Abwasser werden in Kläranlagen mechanische und biologisch-chemische Verfahren eingesetzt

tische Denudation, mit glazialer Erosion wird die Oberflächenabtragung durch Gletschereis bezeichnet. Dort, wo der **Wind** den **Boden** abträgt, spricht man von *Deflation* oder *Korrasion*. Zunehmend wird die Abtragung des Bodens auch durch Menschenhand begünstigt oder bewirkt. Es werden heute immer mehr Wälder abgeholzt. Dort, wo der Baumbestand fehlt, wird der Boden verweht, und das Land versteppt. Verstärkend wirken auch falsche Bodenbearbeitung, brachliegende Ackerflächen und große Abstände der Ackerfrüchte voneinander *(Monokultur)*.

Abwasser

Wasser, das durch den Gebrauch in den Haushalten oder in der **Industrie** mit Schmutz oder Schadstoffen verunreinigt wurde, nennt man Abwasser. Innerhalb einer Stadt wird Abwasser durch ein unterirdisches *Kanalsystem* abgeleitet. In **Kläranlagen** wird es dann gereinigt und wieder zum Verbrauch aufbereitet.
Dringt Abwasser direkt in den Boden ein, wird das **Grundwasser** auch verschmutzt und die Trinkwasserversorgung ist gefährdet. Werden Abwässer in Flüsse, Seen oder ins Meer geleitet, kommt es durch die Wasserverseuchung zur Zerstörung tierischen und pflanzlichen Lebens im Wasser. Da auf diese Weise in vielen Ländern bereits große Flüsse und Seen stark verseucht sind, verbieten nun Gesetze das Ableiten von Schmutzwasser in Gewässer (**Umweltschutz**).

Achse

Als Achse wird allgemein die *Mittellinie* einer Figur oder eines Körpers bzw. eine gerade Linie bezeichnet, um die sich ein Körper dreht. In der Mechanik ist die Achse in der Regel ein Rundstab mit Zapfen,

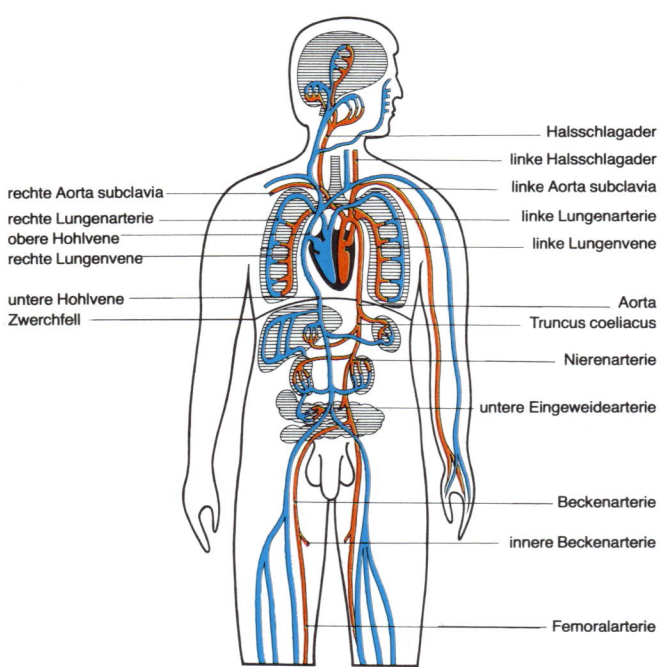

Schematische Darstellung der Adern im menschlichen Körper, in denen sich der Blutkreislauf vollzieht

Der Steinadler nistet in Deutschland nur noch in den bayerischen Alpen

an denen Räder, Rollen oder Scheiben befestigt sind. Bei Pflanzen nennt man den Teil des Sprosses, der die Blätter trägt, ebenfalls Achse. Die optische Achse ist eine Gerade, die durch die Krümmungsmittelpunkte der **Linsen** und Spiegel eines optischen Systems geht.

Adapter

Als Adapter bezeichnet man Zusatzteile bzw. Zwischenteile, die ein Gerät für einen erweiterten Zweck verwendbar machen. In der **Funktechnik** ist ein Adapter ein Hilfsgerät, das die Prüfung und Überwachung einer Funkanlage erleichtert. In der **Computer**-Technik sind Adapter Zusatzgeräte, die es erlauben, andere Geräte ohne direkten Zugriff zum Computer an ihn anzuschließen. Beim Fotografieren verlängern Adapter, die zwischen Kamera und Objektiv eingesetzt werden, die **Brennweite**.

Adern

Adern sind die blutdurchströmten muskelhäutigen Röhren, durch die sich der **Blutkreislauf** vollzieht. Adern, in denen das **Blut** vom Herzen weg zu den **Organen** und **Geweben** hinfließt, heißen *Schlagadern* oder *Arterien*. Sie verästeln sich in ihrem Verlauf immer feiner, bis zu den Haargefäßen (**Kapillaren**), aus denen dann die Blutadern, die *Venen*, hervorgehen. Diese wiederum vereinigen sich zu immer größeren Stämmen und führen das Blut zum Herzen zurück. Die Aderwand ist sehr geschmeidig und ermöglicht so ein gleichmäßiges Strömen des Blutes, obwohl das Herz das Blut stoßweise in die Adern pumpt.

Klappen in den Venen verhindern, dass das Blut zurückströmt. Die Kapillaren, die für Flüssigkeiten und feste Blutkörperchen durchlässig sind, dienen dem Austausch zwischen dem Blut und dem **Gewebe**. Alle Adern können sich erweitern oder sich verengen. Auf diese Weise wird einem tätigen Organ mehr Blut zugeführt als einem ruhenden.

Adhäsion

Das *Aneinanderhaften* verschiedener Stoffe geschieht durch Kräfte, die an deren Grenzflächen wirksam werden. Diese Wirkung nennt man Adhäsion. Das Haften fester und flüssiger Stoffe aneinander beruht auf *Molekularkräften*. Glas z. B. übt auf Wasserteilchen eine Anziehungskraft aus, die größer ist als die Bindekraft (**Kohäsion**) der Wassermoleküle. Taucht man einen Gegenstand ins Wasser, so bleiben an ihm Wassertropfen hängen.

Adler

Adler sind sehr große *Greifvögel* mit einem mächtigen Hakenschnabel. Aufgrund ihrer weiten Schwingen (Spannweite bis zu 2 m) ist ihr Flug kraftvoll und wirkt majestätisch. Ihre Beute sind mittelgroße Säugetiere oder Fische. Adler (Steinadler, Seeadler und Fischadler) sind selten geworden und sind deshalb ganzjährig geschützt. Ihre Nester bauen sie meist an Felswänden.

Aerobiont

Ein Aerobiont ist ein Lebewesen, das zum Leben freien **Sauerstoff** braucht. Im Gegensatz dazu kann ein *Anaerobiont* ohne freien Sauerstoff leben, wie z. B. viele **Bakterien, Pilze** und manche *Darmschmarotzer (Bandwürmer)*.

Aerodynamik

Moderne Verkehrsflugzeuge wie der Airbus A-300 weisen hervorragende aerodynamische Eigenschaften auf

Aerodynamik

Aerodynamik ist die Lehre von der Bewegung gasförmiger Körper. Die Aerodynamik hat sich im Rahmen der *Flugtechnik* entwickelt, ist aber heute im Automobilbau ebenfalls von Bedeutung. So wird versucht, *Autokarosserien* möglichst „windschlüpfrig" zu bauen, um auf diese Weise der Luft wenig Angriffsfläche zu bieten. Dadurch erreicht man höhere Geschwindigkeiten bei niedrigerem Kraftstoffverbrauch. Für die Konstruktion von Karosserien macht man deshalb Versuche im **Windkanal**.

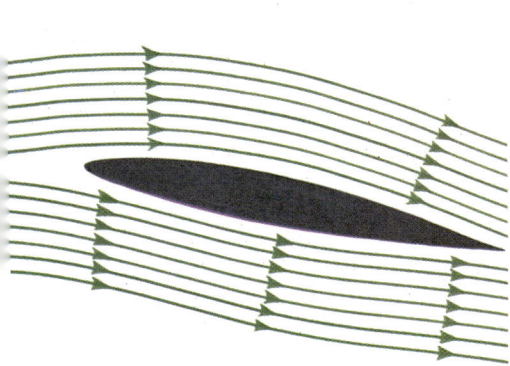

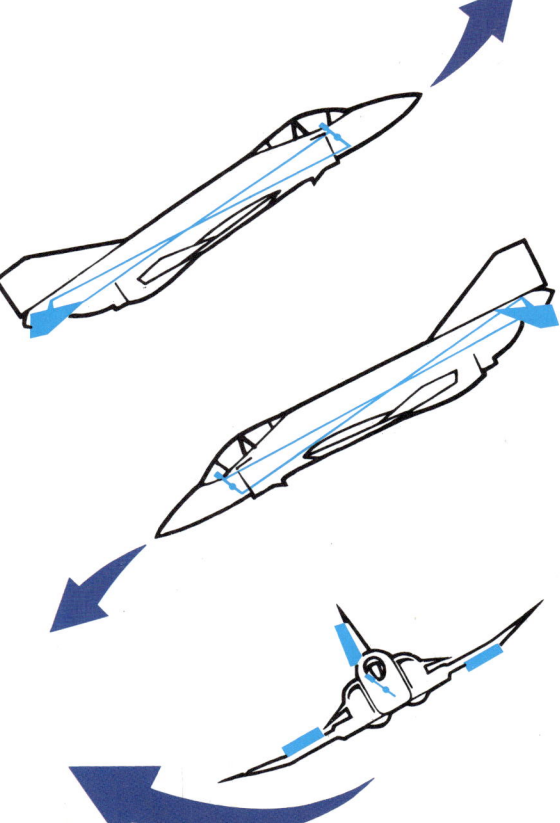

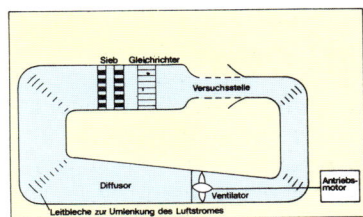

Oben: Schema eines Windkanals

Ganz links: Bewegung der Luftströme an den Tragflächen (Schnitt) eines Flugzeugs

Links oben: So wirkt die Luftströmung beim Steigflug

Links Mitte: So wirkt die Luftströmung, wenn das Flugzeug an Höhe verliert, z. B. beim Landeanflug

Links unten: Um die Richtung zu ändern, bewegt der Pilot das Seitenruder nach einer Seite. Die Luft drückt dadurch das Heck des Flugzeugs in die entgegengesetzte Richtung. Der Bug dreht sich in die Richtung des Seitenruders

Affen

Affen

Affen sind **Säugetiere**, die in warmen, meist tropischen **Urwäldern** vorkommen. Sie haben viele menschenähnliche Eigenschaften und Verhaltensweisen. Eine kleine Gruppe – die uns bekannteste – heißt sogar Menschenaffen (*Orang-Utan*, *Schimpanse* und *Gorilla*). Die Affen ernähren sich hauptsächlich von Pflanzen und treten meist in größeren Gruppen auf. Diese Gruppen sind Familien gleichzusetzen, die einen Anführer haben. Affen bewegen sich durch Klettern und Springen in den Baumkronen fort oder durch aufrechten Gang bzw. durch Gehen auf allen vieren zu ebener Erde. Die Affen teilt man allgemein in Schmalnasen und Breitnasen ein. Zu den Schmalnasen zählt man z. B. die *Paviane*, zu den Breitnasen die *Brüllaffen* und die *Seidenäffchen*. Einer der größten Schmalnasenaffen ist der Orang-Utan, der hauptsächlich auf Borneo und Sumatra lebt. **(Halbaffen, Menschenaffen)**

Der Orang-Utan (1), ein typisches Baumtier. Affen ziehen ihre Jungen mit großer Fürsorge auf, wie z. B. die Meerkatzen (2) und die Rhesusaffen (4). Der massive Gorilla (3) erreicht eine Körpergröße (aufgerichtet) von bis zu 2,30 m und ein Gewicht von 135 – 275 kg

Affenbrotbaum

Der Affenbrotbaum ist der charakteristische Baum der afrikanischen **Savannen**; er wird auch *Baobab* genannt. Er kann bis zu 18 m hoch werden, und sein Stamm kann einen Umfang von bis zu 10 m erreichen. Im Stamm speichert der Baum Wasser. Die großen weißen Blüten haben einen Durchmesser von bis zu 15 cm. Die hartschalige Frucht, die einer Gurke gleicht, enthält ein essbares Mark.

After

Der After, auch *Anus* genannt, ist die Ausmündung des *Mastdarms*, die hintere Öffnung des Verdauungstraktes (**Darm**). Er wird von zwei Schließmuskeln umschlossen, einem inneren unwillkürlichen und einem äußeren willkürlichen. Durch den After werden die nichtverdauten Nahrungsrückstände als Kot ausgeschieden.

Agamen

Agamen sind *Echsen*, die man der Familie der *Leguane* zuordnet. Zu ihnen gehören die Kragenechsen, die Dornschwänze, die Krötenköpfe und die Flugdrachen. Bei manchen dieser Tiere sind die Hautfalten und Kämme so ausgebildet, dass die Tiere das Aussehen von Drachen haben. Man findet sie vor allem in Südosteuropa, Polynesien, Australien und Asien.

Agaven

Agaven sind Pflanzen mit großen, fleischigen, oft dornig gezähnten Blättern. Man findet die Agave vorwiegend in Mexiko, doch ist sie auch in fast allen tropischen und subtropischen Gebieten, in verwilderter Form auch im Mittelmeergebiet, anzutreffen. Nach ihrer Fruchtreife stirbt sie ab. Sie blüht häufig erst nach vielen Jahren und ihre Blätter liefern eine Spinnfaser, die man für die Herstellung von Seilen verwendet.

Aggregat

Allgemein bedeutet Aggregat eine mehrgliedrige Größe. In der **Chemie** nennt man so die lockere Zusammenlagerung vieler **Kristalle** der selben oder verschiedener Mineralarten, also die Vereinigung von **Molekülen**. In der **Technik** wird ein *Maschinensatz*, der aus mehreren Maschinen und/oder Apparaten besteht, als Aggregat bezeichnet.

Eine Agave parviflora mit ihren rosettenartig angeordneten Blättern

Blätter und Früchte des Bergahorns

Aggregatzustand

Elemente (Stoffe) können in drei verschiedenen Formen bzw. Zuständen vorkommen – fest, flüssig oder gasförmig. Eine Änderung des Aggregatzustandes kann durch Erhitzen, **Abkühlung** oder Druckveränderung erfolgen. Die Grundsubstanz wird dabei nicht verändert. Beim Übergang vom festen in den flüssigen Zustand wird der *Schmelzpunkt* (umgekehrt der *Erstarrungspunkt*), beim Übergang vom flüssigen in den gasförmigen Zustand der *Siedepunkt* (umgekehrt der *Verdichtungspunkt*) überschritten.

Aggression

Unter Aggression versteht man ein Angriffsbedürfnis, das sich in einem heftigen Erregungszustand äußert. Die Aggression bei Tieren hat ihre Motivation im *Kampf ums Dasein*. Sie greifen ihre Beute an und töten sie, um selbst zu überleben. Ein Mensch wird aggressiv, wenn er z. B. gereizt, d. h. angegriffen wird oder über eine Zeitlang gezwungen ist, Gefühle zu unterdrücken. Im *Völkerrecht* bezeichnet man mit Aggression einen *Angriffskrieg*.

Ahorn

Der Ahorn ist eine baum- oder strauchförmige Pflanzengattung, die sich hauptsächlich auf der nördlichen Halbkugel der Erde und dort vorwiegend in gemäßigten Klimazonen findet. Der Ahorn hat gelappte oder gefiederte Blätter und mit doppelten Flügeln versehene Früchte. Jede Blüte trägt einen Kelch und eine Krone, die aus vier oder fünf Elementen besteht.

Ähre

Die Ähre ist ein **Blütenstand** mit verzweigten stiellosen **Blüten**, die eng einer dünnen **Achse** ansitzen. Zu den Ähren zählt man auch den *Kolben* mit vielen Blüten um eine verdickte Hauptachse.

Aids

Die 1980 entdeckte *Infektionskrankheit* (engl.: **a**cquired **i**mmune **d**eficiency **s**yndrome – erworbenes Immunschwächesyndrom) führt zum Zusammenbruch des körpereigenen *Immunsystems* (**Immunität**). Die Virusinfektion – Haupterreger **HIV** (engl.: **H**uman **i**mmunodeficiency **v**irus) – ist in der Regel tödlich, es gibt zur Zeit noch keine Heilungsmöglichkeiten; Ende 1991 wurde ein Impfstoff entwickelt, der bei Affen erste Erfolge erzielte. Übertragen wird das **Virus** vor allem beim *Geschlechtsverkehr* und beim Spritzen von **Drogen** mit gebrauchten Injektionsnadeln, z.T. auch bei der Übertragung von Blutkonserven. Die **Inkubationszeit** zwischen Ansteckung und Ausbruch der Krankheit kann zehn bis elf Jahre betragen. Im Juni 1996 waren weltweit über 22 Mio. Fälle bekannt.

Airbag

Airbags (engl.: Luftsäcke) sind Sicherheitseinrichtungen in **Kraftwagen**. Bei einem Aufprall füllen sich die normalerweise in der Steuerkonsole verstaute Säcke blitzschnell mit Gas und verhindern so Kopf- und Brustverletzungen der Insassen.

Akazie

Akazien zählt man zur Gattung der *Mimosengewächse*. Es sind vielgestaltige Bäume und Sträucher mit gefiederten Blättern oder Blattstielen. Die **Blüten** sind meist gelb und haben viele *Staubfäden*. Akazien wachsen vorwiegend in wärmerem Klima.

Akkumulator

Der Akkumulator, kurz Akku genannt, ist ein Gerät, das elektrische **Energie** aufnimmt, sie als chemische Energie speichert und sie als elektrische Energie wieder abgibt. Beim Bleiakkumulator werden die Platten in verdünnte *Schwefelsäure* getaucht. Bleiplatten überziehen sich dort, wo Schwefelsäure auf sie einwirkt, mit einer mattgrauen Schicht, dem Bleisulfat. Bei der Aufladung mit Gleichspannung verändern sich die Schichten. An der Plusplatte, der **Anode**, wird der Belag braun. Aus dem Bleisulfat entsteht während der Stromzuführung Bleidioxid. An der Minusplatte, der *Katode*, wird das Bleisulfat in reines **Blei** rückverwandelt. Das Behältnis enthält jetzt zwei an der Oberfläche verschiedene Platten in einer Säure. Der Akkumulator wirkt wie ein elektrisches Element. Die Spannung an den Klemmen eines Bleiakkumulators beträgt etwa 2 **Volt** je Zelle mit zwei Bleiplatten.

Junger Albatros im Nest

Mehrere Zellen hintereinander geschaltet ergeben eine aufladbare **Batterie**.

Akupunktur

Die Akupunktur ist eine Methode zur Erkennung und Heilung von Krankheiten, die um 3000 v. Chr. erstmals von dem chinesischen Arzt Huang Tium angewandt wurde. Bei der Behandlung werden Nadeln aus Edelmetall oder Stahl an bestimmten Körperstellen (dabei sind für jedes größere **Organ** drei Punkte wichtig) in das Unterhautgewebe eingestochen. Heute setzt man die Akupunktur als Reiztherapie zur Schmerzbekämpfung u.a. bei Rheuma, Migräne und Neuralgien ein. Dabei werden die Nadeln in die speziellen, organzugeordneten Hautbezirke eingestochen.

Akustik

Mit dem Begriff Akustik bezeichnet man die Lehre vom **Schall**, aber auch die Schallverhältnisse in einem Raum. In einem Raum mit „guter Akustik" ist jeder Ton von jeder Stelle aus klar und unverfälscht zu hören. Darüber hinaus steht der Begriff für einen Teil der Musikwissenschaft, der sich mit Klangerscheinungen befasst.

Albatros

Der Albatros ist ein schwimmfüßiger *Segelflieger*. Mit einer Flügelspannweite von 3–3,60 m gilt er als der größte Seevogel. Er bewohnt die südlichen Ozeane und verbringt den Großteil seines Lebens segelnd in der Luft. Er folgt z. B. tagelang Schiffen. Albatrosse leben von Abfällen aus Schiffsküchen, von **Tintenfischen**, *Krebsen*, **Fischen** und anderem Seegetier. Sie gehen zur Brutzeit in Kolonien an Land und legen ein einziges großes **Ei**.

Beim Laden eines Bleiakkumulators verändern sich die Schichten der Platten

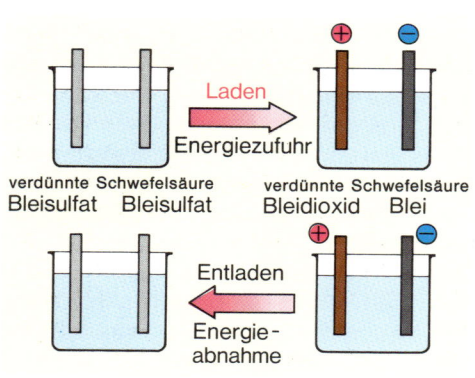

Laden eines Akkus

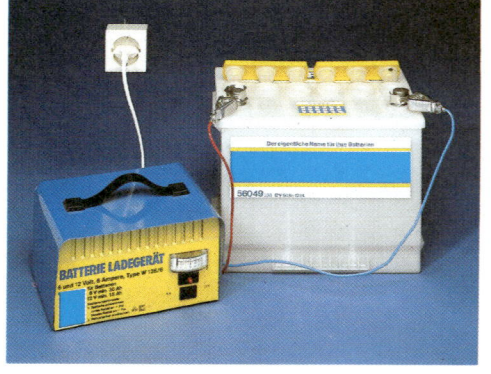

Albinismus

Als Albinismus bezeichnen wir bei Menschen und Tieren das Fehlen der Farbstoffe (**Pigmente**) im Körper. **Haut** und **Haare** sind weiß, die *Regenbogenhaut* des **Auges** ist rötlich, da das **Blut** durchschimmert. Bei Pflanzen bedeutet Albinismus das Verbleichen sonst grüner Pflanzen durch Blattgrünminderung. Albino-Tiere werden häufig von ihren Artgenossen ausgestoßen.

Algebra

Die Algebra ist ein Teilgebiet der **Mathematik**, das sich mit der Lehre der *Gleichungen* und mit dem *Buchstabenrechnen* befaßt. Wenn eine Gleichung z. B. so lautet $x^n + a_1 x^{n-1} + a_2 x^{n-2} + \ldots a_0 = 0$, so ist n der Grad der Gleichung. Die Gleichung „lösen" heißt die Unbekannte x finden. Aus der Algebra entwickelte sich die höhere Algebra, die bestimmte Mengen von Zahlen oder Elementen unter dem Gesichtspunkt ihrer Verknüpfungsregeln zu Gruppen, Ringen usw. zusammenfasst.

Algen

Algen sind *Wasserpflanzen*, von denen einige auch dem Luftleben angepasst sind. Die kleinsten Algen kann man mit dem bloßen Auge nicht mehr erkennen, Riesentange hingegen werden bis zu 300 m lang und zählen somit zu den größen Pflanzen. Algen besitzen **Blattgrün** (Chlorophyll) und können sich daher durch **Assimilation** selbständig ernähren. Sie vermehren sich geschlechtlich (z. B. durch *Schwärmsporen*) oder ungeschlechtlich (z. B. durch Zellteilung). Sie erzeugen aus **Kohlendioxid** Sauerstoff, den die Wassertiere zum Atmen brauchen, und bilden gleichzeitig deren Hauptnahrung.

Algenpilze

Algenpilze sind die unterste Klasse der eigentlichen **Pilze**. Sie sind in einigen ihrer Formen den **Algen** sehr ähnlich. Algenpilze sind u. a. Erreger verbreiteter *Pflanzenkrankheiten*. Sie bilden außerdem den auf Lebensmitteln häufig auftretenden **Schimmel**.

ALGOL

Zur **Programmierung** beliebiger Rechenanlagen (**Computer**, **Datenverarbeitung**) verwendet man eine international vereinbarte Formelsprache, die mit ALGOL (**al**gorithmic **l**anguage) bezeichnet wird. Sie lässt sich auch im Bereich der nummerischen **Mathematik** anwenden.
Algol ist auch ein Stern im Sternbild des Perseus.

Eine Gruppe von Kwangaris mit einem albinotischen Stammesgenossen

Algorithmus

Der Algorithmus ist eine Leitlinie zur schrittweisen Lösung eines vorgegebenen mathematischen Problems. Die Leitlinie gibt für jeden Rechenschritt an, welche Regel beim nächsten Schritt anzuwenden ist.

Alkohol

Alkohol (*Äthylalkohol*) ist eine farblose, brennbare und brennend schmeckende Flüssigkeit mit der chemischen Formel C_2H_5OH, dem Siedepunkt bei 78,3 °C und dem Schmelzpunkt bei −112 °C. Alkohol dient als *Lösungsmittel* für **Fette**, *Harze* und *Farbstoffe* (Beizen, Lacke, Firnisse). Er ist ein wichtiger Ausgangsstoff in der chemischen und in der Arzneimittelindustrie (z. B. für die Parfümherstellung oder zur Wunddesinfektion). Als *Konservierungsmittel* verhindert er Fäulnis. Seiner Verwendung als Treibstoff für Motoren kommt angesichts der Erdölverknappung steigende Bedeutung zu. Die berauschende Wirkung von Alkohol stellt sich beim Genuß alkoholischer Getränke, die in verschieden hohem Prozentsatz Äthylalkohol enthalten, ein. Die Herstellung von Alkohol erfolgt durch **Gärung** von *Hefe* sowie zuckerhaltigen Obst-, Getreide-, Kartoffel- und Zuckerrohrsäften. Reinen, etwa 95prozentigen Alkohol erhält man durch mehrfache **Destillation**. Vergällter 92prozentiger Alkohol kommt als so genannter *Brennspiritus* in den Handel. Im Gegensatz zu Äthylalkohol ist die einfachere Form des Methylalkohols (Methanol) giftig und wird nur in chemischen Großanlagen verwendet.

Alkoholgehalt alkoholischer Getränke in Gewichtsprozenten	
Exportbier	4,3
Bockbier	5,0
Schaumwein	8–12
Portwein	20–22
deutscher Weißwein	6– 8
deutscher Rotwein	7– 9
französischer Rotwein	8,0
Likör	20–50
Rum	40–90
Cognac, Weinbrand	40–60
Whisky	30–60

Allergie

Eine Allergie ist eine teils angeborene, teils erworbene Überempfindlichkeit bestimmten Stoffen gegenüber. Weit verbreitet ist der so genannte *Heuschnupfen*, der durch Graspollen hervorgerufen wird. *Bronchialasthma* ist eine allergische Reaktion auf Staub. Hautkrankheiten wie *Nesselsucht, Ekzeme* u. a. sind auch allergisch begründet. Äußere Reize (wie starke Sonnenbestrahlung) und Nahrungsmittel (z. B. Erdbeeren) können ebenfalls auf der **Haut** allergische Reaktionen auslösen. Die Arzneimittelallergie kann in verschiedener Form auftreten. Allergieauslösende Stoffe nennt man *Allergene*.

Alligator

Alligatoren gehören zur Familie der **Krokodile** und sind große **Reptilien**, die nur im und am Wasser leben können. Sie kommen in Amerika und in Südostasien vor. Ihr größter Vertreter ist der etwa 6 m lang werdende und vor allem im Südosten der USA lebende Hecht- oder Mississippialligator. Er ist oben schwarz gefärbt, seine Unterseite ist gelb. Er lebt von Fischen, Säugetieren und Vögeln, die er meist nachts jagt. Alligatoren brüten ihre Jungen aus. Das Weibchen baut ein etwa 1 m hohes Nest aus Schlamm und Pflanzenteilen. Dort hinein legt es seine Eier. Nach 2–3 Monaten schlüpfen dann die Jungen aus.

Allotropie

Mit Allotropie wird die Eigenschaft **chemischer Elemente** bezeichnet, in verschiedenartigen Zuständen aufzutreten, d. h. in „allotropischen Modifikationen". **Kohlenstoff** z. B. findet sich in Form von **Diamanten**, in **Grafit** und in amorphem, d. h. formlosem Zustand.

Aloe

Die Aloe ist eine Pflanze aus der Gattung der *Liliengewächse*. Sie gedeiht in heißen Klimazonen, z. B. in den **Steppen** Afrikas.

Alpen

Die Alpen sind das höchste europäische **Gebirge**, ca. 1200 km lang und zwischen 150 und 300 km breit. Das Gebirge entstand im **Tertiär** als *Faltengebirge*, wobei die Täler und Pässe durch die **Gletscher** der Eiszeit stark geformt wurden. Die Grenze des ewigen Eises in den Alpen liegt zwischen 2300 und 2900 m, Gletscherzungen reichen bis auf eine Höhe von 1100 m herab. Zu den Alpentieren gehören z. B. die Gemse, der Steinbock, das Murmeltier, die Alpendohle, der Alpensalamander und der Steinadler. Die Gestalt der Alpenpflanzen (die oberhalb der Baumgrenze vorkommen) ist wesentlich durch die dort herrschenden rauen Lebensbedingungen geprägt. Zu ihnen gehören Enzian, Edelweiß, Almrausch, Silberwurz und andere.

Alter

Das Alter umfasst die Zeit des Bestehens. Beim Menschen ist der Lebensablauf in Einzelabschnitte unterteilt: Säuglingsalter (bis 1 Jahr), Kleinkindalter (2–3 Jahre), Vorschulalter (4–5 Jahre) usw. bis zum letzten Abschnitt, dem Greisenalter. Die Ursache des Alterns beim Menschen wird in Zellveränderungen gesehen. Man geht davon aus, dass durch die *Gene* Entwicklungs- und Alterungsvorgänge vorprogrammiert, d. h. in einem gewissen genetischen Code festgelegt sind.
Die Altersforschung geht davon aus, dass die Bindegewebszellen (**Zellen**) des Menschen sich etwa fünfzigmal durch *Zellteilung* verdoppeln können, wobei die alten Zellen absterben. Die Teilung findet alle 2 Jahre statt, so dass beim Menschen ein Lebensalter von maximal 100 Jahren bis auf wenige Ausnahmen von vornherein festgelegt ist, denn das Leben des Menschen erlischt, wenn die Zellteilungen aufhören. Durch Krankheiten, Umwelteinflüsse oder andere Belastungen kann dieser Zellteilungsprozess („Altern") beschleunigt werden, so dass man von vorzeitigem Altern spricht. In Deutschland liegt die durchschnittliche *Lebenserwartung* des Mannes bei 73 Jahren, die der Frau bei 79 Jahren (1996).
Bei Tieren reicht das Höchstalter von einer sehr kurzen Zeitspanne (Eintagsfliege) bis zu einer Lebensdauer von 200 Jahren (Schildkröten). Zellen von Kaninchen z. B. können sich bis zu vierzigmal teilen, die von Ratten zwanzigmal, die kurzlebige Maus kommt nur auf acht Zellteilungen. So kann die unterschiedliche Lebenszeit dieser Tiere erklärt werden.

Altersbestimmung

Die *geologische Altersbestimmung* versucht, die Perioden in der Entwicklung des Planeten Erde zu datieren. Man unterscheidet relative und absolute Altersbestimmung. Die relative Altersbestimmung folgt der Erkenntnis, dass bei **Gesteinen** immer die oberste Schicht die jüngste sein muss und die tiefer gelagerten Gesteinsschichten älter sind. Durch Vergleiche verschiedener Gesteinsschichten miteinander kann man das Alter bestimmen. Bei einer weiteren Form der relativen Altersbestimmung stützt man sich auf Fossilienfunde, also in Gestein abgedrückte Skelette von Tieren oder Pflanzen. Bei der absoluten Altersbestimmung wird das Alter von Gesteinen nach ihrem Gehalt an **Radioaktivität** bestimmt.
Bei Hunden und Pferden wird das Alter anhand der Beschaffenheit des Gebisses festgestellt. Das Alter von Bäumen lässt sich an den Jahresringen ablesen.

Aluminium

Aluminium zählt zu den **Metallen** (Leichtmetall) und ist ein **chemisches Element** mit dem Zeichen Al, mit Schmelzpunkt bei 658 °C und Siedepunkt bei 2400 °C. Alu-

Alligatoren, aufgenommen in Florida (USA)

Alpen

Alpenpanorama. Links der 4478 m hohe, pyramidenförmige Gipfel des Matterhorns, rechts die Nordseite des Zinalrothorns (4221 m). Beide Berge liegen in den stark vergletscherten Walliser Alpen

Amateurfunk

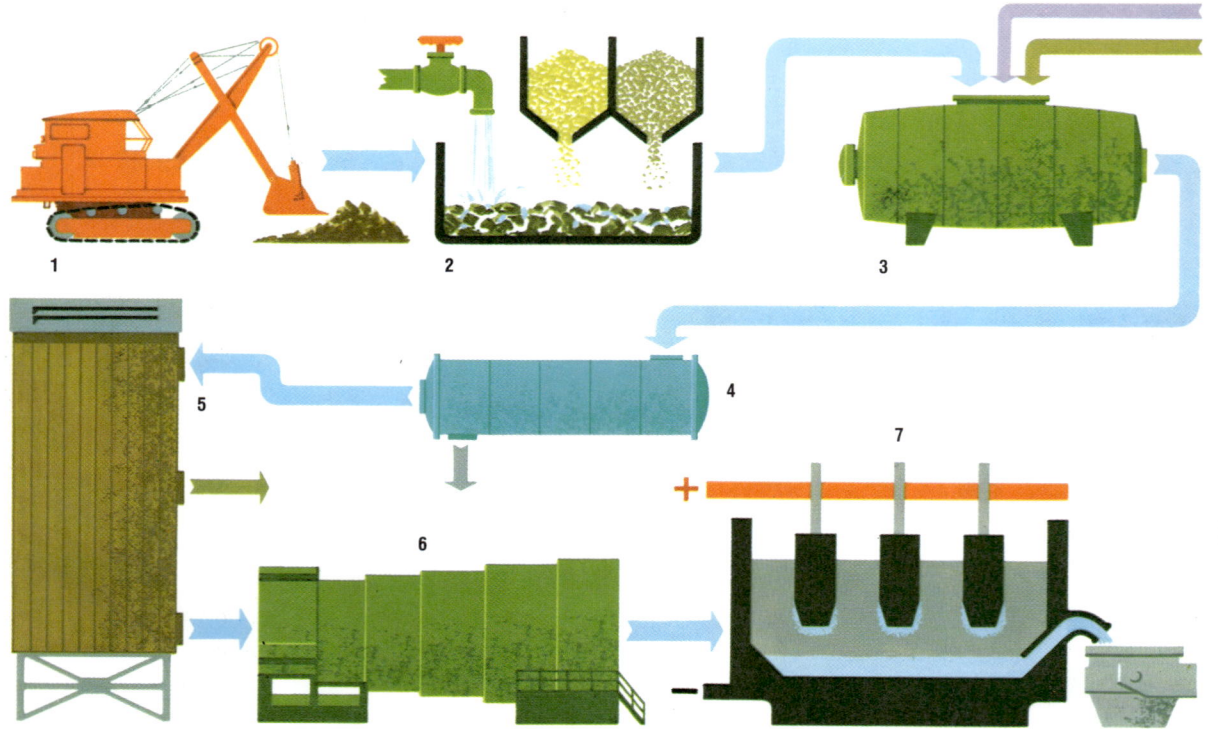

1 Abbau der Bauxiterze
2 Das zerkleinerte und gewaschene Erz wird mit Kalk, Sodaasche und heißem Wasser vermischt
3 In einem Dampfdruckkessel wird dem Gemisch Ätznatron zugefügt. Das Aluminium löst sich von den anderen Mineralien
4 Filter scheiden die Fremdkörper ab
5 In speziellen großen Ausfalltanks werden Aluminiumhydroxide gebildet
6 Durch Glühen in Drehöfen werden diese zu Aluminiumoxiden kalziniert
7 Die Zerlegung der Oxide in Sauerstoff und reines Aluminium erfolgt schließlich durch Elektrolyse

Schematische Darstellung der Aluminiumgewinnung

minium ist silberweiß und sehr dehnbar und kann daher zu feinen Drähten und flachen Metallfolien gezogen bzw. gewalzt werden. Es findet u. a. als Reinigungsmittel bei der Gewinnung von Metallen aus Erzen (Verhüttung) Anwendung. Aluminium kommt nur in Verbindungen (meist mit **Sauerstoff** und *Kieselsäure*) vor, die Hauptbestandteile der meisten **Gesteine** sind. Der Rohstoff für die Aluminiumgewinnung ist *Bauxit*, der sich vor allem in Australien und Amerika findet.

Amateurfunk

Als Amateurfunk bezeichnen wir die drahtlose, auf Kurz- und auf Ultrakurzwellen (*UKW*) vermittelte Nachrichtenübertragung. Leute, die das Funken als Hobby betreiben (Amateurfunker), brauchen eine Erlaubnis (Lizenz), die nach umfassender Prüfung von der *Bundespost* ausgestellt wird. Im Gegensatz dazu benötigen CB-Funker keine Lizenz. (**CB-Funk**)

Amboss

Als Amboss bezeichnet man die Unterlage für Metallbearbeitungen, insbesondere für das Schmieden. Der große Amboss in *Schmieden* besteht aus einer gehärteten Oberfläche und sitzt meist auf einem

Verformen mit Hammer und Amboss. Diese Arbeitsmethode wird heute noch beim Schmieden von Hufeisen angewendet

Holzklotz, der in die Erde eingelassen ist. Der Schmiedeamboss hat an der schmalen Seite ein Horn zum Biegen von Material und in der Oberfläche ein Loch zum Einsetzen von Werkstücken. Kennzeichen des Stockambosses ist ein kugelartiger Kopf zum Hohlschlagen von Gefäßen. Ebenfalls als Amboss bezeichnet man auch eines der drei kleinen *Gehörknöchelchen* im **Ohr**. Es liegt zwischen den beiden anderen Knochen, die man Hammer und Steigbügel nennt.

Ameise

Ameisen werden zur Familie der stacheldrahtigen *Hautflügler* gezählt. Es gibt etwa 10 000 verschiedene Ameisenarten, die in der ganzen Welt vorkommen. Ameisen sind 1–40 mm lang und haben einen ausgeprägten Hinterleib. Sie leben in Gesellschaften, so genannten Ameisenstaaten. In einem solchen Staat gibt es *Geschlechtstiere*, die die Jungen gebären und größer sind als die anderen Bewohner des Nestes, die so genannten Arbeiterinnen. Diese haben keine Flügel, sie sind geschlechtslos gewordene Weibchen. Für die verschiedenen Aufgaben bilden die Arbeitsameisen Arbeitsgruppen. Sobald eine weibliche Ameise sich mit einer männlichen vereint hat, gründet sie allein oder mit anderen ein neues Nest. Man nennt sie dann *Königin*. Wenn sie allein ist, ernährt sie sich zuerst von den Flügelmuskeln. Sie wirft die Flügel vor dem Nestbau ab oder reißt sie sich sogar aus. Wenn die Königin Eier legt, werden sie von den Arbeiterinnen in besondere Höhlen des Nestes gebracht. Aus den Eiern schlüpfen dann die Larven aus, die von Arbeiterinnen gefüttert werden. Aus den Larven entwickeln sich die Ameisen. Ameisen ernähren sich von Pflanzen, Samen, kleinen Tieren wie Insekten, *Blattläu-*

Blattschneiderameisen transportieren Blätter, die sie selbst ausgeschnitten haben

Rechts: Kammern in einem Ameisenbau

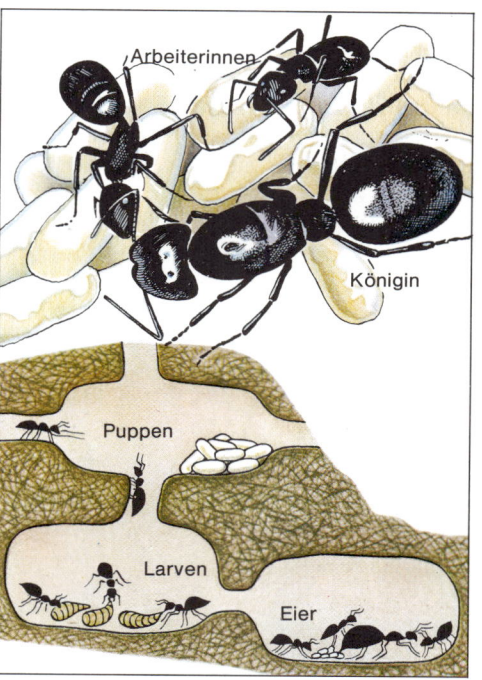

Ammoniten gehören zu den schönsten Fossilien

sen, deren Ausscheidung, dem *Honigtau* usw. Ihr Nest, den so genannten Ameisenbau, bauen die Ameisen gerne aus Erde, Pflanzen- und Bodenstücken sowie Baumnadeln in morsches Holz oder in hügelartig aufgetragene Erdhaufen.

Ameisenbär

Ameisenbären, so genannte Ameisenfresser, sind **Säugetiere**, die gut 2 m lang werden können, wobei etwa 1 m auf den Schwanz entfällt, der langhaarig und sehr buschig ist. Mit seiner klebrigen Zunge durchdringt der Bär die Ameisen- und Termitennester, die er vorher mit den Krallen der Vorderbeine aufreißt. **Ameisen**, kleine *Würmer*, **Larven** und sogar Beeren bleiben an der Zunge kleben und werden so in den Mund eingesogen. Der Ameisenbär lebt als Boden- und Baumbewohner in Mittel- und Südamerika.

Ameisenigel

Der Ameisenigel gehört zur Familie stachliger **Kloakentiere** und kommt in erster Linie in Australien und Neuguinea vor. Schnauze und Zunge ähneln der des **Ameisenbärs**. Die Tiere werden ungefähr 50 cm lang und leben von Ameisen und Würmern. Auf Beutesuche gehen sie vorwiegend nachts.

Aminosäure

Die Aminosäure ist eine *organische* Säure, bei der an **Kohlenstoff** gebundene Wasserstoffatome durch die *Aminogruppe* NH_2 ersetzt sind. Die einfachste Aminosäure ist die Aminoessigsäure. Es gibt 20 Aminosäuren. Aus ihnen setzen sich alle bekannten **Eiweiße** zusammen. Sie müssen mit der Nahrung aufgenommen werden, da sie für den **Stoffwechsel** unentbehrlich sind. Fehlen sie, kann es zu schweren Mangelschäden kommen.

Ammonit

Ein Ammonit – auch *Ammonshorn* genannt – ist ein ausgestorbener Kopffüßer (z. B. **Tintenfisch**) einer Weichtiergruppe. Bekannt sind etwa 5000 Arten. Ihre Schalen hatten einen Durchmesser von wenigen Millimetern bis über 2 m. Die versteinerten Ammoniten sind wichtige **Fossilien** (Leitfossilien).

Der lange Greifschwanz des Zwergameisenbärs unterstützt beim Klettern die greifenden Hände und Füße

Amöbe

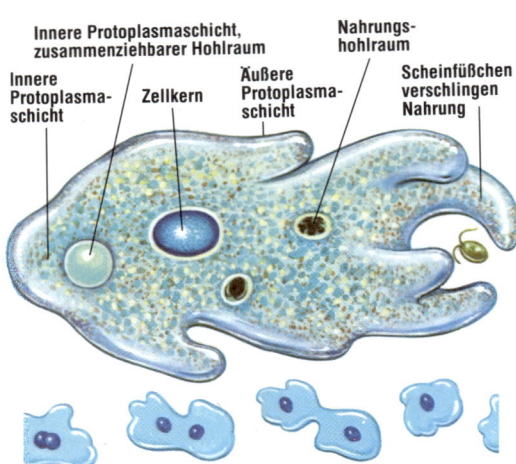

Schematische Darstellung der Amöbe. Die Fortpflanzung dieser weltweit verbreiteten Urtierchen erfolgt durch Zellteilung (am unteren Bildrand dargestellt)

Amöbe

Die Amöbe stellt die einfachste Form des Lebens dar. Sie ist ein einzelliger Wurzelfüßer, ein Lebewesen, das sich mit Hilfe von *Scheinfüßchen* (Fortsätze der Zelle) fortbewegt und Nahrung (Algen) aufnimmt. Die **Fortpflanzung** erfolgt durch *Zellteilung*. Der Lebensraum der Amöbe ist überwiegend das Süßwasser. Obwohl sie nur ein winziges, ½ mm großes Protoplasmatröpfchen ist, weist sie alle Kennzeichen eines Lebewesens auf: Fortbewegung, Nahrungsaufnahme, **Atmung**, **Wachstum**, **Ausscheidung** von Abfallstoffen, Wahrnehmungsvermögen und Fortpflanzung. (**Einzeller**)

Ampere

Als Maßeinheit der elektrischen *Stromstärke* wählte man zu Ehren des französischen Physikers *André Marie Ampère* (1775–1836) 1 Ampere (1 A). Die Maßeinheit für die Ladungsmenge wird in der Elektrotechnik als 1 Amperesekunde (1 As) bezeichnet. Die 1948 international festgelegte Maßeinheit Ampere wird nach der magnetischen Stromwirkung bestimmt.

Amphibien

Amphibien sind Wirbeltiere, die sowohl an Land als auch im Wasser leben können, z. B. **Frösche**, *Kröten*. Zum ersten Mal traten sie vor 450 Mill. Jahren in Erscheinung. Sie entwickelten sich vermutlich aus den Fischen (**Evolution**, **Lurche**).

Amphibienfahrzeug

Ein Amphibienfahrzeug ist sowohl an Land als auch zu Wasser verwendbar. An Land erfolgt der Antrieb mit Rädern oder Ketten, im Wasser mit einer *Schiffsschraube*. Die Lenkung erfolgt mit den Rädern (auch im Wasser) oder mit Rudern. Amphibienfahrzeuge wurden vorwiegend in Gebieten eingesetzt, in denen sich Wasser und Land häufig abwechseln (**Luftkissenfahrzeug**).

Amphibienflugzeug

Diese Art **Flugzeug** kann zu Land und zu Wasser starten und landen bzw. wassern und besitzt ein einziehbares Fahrwerk.

Amplitude

Die Amplitude ist der größte Ausschlag einer **Schwingung** (z. B. **Schallwellen**). Neben der **Frequenz** und der Wellenlänge bei Wellen ist die Amplitude die wichtigste Größe zur mathematischen Beschreibung einer Schwingung bzw. einer Welle.

Amphibien: Lurche

Amphibien: Frösche

Anabolika

Der aufbauende **Stoffwechsel** (*Anabolismus*), zumal die **Synthese** von Eiweißstoffen im **Organismus** von Menschen und Tieren kann durch künstliche oder natürliche Stoffe angeregt werden, die man deshalb als Anabolika bezeichnet. Durch ihre Wirkung werden Körpergewicht und Muskelmasse auf unnatürlichem Wege vermehrt. Deshalb ist ihre Verwendung bei Sportlern zur Leistungssteigerung (**Doping**) sowie in der Viehzucht illegal.

Analyse

Der aus dem Griechischen stammende Begriff Analyse bedeutet soviel wie Auflösung, Zerlegung eines Ganzen in seine Bestandteile. In der **Chemie** wird der Vorgang, bei dem eine chemische Verbindung in ihre Bestandteile zerlegt wird, mit Analyse bezeichnet. Zersetzt man z. B. Wasser in seine Bestandteile **Sauerstoff** und **Wasserstoff**, wird deutlich, dass Wasser eine chemische Verbindung ist, die Wasserstoff und Sauerstoff im Volumenverhältnis 2:1 enthält. Die Zerlegung **chemischer Verbindungen** kann nach ihrer Art vorgenommen werden, man spricht dann von qualitativer Analyse. Erfolgt sie nach Menge oder Gewicht, handelt es sich um die quantitative Analyse. In der *Labormedizin* kommt der Analyse große Bedeutung zu. So werden z. B. Blutproben bei verschiedenen Tests in ihre Bestandteile zerlegt. Oft lassen sich dabei Rückschlüsse auf Krankheiten ziehen (Entzündungen, Infektionen, Mangelerscheinungen). Auch in anderen Bereichen spricht man von Analysen: so von *Stilanalysen* in der Sprache oder von *Textanalysen* in der Literatur.

Anästhesie

Die Anästhesie ist eine medizinische Methode, mit der Unempfindlichkeit gegenüber Schmerzen, Schmerzbeseitigung oder Schmerzlinderung erreicht wird. Bei einer allgemeinen Betäubung (*Narkose*) wird ein Schlafzustand herbeigeführt. Bei der örtlichen Betäubung ist der Patient bei Bewusstsein und nur ein Gebiet um eine zu behandelnde Stelle des Körpers wird schmerzunempfindlich gemacht. Man unterscheidet Kälteanästhesie, wobei die Haut vereist wird, Oberflächenanästhesie, bei der eine verhältnismäßig hochprozentige Lösung aufgeträufelt wird, die man auf chemischem Wege mit Abkömmlingen des Kokains herstellt, und die Infiltrationsanästhesie, bei der die Lösung direkt in das zu operierende Gebiet eingespritzt wird. Die seltener angewandte Lumbalanästhesie, bei der das Betäubungsmittel in den Rückenmarkskanal eingespritzt wird, bewirkt eine Betäubung des Körpers etwa vom Nabel abwärts.

Anatomie

Die Anatomie ist die Wissenschaft vom Aufbau der Lebewesen und ihrer **Organe**. Die mikroskopische Anatomie basiert auf der Lehre der **Zellen** und der aus ihnen aufgebauten **Gewebe**. Die topografische Anatomie erforscht die Körperteile in ihrem Zusammenhang. Sie unterscheidet dabei größere und kleinere Abschnitte. Die angewandte Anatomie ist ein Teil der Medizinwissenschaft. Für bildende Künstler ist die Anatomie im Wesentlichen topografisch (**Topografie**).

Anker

Mit dem Anker werden **Schiffe** am Boden von Meeren, Seen usw. gegen Wind und Wasserströmungen festgehalten. Ursprünglich verwendete man schwere Steine, an die Seile gebunden wurden, als Anker. Der Stein wurde ins Wasser gelassen und hielt durch sein Gewicht das Schiff an seinem Ort. Heute sind Anker verschiedenartig geformte eiserne Haken mit zwei, vier oder mehr Armen. Sie haken sich am Grund des Meeres oder des Sees fest und werden mit Ankerwinden niedergelassen oder hochgezogen. Die Anker hängen an Stahltrossen oder an Ketten. In der Elektrotechnik wird der drehbare Teil elektrischer **Maschinen** als Anker bezeichnet. Er besteht aus einem Eisenkern und ist mit Draht umwickelt. Bei **Elektromagneten** ist der Anker der Teil, der sich hin- und herbewegt und z. B. bei der elektrischen Klingel den kleinen Hammer bedient, der den Läutton erzeugt. In der Bautechnik sind Anker Zugstangen aus Eisen, die Bauteile zusammenhalten. Wenn ein Balken mit dem Mauerwerk verbunden wird, dann geschieht das mit einem eisernen Anker.

Anode

Die Anode ist die *Elektrode*, aus der die positive Ladung in eine elektrolytische Zelle (**Akkumulator**) oder in ein **Vakuum** (z. B. einer **Elektronenröhre**) austritt. Die negative Ladung stammt von der Katode. Durch den freien Raum zwischen den beiden Elektroden bewegen sich die **Elektronen** auf die Anode zu. Diese fängt sie auf. Die zwischen der Anode und der Katode einer Elektronenröhre bestehende *Anodenspannung* erzeugt den *Anodenstrom*.

Karte der Antarktis

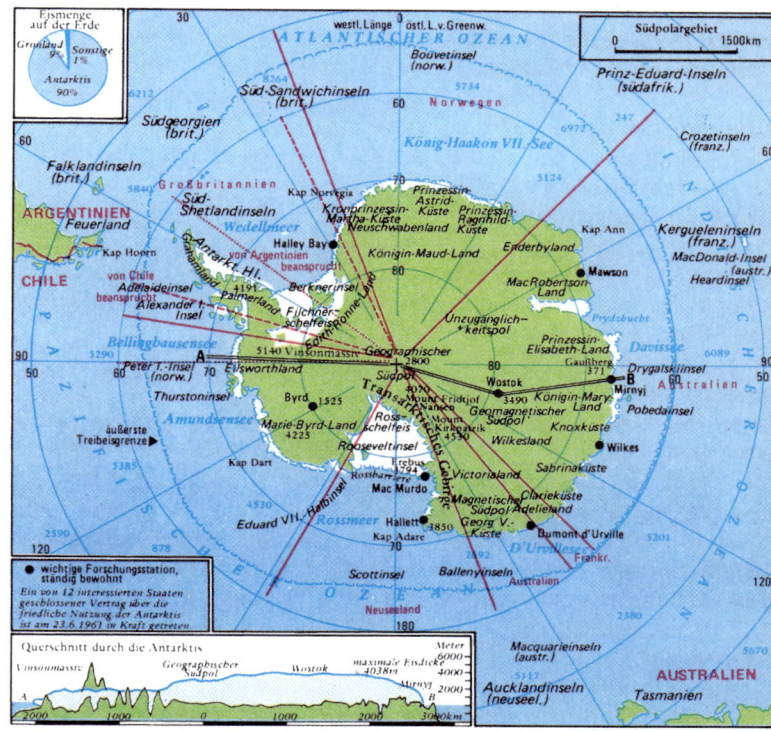

Antarktis

Antarktis

Der um den *Südpol* liegende, südlichste Teil der Erdkugel ist die Antarktis. Sie gliedert sich in das eisbedeckte Festland mit einer Größe von 13,3 Mill. km² und das *Polarmeer* mit seinen Inseln, das wiederum Teil des Indischen, des Atlantischen und des Stillen Ozeans ist. Der Westen der Antarktis ist von einem über 4000 m hohen *Faltengebirge* durchzogen. Eine 3000 m dicke Eisschicht – ihre Höhe entspricht also in etwa dem höchsten Berg Deutschlands, der Zugspitze – bedeckt den Osten. Das **Klima** ist das kälteste der Erde, mit Wintertemperaturen bis zu minus 90 °C (durchschnittliche Tagestemperatur minus 50 °C) und Sommertemperaturen von durchschnittlich minus 8 °C. In der Tierwelt der Antarktis finden wir **Pinguine**, *Robben*, **Wale**, in der Pflanzenwelt nur im Sommer an geschützten, eisfreien Stellen **Moose** und **Flechten**. (**Tundra**) 1911 erlebte die **Polarforschung** einen dramatischen Höhepunkt im Wettlauf zum Südpol zwischen dem Engländer *Robert Falcon Scott* (1868–1912) und dem Norweger *Roald Amundsen* (1872–1928). Amundsen erreichte den Südpol vor Scott, der auf dem Rückweg einen tragischen Tod erlitt.

1959 kamen verschiedene Staaten, so z. B. Großbritannien, die USA und die UdSSR, in dem Internationalen Antarktisvertrag überein, dass dieses Gebiet ausschließlich für friedliche Zwecke genutzt werden darf. Der Abbau von Bodenschätzen ist untersagt; die wissenschaftliche Erforschung des Gebiets soll gefördert werden. 1991 wurde der Antarktisvertrag erneuert, 1994 durch ein Umweltschutzprotokoll ergänzt. (Landkarte S. 19)

anorganische Stoffe

Anorganische Stoffe sind nicht lebende, kohlenstofffreie chemische Verbindungen. Ebenfalls als anorganisch gelten *Karbonate* und *Karbide*, obwohl sie **Kohlenstoff** enthalten. Der unbelebte Teil der **Natur** wird entsprechend als anorganische Natur bezeichnet (Gegensatz: *organisch*). Mit den dazu gehörenden Elementen und Verbindungen befasst sich die *anorganische Chemie*, während die *organische Chemie* sämtliche Verbindungen des Kohlenstoffs untersucht.

Antenne

Antennen bestehen aus elektrischen Leitern (Metalldrähte). Die einfachste Antenne ist ein isoliert aufgehängtes Stück Draht. *Sendeantennen* strahlen **elektromagnetische Wellen** aus, *Empfangsantennen* fangen diese Wellen auf und verwandeln sie in eine hochfrequente Spannung. Die Sendeantenne ist ein offener elektromagnetischer Schwingkreis, in dem die **Elektronen** in Längsrichtung des Metalldrahtes hin- und herschwingen. Dadurch wird jedes Drahtende abwechselnd positiv und negativ geladen; es entsteht ein *Schwingungskreis*. Durch verschiedene Formung läßt sich die Leistung der Antenne steigern. Ist die Empfangsleistung dennoch schlecht, kann man einen *Antennenverstärker* einbauen.

Anthropologie

Die Anthropologie ist die Wissenschaft vom Menschen. Sie untersucht seine Abstammung und seine biologische sowie gesellschaftlich-kulturelle Entwicklung.

Antibiotika

Antibiotika sind von Kleinstlebewesen erzeugte Stoffe, die in der Lage sind, andere Lebewesen in ihrer Entwicklung und Vermehrung zu hindern oder sie ganz zu zerstören. Das erste Antibiotikum, das *Penizillin,* wurde von Alexander Fleming entdeckt. In erster Linie werden Antibiotika in der Bekämpfung von Krankheiten eingesetzt. So genannte *Breitbandantibiotika* wirken gegen verschiedene Krankheitserreger gleichzeitig.

Eine Kolonie des Schimmels Penicillium, aus dem das Antibiotikum Penizillin gewonnen wird

Aquaplaning: Wie Wasserski gleiten die Reifen dieses Autos ohne seitliche Führung auf einem Wasserkeil

Antiblockiersystem

Das Antiblockiersystem (*ABS*) ist eine elektronische Bremshilfe für **Kraftwagen**. Es verhindert, daß beim Bremsvorgang die Räder blockiert werden und das Fahrzeug ins Schleudern gerät. Sobald die Gefahr besteht, dass eines der Räder blockiert wird, vermindert eine elektronisch gesteuerte **Hydraulik** den Druck der Bremsleitung, so dass das Rad sich weiterbewegt. So bleibt das Fahrzeug auch bei Vollbremsung lenkbar.

Antikörper

Die Entstehung von Antikörpern wird im Körper durch das Eindringen so genannter *Antigene* hervorgerufen und hebt diese in ihrer Wirkung auf. Antigene sind Stoffe wie artfremdes Eiweiß (besonders von Krankheitserregern), einige eiweiß- oder fetthaltige Substanzen sowie Pflanzen- und Tiergifte. Die Bildung von Antikörpern gehört auch zu den Hauptproblemen, die es bei der Organverpflanzung (**Transplantation**) zu bewältigen gilt.

Antilopen

Die Antilopen sind **Huftiere** mit Hörnern und gehören zu den **Wiederkäuern**. Sie leben vorwiegend in Afrika und Asien und beeindrucken durch ihre Flinkheit und ihre grazilen Bewegungen. Antilopen gibt es in vielen Arten und unterschiedlichen Größen. Zu den bekanntesten Arten gehören die Gnus und die **Gazellen**.

Antrieb

Als Antrieb wird die **Kraft** oder **Energie** der Teile oder Anlagen einer Maschine, die diese in Bewegung bringen und halten, bezeichnet. Eine **Maschine** kann mit **Dampf** (Dampfantrieb), Verbrennungskraft, elektrisch, mit **Druckluft** oder von Hand (Fuß) in Gang gesetzt werden.

Aquaplaning

Aquaplaning kann man etwa mit „Wasserschweben" übersetzen. Fährt ein Auto mit hoher Geschwindigkeit über eine regennasse Fahrbahn, auf der sich Pfützen gebildet haben, so haften die Reifen nicht mehr auf dem Boden, sondern gleiten auf einem Wasserfilm. Dadurch werden die Antriebs-, die Brems- und die Lenkkräfte erheblich herabgesetzt, und es kommt zu erhöhter Schleudergefahr. Eine besondere Rolle spielt dabei auch noch, ob die Reifen ein gutes oder ein bereits stark abgefahrenes Profil haben, das das Wasser dann nicht mehr genügend verdrängen kann.

Aquarium

Das Aquarium ist ein Wasserbehälter zur Haltung von Wassertieren und Wasserpflanzen. Aquarien sollten nicht zu klein sein. Empfehlenswert sind solche, die 50–60 l fassen. Darin können dann etwa 15 Fische leben. Man unterscheidet Kalt- und Warmwasseraquarien sowie Meer- und Süßwasseraquarien. Wichtig für die Lebensfähigkeit der Fische sind eine ausreichende Sauerstoffversorgung und die Reinhaltung des Wassers.

Immer schon versuchte der Mensch, sich mit Antriebsmaschinen die Arbeit zu erleichtern. In dieser mittelalterlichen Schmiede wird mit Hilfe eines Wasserrades, das die Kraft des Wassers überträgt, ein Hammerwerk betrieben

Äquator

Man unterscheidet a) den Erdäquator – eine angenommene Linie (*Breitengrad*, Länge 40 077 km), die rund um die Erdkugel läuft, von Südpol wie Nordpol gleich weit entfernt ist und senkrecht zur Erdachse steht; b) den Himmelsäquator – die Projektion des Erdäquators auf die gedachte Himmelskugel; c) den magnetischen Äquator – eine Linie, die die Orte mit der magnetischen Neigung Null verbindet, und d) den thermischen Äquator – die Zone der höchsten Durchschnittstemperatur im Jahreslauf.

Arbeit

Arbeit ist eine Leistung oder ein Dienst mit dem Zweck, Güter zu produzieren oder Annehmlichkeiten anzubieten. Mit diesen Gütern deckt sowohl der einzelne seinen als auch die Allgemeinheit ihren Bedarf. Der Erfolg einer Arbeitsleistung hängt u. a. ab von: der Befähigung und dem Einsatz des einzelnen oder der ganzen Bevölkerung sowie vom entsprechenden Verhältnis zur Natur (Bodenbeschaffenheit, Rohstoffe) und zum verfügbaren Kapital. Man unterscheidet die leitende und planende Tätigkeit (z. B. eines Unternehmers), die ausführende Arbeit (z. B. von Angestellten und Arbeitern) sowie die schöpferische, geistige Arbeit (z. B. eines Wissenschaftlers oder eines Künstlers) und die körperliche Arbeit (z. B. eines Handwerkers). Eine generelle Trennung von geistiger und körperlicher, d. h. handwerklicher Arbeit lässt sich keineswegs durchführen (Beispiele: Chirurg, Bildhauer usw.).

In der **Physik** ist Arbeit das Produkt aus einer **Kraft**, die an einem Körper angreift, und dem Weg, den der Körper bei der Bewegung entgegen dieser Kraft zurücklegt. Als Maßeinheit gilt 1 N mal 1 m = 1 Nm (1 Newtonmeter). **(Maßeinheiten)**

Arktis

Die Arktis umfaßt die um den *Nordpol* liegenden Meere und Landgebiete (etwa 8 Mill. km^2 Land, 18 Mill. km^2 Meer). Sie besteht aus dem Nördlichen *Eismeer* mit wechselnder Eisbedeckung (**Treibeis**, *Packeis* oder Eisfelder) und Grönland, den Nordteilen Alaskas, Kanadas, Nordskandinaviens und Russlands. Die

Ein Aquarium für tropische Fische

- Abdeckung, die das Herausspringen der Fische verhindert
- Thermostat zur Temperaturregelung
- Wasserpflanzen, die Sauerstoff erzeugen
- Wasserheizung
- Kies und grober Sand

Art

Sommertemperaturen liegen zwischen 1 und 8 °C; im Winter herrschen Temperaturen bis zu minus 40 °C. Bedeutsam als Wirtschaftsfaktor ist die Arktis wegen der reichen Fischfanggebiete (um Grönland), der Pelztierjagd (*Eskimos*) und auch des Bergbaus, vor allem in Kanada und Alaska. (**Erdöl**)

Art

Im Allgemeinen bezeichnet man als Art (lat.: species) eine Gruppe von Lebewesen, Pflanzen oder Gegenständen, die gemeinsame Eigenschaften haben und Teil der nächsthöheren *Gruppe* oder *Gattung* sind. Im biologischen Sinne ist es eine Gruppe von Einzelwesen, die sich untereinander paaren und deren Nachkommen ihnen gleichen. Die erstmalige Klassifizierung der Arten von Pflanzen und Tieren erfolgte durch den schwedischen Naturforscher *Carl von Linné* (1707–1778).

Artenschutz

Der Artenschutz umfasst behördliche Maßnahmen zum besonderen Schutz, zur Pflege und zur Wiederansiedlung verdrängter oder vom Aussterben bedrohter Tier- und Pflanzenarten. In Deutschland sind die gefährdeten **Arten** in einer so genannten *Roten Liste* zusammengefasst. Mitte 1989 bestand für 1000 der 5000 heimischen Tiere und Pflanzen Artenschutz. Weltweit starben in den 80er Jahren nach Angaben des *World-Watch Institute* (Institut zur Beobachtung des Zustandes der Erde) jährlich 17 000 bis 100 000 der auf 5 bis 30 Mill. geschätzten Arten aus.

Arzneimittel

Arzneimittel, auch *Medikamente* genannt, werden teils chemisch hergestellt, teils unmittelbar dem pflanzlichen oder tierischen Körper entnommen. Die Erforschung der Arzneimittel nennt man *Pharmakologie*, die in dieser Forschung tätigen Wissenschaftler *Pharmazeuten*. Medikamente können oral, das heißt durch den Mund in Form von Tabletten, Dragees oder Tropfen, sowie rektal, das heißt in Form von Zäpfchen, verabreicht werden. Eine rasche und noch wirkungsvollere Aufnahme von Arzneimitteln wird mit Einspritzung (*Injektion*) erreicht. Hier unterscheidet man die intramuskuläre Injektion, bei der die Injektionsnadel in das Muskelgewebe eingeführt wird, und die intravenöse Injektion, bei der direkt in eine Vene injiziert wird und somit das Medikament sehr rasch in die Blutbahn gelangt. Die übliche Arzneimittelbehandlung bezeichnet man als *Allopathie*. Im Gegensatz dazu wird die *Heilkunde*, die vorwiegend auf pflanzlichen Grundstoffen basiert, *Homöopathie* genannt.

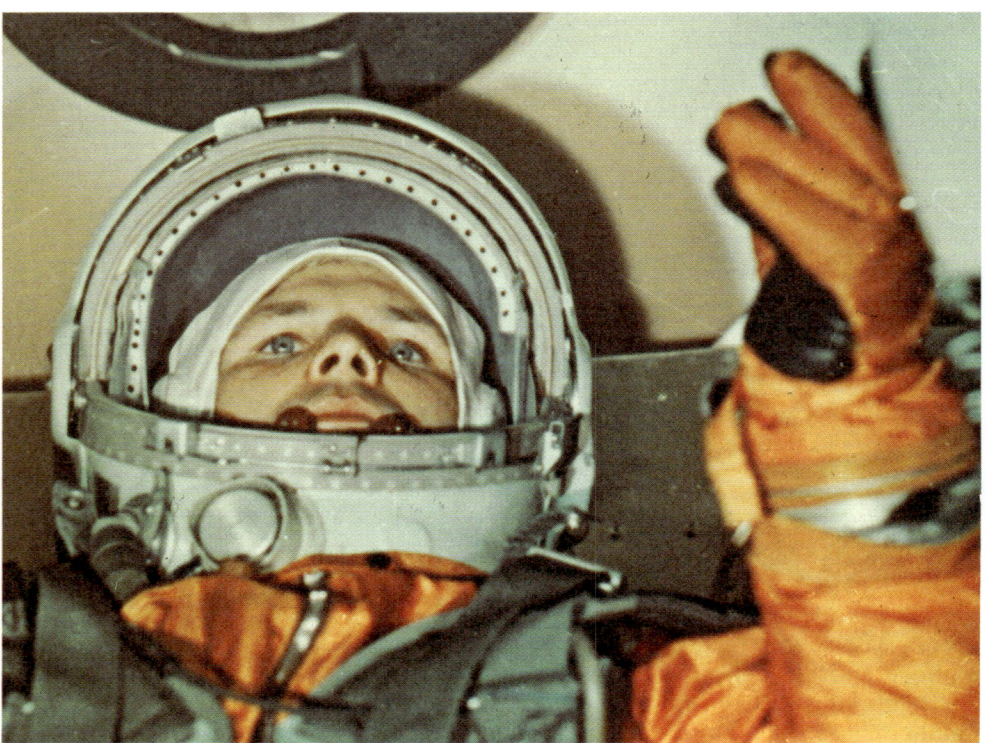

Der Kosmonaut Juri Gagarin im Kontroll-Cockpit eines Simulators

Asbest

Asbest ist eine feuer- und säurefeste mineralische Faser. Er wird bei der Herstellung von feuersicheren Anzügen (Feuerwehr, Rennfahrer u. a.), Theaterdekorationen, als Wärmeschutz (**Wärmedämmung**) und zur Dichtung von Dampfzylindern verwendet. Die Asbestfasern sind in den Mineralien eingeschlossen. Die langen Fasern werden zu Asbestgarn gesponnen, die kurzen zu Bauplatten gepresst. Hauptvorkommen liegen in Kanada, Sibirien und Südafrika. Da das Einatmen von Asbeststäuben zu Lungenkrebs (**Krebs**) führen kann, ist seine Verwendung heute stark eingeschränkt; der Einsatz von Spritzasbest ist in Deutschland untersagt.

Asphalt

Asphalt ist ein natürliches oder künstliches Gemenge von *Bitumen* und **Gestein**. Natürlicher Asphalt ist vermutlich durch Sauerstoffeinwirkung aus **Erdöl** entstanden. Er findet sich in riesigen Lagern am Toten Meer, auf Trinidad als Asphaltsee, in Venezuela, Kuba, in den Anden und in Albanien. Künstlicher Asphalt ist ein Rückstand der Braun- und Steinkohlendestillation. Asphaltgestein wird in der Schweiz und in Deutschland beim **Bergbau** gewonnen. Asphaltmastix findet im Straßen- und Wasserbau bei der Herstellung wasserdichter Decken, im **Hoch- und Tiefbau** zu Isolierungszwecken Verwendung. Asphaltbeton wird in flüssiger, heißer Form für Fahrbahndecken verarbeitet.

Assimilation

Allgemein wird als Assimilation eine *Anpassung* und Angleichung bezeichnet. In der Soziologie bedeutet sie die Anpassung zwischen einzelnen Gruppen und die kulturelle Angleichung. In der **Biologie** versteht man unter Assimilation die Umwandlung des von einem Lebewesen aufgenommenen Nahrungsstoffes in einen körpereigenen Stoff. Ein wichtiges Beispiel von Assimilation bei Pflanzen ist die Kohlenstoffassimilation. Dabei werden aus dem **Kohlendioxid** der **Luft** unter Hinzufügung von **Wasser** und Abscheidung von **Sauerstoff** Stärke und Zucker als Assimilate gebildet. Diese Assimilation kann nur mit Hilfe von Tageslicht erfolgen. (**Blatt, Blattgrün, Fotosynthese**)

Astronomie

1

2

3

Der Amerikaner Neil Armstrong betrat am 20. 7. 1969 als erster Mensch den Mond (1); der Astronaut R. Gordon (Gemini 11) außerhalb des Raumschiffs im freien Raum (2), Astronaut auf dem Mond (3)

Astrologie

Die Astrologie, auch Sterndeutung genannt, vertritt die Auffassung, dass alles irdische Geschehen, insbesondere das Schicksal des Menschen, mit den Sternen zusammenhängt. Aus der *Konstellation* (Stellung) der **Planeten** lässt sich demnach das Schicksal ablesen und voraussagen (*Horoskop*).

Astronaut

Als Astronaut wird ein *Raumfahrer* der bemannten **Raumfahrt** bezeichnet. Man unterscheidet dabei den in der amerikanischen Raumfahrt gebräuchlichen Begriff „Astronaut" gegenüber der russischen Bezeichnung „*Kosmonaut*". Der erste Kosmonaut im Weltraum war der Russe Juri Gagarin (12. 4. 1961, eine Erdumkreisung). Der erste Astronaut war der Amerikaner John Glenn (20. 2. 1962, drei Erdumkreisungen).

Astronomie

Die Astronomie – auch *Himmelskunde* oder *Sternkunde* genannt – ist das Gesamtgebiet der Wissenschaft von den Himmelskörpern. Mit Beginn der Menschheitsgeschichte wurden Himmelsbeobachtungen angestellt. Um 500 v. Chr. führ-

Größtes vollbewegliches Radioteleskop mit einem Reflektordurchmesser von 100 m (bei Effelsberg in der Eifel)

Sternwarte auf dem Kitt Peak im US-Bundesstaat Arizona

astronomische Instrumente

ten die Babylonier den 19jährigen Schaltzyklus für das Mond-Sonnenjahr ein. Seit etwa 600 v. Chr. versuchten griechische Gelehrte, die Erscheinungen des Himmels zu deuten und zu erklären. In der Neuzeit erlangten die Forschungen von *Nikolaus Kopernikus* (1473–1543), der die Fundamente des *heliozentrischen Weltbildes* (die Sonne als Mittelpunkt) legte, große Bedeutung. *Johannes Kepler* (1571–1630) legte die Bewegungsgesetze der Körper des **Planetensystems** fest (keplersche Gesetze). 1608 wurde wahrscheinlich von dem Holländer J. Lippershey das Fernrohr erfunden. Mit dem wurde es möglich, genauere und weitere Beobachtungen anzustellen (Entdeckung von **Sonnenflecken** usw.). Die ersten *Sternwarten* wurden Mitte des 17. Jh. in Paris und Greenwich gebaut. Im 19. Jh. führte *Carl Friedrich Gauß* (1777–1855) neue Möglichkeiten und Methoden der Planetenbahnbestimmung ein. Ein ganz neuer Abschnitt in der Astronomie begann mit dem Zeitalter der **Raumfahrt**.

Ein astronomisches Teleskop aus dem 17. Jh.

astronomische Instrumente

Astronomische Instrumente sind Geräte zur Beobachtung der **Sterne** und zur Auswertung der Beobachtungsergebnisse. Zu ihnen zählt vor allem das *Linsenfernrohr* (Refraktor), das in kleinen Himmelsabschnitten Koordinaten misst; größere Sternbilder untersucht man mit dem Astrographen. Das *Spiegelfernrohr* (Reflektor) eignet sich in erster Linie zum Fotografieren lichtschwacher Himmelskörper. Weitere Instrumente sind Pendel- und Quarzuhr sowie der Chronograph. Frequenzstrahlungen aus dem **Weltall** werden mit großen *Radioteleskopen* eingefangen. (Abb. S. 23)

Atmosphäre

Als Atmosphäre bezeichnen wir die die Erde umgebende Lufthülle. Sie besteht zu 21% aus **Sauerstoff**, zu 78% aus **Stickstoff** und in ihrem Rest aus Edelgasen. Die Atmosphäre baut sich aus zahlreichen Schichten auf – von unten nach oben sind das: *Troposphäre, Tropopause, Stratosphäre, Stratopause, Mesosphäre, Mesopause, Thermosphäre (Ionosphäre)* und *Exosphäre*. In der Physik bezeichnet die Atmosphäre eine Druckeinheit (Abk. at). Hierbei gilt: 1 at ist der Druck einer Kraft von 1 Kilopond auf 1 cm^2 Fläche.

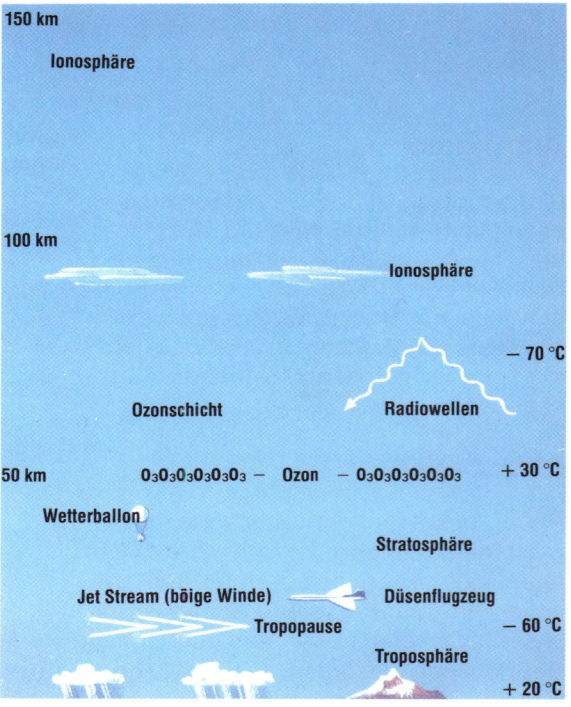

Aufbau der Erdatmosphäre. Angegeben sind die Hauptgebiete und ihre durchschnittlichen Temperaturen

Atmung

Als Atmung bezeichnet man bei Lebewesen den Gasaustausch mit der Umgebung. Der aufgenommene **Sauerstoff** wird für die Verbrennung von Nahrungs- und Körperstoffen benötigt. Über die Atmung gibt der Organismus das beim **Stoffwechsel** entstandene **Kohlendioxid** wieder ab. Dieser Gasaustausch findet mit Hilfe besonderer Atmungsorgane statt. Dies sind die **Lungen** bei Menschen und Tieren, die **Kiemen** bei Fischen und anderen Wassertieren, die *Tracheen* bei Insekten. Beim Menschen erfolgt das Ein- bzw. das Ausatmen durch Dehnen (Einatmen) und Zusammenziehen (Ausatmen) des Brustkorbs oder durch Heben und Senken des Zwerchfells. Gesteuert wird die Atmung unwillkürlich und selbsttätig durch das Atemzentrum, das sich im verlängerten Rückenmark befindet.

Atoll

Das Atoll ist eine ringförmige Koralleninsel vor allem in der Südsee, die sich nur wenige Meter über den Meeresspiegel erhebt und eine seichte Lagune umschließt. Es entsteht dadurch, dass **Korallen** zunächst um eine Insel ein Saumriff bilden. Die Insel sinkt ab, während sich in gleichem Maße die wachsenden Korallenriffe erhöhen, so dass schließlich nur noch diese hervorragen.

Atom

Alle Stoffe bestehen aus den kleinsten Teilchen, den Atomen – mit den Eigenschaften eines **chemischen Elements** – und den aus ihnen zusammengesetzten **Molekülen** mit den Eigenschaften einer chemischen Verbindung. Jede wägbare Stoffmenge setzt sich aus einer großen Zahl von Atomen zusammen. In **Gasen** fliegen sie ungeregelt durcheinander, in Flüssigkeiten gleiten sie regellos umeinander, ohne ihre Abstände zu vergrößern, in festen Stoffen sind sie an feste geordnete Lagen gebunden, um die sie nur noch **Schwingungen** ausführen. Da der innere Bau der Atome vielfältig ist, gibt es verschiedene **chemische Elemente**. Jedes Atom baut sich auf aus einem positiv geladenen Kern (*Atomkern*) und einer Hülle aus negativ geladenen **Elektronen** (*Elektronenhülle*). Nach außen ist das Atom elektrisch neutral. Der Atomkern setzt sich aus einer etwa gleichen Anzahl ungeladener **Neutronen** und positiv gela-

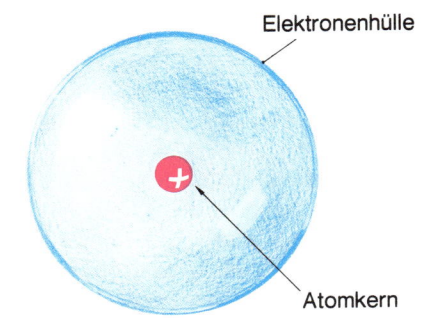

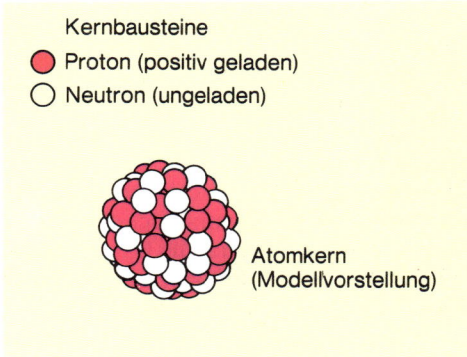

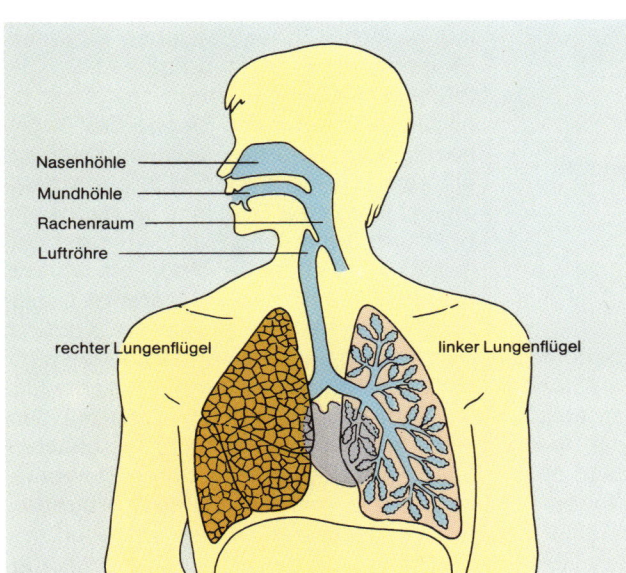

Atmungsorgane des Menschen

Kiemenatmung bei Fischen (Bilder unten)

**Rechte Bildleiste:
Modell des Atoms (oben).** Der positiv geladene Kern ist von einer negativ geladenen Elektronenhülle umgeben

Aufbau der Atomkerne (Mitte)

Zerfall eines Radiumkerns (unten)

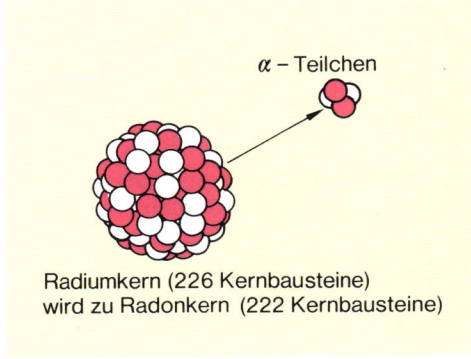

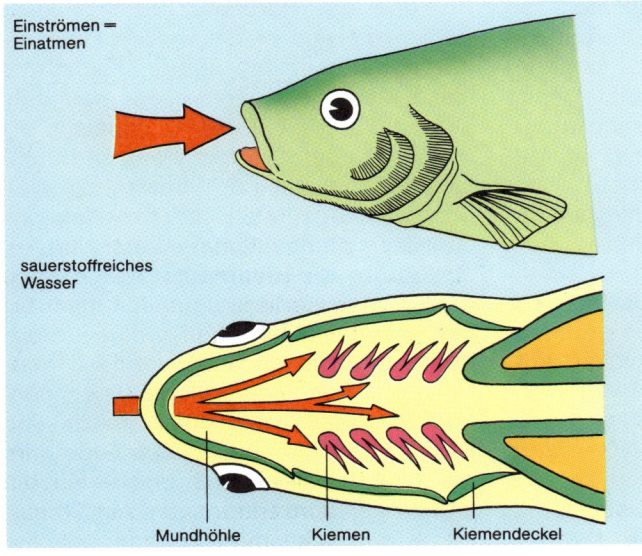

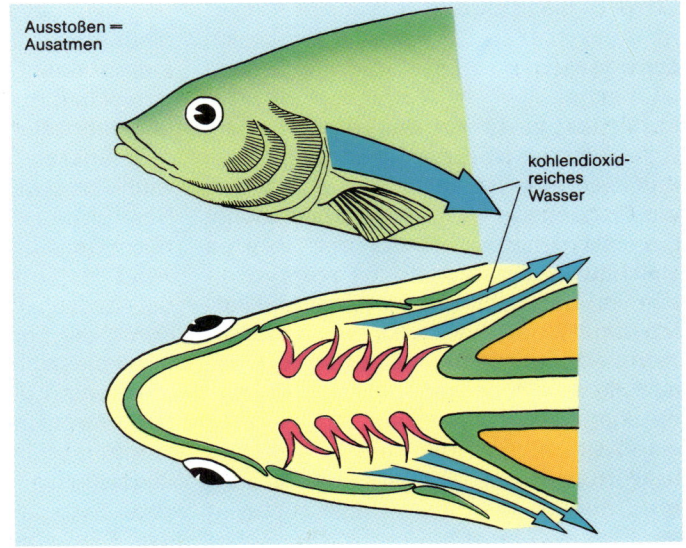

Auftrieb

dener **Protonen** zusammen, die von starken Kräften zusammengehalten werden. Die Masse von Atomen mit der Waage zu bestimmen, ist nicht möglich. Doch es gelang auf anderem Wege, die Atommassen (früher Atomgewicht) festzustellen. So beträgt die Masse des Wasserstoffatoms, des leichtesten Atoms, ungefähr $1{,}6 \times 10^{-24}$ g. Zahlen dieser Größenordnung eignen sich jedoch kaum zum Rechnen. Deshalb setzte man die Masse des **Wasserstoffs** $= 1$ und erhielt somit die „relative Atommasse". Das Atomgewicht braucht man, um das chemische Verhalten von Stoffen genau messen und berechnen zu können. Mit wachsendem Atomgewicht überwiegen die Neutronen. Die Protonenzahl heißt **Ordnungszahl**, die Anzahl der Protonen und der Neutronen zusammen ergibt die *Massenzahl* des betreffenden Elements. Atome mit gleicher Ordnungszahl, aber verschiedener Massenzahl heißen **Isotope**. Die Bausteine eines Atoms sind nicht starr miteinander verbunden, sondern in ständiger Bewegung. Man geht davon aus, dass sich die Elektronen auf kreisförmigen und elliptischen Bahnen um den Kern bewegen. Die Physik der Atomhülle bezeichnet man als *Atomphysik*, die Physik der Atomkerne als *Kernphysik*.

Auftrieb

Taucht ein **Körper** in eine Flüssigkeit, z. B. in **Wasser**, dann wirkt ihm eine **Kraft** entgegen, die man statischen Auftrieb nennt. Auch in **Luft** und in allen anderen **Gasen** erfahren Körper eine Auftriebskraft. Sie lässt den Gegenstand aufsteigen, wenn er leichter ist als die von ihm verdrängte Luft- oder Flüssigkeitsmenge; ist er gleich schwer, dann schwebt er. Wenn er schwerer ist, sinkt er ab. Ein Schiff ist also gleich schwer wie die von ihm verdrängte Wassermenge.

In der Luft steigt der **Ballon** nach oben, weil er mit einem Gasgemisch gefüllt ist, das leichter ist als Luft. Der Auftrieb, den ein **Flugzeug** in der Luft hat, bezeichnet man als dynamischen Auftrieb, weil es sich bewegt. Dieser Auftrieb kommt vor allem von den nach oben wirkenden Kräften am Flügel. Dort wird eine Luftströmung erzeugt, die so entsteht: Auf der Unterseite des Flügels eines Flugzeugs gibt es einen *Überdruck* und auf der Oberseite einen Unterdruck, der eine Sogwirkung hervorruft. Daraus entsteht nun der Auftrieb, der um so größer wird, je schneller ein Flugzeug fliegt.

Der Ballon ist mit leichtem Gas gefüllt und treibt durch die Luft nach oben.

Der Ball ist mit Luft gefüllt, auch er treibt hoch.

Die Auftriebskraft wirkt der Schwerkraft entgegen

Aufwind

Der Aufwind ist eine nach oben gerichtete Luftströmung, die an Hängen entstehen kann, zwischen Land und Meer, an der Vorderfront von Gewittern oder wenn Warmluftströme durch Kaltluft nach oben gedrückt werden. An sonnigen Tagen erwärmt sich die **Luft** nicht gleichmäßig. Eine Ackerfläche strahlt mehr Wärme ab als der glatte Wasserspiegel eines ruhigen Sees. Über dem rauen, dunklen Ackerboden bildet sich eine Warmluftschicht, die emporsteigt. In der Höhe wird die Luft immer „dünner". Der **Luftdruck** ist hier geringer als über dem Boden. Aufsteigende Luft dehnt sich aus und kühlt dabei ab. Ihre Temperatur sinkt bei 1000 m Höhengewinn um etwa 10 °C.

Der Aufwind wird z. B. im Segelflug ausgenützt. Der Segelflieger lässt sich mit dem Wind nach oben treiben. Man unterscheidet zwischen dem Hangaufwind, der durch die Form des Geländes an Berghängen entsteht, dem thermischen Aufwind, wenn die Luft durch unterschiedliche Wärme nach oben steigt, und dem Frontenaufwind, der sich bei Gewittern bildet.

Aufzug

Aufzüge oder *Lifte* sind Vorrichtungen zur Beförderung von Personen oder Lasten in senkrechter und in schräger Richtung. Transporträume in Aufzügen sind Kabinen, eine Plattform oder ein Förderkorb. Eine andere Form von Aufzügen sind die *Paternoster*, auch Umlaufaufzüge genannt. Paternoster bestehen aus vielen, an einer Seite offenen Kabinen, die sich so langsam bewegen, dass Fahrgäste, ohne Anhalten des Aufzuges, ein- und aussteigen können. Beim Schrägaufzug werden Wagen an Seilwinden auf einem schrägen Gleis nach oben und unten gezogen.

Auge

Das Auge gehört zu den kompliziertesten menschlichen oder tierischen Organen. Es gleicht einer kleinen Fotokamera, die folgendermaßen aufgebaut ist: Vorn ist eine **Linse**, die man als Blende des Auges bezeichnen kann. Sie verkleinert sich bei starkem und vergrößert sich bei schwachem Lichteinfall. Die Linse ist etwa 4 mm breit und 3 mm lang. Will man nahe Gegenstände sehen, so strafft ein **Muskel** die Linse, die dadurch dicker wird. Dieser Muskel erschlafft im Alter etwas, wodurch der Mensch auf kurze Entfernungen nicht mehr sehr gut sehen kann. Hinter der Linse liegt die Netzhaut, die man mit dem Film beim Fotografieren vergleichen kann. Die Netzhaut ist durch Nervenfasern direkt mit dem **Gehirn** verbunden. Auf der Netzhaut gibt es Millionen von Sehzellen, die die aufgenommenen Signale über die Sehnerven zum Gehirn senden. Zum Auge gehören noch die *Lider* und die **Hornhaut**. Deren äußere Schicht ist aus einem weißen **Gewebe**, das das Innere des Auges schützt und stützt. Diese so genannte Lederhaut geht dann am Vorderteil des Augapfels in die Hornhaut über. Die **Hornhaut** ist durchsichtig, sehr kräftig und bewirkt die Wölbung des Augapfels. Hinter dem Augapfel befindet sich das *Kammerwasser*. Im Anschluss an die Lederhaut liegt die Aderhaut, die mit vielen Blutgefäßen durchzogen ist. Sie geht an der Vorderseite des Auges in einen muskulöseren Teil über. Man nennt ihn *Regenbogenhaut* oder auch *Iris*. Wir erkennen diesen Teil des Auges als farbigen Kreis. Das Auge wird durch *Augenlider*, *Wimpern* und *Augenbrauen* vor dem Eindringen von Fremdkörpern geschützt. Außerdem gehören

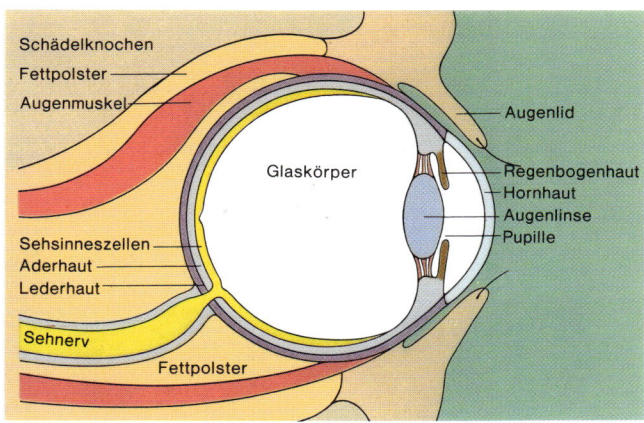

Aufbau des menschlichen Auges

zum Auge noch die *Tränendrüsen*. Sie sorgen dafür, dass die Augen nicht austrocknen, und spülen Fremdkörper weg.

Ausdehnung

Die Ausdehnung ist zunächst die Haupteigenschaft des Raumes. Im engeren Sinne ist sie gleichzusetzen mit der Vergrößerung des *Rauminhaltes* eines Körpers durch Erwärmung. Fast alle festen Stoffe dehnen sich aus, sobald sie erwärmt werden, und ziehen sich wieder zusammen, wenn sie abkühlen.

Außenbordmotor

Der Außenbordmotor ist ein Motor, der Boote und kleinere Schiffe antreibt und an der Außenseite, in der Regel am Heck der Boote, angebracht ist. Vom Motor führt eine Welle senkrecht nach unten und treibt dort eine *Schraube* an. Außenbordmotoren sind meist **Zweitaktmotoren** mit einer **Leistung** zwischen 2 und 100 PS.

Auslese

Als Auslese bezeichnet man allgemein das Ergebnis einer *Auswahl* aus einer Gesamtheit. In der Biologie heißt das auch *Selektion*. Man unterscheidet künstliche Auslese (**Züchtung**) und natürliche Auslese (in der Natur). Die Auslesetheorie, auch *Darwinismus* genannt – nach dem englischen Naturforscher *Darwin* –, besagt, dass nur die widerstands- und anpassungsfähigsten Lebewesen ihrer Umwelt gewachsen und dadurch lebenstüchtig sind. (**Evolution**)

Ausscheidung

Beim Aufbau und Abbau der Stoffe im Körper entstehen Abfallstoffe in den **Zellen**. Das **Blut** bringt sie zu den Organen der Ausscheidung. Beim Abbau von **Kohlenhydraten** und **Fetten** entstehen als Endprodukte **Kohlendioxid** und **Wasser**. Wird **Eiweiß** abgebaut, bildet sich *Harnstoff*. Alle Stoffwechselprodukte müssen laufend vom Körper ausgeschieden werden. Dies geschieht in den Ausscheidungsorganen **Lungen**, *Nieren* und **Haut**. Die Stoffe, die die Nieren ausscheiden, werden ihnen vom Blut zugeführt. Sie werden in den Nieren dem Blut entzogen und als Harn ausgeschieden. Das gereinigte Blut fließt wieder in den Körper zurück. Die Nieren sorgen auch für die Regulierung der Ausscheidung. Trinkt ein Mensch viel, scheiden die Nieren viel Wasser aus, trinkt er wenig, so verringern die Nieren ihre Wasserabscheidung. Schwitzt ein Mensch sehr stark, so scheidet er durch die Haut mit dem **Schweiß** viel Kochsalz aus. Dann ist auch die Kochsalzabscheidung der Nieren herabgesetzt. Die Nierenrinde wird pro Tag ca. 260mal vom gesamten Blut durchflossen. Im Nierenmark bildet sich der *Harn* (*Urin*). Er wird durch den Harnleiter vom Nierenbecken in die Harnblase geleitet. Die Harnblase sammelt den Harn und gibt ihn in regelmäßigen Abständen in die *Harnröhre* weiter, die den Harn aus dem Körper ableitet.

Auster

Die Auster ist bei uns als essbare **Muschel** sehr beliebt. Sie siedelt sich in 10–50 m Meerestiefe auf Austernbänken an, auf denen sich Millionen dieser Tiere befinden. Ihre Nahrung bezieht die Auster aus **Plankton**.

Boot mit Außenbordmotor

Automat

Autos werden heute auf automatisierten Produktionsstraßen gefertigt. Dabei übernehmen Maschinen im Zuge der Rationalisierung viele Tätigkeiten, die früher von Hand ausgeführt wurden

Automat

Der Automat ist eine technische Einrichtung, die einen Vorgang selbsttätig, also ohne menschliche Arbeitskraft, ausführen kann. Münzautomaten geben, nachdem man die entsprechende Münze eingeworfen hat, eine gewünschte Ware heraus oder erbringen eine bestimmte Leistung (z. B. Zigarettenautomaten, Getränkeautomaten, Fahrkartenautomaten, Briefmarkenautomaten usw.).
Schalt- und Sicherungsautomaten sorgen in elektrischen Anlagen für rechtzeitiges Abschalten bei Kurzschluss und Überbelastung.

automatische Waffen

Bei automatischen Waffen – auch Maschinenwaffen genannt – geschieht das Spannen, Laden, Verriegeln und Öffnen des Verschlusses automatisch. Auf diese Weise kann mit solchen Waffen schneller und somit auch häufiger geschossen werden.

automatischer Pilot

Der automatische Pilot wird auch automatische Flugzeugregelung, *Autopilot* oder automatische Steuerung genannt. Der eingeschaltete automatische Pilot übernimmt wesentliche Aufgaben des Flugpiloten. Er besteht meist aus einem Kurs- und einem Neigungsautomaten. Der gewünschte Kurs, die Flughöhe und die Geschwindigkeit werden von dem Gerät dauernd reguliert.

automatisches Getriebe

Das automatische **Getriebe** ist ein *Schaltgetriebe,* das sich völlig oder z.T. selbst schaltet. Es hat sich im Fahrzeugbau, vor allem bei schweren, leistungsstarken Limousinen durchgesetzt, aber auch bei Fahrzeugen, die überdurchschnittlich oft die Geschwindigkeit ändern müssen (z. B. Omnibus im Stadtverkehr). Es gibt halbautomatische und vollautomatische Getriebe. Die große Erleichterung für den Fahrer bei halbautomatischem Getriebe besteht darin, dass das Betätigen der **Kupplung** entfällt, da sie beim Betätigen des Schalthebels automatisch funktioniert. Beim vollautomatischen Getriebe genügen *Gaspedal* und Wahlhebel zum Einstellen bestimmter Fahrbereiche, z. B. auf ‚D' (Abk. für das englische Wort ‚Drive'), dann sind alle *Gänge* automatisch geschaltet. Bei ‚L' (Abk. für ‚Low') kann der schnellste Gang nicht geschaltet werden. ‚R' (Reverse) steht für den Rückwärtsgang, ‚P' für Parking, ‚N' (= Neutral) für den Leerlauf.
Bei der Stellung ‚Drive' schaltet das Getriebe für eine plötzliche Geschwindigkeitssteigerung (z. B. beim Überholen) entsprechend dem Gaspedaldruck in untere Gänge, um eine größere Beschleunigung zu ermöglichen. Das Schalten der Gänge innerhalb der Vorwahlstufe übernimmt ein Regler. Ein Nachteil des automatischen Getriebes ist der etwas höhere Benzinverbrauch.

Automatisierung

Bei der Automatisierung – auch *Automation* genannt – werden Arbeitsgänge mit Hilfe von **Automaten** kontrolliert, gesteuert oder erledigt. Im Prinzip ist die Automatisierung eine Fortentwicklung der Mechanisierung (**Mechanik**). Bei der vollautomatischen Fertigung werden nicht nur einzelne Maschinen, sondern ganze Fabrikationsabläufe selbsttätig gesteuert und kontrolliert. In der *Automobilindustrie* z. B. erhöht die vollautomatische Fertigung die Produktion und garantiert eine gleich bleibende Qualität. Doch auch im Verwaltungsbereich, im Rechnungswesen der Banken und im Verkehrswesen kommt der Automation immer größere Bedeutung zu.

Bahn

Ein großer Schaufelbagger im Einsatz

Ausfahrt aus dem Frankfurter Hauptbahnhof

Bagger

Bagger sind Maschinen mit denen Kohle, Steine, Erde, Geröll usw. aufgeladen und weggeräumt werden. Man unterscheidet nach ihrer Arbeitsweise und ihrer Konstruktion verschiedene Arten von Baggern. Löffelbagger arbeiten ähnlich wie ein Löffel. An einem Gelenkarm ist eine Art großer Löffel befestigt. Löffelbagger dienen in erster Linie zum Ausheben von Erdreich. Mehrgefäßbagger arbeiten mit einer umlaufenden Kette, an der mehrere Grabgefäße in Form von Eimern oder Schaufeln angebracht sind. Man verwendet diese Bagger zum Fördern von Gestein. Mehrgefäßbagger, an deren umlaufender Kette schalenförmig geformte Eimer befestigt sind, nennt man Eimerkettenbagger. Beim Schaufelradbagger befinden sich an einem großen Rad mehrere schaufelförmige Grabgefäße. Schaufelradbagger werden u. a. im Braunkohlenbergbau eingesetzt. Greifbagger umschließen ihre Last mit zwei Greifern. Nassbagger werden in Schiffskörper eingebaut und in seichten Gewässern eingesetzt, um diese schiffbar zu machen.

Bahn

Als Bahn bezeichnet man in der **Physik** den Weg, den ein Körper zurücklegt. Wird ein Stein geworfen, so legt er von der Stelle des Abwurfs bis zu der Stelle, an der er wieder landet, eine Bahn zurück. **Moleküle**, also die kleinsten Teilchen, in die ein Stoff zerlegt werden kann, haben innerhalb des Stoffes, z. B. im Wasser, in der Luft usw., ihre eigenen Bahnen. In der **Astronomie** wird als Bahn der Weg eines Himmelskörpers bezeichnet. Die Erde beschreibt im Sonnensystem ihre eigene Bahn, die **Erdumlaufbahn**.

Bahnhof

Bahnhof

Der Bahnhof ist eine Anlage zur Abwicklung des Güter- und Personenverkehrs der **Eisenbahn**. Je nach Lage zum Bahnverkehrsnetz unterscheidet man a) Endbahnhöfe; von hier gehen regelmäßig Züge aus und enden auch wieder dort, b) Zwischenbahnhöfe; sie liegen zwischen den Endbahnhöfen, c) Anschlußbahnhöfe; dort schließt sich eine Bahnlinie an eine durchlaufende an oder zweigt von ihr ab, d) Kreuzungsbahnhöfe; hier kreuzen sich zwei Linien und laufen anschließend getrennt weiter, e) Knotenbahnhöfe; in ihnen laufen mehrere Bahnlinien zusammen oder überschneiden sich, f) *Rangierbahnhöfe*; hier werden die aus verschiedenen Richtungen kommenden Güterzüge aufgelöst und entsprechend der Zielrichtung auf Richtungsgleisen zusammengestellt. Im *Kopfbahnhof* enden alle Linien, der Zug verlässt den Bahnhof in derselben Richtung, aus der er gekommen ist, nachdem die Lokomotive an das andere Ende des Zuges angekoppelt wurde. Bei Durchgangsbahnhöfen laufen die Bahnlinien durch die Bahnhöfe durch. Der Abstellbahnhof dient zum Abstellen von Personenzügen, die nicht im Einsatz sind. *Güterbahnhöfe* sind eigenständige Anlagen in größeren Orten für das Be- und Entladen von Gütern. Im Gegensatz zu den Personenbahnhöfen, die meist verkehrsgünstig nahe dem Stadt- oder Ortszentrum liegen, befinden sich Güterbahnhöfe außerhalb der Wohngebiete.
Zur Bahnhofsanlage gehören die Ankunfts- und Abfahrtshalle mit den Bahnsteigen und -gleisen, die Schalterhalle, wo Fahrkarten gelöst oder Auskünfte erteilt werden, Wartesäle für die Reisenden, meist mit Restaurants, und die Gepäckaufbewahrung. Weiterhin gibt es auf allen größeren Bahnhöfen eine Bahnpolizei, eine Bahnhofsmission (ein Zusammenschluss kirchlicher Verbände zur Betreuung hilfsbedürftiger Reisender) und die Bahnpost. (Abb. S. 29)

Bakterien

Bakterien sind sehr kleine, nur mit dem **Mikroskop** sichtbare pflanzliche Lebewesen, die man überall antrifft. Sie verursachen Krankheit, **Gärung** und *Fäulnis*. Allein der Mensch nimmt, wenn er einmal Luft holt, etwa 1 Mill. Bakterien in seinen Körper auf. Gegen den Großteil dieser Bakterien hat er natürliche *Abwehrstoffe* entwickelt, d. h., er ist immun (**Immunität**) dagegen. Reichen diese Abwehrstoffe

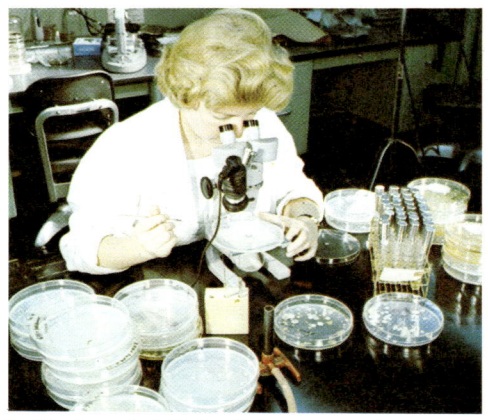

Bakterien sind Kleinstlebewesen, die nur unter einem Mikroskop erkennbar sind

nicht mehr aus oder sind gegen bestimmte Bakterien noch keine gebildet worden, dann werden Krankheiten ausgelöst. Bakterien vermehren sich durch Teilung ihres Zellleibes. Das geht so schnell, dass aus einer einzigen Bakterie innerhalb eines Tages 70 Mill. neue Bakterien entstehen können.

Ballaststoffe

Diese Bestandteile unserer *Nahrung* werden vom menschlichen Körper nicht oder nur teilweise verwertet, da ihm die **Enzyme** zu ihrer Umwandlung fehlen. Dennoch sind Ballaststoffe notwendig, da sie die Tätigkeit des **Darms** fördern und die Absonderung von Verdauungssäften anregen. Ballaststoffe finden sich besonders in Vollkornprodukten, im Obst und im Gemüse.

Ballistik

Die Ballistik ist die Lehre von der Bewegung geworfener und abgeschossener Körper. Ein Geschoss zieht eine ballistische Kurve zwischen seinem Ausgangspunkt (Geschütz), seinem Gipfelpunkt (höchster erreichter Punkt) und seinem Aufschlagsort. Wichtig ist diese Lehre vor allem für den militärischen Bereich (Treffwahrscheinlichkeit).

Ballon

Der Ballon ist ein mit **Gas** oder Heißluft gefüllter, meist kugelförmiger Körper. Da die Füllung des Ballons leichter ist als Luft, entsteht ein **Auftrieb** und der Ballon steigt

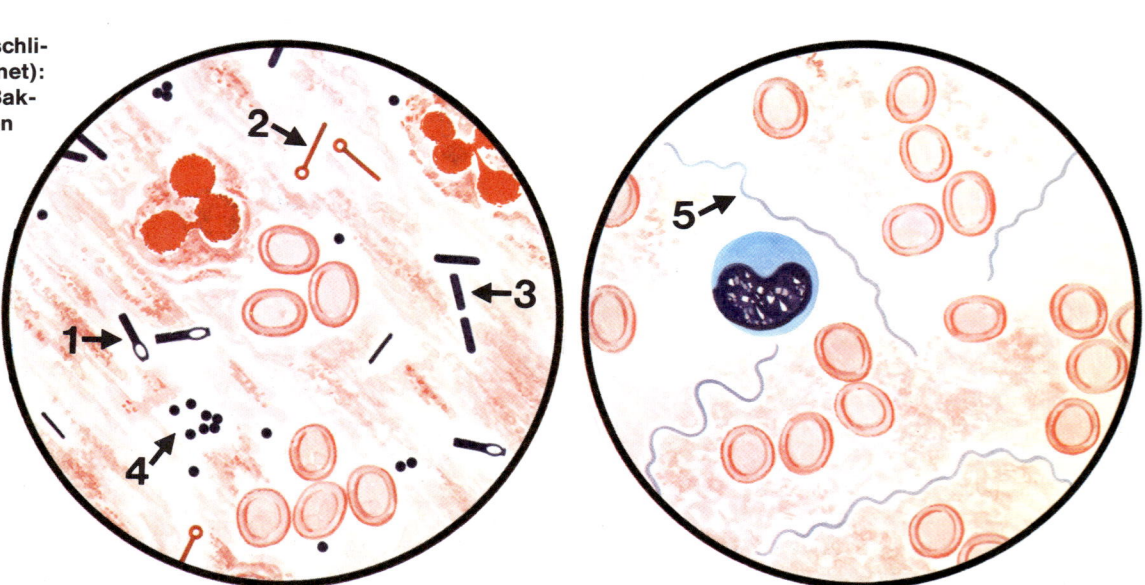

**Verschiedene Bakterien im menschlichen Blut (mit Pfeil gekennzeichnet):
1 Tetanusbazillen (stabförmige Bakterien), 2 und 3 sind weitere Arten von Tetanusbazillen,
4 Staphylokokken (traubenartige Bakterien),
5 Spirochäten (spiralartige Bakterien)**

Ballon

Rechts: Ein Wetterballon des Deutschen Wetterdienstes in Offenbach am Main wird startklar gemacht

Ballonfahren ist ein beliebter Amateursport (im Bild ganz rechts ein Heißluftballon)

Brand des Zeppelins „Hindenburg"

nach oben. Zum Transport von Personen und Lasten befindet sich am unteren Ende des Ballons ein Korb. Wir kennen hauptsächlich *Gasballons* und *Heißluftballons*. Beim Gasballon wird die Hülle des Ballons mit Gas gefüllt, beim Heißluftballon mit heißer Luft. Wenn nun der Ballon aufgestiegen ist, kann er über weite Strecken fliegen. Ihn zu steuern ist allerdings kaum möglich, denn er wird vom Wind getrieben. Es lässt sich aber die Höhe, in der er sich bewegen soll, bestimmen. Man führt deshalb schwerere Gegenstände mit, die man Ballast nennt. Meist sind es Sandsäcke. Je höher der Ballon steigen soll, um so mehr Ballast wird abgeworfen. Will man wieder landen, wird Gas abgelassen. Die längste Strecke, die ein Ballon schaffte, war die Überquerung des Atlantiks von Amerika nach Europa im Jahr 1979. Das Prinzip des Auftriebs wurde von *Archimedes* (287–212 v. Chr.) entdeckt. Doch seine Erkenntnisse blieben lange Zeit für die Luftfahrt ungenutzt. Um 1300 hat man schon vereinzelt Ballons aufsteigen lassen und anlässlich einer Papstkrönung ließ man riesige Heiligenfiguren aus Papier und Leinwand steigen. Sie wurden über Feuer mit heißer Luft gefüllt und erhoben sich an Seilen schwebend. Der Konstrukteur war *Leonardo da Vinci* (1452–1519). Heiße Luft hat also die Kraft, Gegenstände nach oben fliegen zu lassen. Diese Feststellung machten auch fast 300 Jahre später die Brüder *Montgolfier*. Ihnen gelang es im Jahre 1783, einen Ballon mittels Heißluft aufsteigen zu lassen. Er erreichte eine Höhe von etwa 2000 m und eine Flugdauer von 10 Min. Im selben Jahr gelang, ebenfalls in Frankreich, die Konstruktion des ersten Gasballons, der unbemannt eine Strecke von 22 km in etwa 1 Stunde zurücklegte. Die ersten Menschen starteten am 21. Oktober 1783 in der so genannten „Traum-Montgolfière". Die weitere Entwicklung führte zum Bau steuerbarer Luftfahrzeuge, die ebenfalls mit Gas gefüllt waren und einen eigenen Antrieb hatten. Man nannte sie *Luftschiffe*. In ihrer Form glichen sie einer großen, dicken Zigarre und hatten auch Aufenthaltsräume und Kabinen für die Fluggäste.

Die ersten Luftschiffe baute seit 1898 Graf Zeppelin. Man nannte sie deshalb auch Zeppeline. Sie waren aus einem starren Leichtmetallgerüst konstruiert, das mit Stoff überzogen war. Motoren trieben **Propeller** an und machten somit das Luftschiff steuerbar. 1924 flog zum ersten Mal

Bambus

ein Luftschiff – die „LZ 126" – ohne Zwischenlandung über den Atlantik in die USA. Das seinerzeit größte Luftschiff, die „Hindenburg", war 245 m lang, in der Lage, 14 000 km weit zu fliegen, und erreichte eine Höchstgeschwindigkeit von 126 km/h. Die „Hindenburg" fiel am 6. 5. 1937 einem Brandunglück zum Opfer. Nach der erfolgreichen Atlantiküberquerung explodierte das Luftschiff bei seiner Landung in Lakehurst (USA). Es war die erste Katastrophe in der zivilen Luftfahrt.

Bambus

Bambus gehört zur Gattung der **Gräser** und ist vor allem in den tropischen Gebieten, besonders in Südostasien verbreitet. Man erkennt ihn an den hohlen, harten Stämmen (Bambusrohr), die einen Tageszuwachs von bis zu 1 m haben und bis zu 40 m hoch werden können. Die jungen Triebe genießt man als Gemüse (Bambussprossen), die Stämme werden als Bauholz sowie für die Herstellung von Möbeln oder Stöcken genutzt. Aus den Fasern flechten die Einheimischen Matten und Wandbehänge.

Bär

Bären zählen zur Klasse der **Säugetiere** und wurden seit jeher als Viehräuber verfolgt. Besonders der Braunbär ist deshalb in vielen Teilen Mitteleuropas ausgerottet. Wir finden ihn noch in Skandinavien, in den Karpaten, auf dem Balkan, in den Pyrenäen und in einigen Alpengebieten. Der

Bambus

Bär tritt mit dem ganzen Fuß auf, ist also ein *Sohlengänger*. Trotz seines Gewichtes kann er schnell laufen und ist auch ein äußerst geschickter Kletterer. Er besitzt kein ausgesprochenes Fleischfressergebiss, was ihn als *Allesfresser* ausweist. Er lebt sowohl von Wurzeln, Beeren, Pilzen, Würmern und Insekten als auch von kleineren und größeren Säugetieren, soweit er sie erbeuten kann. Gerne frisst er Honig. Der Bär lebt als Einzelgänger und beansprucht ein Waldrevier von ca. 3000 ha. Er ist kein *Winterschläfer*, sondern ein *Winterruher* und verbringt die Wintermonate in einem Lager aus Fichtenzweigen, Laub und Heu unter umgestürzten Bäumen oder in Höhlen. In dieser Zeit bringt die Bärin zwei bis drei Junge zur Welt, die etwa so groß wie Ratten sind. Die Jungen sind *Nesthocker* und viele Wochen äußerst hilfsbedürftig. 1 Jahr lang werden sie von der Mutter versorgt und geführt. Bären sind sehr gelehrig, deshalb werden sie auch in Tiergärten und im Zirkus gehalten. Früher zog das fahrende Volk mit Tanzbären von Ort zu Ort.

Bekannt ist uns auch der *Eisbär*, der an den Rändern des nördlichen *Polarmeeres* lebt. In seinem 30jährigen Leben befindet er sich ständig auf Wanderschaft. Der Eisbär hat sich dem arktischen Lebensraum so gut angepasst, dass er keine Winterruhe braucht. Sein dichtes weißes Fell und seine dicke Speckschicht schützen ihn vor der Kälte. Er ist zudem ein vorzüglicher Schwimmer, seine Hauptbeute sind Seehunde.

Zu den Kleinbären gehört der *Waschbär*. Er lebt wie der *Grizzly* in Nordamerika.

Barometer

Das Barometer ist ein Gerät zum Messen des **Luftdrucks**, das von dem italienischen Naturforscher *Evangelista Torricelli* (1608–1647) erfunden wurde. Gemessen wird, indem man eine einseitig geschlossene und vollständig mit Flüssigkeit (meist mit **Quecksilber**) gefüllte Röhre mit der Öffnung nach unten in ein offenes Gefäß stellt. Dabei fällt die Flüssigkeit so weit ab, bis die Säule dem äußeren Luftdruck

Bären können sich trotz ihrer Körperfülle sehr schnell und gewandt bewegen

Eisbären

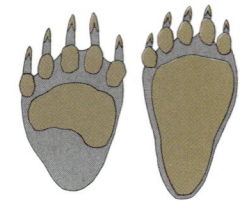

Vorderfuß (links) und Hinterfuß eines Braunbären

gleich ist. Das Gewicht einer Säule von etwa 760 mm Höhe entspricht dem normalen Druck der Luft. Dieses genau arbeitende *Gefäßbarometer* wird heute noch in der Forschung gebraucht. Häufiger jedoch trifft man das *Dosenbarometer (Aneroidbarometer)* an, das 1847 von Vidi erfunden wurde. Wichtigster Bauteil dieses Gerätes ist eine elastische, kreisrunde, luftleere Blechdose. Sie ist mit einer Membran bespannt, die von einer starken **Feder** gehalten wird. Der Luftdruck wirkt auf diese Membran, die leicht bewegt wird und damit auf die Feder. Durch verschiedene **Hebel** überträgt sich die Bewegung auf einen Zeiger, der den Luftdruck in Millibar angibt. Die Bezeichnung Bar oder Millibar für die Luftdruckmessung wird im Wetterdienst verwendet. Auf manchen Barometern stehen noch die Bezeichnungen schön – veränderlich – Sturm und Regen. Das ist darauf zurückzuführen, dass *Hochdruck* meist schönes Wetter, *Tiefdruck* in der Regel Regen und Sturm mit sich bringt.

BASIC

BASIC (**B**eginners **A**ll purpose **S**ymbolic **I**nstruction **C**ode) ist eine dialogorientierte, mathematische *Programmiersprache* von vergleichsweise einfacher Struktur, die nur eine geringe Anzahl von Befehlen oder Anweisungen verwendet und daher leicht zu erlernen und anzuwenden ist. (**Datenverarbeitung**)

Batterie

Die Batterie ist eine Zusammenschaltung mehrerer Stromquellen zur Erhöhung der Spannung. *Alessandro Graf von Volta (1745–1827)* entwickelte aufbauend auf die Versuche seines Landsmannes *Luigi Galvani (1737–1798)* eine so genannte „voltasche Säule", die aus 20–30 Plattenpaaren von Silber und Zink bestand. Jedes Paar war vom nächsten durch ein feuchtes Läppchen getrennt. Diese Säule lieferte **elektrischen Strom**, wenn man die unterste mit der obersten Platte leitend verband. Dieser Apparat war der Vorläufer unserer heutigen Batterien, wie man sie für Taschenlampen oder Transistorradios verwendet. Man kann selbst jederzeit eine elektrische Stromquelle herstellen, wenn man einen Holzkohlestift als Minuspol und einen Nagel als Pluspol nebeneinander in eine Zitrone steckt. Wenn man Nagel und Holzkohle leitend miteinander verbindet, wird man mit einem empfindlichen Messgerät die Spannung nachweisen können. Seit Volta wissen wir, daß zwischen zwei verschiedenen Metallen eine elektrische Spannung besteht, wenn man sie in eine Strom leitende Flüssigkeit legt. Die Spannung ist um so höher, je weiter die verwendeten Spannungsreihen auseinanderstehen.

In der Taschenlampenbatterie ist die leitende Flüssigkeit, der *Elektrolyt* (**Elektrolyse**), eine Salmiaklösung, die zu einem Brei verdickt ist. Zentrum der Batterie ist ein Kohlestab (Pluspol); zwischen ihm und der Zinkummantelung entwickelt sich eine Spannung von 1,6 Volt.

Bauchredner

Ein Bauchredner ist jemand, der Worte hervorbringt, ohne dabei die Lippen zu bewegen. Durch Zusammenziehen der Gaumenbögen und mit Hilfe der Kehlkopfmuskeln entsteht eine starke Resonanzminderung, so dass der Zuhörer den Eindruck hat, die Stimme käme aus dem Bauch.

Bauchspeicheldrüse

Die Bauchspeicheldrüse, auch *Pankreas* genannt, ist eine ca. 18 cm lange **Drüse**, die zusammen mit dem Gallengang in den *Zwölffingerdarm* mündet. In diesen werden von der Bauchspeicheldrüse mehrere **Enzyme** abgesondert. Das Enzymgemisch enthält Kohlenhydrate spaltende, Eiweiß spaltende und Fett spaltende Enzyme. Die Bauchspeicheldrüse gibt an das **Blut** das **Hormon** *Insulin* ab. Das Fehlen von Insulin führt zur Zuckerkrankheit, **Diabetes** genannt.

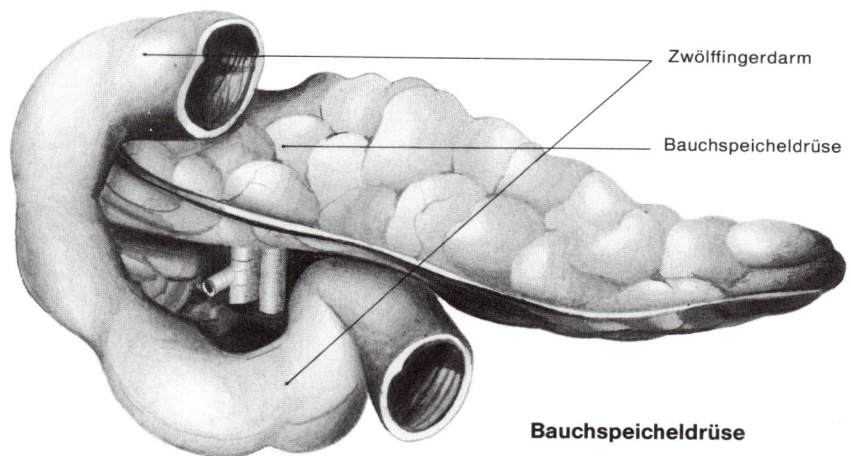

Zwölffingerdarm
Bauchspeicheldrüse

Bauchspeicheldrüse

Baum

Der Baum ist eine holzige Pflanzenart, die sich in den *Stamm* und die aus Zweigen (Ästen) gebildete *Krone* gliedert. Bäume können das Laub abwerfen (**Laubbäume**) oder immer grün sein (**Nadelbäume**). Darüber hinaus unterscheidet man noch verschiedene Baumformen, etwa den Kugelbaum, den Schopfbaum, den Hängebaum, den Kopfbaum, den Pyramidenbaum und den Schirmbaum. Der höchste

Junge Waldkiefer

Baumringe

Baum ist der *Riesenmammutbaum* (bis 135 m), die breiteste Krone hat der **Affenbrotbaum** (bis 50 m). Der älteste Baum ist die Kalifornische Borstenkiefer mit nahezu 5000 Jahren. (**Wald**)

	Höhe	Stammdicke
Riesenmammutbaum	135 m	12 m
Eucalyptus regnans	116 m	
Große Küstentanne	90 m	
Weißtanne	75 m	3 m
Fichte	60 m	3 m
Stieleiche	50 m	7 m
Gemeine Kiefer	48 m	
Rotbuche	44 m	2 m
Sommerlinde	40 m	9 m

Baumringe

Sägt man einen Baumstamm durch, so kann man an den Ringen auf der Querschnittfläche sein **Alter** und die jährlichen Witterungsbedingungen, denen er ausgesetzt war, ablesen. Eine dünne Schicht von **Zellen** zwischen Holz und Rinde, die sich jährlich erneuert, bildet diese Altersringe. Jedes Jahr wird ein solcher Ring um den Stamm angelegt. Diese Ringe haben einen breiteren und helleren Teil im Frühjahr, einen schmaleren und dunkleren Teil im Sommer. Wenn nun viel **Wärme** und **Regen** den Wuchs begünstigt haben, sind die Ringe breiter. Bei schlechteren Wetterbedingungen zeigen sich schmalere Ringe.

Baumwolle

Als Baumwolle bezeichnet man die Samenhaare des Baumwollstrauches aus der Gattung der *Malvengewächse*. Die Baumwolle wird hauptsächlich in der VR China, den USA, der ehemaligen UdSSR und in Indien angebaut (Baumwollplantagen). Die Baumwollpflanzen erreichen 1–2 m Höhe und verzweigen sich vielfach. Sobald die walnussgroßen Früchtekapseln aufplatzen (nach 8 Monaten), quellen die weißen Samenhaare heraus. Geerntet wird die Baumwolle heute vorwiegend mit Pflückmaschinen anstatt wie früher mit der Hand. In dem einst größten Erzeugerland USA hatten Negersklaven die harte Arbeit bewältigt.

Nach der Ernte wird die Baumwolle trocken gelagert und dann in Entkernungsmaschinen von den Samenkörnern befreit und unter hohem Druck zu bis zu 300 kg schweren Ballen gepresst. Die Qualität richtet sich nach Feinheit, Farbe und Faserlänge. Die Baumwolle ist das wichtigste Rohmaterial für die Herstellung natürlicher *Textilien*. Die Fasern werden versponnen und anschließend zu Baumwollstoffen verwebt. Aus dem Baumwollsamen gewinnt man Speiseöl.

An den Baumringen läßt sich das Alter der Bäume ablesen

Bazillen

Die Bazillen sind die Sporen bildende Form der **Bakterien**. Unter ihnen gibt es zahlreiche Krankheitserreger.

Beere

Die Beere ist eine **Frucht** mit saftigem Innern und oft vielen Samenkernen sowie einer festen Außenhülle (z. B. Stachelbeere, Tomate, Dattel).

Die reifen, aufgesprungenen Früchtekapseln gleichen Schneebällen

Maschinelle Baumwollernte

Befruchtung

Bei der Befruchtung vereinigen sich bei Mensch, Tier und Pflanze eine männliche und eine weibliche *Geschlechtszelle*. Beim Tier und beim Menschen tritt eine *Samenzelle* in eine *Eizelle* ein. Die Zellkerne beider Geschlechtszellen verschmelzen. Der dabei entstehende Kern der Zelle des neuen Lebewesens enthält deshalb auch die *Erbanlagen* (**Chromosomen**) beider Elternteile. Durch Zellteilung wächst aus dieser neuen Zelle der **Embryo**. Bei den Pflanzen haben nur die *Sporenpflanzen* und einige *Nacktsamige* bewegliche Samenzellen, die eine Eizelle aufsuchen. Die Eizelle liegt bei den Samenpflanzen in der Samenanlage, die im *Fruchtknoten* eingeschlossen ist. Die männliche Zelle befindet sich im *Blütenstaub* oder Pollenkorn. Beide Geschlechtszellen sind zu Zellkernen zurückgebildet. Nach der **Bestäubung** treibt das Pollenkorn den Pollenschlauch. Er wächst zur Eizelle durch und vollzieht so die Befruchtung.

Beim Menschen werden in den **Geschlechtsorganen** von Mann und Frau männliche bzw. weibliche **Keimzellen** erzeugt. Die Samenzellen werden in den beiden Hoden des Mannes gebildet und in den Nebenhoden gespeichert. Sie strömen beim *Samenerguss* durch die Samenleiter in die Harnröhre des *Gliedes* und gelangen auf diese Weise nach außen. Bläschendrüsen scheiden dabei eine Flüssigkeit aus, die den Transport der Samenzellen erleichtert. Die weibliche Eizelle kann jedoch nur befruchtet werden,

Benzin

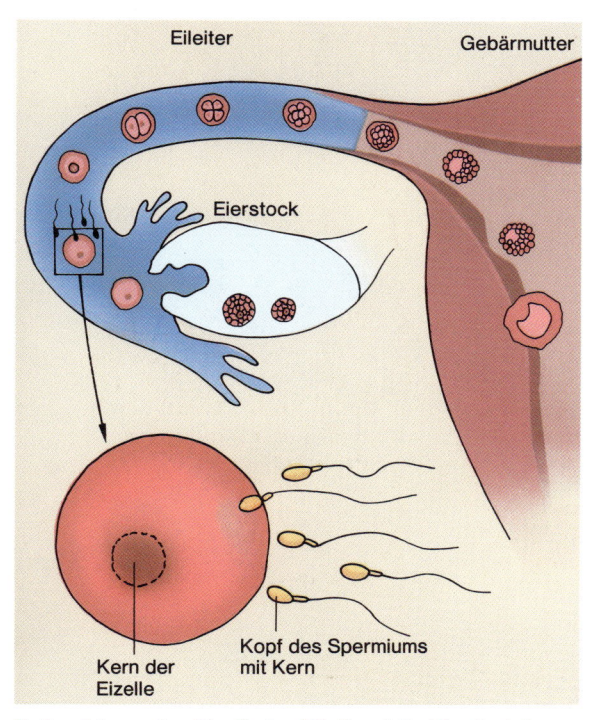

Befruchtung der Eizelle im Eileiter (die Eizelle ist vergrößert)

Befruchtung mehrerer Samenanlagen der Erbse

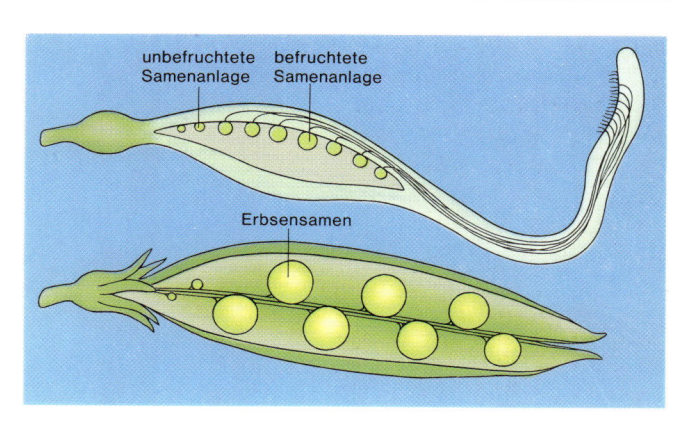

Samenanlagen der Bohne

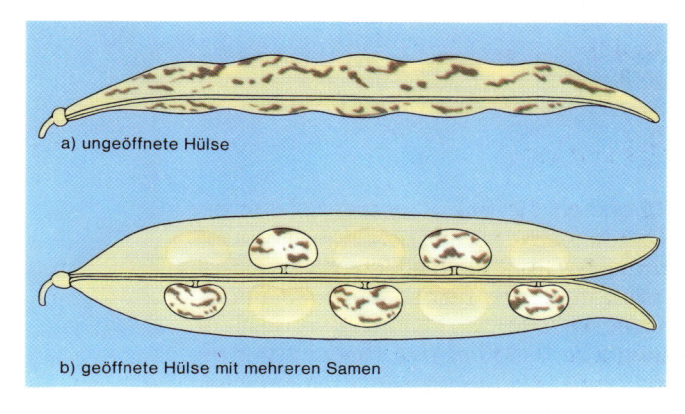

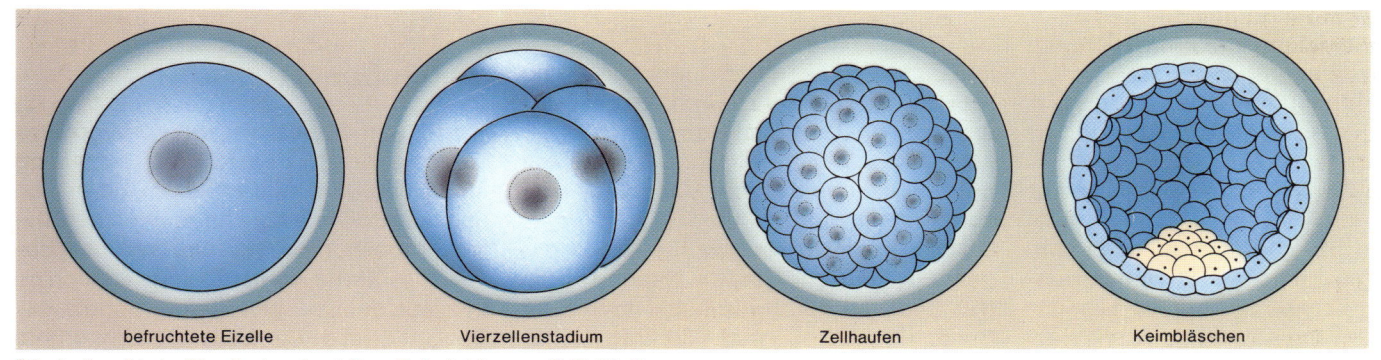

a) ungeöffnete Hülse
b) geöffnete Hülse mit mehreren Samen

Die befruchtete Eizelle beginnt ihre Entwicklung mit Zellteilung

befruchtete Eizelle — Vierzellenstadium — Zellhaufen — Keimbläschen

---

wenn sie sich im *Eileiter* befindet. Beim *Geschlechtsverkehr* (Begattung) wird das versteifte männliche Glied in die *Scheide* der Frau eingeführt. Bei einem einzigen Samenerguss werden etwa 300 Mill. Samenzellen mit der Samenflüssigkeit ausgestoßen. Die Samen schwimmen aufgrund der schlängelnden Bewegung des Schwanzfadens, der am Zellkern sitzt, durch die *Gebärmutter* in die beiden Eileiter, wo sie in einem der beiden auf die Eizelle treffen. Die Samenzelle, die die Eizelle zuerst erreicht, dringt in sie ein, wobei der Kern der Samenzelle und der der Eizelle miteinander verschmelzen. Da sich dieser Vorgang im Inneren der weiblichen Geschlechtsorgane vollzieht, spricht man beim Menschen von innerer Befruchtung.

Belichtungsmesser

Der Belichtungsmesser ermittelt die richtige Belichtung, d. h. die den Lichtverhältnissen angepasste Einstellung von **Blende** und Belichtungszeit am **Fotoapparat**. Der Belichtungsmesser misst die vom Aufnahmegegenstand her auf die Kamera treffende Lichtstrahlung mit Hilfe einer **Fotozelle**, die das vom Motiv reflektierte Licht in einen schwachen elektrischen Strom umwandelt, der den Zeiger eines empfindlichen Anzeigegerätes ausschlagen lässt.
Moderne Kameras haben einen eingebauten Belichtungsmesser, der die Belichtungszeit, die Blendenöffnung oder beides automatisch richtig steuert.

Benzin

Benzin ist ein Gemisch schnell siedender Kohlenwasserstoffe. Leichtbenzin verdampft bei 60–100 °C, Schwerbenzin bei 100–150 °C. Gewöhnliches Benzin mit einem *Flammpunkt* unter 12 °C eignet sich gut als Lösungsmittel für **Fette, Öle** und *Harze* (so genanntes Waschbenzin). Zur Desinfektion von Wunden verwendet man Wundbenzin. Benzindämpfe ergeben unter Zufuhr von **Luft** ein leicht explosives Gasgemisch, das bei **Verbrennungsmotoren** Verwendung findet. Benzin wird durch **Destillation** aus **Erdöl** oder bei der Verflüssigung von Steinkohle gewonnen. Als Kraftstoff für Kraftfahrzeugmotoren sind gebräuchlich: *Normalbenzin* (mit der

Bergbau

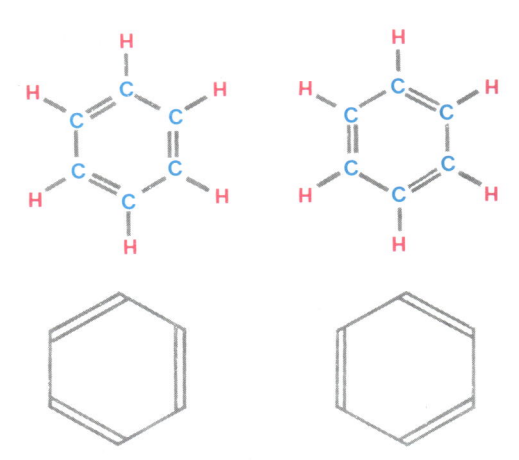

Die Benzolmoleküle haben sechs Kohlenstoff- und sechs Wasserstoffatome (oben). Benzolringe (unten)

Oktanzahl 91–94), *Superbenzin* (mit der Oktanzahl 98–100,5), *Dieselöl* (für **Dieselmotoren**). Das bleihaltige Antiklopfmittel, das dem Benzin beigegeben wird, um die Laufqualitäten des Motors zu verbessern, wird aus Gründen des **Umweltschutzes** zunehmend durch bleifreie Substanzen ersetzt. *Bleifreier Kraftstoff* wird in **Motoren** mit **Katalysator** gründlicher und unter geringerer Belastung der Umwelt durch **Abgase** verbrannt.

Der Erzabbau ist heute weitgehend mechanisiert; im Bild: Arbeiten an einem Gleithobel für die Kohlegewinnung

Bergbau

Bergbau ist die Gewinnung verwertbarer **Mineralien** mit massivem technischem Einsatz und in großem Umfang. Man spricht von *Tagebau*, wenn die **Bodenschätze** durch Abtragung der Humusschicht direkt zugänglich gemacht werden (z. B. *Braunkohle*), oder von *Untertagebau*, wenn Stollen zum Teil mehrere 100 m tief in die Erde getrieben werden müssen.

Beim Tagebau erfolgt das Abtragen der Gesteine, der Erdschichten und vor allem der Lagerstätten durch riesige Schaufelradbagger und Förderbänder. Wirtschaftlich ist der Tagebau bis zu einer Tiefe von 350 m, wo sich die dadurch entstandenen riesigen Gruben mit Wasser füllen und Seen bilden. Die durch den Tagebau zerstörte Landschaft muss nach der Förderung der Bodenschätze von der Bergbaufirma rekultiviert werden.

Beim Untertagebau wird erst das Mineralvorkommen von Geologen (**Geologie**) nach seiner Lage und Tiefe (Teufe) geprüft und das Vortreiben von Stollen und Schächten geplant. Von den Schächten aus werden Sohlen (waagerechte Stollen) und von diesen aus Querschläge und Richtstrecken in der Lagerstätte gebildet, um Abschnitte einzuteilen, die nacheinander abgebaut werden. Die Strecken werden heute meist von Maschinen vorangetrieben.

Dabei muss vor allem die Sicherung gegen Einsturz und gegen Nachrutschen des Gesteins durch die Auskleidung der Schächte mit Holz- und Stahlträgern gewährleistet sein. Besonders wichtig ist die Belüftung der Stollen zum Abzug von Gasen (Gefahr von **Explosionen**, so genannten „schlagenden Wettern") und die Beseitigung von Grundwasser (Gefahr der Stollenüberflutung durch Wassereinbruch). Je tiefer die Schächte vorgetrieben werden, desto höher steigen die Temperaturen, was die Arbeitsbedingungen sehr stark erschwert. So nimmt die Gesteinswärme im Durchschnitt alle 33 m um etwa 1 °C in Richtung Erdmittelpunkt zu.

Beschleunigung

Als Beschleunigung bezeichnet man die Zunahme der Geschwindigkeit eines Körpers innerhalb einer bestimmten Zeiteinheit. Die Abnahme der Geschwindigkeit eines Körpers nennt man *Verzögerung*.

Bestäubung

So nennt man bei Pflanzen den Vorgang, durch den die **Befruchtung** eingeleitet wird. Dabei wird der *Blütenstaub*, den man auch als **Pollen** bezeichnet, von einer **Blüte** auf die Narbe einer anderen übertragen. Die Narbe ist ein kleines Köpfchen, das auf dem so genannten Griffel sitzt. Der Griffel ist der längliche Stab innerhalb einer Blüte.

Bei der Selbstbestäubung sind es Pollen derselben Blüte, bei Fremdbestäubung Pollen aus einer anderen Blüte gleicher Art. Der Blütenstaub wird durch Wind (Windblüter), Wasser (Wasserblüter) und Tiere (Tierblüter) weitergegeben. Bei der Kirsche z. B. fliegen Insekten die Kirschblüte an, um die nahrhaften Pollen und den süßen Nektar aufzunehmen. Auf diese Weise tragen sie Pollenkörner von einer Kirschblüte zur anderen. Viele der Pollenkörner bleiben dabei an der Narbe hängen. Die tierischen Bestäuber sind vor allem **Insekten** (Bienen) und **Vögel**, aber auch **Schnecken**. Sie werden in erster Linie von farbigen, duft- und honigreichen Blüten angelockt.

Bewässerung

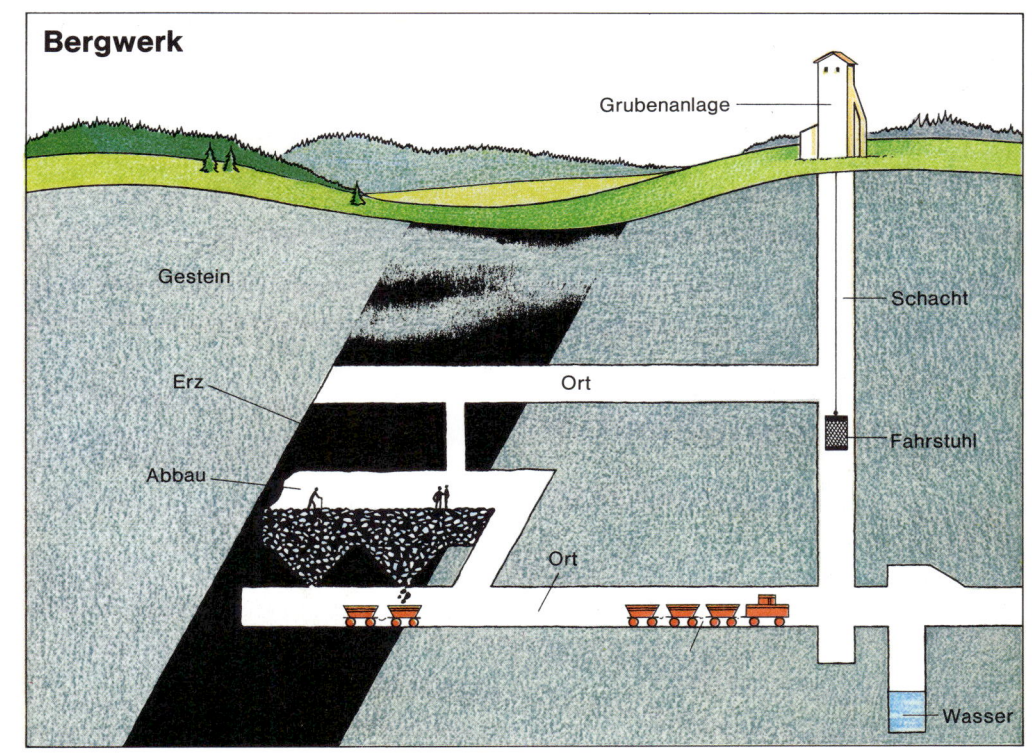

Bergwerk

Ein Bergwerk im Querschnitt

Beton

Beton ist ein künstlicher Baustoff, der aus **Zement** als Bindemittel und aus Sand sowie aus Kies besteht und unter Zugabe von Wasser in Betonmischern hergestellt wird. Betonähnliche Baustoffe wurden schon von den Römern vor 2000 Jahren verarbeitet. Heutzutage wird der flüssige Betonbrei mit Hilfe von Betonpumpen in Formen (Holzverschalungen) gepresst, wo er nach dem Abbinden (Trocknen) zusammen mit dem meist eingelegten Stahldrahtgeflecht ein äußerst festes, stabiles Gebilde ergibt. Die Kombination Beton – Stahl ist auch deshalb so vielseitig einsetzbar, weil der umschlossene Stahl nicht rostet und beide Stoffe die gleiche Wärmeausdehnung haben. Für besonders beanspruchte Teile (**Brücken**) kann man die Stabilität noch erhöhen, wenn man vor dem Erhärten die Stahlteile in der Betonmasse spannt (*Spannbeton*). Ohne Beton wäre unsere Bautechnik (Hochhäuser, Brücken ohne Pfeiler) unmöglich.

Beuteltier

Beuteltiere gehören zur Klasse der **Säugetiere**. Heute gibt es noch 241 Arten, die von Maus- bis Menschengröße in den verschiedensten Lebensräumen vorkommen. Ihre besonderen Unterscheidungsmerkmale anderen Säugetieren gegenüber sind die Art, wie sie ihre Jungen zur Welt bringen, und die **Brutpflege**. Die jungen Tiere kommen in einem noch unfertigen Zustand zur Welt. Sie benötigen deshalb eine besonders enge Bindung an den Mutterleib und eine lange und intensive Betreuung durch die Mutter. Zu diesem Zweck haben die Beuteltiere einen Beutel am Bauch, in dem sie die Jungen großziehen.

Wie früh Beuteltiere ihre Jungen zur Welt bringen, zeigt sich am Beispiel des *Kängurus*: Das Riesenkänguru wird etwa 2 m groß. Nach 33 Tagen Tragzeit bringt die Mutter ein Junges zur Welt, das nur 2 cm lang ist und 0,75–1 g wiegt (das Gewicht der Mutter beträgt 20–30 kg). Dieses winzige Wesen hat weder Haare noch ausgebildete Augen und Ohren. Dennoch klettert es schlängelnd in den wärmenden Beutel der Mutter. Es wird wahrscheinlich durch den **Geruchssinn** geleitet, denn seine Nasenlöcher sind weit geöffnet. Im Beutel der Mutter saugt es sich gleich an einer *Zitze* fest. Die Jungtiere leben dann noch etwa 6 Monate im Beutel, bevor sie die ersten Blicke hinaus riskieren; ab dem Alter von 8 Monaten verlassen sie den Beutel erst zeitweise und schließlich ganz. Sie wiegen jetzt 2–4 kg.

Beuteltiere leben heute in Australien, auf den Inseln rund um Australien, in Süd- und Mittelamerika und teilweise auch in Nordamerika. Zu den wichtigsten Vertretern der Beuteltiere gehören das Riesenkänguru, der Beutelwolf als größtes Fleisch fressendes Beuteltier, die Wasserbeutelratte, das einzig schwimmende Beuteltier, und der Beutelmaulwurf.

Bewässerung

Auch heute kommt der Bewässerungstechnik große Bedeutung zu, da man mit ihrer Hilfe bisher brachgelegene Landschaften für die **Landwirtschaft** nutzbar machen kann. Bewässerung wird immer dort vorgenommen, wo die natürlichen **Niederschläge** nicht ausreichen. Zur künstlichen Bewässerung kann man **Wasser** von Flüssen, Seen oder Staubecken ableiten. Es kann aber auch aus dem Boden vom **Grundwasser** hochgepumpt werden. Eine große Rolle spielt das System der Verteilung. Auf welche Weise bewässert wird, richtet sich vor allem nach der Beschaffenheit des Bodens, nach dem Gefälle usw. Ist das Gelände etwas abfallend, so kann man mit der Berieselung arbeiten. Dabei wird Wasser aus dem Bewässerungsgraben durch Rieselrinnen geleitet. Es befeuchtet dann auf seinem Weg, den es durch das abfallende Gelände nimmt, den Boden und wird in einem Entwässerungsgraben wieder aufgefangen. Eine andere Möglichkeit ist der so genannte Grabenstau. Dabei durchzieht man das Feld mit vielen Furchen, zwischen denen die Pflanzen angebaut werden. Das Wasser wird in die Furchen geleitet und sickert langsam in die Erde ein. Bei der Beregnung oder Berieselung von oben pumpt man das Wasser über einen Schlauch in eine Berieselungsanlage. Wir kennen die Berieselungsanlage von vielen Gärten (Rechteck-, Kreis- und Sektorenregner).

Bei der Überstauung wird bei einem leicht abschüssigen Gelände ein Bewässerungsgraben gezogen, in dem das Wasser fließt. Durch einen Erdwall sickert das Wasser dann weiter nach unten, wird nochmals von einem Erdwall aufgefangen und gelangt nun durch diesen über das anschließende Feld weiter, bis es letztlich in einem Entwässerungsgraben aufgefangen wird. Zwischen je zwei Erdwällen staut sich das Wasser und sickert dabei langsam in den Boden ein.

Biber

Ein Biber beim Sammeln von Ästen, mit denen er seine Wohnburgen und Staudämme baut

Biber

Der Biber gehört zur Familie der **Nagetiere**, wird ungefähr 1 m lang, ist mit einem platten Schuppenschwanz (Kelle) ausgestattet, hat Schwimmhäute an den Hinterfüßen und Meißelzähne. Diese benützt er zum ringförmigen Umnagen vom Baumstämmen, die er auf diese Weise fällt. Mit Zweigen und Rinde baut er kunstvolle Dämme zur Wasserstandsregulierung und im flachen Wasser oder am Ufer Burgen, deren Zugänge unter dem Wasser liegen. In Europa ist der Biber fast ausgerottet, erhalten ist er noch in Teilen Nordamerikas und Neufundlands. Das graubraune Fell wird zu Pelzen verarbeitet.

Biene

Während die meisten **Insekten** nur für sich selbst sorgen, leben die Bienen (wie auch die **Ameisen**) in großen Gemeinschaften, sie sind „soziale" Insekten. Das heißt, jedes einzelne Tier arbeitet für das Wohl der Gemeinschaft. Bienen leben im *Bienenstock*, der aus doppelschichtigen *Waben* besteht, die sich wiederum aus sechseckigen Zellen aus Wachs (Drüsenausscheidung der Arbeiterinnen) zusammensetzen. An der Spitze des Volkes steht die *Königin*, deren einzige Aufgabe es ist, Eier zu legen. Sie ist wesentlich größer als die anderen Bienen und wird von den *Arbeiterinnen* versorgt. Diese (10 000–15 000 im Winter, im Sommer bis zu 60 000 pro Bienenstock) können keine Eier legen. Sie haben die Aufgabe, die Bienenlarven (**Larven**) zu pflegen und Nahrung in Form von **Pollen** und **Nektar** aus **Blüten** zu sammeln und herbeizuschaffen, wobei die Pollen an den Härchen der Bienen hängen bleiben, in Körbchen an den Hinterbeinen transportiert und im Stock abgestreift werden. Beim Sammeln der Pollen bestäuben die Bienen zugleich die Pflanzen, was für uns noch wichtiger ist als der Bienenhonig, weil wir sonst auf viele Früchte verzichten müssten. Als Verständigungsmittel dienen den Arbeiterinnen Düfte und Bewegungen. Sie informieren ihre Stockgenossinnen durch Rund- oder Schwänzeltänze über Entfernung und Richtung einer reichen Nahrungsquelle. Die Richtung des Tanzes (nach oben oder unten) gibt die Richtung der Nahrungsquelle zum Sonnenstand an. Das Tempo des Tanzes gibt die Entfernung der Quelle an. Der Nektar, ein flüssiges Pflanzensekret, wird von den Bienen in **Honig** umgewandelt. Der dritte Bienentyp sind die größeren, gedrungenen, männlichen Bienen, die *Drohnen* (500–2000 Tiere pro Bienenstock), deren einzige Aufgabe es ist, mit einer neuen Bienenkönigin den Hochzeitsflug zu unternehmen. Im Herbst nach diesem Begattungsflug werden die stachellosen Drohnen von den Arbeitsbienen getötet oder aus dem Stock vertrieben. Die Arbeiterinnen besitzen einen giftigen Stachel, den sie beim Zustechen verlieren. Sie selbst sterben dabei.

Die Bienen werden von *Imkern* als „Haustiere" in Bienenkästen (-stöcken) gehalten und mit Hilfe von Honig und Zucker über den Winter gebracht.

Bildfunk

Der Bildfunk, auch Bildtelegrafie genannt, ist die Übertragung von Schwarzweißbildern und von Texten. Er ähnelt im Verfahren dem **Fernsehen**. Bilder werden auf elektrischem Weg mit Hilfe von **Fotozellen** zeilenweise abgetastet und in ein übertragbares elektrisches Signal umgesetzt. Dieses gelangt meist über Telefonleitungen zum Gerät des Empfängers. Dort werden die eintreffenden elektrischen Signale über den Eingangsverstärker intensiviert und steuern einen Schreibstrahl, der auf einer mit lichtempfindlichem Papier bespannten Trommel das Original reproduziert. **(Telefax)**

Bildröhre

Die Bildröhre ist eines der wichtigsten Teile des *Fernsehgerätes* und wird nach ihrem Erfinder auch braunsche Röhre ge-

Honigbiene, die Nektar sammelt

Bildschirm

Honigbienen legen ihre Stöcke unter natürlichen Bedingungen vorwiegend in hohlen Bäumen oder in Felshöhlen an

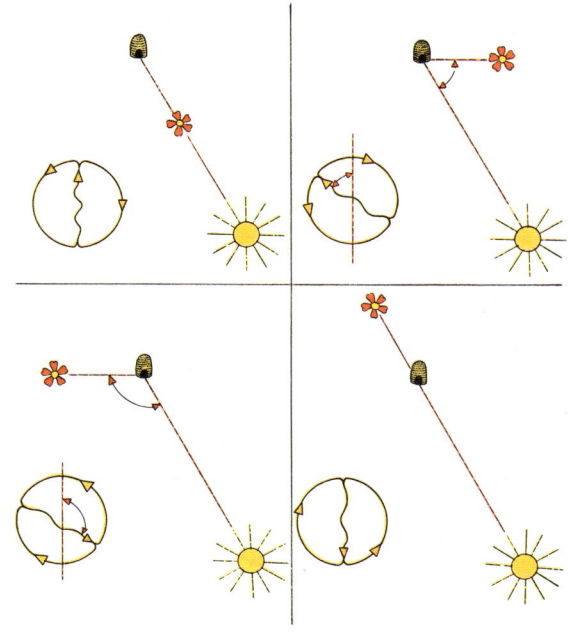

Die Richtung des Schwänzeltanzes gibt die Richtung der Nahrungsquelle zum Sonnenstand an

Entwicklung der Biene in der Zelle einer Honigwabe

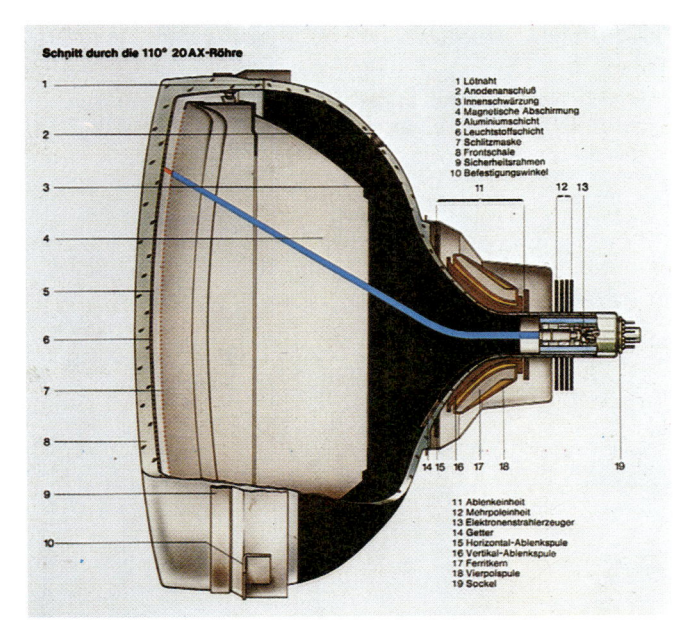

Farbfernsehbildröhre mit Leuchtschirm und Elektronenstrahl im Schnittbild

Schnitt durch die 110° 20AX-Röhre
1 Lötnaht
2 Anodenanschluß
3 Innenschwärzung
4 Magnetische Abschirmung
5 Aluminiumschicht
6 Leuchtstoffschicht
7 Schlitzmaske
8 Frontschale
9 Sicherheitsrahmen
10 Befestigungswinkel
11 Ablenkeinheit
12 Mehrpoleinheit
13 Elektronenstrahlerzeuger
14 Getter
15 Horizontal-Ablenkspule
16 Vertikal-Ablenkspule
17 Ferritkern
18 Vierpolspule
19 Sockel

nannt. Auf ihrem *Leuchtschirm* entsteht das Bild. Von der *Glühkatode* werden **Elektronen** durch die luftleere Bildröhre geschickt. Die negativen Elektronen werden auf die positiv geladene, ringförmige **Anode** hin beschleunigt, durchfliegen sie, werden in einer magnetischen Elektronenlinse konzentriert und treffen auf den **Bildschirm** (Leuchtschirm), wo ein punktförmiger Leuchtfleck entsteht. Von den magnetischen Feldern wird der Elektronenstrahl zeilenweise über den Leuchtschirm geführt. Dadurch entsteht eine **Bildzeile.** (**Fernsehen**)

Bildschirm

Der Bildschirm, auch Leuchtschirm genannt, ist eine Glas- oder Metallplatte, die mit einem leuchtenden Stoff beschichtet ist, z. B. mit Zink-Kadmium-Verbindungen. Mit deren Hilfe können **Röntgen-** und

Bildzeile

Elektronenstrahlen sowie **ultraviolette Strahlung** sichtbar gemacht werden. Besondere Bedeutung hat der Bildschirm als *Datensichtgerät (Terminal)* für den **Computer**.

Spinnennetzartige Dachkonstruktion des Münchener Olympiastadions

Bildzeile

Im Studio wird eine Sendung von Fernsehkameras aufgenommen. Dabei gelangt das Bild durch das **Objektiv** der **Kamera** auf eine Halbleiterplatte, deren einzelne Punkte sich je nach Helligkeit mehr oder weniger stark aufladen. Ein von einer *Glühkatode* ausgesendeter *Elektronenstrahl* überstreicht diese Platte Bildzeile für Bildzeile von links nach rechts, und zwar 625 Zeilen in einer Viertelsekunde. Durch das Abtasten entstehen elektrische **Impulse**, deren Stärke der Helligkeit der Bildpunkte entspricht. Diese Impulse werden verstärkt und wandeln die Trägerwellen ab, die vom Sender (**Fernsehturm**) abgestrahlt werden. Diese Trägerwellen werden von **Antennen** aufgefangen und im *Fernsehgerät* durch *Gleichrichter* zurückverwandelt. Die sich ergebenden elektrischen Impulse entsprechen genau denen, die im Studio von der Fernsehkamera geliefert wurden. Sie steuern die Stärke des Elektronenstrahls in der **Bildröhre** des Fernsehgerätes. Auch hier überstreicht der Elektronenstrahl in einer Viertelsekunde 625 Bildzeilen. Durch diesen ungeheuer schnellen Ablauf entsteht ein vollständiges Fernsehbild.

binär

Der Ausdruck binär kommt aus dem Lateinischen und bedeutet: aus zwei Elementen bestehend, zweiwertig. Als binär bezeichnet man in der **Datenverarbeitung** die Eigenschaft einer Speicherstelle, eines von zwei Binärzeichen aufnehmen zu können (**binäre Elemente**, **Bit**).

binäre Elemente

Elemente, die nur zu zwei einander ausschließenden Zuständen fähig sind, bezeichnet man als binäre Elemente. Beispiele: an oder aus (Licht); magnetisiert oder nicht magnetisiert (Magnetisierungsstelle). Diese Eigenschaften nützt man u. a. in der **Datenverarbeitung**.

Biochemie

Die Biochemie ist die Lehre von der chemischen Zusammensetzung der Lebewesen. Darüber hinaus befasst sie sich mit den chemischen Vorgängen im *gesunden* oder *kranken* **Organismus**. Die Biochemie hat vor allem die Vorgänge beim **Stoffwechsel** (**Eiweiße** und **Enzyme**) und die Zusammenhänge der **Vererbung** erforscht. Ihre Erkenntnisse sind u. a. im Bereich der Medizin für die **Diagnose** und die *Therapie* von *Stoffwechselerkrankungen* von Bedeutung.

Biologie

Die allgemeine Biologie, die sich aus mehreren Einzelwissenschaften, wie z. B. der **Anthropologie** (der Lehre vom Menschen), der **Botanik** (der Lehre von den Pflanzen) und der *Zoologie* (der Lehre von den Tieren) zusammensetzt, befasst sich mit den Eigenschaften aller Lebewesen. Sie erforscht deren Gestalt und Struktur, ihren Körperbau, die Arbeitsweise der **Organe**, ihre Lebensweise, ihre soziale Ordnung, ihr Vorkommen auf der Erde und ihre geschichtliche Entwicklung.

Bionik

Das aus den Begriffen Biologie und Technik gebildete Kurzwort Bionik umschreibt einen Wissenschaftszweig, der vor allem natürliche Funktionen von Organen bei Lebewesen erforscht und die Ergebnisse technisch umsetzt. Windenergieanlagen und Verkehrsleitsysteme in Berlin wurden in ihrer Konstruktion z. B. dem Verhalten von Vögeln nachempfunden. Die Hängekonstruktion für das Dach des Münchener Olympiastadions ähnelt dem Fangnetz von Spinnen.

Biotop

Ein Biotop ist der abgrenzbare natürliche *Lebensraum* einer Tier- und Pflanzengemeinschaft (z. B. der *Teich*, das **Moor** oder der Buchenwald). Die Erhaltung der Biotope und ihres **ökologischen Gleichgewichts** bzw. ihre Wiederherstellung sind notwendige Voraussetzungen für den **Artenschutz**, da die einzelnen Tier- und Pflanzenarten an ihren Lebensraum gebunden sind und nur innerhalb des Biotops miteinander existieren können.

Bisamratte

Die Bisamratte ist eine nordamerikanische *Wühlmaus* aus der Familie der **Nagetiere**. Sie ähnelt in ihrer Lebensweise dem **Biber**. Ihr Fell ist für Pelze sehr begehrt.

Etwa 60 Millionen Bisons lebten früher in Nordamerika. In der zweiten Hälfte des vorigen Jahrhunderts wurden sie fast ausgerottet. Heute leben nur noch etwa 30 000 von ihnen in Naturreservaten der USA und Kanadas

Bison

Der Bison gehört zur Gattung der **Rinder**. Er hat starke Hörner, einen muskulösen Buckel und eine dichte Mähne an Stirn, Kopf, Schultern und Vorderbeinen. Zur Art des Bisons gehören der *Wisent* (in Osteuropa) und der Präriebison Nordamerikas, den es nur noch in Schutzgebieten gibt. Er war einst das wichtigste Jagdwild der Indianer Nordamerikas. Von den Weißen wurde er beim Eisenbahnbau durch den Westen der USA zu Hunderttausenden sinnlos abgeschossen, wodurch die Indianer ihre Nahrungsmittelreserven verloren und zum Widerstand getrieben wurden.

Bit

Das Bit (engl.: **bi**nary dig**it** = binäre Ziffer, Binärstelle) ist die kleinste *Speichereinheit* einer **Datenverarbeitungs**-Anlage, die nur mit den Werten 0 und 1 arbeitet. Das Bit ist die Grundlage des binären Zahlensystems und der binären Verschlüsselung. Größere Informationseinheiten bauen sich aus einer gewissen Anzahl von Bits auf, so z. B. das **Byte** aus acht Datenbits und einem Prüfbit.

Blatt

Blätter erfüllen für die **Pflanze** lebenswichtige Funktionen. Am Beispiel der Blätter von Bäumen lässt sich das nachweisen. Das Blatt hat eine wechselnde Außenschicht, die es vor dem Austrocknen und vor zu starker Sonneneinstrahlung schützt. Durch kleine spaltförmige Öffnungen, die von nierenförmigen Schließmuskeln umgeben sind, erfolgt die Wasserdampfabgabe des Blattes. Kommt es zu einem starken Wasserdruck – bei Regen –, wird der Spalt weiter geöffnet. Lässt der Druck nach, erschlaffen die Schließzellen, und die Öffnung wird kleiner. Damit lässt sich die **Verdunstung** kontrollieren. Durch die Spaltöffnung nimmt das Blatt **Kohlendioxid** und **Sauerstoff** auf und gibt Wasserdampf ab (siehe auch **Assimilation**). Im Herbst bildet sich eine Schicht von Korkzellen quer zum Blattstiel der **Laubbäume**. Diese Korkzellen schließen das Blatt ab, es stirbt und fällt vom Baum ab. Über der Blattstielnarbe des abgefallenen Blattes wächst eine **Knospe**, aus der im Frühling wieder ein Blatt entsteht. (**Fotosynthese**)

Die Blätter der zweikeimblättrigen Pflanzen haben ein dichtes Netz feinster Äderchen (oben), Brombeerblatt mit gleichmäßig verzweigten Adern (unten)

Verschiedene Blattformen (obere Abbildung). Unterschiedliche Anordnung von Blättern an den Stengeln (unten)

Obere Reihe: Einfache Blätter
- Linearförmig (Gras)
- Lanzenförmig (Liguster)
- Eiförmig (Birne)
- Gelappt (Eiche)
- Nierenförmig (Brunnenkresse)
- Handförmig gelappt

Untere Reihe: Zusammengesetzte Blätter
- Handförmig (Rosskastanie)
- Unpaarig gefiedert (Bergesche)
- Zweifach gefiedert (Robinie)

Gegenständig – Wechselständig – Spiralig (oder wirtelig) – Rosette
Achselknoten, Sprossachse

Blattgrün

Als Blattgrün – oder *Chlorophyll* – bezeichnet man eine Gruppe biologisch wichtiger **Pigmente**, die Pflanzen ihre grüne Farbe verleihen und sie zur **Assimilation** (**Fotosynthese**) anregen. Typisch für alle assimilierenden Pflanzen ist das blaugrüne Chlorophyll a, das u. a. in allen Blütenpflanzen und in vielen Grünalgen, **Moosen**, **Farnen** u. a. vom gelbgrünen Chlorophyll b begleitet wird.

Blei

Blei ist ein **chemisches Element** mit dem Zeichen Pb (lat. Plumbum), der **Dichte** (Artgewicht) 113 und dem *Schmelzpunkt* bei 327 °C. Seine Farbe ist grau bis bläu-

Blende

lichweiß, seine Beschaffenheit weich. Blei wurde bereits in der Antike verwendet. Heute findet es beim Bau von **Akkumulatoren**, bei der Herstellung von Kabelumhüllungen und im Bereich des **Strahlungsschutzes** (**Kernkraftwerk**) seine Verwendung. Scheidet man Blei durch **Elektrolyse** aus den Lösungen seiner **Salze** ab, erhält man es in Form von Kristallnadeln oder als schwammige Masse. Blei findet sich nicht im reinen Zustand, ist aber in Bleierzen weit verbreitet. Ein wichtiges Bleierz ist *Bleiglanz* (PbS). Das reine Metall wird in zwei Gängen gewonnen: 1. durch Rösten, das unter starker Erhitzung im Herdofen erfolgt, 2. durch Reduktion, wobei das Erz unter Kieselsäurezusatz geröstet wird. Alle Bleiverbindungen sowie Bleidämpfe (die in den Autoabgasen enthalten sind) sind giftig und stellen, besonders was Abgase anbelangt, ein Umweltproblem dar.

Blende

Die Blende ist eine Vorrichtung am Fotoapparat zur Begrenzung von Strahlenbündeln beim Ablichten, die überflüssige und störende Randstrahlen abhält, z.B. Metallblende (Irisblende mit übereinander greifenden Lamellen). Je stärker die *Ausblendung*, desto schärfer, aber auch lichtschwächer ist das Bild. Bei Knopfdruck auf den Auslöser springt die Blende (Springblende) auf den durch den **Belichtungsmesser** ermittelten Wert. Die meisten Kameras haben heute eine Blendenautomatik, die die Blendenöffnung regelt. Grundsätzlich gilt: Je kleiner die Blende (je höher die Blendenzahl), desto größer die *Tiefenschärfe (Abbildungstiefe)* des abgebildeten Motivs.

Blindenschrift

Die Buchstaben und Zeichen der Blindenschrift, die von Blinden gelesen, d. h. abgetastet und geschrieben werden kann, bestehen aus vielen Punkten, die in stärkeres Papier eingeprägt sind. Erfunden wurde die Blindenschrift vom Franzosen *Louis Braille* (1809–1852).

Blindheit

Unter Blindheit versteht man ein fast völliges oder ein völliges Fehlen des Sehvermögens. Blind ist also auch jemand, der zwar noch in gewissem Maße Lichteindrücke wahrnehmen kann, dessen Sehfähigkeit aber so vermindert ist, dass er nicht in der Lage ist, eine Tätigkeit, einen Beruf auszuüben. Blindheit kann angeboren sein, z.B. wenn die Mutter während der Schwangerschaft eine Krankheit hatte, die dem Kind bereits im Mutterleib Schaden zufügte (z.B. *Röteln*). Sie kann aber auch das Ergebnis einer Augenerkrankung sein oder durch andere Krankheiten sowie durch Verletzungen des **Auges** hervorgerufen werden.

Die Gewitterwolke ist negativ, die Erdoberfläche positiv geladen

Bricht der elektrische Widerstand der Luft zwischen Erdoberfläche und Wolke zusammen, ist ein Blitz zu sehen

Blitz

Der Blitz ist eine Entladung von Spannungen. Gewitterwolken können sich positiv und negativ aufladen. Zwischen beiden **Wolken** entsteht eine Spannung, die sich dann in Blitzen entlädt. Aber auch zwischen einer Wolke und der Erdoberfläche kann es zu einer Spannungsentladung kommen. Die Spannungen betragen viele Millionen **Volt**. Die Stromstärken schätzt man auf bis zu 100 000 **Ampere**. Man unterscheidet zwischen Linienblitzen, Flächenblitzen, die eine große Wolkenwand erhellen, und *Kugelblitzen*, deren Entstehung noch ungeklärt ist.

Blitzableiter

Als Schutz vor Blitzen werden Blitzableiter installiert. Den ersten baute der amerikanische Naturwissenschaftler und Politiker *Benjamin Franklin* (1706–1790). Der Blitzableiter lenkt die bei einem Gewitter entstehenden großen elektrischen Ladungen in die Erde ab. An Türmen, Schornsteinen und an Dachfirsten sind jeweils mehrere, durch Fangleitungen miteinander verbundene Metallspitzen angebracht. An diesen Fangleitungen befestigte Ableiter führen zu Metallplatten, die im Erdboden vergraben sind. Über diese Metalleitungen werden elektrische Ladungen aus der Luft (Blitzströme) in die Erde abgeleitet.

Blume

Als Blume bezeichnet man eine Einzelblüte (z. B. die Tulpe), aber auch die Pflanze, die **Blüten** trägt.
Die weiße Schwanzspitze des **Fuchses**, des **Wolfs**, den Schwanz des Hasen und des Wildkaninchens nennt der Jäger ebenfalls Blume.

Blut

Das Blut ist das wichtigste flüssige Transportmittel im Körper des Menschen und hat folgende Aufgaben:
1. Es versorgt alle Zellen mit **Sauerstoff**, nimmt das dort gebildete **Kohlendioxid** auf und transportiert es zur **Lunge**.
2. Es schafft alle Stoffe heran, die die Zellen zum Aufbau und Betrieb des Körpers benötigen.
3. Die beim Auf- und Abbau der Stoffe im Körper (**Stoffwechsel**) entstehenden Abfallprodukte in den Zellen bringt das Blut zu den Orten der **Ausscheidung**.

Gänseblümchen gedeihen fast überall, am besten jedoch auf lehmigem Boden

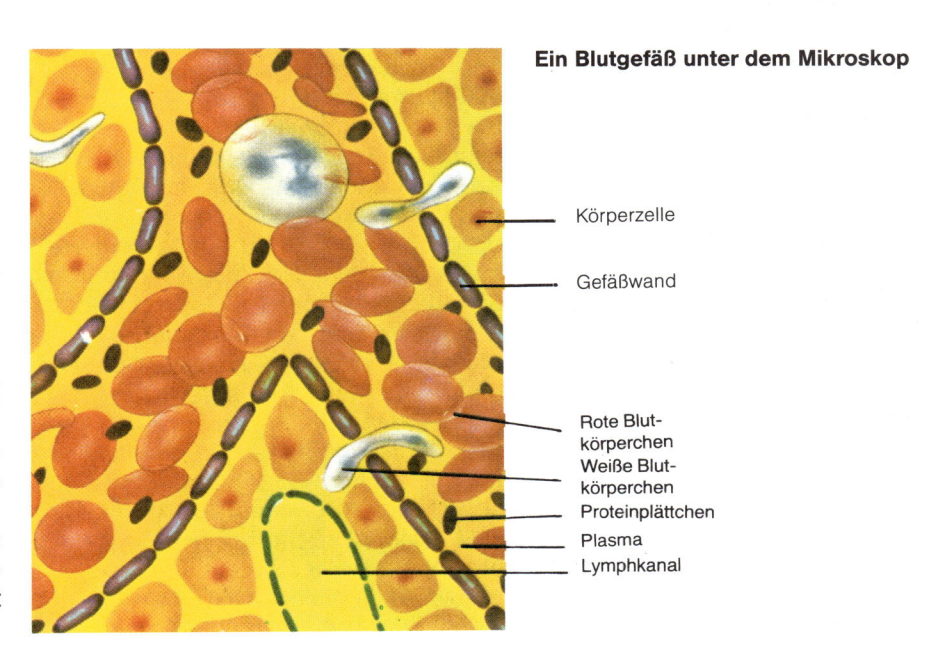

Ein Blutgefäß unter dem Mikroskop

- Körperzelle
- Gefäßwand
- Rote Blutkörperchen
- Weiße Blutkörperchen
- Proteinplättchen
- Plasma
- Lymphkanal

Blutbild

4. Durch das Blut wird die bei den Vorgängen des **Stoffwechsels** frei werdende Wärme gleichmäßig über den Körper verteilt. Diese Wärme dient zur Aufrechterhaltung der *Körpertemperatur* (beim Menschen 37 °C).
5. Das Blut spielt eine besondere Rolle bei der Abwehr und Ausschaltung von Fremdkörpern, Krankheitserregern und Giften, die in den Körper eingedrungen sind.
6. Im Blut werden die **Hormone** weiterbefördert.

Das Blut ist ein „flüssiges Organ" im Körper des Menschen und der meisten vielzelligen Tiere, das in den *Blutgefäßen* kreist und sich aus **Zellen** und *Blutplasma* zusammensetzt. Die Zellen bezeichnet man als *Blutkörperchen*. Man unterscheidet rote und weiße Blutkörperchen. Das flüssige Blutplasma setzt sich aus verschiedenen **Eiweißen**, Fettverbindungen, Salzen sowie Nährstoffen und Abfallprodukten des Stoffwechsels zusammen. Zudem ist darin noch *Fibrinogen* enthalten, das durch das **Enzym** *Thrombin* in den Eiweißkörper *Fibrin* umgewandelt wird; dieses Fibrin ist an der *Blutgerinnung* beteiligt. Die roten Blutkörperchen, auch *Erythrozyten* genannt, enthalten den roten Blutfarbstoff, das *Hämoglobin*. Es bindet den **Sauerstoff** in der Lunge an sich, den es nun zu den Zellen transportiert und dort abgibt. Aus den Zellen nehmen die roten Blutkörperchen dafür einen Teil des **Kohlendioxids** auf, binden es wiederum an sich und bringen es zur Lunge. Der Großteil des Kohlendioxids gelangt aber mit dem Blutplasma in die Lunge. Die Zahl der roten Blutkörperchen in 1 mm³ Blut beträgt etwa 5 Mill., insgesamt hat der Mensch 20–30 Billionen. Die roten Blutkörperchen werden im **Knochenmark** gebildet. Die weißen Blutkörperchen bezeichnet man auch als *Leukozyten*, in denen z.T. – nur unter dem Mikroskop erkennbare – kleine Körner enthalten sind. Diese Leukozyten werden *Granulozyten*, die ohne Körnung *Agranulozyten* genannt. Etwa 75 % der weißen Blutkörperchen sind Granulozyten; sie sind ungefähr doppelt so groß wie die roten Blutkörperchen, beweglich und können so in Gewebe eindringen. Sie sind in der Lage, Bakterien aufzunehmen und zu zerstören sowie andere Fremdstoffe zu zersetzen. Eiter besteht zum Großteil aus Granulozyten. Agranulozyten, auch *Lymphozyten* genannt, finden sich vorwiegend im strömenden Blut, aber auch in großer Zahl in lymphatischen Organen (**Lymphknoten** usw.). Sie spielen eine wesentliche Rolle bei der Abwehr des Körpers gegen Krankheitserreger, da sie diese ausschalten und an sich binden. Zu den Leukozyten werden auch die Blutplättchen, die *Thrombozyten*, gezählt, die – wie das Fibrin – für die Blutgerinnung wichtig sind.

Blutbild

Durch verschiedene Einzeluntersuchungen (teilweise unter dem **Mikroskop**), Labortests usw. kann das Blutbild erstellt werden. Dazu werden Anzahl und Aussehen der roten und der weißen **Blutkörperchen** bestimmt und der Hämoglobingehalt des Blutes ermittelt. Eine weitere Untersuchungsmethode ist die *Blutsenkung*. Hierzu entnimmt man etwas Blut aus einer Vene und macht es durch einen Zusatz ungerinnbar. In einem Röhrchen wird dann in bestimmten Zeitabständen die Menge von Blutbestandteilen, die sich am Boden abgesetzt haben, ermittelt. Aus der Geschwindigkeit (Blutkörperchensenkungsgeschwindigkeit=BKS), mit der diese Blutzellen absinken, lassen sich z. B. Rückschlüsse auf entzündliche Vorgänge im Körper ziehen.

Blutdruck

Der Blutdruck ist der **Druck**, der in den Blutgefäßen (**Adern**) herrscht. Er ist von der jeweils im Körper zirkulierenden Blutmenge, von der Anzahl der Herzschläge (pro Minute) und dem Widerstand, den die Blutgefäße dem **Blut** entgegensetzen, abhängig. Der Blutdruck wird in Millimeter Quecksilbersäule (mm Hg, neue Maßeinheit 1 mm Hg = 133,322 Pascal) angegeben. Dabei werden immer zwei Werte, der *systolische* und der *diastolische*, ermittelt. Die normalen Blutdruckwerte eines gesunden Menschen liegen – je nach Alter – für den systolischen Wert zwischen 120 und 150 mm Hg, für den diastolischen zwischen 75 und 95 mm Hg. Dabei sind allerdings die beiden Höchstwerte bereits als Grenze zum leichten *Bluthochdruck* (*Hypertonie*) anzusehen. Die Gefahren eines Bluthochdrucks sind vielfältig. Durchblutungsstörungen, Störungen im Gehirn und in den Nieren, Gefäßverengungen usw. führen zu erhöhten Risiken und Komplikationen wie **Herzinfarkt**, Schlaganfall, Nierenversagen u. a. Hingegen sollte *niedriger Blutdruck* (*Hypotonie*) nur behandelt werden, wenn Beschwerden (Schlappheit, Schwindel) vorliegen, die jedoch in der Regel harmlos sind.

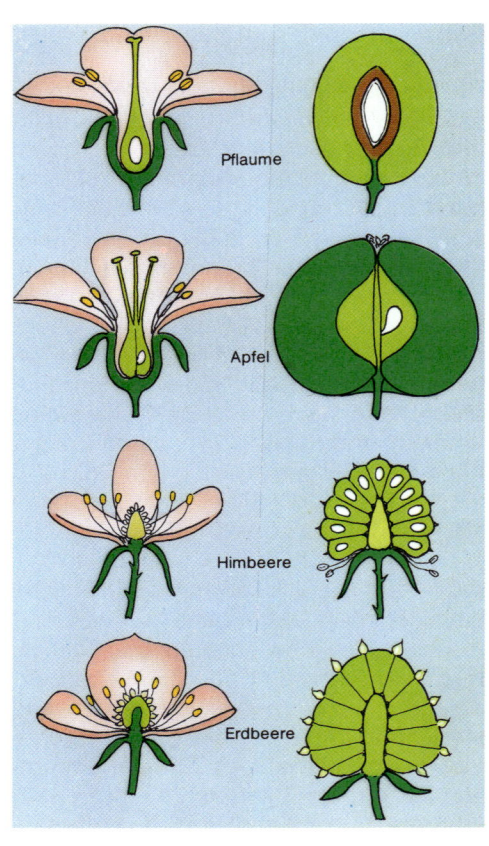

Längsschnitt durch verschiedene Blüten und Früchte

Blüte

Blüten sind für die Pflanzen weniger Schmuck als vielmehr der für die **Fortpflanzung** wichtigste Teil. Sieht man eine Blüte genauer an, so kann man erkennen, dass sie meist aus vielen kleinen Blättern besteht, die kreisförmig angeordnet sind. Den äußeren Kreis bilden die *Kelchblätter*, dann kommen die *Blütenblätter*, die süßlich riechen und die Insekten anziehen. Die folgenden *Staubblätter* sind fadenartig gewachsen und haben oben eine Verdickung, den so genannten Staubbeutel, in dem sich die männlichen Pollenkörner befinden. Man nennt sie den *Blütenstaub*. Es folgen die *Fruchtblätter*, die miteinander verwachsen sind und den *Stempel* bilden. Dieser Stempel hat mehrere Funktionen. Sein unterster Teil ist der Fruchtknoten, der die Samenanlagen mit den weiblichen Eizellen enthält. Er wächst sich oben zu einer Art Narbe aus. Diese Narbe hat die wichtige Aufgabe, den Blütenstaub aufzunehmen. Dabei kommt es zur **Bestäubung** und **Befruchtung**. Wir unterscheiden einhäusige und zweihäusige Pflanzen. Bei der einhäusigen Blütenverteilung trägt jede Pflanze sowohl männliche als auch weibliche Blüten. Zweihäusig nennt man eine Pflanze, wenn sie entweder nur männliche oder nur weibliche Blüten hat.

Blutegel

Blutegel sind meist zwittrige Tiere aus der Klasse der *Ringelwürmer*, die sich im Wasser und in feuchter Erde aufhalten. Sie besitzen je einen Saugnapf am vorderen und am hinteren Körperende, wobei sich am vorderen Saugnapf drei Hornkiefer mit Zähnen befinden. Blutegel sind Blutsauger und können nach einer Blutmahlzeit bis zu einem Jahr hungern. In der alten Heilkunde wurden z. B. bei Krampfadern oder Venenentzündungen Blutegel angesetzt. In der neuen Medizin wird dies nicht mehr praktiziert.

Blütenstand

Die meisten Samenpflanzen tragen nicht nur eine einzige **Blüte**, sondern viele. Diese Anhäufung von Blüten nennt man Blütenstände. Sie finden sich in Form von Trauben, Doldentrauben, **Ähren**, *Kolben*, Kätzchen, Rispen und Doldenrispen.

Blutgruppe

Die Bestimmung der Blutgruppe ist eine wesentliche Voraussetzung für eine Blutübertragung (Bluttransfusion). Eine wichtige Rolle spielt sie auch in der Geburtshilfe, in der Rechtsmedizin (zum Zweck der Identifizierung) sowie zum Nachweis der Vaterschaft. Bei Bluttransfusionen darf nur gruppengleiches **Blut** übertragen werden, da es sonst zu lebensgefährlichen Komplikationen kommt. Es gibt vier Blutgruppen: 0 (Null), A, B und AB. Die Blutgruppe eines Menschen bleibt das ganze Leben unverändert. Neben diesen Hauptblutgruppen gibt es noch so genannte Untergruppen sowie andere Bluteigenschaften. Einer dieser Faktoren ist der **Rhesusfaktor** (Rh).

Blutkreislauf

Mit Blutkreislauf bezeichnet man den Umlauf des Blutes im Körper. Der rechte Vorhof des **Herzens** empfängt das venöse Blut aus den beiden großen Körpervenen (siehe auch **Ader**). Dort wird es in die rechte Herzkammer weitergeleitet. Von hier gelangt es in den so genannten **Lungenkreislauf** und über die Lungenarterien in die **Lunge**. Hier wird **Kohlendioxid** abgegeben und **Sauerstoff** aufgenommen. Über die Lungenvenen kehrt das Blut in den linken Vorhof des Herzens und die linke Herzkammer zurück. Von dort wird es dann rhythmisch mit jedem Herzschlag ausgestoßen und in die große Körperschlagader, die *Aorta*, gepumpt und gelangt so in den Körperkreislauf. Auf diese Weise erreicht das Blut alle Teile des Organismus, alle **Kapillaren**, **Gewebe** usw. In den Venen wird es wieder gesammelt und über die große Körpervene zum Herzen zurückgeführt.

Boden

Der Boden ist die oberste, durch **Verwitterung** (**Abtragung**) der Gesteine sowie durch Einwirkung pflanzlichen und tierischen Lebens entstandene Erdschicht. Die Bodenbeschaffenheit hängt von verschiedenen Faktoren ab, so vom **Klima**, dem Gesteinsuntergrund, dem Pflanzenbewuchs (**Vegetation**) und von den Umwelteinflüssen.

Bodenschätze

Als Bodenschätze werden alle sowohl oberirdisch als auch unterirdisch natürlich vorkommenden Anreicherungen (**Lagerstätten**) bezeichnet, das sind alle nutzbaren *Rohstoffe*, z. B. **Kohle**, **Erdöl**, **Erdgas**, **Erze** und **Mineralien**.

Bohrinsel

Eine Bohrinsel ist eine schwimmende Plattform, auf der sich ein **Bohrturm** sowie Arbeits- und Unterbringungsräume für die Besatzung befinden. In der Nordsee z. B. gibt es vor Norwegen und Schottland Bohrinseln, die der Erdölförderung aus dem Meeresboden dienen. (Abb. S. 46)

Bohrturm

Ein Bohrturm ist ein bei der Tiefbohrung, die der Förderung von **Bodenschätzen** dient, verwendetes turmartiges Gerüst, in dem an einem Seil oder Gestänge der Bohrer hängt. Damit wird eine Bohrtiefe bis zu 1000 m erreicht.

Boje

Eine Boje ist ein fest verankerter, oft tonnenförmiger Schwimmkörper aus Metall oder Plastik zur Kennzeichnung von Gefahren des Fahrwassers (Untiefen,

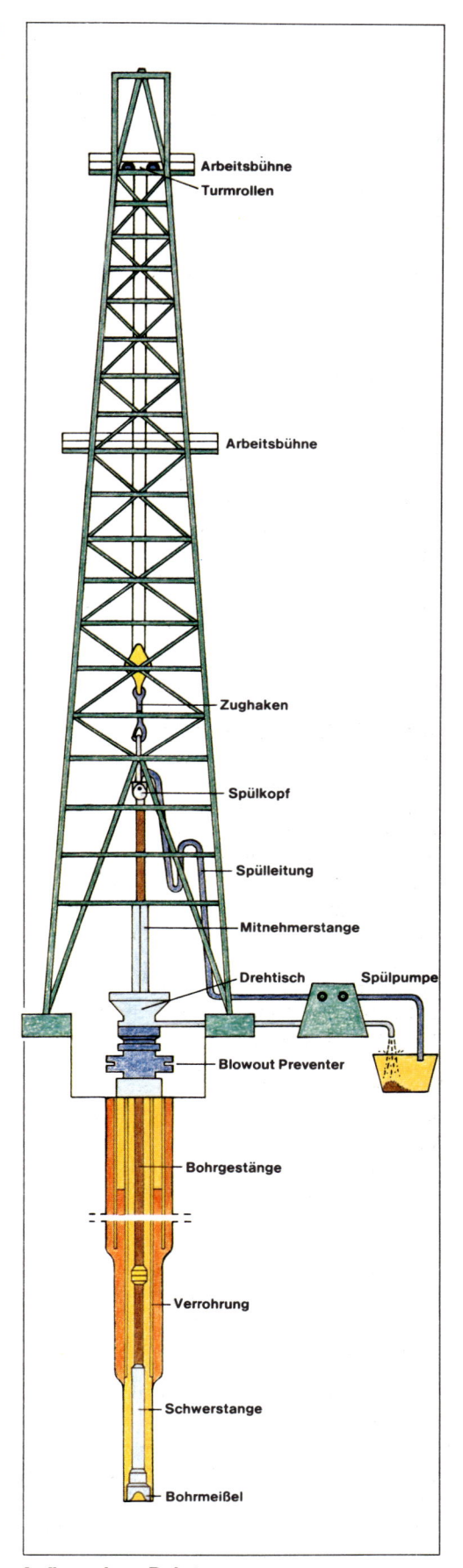

Aufbau eines Bohrturms

Botanik

Unter Einsatz von Bohrinseln beutet man Erdölvorkommen im Meeresboden aus

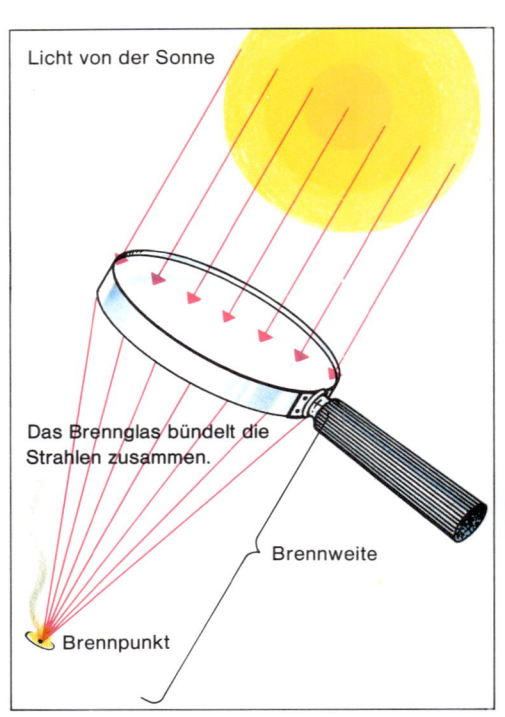

Brennpunkt

Wracks), als Rettungsboje oder zum Festmachen von Schiffen. Bojen besitzen stets einen gut sichtbaren Aufsatz. Es gibt auch Bojen, die in besonderen Situationen (Nebel) weithin hörbare Warnsignale aussenden (Heulboje), um **Schiffe** vor Hindernissen zu warnen.

Botanik

Die Botanik ist die Wissenschaft von den Pflanzen und Teil der Biologie. Man unterscheidet die theoretische Botanik von der angewandten Botanik. Die theoretische Botanik umfasst z. B. die Pflanzenmorphologie (**Morphologie**), die Form und Struktur der Pflanzen beschreibt, und die Pflanzenphysiologie, die die Funktion der Pflanzen erforscht. Die angewandte Botanik ist die Lehre von den Gift- und den *Heilpflanzen*.

Breitwandfilm

Diese Filmaufnahme- und Wiedergabetechnik entstand aus der Erkenntnis heraus, dass das Höhen- und Breitenverhältnis auf der Leinwand zuvor nicht dem entsprach, was das menschliche Auge zu sehen in der Lage ist. *Cinemascope* ist die Bezeichnung für eine Filmaufnahme- und Wiedergabetechnik, die mit Hilfe einer Spezialoptik Filmszenen großer Breitenausdehnung auf einer breiten Filmleinwand wiederzugeben vermag. Dazu gehört auch eine realistische Tonaufnahme und -wiedergabe mit verschiedenen Mikrofonen und Lautsprechersystemen, durch die der Zuschauer den Eindruck erhält, das Geschehen direkt mitzuerleben. Für das *Cinerama*-Verfahren sind jeweils drei Kameras für Bildaufnahme und drei Projektionsgeräte für die Wiedergabe von 35-mm-Filmen erforderlich. Der Winkel, den die drei gleichzeitig aus verschiedenen Blickrichtungen gedrehten Filmstreifen umfassen, ist mit 146° etwa gleich dem Blickfeld des menschlichen Auges. Zusammen mit der halbkreisförmigen Leinwand vermittelt diese Technik dem Zuschauer das Gefühl, sich mitten im Filmgeschehen zu befinden.

Brennebene

Die Brennebene ist die durch den **Brennpunkt** senkrecht zur optischen **Achse** gelegte Ebene.

Brennglas

Lupe, Vergrößerungsglas, Sammellinse kleiner **Brennweite** zur Beobachtung sehr kleiner Dinge (wie z. B. Ausschnitt aus einer Briefmarke) nennt man auch Brennglas. Der Gegenstand befindet sich in der vorderen **Brennebene** der **Linse**, so dass ein scheinbar vergrößertes Bild entsteht. Die Vergrößerung ist annähernd gleich dem Verhältnis der Sehweite (normales Auge 250 mm) zur Linsenbrennweite; ein Brennglas mit einer Linse von der Brennweite 50 mm vergrößert also fünffach (250:50 = 5).
Wenn man ein Brennglas geschickt hält und Sonnenstrahlen auf leicht brennbarem Material mit Hilfe des Glases im **Brennpunkt** konzentriert, kann man ein Feuer anzünden.

Brennpunkt

Brennpunkt (lat.: *Fokus*) nennt man in der **Optik** den Punkt, in dem sich die parallel einfallenden Lichtstrahlen nach der *Brechung* durch eine **Linse** annähernd vereinigen.

Brennweite

Als Brennweite wird der Abstand des **Brennpunktes** vom Mittelpunkt der **Linse** bezeichnet. Die Brennweite hängt von der Krümmung der Linsenoberfläche ab. In der **Fotografie** bezeichnet die am **Objektiv** eingravierte Brennweite den kürzesten Abstand von der Hauptebene des Objektivs zum Film, wenn darauf eine scharfe Abbildung eines unendlich weit entfernten Gegenstandes entsteht. Verwendet man z. B. statt eines Objektivs von 50 mm Brennweite ein solches von 500 mm, so

Brücke

Brücken: Tower Bridge in London (1), Pont du Gard in Südfrankreich (2), Lake Pontchartrain-Dammbrücke in Louisiana, USA (3), Brücke in Quebec, Kanada (4), Eisenbahnviadukt in der Schweiz (5)

wird nur noch ein Zehntel des ursprünglichen Bildausschnittes erfasst. Dieser Bildausschnitt wird aber in zehnfacher Vergrößerung gegenüber dem Ausschnitt mit dem 50-mm-Objektiv abgebildet.

Brieftaube

Die Brieftaube ist eine Haustaubenrasse mit besonders gutem Ortssinn. Wissenschaftler vermuten, dass er auf einen kompassähnlichen *Orientierungssinn* im Gehirn des Tieres zurückzuführen ist. Deshalb wurde die Taube zu allen Zeiten dazu abgerichtet, Nachrichten zu übertragen. Sie kann Langstrecken bis zu 1000 km mit einer Geschwindigkeit von 60 km/h zurücklegen und findet wieder in ihren Heimatort zurück.

Heute ist das Brieftaubenzüchten ein beliebtes Hobby, und im Sommer werden fast allwöchentlich Langstreckenflüge zwischen dem Auflassort, an den die Taube im Käfig transportiert wird, und dem heimatlichen Taubenschlag ausgerichtet.

Brücke

Brücken dienen dazu, Verkehrswege über Hindernisse (Flüsse, tiefe Täler, andere Verkehrswege) hinwegzuführen. Je nach Art des Verkehrsweges sprechen wir von Eisenbahn-, Autobahn- oder Fußgängerbrücken. Das Hindernis bestimmt Länge, Höhe und Bauart der Brücke. Die einfachsten Brücken bestehen seit alters her aus Holz, doch schon die Römer bauten steinerne Brücken (z.T. noch in Betrieb), deren Gewölbebögen bis zu 40 m Spannweite hatten. Die *Gewölbe* ruhten auf mehreren Pfeilern, deren Fundamente tief im Flussbett verankert werden mussten (Gefahr der Unterspülung). Diese Fundamente behinderten jedoch die Flussschifffahrt. So ging man im 19. Jh. dazu über, bewegliche Brücken zu bauen, z.B. die Tower Bridge in London, deren stählerner Mittelteil zum Passierenlassen von

Brunst

Schiffen gehoben werden kann. Es gibt auch – vor allem bei schmäleren Gewässern – Roll- oder Drehbrücken. Heute haben Brückenkonstruktionen aus *Stahlbeton* an Bedeutung gewonnen, so wurde z. B. in den USA eine Brücke mit einer Gesamtlänge von 38 km gebaut. Eine wichtige Rolle spielt bei der Konstruktion auch die Spannweite, d. h. der Abstand zwischen den Brückenpfeilern. Bei *Hängebrücken* ist die gesamte Brücke an zwei oder mehreren riesigen, hochragenden Kabeltürmen (*Pylonen*) mit meterdicken Drahtseilen aufgehängt, wie z. B. die Golden Gate Bridge in San Francisco, die eine Stützweite von 1280 m hat. Aus Stahlträgern von großer Dicke ist der tragende Brückenteil bei Stahlbrücken gefertigt. Im militärischen Bereich ist die Schwimm-(*Ponton*-)Brücke von Bedeutung. Sie besteht aus vielen, seitlich aneinander gebundenen, fest verankerten Booten, über die eine Fahrbahn gelegt wird. Sie kann schnell auf- und abgebaut werden.

Brunst

Als Brunst bezeichnet man den bei zahlreichen Säugetieren periodisch auftretenden Zustand sexueller Erregung, der zur *Paarung* führt. Er wird durch **Hormone** ausgelöst und tritt, je nach Tierart, jährlich oder mehrmals im Jahr auf. Mit der Brunst gehen entscheidende Verhaltensänderungen einher, wie Rivalenkämpfe, Lockrufe oder Gesänge. Die artspezifische Ausbildung von Geweihen, auffallend farbenprächtigen Kleidern und stark riechenden Substanzen dient dem gegenseitigen Anlocken.

Brutpflege

Unter dem Begriff Brutpflege fasst man alles zusammen, was im Verhalten sowie im Körperbau elterlicher Tiere enthalten bzw. angelegt der Entwicklung ihrer Jungen dient. Dazu gehören z. B. das Ausbrüten von Eiern, der Nestbau, das Füttern der Jungen bei **Vögeln**, das Vorhandensein von *Milchdrüsen* bei **Säugetieren** sowie das *Säugen* selbst oder der Beutel bei **Beuteltieren**. Auch die Brutfürsorge im Bienen- oder im Ameisenstaat wird zur Brutpflege gerechnet. Bei manchen Wassertieren übernimmt das Vatertier die Brutpflege (*Stichling, Seepferdchen*).

BSE

BSE (**B**ovine **S**pongiforme **E**nzephalopathie), auch *Rinderwahnsinn* genannt, ist eine noch weitgehend unerforschte, tödliche *Infektionskrankheit* bei **Rindern,** die durch infizierte Schlachtabfälle in der Nahrung und Vererbung übertragen wird. Obwohl seit den 80er Jahren bekannt, wurde BSE erst seit den massenhaften Erkrankungen (vor allem britischer Rinder) Mitte der 90er zu einem (Skandal-) Thema. Die Übertragbarkeit der Krankheit auf den Menschen über die Nahrung *(Creuzfeldt-Jakob-Syndrom)* ist umstritten, aber wahrscheinlich.

Bunsenbrenner

Der Bunsenbrenner ist ein Gasbrenner, der 1855 von dem Chemiker *Robert Wilhelm Bunsen* (1811–1899) erfunden wurde. Er besteht aus einem kurzen Rohrstück, in dem **Gas** emporströmt. Mit Rändelschrauben wird die Luftzufuhr geregelt. Werden sie nach oben geschraubt, sperren sie die Luft weitgehend ab, man erhält eine Leuchtflamme; schraubt man sie nach unten, entsteht durch die Luftzufuhr eine blassblaue, heiße Heizflamme.

Byte

Byte ist ein Begriff aus der **Datenverarbeitung**. Er bezeichnet eine *Speicherstelle*, die acht Speicherelemente (**Bit**) zur Datenspeicherung besitzt. Ein Byte ist die kleinste adressierbare Einheit im **Computer**. Es kann als achtstellige Binärzahl **(binär)** dargestellt werden. Siehe auch: **Dualsystem.**
Der höchste Wert, den ein Byte haben kann, ist 11111111 (binär) oder 256 (dezimal), der kleinste 00000000, also Null.

Bunsenbrenner

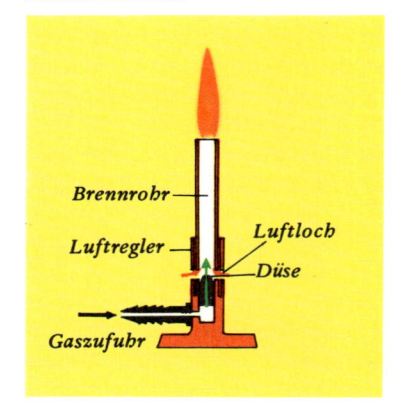

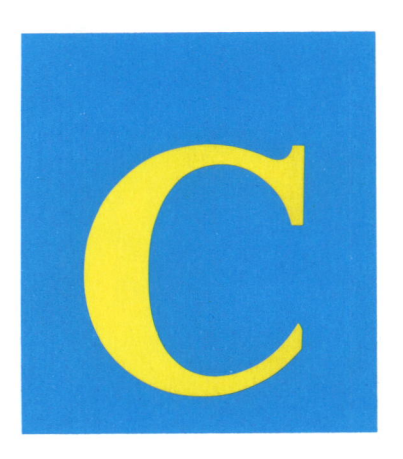

C

CAD/CAM

CAD (engl.: **C**omputer **A**ided **D**esign – computerunterstützte Projektierung) und CAM (engl.: **C**omputer **A**ided **M**anufacturing – computerunterstützte Herstellung) sind die gängigen Bezeichnungen für neuartige Verfahren, bei denen sämtliche Routinearbeiten der Konstruktion und Herstellung in großtechnischen Betrieben vom **Computer** übernommen werden. So kann die Konstruktion auf dem **Bildschirm** ohne jeden Materialaufwand beliebig geändert und variiert werden. Anhand der dreidimensionalen Darstellung lassen sich alle technischen Möglichkeiten durchspielen, bis die optimale Lösung gefunden ist. Die durch CAD gespeicherten *Daten* übernimmt CAM und entwickelt *Programme* zur Herstellung der benötigten Arbeitsmaschinen und zur technologischen Abwicklung.

Cadmium

Cadmium ist ein **chemisches Element**, mit dem Zeichen Cd, dem Schmelzpunkt bei 321 °C und dem Siedepunkt bei 766 °C. Es findet sich in kleinen Mengen bei Zinkerzen und ist ein glänzend helles **Metall**. Es wird als Elektrodenstoff verwendet und bei **Eisen** als schützender Überzug (Cadmiumlegierungen) gegen **Rost**. Im Kernreaktor dient es der **Absorption** langsamer **Neutronen** (**Kernspaltung, Kernkraftwerk**). Verbindungen von Cadmium finden Verwendung in der fotografischen Industrie, als Batterieflüssigkeit (**Elektrolyse**) und in der Medizin als mildes antiseptisches Mittel. Cadmium und Cadmiumverbindungen sind in höheren Dosen für Mensch und Tier sehr giftig und können zu Schädigungen führen.

Chemie

ortsgebundene Geräte mit Netzanschluss (Heimstationen).

CD-ROM

Die CD-ROM ist eine **Compact Disc**, die als digitaler Datenspeicher in Computern Verwendung findet. Aufgrund ihrer hohen Speicherkapazität können darauf ganze Kataloge untergebracht werden. Die Informationen auf CD-ROMs können nur gelesen (ROM: engl.: **R**ead **O**nly **M**emory), aber nicht verändert werden.

Chamäleon

Das Chamäleon gehört zur Familie der *Echsen* und ist ein Baum- und Strauchbewohner. Es hat einen seitlich abgeflachten Rumpf, einen einrollbaren Greifschwanz und Greiffüße. Es besitzt drei besondere Eigenschaften: 1. Es kann seine Augen unabhängig voneinander in alle Richtungen drehen. 2. Es hat eine lange *Klebezunge*, die bei der Jagd nach **Insekten** blitzartig hervorschnellt. 3. Besonders bekannt ist es wegen der Fähigkeit, die Farbe zu wechseln. Dies geschieht bei Erregungszuständen oder durch Lichteinwirkung, jedoch unbewusst.

Chemie

Die Chemie ist die Lehre von den Eigenschaften und Umwandlungen der Stoffe. So besteht jeder Gegenstand aus einem oder mehreren Urstoffen, den **chemischen Elementen**. Bis heute sind 109 Elemente bekannt, von denen jedes charakteristische Eigenschaften besitzt, die es grundlegend von den anderen unterscheidet, selbst wenn eine gewisse Verwandtschaft besteht. Elemente können sich miteinander verbinden. So entstehen neue Stoffe, d. h. **chemische Verbindungen**, mit neuen Eigenschaften. Die Anfangsbuchstaben der Namen der Elemente (teils in lateinischer Sprache) werden von den Chemikern als chemische Zeichen benutzt; z. B. Al für Aluminium und Fe (ferrum) für Eisen. Für einen chemischen Stoff, der mehr als 1 **Atom** besitzt, steht eine Formel, bei **Wasser** z. B. die Formel H_2O. Das besagt, dass ein **Molekül** Wasser aus zwei Atomen **Wasserstoff** und einem Atom **Sauerstoff** besteht. In der *anorganischen Chemie* werden alle chemischen Verbindungen, die keinen Sauerstoff enthalten, alle **Oxide**, die Metallverbindungen und die Salze der Kohlensäure zusammengefasst. Zur *organischen*

Der Grand Canyon in den USA

Cañon (Canyon)

Ein Cañon ist ein tief eingeschnittenes Engtal in Gebirgen mit waagrechter Gesteinslagerung, besonders in Trockengebieten im westlichen Nordamerika. Berühmt ist der *Grand Canyon* des Colorado-Flusses im Nordwesten Arizonas (USA) mit einer Länge von rund 350 km, einer Breite von 6–30 km und einer Tiefe bis zu 1800 m.

CB-Funk

CB-Funk (**C**itizen-**B**and, „Bürgerwelle") ist die drahtlose Übermittlung von Nachrichten (*Sprechfunk*) mit niedriger Leistung und geringer Reichweite für „jedermann" auf besonderen Frequenzen im 11-m-Band (26 960–27 280 kHz). *Sprechfunkgeräte* (Walkie-Talkies) sind seit 1975 von der Post zugelassen. Es gibt tragbare Geräte mit **Batterie** oder Auto-**Akku** und

chemische Elemente

Dieses großwüchsige Chamäleon greift sogar Vögel und Reptilien an

Chemie gehören die Kohlenstoffverbindungen. Die *analytische Chemie* untersucht die Zusammensetzung chemischer Verbindungen. Die Aufgabe der *synthetischen Chemie* ist es, aus den Elementen vielatomige Verbindungen aufzubauen. Die *physikalische Chemie* befaßt sich mit den physikalischen Erscheinungen bei chemischen Vorgängen. In der angewandten Chemie werden alle Forschungsergebnisse in praktische Ziele umgesetzt, so z. B. in der Lebensmittelchemie und in der pharmazeutischen Chemie (Arzneimittelchemie).

chemische Elemente

Chemische Elemente sind Grundstoffe, die nicht mehr weiter durch ein chemisches Verfahren zerlegt werden können. Von den zur Zeit bekannten 109 Elementen sind elf gasförmig bei 20 °C (*Argon, Chlor, Fluor,* **Helium***, Krypton, Neon, Radon,* **Sauerstoff***,* **Stickstoff***,* **Wasserstoff***, Xenon*), zwei sind flüssig (*Brom,* **Quecksilber**), die übrigen fest. Die Elemente mit den **Ordnungszahlen** 95 bis 109 sowie *Technetium* (Ordnungszahl 43) sind ausschließlich durch Kernreaktionen künstlich darstellbar, kommen in der Natur also nicht vor.
Der Großteil der chemischen Elemente setzt sich aus **Atomen** verschiedener Massen zusammen, d. h., sie sind *Mischelemente*. Demgegenüber gibt es nur wenige *Reinelemente*, die sich aus Atomen einer einzigen bestimmten Masse aufbauen. (Übersicht S. 52/53)

Arbeiten in einem chemischen Labor

chemische Verbindungen

Eine chemische Verbindung ist ein Stoff, der auf chemischem Wege zerlegt werden kann. Er ist aus verschiedenen **chemischen Elementen** in einem bestimmten gleich bleibenden Gewichtsverhältnis zusammengesetzt. Die kleinsten Teilchen einer chemischen Verbindung sind die aus verschiedenen **Atomen** bestehenden **Moleküle**, die untereinander gleich sind. Bei einer chemischen Verbindung werden die beteiligten Elemente durch chemische Bindekräfte zusammengehalten. Sie können also auch nur wieder auf chemischem Weg zerlegt werden, z. B. durch die Einwirkung eines anderen chemischen Elementes oder unter Einwirkung von **Energie** (Strom, Wärme).

Chinin

Chinin ist ein bitter schmeckendes weißes Pulver, das aus Chinarinde (in den amerikanischen Tropen seit langem als Fieber- und Malariamittel bekannt) gewonnen wird. Es hemmt allgemein den Zellstoffwechsel und wirkt dadurch Fieber senkend, dass es die Bewegungsfähigkeit der *Krankheitserreger* behindert.

Chip

Englisch für Plättchen. Im Bereich der *Mikroelektronik* ist ein Chip ein Siliziumplättchen von wenigen Millimetern Kantenlänge, auf das eine Vielzahl von **Transistoren,** Widerständen und Kondensatoren aufgebracht ist. Ist ein Chip in einem Gehäuse mit Anschlussstiften untergebracht, spricht man von einem *integrierten Schaltkreis* (englisch: integrated circuit, Abkürzung: IC). Als Bausteine in **Computern** nehmen Chips Speicher- und Steuerfunktionen wahr. Die Speicherkapazität von Chips wird meist in **Bit** angegeben. Der 1997 leistungsfähigste, in Serie gefertigte *Speicherchip,* der 64-Megabit-Chip (= 64 Mill. Bit), kann über 4000 Seiten Schreibmaschinentext speichern. Chips mit noch höherer Speicherkapazität sind bereits in Entwicklung.
Plastikkarten, die mit einem eingebauten Chip versehen sind, nennt man *Chipkarten*. Sie dienen zur Speicherung von Daten aller Art, z. B. als Bargeldersatz, (Telefon-, Bank- und Kreditkarten), Datenträger (Krankenversicherungskarte) oder Ausweis (Identitätskarte, *Decoder*). Chipkarten können z.T. wieder aufgeladen bzw. beschrieben werden.

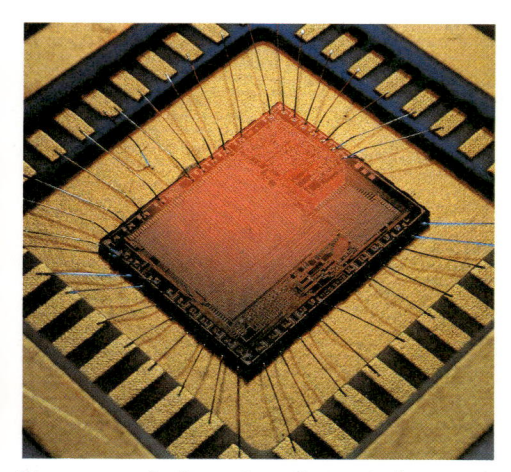

Der genaue Aufbau eines Computerbausteins der dritten Generation (Chip) lässt sich nur unter dem Mikroskop erkennen

Blick in das Cockpit eines Airbus A 320

Chitin

Chitin ist der Baustoff, aus dem das Körpergerüst der **Insekten** und der Krebstiere (**Krustentiere**) geschaffen ist. Es besteht aus einem stickstoffhaltigen **Kohlenstoff** und ist sehr widerstandsfähig.

Cholesterin

Cholesterin ist eine fettähnliche Substanz, chemisch ein ungesättigter **Alkohol**, der in allen Körperzellen zu finden ist. Ebenso kommt er im **Blut** des menschlichen und tierischen Organismus vor (insbesondere in der **Bauchspeicheldrüse**, der **Galle** u. a.). Bei Fettstoffwechselstörungen wird ein erhöher *Cholesterinspiegel* im Blut festgestellt. Bei *Arterienverkalkung* lagern sich Cholesterin-Fettsäure-Verbindungen an den Innenwänden der Arterien ab.

Chromosomen

In den Kernen aller **Zellen** liegen die Erbanlagen. Unter dem **Mikroskop** kann man den Feinbau eines Zellkerns erkennen. Durch Färbung der Zellen hat man entdeckt, dass der Zellkern zeitweise eine Anzahl fadenförmiger Gebilde hat. Man nennt sie Chromosomen. Sie sind nur zu bestimmten Zeiten sichtbar, nämlich dann, wenn sich die Zelle teilt. In den Chromosomen vermuteten Wissenschaftler den Sitz der *Erbanlagen*. Verschiedene Kreuzungsversuche haben diese Annahme bestätigt. Mit Hilfe des *Elektronenmikroskops* und anderer komplizierter Methoden hat man genaue Kenntnis über den Bau der Chromosomen im Zellkern erhalten. So zeigt sich ein Bild, auf dem sich viele, verschieden starke, helle und dunkle Scheibchen aneinander reihen. In diesen Scheibchen sitzen die *Gene*. Sie tragen die Verantwortung für die Ausbildung ganz bestimmter Merkmale in sich. Der Sitz des Gens an einer bestimmten Stelle des Chromosoms ist der Genort.

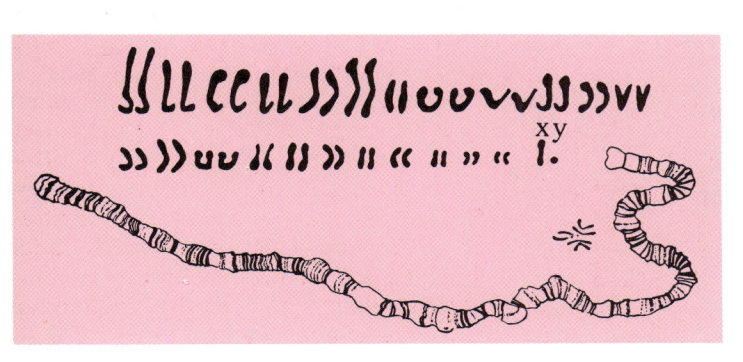

Die 46 Chromosomen des Menschen paarweise geordnet (oben); x und y sind die Geschlechtschromosomen. Riesenchromosom der Fruchtfliege (unten)

Viele Gene zusammen bilden ein Chromosom, das einen komplizierten Aufbau aufweist und aus **Eiweiß** und Kernsäure besteht. In den Chromosomen eines Zellkerns liegen alle Erbanlagen, die erforderlich sind, damit sich ein Lebewesen seiner **Art** gemäß entwickeln kann.

COBOL

COBOL (**Co**mmon **B**usiness **O**riented **L**anguage) ist eine weitverbreitete, *Programmiersprache* im kaufmännischen Bereich (**Datenverarbeitung**).

Cockpit

Cockpit nennen wir die Pilotenkanzel eines **Flugzeugs** oder den Platz des Fahrers in einem Rennwagen. Das Cockpit moderner Flugzeuge ist mit Hunderten von Anzeigegeräten und Schaltern ausgestattet und bietet Platz für Flugkapitän, Copilot und Bordingenieur.

Code

Ein Code ist eine Zeichendarstellung (Verschlüsselung), die bestimmten Regeln unterliegt, d. h., ein Zeichen aus einem Vorrat (dem Code) muss eindeutig zu bestimmten anderen Zeichen aus einem anderen Vorrat führen; z. B. führt die Personalziffer einer Person zu deren Daten.

chemische Elemente

Die chemischen Elemente

Element[1]	Zeichen	Ordnungszahl	Relative Atommasse[2]	Schmelzpunkt[3]	Siedepunkt[3]	Entdecker und Entdeckungsjahr
Actinium	Ac	89	(227)	1050	2477	Debierne, Giesel 1899
Aluminium	Al	13	26,9815	660,1	2450	Wöhler, Ørsted 1827
Americium	Am	95	(243)	995	2460	Seaborg, James, Morgan 1944
Antimon	Sb	51	121,75	630,5	1440	bereits in Babylon bekannt
Argon	Ar	18	39,948	−189,37	−185,87	Ramsay, Rayleigh 1894
Arsen	As	33	74,9216	817	615 (subl.)	seit dem Altertum bekannt
Astatin	At	85	(210)			Corson, Mackenzie, Sergrè 1940
Barium	Ba	56	137,34	710	1638	Davy 1808
Berkelium	Bk	97	(247)	986		Seaborg, Thomson, Ghiorso 1949
Beryllium	Be	4	9,0122	1283	2970	Vauquelin 1798
Blei	Pb	82	207,19	327,3	1750	um 3400 v. Chr. in Ägypten
Bor	B	54	10,811	2040	2550	Gay-Lussac, Davy 1808
Brom	Br	35	79,909	−8,25	58,78	Balard 1825
Cadmium	Cd	48	112,40	320,9	767	Stromeyer 1817
Calcium, Kalzium	Ca	20	40,08	850	1487	Davy 1808
Californium	Cf	98	(251)	900		Seaborg, Thomson u. a. 1950
Casium	Cs	55	132,905	28,65	685	Bunsen, Kirchhoff 1860
Cer	Ce	58	140,12	797	3468	Klaproth, Berzelius 1803
Chlor	Cl	17	35,453	−101	−34,06	Scheele 1774
Chrom	Cr	24	51,996	1875	2482	Vauquelin 1797
Curium	Cm	96	(247)	1340		Seaborg, James, Ghiorso 1944
Dysprosium	Dy*	66	162,50	1407	2330	Lecoq de Boisbaudran 1886
Einsteinium	Es	99	(254)			Thomson, Ghiorso u. a. 1952
Eisen	Fe	26	55,847	1535	3070	Meteoriteisen um 4000 v. Chr.
Erbium	Er	68	167,26	1497	2390	Mosander 1843
Europium	Eu	63	151,96	826	1439	Demarçay 1896
Fermium	Fm	100	(257)			Thomson, Ghiorso u. a. 1952
Fluor	F	9	18,9984	−217,96	−187,92	Moissan 1886
Francium	Fr	87	(223)	30?	680?	Perey 1939
Gadolinium	Gd	64	157,25	1312	2830	Marignac 1880
Gallium	Ga	31	69,72	29,78	1983	Lecoq de Boisbaudran 1875
Germanium	Ge	32	72,59	937,6	2830	Winkler 1886
Gold	Au	79	196,967	1063,0	2660	seit dem Altertum bekannt
Hafnium	Hf	72	178,49	2227	>3200	Coster, de Hevesy 1923
Hahnium	Ha	105	(261)			Forscher-Team in den USA 1970
Helium	He	2	4,0026	−272,2 (25 at)	−268,944	Lockyer 1868
Holmium	Ho	67	164,930	1461	2490	Cleve 1879
Indium	In	49	114,82	156,4	2087	Reich, Richter 1863
Iridium	Ir	77	192,20	2443	4350	Tennant 1804
Jod	J	53	126,9044	113,6	184,35	Courtois 1811
Kalium	K	19	39,102	63,4	775	Davy 1807
Kobalt	Co	27	58,9332	1492	2880	Brandt 1735
Kohlenstoff	C	6	12,01115	3550	4200	seit dem Altertum bekannt
Krypton	Kr	36	83,80	−157,21 (549 Torr)	−153,23	Ramsey, Travers 1898
Kupfer	Cu	29	63,546	1083	2582	um 3500 v. Chr. in Ägypten
Kurtschatovium	Ku	104	(260)			sowjet. Forscher in Dubna 1964
Lanthan	La	57	138,91	920	3470	Mosander 1839
Laurentium	Lr	103	(256)			Ghiorso u. a. 1961
Lithium	Li	3	6,939	180	1326	Arfvedson 1817
Lutetium	Lu	71	174,97	1652	3000?	Urbain, Auer v. Weilsbach 1907
Magnesium	Mg	12	24,312	650	1107	Davy 1808
Mangan	Mn	25	54,9380	1244	2097	Scheele, Gahn 1774
Mendelevium	Md	101	(258)			Seaborg, Ghiorso u. a. 1955

chemische Elemente

Element[1]	Zeichen	Ordnungszahl	Relative Atommasse[2]	Schmelzpunkt[3]	Siedepunkt[3]	Entdecker und Entdeckungsjahr
Molybdän	Mo	42	95,94	2610	4800	Hjelm 1781
Natrium	Na	11	22,9898	97,81	889	Davy 1807
Neodym	Nd	60	144,24	1024	3027	Auer v. Weisbach 1885
Neon	Ne	10	20,183	−248,67	−245,9	Ramsay 1898
Neptunium	Np	93	(237)	640	3902	McMillan, Abelson 1940
Nickel	Ni	28	58,71	1453	2800	Cronstedt 1751
Niob	Nb	41	92,906	2468	4927	Hatchett 1801
Nobelium	No	102	(255)			Seaborg, Ghiorso 1957
Osmium	Os	76	190,2	2700	4400	Tennant 1804
Palladium	Pd	46	106,4	1552	3560	Wollaston 1803
Phosphor	P	15	30,9738	gelb: 44,2	280	Brand 1669
Platin	Pt	78	195,09	1769	4300	Von da Ulloa 1735 beschrieben
Plutonium	Pu	94	(242)	639,5	3235	Seaborg, McMillan u. a. 1940
Polonium	Po	84	(210)	254	962	P. und M. Curie 1898
Praseodym	Pr	59	140,907	935	3017	Auer v. Welsbach 1885
Promethium	Pm	61	(147)	1035	3200	Marinsky, Glendenin 1945
Protactinium	Pa	91	(231)	1575	4000	Hahn, Meitner 1917
Quecksilber	Hg	80	200,59	−38,87	356,58	seit dem Altertum bekannt
Radium	Ra	88	(226)	700	1140	M. und P. Curie 1898
Radon	Rn	86	(222)	−71	−61,8	Dorn 1900
Rhenium	Re	75	186,22	3180	5600	W. und I. Noddack, Berg 1925
Rhodium	Rh	45	102,905	1960	3960	Wollaston 1804
Rubidum	Rb	37	85,47	38,8	679	Bunsen 1860
Ruthenium	Ru	44	101,07	2250	4110	Claus 1845
Samarium	Sm	62	150,35	1052	1670	Lecoq de Boisbaudran 1879
Sauerstoff	O	8	15,9994	−218,76	−182,970	Scheele 1772
Scandium	Sc	21	44,956	1539	2727	Nilson 1879
Schwefel	S	16	32,064	113	444,60	seit dem Altertum bekannt
Selen	Se	34	78,96	grau: 220,2	684,9	Berzelius 1817
Silber	Ag	47	107,870	960,8	2193	seit dem Altertum bekannt
Silicium	Si	14	28,086	1410	2355	Berzelius 1823
Stickstoff	N	7	14,0067	−209,86	−195,82	Rutherford 1772
Strontium	Sr	38	87,62	770	1366	Crawford 1790
Tantal	Ta	73	180,948	2995	5400	Ekeberg 1802
Technetium	Tc	43	(99)	2200	4900	Perrier, Segrè 1937
Tellur	Te	52	127,60	450 (0,18 Torr)	1087	Müller von Reichenstein 1782
Terbium	Tb	65	158,924	1450	2480	Mosander 1843
Thallium	Tl	81	204,37	303,6	1457	Crookes 1861
Thorium	Th	90	232,038	1750	3530	Berzelius 1828
Thulium	Tm	69	168,934	1545	1727	Cleve 1879
Titan	Ti	22	47,90	1668	3270	Gregor 1790
Uran	U	92	238,03	1131	3818	Klaproth 1789
Vanadin	V	23	50,942	1730	3000	Sefström 1830
Wasserstoff	H	1	1,00797	−259,20	−252,77	Cavendish 1766
Wismut	Bi	83	208,980	271	1560	von Pott 1739 beschrieben
Wolfram	W	74	183,85	3380	5900	d'Elhuyar 1783
Xenon	Xe	54	131,30	−111,9 (611 Torr)	−108,1	Ramsay, Travers 1898
Ytterbium	Yb	70	173,04	824	1427	de Marignac 1878
Yttrium	Y	39	88,905	1500	3630	Gadolin 1794
Zink	Zn	30	65,37	419,5	907	6. Jh. in Persien
Zinn	Sn	50	118,69	231,9	2337	seit dem Altertum bekannt
Zirkonium	Zr	40	91,22	1852	3600	Berzelius 1824

[1] Die Elemente mit den Ordnungszahlen 106 bis 109 sind nicht darstellbar, da sie innerhalb von Sekundenbruchteilen zerfallen
[2] „Atomgewicht", bezogen auf den 12. Teil der Masse des Kohlenstoffisotops ^{12}C. Werte in Klammern beziehen sich auf das langlebige Isotop   [3] Bei Normaldruck (760 Torr)

Compact Disc (CD)

Compact Disc (CD)

Die *CD* ist eine Speicherplatte, auf der Informationen **digital** aufgezeichnet werden. Am verbreitetsten ist die CD als Weiterentwicklung der **Schallplatte** in der *Unterhaltungselektronik*. Auf der Scheibe von 12 cm Durchmesser mit Aluminiumüberzug wird die Schallinformation in Form von kleinen Vertiefungen gespeichert, die von einem **Laser** berührungsfrei abgetastet werden. Der *CD-Player* entschlüsselt sie und verwandelt sie in elektrische **Impulse**, die vom **Lautsprecher** in **Schallwellen** umgesetzt werden.

Computer

Der Computer (englisch: to compute, berechnen) ist eine programmgesteuerte elektronische Datenverarbeitungsanlage **(Datenverarbeitung)**. Besonderes Kennzeichen des Computers ist es, dass er die eingegebenen Daten verarbeitet und die Ergebnisdaten ausgibt, ohne dass dazu Eingriffe von Seiten des Bedienungspersonals notwendig sind. Fachleute sind davon überzeugt, dass der Computer in Zukunft unser Leben mehr verändern wird, als es der gesamte bisherige Fortschritt der Technik getan hat.

Der erste funktionsfähige Computer wurde 1941 von dem deutschen Ingenieur Konrad Zuse gebaut. 1944 arbeiteten die ersten Computer in den USA; sie waren tonnenschwer, etliche Kubikmeter groß und sehr materialaufwendig. Der wohl bekannteste Großrechner der ersten Generation, ENIAC, war 16 m lang, 2 m hoch und wog mehr als 30 Tonnen. Trotz seiner Ausmaße war die Rechenleistung dieses Computers bescheiden; für eine Multiplikation benötigte er 5 Sekunden. Die Einführung des Bausteinprinzips *(Modultechnik)* und die Erfindung kleinster elektronischer Bauelemente **(Chips)** führte zu zunehmend kleineren, leistungsfähigeren und billigeren Geräten. Ursprünglich wurden Computer für die Bewältigung schwieriger Rechenvorgänge eingesetzt. Inzwischen kann man mit diesen Apparaten jedoch ebenso gut schreiben und zeichnen, spielen und lernen. Heute gehört der privat oder geschäftlich genutzte Mikro- oder **Personalcomputer** längst zum Alltag.

Die Weiterentwicklung der Computer konzentriert sich darauf, die Speicher- und Verarbeitungsleistung bei gleichzeitiger Miniaturisierung zu erhöhen und die Anwendungsmöglichkeiten zu erweitern. Als bedeutendster Forschungszweig zu Beginn der 90er Jahre gilt die *künstliche Intelligenz,* die auf die Nachahmung menschlicher Intelligenz durch Computer abzielt (u. a. Sprach-, Schrift- und Bilderkennung, eigenständige Problemlösung, Übernahme von Kontrollfunktionen in der Fertigungsindustrie).

Übersetzungscomputer für die Tasche

Kernstück moderner Bürotechnik ist die elektronische Datenverarbeitungsanlage (im Bildhintergrund die Zentral- und Speichereinheit, vorne und rechts verschiedene Peripheriegeräte)

Container

Container sind genormte Großbehälter, die in allen Bereichen des internationalen Güterverkehrs eingesetzt werden. Sie ersparen ein zeit- und kostenaufwändiges Umpacken der Ladung.

CPU

Die Zentraleinheit (CPU – **C**entral **p**rocessing **u**nit) ist praktisch das „Gehirn" eines **Computers**. Sie steuert die Ein-/Ausgabe und Verarbeitung der Daten.

Cyberspace

Als Cyberspace (engl.: künstlicher Raum) oder *virtuelle Realität* bezeichnet man dreidimensionale Räume oder Objekte, die von einem Computer mittels bestimmter **Programme** erzeugt werden. So genannte *Datenhelme* und Sensorenanzüge ermöglichen Personen die Illusion, Teil dieser Welten zu sein. Cyberspace wird derzeit vor allem in der Unterhaltungsindustrie, aber auch in Medizin, Chemie, Architektur und zur Steuerung von **Robotern** eingesetzt.

D

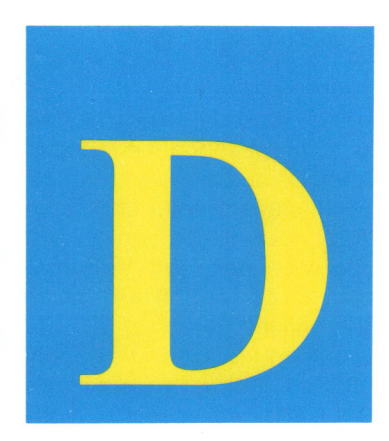

Dachs

Der Dachs gehört zur Unterfamilie der *Marder*. Bei uns lebt der etwa 1 m lange europäische Dachs, der ein Einzelgänger ist. Sein besonderes Kennzeichen ist der schwarzweiß gestreifte Kopf. Der Dachs ist scheu und geht meist erst in der Nacht auf Nahrungssuche. Er ist ein *Allesfresser*, d. h., seine Nahrung besteht sowohl aus Tieren (z. B. Regenwürmern, Insekten, Mäusen) als auch aus Pflanzen (z. B. Wurzeln, Beeren). Seine Behausung ist eine unterirdische Höhle, der Dachsbau. Mit seinen zahlreichen Gängen, die das Tier mit seinen Grabkrallen an den Vorderbeinen anlegt, ist der Bau recht geräumig. Der Dachs, in der deutschen Tiersage auch Grimbart genannt, hält wie der **Bär** keinen Winterschlaf, sondern eine Winterruhe, d. h., er schläft ab und zu ein paar Tage hintereinander. Die Dächsin kann sogar während der Winterszeit trächtig sein.

Dampf

Sobald eine Flüssigkeit über ihren *Siedepunkt* hinaus erhitzt wird, geht sie in einen gasförmigen Zustand über, den man als Dampf bezeichnet: Wasserdampf z. B. wird bei Dampfheizungen, Dampfturbinen, Dampfkochtöpfen usw. ausgenutzt. Quecksilberdampf verwendet man in *Leuchtstoffröhren.*

Dampflokomotive

Bei der mit Dampf angetriebenen **Lokomotive** wird der Dampf durch Verbrennung von Holz, Kohle, Torf oder Öl in einem Dampfkessel erzeugt. Das Triebwerk ist eine **Dampfmaschine.**

Der anpassungsfähige Dachs lebt sowohl in verschiedenartigsten Wäldern als auch auf Bergen

Dampfmaschine

Bis zu Beginn des 18. Jh. standen dem Menschen als Energien nur Muskelkraft, Wind und Wasser zur Verfügung. Die Wärme als Kraftquelle wurde erst mit der Entwicklung der Dampfmaschine nutzbar gemacht. Die erste brauchbare Dampfmaschine baute *James Watt* (1736–1819) im Jahre 1765. Bei einem Teekessel kann man beobachten, wie eine Dampfmaschine in etwa arbeitet. Kocht Wasser, entweicht **Dampf**. Beim Kochen hat sich also Wasser in **Gas** verwandelt. Wird Gas verdichtet, entsteht **Druck**. Beim Teekessel macht sich dieser Druck durch das Pfeifen bemerkbar. Die Dampfmaschinen arbeiten nach folgendem Prinzip: Der unter Druck stehende Dampf, der in einem Heizkessel erzeugt wird, strömt in einen **Zylinder**, in dem sich ein *Kolben* (Kolbenmaschine) befindet. Auf diesen Kolben übt der Dampf einen Druck aus und bewegt ihn so lange, bis er selbst durch ein **Ventil** wieder ausströmt. Der Kolben setzt ein Schwungrad in Bewegung und kehrt dann wieder in seine ursprüngliche Lage zurück. Erneut strömt Dampf ein, der Vorgang wiederholt sich und treibt so die Maschine an. Ein Dampfregler verhindert, dass die Maschine zu schnell läuft und das Schwungrad zerreißt. Die Dampfmaschine trieb **Dampflokomotiven** und Dampfschiffe an. (Abb. S. 56)

Darm

Der Darm ist ein Teil des Verdauungstraktes. Der Darm des Menschen erreicht im entspannten Zustand eine Länge von 6–7 m. Im natürlichen Spannungszustand misst er nur 1,6–1,8 m. Der Darm besteht aus *Dünndarm* und *Dickdarm*. Der Dünndarm setzt sich zusammen aus dem vom **Magen** ausgehenden und an die hintere

Dampflokomotive mit Schlepptender für längere Streckenfahrten

Datei

Bauchwand angehefteten *Zwölffingerdarm*, in den die Ausführungsgänge von **Leber** und **Bauchspeicheldrüse** münden, dem *Leerdarm* und dem *Krummdarm*. An letzteren schließt der Dickdarm an. An dessen Anfang sitzt der *Blinddarm mit* seinem *Wurmfortsatz* (Appendix). An ihn schließt der Grimmdarm an, der in den *Mastdarm* übergeht. Der Mastdarm führt durch den **After** nach außen. Die Darmwand baut sich aus drei miteinander verwachsenen Häuten auf: einer äußeren glatten Haut, einer mittleren Muskelschicht und der innengelegenen Schleimhaut. In der Muskelschicht bewirken durch **Reflexe** gesteuerte Ring- und Längsmuskeln eine wellenartige Bewegung, durch die der Darminhalt weitertransportiert wird. Der Darmschleimhaut kommt bei der **Verdauung** der Nahrungsstoffe die wichtigste Aufgabe zu.

Bei den einfachsten vielzelligen Tieren hat der Darm nur eine Öffnung, die Mund und After zugleich ist. Bei Tieren höherer Ordnung sind Mund und After getrennt. Bei der Verteilung von Nährstoffen wird der Darm vom Blutgefäßsystem abgelöst. Bei den **Wirbeltieren** ist dem Darm noch der Magen vorgeschaltet. Der Darm von **Säugetieren** ist bei *Pflanzenfressern* länger als bei *Fleischfressern,* da sich pflanzliche Nahrung schwerer zerlegen lässt. So haben Pflanzenfresser zusätzlich noch Gärkammern, in denen die Pflanzennahrung verdaulich gemacht wird (**Wiederkäuer**).

Datei

Eine Datei ist der Bestand von Informationen und Dokumenten, die nach einem bestimmten Kriterium ausgewählt und geordnet sind. Dateien sind beispielsweise Karteien der verschiedensten Art, Bücherbestände usw. Zur elektronischen **Datenverarbeitung** werden Dateien heute in maschinenlesbare (**digitale**) Form gebracht und so gespeichert, dass ein schneller Zugriff möglich ist.

Datenbank

Eine Datenbank ist ein **Computer**-System zur Speicherung großer Datenbestände (**Dateien**) mit dem Ziel, optimale Informationsgewinnung bei sehr kurzen Zugriffszeiten zu ermöglichen. Die Datenbank kann über eine Anlage zur **Datenverarbeitung** jederzeit ergänzt und aktualisiert werden.

Home Page der Deutschen Telekom im Internet

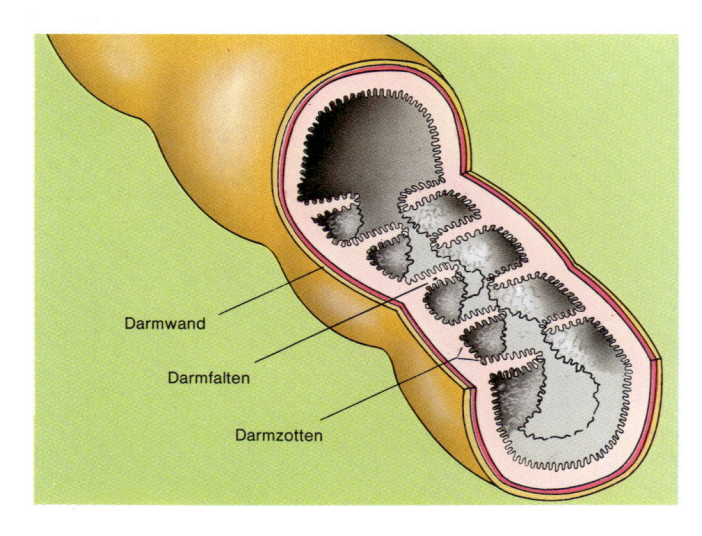

Ausschnitt aus einem Darmstück

Datenfernübertragung

Als Datenfernübertragung (Abk. DFÜ) bezeichnet man im Wesentlichen alle Methoden der Informationsübermittlung über **Computer.** Dazu zählt heute vor allem der Datenaustausch über Leitungen der *Post* (*ISDN,* Datexnetz) und so genannte *Datenautobahnen* (engl.: Information Highways), die den Zugriff auf *globale Netzwerke* ermöglichen.

ISDN (engl.: Integrated Services Digital Network, digitales Netzwerk für zusammengefasste Leistungen) ist ein computergesteuertes Übertragungsnetz für Texte, Daten, Sprache und Bilder, das alle bisher existierenden Dienste (*Telex,* **Telefax, Telefon** u. a.) abwickeln kann. Durch die Verwendung von *Glasfaserkabeln* wird eine wesentlich höhere Übertragungsgeschwindigkeit als bei herkömmlichen Leitungen erreicht. Außerdem können die verschiedenen Funktionen gleichzeitig und in verbesserter Qualität genutzt werden.

Den Zugang zu den globalen Netzwerken, deren größtes und bedeutendstes das *Internet* ist, eröffnen kommerzielle *Online-Dienste* (engl.: online = am Netz), auch *Provider* (engl.: Verteiler) genannt. Voraussetzungen sind ein Computer, ein zwischen Rechner und Telefon geschaltetes **Modem** (bzw. ISDN-Anschluss und Steckkarte) sowie bestimmte **Software.** Das Internet ermöglicht den Zugriff auf Informationen aller Art, Datenbanken, Diskussions- und Spieleforen und ein breites Angebot an Waren und Dienstleistungen. Netzteilnehmer können einander elektronische Post (engl.: e-Mail) zukommen lassen, Musik hören und z.T. live übermittelte Videobilder sehen. Einen sprunghaften Anstieg der Popularität erlebte das Internet mit der Etablierung des WWW (engl.: World Wide Web, weltweites Netz), einem Dienst, der für einen benutzerfreundlichen Bildschirmaufbau sorgte und die Erstellung von Home Pages (engl.: Ausgangsseiten) ermöglichte, auf denen sich Netzteilnehmer präsentieren können. Die dabei verwendete Programmiersprache ist JAVA.

Probleme bei der Benutzung globaler Netzwerke sind die z.T. langsame Übertragungsgeschwindigkeit und die daraus entstehenden Kosten, die Unübersichtlichkeit des sich jeder Kontrolle entziehenden Angebots und die Gefahr des Missbrauchs von Informationen.

Datenschutz

Aufgrund des in den letzten 10–20 Jahren stark ausgeweiteten Einsatzes der **Datenverarbeitung** ist es für staatliche Verwaltungen, Versicherungsgesellschaften, Industriefirmen u. a. möglich geworden, alle (auch persönliche) Daten (z. B. Krankheiten, Einkommensverhältnisse) mit Hilfe von Datenverarbeitungsanlagen zu speichern. Damit nun mit diesen persönlichen Daten und Informationen kein Missbrauch getrieben wird, gibt es Bestimmungen gegen die unbefugte Erhebung, Speicherung und Weitergabe von Daten aus der Privatsphäre. Die Kontrolle der **Datenbank** wird von einer unabhängigen Kontrollinstitution übernommen (*Datenschutzbeauftragter*). Grundsätzlich muss die Institution, die über eine Datenbank verfügt, verpflichtet werden, den betroffenen Personen unaufgefordert Einblick in das gespeicherte Datenmaterial zu gewähren.

Datenverarbeitung

Die Datenverarbeitung erfolgt durch besondere elektronische Datenverarbeitungsmaschinen (*EDV*, **Computer**). Jede Datenverarbeitungsanlage besitzt ein *Dateneingabegerät*, einen *Arbeitsspeicher* und ein *Datenausgabegerät* (**Drucker**). Die Daten, Zahlen oder Namen werden der Anlage eingegeben, z. B. in Form von *Magnetbändern* oder Disketten. Wie der Computer diese Information aufnimmt, kann man gut am Beispiel einer Lochkarte erkennen: Sie wird einem Lochkartenlesegerät zugeführt. Wenn beim Lesen Licht durch ein gestanztes Kartenloch auf die darunter liegende **Fotozelle** fällt, wird ein Stromimpuls ausgelöst, der in das „Gedächtnis" der Anlage, den **Speicher**, wandert. Dieses Gedächtnis besteht aus magnetisierbaren Trommeln, Platten oder Bändern. Datenverarbeitungsanlagen arbeiten also nur mit zwei **Prinzipien**: magnetisch oder nicht magnetisch; Strom oder kein Strom; Loch oder kein Loch (*Lochkarte, Lochstreifen*). Diese verschiedenen Prinzipien entsprechen den Begriffen JA–NEIN oder den Zahlen 1–0. Man nennt diese Signalpaare auch Binärzeichen (**binäre Elemente**). Auf diese Weise kann man alle Buchstaben und Zahlen durch eine Kombination der Ziffern 0 und 1 ausdrücken, denn die bescheidene Anzahl von 20 **Bits** (kleinste Speichereinheit) ermöglicht bereits 1 048 576 Kombinationen. Daraus wird deutlich, dass der Computer den großen Arbeitsaufwand dadurch bewältigt, dass er komplizierte Aufgaben in Teilschritte zerlegt. Obwohl das sehr umständlich erscheint, schafft die Datenverarbeitungsanlage dies mit ungeheurer Schnelligkeit, da sie in 1 Sekunde Milliarden solcher Teilschritte durchführen kann. Darüber hinaus muss der Anlage noch beigebracht werden, was sie tun soll: Sie muss programmiert werden (**Programmierung**). Dazu gibt es verschiedene Programmiersprachen wie **BASIC** oder **COBOL**. Nach Eingabe des Programms beginnt die Maschine zu arbeiten und die Lösungen auf Ausgabegeräten auszudrucken. Es können auch Angaben über **Bildschirme** abgerufen werden, z. B. Informationen zu Personen (**Datenschutz**). Dasselbe gilt auch für grafische Darstellungen auf Bildschirmen oder **Plottern**. Mit modernen Großplottern können Zeichnungen von Plakatgröße (Format DIN A0) ausgeführt werden.

Datumsgrenze

Aufgrund der unterschiedlichen Zeiten, die auch durch die **Zeitzonen** festgelegt sind, kann es auf der einen Hälfte der Erde Montag sein, während es auf der anderen bereits Dienstag ist. Jene Linie, an der die beiden Daten, also Montag und Dienstag, aufeinander treffen, bezeichnet man als Datumsgrenze. Sie fällt etwa mit dem 180. Längengrad zusammen und verläuft im Pazifik zwischen der Antarktis und Sibirien.

DDT

DDT ist die Abkürzung für **D**ichlor-**D**iphenyl-**T**richloräthan ($C_{14}H_9Cl_5$), ein hochwirksames Insektenvertilgungsmittel. Es ist für zahlreiche Insektenarten ein starkes Fraß- und Berührungsgift, mit dem **Pflanzen** bestäubt oder gespritzt werden. Es wirkt als Nervengift und löst Bewegungsstörungen, Krämpfe, Torkeln u. a. aus und dies bereits bei kurzer Berührung. Welche gefährliche Nebenwirkung dieses Pflanzenschutzmittel jedoch hat, beweist folgendes Beispiel: Vor der Küste Kaliforniens gibt es keine Sardinen mehr. Bis 1950 betrug der Ertrag aus dem Sardinenfang jährlich etwa 400 000 t. 1951 brach die Sardinenfischerei zusammen. Ursache hierfür war das Mittel DDT, mit dem die Obstplantagen Kaliforniens besprüht wurden. Vom Regen abgespült, gelangte es in die Flüsse und schließlich ins Meer zu den Laichgründen der Sardinen. In der Bundesrepublik ist die Anwendung von DDT in der Landwirtschaft seit 1971 verboten.

Dehnung

Die Dehnung ist die Verlängerung eines Körpers, wenn man mit *mechanischen Kräften* (Zug, **Druck**) oder Erwärmung auf ihn einwirkt. Bei geringer Belastung tritt elastische Dehnung auf (**Elastizität**), nach der Entlastung nimmt der Körper wieder seine Anfangslänge ein. Wird die elastische Dehnfähigkeit überschritten, bleibt eine dauernde Verlängerung.

Deich

Ein Deich ist ein an See- oder Flussufern sowie an der **Küste** angelegter Erdwall, der das angrenzende Land vor **Überschwemmungen** schützen soll. Seedeiche werden zum Schutz gegen Überflutung beim Wechsel der **Gezeiten** (Springflut) errichtet. Beim Flussdeich liegt zwischen Deich und Fluss das *Vorland*, Ringdeiche umschließen ganze Ortschaften, Sommerdeiche sollen kleinere Überschwemmungen während des Sommers abhalten, und Sturmdeiche liegen hinter den Hauptdeichen. Für den Deichbau eignen sich vor allem sandige Lehme und stark lehmige Sande. Um einen Deichbruch zu verhindern, werden undichte Stellen mit Sandsäcken abgedichtet.

Delfine

Delfin-Show in einem See-Aquarium bei Miami/Florida, USA

Delfine

Delfine sind *Meeressäugetiere* aus der Familie der Zahnwale mit bis zu 260 Zähnen. Der spindelförmige Körper mit der waagrechten Schwanzflosse kann 9 m lang werden. Oft begleiten die gesellig in Schwärmen lebenden Tiere Schiffe. Delfine sind gute Schwimmer und haben nachweislich Menschen vor dem Ertrinken gerettet. In Tierfilmen und bei Schauveranstaltungen kann man gelegentlich die Kunststücke dieser gut dressierbaren Tiere bewundern.
Delfine sind hochintelligente Tiere. Sie orientieren und verständigen sich durch Ultraschall und durch Laute.

Desktop Publishing (DTP)

Die Herstellung bzw. Gestaltung von Text- und/oder Bildvorlagen mit einem **Personalcomputer** (*PC*) wird als Desktop Publishing (engl.: Veröffentlichung vom Schreibtisch aus) bezeichnet. DTP hat die gesamte **Drucktechnik** und speziell die Arbeit der Setzer, Grafiker, Werbefachleute und Journalisten revolutioniert. Drucksachen jeder Art können direkt am Schreibtisch hergestellt werden. Zur Basisausstattung gehören neben einem leistungsfähigen PC mit **Scanner** ein postscriptfähiger **Laser**drucker und entsprechende Anwenderprogramme. DTP-Programme (**Software**) ermöglichen die direkte Übertragung bzw. Belichtung der Vorlage für den Druck.

Desoxiribonukleinsäure (DNS)

Die *DNS*, der Hauptbestandteil der **Chromosomen**, ist Träger der *genetischen Informationen*. Die kettenförmigen, paarweise miteinander verdrillten DNS-**Moleküle** sind im Kern jeder pflanzlichen und tierischen **Zelle** enthalten. Die Erbinformation ergibt sich aus der jeweiligen Abfolge von vier *basischen* Bausteinen des DNS-Moleküls.

Destillation

Die Destillation ist ein Verfahren, mit dem Stoffe getrennt werden. Dabei werden noch unzersetzte Stoffe in einem Gefäß verdampft. Den **Dampf** verdichtet man in einem zweiten Gefäß, der Vorlage, wieder zu einer Flüssigkeit, dem Destillat. Häufig ist zwischen den Destillationskolben und die Vorlage noch eine Kühlvorrichtung geschaltet. Die einfache Destillation dient der Trennung nicht flüchtiger Stoffe von flüchtigen. Bei der trockenen Destillation werden organische Stoffe wie Holz, Steinkohle u. a. in Destillationsgefäßen erhitzt, um flüchtige Zersetzungsergebnisse oder Rückstände (*Leuchtgas*) zu gewinnen. Die meisten in der Natur vorkommenden Stoffe sind so genannte Gemische. Diese Gemische bestehen aus zwei oder mehreren Reinstoffen. Das Zerlegen oder Trennen von Stoffgemischen ist eine wichtige Aufgabe der chemischen Industrie. Je nach den Eigenschaften der einzelnen Bestandteile eines Gemisches wendet man unterschiedliche Trennverfahren an.

Deviation

Auf Schiffen, die aus Eisen gebaut sind, erfährt die *Kompassnadel* aufgrund des Eigenmagnetismus des Schiffes eine Ablenkung aus der Richtung des magnetischen **Meridians**. Diese in einem bestimmten Winkel erfolgende Abweichung nennt man Deviation. Sie lässt sich aufheben, indem man **Magnete** und Weicheisen in der Nähe des **Kompasses** anbringt. Beim *Kreiselkompass* tritt keine Deviation auf. Im internationalen Seerecht wird mit Deviation die Abweichung von der vereinbarten Reiseroute bezeichnet. Sie ist nur bei höherer Gewalt, z. B. bei Ausbruch eines Krieges, bei Wirbelstürmen oder zur Rettung von Menschenleben erlaubt.

Dezimalsystem

In der Mathematik wird ein Zahlensystem mit der Grundzahl 10 Dezimalsystem genannt (im Unterschied etwa zum System mit der Grundzahl 2, dem **Dualsystem**). Die im Dezimalsystem verwendeten zehn arabischen Ziffern (0–9) erhalten dabei je nach ihrer Stelle innerhalb der Zahl unterschiedliche Werte. Ein Beispiel: In der Zahl 111 hat die rechte 1 auch den Wert 1. Die mittlere 1 hat jedoch den *Stellenwert* 10, die linke den Stellenwert 100. Der Stellenwert einer Ziffer steigt demnach von rechts nach links jeweils um das Zehnfache. Das Dezimalsystem ist auch ein System der Einteilung von Geldgrößen, Maßen und Gewichten, wobei jede Einheit in 10, 100, 1000 usw. eingeteilt wird. In den meisten Ländern wird im Geldwesen das Dezimalsystem angewandt.

Diabetes

Der Diabetes, als *Zuckerkrankheit* bekannt, ist eine Störung des **Stoffwechsels**, die auf eine Selbstzerstörung der Insulin produzierenden Zellen in der Bauchspeicheldrüse (Typ-I-Diabetes) oder auf eine mangelnde Wirksamkeit des produzierten *Insulins* (Typ-II-Diabetes) zurückzuführen ist. Vor allem **Kohlenhydrate** wie *Stärke* und *Zucker* können dadurch vom Körper nicht mehr normal verarbeitet werden, so dass der *Blutzuckerspiegel* ansteigt. **Symptome** des Diabetes sind z. B. eine erhöhte Harnmenge, verstärkter Durst und Hautjucken, beim Typ II auch zunehmendes Übergewicht. Die Krankheit, die meist auf einer erblichen Vorbelastung gründet, wird – je nach Typ – durch Insulingaben oder durch die Insulinproduktion anregende Medikamente und durch eine *Diät* behandelt, bei der besonders kohlenhydrathaltige Lebensmittel sowie **Fette** gemieden werden. Wenn die Diät nicht den gewünschten Erfolg bringt, muss Insulin gespritzt werden, um den Blutzuckerspiegel zu senken.

Diagnose

Mit Diagnose bezeichnet man allgemein die Feststellung charakteristischer Eigenschaften oder Merkmale eines Zustandes, eines Zusammenhanges oder einer Person. Auf dem Gebiet der *Medizin* ist die Diagnose das Erkennen einer Krankheit. Sie ergibt sich aus dem, was der Patient dem Arzt mitteilt, seinen Beschwerden (*Symptomen*) und aus den Befunden verschiedener Untersuchungen. Ist die Diagnose gestellt, kann ein bestimmtes Heilverfahren, eine gezielte Behandlung (*Therapie*) der Krankheit erfolgen.

Diamant

Der Diamant ist einer der wertvollsten **Edelsteine**. Er findet sich meist in Oktaedern kristallisiert. Seltener kommt er in

Diamant: Verschiedene Schliffarten

großen, porösen, rundlichen Stücken von bräunlichschwarzer Farbe vor. Im reinsten Zustand ist er farblos und sehr hell, manchmal auch leicht gefärbt. Er besitzt einen lebhaften Glanz und ein schönes Farbenspiel. Sein *Härtegrad* ist 10 (der oberste Härtegrad bei Stoffen). Der Diamant besteht aus reinem **Kohlenstoff**. Bei starker Hitze verbrennt er zu **Kohlendioxid**. Die größten Diamantvorkommen liegen in Australien, Russland, Südafrika, Zaire, Botswana und Brasilien. Diamanten werden zu Schmucksteinen mit hohem Wert verarbeitet sowie zum Bohren und Schleifen, als Taster für Feinmessgeräte u. ä. verwendet. Das Gewicht wird in **Karat** angegeben. Der größte Diamant ist der Cullinan I, er hat 516,5 Karat und ist in die britische Krone eingearbeitet. Er war ein Teil des größten bisher gefundenen Diamanten, des Cullinan, mit über 3024 Karat = 621 g. Zur Verwendung wurde dieser Stein in 105 Teile zerlegt.

Dichte

Die Dichte bezeichnet die Masse eines Stoffes pro Raumeinheit. Als Maßeinheit werden g/cm^3 (Gramm pro Kubikzentimeter) verwendet. Die Dichte eines Stoffes hängt hauptsächlich von der **Temperatur** und dem **Druck** ab. Die **Luft** hat eine Dichte von 0,0012. 1 cm^3 Luft wiegt also 0,0012 g.

Dieselkraftstoff

Dieselkraftstoffe sind ölige, schwer entzündliche, intensiv riechende Flüssigkeiten zum Betrieb von **Dieselmotoren** und *Ölheizungen*. Dieselkraftstoff ist das Produkt der *Erdölraffinerie*, in der je Tonne Erdöl bestimmte Mengen Dieselöl, **Benzin** und Superbenzin anfallen. Für die Gewinnung von Dieselöl ist weniger **Energie** aufzuwenden als für die Herstellung der beiden anderen Produkte. Dafür stecken aber noch viele nützliche Bestandteile im Dieselöl, die im Motor und im Heizkessel nutzlos verbrannt werden. Dieselkraftstoff hat einen um 8% höheren Energiegehalt als Benzin und ist praktisch dasselbe wie Heizöl. Aus steuerlichen Gründen (damit niemand mit dem billigeren Heizöl seinen Pkw betreibt) ist Dieselkraftstoff eingefärbt. **(Erdöl)**

Diesellokomotive

Eine moderne Diesellok wird von zwei schweren **Dieselmotoren** mit insgesamt fast 3000 kW (4000 PS) angetrieben. Mit dieser Leistung ist sie sowohl für den Schnellzugverkehr bis 160 km/h als auch für den schweren Güterzugdienst geeignet. Die Motoren werden mit Wasser gekühlt. Für die Heizung der Personenwagen ist die Lokomotive mit einem zusätzlichen Heizdampfkessel ausgestattet. Die Antriebsleistung wird von den Motoren über Kupplungen und Getriebe auf die Antriebsachsen der Drehgestelle gebracht, wobei von Hand auf Schnellgang oder Langsamgang geschaltet werden kann. In manchen Ländern, z. B. in den USA, ist die Diesellok fast ausschließliches Antriebsmittel der Züge; da dort die Strecken nicht elektrifiziert sind, können keine Elektrolokomotiven eingesetzt werden. (Abb. S. 60)

Dieselmotor

Dieselmotoren – benannt nach ihrem Erfinder *Rudolf Diesel* (1858–1913) – arbeiten nach dem Zweitakt- oder dem Viertaktverfahren (**Verbrennungsmotor**). Der Dieselmotor unterscheidet sich vom *Ottomotor* (Benzinmotor) dadurch, dass in den **Zylindern** reine Luft angesaugt und weit höher verdichtet wird (bis zu 35 bar). Dadurch erreicht die Luft eine Temperatur von fast 900 °C. Erst jetzt wird mit einer komplizierten Einspritzpumpe eine bestimmte Menge von **Dieselkraftstoff** in den Zylinder gespritzt. Wegen der hohen Temperatur entzündet sich der Treibstoff von selbst, der Motor braucht also keine **Zündkerzen**. Er hat nur eine Vorglüheinrichtung zum Starten. Da die störanfällige Zündanlage (**Zündung**) entfällt, gelten Dieselmotoren als besonders robust und zuverlässig, auch wird wegen der hohen Verbrennungstemperaturen der Treibstoff besser ausgenutzt, der Motor ist vergleichsweise sparsam. Dem stehen allerdings auch Nachteile gegenüber, denn aufgrund des hohen Drucks ist der Motor schwerer gebaut und daher teurer, auch läuft er nicht so elastisch und geräuscharm wie ein Benzinmotor.

Differentialgetriebe

Diesellokomotive der Baureihe 216

Wurde der Dieselmotor früher fast nur in Lastkraftwagen, **Lokomotiven** und **Schiffen** eingebaut, so erfreut er sich heutzutage, im Zeitalter der Energieverknappung, auch bei Pkw-Fahrern wegen seiner Sparsamkeit und Langlebigkeit (niedrigere **Drehzahl**) wachsender Beliebtheit. Die größten Motoren dieser Art sind für Schiffe gebaut worden und haben fast die Größe eines Einfamilienhauses. Ihre Leistung liegt bei fast 3000 kW (4000 PS) pro Zylinder.

Differentialgetriebe

Die Antriebsräder eines **Kraftwagens** legen bei einer Kurvenfahrt unterschiedlich lange Wege zurück: Das innere Rad beschreibt eine wesentlich kleinere Kurve als das äußere. Daher ist es erforderlich, die Antriebskräfte nicht auf eine durchgehende Achse, sondern auf ein Ausgleichsgetriebe wirken zu lassen. Die *Kardanwelle* (Antriebswelle) trifft auf ein System von Zahnrädern, bestehend aus zwei Teller- und vier Ausgleichsrädern. Bei Kurvenfahrten drehen sich die Ausgleichs(zahn)räder um ihre Welle mit der Wirkung, dass sie das rechte Tellerzahnrad der Halbachse zurückhalten und gleichzeitig das linke Tellerzahnrad schnell vorschieben. So kommt eine einwandfreie Kurvenfahrt der Antriebsachse zustande (**Getriebe**) und damit die nötige Verkehrssicherheit.

Diffusion

Viele Stoffe sind in **Wasser** löslich. Je mehr von einem Stoff in derselben Wassermenge gelöst ist, desto konzentrierter wird die Lösung. Zwischen einer stark konzentrierten und einer schwächer konzentrierten Lösung besteht ein Konzentrationsunterschied. Werden nun in einem Gefäß zwei unterschiedlich konzentrierte Lösungen übereinander geschichtet, z. B. Wasser über eine Zuckerlösung, so gleicht sich der Konzentrationsunterschied allmählich aus. Die **Moleküle** der Zuckerlösung wandern in das übrige Wasser über, so dass mit der Zeit die Konzentration der Zuckerlösung überall im Gefäß gleich ist. Dieses Bestreben eines gelösten Stoffes, z. B. des Zuckers, sich in der gesamten Flüssigkeit gleichmäßig zu verteilen, nennt man Diffusion. Trennt man nun die Zuckerlösung durch eine dünne **Membran** vom übrigen Wasser, können nur die Wassermoleküle hindurchtreten, nicht aber die Zuckermoleküle. Aber auch durch diese halbdurchlässige Membran wird ein Konzentrationsausgleich angestrebt. Die Diffusion von Wassermolekülen von einer schwach konzentrierten in eine stärker konzentrierte Lösung durch eine halbdurchlässige Membran heißt *Osmose*. Samenpflanzen z. B. saugen das Bodenwasser durch ihre Wurzeln in ihren Körper auf. Ihre Zellkörper sind von halbdurchlässigen Schichten umgeben, durch die sich ein ständiger Ausgleich des Gehalts an Wasser und der darin gelösten Stoffe vollzieht.

digital

Die Darstellung von Daten und Informationen in Ziffern bezeichnet man als digital (englisch: digit – Ziffer). Bei der *Digitaluhr* z. B. wird die Zeit mit fortlaufenden Ziffern angezeigt. Ein Digitalrechner ist ein **Computer** – er löst alle Daten in die Ziffern 0 und 1 auf (**Bit, binär**).

Digital Audio Tape

Das Digital-Tonband (DAT) ist ein Tonträger, der durch die Technik der Digitalaufzeichnung (**digital**) die herkömmliche **Tonbandkassette** in Aufnahme- und Wiedergabequalität übertrifft, dazu auch noch kleiner ist als sie. Zur Zeit ist das Angebot an Kassetten und an den entsprechenden Recordern allerdings wegen der hohen Kosten noch relativ gering.

Dinosaurier

Die artenreichen Dinosaurier waren Land bewohnende *Kriechtiere* des frühen Erdmittelalters (**Erdgeschichte**). Sie sind vor ca. 70 Mill. Jahren ausgestorben. Für ihr Aussterben war vermutlich der Zusammenprall unseres Planeten mit einem großen **Kometen** verantwortlich; dadurch wurden so gewaltige Staubmassen auf-

Fossil eines Dinosauriers aus dem Dinosaurier-Nationalmonument von Utah und Colorado (USA)

Dinosaurier

Erdaltertum		Erdmittelalter			Erdneuzeit
Karbon	Perm	Trias	Jura	Kreide	Tertiär

Quartär und Gegenwart →

Moschops, Dicynodon, Cynognathus, Megazostrodon
Säugetierähnliche Reptilien

Säugetiere

Dimetrodon, Edaphosaurus

Mosasaurus

Eidechsen

Schlangen

Flugsaurier
Rhamphorhynchus, Pteranodon

Aëtosaurus

Krokodile

Euparkeria

Iguanodon, Stegosaurus, Triceratops, Anatosaurus
Ornithischier

Archaeopteryx

Vögel

Plateosaurus, Diplodocus, Struthiomimus, Tyrannosaurus
Saurischier

Stammsaurier
Seymouria

Schildkröten

Placodus

Nothosaurus, Plesiosaurus, Elasmosaurus

Ichthyosaurier

Ornithischier = Vogelbecken-Dinosaurier
Saurischier = Echsenbecken-Dinosaurier

■ Reptilien ■ Säugetiere Stammbaum der Saurier (und Abkömmlinge)
■ Dinosaurier ■ Vögel

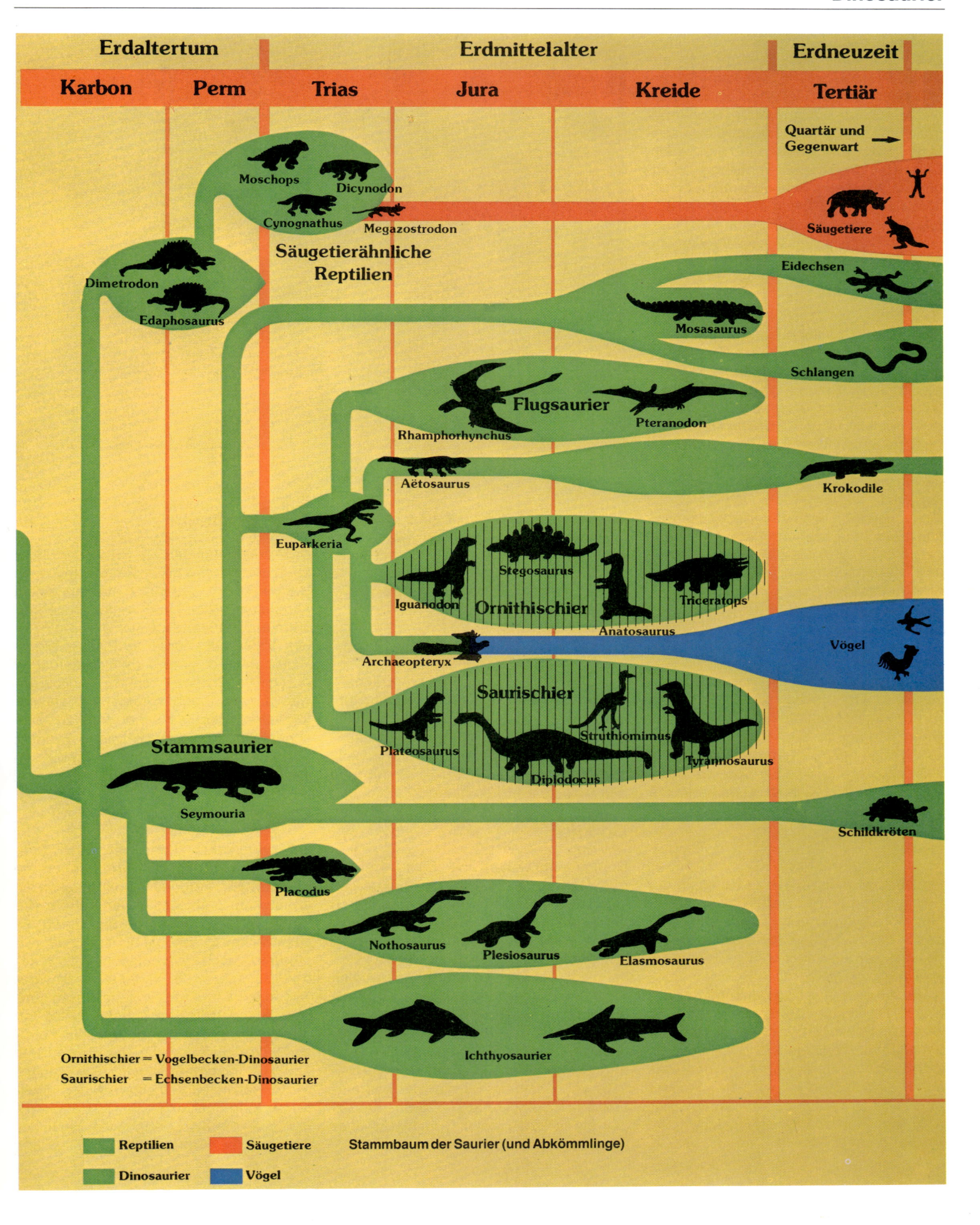

Dioxin

gewirbelt, dass sich der Himmel für lange Zeit verdunkelte und die Erde sich abkühlte. Fast alle großen Tiere kamen dabei um. Anhand von Skelettfunden hat man die verschiedenen Arten der Dinosaurier bestimmt. Man unterscheidet die riesenhaften Fleisch fressenden, auf den Hinterbeinen laufenden Dinosaurier oder *Theropoden* (zu denen *Tyrannosaurus rex* gehörte) von den Pflanzen fressenden Sauropoden, die sich auf vier Beinen bewegten. Ihr Lebensraum waren vorwiegend Sumpfgebiete.

Dioxin

Dioxin ist die allgemein gebräuchliche Bezeichnung für eine Gruppe von über 75 giftigen chemischen Substanzen, deren gefährlichste das so genannte *Seveso-Gift* oder TCDD ist. Dioxin entsteht u. a. bei der Herstellung von **Transformatorölen**, Desinfektionsmitteln und **Pestiziden**. Bei Tierversuchen wirkte Dioxin in einer Menge von wenigen Millionstel Gramm pro Kilogramm Körpergewicht tödlich. Beim Menschen führt es in geringer Konzentration zu schmerzhaften Hautkrankheiten, Leber- und Nervenleiden, *Fehlgeburten* und Körpermissbildungen. Zudem ist es Krebs erregend.

Diskette

Die Diskette (engl. Floppy disc) ist eine flexible Kunststoffscheibe mit magnetisierbarer Oberfläche zur Speicherung von Daten. Ihre äußere Hülle besteht aus einem flachen, stabilen Kunststoffgehäuse. Ab Mitte der 80er Jahre setzte sich die 3,5-Zoll-Diskette mit einer Speicherkapazität von 1,44 Megabyte gegenüber der 5,25-Zoll-Diskette allgemein durch.

Dock

Ein Dock ist eine Anlage in **Häfen**, in der Reinigungs- und Reparaturarbeiten an einem **Schiff** vorgenommen werden. Damit das Schiff auch an der Unterseite ausgebessert werden kann, wird es hier völlig aufs Trockene gelegt. Das Schwimmdock ist ein hohlwandiger Schwimmkörper aus Stahl, der an den Stirnseiten offen ist. Wird ein Schiff gedockt, senkt sich der Behälter, indem Boden- und Seitentanks mit Wasser gefüllt werden. Wenn das Schiff eingefahren ist, wird das Wasser wieder herausgepumpt, und der Behälter hebt sich, bis die Schiffsunterseite im Trockenen liegt.

Werftanlage mit Trockendock in Kiel

Das Trockendock ist mit einer **Schleuse** zu vergleichen. Ein Becken aus Beton wird, nachdem das Schiff eingefahren ist, durch ein Schleusentor verschlossen und das im Becken befindliche Wasser abgepumpt.

Donner

Der Donner folgt dem **Blitz** als krachendes oder rollendes Geräusch. Er entsteht durch die plötzliche Ausdehnung der vom Blitz erhitzten Luft. Zählt man die Sekunden zwischen Blitz und Donner und teilt sie durch 3, erhält man die Entfernung des Gewitters in Kilometern.

Doping

Doping (engl.: künstliches Stimulieren) ist der Versuch, die Leistungsfähigkeit von Sportlern oder von Rennpferden durch Verabreichen von *Pharmaka* (Reizmitteln, **Anabolika**) zu erhöhen. Nach spektakulären Dopingskandalen (u. a. der Fall Ben Johnson bei den Olympischen Spielen 1988 und erneut 1993) sind die Maßnahmen gegen diese verbotenen Praktiken verschärft worden, da sie nicht nur wettbewerbsverzerrend wirken, sondern auch die Gesundheit der Sportler erheblich schädigen können. Es gibt weltweit einheitliche Dopingkontrollen. Seit 1994 urteilt ein internationaler Gerichtshof über Dopingverstöße.

Drachenfliegen

Das Drachenfliegen ist ein noch junger Flugsport; er wird mit zusammenlegbaren Hängegleitern ausgeführt, die aus einem Aluminiumgestell und einer Nylonbespannung bestehen. Unter den dreieckigen Tragflügeln hängt der Pilot an einem Haltegurt und steuert den *Hängegleiter* durch Verlagerung seines Körpergewichts. Das Drachenfliegen gilt als gefährlicher Sport, da schon kleinere Zwischenfälle, z. B. eine plötzliche Windbö, und kleine Fehler des Piloten mit dessen Absturz und damit tödlich enden können.

Drahtseilbahn

Bei der Drahtseilbahn, die auch Seilschwebebahn genannt wird, hängen die Kabinen für Personen oder Lasten an armdicken Drahtseilen. Der Antrieb der Kabinen oder Gondeln erfolgt durch ein zusätzliches Zugseil. Meist sind zwei Kabinen in das Tragseil eingehängt, die jeweils zur selben Zeit in der Berg- bzw. der Talstation eintreffen und dort zum Ein- bzw. zum Aussteigen anhalten. Dies hat den Vorteil, daß die talabwärts schwebende Gondel die bergauf fahrende z. T. zieht bzw. von ihr gebremst wird. Das Zugseil wird zusätzlich durch einen starken **Elektromotor** in der Berg- oder Talstation angetrieben. Drahtseilbahnen werden in abgewandelter Form auch als Schlepplifte oder Sessellifte für Skifahrer gebaut, wobei diese entweder von einem Schleppbügel gezogen werden oder sitzend den Berghang hinauffahren.

Drehzahl

Die Drehzahl ist eine wichtige Messgröße bei Maschinen (**Verbrennungsmotoren**, **Turbinen**). In Automobilen gibt es spezielle Drehzahlmesser, durch die elektronisch die Drehzahl der *Kurbelwelle* des Motors festgestellt wird. Das ist einmal wichtig für eine Benzin sparende Fahrweise, zum anderen, um den Motor bei großer Geschwindigkeit vor zu hohen Drehzahlen zu schützen, die Motorschäden hervorrufen würden.

Drogen

Unter Drogen versteht man heute alle anregenden, beruhigenden und so genannten bewusstseinsverändernden Mittel, die der Mensch aus vielerlei Motiven zu sich nimmt. Zu den anregenden Drogen, die gesellschaftlich geduldet sind, gehören **Alkohol**, *Koffein* (**Kaffee**) und **Nikotin**. Ihr Konsum kann nichtsdestotrotz zu schweren Gesundheitsschäden führen.

Darüber hinaus gibt es Drogen, die gesetzeswidrig gehandelt werden. Man unterscheidet dabei so genannte „weiche" Drogen, wie *Haschisch* oder *Marihuana*, und „harte" Drogen, wie *Heroin* oder *Kokain*. Die Gefährlichkeit „weicher" Drogen wird von Jugendlichen unterschätzt, denn sie machen nicht körperlich abhängig. Es ist jedoch erwiesen, dass Haschisch das Gehirn schädigt und psychisch (seelisch) abhängig macht, wobei sich der Charakter des Haschischkonsumenten negativ verändert. Diese Drogen werden geraucht (*Joint*), weil Jugendliche glauben, z. B. Musik und Farben intensiver wahrnehmen zu können. Haschisch gilt auch als „Einstiegsdroge" für noch gefährlichere Rauschmittel, z. B. für das zur Behandlung von Geisteskranken entwickelte *LSD*, bei dessen Konsum man „Horrortrips" erleben kann; alltägliche Dinge wie z. B. ein Stuhl werden als Furcht erregende Monster angesehen.

Daneben bieten kriminelle Drogenhändler (*Dealer*) „harte" Drogen an, von denen sich der Konsument ungeahnte Lustgefühle verspricht. Heroin, die härteste Droge, kann jedoch schon beim ersten Spritzen (*Fixen*) in die Armvene süchtig machen, d. h., der Körper baut die Droge in seinen **Stoffwechsel** ein. Das bedeutet, der Fixer kann gar nicht mehr entscheiden, ob er die Droge nochmals nehmen will, denn die *Entzugserscheinungen*, wie starke Schmerzen, Krämpfe und Brechreiz, zwingen ihn dazu, dem Körper wieder eine Dosis Rauschgift zuzuführen. Der *Drogensüchtige* wird also alles tun, um wieder zu seinem „Stoff" zu kommen, von dem er nun körperlich abhängig ist. Dabei ist die Wahrscheinlichkeit groß, dass er kriminell wird, denn die Beschaffung von Heroin kann täglich mehrere 100 Mark kosten. Die tödliche Gefahr der *Überdosis* ist immer gegeben, wenn der Stoff einen hohen Reinheitsgrad besitzt.

Die Zahl der Drogenkonsumenten ist in den letzten Jahren erschreckend angestiegen. Dies ist u. a. auf die steigende Popularität so genannter *Designerdrogen* (wie z. B. *Ecstasy*) zurückzuführen, die neben der akuten Gefahr einer Überdosis auch verheerende Langzeitschäden verursachen.

Süchtig macht auch der dauernde Missbrauch von Medikamenten und chemischen Substanzen.

Dromedar

Dromedar nennt man das einhöckrige **Kamel**. In den heißen Wüstengebieten der Alten Welt wird es seit alters her als Last- und Reittier sowie als Wolllieferant gehalten. (Abb. S. 64)

Aus dem Milchsaft des Schlafmohns wird Opium gewonnen

Drachenfliegen – ein schöner, aber nicht ungefährlicher Sport

Das einhöckrige Kamel oder Dromedar kommt nirgends mehr wild vor. Es lebt seit Jahrtausenden gezähmt in Afrika und Westasien

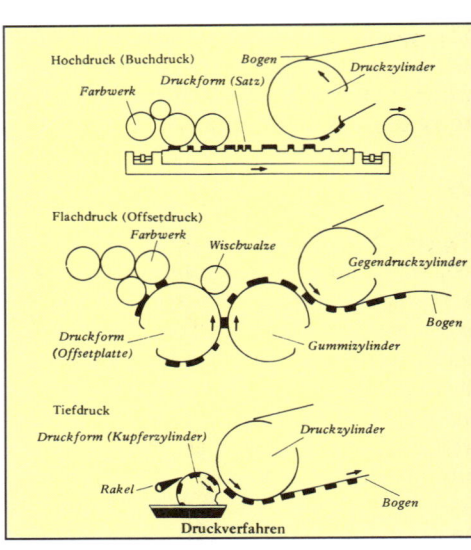

Die gängigsten Druckverfahren

Druck

Eine **Kraft**, die auf eine Fläche einwirkt, nennt man Druck. Wer auf Sand geht, sinkt mit den Füßen ein. Die Abdrücke, die die Füße dabei hinterlassen, sind die Druckstellen. An diesen Stellen wird der Sand zusammengedrückt. Je größer die Fläche ist, mit der man den Druck ausübt, um so geringer ist der Druck pro Flächeneinheit. Um sich z. B. im Schnee besser fortbewegen zu können, haben die Jäger früher Schneeschuhe benützt. Damit vergrößerten sie die Fläche des Fußes und sanken nicht so stark ein wie mit gewöhnlichen Schuhen.
Die Grundmaßeinheit für Druck ist Pascal (Pa). $1\ Pa = 1\ N/m^2$ (Maßeinheit der Kraft ist 1 Newton = N). Wichtige Untereinheiten sind: $1\ Bar\ (bar) = 10^5\ Pa$ und $1\ Millibar\ (mbar) = 10^2\ Pa$. Letztgenannte Maßeinheiten werden in der Wetterkunde verwendet.

Drucker

Drucker (Schnelldrucker) sind an Datenverarbeitungsanlagen angeschlossene Druck- oder Schreibwerke, die die abgerufenen Daten oder Berechnungen zu Papier bringen. Es gibt mechanische Druckwerke (Stab- oder Walzendrucker), die bis zu 100 000 Zeilen pro Stunde schaffen, und nicht mechanische (z. B. *Laserdrucker*), die bis zu 1,2 Mill. Zeilen pro Stunde ausdrucken können. Für den Druck wird meist Endlospapier verwendet, das sind ziehharmonikaartig zusammengelegte Bögen, die sich fortlaufend beschriften lassen.

Druckkabine

Die Druckkabine ist ein luftdicht abgeschlossener, drucksicherer Raum, der auch gegen Wärme- und Kälteeinwirkung geschützt ist. Druckkabinen werden im **Flugzeug** für den Passagierraum und die Pilotenkanzel verwendet. Bei Flugzeugen, die in großer Höhe fliegen, wären Fluggäste und Mannschaft durch die dünne Außenluft und durch die extrem niedrigen Temperaturen auf das Höchste gefährdet. In der Druckkabine wird ein **Luftdruck** aufgebaut, der möglichst dem entspricht, der auf der Erde herrscht.

Druckluft

Die Druckluft wird auch Pressluft genannt und ist verdichtete **Luft**. Diese Verdichtung erfolgt mit Hilfe von **Kompressoren**. Druckluft kommt beim **Antrieb** von Druckluftwerkzeugen (Pressluftbohrer), Fahrzeugen, bei der Betätigung von *Bremsen* und beim Behandeln von Oberflächen mit *Sandstrahlgebläsen* oder *Hochdruckreinigern* zur Anwendung. Auch *Autoreifen* sind mit Druckluft gefüllt.

Drucktechnik

Unter Drucktechnik versteht man die Wiedergabe von Texten und Bildern, indem mittels einer Druckform Druckfarben auf einen Druckträger übertragen werden. Der Druckvorgang wird nach dem Druckverfahren, dem Druckprinzip, der Art des Druckstoffs und den Kennzeichen des Druckergebnisses unterschieden. Die verschiedenen *Druckverfahren* sind: *Hochdruck, Flachdruck, Tiefdruck* und *Siebdruck*. Beim Hochdruck sind die druckenden Elemente erhaben, die Druckform ist eben (beim *Buchdruck*) oder zylindrisch (beim *Rotationsdruck*). Beim Flachdruck liegen die druckenden Teile in einer Ebene. Hier geht man von der Tatsache aus, dass Wasser und fette Druckfarbe sich nicht vermischen bzw. sich gegenseitig abstoßen. Die Druckform ist bei der *Lithographie* (Steindruck) flach, beim *Offsetdruck* zylindrisch. Beim Tiefdruck liegen die druckenden Teile tief, die überschüssige Farbe wird mit der *Rakel*, einem Stahllineal, entfernt. Die in den Vertiefungen zurückgebliebene Farbe wird von dem Papier auf dem Druckzylinder angesaugt. Beim Siebdruck (Durchdruck) wird durch eine Schablone aus farbdurchlässigem Material (Metall- oder Nylonsieb) gedruckt.

Drüse

Drüse nennt man bei Menschen und Tieren ein **Organ**, das flüssige oder talgförmige Stoffe, so genannte *Sekrete* absondert. Diese Sekrete sind **Schweiß**, **Speichel**, **Magensaft** und **Galle**. Eine Drüse ist ein Hohlgebilde mit einem Ausführungsgang. Das Sekret wird von der Drüsenwand gebildet. Man unterscheidet einzellige und mehrzellige Drüsen, die in der äußeren **Haut** und in der **Schleimheit** (besonders des Verdauungskanals) liegen. Die Absonderung der Sekrete steuert das *vegetative Nervensystem*. Bei Pflanzen werden flüssige oder feste Stoffe durch Drüsenhaare, Drüsenschuppen, Honigdrüsen u. a. abgesondert.

Dualsystem

Das Dualsystem ist ein Zahlensystem, das mit der Grundzahl 2 unter Zuhilfenahme von nur zwei Ziffern, nämlich 0 und 1, alle Zahlen aus den Potenzen von 2 aufbaut. Mit 1 wird das Vorhandensein, mit 0 das Fehlen einer bestimmten Potenz von 2 ausgedrückt. Die Zahl 9 im **Dezimalsystem** wird als Dualzahl 1001 ($= 1 \cdot 2^0 + 0 \cdot 2^1 + 0 \cdot 2^2 + 1 \cdot 2^3$) geschrieben. Das Dualsystem ist für die moderne **Datenverarbeitung** von Bedeutung, da man zur Darstellung jeder Zahl nur die Ziffern 0 und 1 – wenn auch in langen Folgen – benötigt; es werden also nur zwei verschiedene elektrische bzw. elektronische Impulse („an", „aus") verwendet (**binäre Elemente**).

Duftstoffe

Bei Pflanzen werden bestimmte Duftstoffe durch **Bakterien** erzeugt. Die Fäulniserreger z. B. sind für kennzeichnende schlechte Duftstoffe verantwortlich. Der „Erdgeruch" wird von Bodenbakterien hervorgerufen. Die Veilchensteinalge duftet nach Veilchen. Bei Pilzen sind Gerüche nach Knoblauch, Anis, Zimt, Nelken, Moschus u. a. sehr häufig. Die Bandflechte verwendet man zur Parfümgewinnung. Die vielen verschiedenen Duftstoffe der Blütenpflanzen sind meist *Harze* und *ätherische Öle*. Die pflanzlichen Duftstoffe locken Insekten an, eine Voraussetzung für die **Bestäubung**. Schlechte Duftstoffe schrecken äußere Feinde ab. Bei Tieren findet man Duftstoffe bei **Insekten** und **Wirbeltieren** mit ausgeprägtem **Geruchssinn**. Hier dient der Duftstoff zur Verständigung der Artgenossen, zur Anlockung zwischen den Geschlechtern, zur Erregung des Geschlechtspartners, aber auch zur Abschreckung von Feinden (Stinktier). Die Duftorgane sind bei Insekten und Schmetterlingen, aber auch bei männlichen Säugetieren **Drüsen**, die die Duftstoffe absondern.

Dünen

Dünen sind meist aus Quarzsand bestehende, vom **Wind** aufgeschüttete Sandwälle oder -hügel. Sie sind in der Regel einige Meter hoch, können aber auch eine Höhe von mehreren 100 Metern erreichen. Dünen finden sich an **Küsten**, Flussufern und in Trockengebieten im Landesinneren (**Wüsten**). Sie bilden sich nur, wenn der Wind ungehindert angreifen kann, d. h., wenn wenig oder kein Bewuchs vorhanden ist. Der lockere Bodensand wird verweht und beginnt sich an kleinen Hindernissen (Bodenunebenheiten) aufzuhäufen. Nach der Form unterscheidet man Bogen- und Sicheldünen. Liegen mehrere Dünen hintereinander, so wird die vordere, niedrigere als Vor-, die folgende als Hinterdüne bezeichnet. Weht der Wind beständig aus nur einer Richtung, bilden sich parallel zur Windrichtung Reihendünen.

Tiefdruck-Rotationsmaschine mit mehreren Farb- und Druckwerken für die einzelnen Farbgänge

Dünger

Düngemittel sind Stoffe, die den Pflanzen direkt oder indirekt zugeführt werden, um ihr Wachstum, ihre Qualität und damit den Ertrag zu fördern. Die Düngung ist abhängig vom Nährstoffbedarf der Pflanze, vom Boden und auch von den Einwirkungen des **Klimas**. Düngemittel sind notwendig, da die Pflanzen dem Boden **Nährstoffe** entziehen, die auf diese Weise ersetzt werden müssen. Man unterscheidet *Naturdünger*, wie z. B. Jauche oder Stallmist, und *Kunstdünger*, z. B. Kaliphosphatdünger. So sehr Dünger auf den Feldern notwendig ist, so sehr schädigt er unsere Gewässer (vor allem Seen), da in erster Linie Kunstdünger, der von den **Niederschlägen** ins Wasser gespült wird, die **Algen** sehr stark wachsen lässt und damit das **ökologische Gleichgewicht** erheblich stört.

Duplikat

Unter Duplikat verstehen wir ein Doppelstück, eine Abschrift, eine zweite Ausfertigung etwa einer Urkunde.

Düse

Die Düse ist das Ausspritzstück am Ende eines Rohres oder eines Schlauches, durch das Flüssigkeiten mit hohem Druck zerstäubt werden können (Zerstäubungsdüse). Hierbei wird Druckenergie in Geschwindigkeitsenergie umgewandelt. Die durch **Strahlentriebwerke** angetriebenen **Flugzeuge** heißen entsprechend auch *Düsenflugzeuge*. In der chemischen Industrie sind *Spinndüsen* für die Herstellung feiner Fäden wichtig. Zum Beispiel gibt es Spinndüsen für *Kunstseide*, die auf einer pfenniggroßen Fläche bis zu 500 Öffnungen haben. Die aus diesen Öffnungen austretende Flüssigkeit erstarrt und wird zum Faden. Weit verbreitet sind heute auch *Einspritzdüsen*, z. B. in Brennern für Ölfeuerungen oder in **Verbrennungsmotoren**. *Norm-* und *Venturidüsen* eignen sich zum Messen des Durchflusses in Leitungssystemen.

Dynamik

Die Dynamik (griechisch: Triebkraft), ein Teilgebiet der **Mechanik**, befasst sich mit den Bewegungen und Zustandsänderungen von Körpern unter Einwirkung von Kräften. So werden beispielsweise in der **Aerodynamik** jene Kräfte berechnet, die auf einen Körper wirken, der sich in der Luft bewegt oder an dem Luft vorbeigeleitet wird.
In der **Akustik** werden die Abstufungen der Klangfülle *(Tonstärke)* als Dynamik bezeichnet.

Dynamomaschinen

Dynamomaschinen erregen in modernen Drehstrom-**Generatoren** das starke Magnetfeld des *Läufers*. In **Kraftwerken** werden sie zur Fremderregung der **Elektromagnete** großer Generatoren eingesetzt.

Ebene

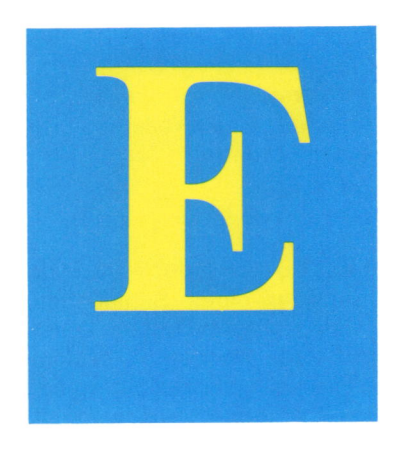

Ebene

In der **Mathematik** ist eine Ebene eine *Fläche*, die sich 1. durch drei *Punkte*, 2. durch eine Gerade und einen außerhalb von ihr liegenden Punkt, 3. durch zwei einander schneidende Geraden und 4. durch zwei parallele Geraden festlegen lässt. Liegen zwei Punkte einer Geraden auf einer Ebene, so liegen alle Punkte dieser Geraden auf einer Ebene. Aus der **Physik** kennt man den Begriff der *schiefen Ebene*. Auf einer ebenen Strecke bewegt sich z. B. ein Auto verhältnismäßig leicht, weil es nur seine **Reibung** überwinden muss. Steigt der Weg jedoch an, ist zusätzliche **Kraft** notwendig. Mit ihr wird die hangabwärts wirkende *Gefällkraft* überwunden. Man berechnet sie, indem man die Last mit der Steigung multipliziert. Je geringer die Steigung ist, desto leichter lassen sich Lasten auf ihr emporziehen. In der **Geografie** ist eine Ebene ein Flachland.

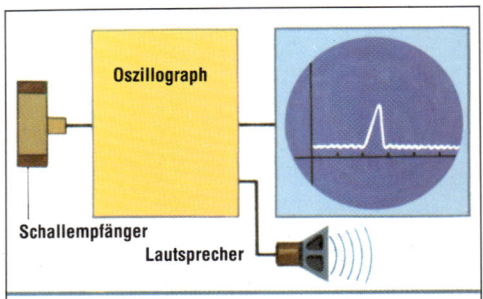

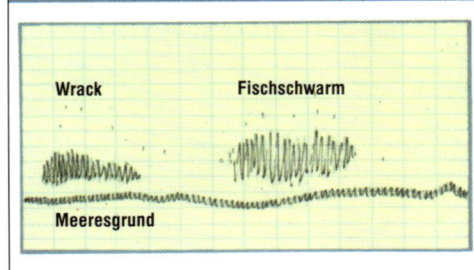

Aufbau des Echolots (oben). Aufzeichnung der Ergebnisse durch den Echographen (unten)

Echo

Das Echo entsteht dadurch, dass **Schallwellen** auf ein nicht schwingendes Hindernis prallen. Sie werden dann zurückgeworfen und treffen wieder auf unser **Ohr**. Da sich der **Schall** sehr schnell ausbreitet, hört man das Echo bei kurzen Entfernungen gleichzeitig mit dem **Ton**, den man selbst von sich gibt. Man spricht dann von „Nachhallen". Ist das Hindernis weiter entfernt, hören wir das Echo deutlich, allerdings mit Verzögerung.

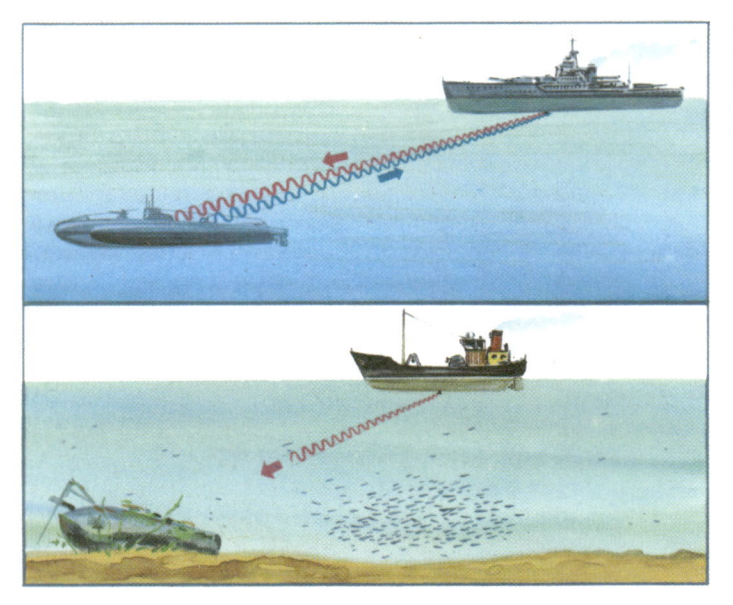

Mit Hilfe des Echolots lässt sich u. a. die Position fremder U-Boote oder die Lage von Schiffswracks ermitteln

Echolot

Das Echolot ist ein Gerät, das Entfernungen mit Hilfe von Schallstößen (z. B. eines Glockentons oder von Ultraschallimpulsen) misst. Das **Ultraschall**-Echolot wird zur Messung der Wassertiefe benutzt. Damit können auch Schiffswracks, Fischschwärme u. a. gelotet werden. Man misst dabei die Zeit zwischen der Abgabe des Signals und dem Wiedereintreffen der reflektierten **Schallwellen** (**Echo**). Das Unterwasser-Echolot dient in erster Linie dazu, den Zusammenstoß von **Schiffen** mit **Eisbergen** zu verhindern. Alle Echolot-Geräte arbeiten mit elektromagnetischen Wellen von hoher **Frequenz**.

Edelgase

Gasförmige, farb- und geruchlose chemische Stoffe, die nicht brennen und die sich unter normalen Bedingungen nicht mit anderen Stoffen verbinden, nennt man Edelgase. Die bekanntesten sind Helium, Neon und Argon. Ein Gasballon ist z. B. mit Helium gefüllt. Ebenso wird Helium als Füllgas für Glühlampen und *Leuchtstoffröhren* gebraucht.

Edelmetalle

Zu den Edelmetallen gehören **Gold**, *Silber* und die *Plantinmetalle*, wie *Ruthenium*, *Rhodium*, *Palladium*, *Osmium*, *Iridium* und *Platin*. Sie sind luftbeständig, korrosionsfest (**Korrosion**) und bis zu einem bestimmten Grade säurefest; d. h., Gold, Platin und Palladium lösen sich nur in so genanntem Königswasser (Gemisch aus konzentrierter *Salpeter-* und **Salzsäure**), Silber in Salpeter- und Schwefelsäure. Die übrigen Platinmetalle sind unlöslich. Gegenstände aus Gold und Platin behalten an der Luft ihren metallischen Glanz. Auch Geräte aus Silber spiegeln eine Zeitlang das Licht auf ihrer blanken Oberfläche wider. Diese drei seltenen Edelmetalle, die deshalb auch teuer sind, werden vorwiegend zu Schmuck verarbeitet oder in der Technik dort verwendet, wo es auf blanke Kontakte ankommt. Aus der Zahnmedizin z. B. wissen wir, dass sich Füllungen (Plomben) aus Gold oder einer Platinlegierung als besonders beständig und problemlos, was die Reaktion des ausgehöhlten Zahnes, seiner Wurzel und Nerven anbelangt, erweisen. Halbedelmetalle wie Kupfer und **Quecksilber** werden von der Luft weit langsamer angegriffen als die über 60 weiteren **Metalle**.

Eidechsen

Edelsteine

Mineralien, die sich durch einen besonderen Glanz, Durchsichtigkeit, schöne Färbung, aber auch durch große **Härte** und Widerstandsfähigkeit auszeichnen, bezeichnet man als Edelsteine. Sie stellen eine Gruppe der **Bodenschätze** dar. Die bekanntesten Edelsteine sind: **Diamant**, Smaragd, Saphir, Chrysopras, Türkis, Aquamarin, Granat, Malachit, Nephrit, Topas, Zitrin, Lapislazuli, Turmalin, Rubin, Achat, Amethyst, Opal, Tigerauge, Zirkon, Jade, Mondstein u. a. Viele natürliche Edelsteine findet man in Flussablagerungen; andere in großen Tiefen, sie müssen unterirdisch abgebaut werden. Wenn man sie als Schmuckstücke verarbeiten will, werden sie geschnitten oder geschliffen. Das Einheitsgewicht der Edelsteine wird in *Karat* angegeben.

Neben den natürlichen gibt es auch künstliche Edelsteine. Sie werden auf chemischem Wege hergestellt und haben die gleiche Zusammensetzung sowie denselben Feinbau wie die natürlichen Steine. Heute werden vorwiegend Rubine, Spinelle und Smaragde produziert. Aber auch künstliche Diamanten mit dem Härtegrad 9 kommen mehr und mehr in den Handel.

Ei

Das Ei ist eine vom Körper mehrzelliger Tiere, bei Menschen in den weiblichen Geschlechtsdrüsen abgegliederte **Zelle** (*Eizelle*). Diese Zelle enthält alle Anlagen für die Entwicklung eines Lebewesens (**Embryo**). Die Entwicklung beginnt nach der **Befruchtung** der Eizelle. Der Zellkörper (*Eiplasma* oder *Dotter*) besteht aus dem den Embryo bildenden Bildungsplasma (Bildungsdotter) und dem zur Ernährung nötigen Nahrungsdotter. Der Zellkern wird Eikern genannt. Die Zellteilung beim Ei, die zur Entwicklung des **Keims** führt, nennt man Furchung. Bei **Säugetieren** und beim **Menschen** sind die Eier mikroskopisch klein – beim Menschen etwa 0,2 mm. Sie entwickeln sich im Mutterleib, der ihnen auch die für den Aufbau nötigen **Nährstoffe** zuführt. Eier, die bald abgelegt werden, wie bei **Vögeln**, **Insekten** und *Kriechtieren*, besitzen neben dem Bildungsdotter noch den Nahrungsdotter. Das Ei der Vögel und Kriechtiere enthält außer der eigentlichen Eizelle einen Eiweißvorrat, eine pergamentähnliche Schalenhaut und eine schützende luftdurchlässige Kalkschale. Bei den meisten **Fischen** und *Weichtieren* werden die Eier in Klumpen abgelegt. Sie sind weich und mit Schleim umgeben.

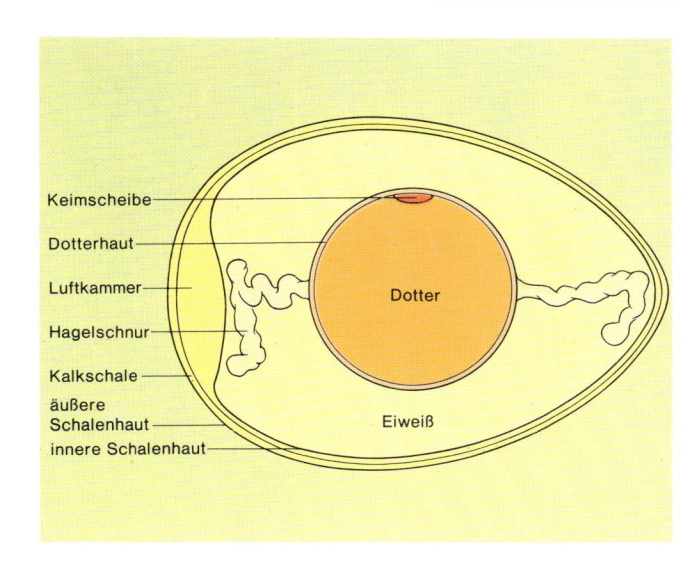

Das Ei gilt seit jeher als Symbol der Fruchtbarkeit und des Lebens.

Querschnitt eines Hühnereis

(Keimscheibe, Dotterhaut, Luftkammer, Hagelschnur, Kalkschale, äußere Schalenhaut, innere Schalenhaut, Dotter, Eiweiß)

Eichhörnchen

Eichhörnchen sind in Wäldern, Parks und Gärten wild lebende **Nagetiere**, die den Samen von Nadelbaumzapfen, Haselnüsse, Bucheckern, Eicheln, andere Früchte, Vogeleier und Insekten verzehren. Im Herbst legen sie Vorräte an, um mit diesen Vorräten zu überwintern. Der rotbraune Pelz färbt sich im Winter etwas grau-weiß. Sein 20 cm langer buschiger Schwanz dient dem Eichhörnchen bei seinen Sprüngen von Ast zu Ast als Steuer und Luftbremse. Eichhörnchen legen auf Bäumen wie Vögel *Nester* an, die kugelförmig geformt sind und die man *Kobel* nennt. Das Nest besteht außen aus Reisiggeflecht und ist innen mit Federn, Haarbüscheln und Moos ausgepolstert. Zweimal im Jahr bekommen Eichhörnchen Junge, wobei jeweils zwei bis acht Junge auf die Welt kommen. Sie sind zuerst blind und nackt, können aber nach etwa 5 Wochen das Nest verlassen. Von den verschiedenen Eichhörnchenarten, die ungefähr 20 cm lang werden, ist bei uns das Grauhörnchen am meisten verbreitet.

Eichhörnchen sind gute Kletterer und Springer

Eidechsen

Eidechsen gehören zur großen Ordnung der *Schuppenkriechtiere* und zur Unterordnung der *Echsen*. Die *Zauneidechse* ist ein Beispiel für ein *wechselwarmes* Kriechtier. Sie liebt die Wärme, im Winter und an nasskalten Tagen ist sie nicht zu sehen. Sobald jedoch die Sonne scheint, kriecht die Eidechse aus ihrem Schlupfloch. Ihre Haut besitzt ein feines Unterscheidungsvermögen für Temperaturunterschiede. Der Körper, der im Versteck oft stark abgekühlt war, wärmt sich langsam auf, die Temperatur des Blutes steigt mit der der Umgebung. Die günstigste Temperatur für den Ruhestoffwechsel ist bei der Zauneidechse 38,6 °C. Dann ist die Atmung zwar noch nicht erhöht, aber das Tier schon sehr rege. Kühlt die Außentemperatur ab, kühlt auch der Tierkörper ab. Im Winter erstarrt der Körper völlig, die Bluttemperatur sinkt auf fast 0 °C ab, die Eidechse verfällt in eine oft monatelange Kälte- oder *Winterstarre*. Sie atmet kaum und nimmt keine Nahrung auf, sondern zehrt von dem im Sommer aufgespeicher-

Einspritzmotor

Zauneidechse

ten Fett. Die Haut der Eidechse wärmt nicht, sondern schützt nur vor **Verdunstung** und Verletzung. Das hornige Schuppenkleid besteht aus toten **Zellen** und wächst nicht mit der Eidechse. Die Haut wird mehrmals im Sommer in Fetzen abgestreift und aus der unteren Schicht der Oberhaut neu gebildet. Nach der ersten Häutung hat das Männchen eine lebhaft grünbraune, das Weibchen eine braune Haut. Die Eidechse kann sich blitzschnell bewegen, sie kriecht schlängelnd, wobei der lange Schwanz steuert. Als Nahrung dienen ihr vorwiegend Insekten. Obwohl ein äußeres Ohr fehlt, ist ihr *Gehör* gut, ebenso ihr *Seh-* und **Geruchssinn**. Die Beute wird als Ganzes verschlungen, der Fang wird durch Kieferbewegungen zerquetscht. Im Frühjahr gräbt das Weibchen ein Loch in den lockeren Erdboden, legt 5–14 Eier hinein. Die Sonnenwärme übernimmt das *Ausbrüten*. Nach etwa 6 Wochen schneiden sich die Jungen mit ihrem Eizahn aus der Eizelle. Sie sind sofort selbstständig, aber erst nach einem Jahr fortpflanzungsfähig. Außer der Zauneidechse leben bei uns noch drei weitere Eidechsenarten: die Berg- oder *Waldeidechse*, die *Smaragdeidechse* und die *Mauereidechse*.

Einspritzmotor

Im Gegensatz zum **Vergaser**-Motor wird beim Einspritzmotor (eines **Kraftwagens**) der von einer elektronischen *Einspritzpumpe* geförderte und von einer Einspritzdüse zerstäubte Kraftstoff mit der vom Motor angesaugten Verbrennungsluft vermischt. Die wesentlichen Vorteile liegen in der höheren Leistung bei gleicher Motorgröße, im geringeren Benzinverbrauch sowie in der besseren Reaktion beim Gasgeben.

Eintagsfliegen

An warmen Sommerabenden tanzen an Gewässern oder über wassernahen Wiesen die Männchen der Eintagsfliegen in wolkenähnlichen Schwärmen. Die zunächst noch im Gras oder auf den Sträuchern sitzenden Weibchen mischen sich dann auch in den Wirbel. Das Leben dieser zarthäutigen Insekten, die nur während dieses Hochzeitsfluges in Erscheinung treten, dauert nur wenige Stunden, höchstens ein paar Tage. Nach der Eiablage ins Wasser bedecken die toten Tiere oft weite Wasserflächen. Zu erkennen ist die Eintagsfliege an den 2 oder 3 fadenförmigen Hinterleibsanhängen, den dreieckigen netzartigen Vorderflügeln und den sehr viel kleineren, rundlichen Hinterflügeln. Die Männchen halten ihre Vorderbeine so weit nach vorne gestreckt, daß sie fast wie Fühler wirken. Die **Larven** sind räuberische Wassertiere. Die Eintagsfliegen gelten als Sinnbild für Kurzlebigkeit.

Einzeller

Man hat alle Tierarten, die es auf der Erde gibt, in 26 *Stämme* eingeteilt. Bei dieser Einteilung geht man hauptsächlich vom Körperbau der Tiere aus. 4 Stämme gehören zum Unterreich der Einzeller. Das sind Lebewesen, die mikroskopisch klein sind und nur aus einer einzigen **Zelle** bestehen. Diese Zelle leistet alle zum Leben notwendigen Funktionen, die die Mehrzeller mit ihren **Geweben** und **Organen** ausführen. Die Zelle besteht in der Hauptsache aus **Plasma**, das sich an einer Stelle zu einer kugeligen Masse, dem *Zellkern*, zusammenballt. Die **Chromosomen** sind die Träger der *Erbanlagen*.
Antony van Leeuwenhoek (1632–1723), der selbst Linsen schliff und sie zu einfachen **Mikroskopen** zusammenfügte, war der Erste, der Einzeller entdeckte. Er untersuchte einen Tropfen Wasser aus einer Gartenpfütze und konnte eine Menge kleiner Lebewesen erkennen. Einmal auf sie aufmerksam geworden, fand er sie überall: in Lachen, Tümpeln, Teichen usw. Heute sind von diesem Tierstamm über 20 000 **Arten** bekannt. Ihr Lebensraum ist das Wasser oder die feuchte Erde. Zu ihren Vertretern zählen die Gattungen der *Wurzelfüßer* (**Amöben**), der *Geißelträger* (Augentierchen), der *Sporenträger* (Malariaparasiten) und der *Wimpertierchen* (Pantoffeltierchen).

Eis

Wasser geht bei einer **Temperatur** von 0 °C in festen Zustand über, es erstarrt zu Eis. Dabei dehnt es sich um etwa $1/11$ seines Volumens aus, ist nicht mehr so dicht wie Wasser (**Dichte** 0,9168) und schwimmt daher. Während alle anderen Flüssigkeiten sich bei Erwärmung ausdehnen, macht Wasser zwischen 0 °C und +4 °C eine Ausnahme: Es erreicht bei +4 °C sein kleinstes Volumen und dehnt sich bei weiterer Abkühlung (oder auch Erwärmung) wieder aus. In der **Atmosphäre** findet sich Eis als **Schnee**, **Hagel** und abgelagert als **Reif**, auf dem Land als **Gletscher**, in **Polarzonen** als Inlandeis. Im Meer werden die Eisschollen zusammengedrückt und in Form von **Treibeis** oder **Eisbergen** transportiert.

Eisenbahn

Nur die Spitze des Eisbergs ist über der Wasseroberfläche zu sehen

Eisbach auf dem Baltovogletscher im Karakorumgebirge

Eisberg

Eisberge sind große Eismassen, die im Nördlichen Eismeer (**Arktis**) und in den Meeresgebieten rund um die **Antarktis** schwimmen. Sie entstehen dadurch, dass große Teile von **Gletschern** oder vom Inlandeis abbrechen und auf das Meer hinaustreiben. Eisberge, die sich vom antarktischem Eisschild lösen, gleichen riesigen Tafeln *(Tafeleisberge)*. Ihre Gesamtgröße lässt sich mit bloßem Auge nur erahnen, da nur $1/9$ des Eisberges über Wasser zu sehen ist, $8/9$ schwimmen unter der Wasseroberfläche. Daher sind Eisberge, die bis zu 50 m aus dem Meer aufragen und bis zu 180 km^2 groß werden können, für die Schifffahrt sehr gefährlich. Das größte Schiffsunglück durch den Zusammenstoß mit einem Eisberg war der Untergang der „*Titanic*", die 1912 auf ihrer Jungfernfahrt von einem solchen Koloss unter Wasser aufgerissen wurde und – obwohl für unsinkbar gehalten – in kurzer Zeit unterging. Dabei kamen 1517 Menschen ums Leben. (**Treibeis**)

Eisbrecher

Eisbrecher sind spezielle, sehr massiv gebaute **Schiffe**, die zugefrorene Wasserwege vor allem in Polargebieten freibrechen. Sie haben sehr starke Motoren (z.T. Atomantrieb) und sind meist am *Bug* abgeflacht. Dadurch können sie sich auf die Eisdecke hinaufschieben und durch ihr Gewicht das Eis brechen.

Eisen

Eisen (chemisches Zeichen Fe) ist ein sehr hartes Material mit dem *Härtegrad* 4–5 und der **Dichte** 7,88. Der Schmelzpunkt von Eisen liegt bei 1535 °C. Eisen macht etwa 5 % der Erdrinde aus. Afrika besitzt mit Abstand die reichhaltigsten Vorkommen an *Eisenerz*, an zweiter Stelle steht Nordamerika, gefolgt von Südamerika (Brasilien). Die Gewinnung von Eisen setzte etwa um das Jahr 1100 v. Chr. auch in Europa (griechische Hochkultur) ein. Allerdings war man nicht in der Lage, die hohen Hitzegrade zu erreichen, um das Eisen zum Schmelzen zu bringen. Man verwendete also Roheisen, das stark verunreinigt war. Erst mit der Erfindung der **Hochöfen** im 18. Jh. kam es zu einer modernen Eisen- und Stahlherstellung. (Abb. S. 70)

Eisenbahn

Die Eisenbahn ist in der Regel ein staatliches Verkehrsunternehmen, das Personen und Güter mit Schienenfahrzeugen befördert. Die von *G. Stephenson* gebaute „Locomotion No. 1" zog 1825 den ersten öffentlichen Eisenbahnzug in England. In Deutschland verkehrte die Eisenbahn erstmals 1835 auf einer 6 km langen Strecke zwischen Nürnberg und Fürth. Sie erreichte damals eine Höchstgeschwindigkeit von 30 km/h. Heute verkehren Züge mit einer Spitzengeschwindigkeit von bis zu 300 km/h. Die ersten Züge wurden von **Dampflokomotiven** gezogen. Heute kommen die umweltfreundlicheren (Luftverschmutzung!) und leistungsstärkeren *Elektrolokomotiven* zum Einsatz. Für den Transport von Personen und Gütern auf Schienen sprechen gewichtige Gründe: hohe Transportkapazität für Fahrgäste und Güter, Entlastung des Straßenverkehrs und damit der Umwelt sowie höhere Sicherheit für Personen und Güter. Für die Sicherheit im Zugverkehr sorgen zahlreiche *Signalanlagen*, die den Zügen die Durchfahrt erst dann

Eiszeit

Geschmolzenes, glühendes Eisen wird abgestochen und fließt durch eine Rinne in Gußformen

Eine kühne Eisenkonstruktion ist der Eiffelturm, das Wahrzeichen von Paris. Er wurde von dem Ingenieur Gustave Eiffel für die Weltausstellung 1889 entworfen

Übertageabbau von Eisenerz in Westaustralien

erlauben, wenn die Strecke frei ist. Signale und *Weichen* werden zentral vom *Stellwerk* am Bahnhof geschaltet. Auf freier Strecke kann der Zug – im Notfall – durch die in jedem Abteil angebrachte Notbremse gestoppt werden. Ist der Zugführer – aus welchem Grund auch immer – nicht mehr in der Lage, den Zug zu steuern, wird dieser durch spezielle Sicherheitsanlagen automatisch gebremst.

Eiszeit

Die Eiszeit ist ein Zeitraum der **Erdgeschichte** vor ca. 1 Mill. Jahren, in dem sich durch sinkende Temperaturen bereits vorhandene eisbedeckte Gebiete auszubreiten begannen. Es gab Phasen, in denen – ausgehend von Skandinavien – der mitteleuropäische Raum mit meterdicken Eisschichten bedeckt war. Etwa 3–5 so genannte Kaltzeiten wechselten mit wärmeren Zwischenzeiten ab. Die Eisschmelze, die vor ungefähr 12 000 Jahren einsetzte, hinterließ uns als Zeugen jener Zeit *Seen,* **Moränen** und riesige Felsblöcke (*Findlinge*).

Elefant

Elastische Körper haben das Bestreben, Verformungen, die sie unter dem Einwirken äußerer Kräfte erfahren haben, rückgängig zu machen

Der indische Elefant wird wegen seiner Kraft und Geschicklichkeit häufig als Arbeitstier eingesetzt

Eiweiß

Eiweiß ist eine organische Verbindung, die sich aus kettenartig zusammenhängenden **Aminosäuren** aufbaut. Die Eiweiße teilt man ein in *Proteine*, die als so genannte Gerüsteiweißkörper bezeichnet werden, und in *Proteide*. Letztere sind Eiweißverbindungen. Neben den **Kohlenhydraten** und den **Fetten** gehört das Eiweiß zu den wichtigen **Nährstoffen**, die in unserer Nahrung enthalten sind. Das Eiweiß ist der Aufbaustoff des Körpers und kann nicht durch Fette oder Kohlenhydrate ersetzt werden. Besonders während des **Wachstums** ist es wichtig, dass die Nahrung viel Eiweiß enthält. Die Grundbausteine der Eiweiße, die Aminosäuren, werden im Körper von Tier und Mensch nach der **Verdauung** wieder zu Eiweiß zusammengesetzt. Aus dem körperfremden Eiweiß, das man z. B. beim Essen von *Fleisch* aufnimmt, wird körpereigenes Eiweiß aufgebaut. Das *Protoplasma* der **Zellen** besteht aus Eiweiß. Überschüssiges Eiweiß wird in Energie **(Stoffwechsel)** umgewandelt oder wieder ausgeschieden. Eiweißmangel führt zu schweren Krankheiten, übermäßige Eiweißzufuhr zu einer Belastung der Nieren. **(Ernährung)**

Elastizität

Wirkt auf einen Stoff oder Körper eine **Kraft** ein, so verformt er sich. Die Fähigkeit eines Stoffes, mit Nachlassen der Krafteinwirkung seine ursprüngliche Form anzunehmen, nennt man Elastizität. *Gummi* und andere **Kunststoffe** sind elastisch.

Elch

Der Elch, der größte **Hirsch**, lebt in Nordosteuropa und in den Wäldern Nordamerikas. Seine Schulterhöhe beträgt 1,8 bis 2,4 m, sein plumper Körper wiegt bis zu 800 kg, sein schaufelartiges *Geweih*, das er jedes Jahr wechselt, bis zu 20 kg. Dieses mächtige Tier, das in sumpfigen Gebieten wie Laub- und Mischwäldern, **Mooren** und **Tundren** zu Hause ist, ist dennoch ein guter Schwimmer und besitzt zum Begehen des sumpfigen Bodens spreizbare Zehen.

Der Elch ist der größte Hirsch. Männliche Tiere tragen ein imposantes Schaufelgeweih

Elefant

Elefanten sind die größten *Landsäugetiere* der Erde. Sie muten uns in ihrer Größe und ihrem Aussehen fremd und vorzeitlich an, die Hauptzeit der Rüsseltiere reicht Millionen Jahre zurück. Fast alle Arten sind ausgestorben, auch das **Mammut**, der behaarte Elefant der **Eiszeit**. Die letzten heute noch lebenden Elefantenarten sind der afrikanische und der indische Elefant; sie unterscheiden sich im Aussehen. Der afrikanische Elefant hat riesige Ohren, sehr lange *Stoßzähne* (2,5–3,5 m) und zwei Greiffinger am Rüsselende. Dagegen besitzt der indische Elefant sehr viel kleinere Ohren und Stoßzähne und nur einen Greiffinger am Rüsselende. Er lebt ausschließlich im Wald. Den riesigen Rumpf des Elefanten stützen gewaltige Beinsäulen mit behuften Zehen. Die rundlichen Hornsohlen aus einer elastischen Fasermasse ermöglichen ihm einen überraschend leisen, federnden Gang, der ihn auch schnell vorankommen lässt. Elefantenherden bahnen sich beim so genannten Elefantenwechsel mühelos ihren Weg selbst durch das dichteste Unterholz. Allerdings hinterlassen sie dabei meist große Verwüstungen von Feldern und Dörfern. Nase und Oberlippe des Elefanten sind stark verlängert und bilden den *Rüs-*

elektrischer Strom

Schematische Darstellung der Gewinnung von elektrischer Energie aus den Energieträgern Erdöl, Kohle und Uran (Atomkraft)

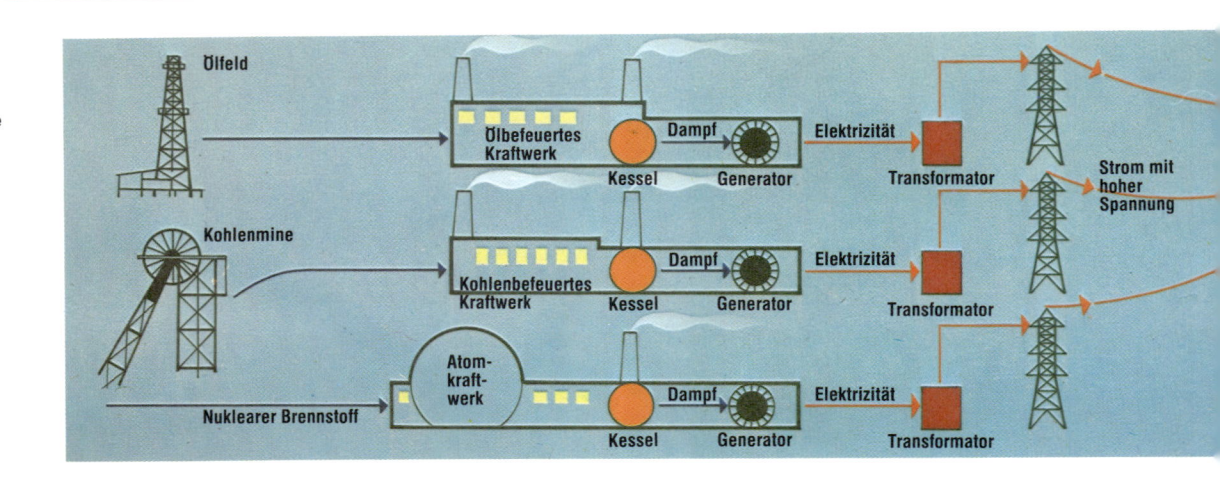

Dieser riesige Generator wandelt mechanische in elektrische Energie um

sel, der zugleich ein überaus fein entwickeltes Riechorgan sowie ein hervorragendes Tast- und Greifwerkzeug ist. Mit ihm nimmt das Tier Nahrung und Wasser auf, das er bis zu 6 l speichern kann. Der Elefant hat nur 4 Backenzähne, mit denen er die pflanzliche Nahrung zermalmt. Sie sind nach ca. 12 Jahren völlig abgenutzt und werden dann von nachwachsenden herausgedrückt. Dieser Zahnwechsel erfolgt bis zu fünfmal. Die beiden Stoßzähne haben sich aus den Schneidezähnen des Oberkiefers entwickelt, sie dienen dem Tier als Waffen gegen Angreifer und als Werkzeug zum Ausgraben von Wurzeln. Die Stoßzähne der Elefanten sind aus *Elfenbein*. Als dieses Material vor etwa 100 Jahren in Mode kam, begann eine regelrechte Verfolgung der Elefanten. Ende des letzten Jh. sollen pro Jahr etwa 70 000 Elefanten in Afrika getötet worden sein. Um das Tier vor der völligen Ausrottung zu retten, hat man Schutzgebiete eingerichtet. Eine Elefantenkuh bekommt alle 5–6 Jahre ein Junges. Ein Elefant wird in der Regel nicht älter als 45–60 Jahre, er kann aber ein Höchstalter von 70 Jahren erreichen.

elektrischer Strom

Elektrischer Strom wird erzeugt, wenn sich *Ladungen* zwischen zwei Feldpunkten, entlang der *Feldlinie*, bewegen. Stoffe, die dieser Bewegung von Ladungen nur geringen *Widerstand* entgegensetzen, werden *Leiter* genannt. Stoffe, die der Ladungsbewegung gegenüber einen größeren Widerstand besitzen, sind je nach Eigenschaft *Halbleiter* oder *Isolatoren*. Jeder Stoff besitzt nicht nur ein elektrisches, sondern auch ein magnetisches Feld

Elektrolyse

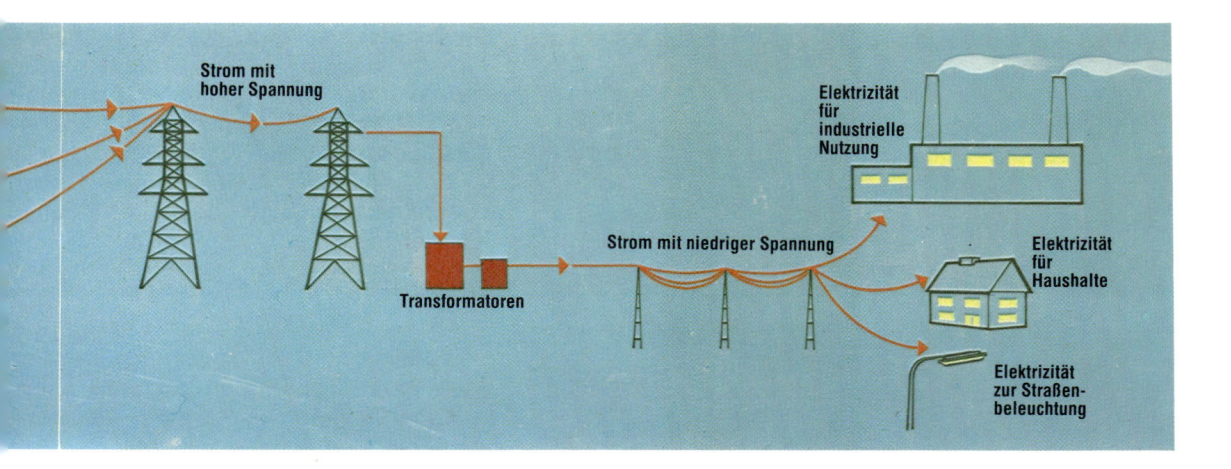

(**Magnetismus**). Die Feldlinien des magnetischen Feldes umschließen die Bewegungsrichtung der Ladung kreisförmig. Ein Strom, der in einem geschlossenen Kreis fließt, verhält sich daher wie ein **Magnet**. Ein Strom, der ständig in die gleiche Richtung fließt, erzeugt auch ein gleich bleibendes *Magnetfeld*. Er wird als *Gleichstrom* bezeichnet. Ändert sich die Stärke und Richtung eines elektrischen Stromes in schneller Folge, so ändert sich auch die magnetische Feldstärke. Es entsteht ein zusätzliches *elektrisches Feld*, das wiederum die magnetischen Feldlinien kreisförmig umgibt. Es wirkt der Geschwindigkeitsänderung der Ladungen entgegen. Diesen elektrischen Strom nennt man im Gegensatz zum Gleichstrom *Wechselstrom*. Verlaufen Strom und Spannung wellenförmig, spricht man von *Einphasenstrom*. Den Zeitraum, in dem *Stromstärke* und *Spannung* wieder den gleichen Wert und die gleiche Richtung erreichen, nennt man Periode. Die Periodenzahl pro Sekunde wird mit **Frequenz** bezeichnet. Beim *Zweiphasenstrom* (der nur noch selten Anwendung findet) sind zwei Einphasenströme um eine halbe Periode gegeneinander verschoben. Beim *Dreiphasenstrom* (**Drehstrom**) sind drei Wechselströme gleicher Frequenz und **Amplitude** miteinander verkettet. Zur Erzeugung und Aufrechterhaltung elektrischer Ströme benutzt man **Akkumulatoren, galvanische Elemente** und **Generatoren**. Technische Gleich- und Wechselströme finden vorwiegend Anwendung in der Industrie und in den Haushalten. Die Maßeinheit der Stromstärke ist **Ampere**, die der elektrischen Spannung **Volt**. Der dem Stromfluss entgegengesetzte Widerstand wird in **Ohm** gemessen.

Elektrizität

Elektrizität ist ruhende oder bewegte elektrische *Ladung* oder die mit Ladungen verbundene elektrische **Energie**. In der Natur finden sich zwei entgegengesetzte Ladungen (positiv und negativ). Sie heben sich in ihrer Wirkung auf. Sie sind in der **Materie** etwa gleichmäßig verteilt, so dass diese neutral erscheint. Man kann sie aber voneinander trennen und gesondert ansammeln. Gleiche Ladungen stoßen einander ab, ungleiche ziehen einander an. Jede dieser Ladungen baut ein elektrisches Feld um sich herum auf, in dem Kräfte entstehen. Dieses elektrische Feld kann man durch *Feldlinien* darstellen. Entlang ihrer Richtung wirkt die elektrische *Feldstärke*. Je dichter diese Feldlinien sind, desto größer ist auch die **Kraft**. Zwischen den Endpunkten einer Kraftlinie herrscht eine elektrische Spannung. Die Spannung eines Feldpunktes gegenüber einem Leiter bezeichnet man als sein Potential. (**elektrischer Strom**)

Bei der Elektrolyse werden flüssige Stoffe durch elektrischen Strom zersetzt

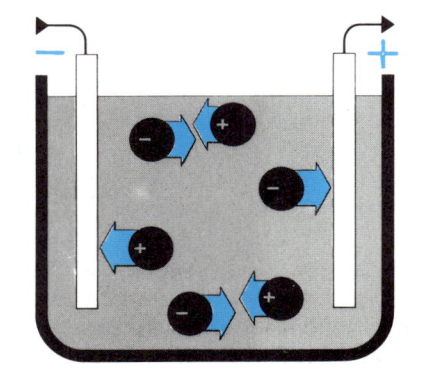

Elektroenzephalogramm

Die Elektroenzephalographie ist eine Methode zur Aufzeichnung von *Hirnströmen* mit Hilfe von *Elektroden*, die an der Kopfhaut befestigt werden. Die elektrische Aktivität des **Gehirns** wird in einem Kurvenbild, dem Elektroenzephalogramm (EEG) sichtbar gemacht. Aus den wellenförmigen Aufzeichnungen lassen sich Funktionsstörungen des Gehirns erkennen.

Elektrokardiogramm

Beim Elektrokardiogramm (*EKG*) werden die Ströme aufgezeichnet, die mit jedem Herzschlag im Körper ausgelöst werden. Man nennt dieses medizinische Verfahren Elektrokardiographie. Dabei werden die einen Enden von elektrischen Kabeln an den Händen, an den Füßen und an der Brust festgeklebt. Die anderen Enden der Kabel sind mit dem Messgerät verbunden. Es zeichnet die Herztätigkeit in Form von Kurven auf. Anhand dieser Kurven kann dann der Arzt den Zustand und die Tätigkeit des *Herzmuskels* beurteilen.

Elektrolyse

Die Elektrolyse ist die Zersetzung eines Leiters zweiter Klasse (Salzlösung, Säure, Base) durch **elektrischen Strom**. Die Elektrolyse wird zur Zerlegung von **Wasser** in **Sauerstoff** und **Wasserstoff** und zur Abscheidung festen **Metalls** aus den Lösungen der *Metallsalze* in der **Galvanotechnik** angewandt. Nach den *faradayschen Gesetzen* (*Michael Faraday*, 1791–1867) entspricht die an jeder Elektrode umgesetzte Stoffmenge der durchgeflossenen Elektrizitätsmenge.

Elektromagnet

Mit Elektromagneten ist es möglich, diese gewichtigen Stahlblechrollen zu bewegen und zu heben

Elektromagnet

Ein Elektromagnet ist ein technischer **Magnet**, der aus einer Spule mit einem Weicheisenkern besteht und wesentlicher Teil der meisten elektrischen **Maschinen** ist. Der dänische Forscher *Hans Christian Oersted* entdeckte 1820 bei einem Versuch, dass die Nadel eines **Kompasses** von einem Kupferdraht, der ja unmagnetisch ist, abgelenkt wird, wenn **elektrischer Strom** durch den Draht fließt. Damit war bewiesen, dass man elektrische **Energie** in *magnetische Energie* umwandeln kann. Das Magnetfeld einer stromdurchflossenen Spule ordnet die Elementarmagnete im Eisenkern. Dieser wirkt nun selbst wie ein Magnet und verstärkt somit die Magnetkraft der Spule.

elektromagnetische Wellen

Als elektromagnetische **Wellen** oder **Schwingungen** bezeichnet man periodische Änderungen von elektrischen und magnetischen Feldern. Sie werden durch schwingende Bewegungen von elektrisch geladenen Teilchen (meist **Elektronen**) hervorgerufen. Sie pflanzen sich mit *Lichtgeschwindigkeit* fort. Man unterscheidet verschiedene Wellenarten nach ihrer *Wellenlänge* bzw. **Frequenz**.

Elektromotor

Es gibt über 100 000 verschiedene Typen des Elektromotors. Im Prinzip ist er genauso wie der **Generator** aufgebaut, nur wird hier umgekehrt verfahren: Die dem Elektromotor zugeführte elektrische **Energie** wird in mechanische **Kraft** umgewandelt. Je nach Stromart (**elektrischer Strom**) sprechen wir von *Gleichstrom-, Wechselstrom-* und *Drehstrommotoren*. Die wichtigsten Teile eines Gleichstrommotors (von einer **Batterie** betrieben, z. B. Scheibenwischermotor im Auto) sind der **Anker** (ein mit isoliertem Kupfer umwickelter Eisenkern) und die Feldmagnete, die um den drehbar gelagerten Anker angeordnet sind und ein ruhiges *Magnetfeld* erzeugen. Fließt nun Strom in die Ankerwicklungen, so erzeugt er durch Wechselwirkung mit dem Magnetfeld ein *Drehmoment* und der Anker beginnt sich zu drehen, der Motor zu arbeiten. Wegen ihrer Funktionssicherheit, Robustheit und Umweltfreundlichkeit (keine **Abgase**) sind Elektromotoren in Wirtschaft und Technik unersetzbar.

Elektron

Das Elektron ist ein elektrisch negativ geladenes Elementarteilchen mit einer 1840mal kleineren Masse als das leichteste **Atom**, das Wasserstoffatom. Elektronen bilden die *Elektronenhülle* der Atome. Jedes neutrale Atom enthält so viele Elektronen, wie seine **Ordnungszahl** angibt. Am einfachsten ist das Wasserstoffatom gebaut. Der Kern im Mittelpunkt ist positiv geladen. Man stellt sich vor, dass ihn ein negativ geladenes Elektron umkreist. Weil aber die Elektronenbahn nicht genau zu bestimmen ist, zeichnet man den Raum, in dem ein Elektron anzutreffen ist, als kugelförmige Wolke (Wolkenmodell). Elektronen sind außerdem Träger des **elektrischen Stroms** in Metallen. Die kleinsten Teilchen eines **Metalls** sind so regelmäßig wie die Maschen eines kunstvollen Gewebes angeordnet.

Verschiedene Wellenarten

- Radarantenne (Radiowellen)
- Heizung (Wärmewellen)
- Glühlampe (Lichtwellen)
- Bestrahlungslampe (ultraviolette Strahlen)
- Röntgenröhre (Röntgenstrahlen)

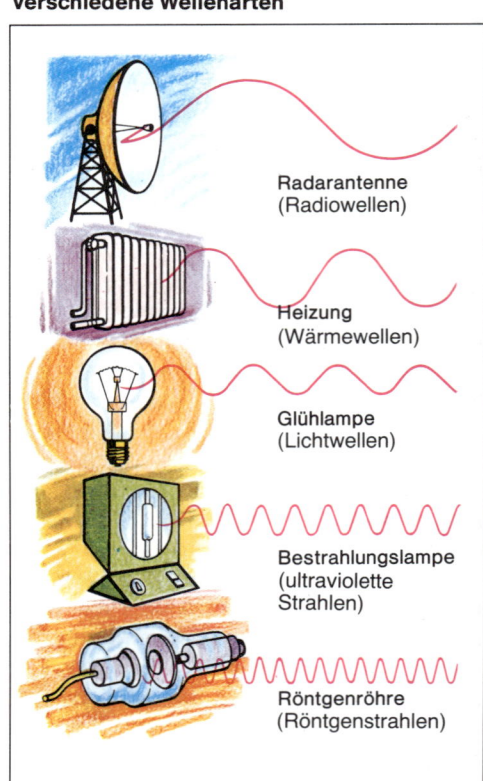

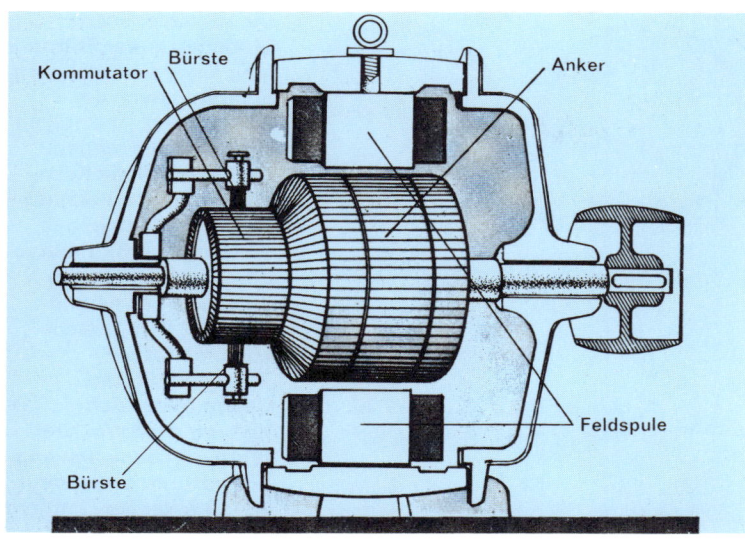

Querschnitt eines Elektromotors mit Gleichstromantrieb. Den notwendigen Ankerstrom leiten Bürsten zu. Über die Feldspulen wird ein Magnetfeld erzeugt

Elektronenröhren

Die Elektronenröhre ist ein luftleer gepumpter Glas- oder Metall-Keramik-Kolben, in dem sich die von einer Katode ausgesandten **Elektronen** zur **Anode** hin bewegen. Elektronenröhren werden zur Steuerung elektrischer Ströme verwendet. Dabei können die Elektronen durch *elektromagnetische Wechselfelder* gelenkt werden (**Bildröhre**). Die einfachste Form einer Elektronenröhre ist die *Diode*. Sie enthält zwei *Elektroden: Katode* und *Anode*. Die Katode ist ein Nickelröhrchen, das bei Erhitzung Elektronen aussendet. Die Anode besteht meist auch aus Nickelblech und nimmt die Elektronen auf, wenn sie eine positive Stromspannung erhält. Es fließt dann also ein *Anodenstrom*. Zur Steuerung des *Elektronenstromes* kann ein zwischen beiden eingebautes Gitter dienen (*Triode*), dem die Steuerspannung zugeführt wird. Je stärker das Gitter negativ geladen wird, desto weniger Elektronen gelangen zur Anode. In jüngster Zeit ist die Elektronenröhre fast völlig vom **Transistor** verdrängt worden.

Elektronik

Unter Elektronik versteht man die Technik der elektronischen Bauelemente, d. h. von Teilen, in denen die Bewegung von **Elektronen** im luftleeren Raum, in Gasen oder Festkörpern gesteuert wird. Es gibt verschiedenartige elektronische Bauelemente: mechanische, wie z.B. *Stecker, Schalter* und elektromagnetische, wie **Magnete, Relais** usw. Darüber hinaus unterscheidet man passive Bauelemente wie *Spulen* und *Widerstände* und vor allem aktive Bauelemente wie **Transistoren** und **Elektronenröhren**. Die Einführung der *integrierten Schaltungen* (**Chip**) machte komplizierte Schaltungen auf äußerst kleinem Raum möglich und legte den Grundstein für die Digitalelektronik, wie sie in **Taschenrechnern** und **Computern** Anwendung findet.

Element

Allgemein bezeichnet man mit dem Begriff Element einen Grundstoff, Urstoff, einen Bestandteil. Im Altertum kannte man als Bausteine der Welt nur die vier „Grundelemente" Wasser, Feuer, Luft und Erde. (**chemische Elemente**)

Ellipse

Die Ellipse ist eine ovale Figur. Die **Planeten** beschreiben auf ihren Bahnen Ellipsen (**Erdumlaufbahn**).

In der **Geometrie** ist die Ellipse ein *Kegelschnitt*. Jeder ihrer Punkte hat von zwei festen Punkten, den **Brennpunkten**, die gleiche Summe der Abstände. Haupt- und Nebenachse der Ellipse, d. h. ihr größter und kleinster Durchmesser, stehen aufeinander senkrecht und schneiden sich im Mittelpunkt der Ellipse.

Embryo

Allgemein bezeichnet man mit Embryo den *Keimling* eines Lebewesens während der Entwicklung im Mutterleib oder innerhalb der Eihülle. Bei Menschen und Tieren verläuft die Entwicklung des Embryos anfänglich nach bestimmten gleichen Grundlinien. Beim Menschen teilt sich nach der **Befruchtung** die **Keimzelle** fortwährend und wird zum *Keimbläschen*. Flimmerhaare bewegen innerhalb von 6 Tagen das Keimbläschen im Eileiter bis zur Gebärmutter. Dort nistet es sich in der stark durchbluteten Schleimhaut der Gebärmutter ein. Im Hohlraum des Keimbläschens bildet sich durch weitere Zellteilungen die Embryonalanlage, aus der sich der Embryo entwickelt. In der dritten Woche bilden sich erste Ansätze zu den *Gliedmaßen*. In der 5. Woche ist der Embryo 1,4 cm lang und die Anlagen für Arme und Beine treten deutlich hervor. Durch die Handflächen scheinen bereits die Finger, die Augen entwickeln sich, das Rückgrat ist zu erkennen. In der 8. Woche ist der Embryo 3 cm lang, das Gehirn hat sich gebildet. Nach 10 Wochen ist der Embryo 4 cm lang. Durch die **Nabelschnur** ist er mit der *Plazenta*, dem Mutterkuchen, verbunden.

Der Embryo schwimmt im Wasser der *Fruchtblase*. Kopf und Rumpf heben sich nun schon voneinander ab und Zehen sowie Finger haben sich entwickelt. Augenlider und die Ansätze zu Nase und Ohren

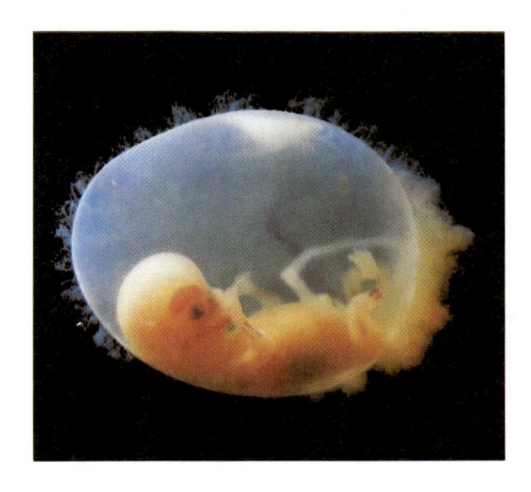

Menschlicher Embryo am Ende der neunten Woche. Deutlich sind bereits der Kopf sowie Arme und Beine zu erkennen

Emission

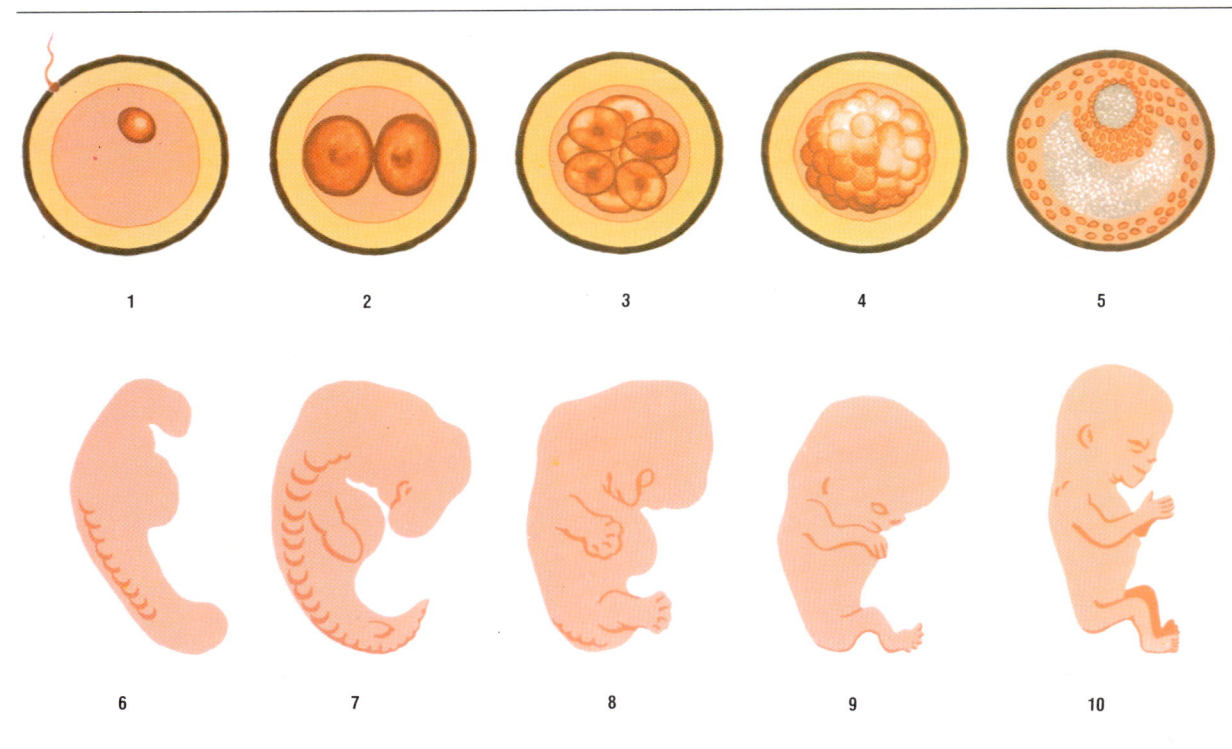

Die verschiedenen Stationen in der Entwicklung eines menschlichen Embryos: Nach der Befruchtung (1) erfolgen weitere Zellteilungen. Es entstehen die Keimblätter und die Keimhüllen (2–5). Embryo mit 3 ½ Wochen (6); Embryo mit 6 Wochen (7); die Anlage der Arme und Beine ist bereits sichtbar. Embryo mit 7 Wochen (8); das Gehirn bildet sich. Embryo mit 8 Wochen (9); die Gliedmaßen und Körperformen sind deutlich zu erkennen. Embryo mit 10 Wochen (10). Der Embryo ist bereits als Baby zu erkennen

sind vorhanden. Ein Lebewesen kann sich aber nur dann fortentwickeln, wenn es ernährt wird; dies ist Aufgabe der Mutter. Die Plazenta hat sich in der Schleimhaut der Gebärmutter gebildet, mit ihr ist die *Nabelschnur* des Embryos verwachsen und verbindet ihn auf diese Weise mit der Mutter; die Nabelschnur ist also sozusagen die Versorgungsleitung, durch sie findet der Stoffaustausch statt. Das **Blut** der Mutter bringt **Nährstoffe**, **Sauerstoff** und **Vitamine** in die Plazenta, von dort treten diese lebensnotwendigen Stoffe durch die Plazentaschranke in das Blut des Embryos über. Die Plazentaschranke trennt also den **Blutkreislauf** der Mutter von dem des Embryos. Sie ist jedoch durchlässig für Aufbau- und Abfallstoffe. Insgesamt dauert es 9 Monate, bis sich aus dem Embryo ein Kind entwickelt hat.

Emission

In der Physik versteht man unter Emission die Aussendung von **Wellen** oder Teilchen. Im Bereich des **Umweltschutzes** bezeichnet man die luftverunreinigenden oder giftigen **Gase** und Verbrennungsrückstände, die von Industriebetrieben, Heizanlagen und Kraftwagen ausgestoßen werden, als Emissionen. Auch belastende Geräusche, Erschütterungen und *Strahlen* gehören zu dieser Kategorie. In der Bundesrepublik Deutschland legen Gesetze und Verordnungen zum Schutz gegen Emissionen **Grenzwerte** fest, deren Überschreitung strafrechtlich verfolgt wird. (**Immissionen**)

Empfänger

Der Rundfunkempfänger (**Rundfunk**) beruht auf den Eigenschaften **elektromagnetischer Wellen**, die sich über weite Strecken durch den Raum fortpflanzen. Die Wellen bringen eine **Antenne**, auf die sie treffen, zum Mitschwingen. Die entstehenden Spannungen werden von den Rundfunkempfängern weiter verarbeitet. Die **Schwingungen** werden verstärkt, Ton- und Trägerfrequenz getrennt, und die verstärkte Tonfrequenz wird über **Lautsprecher** hörbar gemacht.

Empfängnisverhütung

Zur Empfängnisverhütung gehören alle Maßnahmen, die einer **Schwangerschaft** vorbeugen. Die größte Sicherheit gewähren hormonale Mittel (**Hormone**), die meistens in Form der *Anti-Baby-Pille* („Pille") verabreicht werden. Sie verhindern bei regelmäßiger Einnahme die Reifung der *Eizelle,* so dass diese nicht befruchtet werden kann (**Geschlechtsorgan**). Mechanische *Verhütungsmittel* verhindern den Sameneintritt in die *Scheide* (**Kondom**) oder *Gebärmutter* (Diaphragma) oder das Einnisten des Eis (Spirale). Chemische (Cremes, Schaumzäpfchen) und natürliche (Temperaturmethoden, Kalendermethode) Maßnahmen der Empfängnisverhütung gelten als unsicher und sollten allenfalls in Kombination mit anderen Verhütungsmitteln angewendet werden. Da die meisten Verhütungsmittel individuell angepasst werden müssen und gesundheitliche Nebenwirkungen haben können, sollte man sich vor dem Gebrauch immer vom Arzt beraten lassen.

Emulsion

Der Begriff Emulsion bezeichnet ein fein verteiltes (disperses) Gemenge zweier nicht oder nur teilweise miteinander mischbarer Flüssigkeiten. Das wohl bekannteste Beispiel für eine natürlich vorkommende Emulsion ist die Milch, bei deren Entstehung Fett in Wasser emulgiert wurde. Zur Herstellung einer Emulsion muss eine Flüssigkeit in einer zweiten verteilt werden. Dies wird u. a. durch Schlagen, Rühren oder Schütteln erreicht. Als Hilfsmittel dienen zugesetzte *Emulgatoren,* die den Emulsionszustand stabilisieren. Seife, einer der gebräuchlichsten Emulgatoren, bewirkt, dass wasserunlöslicher Schmutz in Form einer Emulsion in Wasser entfernt werden kann.

Energie

Allgemein bedeutet Energie die Kraft und Ausdauer, mit der eine gestellte Aufgabe gelöst wird. In der Physik bezeichnet man gespeicherte Arbeit oder die Fähigkeit,

Enzyme

Arbeit zu leisten, mit Energie. Die Bewegungsenergie (*kinetische Energie*) ist die Arbeit, die nötig ist, um einen Körper aus der Ruhe heraus auf eine bestimmte *Geschwindigkeit* zu beschleunigen. Ein Körper bekommt aufgrund seiner erhöhten Lage die Fähigkeit, Arbeit zu verrichten, d. h. er verfügt über eine Energie der Lage (*potentielle Energie*). Wird in Flüssigkeiten, in Gasen oder an festen Körpern *mechanische Arbeit* verrichtet, kommt es auch ohne einen Verbrennungsvorgang zu einer Temperaturerhöhung. Diese Erscheinung ist mit der Einwirkung von Kräften auf die kleinsten Teilchen (Atome, Moleküle) einer Stoffart zu erklären. Diese Erhöhung der Temperatur, d. h. Energie, bezeichnet man im Unterschied zur Energie der Lage und der Energie der Bewegung mit *innerer Energie*. Die chemische *Bindungsenergie* ist im wesentlichen potentielle Energie. Die Energie wird in **Joule** (J) gemessen; als Maßeinheit für elektrische Energie gilt vielfach noch die Kilowattstunde (kWh; 1 kWh = 3,6 Mill. J).

Entropie

Das Gesetz der Entropie besagt, dass bei jedem Arbeits- und Naturvorgang der Anteil an nutzbarer **Energie** geringer wird.

Wasserkraftwerke nutzen die potentielle Energie aufgestauten Wassers zur Stromerzeugung aus (1); oberirdisch geführte Leitungen transportieren elektrische Energie zu den Verbrauchern (2); in Atomreaktoren wird durch kontrollierte, sich selbst erhaltende Kernspaltungen Kernenergie erzeugt (3); Nutzung der Sonnenstrahlung für die Energieversorgung eines Satelliten: Solarzellen wandeln Licht direkt in elektrische Energie um (4)

Energie kann zwar nicht verschwinden, sondern immer nur umgewandelt werden, bei den Umwandlungsprozessen wird jedoch immer ein Teil der Gesamtenergie „verstreut", z. B. als **Wärme** an die **Umwelt** abgegeben. Den Gesetzen der *Thermodynamik* zufolge strebt das gesamte **Weltall** im Laufe vieler Jahrmilliarden einem Zustand maximaler Entropie zu. Alle Energie ist dann gleichmäßig verteilt, nichts bewegt sich mehr.

Entschwefelung

Durch dieses Verfahren wird *Schwefeldioxid* (SO_2) aus den **Abgasen** der Kraft- und Fernheizwerke ausgeschieden, um die Umweltbelastung (**sauren Regen, Luftverschmutzung**) zu vermindern.

Entsorgung

Man bezeichnet mit Entsorgung jegliche Art von *Abfallbeseitigung*. Im Bereich der Atomenergie wurde der Begriff für die Beseitigung abgebrannter *Brennelemente* und radioaktiver Abfälle aus **kerntechnischen Anlagen** eingeführt.
Das Atomgesetz der Bundesrepublik Deutschland sieht zwei Möglichkeiten der Entsorgung vor – zum einen die direkte *Endlagerung* verbrauchter und speziell „verpackter" Brennelemente, zum anderen die Rückgewinnung des für die Stromerzeugung noch nutzbaren Brennstoffs aus abgebrannten Brennelementen in einer **Wiederaufbereitungsanlage**.

Entwicklungsländer

Länder, deren wirtschaftlicher Entwicklungsstand – er wird am Pro-Kopf-Einkommen gemessen – weit hinter dem der Industriestaaten zurückgeblieben ist, bezeichnet man als Entwicklungsländer. 1996 wurden dazu etwa 170 Staaten gezählt, in denen drei Viertel der Weltbevölkerung leben, aber nur ein Drittel der Weltwirtschaftsgüter produziert werden. Zu ihnen zählen weite Teile Asiens, Afrikas sowie Mittel- und Südamerikas, aber auch einige Länder bzw. Gebiete Europas, so z. B. Teile Süditaliens, Portugals oder Osteuropas. Diese Länder fasst man auch unter dem Begriff **„Dritte Welt"** zusammen. 46 der am wenigsten entwickelten (ärmsten) Länder werden als **„Vierte Welt"** bezeichnet. Kennzeichnend für diese Länder sind: der niedrige Lebensstandard, ungleiche Verteilung des Volkseinkommens sowie wachsende Schuldenlasten, geringe Erträge in der **Landwirtschaft,** ein unzureichender Bildungsstand der Arbeitskräfte, Mangel an Fachkräften sowie eine geringe Industrialisierung.

Enzyme

Enzyme, auch *Fermente* genannt, sind Stoffe, die der Körper bildet und die den Umwandlungsprozess der Nahrung, den **Stoffwechsel,** beschleunigen bzw. erst ermöglichen. Bis die Nahrung den *Dünndarm* erreicht hat, ist sie von 17 verschiedenen Enzymen bearbeitet worden. Zehn dieser Enzyme sind notwendig, um das **Eiweiß**, sechs, um die **Kohlenhydrate**, und eines, um die Fette aufzuspalten. Die *Proteine* werden in **Aminosäuren**, die Kohlenhydrate in einfachen Zucker umgewandelt. Die Fette werden von den Enzymen in winzige Tröpfchen zerlegt und in *Fettsäuren* und *Glyzerin* aufgespalten. Die Enzyme steuern also alle chemischen Reaktionen und die **Verdauung** in unserem Körper. Zu ihren Aufgaben gehört es auch, giftige Stoffe zu entfernen oder abzubauen.

Epidemie

Epidemie

Eine *Seuche*, das plötzliche Auftreten einer *Infektionskrankheit*, von der weite Teile der Bevölkerung eines Gebietes befallen werden, bezeichnet man als Epidemie. Besonders im Winter treten in vielen Ländern Grippeepidemien auf. In unterentwickelten Gebieten mit mangelnder Hygiene kommt es häufig zu *Typhus-Cholera-Epidemien*. Zur Eingrenzung der Seuche müssen Isolierstationen, so genannte *Quarantänestationen*, eingerichtet werden, um die noch nicht Erkrankten vor der Ansteckung zu schützen. Darüber hinaus muss dafür gesorgt werden, dass genügend *Impfstoff* gegen die jeweilige Infektionskrankheit zur Verfügung steht, damit durch vorbeugende *Impfung* eine weitere Verbreitung der Epidemie verhindert wird.

Epilepsie

Epilepsie (*Fallsucht*) ist eine Krankheit, die sich in immer wiederkehrenden Anfällen mit bestimmten Symptomen äußert. Ursache dafür ist eine abnorme Aktivitätssteigerung der Nervenzellen des **Gehirns**, wobei der Epileptiker zwischen den Anfällen keine besonderen Krankheitserscheinungen zeigt. Es handelt sich um eine verhältnismäßig häufig vorkommende Erkrankung des **Nervensystems**. Die Häufigkeit der Anfälle ist sehr unterschiedlich, bei manchen Formen können sie einige Male am Tag auftreten, bei anderen wieder nur wenige Male im Leben. Ein epileptischer Anfall entsteht, wenn ein Teil des **Zentralnervensystems** im Gehirn in Erregung gerät. Diese setzt sich allmählich in der Umgebung fort und erfasst schließlich einen größeren Teil des Gehirns. In der Medizin unterscheidet man zwischen idiopathischer Epilepsie, für die keine nachweisbare Ursache vorliegt, sie tritt vorwiegend im Kindesalter, in der **Pubertät** und der **Schwangerschaft** auf, und der symptomatischen Epilepsie, für die es bekannte Ursachen gibt (z. B. Hirnerkrankungen oder Schädelverletzungen). Die Anfälle zeigen verschiedene Verlaufsformen. Es gibt so genannte generalisierte Anfälle, bei denen kein bestimmter Körperteil betroffen ist, und lokale Anfälle, die meist nur einzelne Regionen erfassen. Vor einem Anfall spannen sich alle **Muskeln**, der Epileptiker fällt mit einem Schrei nach hinten (hier ist eine ernste Verletzungsgefahr gegeben), und nach einem Streckkrampf wird der Patient bewusstlos. Nach ca. 30 Sekunden fängt er an, rhythmisch zu zucken, danach wird er wieder bewusstlos. Jetzt normalisiert sich die vorher gestörte **Atmung** wieder und der Kranke verliert auch die leichte Blaufärbung, die durch den Sauerstoffmangel während des Anfalls entstanden ist. Zur Behandlung der Epilepsie gibt es heute Medikamente.

Erbanlagen

In den **Keimzellen** von Vater und Mutter liegen schon die Anlagen für die Ausformung und die körperliche und geistige Ausstattung der Nachkommen. Diese Anlagen werden von den Eltern an die Kinder weitergegeben, d. h. vererbt, und daher nennt man sie in der **Biologie** Erbanlagen *Gene*). Die Träger dieser Erbanlagen sind die **Chromosomen**.

Erdanziehung

Alle Körper üben eine *Anziehungskraft* aus, die den Abstand zwischen ihnen und anderen Körpern zu verkleinern sucht. Auch die **Erde** besitzt diese Anziehungskraft, die mit der Entfernung von ihr ständig abnimmt. Das Gewicht eines Körpers hängt von dem Ort ab, an dem er sich gerade befindet. Auf hohen Bergen z. B. nimmt das Gewicht eines Körpers oder die Anziehungskraft der Erde etwas ab, am *Nord-* und *Südpol* wiegen Körper mehr als am **Äquator**. Das erklärt sich daraus, dass Täler oder Pole näher am Erdmittelpunkt liegen. Die Schwerkraft wirkt an solchen Orten stärker.

Erdbeben

Erdbeben sind Erschütterungen des Erdbodens, die durch Vorgänge in der *Erdrinde* ausgelöst werden. Erdbeben treten besonders an den großen Bruchstellen der Erdkruste auf. Diese befinden sich an der Umrandung des Stillen Ozeans, an den Rändern der Faltengebirgszone im Süden von Asien und Europa sowie in Ostafrika. Man unterscheidet die durch den Einsturz unterirdischer Hohlräume entstehenden „Einsturzbeben", die durch Gasexplosionen bei Vulkanausbrüchen hervorgerufenen „Ausbruchsbeben" und die in der Folge von Brüchen und Verschiebungen in der Erdkruste auftretenden so genannten „tektonischen Beben" (**Vulkan**). Die Stelle unmittelbar über dem Herd des Bebens bezeichnet man als *Epizentrum*. Hier sind die Auswirkungen des Bebens am stärksten zu spüren, sie schwächen sich dann mit der Entfernung ab. Bei Seebeben liegt der Herd unter dem Meeresboden. Diese Beben können große *Flutwellen* auslösen, die dann die Küstengebiete heimsuchen und schwere Schäden durch Überschwemmungen anrichten. Um den Stärkegrad eines Erd- oder Seebebens zu messen, hat man verschiedene Skalen eingeführt, die bekanntesten sind die *Richter-* und die *Mercalliskala*. Die Mercalliskala ist in 12 Stufen eingeteilt. Die nach oben offene Richterskala reicht zur Zeit bis 8,6 (stärkstes gemessenes Beben). Zur Messung des Stärkegrades eines Bebens verwendet man **Seismografen**.

Das verheerende Erdbeben in Armenien vom 7. Dezember 1988 forderte schätzungsweise 50 000 Todesopfer. Blick über eine zerstörte Stadt

Erde

Die größten Erdbebenkatastrophen seit 1900

	Ort (Land)	Todesopfer (geschätzt)
1905	Kangra (Indien)	20 000
1905	Japan	20 000
1906	San Francisco	425
1906	Japan	22 000
1908	Messina (Italien)	83 000
1915	Italien	30 500
1919	Java	20 000
1920	Kansu (China)	200 000
1923	Tokio (Japan)	143 000
1939	Türkei	12 000
1939	Chile	5 000
1946	Hondo (Japan)	80 000
1949	Quito (Ecuador)	11 000
1960	Agadir (Marokko)	12 000
1960	Chile	5 700
1962	Iran	12 000
1970	Gediz (Türkei)	2 000
1970	Peru	70 000
1972	Iran	5 000
1974	Yünnan und Szechuan (China)	20 000
1974	Pakistan	5 300
1975	Südosten der Türkei	3 000
1976	Guatemala, Honduras, El Salvador	25 000
1976	Nordosten von China	1 000 000
1976	Neuguinea	9 000
1976	Philippinen	3 000
1976	Türkei	3 000
1977	Iran	5 000
1978	Iran	25 000
1980	Algerien	10 000
1980	Süditalien	5 000
1981	Iran	3 000
1985	Mexiko	10 000–15 000
1986	El Salvador	1 500
1987	Ecuador	2 000
1988	Armenien	50 000
1990	Nordwestiran	50 000
1990	Philippinen	2 000
1992	Flores (Indonesien)	2 500
1995	Kobe (Japan)	5 100

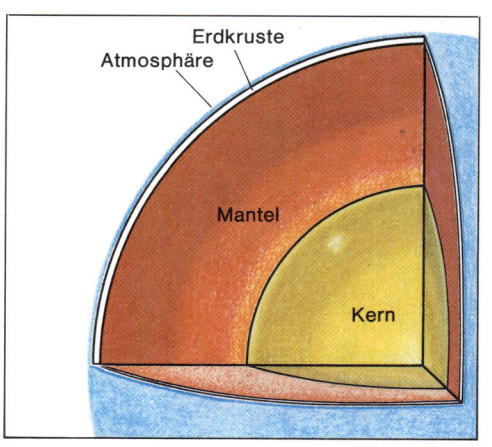

Erde

Die Erde ist der 3. Planet im *Sonnensystem.* Man geht davon aus, dass sie bereits 5–6 Milliarden Jahre alt (**Erdgeschichte**) und offenbar der einzige Planet ist, auf dem Leben existiert. Der Erddurchmesser beträgt 12 756 km, die Erdoberfläche 510 Mill. km², wobei ca. 71 % Wasser und ca. 29 % Land sind. Die Landfläche wird durch die Meere in die Kontinente Asien, Afrika, Amerika, Australien, Europa und Antarktis geteilt. Damit wir jeden Punkt der Erde genau festlegen können, hat man **Meridiane** und *Breitenkreise,* imaginäre Linien auf der Erdoberfläche, festgelegt. Der erste und der 90. „Kreis" der nördlichen und südlichen Erdhalbkugel ist nur noch jeweils ein Punkt, der *Nord-* bzw. *Südpol.* Der Breitenkreis, der die Erdkugel in zwei gleiche Hälften teilt, wird **Äquator** genannt. Sein Umfang beträgt ungefähr 40 000 km. Im Laufe von 24 Stunden (1 Tag) dreht sich die Erde um eine gedachte Erdachse, die durch ihren **Schwerpunkt** vom Südpol zum Nordpol geht. Zur **Erdumlaufbahn** bildet die Erdachse einen Winkel von 66,5°. So entsteht der Wechsel der **Jahreszeiten**, da sich durch die Neigung die Einfallwinkel der Sonnenstrahlen während eines Jahres verschieben. Zusätzlich zu ihrer täglichen Drehung um sich selbst bewegt sich die Erde mit einer Geschwindigkeit von ca. 30 km pro Sekunde auf ihrer Umlaufbahn um die **Sonne**. Die Umlaufzeit um die Sonne beträgt 365 Tage, also 1 Jahr. Die Licht- und Materiestrahlung der Sonne sind wesentliche Voraussetzung des Lebens auf der Erde und entscheidend für **Klima** und **Wetter**. (Weitere Abb. S. 80)

Segmentausschnitt der Erde

Die Erdteile, ihre Flächen und Bewohner (1994)

Erdteil	Fläche in 1000 km²	Bevölkerung in Mill.
Europa (einschl. der europäischen Teile der russ. Föd., Kasachstans u. d. Türkei)	9 839	681
Asien	44 699	3 446
Afrika	30 273	710
Amerika (einschl. Grönland)	42 055	762
Australien und Ozeanien	8 937	31

Die Erde von einer Raumsonde aus fotografiert

Erdgas

Die heutigen Großformen der Erdoberfläche sind das Ergebnis einer ungeheuer langen Entwicklung. Die Entstehung neuer Formen und ihre Zerstörung laufen auch heute noch ab, gehen aber so langsam vor sich, dass wir die Erdoberfläche als etwas Unveränderliches empfinden. Bei Vulkanausbrüchen oder Erdbeben aber wird deutlich, dass sich in kurzer Zeit neue Formen bilden (oder alte völlig zerstört werden können), wie hier bei der Entstehung der Vulkaninsel Surtsey zwischen November 1963 und Juni 1967

Erdgas

Erdgas ist ein Naturgas, das in der Erdkruste in großen Lagerstätten vorkommt. Ursprünglich wurde es als Nebenprodukt bei der Erdölförderung verbrannt. Große Erdgasvorkommen gibt es z. B. in Russland im Wolga-Ural-Gebiet. Auch in Deutschland findet man Erdgas. Meist transportiert man das Erdgas in Rohrleitungen, auch **Pipelines** genannt. Das Gas lässt sich aber auch für den Transport in Tankern verflüssigen. Erdöl und Erdgas decken gegenwärtig etwa 65 % des Weltenergiebedarfs. Viele Haushalte werden bereits mit so genanntem *Stadtgas* (umgewandeltes Methangas) beheizt. Auch in der Industrie sowie bei der Stromerzeugung in Wärmekraftwerken spielt das Erdgas eine große Rolle. Die Förderung von Erdgas ist allerdings immer noch kostspieliger als die Förderung von Erdöl, zumal man an die größten Erdgasvorkommen (in Sibirien) wegen der ungünstigen Bodenverhältnisse nur äußerst schwer oder gar nicht herankommt.

Erdgeschichte

Die Erdgeschichte – oder *Geologie* – ist die Wissenschaft von der Entstehung, Entwicklung und Veränderung der **Erde** sowie von den ältesten Tieren und Pflanzen. Im engeren Sinn umfasst die Geologie die allgemeine – oder dynamische –, die historische und die regionale Geologie. Die dynamische Geologie befasst sich mit den geologischen Kräften (Wirksamkeit von **Wasser, Wind** und **Eis**, Vulkanismus, **Erdbeben, Klima**), die auf die Erdkruste einwirken. Dabei werden exogene, d. h. von außen herrührende, und endogene, d. h. aus dem Erdinneren wirkende, Kräfte unterschieden. Auch die Erforschung der vorzeitlichen **Fauna** und **Flora** gehört in den Bereich der allgemeinen Geologie. Die historische Geologie zeigt die Zusammenhänge in der Entwicklung der Erde und ihrer **Organismen** auf. Die regionale Geologie untersucht räumlich begrenzte Gebiete. Unter angewandter Geologie versteht man die Nutzung geologischer Kenntnisse und Erkenntnisse für **Technik** und Wirtschaft.

Erdöl

JAHRE VOR UNS. ZEIT-RECHNUNG	ZEIT-ALTER	FORMATION	ZEIT-DAUER MILL. JAHRE	EIS-ZEITEN	ENTWICKLUNG DES LEBENS			
10 Tsd.	ERDNEUZEIT NEOZOIKUM	HOLOZÄN		WÜRM	ORANG	GORILLA	SCHIMPANSE	HOMO S. SAPIENS
30								CROMAGNON
50								
100								NEANDERTALER
150		OBERES PLEISTOZÄN						
200				RISS				FRÜHER HOMO SAPIENS
250			0,6					
300		MITTLERES PLEISTOZÄN	QUARTÄR					
350								
400								
450				MINDEL				PITHECANTHROPUS HOMO ERECTUS
500		UNTERES PLEISTOZÄN						
600				GÜNZ				
1 Mill.								AUSTRALOPITHECUS
2			TERTIÄR					
3					MENSCHENAFFEN PONGIDEN			MENSCHEN HOMINIDEN
12		PLIOZÄN	10					RAMAPITHECUS
		MIOZÄN	15		DRYOPITHECUS			AEGYPTOPITHECUS
25					PLIOPITHECUS PROCONSUL			
		OLIGOZÄN	25					PROPLIOPITHECUS
50		EOZÄN	20		SÄUGETIERE			
		PALÄOZÄN				VOR MENSCHENAFFEN		
70	ERDMITTELALTER MESOZOIKUM	KREIDE	70		SAURIER			
140		JURA	35		RIESENSAURIER VÖGEL			
175		TRIAS	30		AMPHIBIEN			
200	ERDALTERTUM PALÄOZOIKUM	PERM KARBON	100		ERSTE SÄUGETIERE			
300		DEVON			REPTILIEN INSEKTEN KNOCHENFISCHE			
400		SILUR			KORALLEN PANZERFISCHE			
500		KAMBRIUM			KREBSE SPINNEN ALGEN			

Tabellarische Aufstellung der Erdzeitalter, der Formationen und der Entwicklung der Lebewesen

Erdkruste

Als Erdkruste bezeichnen wir die äußere Erdschale – sie umschließt *Erdmantel* und *Erdkern*. Die Erdkruste hat eine durchschnittliche Dicke von 25–40 km. Man unterscheidet eine Ober- und Unterkruste (*Sial*- bzw. *Simazone*).

Erdöl

Erdöl bildete sich ähnlich wie **Kohle** durch **Ablagerung** und **Fäulnis** pflanzlicher und tierischer Stoffe (hauptsächlich von **Plankton**). Diese Stoffe müssen luftdicht abgeschlossen sein. Erdöl, auch *Rohöl* genannt, ist immer noch einer der wichtigsten Rohstoffe der Welt. Er kommt als dick- oder dünnflüssiges Gemisch vor und befindet sich in riesigen Becken oft tief unter der Erde. Um das Erdöl nutzbar zu machen, müssen die Erdöllagerstätten durch Bohrungen erschlossen werden. Zur Förderung von Erdöl unter dem Meeresboden werden riesige schwimmende

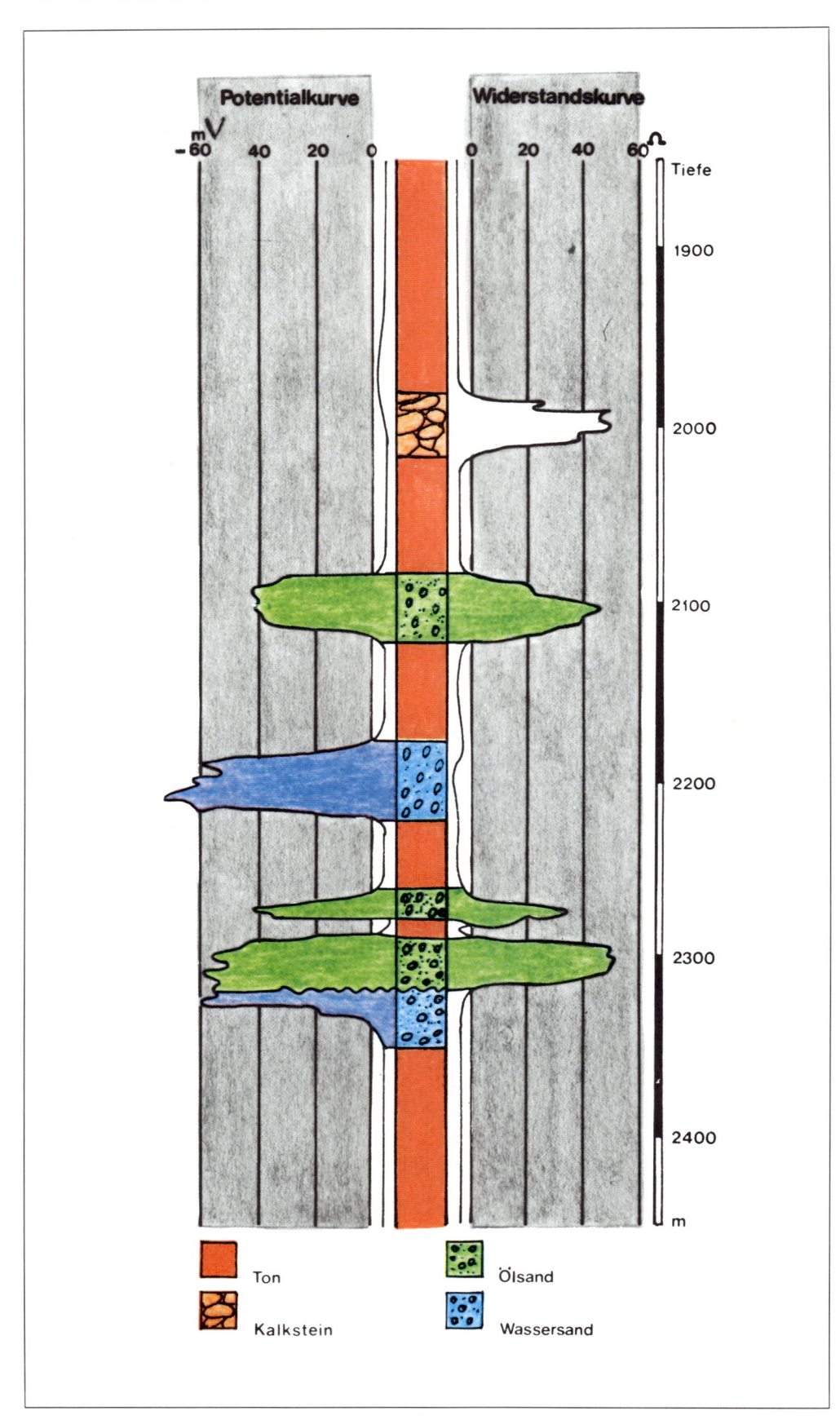

Erdumlaufbahn

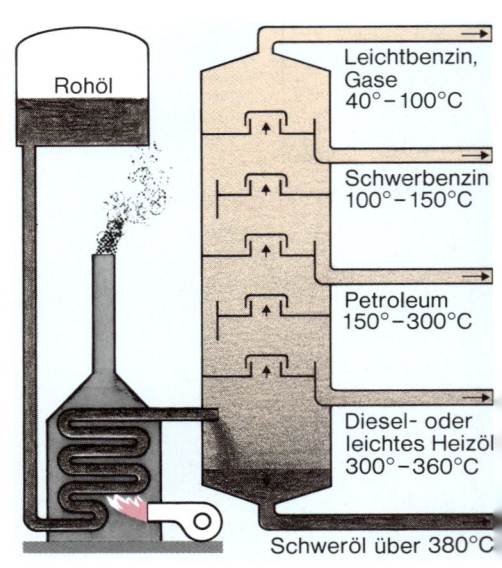

Schematische Darstellung der Erdöldestillation

Plattformen (**Bohrinseln**) verankert. Nach der Bohrung schießt das Erdöl dann entweder aus eigener Kraft an die Oberfläche oder es muss herausgepumpt werden. Ein Nebenprodukt bei der Bohrung nach Erdöl ist das **Erdgas**. Die größten Erdölreserven liegen im Nahen und Mittleren Osten, erst dann folgen die ehemalige UdSSR, Südamerika, Afrika, die USA, Westindien und eine Reihe westeuropäischer Länder, die allerdings mit ihren Vorkommen weit hinter den Giganten auf dem Erdölsektor zurückstehen.

Erdölförderung 1995 (1994) in Mill. t		
Saudi-Arabien	403	(403)
USA	389	(393)
Russland	305	(311)
Iran	181	(181)
Mexiko	153	(157)
China	149	(146)
Norwegen	140	(131)
Venezuela	135	(128)

Erdumlaufbahn

Durch Anziehung (Gravitation) halten **Sonne**, **Mond** und **Erde** ihre Bahnen. Die Erde umkreist die Sonne in 365 Tagen bei einer Geschwindigkeit von fast 30 km/s und in einem mittleren Abstand zur Sonne von fast 150 Mill. km; der geringste Abstand besteht am 3. 1., der weiteste am 3. 7. Die Umlaufbahn gleicht einer **Ellipse**. Gleichzeitig dreht sich in etwa 24 Stunden

In das Bohrloch hinabgelassene Messgeräte geben genaue Hinweise über die Beschaffenheit der Gesteinsschichten, ihre Mächtigkeit und die in ihnen enthaltenen Flüssigkeiten

In großen Raffinerien wird das Rohöl aufbereitet zu Heizölen, Kraftstoffen, Schmierölen und vielen weiteren Primärprodukten, die wiederum Ausgangsstoffe für Textilien, Kunststoffe, Waschmittel, Kosmetika und Medikamente sind

die Erde einmal um ihre eigene Achse, wobei jeweils jeder Punkt der Erde einmal der Sonne zugewandt (Tag) und einmal von ihr abgewandt ist (Nacht).

Erfindung

Wir sprechen von einer Erfindung, wenn ein Techniker eine Idee zur Entwicklung oder Verbesserung von Geräten, Maschinen oder Verfahren in die Praxis umsetzt. Damit der Erfinder auch einen Gewinn von seiner Idee hat, gibt es das *Patent*. Das Patent ist das dem Erfinder vom Staat erteilte Monopol für die wirtschaftliche Nutzung seiner Entdeckung. Niemand kann also, wenn der Erfinder seine Maschine oder sein Verfahren beim Patentamt angemeldet hat, diese einfach nutzen bzw. nachbauen, ohne die Erlaubnis des Erfinders (*Nutzungsrecht*) gekauft zu haben. Arbeiten mehrere Leute an einer Erfindung, so steht das Recht auf ein Patent dem zu, der diese als erster beim Patentamt angemeldet hat. Für die Regelung im gesamten europäischen Raum ist das europäische Patentamt in München zuständig. (Abb. S. 84)

Ernährung

Mit Ernährung bezeichnet man bei Lebewesen die Aufnahme von Stoffen, die zur Erhaltung des Lebens, für das **Wachstum** und zur **Fortpflanzung** notwendig sind. Für die gesunde Ernährung des Menschen gelten bestimmte Regeln. Danach sollte man zwei Drittel pflanzliche Kost (Gemüse, Brot, Obst, Reis, Kartoffeln) und ein Drittel tierische Kost (Fleisch, Fisch, Eier, Milchprodukte) zu sich nehmen.
In unserer Nahrung sind **Nährstoffe** wie **Kohlenhydrate**, **Fette** und **Eiweiße** enthalten. Kohlenhydrate (*Stärke* und *Zucker*) sowie Fette sind Betriebsstoffe. Sie liefern die notwendige **Energie** für die Körperwärme und die Körperbewegungen. Was der Körper davon für den Betriebsstoffwechsel nicht braucht, speichert er als Fett. Der Aufbaustoff des Körpers ist das Eiweiß. Neben diesen Nährstoffen sind **Wasser, Salze** und **Vitamine** lebenswichtig. Unser Körper besteht zu mehr als 50 % aus Wasser, das er täglich im *Harn*, **Schweiß** oder mit der feuchten Atemluft ausscheidet. Dieses ausgeschiedene Wasser muss täglich neu ersetzt werden. Neben *Kochsalz* sind noch andere Salze, z. B. für Knochen- und Zahnaufbau und für die Blutbildung, wichtig. Diese Salze sind in den Nahrungsmitteln ausreichend vorhanden. Nährstoffe, Vitamine, Salze und Wasser sind also für die Gesundheit wichtig. Falsche oder einseitige Ernährung führt zu schweren Krankheiten.

Eruption

Mit Eruption bezeichnet man das gewaltsame Herausschleudern von festen oder flüssigen Stoffen sowie den Ausstoß von Gasen aus dem Erdinneren. (**Vulkan**)

Erze

Erze sind **Mineralien** mit hohem Metallgehalt. Aus ihnen werden Metalle oder Metallverbindungen gewonnen. Als Erzlagerstätten bezeichnet man natürlich vorkommende Erze in der **Erdkruste**.

Esel

Der Esel gehört seiner Art nach zu den **Pferden** und zur Gruppe der **Huftiere**. Besondere Merkmale sind die langen Ohren, die aufrecht stehende Nackenmähne und der Quastenschwanz. Als **Haustier** ist der Esel vor allem in Südeuropa und in Nordafrika verbreitet. Er dient als Last- und Reittier. Der *Maulesel* ist eine Kreuzung aus Pferdehengst und Eselsstute, das *Maultier* eine Kreuzung aus Eselshengst und Pferdestute.

Ethnografie

Die Ethnographie ist die beschreibende Völkerkunde. Als Teilbereich der **Ethnologie** widmet sie sich ohne ausgeprägtes theoretisches Erkenntnisinteresse der Darstellung der *Naturvölker*.

Ethnologie

Die Ethnologie ist die vergleichende Völkerkunde, die die Beschreibung der Ethnografie zu wissenschaftlichen Erkenntnissen über die Grundlagen der menschlichen Kultur verwertet. Ein Beispiel für angewandte Ethnologie ist die Untersuchung, ob und in welcher Weise die Kultur auf der Osterinsel im Südpazifik von Südamerika her beeinflusst wurde.

Eulen

Eulen sind *Nachtraubvögel*. Tagsüber hocken sie in Baumhöhlen und versteckten Felsnischen. Sie besitzen einen kurzen, krummen Schnabel, große nach vorne gerichtete Augen und scharfe Krallen zum Töten ihrer Beute sowie einen ausgeprägten *Gehörsinn*. Ihr Revier ist der **Wald**, wo sie nach Kleintieren und **Insekten** jagen. Bei uns kennen wir vor allem den einsiedlerischen **Uhu** und den *Waldkauz*.

Erfindung

Spinnmaschine von Samuel Crompton (1779)

Dampfschiff „Clermont" auf dem Hudson (1807)

Fahrt der ersten deutschen Eisenbahn (1835)

Justus von Liebig in seinem Laboratorium im Chemischen Institut zu Gießen (Holzschnitt um 1845). Liebig erkannte die Bedeutung der Mineraldüngung für die Landwirtschaft

Das erste Bessemerstahlwerk auf dem Kontinent, 1862 von Krupp in Betrieb genommen (Foto um 1900)

Fernsehempfänger des Baujahrs 1938. Das Gerät kostete damals RM 2500,—

Evolution

In der Biologie ist die Evolution die stammesgeschichtliche Entwicklung der Lebewesen aus gemeinsamen Vorfahren. Die Veränderung (Höherentwicklung) geht dabei von wenigen Stammformen aus, die meist primitiver sind als die heutigen. Jede **Zelle** im Körper einer Pflanze oder eines Tieres besteht aus **Chromosomen**, in denen wiederum eine bestimmte Anzahl von *Genen* liegt, die die Anweisungen für eine artgemäße Entwicklung tragen. Durch genetische Störungen können Erbänderungen eintreten, die sich in einer veränderten Umwelt bewähren können. Lebewesen mit diesen Erbänderungen (**Mutationen**) überleben nun eher als ihre Artgenossen, die bislang als „normal" gegolten haben. Es hat eine den neuen Lebensumständen entsprechende Höherentwicklung, eben eine Evolution, stattgefunden. Zum Beispiel sehen eine Fischflosse und ein Vogelflügel verschieden aus, die jeweiligen Tierskelette sind einander jedoch sehr ähnlich. Man bezeichnet dies als *Homologie.* Das beweist, dass diese Tiere einen gemeinsamen Vorfahren gehabt haben müssen. Vereinfacht ausgedrückt geht man davon aus, dass sämtliche Erscheinungsformen von Tieren und Menschen als Ursprung eine Urform hatten. Die Evolution steht nicht still, sondern findet heute und in Zukunft, solange es eben auch Umweltveränderungen gibt, wie eh und je statt. Der Mensch, dessen nächste Verwandte die Menschenaffen sind, ist bislang die höchstentwickelte Stufe der Säugetiere.

Explosion

Eine Explosion ist eine schnelle und starke Gas- und Wärmeentwicklung, bei der plötzlich große Mengen von Verbrennungsgasen frei werden. Dies geschieht in der Regel mit einem lauten Knall und ist begleitet von einer großen *Druckwelle* mit zerstörenden Wirkungen. Explosionen erfolgen bei Geschossen aller Art, in Verbrennungsmotoren (in sehr geringem Maß), bei Sprengungen, beim Aufprall von Bomben, bei Vulkanausbrüchen usw.

Übersicht der stammesgeschichtlichen Entwicklung verschiedener Organismen

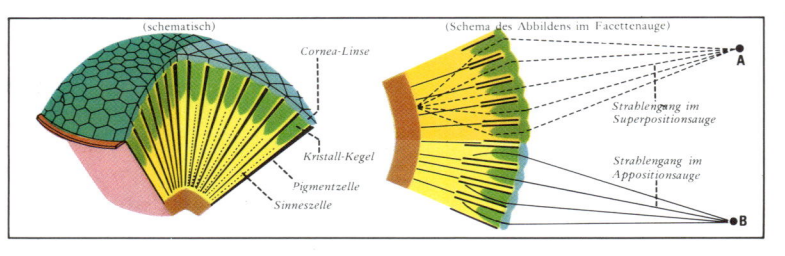

Facettenauge

Bau des Facettenauges eines Insekts

Facettenauge

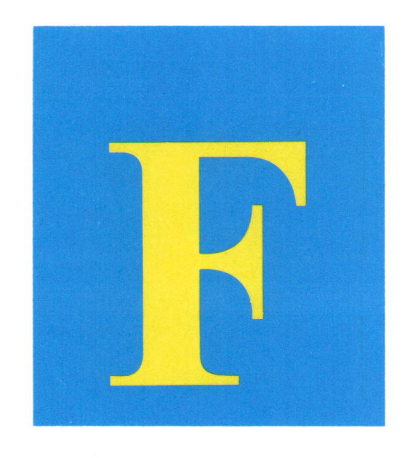

Das Facettenauge, auch *Komplexauge*, ist das Sehorgan der **Gliederfüßer**. Es besteht aus vielen aneinander liegenden, sechseckigen Richtungsaugen.

Fahrgestell

Unter dem Begriff Fahrgestell – auch Fahrwerk – fasst man alle Bauelemente der **Achsen** eines **Kraftwagens** zusammen, die die Räder führen und mit dem Fahrzeug verbinden. Bei **Flugzeugen** sind die Räder des *Fahrwerks*, das zum Anrollen für den Start und zum Ausrollen bei der Landung benötigt wird, mit Luftreifen versehen (Sporn-, Bugrad- oder Tandemfahrwerk).

Fahrrad

Das Fahrrad ist in der Regel ein zweirädriges und einspuriges Fahrzeug, das mit Muskelkraft bewegt wird. Das **Gleichgewicht** beim Fahren wird durch die Bewegungsenergie, die Verlagerung des Körpergewichts und durch Lenken des Vorderrades gehalten. Der *Rahmen* ist oft aus Aluminium- oder Stahlrohr und hat meist die Form eines Dreiecks. Im Rahmen sind die drehbare Vorderradgabel mit der

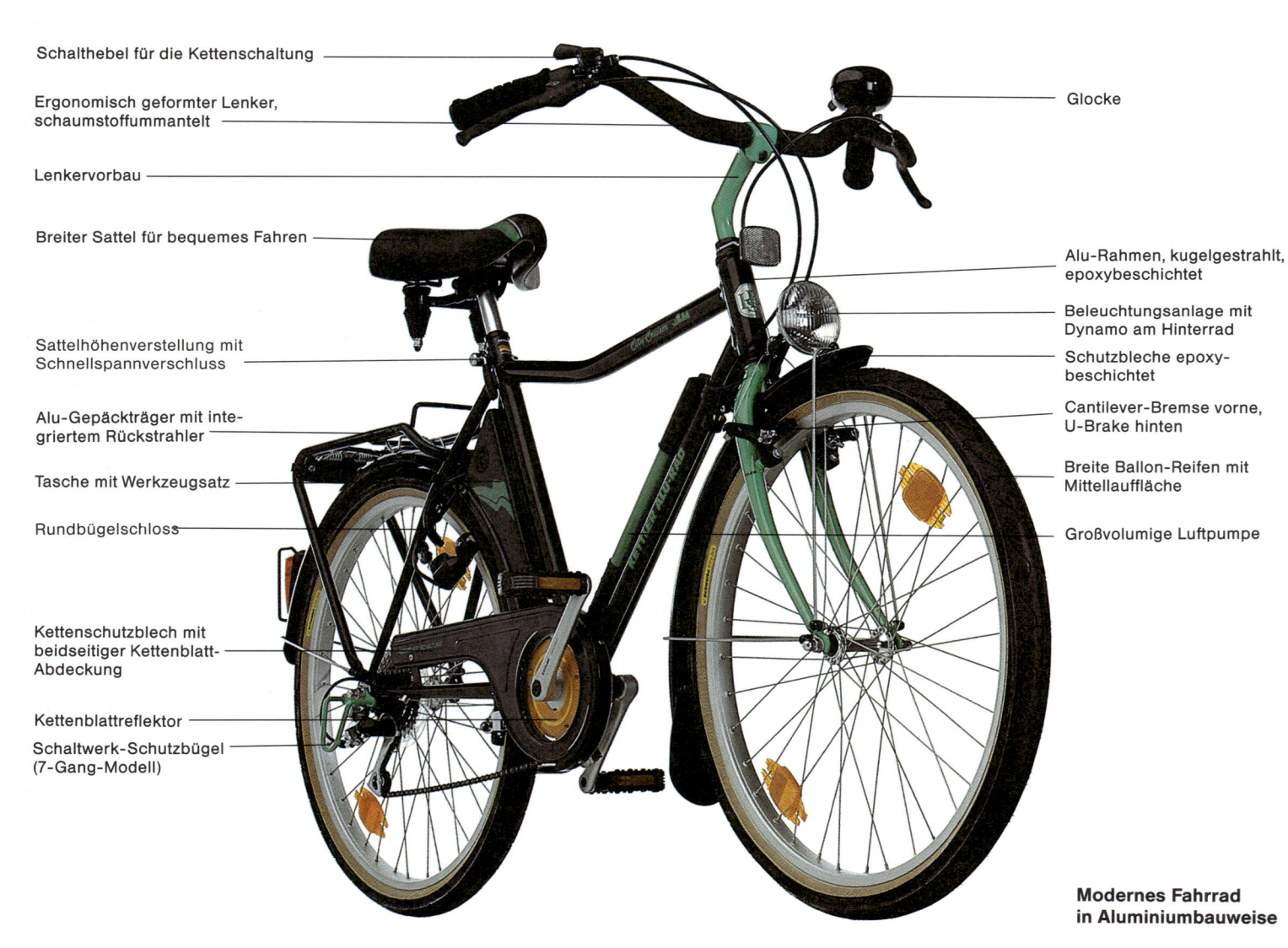

- Schalthebel für die Kettenschaltung
- Ergonomisch geformter Lenker, schaumstoffummantelt
- Lenkervorbau
- Breiter Sattel für bequemes Fahren
- Sattelhöhenverstellung mit Schnellspannverschluss
- Alu-Gepäckträger mit integriertem Rückstrahler
- Tasche mit Werkzeugsatz
- Rundbügelschloss
- Kettenschutzblech mit beidseitiger Kettenblatt-Abdeckung
- Kettenblattreflektor
- Schaltwerk-Schutzbügel (7-Gang-Modell)

- Glocke
- Alu-Rahmen, kugelgestrahlt, epoxybeschichtet
- Beleuchtungsanlage mit Dynamo am Hinterrad
- Schutzbleche epoxybeschichtet
- Cantilever-Bremse vorne, U-Brake hinten
- Breite Ballon-Reifen mit Mittellauffläche
- Großvolumige Luftpumpe

Modernes Fahrrad in Aluminiumbauweise

Kuckucksfalke aus Südafrika

Lenkstange, das Tretlager und das Hinterrad gelagert. Die Speichen der Räder sind an den *Naben* tangential und schräg zur Radebene befestigt. Auf den *Radfelgen* sitzen Schlauch und Mantel der Bereifung. Kraftübertragung: Indem der Fahrer die *Pedale* tritt, übt er auf sie eine **Kraft** aus. Die Pedale treiben ein Kettenrad an, dieses wiederum eine *Kette*. Die Kette überträgt die **Kraft** auf ein kleines **Zahnrad**, das auf die *Achse* des Hinterrades geschraubt ist. Auf diese Weise wird das Hinterrad angetrieben. Das Zahnrad an den Pedalen hat mehr Zähne als das an der Hinterachse. Somit dreht sich das Hinterrad öfter, als der Fahrer die Pedale einmal um ihre Achse dreht. (Die *Übersetzung* beträgt 1:2 bis 1:4.) Heute haben die meisten Fahrräder eine Gangschaltung. Damit kann man das Übersetzungsverhältnis ändern. Die Gangschaltung ist entweder ein **Getriebe** aus mehreren Zahnrädern (*Nabenübersetzung*) oder eine Kette, die auf Zahnrädern mit verschiedenen Durchmessern geschaltet ist (*Kettenschaltung*). Im Freilauf läuft das Rad ohne Betätigung der Pedale. Gebremst wird das Rad mit einer *Rücktrittbremse*, die mit einem Bremszylinder in der Hinterradnabe funktioniert, bzw. mit *Felgenbremsen*. Neben dem üblichen Fahrrad für eine Person gibt es auch *Tandems* für zwei Personen.

Fahrräder, die im Rennsport eingesetzt werden, sind sehr leicht gebaut, um dem Rennfahrer die zusätzliche Kraft zu ersparen, die er für das Fortbewegen eines schweren Rades aufbringen müsste.

Das erste Fahrrad baute 1817 der Deutsche *Karl von Drais*. Für den Antrieb musste der Fahrer durch Abstoßen mit den Füßen sorgen.

Absprung mit dem Fallschirm

Falke

Der Falke ist ein *Greifvogel* aus der Familie der Tagraubvögel mit kurzem, gebogenem Schnabel.

Wir unterscheiden Flugjäger – sie ergreifen ihre Beute im Flug – und Rütteljäger, z. B. die Turmfalken, die ihre Beute, u. a. Mäuse, am Boden fangen.

Fallout

Als Fallout (engl.) bezeichnet man den radioaktiven Niederschlag nach **Kernwaffen**-Explosionen oder Unfällen in **Kernkraftwerken** (**GAU**). Die dabei entstehenden radioaktiven Wolken können die Erde mehrfach umrunden, so dass der Fallout je nach Wetterlage weit vom Explosions- oder Unfallort niedergehen kann, die *radioaktive Verseuchung* also nicht nur auf ein bestimmtes Gebiet beschränkt ist, sondern auch abgelegene Landstriche, Länder oder gar Kontinente in Mitleidenschaft ziehen kann.

Fallschirm

Mit Hilfe eines Fallschirms können Menschen oder Lasten aus Flugzeugen zur Erde gebracht werden. Er ist ein Schirm, der meist die Form einer Halbkugel hat (Rundkappenfallschirm; im Fallschirmsport findet hauptsächlich der rechteckige Gleitfallschirm Verwendung) und aus einem leichten Stoff wie *Seide*, **Baumwolle** oder Chemiefaser (z. B. **Nylon**) zusammengenäht ist. An dem Schirm sind Auslauf- und Fangleinen befestigt. Sie laufen zu einem Ring, von dem zwei kurze Seile zum Verpackungssack führen. Dieser wird mit zwei Karabinerhaken am Leibgurt des Springers festgehakt. Damit der Fallschirm nicht hin und her pendelt, hat er in der Mitte meist ein von einem festen Ring eingefasstes Loch, das einen Durchmesser von etwa 30 cm hat. Zieht man an der Mittelleine, kann die Kuppe eingezogen werden. Auf diese Weise ist es möglich, die Sinkgeschwindigkeit zu beeinflussen. Beim Fallschirm mit Handabzug wird beim Abspringen ein Hilfsfallschirm entfaltet, der den Hauptschirm aus seiner Verpackung zieht. Hat der Fallschirm eine

Familie

Verbindungsleine, die am Flugzeug befestigt ist, reißt diese beim Absprung den Schirm aus seiner Verpackung, nach ca. 3 Sekunden öffnet sich der Fallschirm. Der italienische Naturforscher *Galileo Galilei* (1564–1642) erkannte, dass die Geschwindigkeit fallender Körper aufgrund der **Erdanziehung** gleichmäßig zunimmt. So ermittelte er, dass ein Körper in der 1. Sekunde 5 m, in der 2. Sekunde 15 m, in der 3. Sekunde 25 m und in der 4. Sekunde 35 m fällt, so dass er nach 4 Sekunden 80 m zurückgelegt hat (der *Luftwiderstand* ist dabei außer Acht gelassen). Bei einem Menschen, der aus einem Flugzeug springt, wirkt sich aufgrund seiner Körperhaltung der Luftwiderstand als Bremse aus. Der Springer stürzt nach kurzer Zeit nur noch 50 m pro Sekunde. Öffnet sich nun der Fallschirm, wächst der Widerstand derart, dass sich die Fall- oder Sinkgeschwindigkeit bis auf etwa 5,5 m pro Sekunde verringert. Die Mindestabsprunghöhe beträgt ca. 80 m.

Familie

Allgemein ist die Familie die natürliche Gruppe, in der alle Lebewesen mehrerer nächstverwandter *Gattungen* zusammengefasst werden. In der menschlichen Gesellschaftsordnung ist die Familie die kleinste Einheit. Sie setzt sich heute in der Regel aus der Lebensgemeinschaft zweier verheirateter Partner, also den Eltern, und ihren noch nicht erwachsenen Kindern zusammen (*Kleinfamilie*). Zur *Großfamilie* zählt auch die Verwandtschaft.

Fangschiff

Fangschiffe sind **Schiffe** verschiedener Größe, die speziell für den Fang von **Fischen** ausgerüstet wurden. Man unterscheidet u. a. *Fischkutter* (ca. 24 m lang) für die Küstenfischerei und *Motorlogger* (ca. 40 m lang), die für den Heringsfang mit einem Schleppnetz fischen, das hinter dem Schiff hergezogen wird. Schließlich gibt es noch die *Trawler* und *Fabrikschiffe*, die für die Fernfischerei (z. B. vor Island) gebaut sind und den Fang z.T. sofort verarbeiten können. Bei den Hecktrawlern (ca. 70 m lang) mit einer Motorleistung von 1500 kW (ca. 2000 PS) und rund 50 Mann Besatzung wird das riesige, bis zu 500 m lange und 90 m tief reichende Netz über eine Öffnung im Heck des Fangschiffes an Bord gezogen.

faradayscher Käfig

Der faradaysche Käfig (*Michael Faraday*, 1791–1867) ist eine geschlossene Hülle aus Blech oder Maschendraht, in die kein äußeres *elektrisches Feld* eindringen kann. Setzt man diesen Käfig unter Strom, so geschieht einer darin sitzenden Person nichts. Auf dem Prinzip des faradayschen Käfigs beruht auch die Wirkungsweise des **Blitzableiters**. Bei Gewitter bietet z. B. auch ein Auto nach diesem Prinzip seinen Insassen Schutz.

An Bord vieler Trawler der Hochseefischerei wird der Fang sofort fabrikmäßig verarbeitet

Farbfernsehen

Farbenblindheit

Menschen, die farbenblind sind, können bestimmte Farben nicht erkennen oder unterscheiden. Sie leiden an einer angeborenen oder einer erworbenen Störung des Farbensehens, einer *Farbenfehlsichtigkeit*. Dabei werden am häufigsten die Farben Gelb und Grün verwechselt oder der Betroffene kann Rot und Grün nicht voneinander unterscheiden (z. B. bei einer Verkehrsampel). Menschen mit Farbenblindheit eignen sich für bestimmte Berufe nicht.

Farbenlehre

Die Farbenlehre ist die Wissenschaft von der Farbe als optischer Erscheinung. Die wichtigsten Teilgebiete sind die Lehren vom Farbreiz, von der Farbwahrnehmung, von den *Kontrastfarben* und vom Sinneserlebnis der Farben. Das weiße Sonnenlicht ist, wie seine Zerlegung mit Hilfe eines **Prismas** zeigt, aus einer Reihe bunter Farben, den *Spektralfarben*, zusammengesetzt. Sie sind in einer bestimmten Reihenfolge angeordnet: Rot, Orange, Gelb, Grün, Blau und Violett. Die jeweiligen Übergänge erfolgen fließend. Ergänzt man die Spektralfarben nach Violett noch mit Purpur, so entsteht eine zusammenhängende Reihe, die in sich zurückläuft.

Farbenlehre: Durch ein Prisma wird der weiße Lichtstrahl in seine Spektralfarben zerlegt. Ein Filter absorbiert bestimmte Farben. Treffen die durchgelassenen Farbstrahlen auf ein zweites Prisma, tritt der einfarbige Lichtstrahl aus

Bei der additiven Farbmischung entsteht aus den Grundfarben Rot, Blau und Grün die Farbe Weiß, bei der subtraktiven Schwarz

Die Loch- oder Schlitzblende sorgt dafür, daß der Elektronenstrahl, z. B. der Farbe Rot, auf einen gleichfarbigen Bildschirmfleck trifft

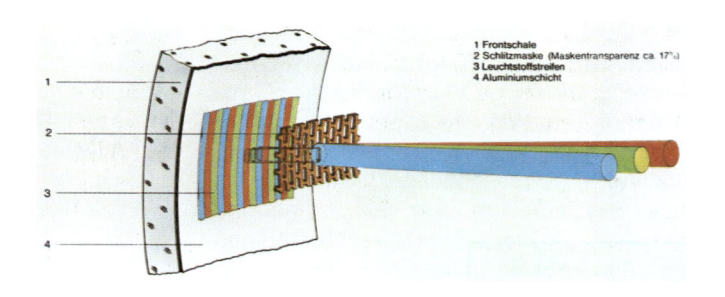

1 Frontschale
2 Schlitzmaske (Maskentransparenz ca. 17%)
3 Leuchtstoffstreifen
4 Aluminiumschicht

Dadurch ergibt sich die Anordnung der Farbtöne im Farbenkreis. Farben, deren optische Zusammenmischung Weiß ergibt, nennt man Komplementärfarben (z. B. Rot und Grün, Gelb und Blau). Durch Mischung der Grundfarben Rot bis Violett erhält man Mischfarben.

Farbfernsehen

Die Technik des Farbfernsehens bedient sich grundsätzlich der gleichen Mittel wie das Schwarzweiß-**Fernsehen**. Deshalb können in Farbe ausgestrahlte Sendungen auch von Schwarzweißgeräten empfangen werden, allerdings natürlich nicht in Farbe. Bei Farbsendungen müssen für jeden Bildpunkt drei verschiedene Informationen übertragen werden: Leuchtdichte, Farbton und Farbsättigung (d. h., wie kräftig z. B. das Rot ist). Diese zusätzlichen **Impulse** gewinnt man dadurch, dass in eine Farbfernsehkamera drei Röhren eingebaut werden, und zwar je eine für Rot, für Blau und für Grün, denn aus diesen drei Farben kann man beina-

Blick in ein Fernsehstudio für den Bereich Ansage und Programmverbindung

Farne

he alle Farbtöne zusammenmischen (**Farbenlehre**). Die Farbfernsehkamera liefert also zusätzlich Impulse für die drei Farbauszüge. Die Impulse kommen auf ähnliche Weise zustande wie beim Schwarzweißfernsehen (**Bildzeile**). Sie werden über Trägerwellen zum Empfangsgerät gebracht. Im Farbfernsehgerät tasten nun drei *Elektronenstrahlen* (im Schwarzweißgerät nur einer), von denen jeweils einer für eine der drei Farben zuständig ist, die 625 Bildzeilen ab. Die Strahlen treffen auf den **Bildschirm**, auf dem 1,2 Mill. Farbpunkte angebracht sind, je 400 000 für jede Grundfarbe. Eine Lochblende sorgt dafür, dass der Elektronenstrahl für Rot immer nur auf einen roten Bildschirmfleck treffen kann, den er zum Leuchten anregt. Die Stärke eines jeden Strahls und damit die Leuchtkraft jedes Farbpunktes ändert sich fortlaufend entsprechend der elektrischen Impulse, die im **Fernsehstudio** von der **Kamera** aufgenommen werden. Auf dem Farbfernsehschirm entstehen nur immer in den drei Grundfarben leuchtende Farbpunkte. Da wir aber einige Meter vom Fernsehgerät entfernt sitzen, nehmen wir keine Punkte, sondern nur ein einheitliches, farbiges Bild wahr. Es gibt verschiedene Systeme, die sich etwas voneinander unterscheiden: das NTSC-System (USA), das PAL-System (Westeuropa außer Frankreich) oder das SECAM-System (in Frankreich, der ehemaligen UdSSR und den Staaten Osteuropas).

Das Innere eines Übertragungswagens für Livesendungen wird von Kontrollmonitoren und vom Mischpult beherrscht

Bei Farnen läßt sich der Generationswechsel besonders gut beobachten

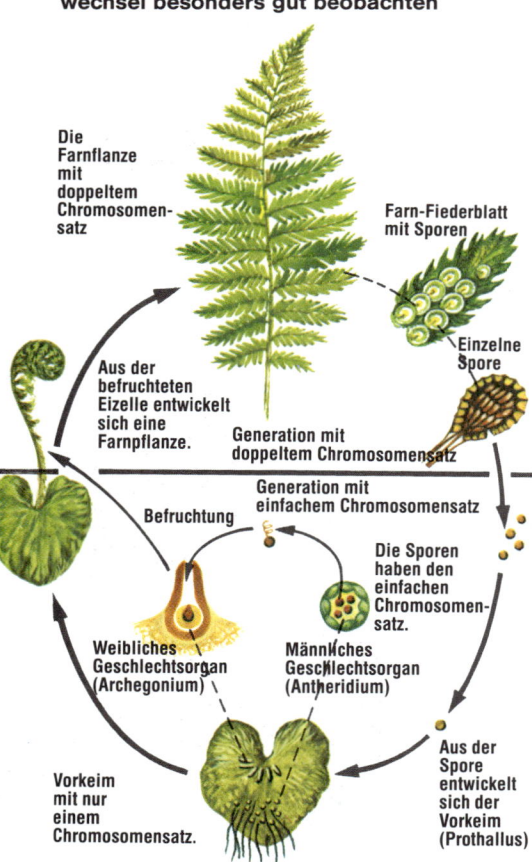

Farne

Farne gehören zu den *Sprosspflanzen*. Die **Wurzel** ist im Boden verankert, die Sprossachse wächst unterirdisch, die Blätter (die Farnwedel) stehen über der Erde. Das durch die Wurzel aufgenommene Wasser wird durch Leitungsbahnen in alle Teile des Sprosses geleitet. Die Farnwedel tragen an der Unterseite Sporenhäufchen, kapselartige Gebilde, in denen sich die *Sporen* bilden. Farne vermehren sich nicht durch **Samen**, sondern durch Sporen. Aus den Sporenähren entwickeln sich Vorkeime mit becherförmigen Behältern für die männlichen **Keimzellen** und mit flaschenförmigen Eibehältern für die weiblichen Keimzellen. Farne können in den **Tropen** bis zu 60 m hoch werden. Zu den wichtigsten Farnen zählen der Wurmfarn, der Waldfrauenfarn, der Hirschzungenfarn, der Baumfarn, der Frauenhaarfarn und der Tüpfelfarn. Auch die *Bärlappgewächse* gehören zu den Farnpflanzen. (**Generationswechsel**)

Fäulnis

Fäulnis nennt man die bakterielle (**Bakterien**) Zersetzung organischer Verbindungen, besonders des **Eiweißes**. Dabei entstehen *Säuren*, übel riechende Stoffe und **Gase** (z. B. Schwefelwasserstoff), von denen manche giftig sind (z. B. *Leichengift*). Fäulnis kommt auch im Dickdarm des Menschen vor und zersetzt hier das unverdaute Eiweiß.

Fauna

Als Fauna bezeichnet man die *Tierwelt* eines bestimmten, begrenzten Gebietes. Dieser Name geht auf die römische Waldgöttin Fauna zurück, die als Beschützerin der Tiere galt.

Fernrohr

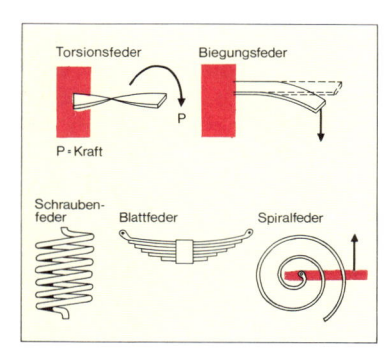

Verschiedene Metallfedern, die in der Technik verwendet werden

Feder

In der Zoologie ist die Feder ein leichtes, zugleich aber stabiles Gebilde der Oberhaut bei **Vögeln**. Ihre Festigkeit erhält sie durch den Kiel, der am unteren Ende hohl ist und dort als Spule bezeichnet wird. Vom oberen Teil, dem Schaft, gehen in zwei Reihen Äste aus. Von ihnen zweigen die Strahlen ab, die durch kleine Haken miteinander verbunden sind. Äste und Strahlen sitzen so dicht nebeneinander, dass sie eine geschlossene Fläche, die Federfahne, bilden. Man unterscheidet Außen- und Innenfahne, beide sind sehr elastisch. Alle Bauelemente der Feder bestehen aus *Horn*. Die Hornteile sind so fein und dünn, dass die Feder insgesamt sehr leicht ist; der Vogel wird also beim Fliegen durch die Federn kaum belastet. Es gibt verschiedene Arten von Federn: 1. die Schwungfedern, die die Tragflächen der Flügel bilden, 2. die Schwanzfedern, die zum Steuern und Bremsen während des Fluges dienen, 3. die Deckfedern, die den ganzen Vogelkörper stromlinienförmig umkleiden, und 4. die *Daunen*, die einige Vögel noch zusätzlich zum Wärmen besitzen.

Im Maschinenbau wird als Feder ein Metallstück bezeichnet, das sich bei Belastung elastisch verformt. Lässt die **Kraft** nach, kehrt es wieder in seine ursprüngliche Form zurück. Die *Blattfeder* besteht aus einigen aufeinander gelegten rechteckigen Federn, die *Spiralfeder* ist eine besondere Form der *Biegungsfeder*. Bei Druck- oder Zugfedern wird eine Kraft in Form von **Druck** oder Zug auf die Feder ausgeübt. Spannungsfedern werden eingesetzt, um einen Gleichgewichtszustand aufrechtzuerhalten oder eine Bewegung auszulösen. Pufferfedern dienen dem Auffangen von Schlägen oder Stößen. *Triebfedern* erzeugen in Uhren den Antrieb. Federn dienen aber auch als Schreibgeräte.

Federung

Federung nennt man besonders bei Straßenfahrzeugen die elastische *Aufhängung*, Stützung und Dämpfung, die das Schwingen des Fahrzeugkörpers in Richtung der **Achse** zulässt. Die Federung ist also wichtig für den Fahrkomfort und für die Sicherheit der Insassen. Wenn ein **Kraftwagen** auf einer sehr holprigen Straße mit großer Geschwindigkeit fährt, sollten die Insassen im Idealfall nichts von den Unebenheiten verspüren, da diese von der Federung ausgeglichen („geschluckt") werden. Andererseits darf die Federung nicht zu weich sein, da dies vor allem bei Kurvenfahrten der Sicherheit abträglich wäre. (**Stoßdämpfer**)

Fernlenkung

Fernlenkung ist die Steuerung bestimmter Objekte, meist ohne eine direkte Verbindung. Die Übertragung der Befehle von der ortsfesten Station zu dem ferngelenkten Objekt erfolgt über *Funk*, manchmal aber auch über **Schall** oder **Licht**. Der ferngelenkte Gegenstand kann indes auch durch einen Draht mit der ortsfesten Station verbunden sein.

Man unterscheidet Fremd- und Eigenlenkung. Bei der Fremdlenkung befinden sich die Messeinrichtungen zur Kontrolle nicht im ferngelenkten Objekt. Bei der Eigenlenkung werden alle Kontrollen vom ferngelenkten Körper selbst ausgeführt. Die Aufgabe der Fernlenkung ist es, ein bestimmtes – auch unbemanntes – Objekt mit einer bestimmten Geschwindigkeit auf einer vorgeschriebenen Bahn zu einem vorgesehenen Ziel zu bringen. Sie findet Anwendung im Modellbau (Flugzeuge, Schiffe oder Autos), beim Testen neuer Flugzeugtypen sowie bei der Steuerung verschiedener Flugobjekte und Waffen. Zu den Flugobjekten gehören **Satelliten**, **Raumsonden** und **Raketen**.

Fernrohr

Das Fernrohr, auch **Teleskop** genannt, ist ein optisches Instrument, mit dessen Hilfe man weiter entfernte Gegenstände, die

Zwei Typen von Fernrohren mit unterschiedlicher Prismenanordnung

Fernsehen

Das 5-m-Hale-Teleskop in Kalifornien (USA)

eingebaut. Eines der größten Spiegelteleskope der Welt befindet sich auf dem Mount Palomar bei Los Angeles. Sein Spiegeldurchmesser beträgt 5,10 m. Mit diesem Teleskop kann man Sterne beobachten, die Milliarden von Lichtjahren entfernt sind.

Das erste astronomische Fernrohr wurde 1611 von *Johannes Kepler* (1571–1630) konstruiert (**astronomische Instrumente**). Kepler erarbeitete auch die theoretischen Grundlagen des Fernrohrs.

Fernsehen

Fernsehen ist die Übertragung bewegter Bilder mit Hilfe hochfrequenter, **elektromagnetischer Wellen** (Trägerwellen). In Deutschland gibt es seit 1935 einen regelmäßigen Fernseh-Rundfunk-Dienst. Im **Fernsehstudio** wird eine Sendung von einer *Fernsehkamera* aufgenommen. Jedes dieser Bilder wird in 625 **Bildzeilen** mit dem bloßen Auge nicht mehr zu erkennen sind, klar und deutlich sehen kann. Schaut man durch das Fernrohr, erscheint der betrachtete Gegenstand näher und vergrößert. In der Regel bestehen Fernrohre aus zwei **Linsen**, von denen die eine als *Okular*, die andere als **Objektiv** bezeichnet wird. Das Okular vergrößert den betrachteten Gegenstand wie eine *Lupe*. Das Objektiv ist eine *Sammellinse*, die ihn verkleinert wiedergibt. Damit der Gegenstand für den Betrachter nicht auf dem Kopf steht, wird zwischen Okular und Objektiv eine dritte Sammellinse geschaltet. Ein derart gebautes Gerät nennt man terrestrisches Fernrohr. Doppelfernrohre, wie *Fernglas* und Opernglas, haben für jedes Auge je ein Okular und Objektiv. Wird die Sammellinse, die das Bild umkehrt, durch zwei Prismengläser ersetzt, spricht man vom *Prismenglas*. Die **Prismen** sorgen nicht nur dafür, dass das Bild nicht auf dem Kopf steht, sondern sie verkürzen auch scheinbar den Weg des **Lichtes**. Den Abstand zwischen Objektiv und Okular bezeichnet man als **Brennweite**. Die Vergrößerung, die ein Fernrohr erreicht, nimmt mit der Brennweite zu. Große Fernrohre, die in der **Astronomie** eingesetzt werden, heißen *Refraktoren*; die einfallenden Strahlen werden von einer Sammellinse aufgefangen. Bei *Spiegelteleskopen* sind anstelle von Sammellinsen Spiegel

Funktionsschema einer magnetischen Aufzeichnung (MAZ)

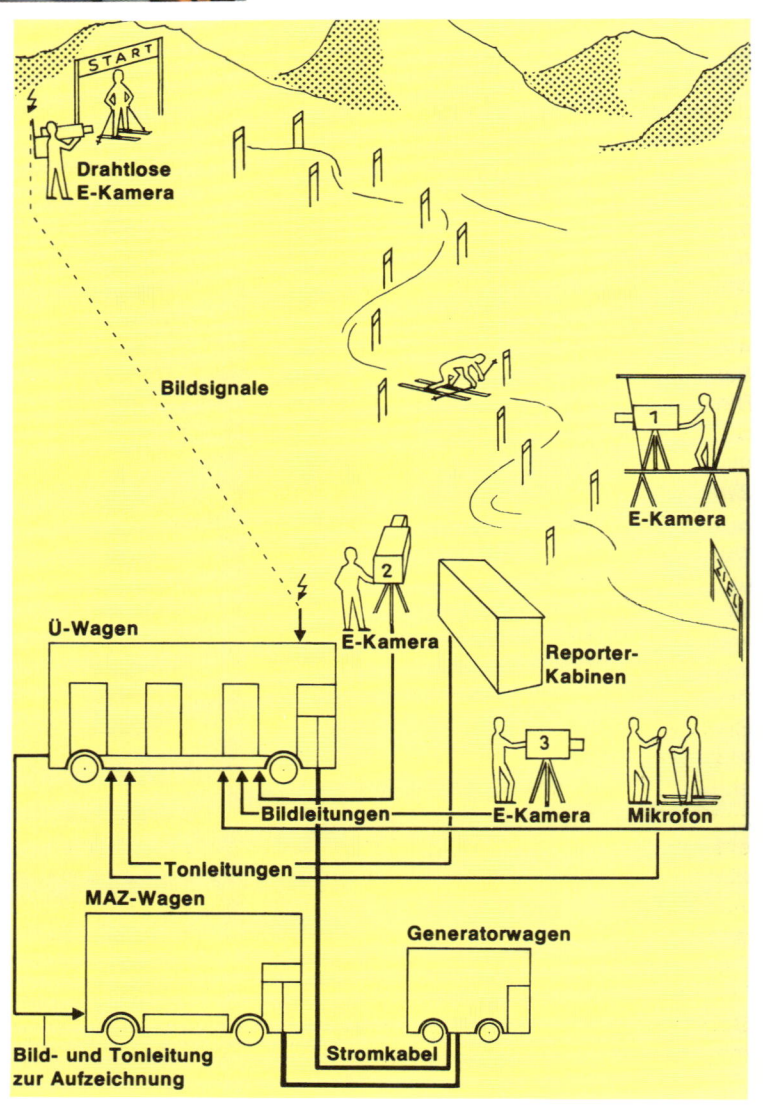

Feuer

Kameraröhre
Der Strom ändert sich, je nach dem ob der Strahl Hell oder Dunkel wahrnimmt.

Strom

Magneten steuern einen Elektronenstrahl, sodass er das elektrische Bild erfühlt.

Elektrisches Bild

Kameraobjektiv

Gegenstand

Bildröhre in einem Empfänger

Bildschirm

Magneten

Magneten steuern den Elektronenstrahl.

Fernsehkamera

Kameraröhre

Kette

Radiowellen

Fernsehsender

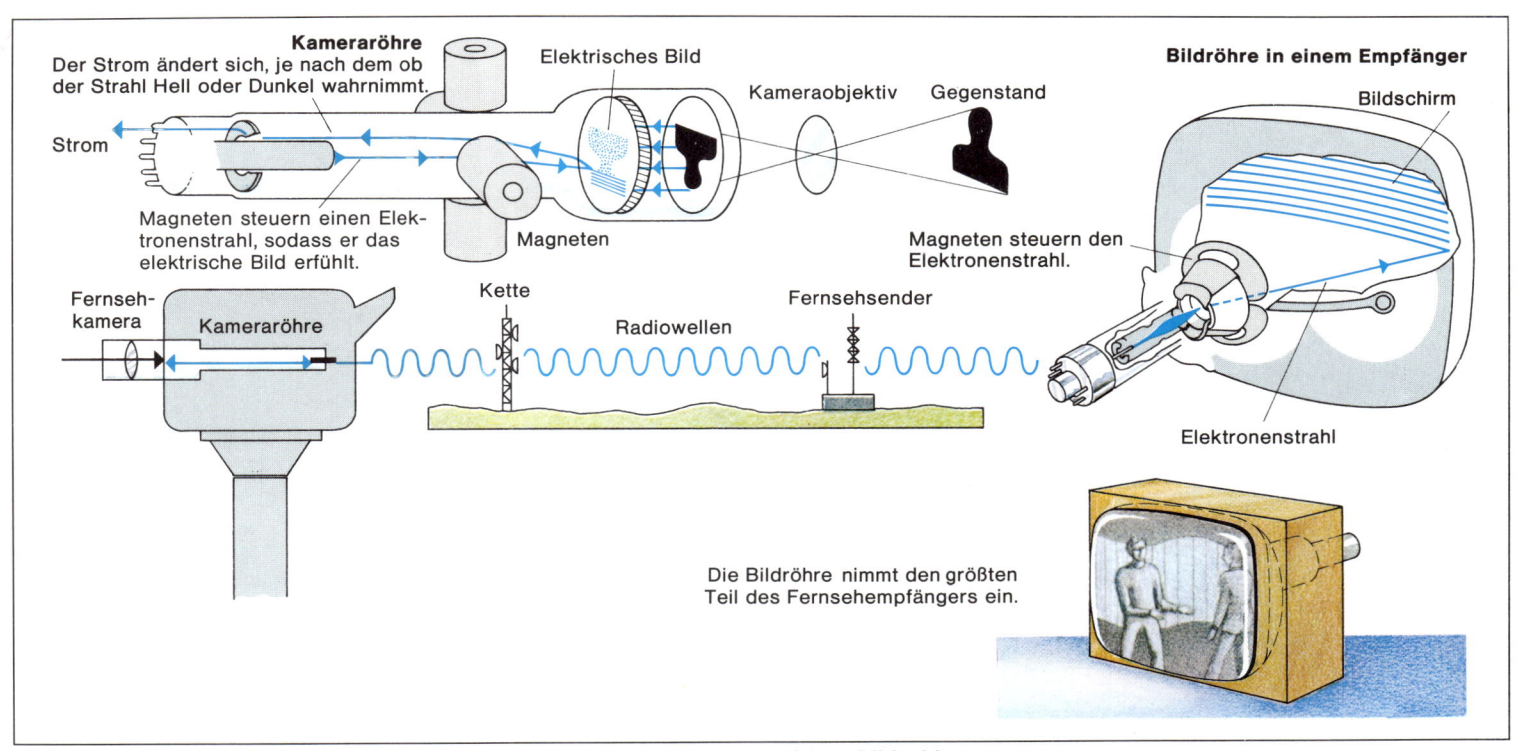

Elektronenstrahl

Die Bildröhre nimmt den größten Teil des Fernsehempfängers ein.

Entstehung eines Fernsehbildes von der Aufnahme bis zum Empfänger auf dem Bildschirm

zerlegt, wobei wiederum jede Bildzeile aus 800 Punkten besteht. Der Helligkeitswert eines jedes Punktes ruft entsprechend starke elektrische Spannungsimpulse hervor, die über eine Sendeanlage zum **Empfänger** geleitet werden. Dabei werden diese **Impulse** vom Fernsehstudio zum Fernsehsender geleitet. Dort werden sie auf Trägerwellen gesetzt und von der **Antenne** des Senders abgestrahlt. Diese Wellen breiten sich geradlinig aus. Sie gelangen so zu den *Empfangsantennen* der Fernsehteilnehmer. Die Antennen sind auf die Wellenlänge (**Frequenz**) des Senders eingestellt. Im Empfangsgerät werden jetzt die Trägerwellen von den ausgestrahlten Impulsen mit Hilfe von *Gleichrichtern* getrennt. Die Spannungsimpulse werden in der **Bildröhre** wieder in Helligkeitswerte umgewandelt und Punkt für Punkt zur Bildzeile und Bildzeile für Bildzeile zum fertigen Bild zusammengefügt. Dies geschieht mit so großer Geschwindigkeit, dass das Auge keine einzelnen Bildpunkte oder Zeilen, sondern ein geschlossenes Bild wahrnimmt. Auf diese Weise werden in jeder Sekunde etwa 13 Mill. Bildpunkte auf den Bildschirm gebracht (Farbfernsehen).
Das Fernsehen ist in der Lage, sowohl als Livesendung (Direktübertragung, z. B. von Sportereignissen) als auch von einer magnetischen Aufzeichnung (MAZ, z. B. Spielfilme) zu übertragen. Das Prinzip des Fernsehens wird zunehmend auch in der Wirtschaft (Überwachung von Herstellungsabläufen) oder im Straßenverkehr (Überwachung von Kreuzungen und Ampeln) genützt. (**Videotechnik**)

Fernsehstudio

Das Fernsehstudio ist der Aufnahmeraum, in dem, meist mit mehreren *Fernsehkameras* (unterschiedliche Bildeinstellungen), aufgezeichnet wird. Die Bildregie arbeitet mit **Monitoren** und bestimmt mit Hilfe eines **Mischpultes**, welche Kamera „auf Sendung geht".

Fernsehturm

Der Fernsehturm (auch Fernmeldeturm) ist ein mit fernmeldetechnischen Einrichtungen ausgestatteter, meist sehr hoher Stahlbetonturm. Da sich die Trägerwellen für das Fernsehen nur geradlinig ausbreiten, benötigt man alle 50 km einen Punkt, an dem die Wellen gebündelt werden. So entsteht eine Fernsehbrücke, an deren Teilstationen auf bis zu mehreren 100 m hohen Fernsehtürmen (z. B. Berlin 365 m, München 290 m) Hohlspiegel als Sende- und Empfangsantennen (**Antenne**) montiert sind, die eine Sendung von Turm zu Turm weitergeben.

Fette

Fette sind Stoffe tierischer oder pflanzlicher Herkunft, die hauptsächlich aus **Kohlenhydraten** entstehen. Durch genaue Untersuchungen hat man festgestellt, dass Fette, ebenso wie die Kohlenhydrate, die Grundstoffe **Kohlenstoff, Wasserstoff** und **Sauerstoff** enthalten. Fettmoleküle bestehen aus *Fettsäuren* und *Glyzerin*. Die Fettsäuren unterteilt man in *gesättigte* und *ungesättigte* und diese wiederum in *einfach* und in *mehrfach ungesättigte Fettsäuren (essentielle Fettsäuren)*. Diese letzte Gruppe ist für den menschlichen Körper lebensnotwendig. Den Geschmack und Geruch einer Fettsäure (Buttersäure) kennt jeder, der schon einmal ranzige Butter gerochen und gekostet hat. Glyzerin ist eine ölige, süßliche Flüssigkeit, die raue Haut wieder geschmeidig macht, wenn man sie damit einreibt. Fette besitzen einen hohen Energiegehalt und sind deshalb gute Reserve- und Betriebsstoffe.

Feuer

Die Erzeugung und Nutzung des Feuers ist wohl die erste kulturelle Errungenschaft der Menschheit. Physikalisch ausgedrückt ist Feuer eine unter Licht-, Wärme- und Flammenentwicklung ablau-

93

Feuerschiff

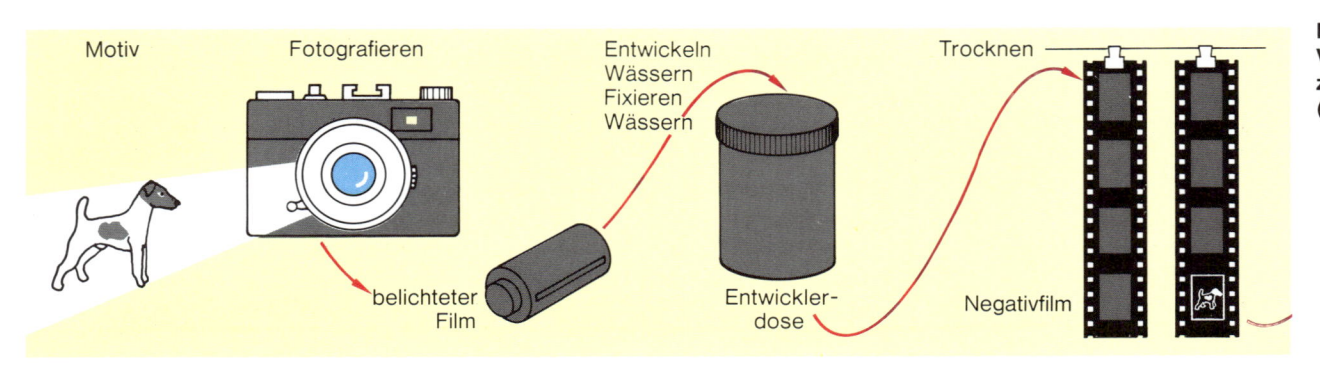

Filmentwicklung: Von der Aufnahme zum fertigen Bild (Papierabzug)

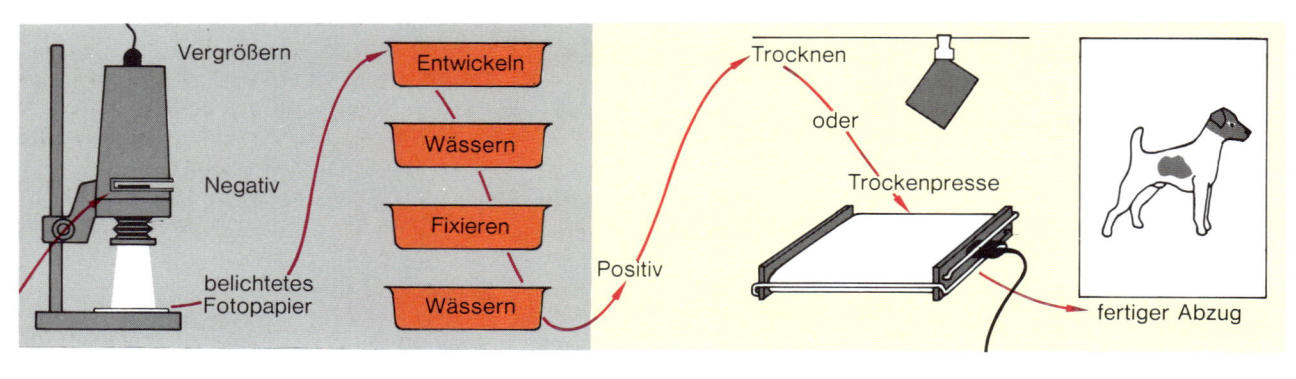

fende *Verbrennung*. Ursprünglich war es durch Blitz entstanden und musste dann sorgfältig gehütet werden. Erst später lernten die Menschen, Feuer selbst zu entfachen. Die primitiven Methoden, die man dabei anwandte, werden heute noch bei *Naturvölkern* praktiziert. So entsteht, wenn man Holz auf Holz reibt oder bohrt, Bohrmehl, das dann zum Glimmen und Brennen gebracht wird. Schlägt man Stein oder Eisen gegen einen Stein, wird ein Funke erzeugt, den man mit Zunder auffängt. Bis ins 19. Jh. wurde der Feuerstein – einer der ältesten Rohstoffe, die vom Menschen zur Herstellung von Geräten verwendet wurden – zum Schlagen von Feuer benutzt.

Feuerschiff

Feuerschiffe sind in ihrer Funktion den **Leuchttürmen** vergleichbar. Sie sollen durch Leuchtzeichen **Schiffe** vor Gefahren wie Sandbänken, Riffen, Felsen und Strömungen warnen oder Hafeneinfahrten anzeigen. Feuerschiffe sind an navigatorisch wichtigen oder gefährlichen Stellen verankert und mit Leuchtfeuer, Signalkörpern an den Masten, Nebelhorn, Funk- und Unterwasserschallgeräten ausgerüstet. Es gibt bemannte und unbemannte Feuerschiffe.

Fieber

Als Fieber bezeichnet man eine Erhöhung der Körpertemperatur über 38 °C. Stärkere Erhöhungen führen über längere Zeit, vor allem bei Säuglingen und Kleinkindern zu starken Flüssigkeitsverlusten und unter Umständen zu Krankheitserscheinungen wie Krämpfen und Fantasien. Länger anhaltendes Fieber um 41 °C kann bleibende Schäden im **Gehirn** hervorrufen. Zahlreiche Ursachen können für Fieber verantwortlich sein: *Infektionskrankheiten, Entzündungen,* bösartige *Geschwülste* u. a. Art, Höhe und Verlaufskurve des Fiebers können wichtige Hinweise für die **Diagnose** geben. Deshalb ist eine regelmäßige Temperaturmessung bei erkrankten Personen durchzuführen (früh, mittags, spätnachmittags und abends). In jedem Fall sollte ein Arzt hinzugezogen werden. Fieber ist eine völlig normale *Abwehrreaktion* des Körpers. So ist nur bei anhaltendem Fieber eine medikamentöse Fiebersenkung anzuraten. Kalte Wadenwickel und Abwaschungen haben sich aber hierbei auch schon gut bewährt. Bei fieberhaften Erkrankungen, bei denen teilweise erhebliche Mengen an Flüssigkeit verlorengehen, muss dem Patienten wieder ausreichend Flüssigkeit zugeführt werden.

Film

Ein Film ist eine dünne Schicht, z. B. ein Ölfilm, der auf dem Wasser schwimmt. In der **Fotografie** ist der Film der 0,1 mm dicke, durchsichtige Träger lichtempfindlicher Schicht. Er besteht aus *Celluloid* oder aus einem anderen durchsichtigen Kunststoff, hat häufig ein Format von 24 x 36 mm und meist 24 oder 36 Aufnahmen. Wir unterscheiden Schwarzweiß- und Farbfilme und hier wieder Farbnegativ- und Farbdiafilme. Vom *Negativfilm* kann man nur Papierabzüge (**Filmentwicklung**) machen, daher hat der Diafilm viele Anhänger gewonnen, da man von ihm sowohl *Dias*, die mit Diaprojektoren großflächig an die Wand projiziert werden können, als auch Papierabzüge herstellen kann. Ein weiteres Unterscheidungsmerkmal beim Film ist die Lichtempfindlichkeit, die entweder in einer DIN-Zahl oder in der amerikanischen Bezeichnung ASA angegeben wird. Bei gutem Wetter ist ein Film mit 18 DIN für Aufnahmen im Freien gut geeignet, in Räumen dagegen oder bei schlechten Lichtverhältnissen sollte man besser Filme zwischen 22 und 27 DIN verwenden.

Die Bezeichnung Film für das Rohmaterial wurde im Laufe der Zeit auch auf das projizierte Laufbild übertragen – so spricht man z. B. von Spielfilmen, Dokumentarfilmen, Trickfilmen usw.

Filmentwicklung

Das Filmmaterial eines Schwarzweißfilmes besteht aus einem sehr dünnen Träger und der lichtempfindlichen **Emulsion**, die sich meist aus Silberbromidkristallen, Gelatine und Wasser zusammensetzt. Die Korngröße der Silberbromidkristalle bestimmt die *Lichtempfindlichkeit*: Ein grobes Korn ist stark lichtempfindlich, aber die gröbere Struktur des Filmes zeigt sich bei entsprechenden Vergrößerungen. Ein fotografisches Bild entsteht dadurch, dass Lichtstrahlen vom fotografierten Gegenstand (Motiv) durch das **Objektiv** des aufnehmenden **Fotoapparates** auf die lichtempfindliche Schicht des Filmes fallen. Dort, wo die einzelnen Lichtstrahlen auf die Silberbromidschicht treffen, werden diese Kristalle aktiviert. Liegt der Film nun im *Entwicklerbad*, wandelt die Entwicklerflüssigkeit das aktivierte (bestrahlte) Kristall und seine Umgebung in schwarzes Silbermetall um. Unbelichtete Körnchen werden aus dem Film herausgewaschen. Auf dem entwickelten Film, dem *Negativ*, sind nun belichtete Stellen schwarz und unbelichtete weiß. Die Hell-Dunkel-Abstufung ist genau umgekehrt wie bei den fotografierten Motiven. Dieses Negativ wird nun auf ein ebenfalls lichtempfindliches Papier kopiert. Durch die hellen Stellen fällt viel **Licht** auf das Fotopapier und färbt es dunkel. An den dunkleren Stellen gelangt entsprechend weniger Licht auf das Fotopapier. So erhalten wir ein Foto, das *Positiv*, auf dem die Helligkeitswerte der Wirklichkeit entsprechen. Schwarzweißfilme kann der Fotoamateur ohne großen Aufwand selbst entwickeln. Schwieriger ist die Entwicklung von Farbfilmen, weil hierfür kostspielige Laborgeräte notwendig sind, wenn man gute Ergebnisse erzielen will. Deshalb werden Farbnegativ- bzw. Farbdiafilme vorwiegend von gewerblichen Entwicklungsanstalten bearbeitet.

Filmprojektor

Zum Vorführen von Filmen benötigt man einen Filmprojektor. Er arbeitet nach den gleichen Prinzipien wie eine Filmkamera (**Kamera**). Dabei gehen die Strahlen einer Lichtquelle durch das Filmbild und durch das **Objektiv** zur Leinwand. Die Abbildung des Filmes auf der Leinwand wird dadurch erreicht, dass ein Teilbild des Filmes für einen Bruchteil einer Sekunde gezeigt und dann weitertransportiert wird. Während des Weitertransports – in der Regel werden 18 Bilder pro Sekunde gezeigt – verdunkelt eine Umlaufblende das Bildfenster, bis das nächste Bild erscheint. Das menschliche Auge ist zu träge, um diese rasch ablaufenden Einzelbilder auch einzeln zu sehen und so wird daraus für uns ein zusammenhängender Bewegungsablauf. Der Projektor besteht aus zwei unter- oder nacheinander angeordneten Spulen, von denen der Film ab- bzw. aufgewickelt wird. Der Filmstreifen wird mit Hilfe von Rädchen, die in die Filmperforation (seitlich in den Film gestanzte Löcher) eingreifen, zwischen Objektiv und Umlaufblende vorbeigeführt. Hinter der Umlaufblende ist eine **Halogenlampe**, deren Licht über einen Hohlspiegel durch das Bildfenster auf die Filmschleife projiziert wird. Ein guter Projektor sollte eine tadellose Bildschärfe aufweisen (das Objektiv ist nachstellbar, bei den meisten modernen Geräten stellt es sich automatisch richtig ein), leise laufen, sich wenig erwärmen und somit den Film schonen.

Filter

Filter sind Vorrichtungen, mit denen man Flüssigkeiten von darin schwebenden festen Teilen trennt. Einfache Filter bestehen aus festem, porösem Zellstoffpapier,

Filtern einer farbigen Flüssigkeit durch einen einfachen Zellstoffpapierfilter. Die festen Bestandteile der Flüssigkeit bleiben im Filter zurück

wie z. B. der Kaffeefilter. Bei der Wasserreinigung werden Sandfilter verwendet (**Kläranlage**). Bei Kraftstofffiltern dienen Einsätze aus Drahtsieben, Filtertüchern, porösem Glas u.a. dazu, Fremdkörper und Wasser aus dem Kraftstoff (Öl) zu entfernen. Luftfilter scheiden Staub und andere Verunreinigungen aus der Luft ab und werden z. B. in die Saugleitung von **Verbrennungsmotoren** eingebaut. In der **Akustik** trennen Filter eine bestimmte Schallfrequenz (Tonhöhe) ab. Sie können aus einer Reihe miteinander verbundener Hohlräume bestehen, die mit Glaswolle gefüllt sind. In der **Fotografie** werden optische Filter eingesetzt, deren Gläser nur für bestimmte Lichtstrahlen durchlässig sind. (Sperr- und Kontrastfilter). Mit diesen Filtern lassen sich optische und farbliche Veränderungen erreichen.

Fingernagel

Die Finger- und die *Zehennägel* des Menschen bestehen aus Hornplättchen. Den sichtbaren Teil nennt man Nagelkörper. Er wird bis auf den vorderen Teil von einer Hautfalte, die man als Nagelwall bezeichnet, umgeben und festgehalten. Der hintere Teil, der unter dem Nagelwall liegt, ist besonders dünn. Er ist die Wurzel des Nagels. Von ihr ist nur ein weißes, halbkreisförmiges Stückchen am Ende des Nagels sichtbar. Der Nagel liegt auf dem Nagelbett, das aus Lederhaut besteht und von Blutgefäßen durchzogen ist.

Fische

Fische sind wasserbewohnende, wechselwarme **Wirbeltiere** von unterschiedlicher Körpergestalt, jedoch meistens stromlinienförmig. Sie sind von *Schuppen* bedeckt und bewegen sich mittels *Flossen* und eines Schwanzes fort. Die Fische atmen durch **Kiemen**, mit denen sie **Sauerstoff** aus dem **Wasser** aufnehmen. Die *Schwimmblase*, eine Art Auftriebsorgan (**Auftrieb**), die sich über dem Darm befindet, ermöglicht ihnen das bequeme Auf- und Absteigen im Wasser. Es gibt zwei Hauptgruppen, die *Knorpelfische*, deren **Skelett** aus **Knorpel** besteht, und die *Knochenfische*, die ein Skelett aus **Knochen** besitzen. Zu den ersteren gehören die **Haie**, zu den Knochenfischen der *Hering* und der *Lachs*. Eine weitere Unterscheidungsmöglichkeit ist die Einteilung in *Salzwasserfische*, die im Meer leben, und in *Süßwasserfische*, deren Lebensbereich Flüsse und Seen sind.

Fixsterne

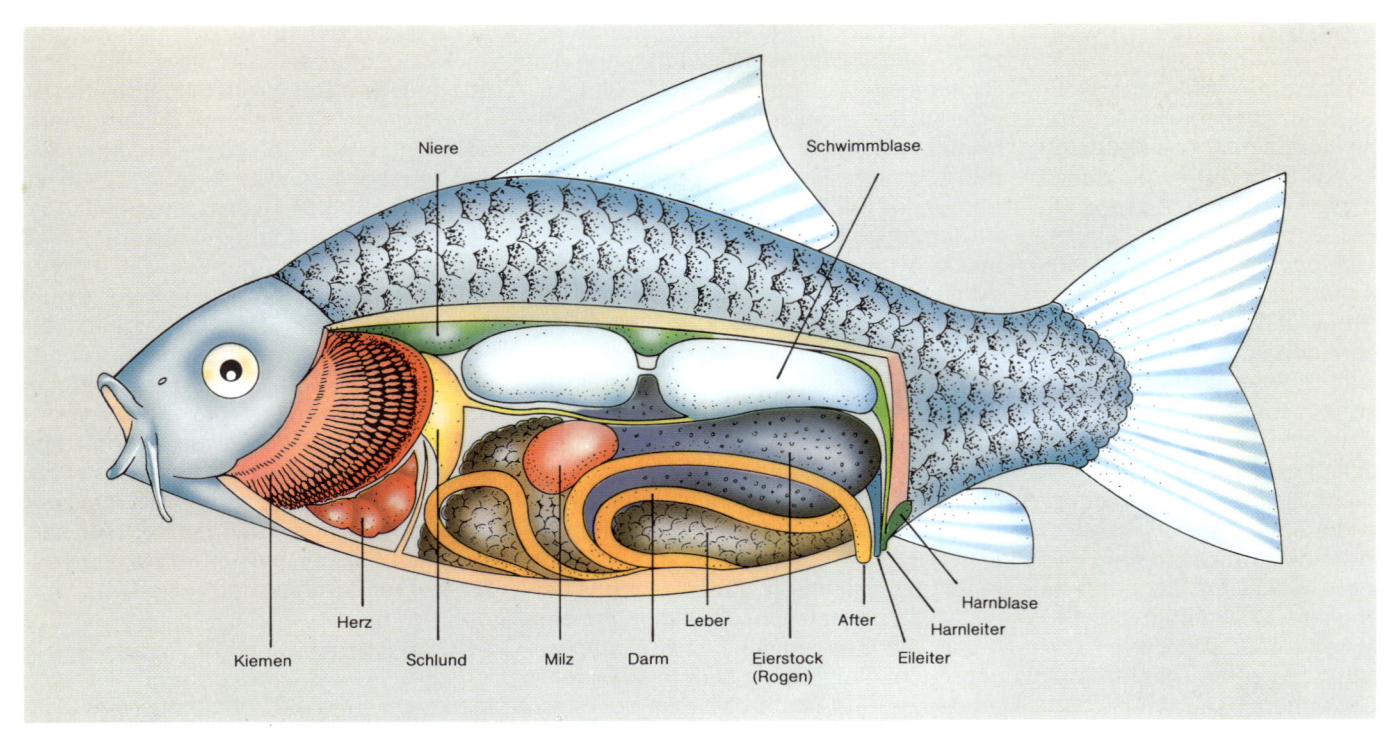

Anordnung der Organe in der Bauchhöhle eines Fisches

(Beschriftungen: Niere, Schwimmblase, Kiemen, Herz, Schlund, Milz, Darm, Leber, Eierstock (Rogen), After, Eileiter, Harnleiter, Harnblase)

Die Mehrzahl der Fischweibchen legt Eier, den **Laich**, der nach der **Befruchtung** durch die ins Wasser entleerten **Samen** meist seinem Schicksal überlassen wird. Manche Arten betreiben aber auch Brutpflege, z. B. der *Stichling*, bei dem das Männchen diese Aufgabe übernimmt. Einige wenige Arten, wie z. B. der Hai, sind lebendgebärend.

Fische ernähren sich im Allgemeinen von Pflanzen und Kleintieren, Haie z. B. von Fischen, Muscheln und Krebsen.

Fixsterne

Als Fixsterne bezeichnet man jene **Sterne**, deren Position am Himmel sich – von der **Erde** aus betrachtet – nicht verändert. Etwa 3000 Fixsterne sind von jeder Erdhalbkugel aus mit bloßem Auge sichtbar. Viele sind zu markanten *Konstellationen*, den *Sternbildern*, angeordnet.

Fjord

Als Fjord bezeichnet man eine schmale Meeresbucht, die tief ins Land einschneidet und beidseitig von steilen Hängen umgeben ist. Wir finden solche Fjorde vor allem in Norwegen, aber auch in Schottland (Firth). Sie sind überflutete Trogtäler eiszeitlicher Gletscher und können aufgrund ihrer Tiefe selbst von großen Schiffen befahren werden. Ein Merkmal dieser Fjorde ist ihre geringe Wassertiefe vor der Mündung ins Meer.

Flamme

Eine Flamme besteht aus brennenden **Gasen** und **Dämpfen**. Bevor sie entsteht, müssen Flüssigkeiten und Feststoffe zu-

Geirangerfjord in Norwegen

nächst verdampfen. Erhält eine Flamme wenig **Sauerstoff**, so leuchtet sie hell und entwickelt keine besonders starke Hitze. Hält man einen Stoff hinein, der mit viel Sauerstoff angereichert ist, so entzieht ihm die Flamme einen Teil davon. Sie wird deshalb auch Reduktionsflamme genannt. Nichtleuchtende Flammen enthalten viel Sauerstoff, entwickeln wesentlich

Auf Segelschiffen werden mit Flaschenzügen die Segel gesetzt oder gestrichen (rechts). Verschiedene Konstruktionsarten von Flaschenzügen (ganz rechts)

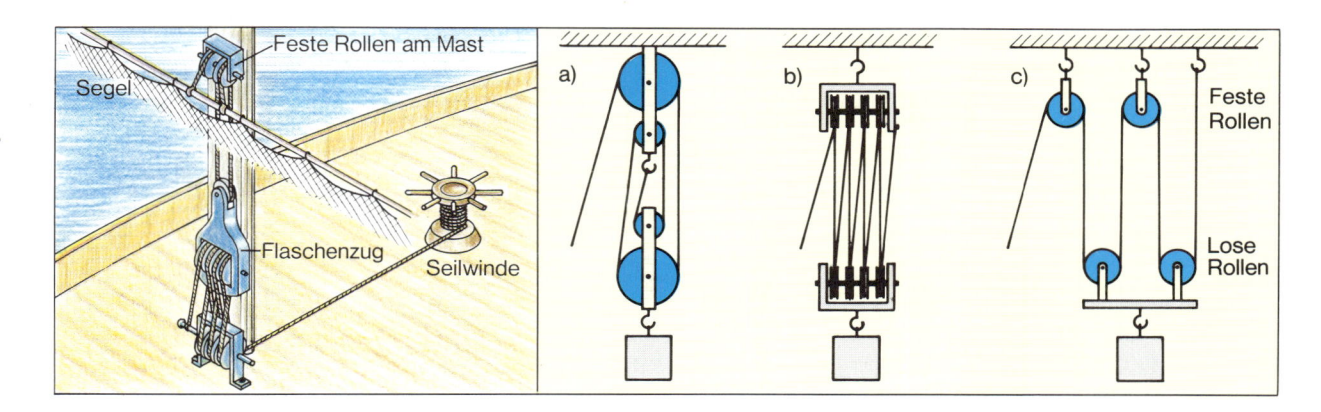

mehr Hitze als leuchtende Flammen und lassen Stoffe, die in sie hineingehalten werden, oxidieren. Man nennt sie auch Oxidationsflammen. Flammen lassen sich durch **Salze** färben, z. B. gelb durch Natriumsalz oder rot durch Lithium.

Flaschenzug

Ein Flaschenzug ist eine Vorrichtung zum Heben oder Ziehen von Lasten. Dabei ist der Kraftaufwand geringer als das Gewicht der jeweiligen Lasten. Ein Flaschenzug besteht aus zwei Gehäusen mit zwei Rollen, den so genannten Flaschen, von denen eine fest, die andere beweglich ist. Über die Rollen läuft das Seil. Der Flaschenzug arbeitet nach dem Prinzip des *Hebelgesetzes*, das besagt, dass die **Kraft** um so geringer ist, je länger der *Kraftarm* und je kürzer der *Lastarm* ist. Am **Hebel** herrscht **Gleichgewicht**, wenn Last mal Lastarm gleich Kraft mal Kraftarm ist. Dieses Hebelgesetz wurde von dem bedeutenden griechischen Mechaniker und Mathematiker *Archimedes* (3. Jh. v. Chr.) entdeckt. Der einfachste Flaschenzug besteht aus einer festen Rolle, über die das Seil lose herunterhängt. An einem Seilende wird die Last befestigt, am anderen die Kraft angesetzt. Last- und Kraftarm sind dann gleich, die Kraft, die zum Hochziehen der Last notwendig ist, entspricht also dem Gewicht der Last. Weniger Kraft muss aufgewendet werden, wenn man den Flaschenzug durch zusätzliche lose Rollen erweitert. Damit verlängert sich der Kraftarm, d. h. der Krafteinsatz verringert sich gegenüber dem Lastengewicht.

Flechte

Flechten bestehen aus **Pilzen** und **Algen**, die miteinander in **Symbiose** leben. Die Alge liefert dem Pilz **Nährstoffe**, während dieser für die notwendige Wasseraufnahme sorgt. Flechten gedeihen vor allem an Felsen, Mauern und Baumstämmen.
In der Medizin bezeichnet der Begriff verschiedene Erkrankungen der Haut, deren Aussehen durch Schuppen- oder Krustenbildung Ähnlichkeit mit pflanzlichen Flechten erhält.

Fledermaus

Fledermäuse sind **Säugetiere** und neben den Vögeln die einzigen fliegenden **Wirbeltiere**. Es gibt ungefähr 1000 verschiedene Fledermausarten, von denen die größten die so genannten *Flughunde* der **Tropen** sind. Sie erreichen eine Flügelspannweite von bis zu 150 cm. Die Flügel bestehen aus einer elastischen Flughaut, die zwischen den Knochen von Ober- und Unterarm und den Fingern ausgespannt ist. Fledermäuse fliegen in der Dämmerung oder bei Nacht und schlafen am Tag. Beim Schlaf krallen sie sich mit ihren Zehen an Dachbalken, Decken von **Höhlen** u. ä. fest und hängen dann mit dem Kopf nach unten. Fledermäuse fliegen im Blindflug und orientieren sich durch das

Die Zwergfledermaus ist das kleinste europäische Säugetier

Aussenden von *Ultraschallwellen*. Treffen diese **Schallwellen** einen Gegenstand, wird das **Echo** von der Fledermaus aufgenommen und so das Hindernis lokalisiert. Durch dieses Blindflugsystem kann sie sich in der Dunkelheit gut fortbewegen.

Fleisch fressende Pflanzen

Pflanzen, die neben der gewöhnlichen Nahrung **Insekten** und andere Kleintiere festhalten, um aus ihren Leichen organische Stoffe aufzunehmen, bezeichnet man als Fleisch fressende Pflanzen. Dabei dienen als Fangmittel zäher Schleim, Fallen und Fanggruben oder Klappfallen, die aus einfaltbaren Blättern bestehen. Die Fangvorrichtungen werden ausgelöst, wenn das Insekt die Pflanze berührt. Zu den Fleisch fressenden Pflanzen gehören in Mitteleuropa *Sonnentau*, Fettkraut, Wasserschlauch und Wasserfalle.

Fliehkraft

Die Fliehkraft ist die bei einer erzwungenen kreisförmigen Bewegung eines Körpers nach außen gerichtete **Kraft**. Nach dem *Trägheitsprinzip* will sich der in eine Kreisbahn gezwungene Körper gleichförmig geradlinig weiterbewegen. Beim Schleuderball z. B. verhindert die Muskelkraft des Werfers, beim Auto die Haftreibung der Reifen in einer Kurve, dass der Ball oder das Auto die Kreisbahn verlässt. Diese Kraft, die einen Körper zum Mittelpunkt seiner Kreisbahn zieht, nennt man *Zentripetal-* oder **Zentralkraft**. Sie nimmt mit der **Geschwindigkeit** und der **Masse** des Körpers zu und verringert sich, je größer der Kreisradius wird. Dieser Zentralkraft wirkt also die Fliehkraft entgegen. Sie ist eine Folge der Trägheit der Kreisbewegungen und gleich groß wie die Zentralkraft. Die Fliehkraft wird in der **Technik**

Flöhe

ausgenutzt, z. B. bei allen Arten von *Schleudern* (**Zentrifuge**). Der Autofahrer allerdings muss die Fliehkraft, z. B. beim Durchfahren einer engen Kurve, als Gefahrenmoment einkalkulieren und dementsprechend die Fahrgeschwindigkeit verringern.

Flöhe

Flöhe sind seitlich abgeflachte *Blutsauger*. Ihre Skelettplatten aus **Chitin** greifen schuppenförmig übereinander und tragen nach hinten gerichtete Borsten. Die Flügel sind rückgebildet, die Hinterbeine dagegen zu starken Sprungbeinen entwickelt. Ein Floh kann bis zu 30 cm weit springen. Er besitzt einen Stechrüssel, mit dem er aus Warmblütern Blut als Nahrung saugt. Bekannt sind uns nicht nur Menschenflöhe, sondern auch Flöhe, die auf Hunden und anderen Tieren leben. Besondere Reinlichkeit ist der beste Schutz gegen Flohplagen, denn die Flohweibchen lassen ihre Eier ohne jede **Brutpflege** in staubige Dielenritzen und verschmutzte Winkel fallen.

Flora

Als Flora bezeichnet man die gesamte Pflanzenwelt eines bestimmten Gebietes. Diese Bezeichnung geht auf die römische Göttin Flora zurück, die als Beschützerin der blühenden **Vegetation** galt.

Flugbahn

Flugbahn wird die Bahn genannt, auf der sich ein Wurfkörper, ein Geschoss oder ein Flugkörper im Raum bewegt. Ihre Form wird bestimmt von der Anfangsgeschwindigkeit, der Abgangsrichtung, der Schwerkraft und vom Luftwiderstand (**Ballistik**).

Flughafen

Flughäfen liegen meist in Gebieten mit großer Bevölkerungsdichte, den so genannten Ballungsräumen. Um die gewaltige Zahl von Passagieren bewältigen zu können, ist das Flughafengelände sehr groß angelegt. Der größte Flughafen entsteht derzeit in Denver im US-Staat Colorado; 137 km². Das Areal des Flughafens Frankfurt am Main umfasst 18 km². Auf diesem Gelände befinden sich die Gebäude für die Flughafenverwaltung und für diverse Dienststellen wie Zoll und Grenzpolizei sowie die Gebäude für die Passagierabfertigung mit verschiedenen Geschäftsräumen. Außerdem liegen hier natürlich die drei rund 4000 m langen und 45 bzw. 60 m breiten Start- und Landebahnen aus Beton. Sie sind mit verschiedenen optischen und elektronischen Landehilfen ausgestattet, z. B. mit blinkenden Anflug- und Landebahnbefeuerungen. Bei gutem Wetter kann der Pilot also nach Sicht fliegen, bei ungünstigen Sichtverhältnissen, wenn die Steuerung und Landung nur nach den Instrumenten möglich ist (**Flugnavigation**), wird der **Fluglotse** (**Flugsicherung**) im „Gehirn" des Flughafens, dem **Tower**, wichtig. Er sitzt vor einem **Radarschirm**, der ihm die Position des **Flugzeugs** anzeigt. Ist die Landebahn frei, erteilt er dem Piloten über Sprechfunk die Landeerlaubnis. Andernfalls muss die Maschine auf Warteposition in über 1000 m Höhe Schleifen ziehen. Ist die Maschine gelandet und in eine bestimmte Position eingewiesen, können die Passagiere sie über eine Treppe, die so

Auf dem Flughafen Frankfurt/Main gelangen die Passagiere über hydraulisch bewegliche Fluggastbrücken von der Abfertigungshalle in die Flugzeuge

Flughafenbefeuerung. Bei schlechten Sichtverhältnissen werden Start- und Landebahnen durch Lichter markiert

Die größten Flughäfen der Welt
(mit Anzahl der Fluggäste in Mill., 1993)

1. Chicago/O'Hare Intern., USA	65,1
2. Dallas-Fort Worth, USA	49,7
3. London, Heathrow, Großbritannien	47,9
4. Atlanta/W.B. Hartsfield, USA	47,8
5. Los Angeles/Intern., USA	47,8
6. Tokio/Haneda, Japan	41,6
7. San Francisco/Intern., USA	32,8
8. Denver/Stapleton Intern., USA	32,6
9. Frankfurt/Rhein-Main, Deutschland	32,5
10. Miami/Intern., USA	28,7

genannte *Gangway*, oder über Fluggastbrücken verlassen, die hydraulisch beweglich sind und von den verschiedenen Flugsteigen direkt an das Flugzeug „angeschlossen" werden.

Nachdem mit Hilfe von Förderbändern das Gepäck aus dem Flugzeug entladen wurde, wird es gewartet, was je nach Flugstundenzahl bis zu 16 Stunden dauern kann. Während dieser Kontrollen, die das ganze Flugzeug erfassen, beginnt man bereits auf dem Vorfeld mit dem Auftanken. Eine Boeing 747, bekannt als Jumbojet, kann über 150 000 l tanken. Dies geschieht von einem Treibstofflager aus, das eine Kapazität von vielen Mill. Litern hat über eingebaute Rohrleitungen. Sollte ein aufgetanktes, startendes Flugzeug in Brand geraten, legt die ständig einsatzbereite Flughafenfeuerwehr einen Schaumteppich und hilft den Passagieren, über Notrutschen ins Freie zu gelangen. Das geschieht auch, wenn bei einem landenden Flugzeug das Fahrwerk klemmt und deshalb nicht ausgefahren werden kann.

Flughafenbefeuerung

Zur Orientierung der Flugzeugpiloten beim Anflug auf den Flughafen sind Flughafenbefeuerungsanlagen installiert. Es handelt sich dabei meist um eine Vielzahl von Lampen, die die Start- und Lande-

Bild rechts: Ein Blick ins Cockpit des Airbus A 300. Mit einer Checkliste werden alle Systeme überprüft

Flughafenbefeuerung

Fluglotse

Die McDonnell Douglas DC-10 Serie 30 war 1978 die Hauptproduktionsvariante des dreistrahligen Großraumflugzeugs. Hier eine Maschine der Lufthansa

bahn begrenzen oder die Mittellinie markieren. Die Lichterkette beginnt bereits vor der eigentlichen Landebahn. An ihrem Anfang sind grüne, an ihrem Ende meist rote Lampen als Signal angebracht. Den Teil des Rollfeldes, auf dem das Flugzeug aufsetzen soll, kennzeichnet eine so genannte Aufsetzzonenbefeuerung. Außerdem markieren Lampen die Zonen der Abstellplätze für die Flugzeuge.

Fluglotse

Fluglotsen sind für den Flugverkehr von entscheidender Bedeutung. Sie haben die Aufgabe, mit Hilfe von **Radarschirmen** alle Flugzeugbewegungen im Luftraum zu überwachen (**Flugsicherung**). Besondere Bedeutung kommt ihnen bei allen Lande- und Startmanövern zu. Ohne ihre Kontroll- und Koordinierungsmaßnahmen wären Hunderttausende von Flugbewegungen pro Jahr (Beispiel **Flughafen** Frankfurt/Main) undenkbar.

Flugnavigation

Die großen **Flugzeuge** werden heute aufgrund ihrer hohen Fluggeschwindigkeit und der großen Höhen, in denen sie sich bewegen, nicht mehr nach Sicht, sondern mit Hilfe technischer Orientierungshilfen geflogen. Die Flugzeuge haben an Bord Empfangsgeräte, mit denen sie vom Boden oder auch von schwimmenden Funkstationen Signale auffangen können. Diese werden gleich an Bord in „*Standlinien*" umgewandelt und so dann auf eine Karte eingetragen. Am Schnittpunkt dieser Standlinien befindet sich das Flugzeug. Die meisten Verkehrsflugzeuge, aber auch schon kleine Sportflugzeuge, sind heute mit *Blindflugeinrichtungen* ausgerüstet, die noch von Radiokompassen ergänzt werden. Immer mehr gelangen auch Radaranlagen (**Radar**) zum Einsatz. Dabei senden die Geräte Radarstrahlen zum Erdboden, die wiederum vom Boden als **Signale** zurückgegeben werden. Die modernen Großraumflugzeuge haben **Computer** an Bord, die Standort, Flugzeit usw. genau berechnen, und zwar ohne Hilfe der Bodenstationen.

Ein weiteres wichtiges Instrument für die Flugnavigation sind die automatischen Anflugsysteme. Das Flugzeug kann praktisch im *Blindflug* landen. Dabei werden vom Boden Funksignale ausgestrahlt. Sie bilden einen senkrechten und einen waagrechten *Leitstrahl*. Über diese Leitstrahlen wird das Flugzeug genau zur Landebahn dirigiert. Ein Funkempfänger an Bord nimmt die Funksignale auf und wandelt sie an Bord in sichtbare Linien um. Der Pilot muss jetzt nur noch die Linien auf seinem Gerät im **Cockpit** beachten und seine Maschine nach diesen Linien fliegen. So wird der Pilot praktisch blind an die Landebahn herangeführt, bis er sie erkennt und die letzten Handgriffe für eine weiche Landung durchführen kann.

Flugsicherung

Die Flugsicherung umfasst alle Einrichtungen und Maßnahmen, die für die Sicherheit im Flugverkehr notwendig sind. Dazu gehört vor allem das Überwachen des Luftraumes. Dies geschieht durch **Radarschirme**, die ständig von **Fluglotsen** beobachtet werden. Der Kontrolldienst ist jeweils für die Überwachung eines begrenzten Luftraumes verantwortlich. Verlässt ein **Flugzeug** den betreffenden Sektor, so wird das dem Kontrolldienst angekündigt, durch dessen Bereich es nun fliegt. Um Zusammenstöße in der Luft zu vermeiden, ist der Luftbereich in so ge-

Tafel rechts: Meilensteine der Luftfahrt. Eine frühe Flugmaschine, gezeichnet von Leonardo da Vinci (1); Heißluftballon der Gebrüder Montgolfier von 1783 (2); Georg Cayleys Gleiter von 1804 (3); Gleiter von Otto Lilienthal von 1895 (4); das erste mit Motorkraft angetriebene Flugzeug, vorgestellt von den Gebrüdern Wright am 17. Dezember 1903 (5); den ersten europäischen Flug unternahm im Oktober 1906 Alberto Santos-Dumont (6); das einsitzige Flugzeug von Louis Bleriot, mit dem er 1909 den Kanal von Calais nach Dover überquerte (7); britisches Kampfflugzeug aus dem ersten Weltkrieg – Holzrahmenkonstruktion bespannt (8); das Luftschiff „Graf Zeppelin", das 1929 zu einer dreiwöchigen Weltreise aufbrach (9); die Junkers Ju 52, das berühmt gewordene dreimotorige Verkehrsflugzeug (Erstflug 1931), im Bild mit Schweizer Hoheitszeichen (10); die deutsche Heinkel 178, der erste Turbo-Jet von 1939 (11)

Flugsicherung

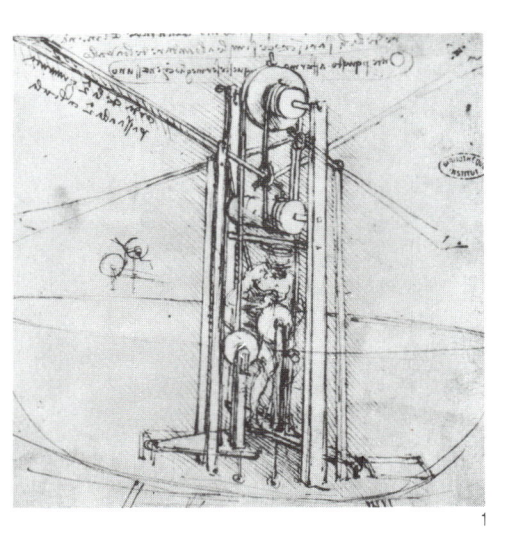

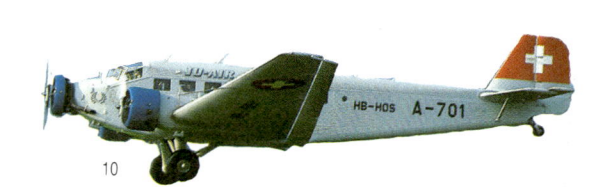

101

Flugzeug

nannte *Luftstraßen* aufgeteilt. Je nach Dichte des Flugverkehrs (in Mitteleuropa ist der Luftraum von Zivil- und Militärmaschinen stark frequentiert) fliegen die Flugzeuge auf den Luftstraßen in gewissen Abständen hintereinander bzw. gestaffelt übereinander. Zur Flugsicherung gehören auch der Beratungsdienst, der den Piloten mit wichtigen Navigationsdaten versorgt, und der Flugwetterdienst, über den die *Crew* (Flugzeugbesatzung) jederzeit die Witterungsverhältnisse abfragen kann.

Flugzeug

Seit jeher ist das Fliegen ein Wunsch des Menschen. Aber alle Flugversuche, auch die eines Genies wie *Leonardo da Vinci* (1452–1519), scheiterten, weil das Gewicht des Menschen im Verhältnis zu seiner Körperkraft zu groß ist. Erst mit der Konstruktion des ersten Gleitflugzeugs (1894) durch *Otto Lilienthal* (1848–1896) und dem Bau des ersten Motorflugzeugs durch die Gebrüder *Wilbur* und *Orville Wright* (1903) sowie mit der Entwicklung leistungsstarker **Motoren** erfüllte sich der alte Menschheitstraum, sich vogelgleich in der Luft zu bewegen. Warum aber fliegt ein Flugzeug überhaupt? Die Tragflächen werden von **Luft** umströmt. Ihre besondere Form bewirkt, dass während des Fluges oberhalb der Tragfläche ein Unterdruck und an der Unterseite ein nach oben wirkender Überdruck entsteht. So entsteht Luftkraft, die in den senkrecht nach oben wirkenden **Auftrieb** und in den *Luftwiderstand* (muss vom Motor überwunden werden) zerlegt werden kann. Während des Zweiten Weltkrieges wurden neben den bis dahin üblichen **Verbrennungsmotoren** auch **Strahltriebwerke** entwickelt, die weit höhere Geschwindigkeiten ermöglichten. So entwickelten sich unsere modernen Passagierflugzeuge mit meist vier Triebwerken, die bis zu 784 800 N (*Newton*, die **Maßeinheit** für die Kraft) Schub leisten können. Eine Maschine wie die Boeing 747 (Jumbo-Jet) kann bis zu 500 Passagiere oder fast 100 t Nutzlast befördern. Zur Ausrüstung dieses Flugzeuges mit 60 m Tragflächenspannweite gehören u. a. ein gefedertes **Fahrgestell**, das nach dem Start eingezogen wird, eine **Klimaanlage** für die Belüftung der **Druckkabine** und eine Enteisungsanlage, um Vereisungen an den Tragflächen zu vermeiden. Ein Flugzeug dieser Größe erreicht eine Reisegeschwindigkeit von knapp 1000 km/h. Es bleibt also unter der **Schallgeschwin-**

Der amerikanische Flugzeugträger „Chester N. Nimitz"

digkeit, die bei 1200 km/h anzusetzen ist. Ein Verkehrsflugzeug unserer Tage ist jedoch mit 2330 km/h weit schneller als der Schall: die *Concorde*. Im militärischen Bereich wurden bereits noch weit schnellere Flugzeuge entwickelt. (Bildtafel zur Entwicklung der Luftfahrt S. 101)

Flugzeugträger

Flugzeugträger sind Kriegsschiffe, auf deren Deck *Kampfflugzeuge* oder **Hubschrauber** starten und landen können. Sie besitzen ein fast drei Fußballfelder langes *Deck* zum Starten und zum Landen. Da dies allerdings für ein modernes Kampfflugzeug nicht ausreicht, gibt es zusätzlich noch spezielle Beschleunigungstechniken (Dampfkatapulte) zum Starten und Bremsvorrichtungen (elastische Fangseile) zum Landen.

Fluorchlorkohlenwasserstoffe

Die Fluorchlorkohlenwasserstoffe (*FCKW*) sind leicht flüchtige, geruchlose **Gase**. Sie können mit fast allen anderen Stoffen zusammen verwendet werden, weil sie nicht mit ihnen reagieren. Vor allem in der **Industrie** setzt man sie deshalb und wegen ihrer Ungiftigkeit und Unbrennbarkeit als *Treibmittel, Kühlmittel* sowie in der Produktion von **Kunststoffen** ein. Auf diesem Wege gelangen sie in die **Atmosphäre** und sind an der Zerstörung der *Ozonschicht* (**Ozon**) beteiligt, die die Erde vor **ultravioletter Strahlung** schützt. Diese Zerstörung ist mit ein Grund für die **Klimaveränderungen** auf der Erde. Ein weitgehendes FCKW-Verbot wird deshalb weltweit angestrebt.

Fluoreszenz

Bestimmte Stoffe haben die Eigenschaft, selbst zu leuchten, wenn sie eine Zeitlang belichtet werden. Diese Erscheinung bezeichnet man als Fluoreszenz. Darüber hinaus können Stoffe auch unter Elektronenstrahlenbeschuss aufleuchten. Fluoreszierende Stoffe sind u. a. Uransalze, Flussspat, schwefelsaure Chininlösung, bestimmte **Gase** und Metalldämpfe. Das auffallende, wiedergegebene **Licht** hat im Allgemeinen eine andere Farbe als das vorher aufgenommene. Mit Hilfe fluoreszierender Stoffe ist es möglich, für unsere Augen unsichtbare Strahlen, wie **ultraviolette** oder **Röntgenstrahlen**, sichtbar zu machen. Beispiele dafür sind der *Röntgenschirm*, der *Fernsehbildschirm* und der **Radarschirm**.

Fluss

Der Fluss ist ein fließendes Gewässer, das kleinere Wasserläufe (Bäche) und Nebenflüsse in sich vereinigt und dem **Meer** zuführt. Große Flüsse nennt man *Ströme*. Ein Fluss hat einen Oberlauf – hier führt er noch wenig Wasser mit sich, auch das Flussbett ist noch relativ schmal. Im Mittellauf schwillt er an, da er schon Nebenflüsse aufgenommen hat. Im Unterlauf, dem letzten Abschnitt des Flusses vor seiner *Mündung*, ist das *Flussbett* (die von *Ufern* begrenzte Wasserrinne) sehr breit. Die meisten Flüsse münden ins Meer. Das Mündungsgebiet kann verschiedene Formen haben. Entweder ist es trichterförmig oder es hat die Form eines Dreiecks. Man spricht dann von einem Mündungsdelta (Delta: Δ = griechischer Buchstabe D).

Fluss

Die längsten Flüsse der Erde (Auswahl)

Name, Land/Erdteil	Länge (in km)	Name, Land/Erdteil	Länge (in km)
Nil (mit Kagera), Afrika	6671	Niger, Afrika	4160
Amazonas, Südamerika	6437	Jenissej (mit Angara), Sibirien	4102
Mississippi (mit Missouri), USA	6418	St.-Lorenz-Strom, Nordamerika	4023
Jangtsekiang, VR China	5632	Paraná, Südamerika	3780
Ob (mit Katun), Westsibirien	5410	Wolga, Russland	3530
Huang He, VR China	4667	Salween, Südasien	3200
Mekong, Südasien	4500	Yukon, Nordamerika	3185
Amur (mit Schilka und Ussuri), Ostasien	4416	Indus, Pakistan	3180
Lena, Ostsibirien	4400	Syr-Darja (mit Naryn), Mittelasien	3078
Irtysch, Sibirien	4331	Rio Grande del Norte, Mexiko	3034
Kongo, Afrika	4320	Brahmaputra, Indien	3000
Mackenzie (mit Athabasca), Kanada	4241		

Neue Ablagerungen

Ältere Ablagerungen

Flußbett und stärkste Strömung

Hier wird das Ufer zuallererst ausgewaschen

Ein Flusslauf mit vielen Nebenarmen ist nur möglich, wenn das Land fast eben ist und der Fluss nur wenig Gefälle aufweist

Der Verlauf eines Flusses kann sich ändern, wenn er einerseits Schlamm ablagert und andererseits durch reißende Strömung das Ufer auswäscht. So begradigt er seinen Lauf, und die Schleife bleibt als See zurück (schematische Zeichnung oben)

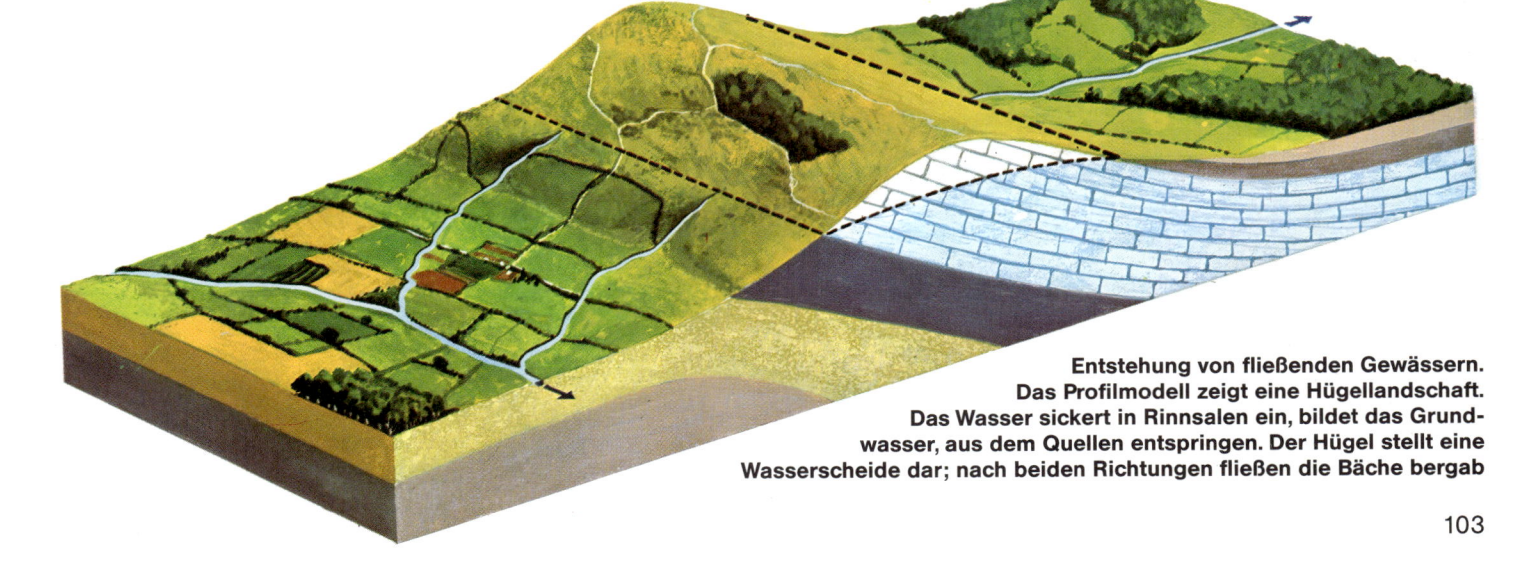

Entstehung von fließenden Gewässern. Das Profilmodell zeigt eine Hügellandschaft. Das Wasser sickert in Rinnsalen ein, bildet das Grundwasser, aus dem Quellen entspringen. Der Hügel stellt eine Wasserscheide dar; nach beiden Richtungen fließen die Bäche bergab

Föhn

Als Föhn werden generell alle warmen, trockenen *Fallwinde* bezeichnet, die aus großen Höhen von **Gebirgen** herabwehen. Wir kennen in erster Linie natürlich den Föhn des Alpenvorraumes: Pro 100 m erwärmt sich luftdruckbedingt die vom Alpenhauptkamm abfallende **Luft** um 1 °C. So können innerhalb kurzer Zeit erhebliche Temperaturanstiege erfolgen. Viele Menschen reagieren auf Föhn mit Gereiztheit, Unbehagen wie Kopfschmerzen und geringer Leistungsfähigkeit (*Föhnkrankheit*). Föhn wurde erstmals in den Alpen beschrieben, wo er meist im Winter als südlicher Wind in Tallagen Tauwetter bringt. Die Bezeichnung wurde später dann für dieses Phänomen allgemein verwendet.

Förderkorb

Der Förderkorb ist ein meist käfigartiges Gestell und bildet einen Teil des Aufzugs, mit dem Bergleute in das Bergwerk einfahren bzw. mit dem Gestein aus dem Schacht gehoben wird.

Formaldehyd

Formaldehyd, ein farbloses **Gas** mit stechendem Geruch, wird aus *Methan* und *Methanol* gewonnen. Es ist in vielen Kunststoffprodukten des alltäglichen Gebrauchs (u. a. in Spanplattenmöbeln) enthalten und wird von ihnen ständig in kleinen Mengen an die Luft abgegeben. Atmet man diese Luft ein, kann es zu starken Schleimhautreizungen und weiteren gesundheitlichen Beeinträchtigungen kommen. Bestimmten Forschungen zufolge muß Formaldehyd außerdem zu den *Krebs erregenden Substanzen* gezählt werden.

Fortpflanzung

Unter Fortpflanzung versteht man die Erzeugung (*Zeugung*) von Nachkommen bei Menschen, Tieren und Pflanzen. Man unterscheidet ungeschlechtliche und geschlechtliche Fortpflanzung. Bei der *ungeschlechtlichen Fortpflanzung* teilt sich ein Lebewesen in zwei oder mehr Nachkommen (**Amöbe**). Es kann aber auch selbst Auswüchse treiben (**Knospen**, *Sprossen*), die sich dann abtrennen. Ungeschlechtliche Fortpflanzung gibt es vorwiegend im Pflanzenreich. Bei der *geschlechtlichen Fortpflanzung* besitzen die elterlichen Lebewesen besondere *Geschlechtszellen*. Lebewesen, die männliche **Keimzellen** erzeugen, haben männliche **Geschlechtsmerkmale**, Lebewesen mit weiblichen Keimzellen weisen weibliche Geschlechtsmerkmale auf.

Man sagt auch, diese Lebewesen unterscheiden sich in ihrer **Sexualität**. Sexualität umfasst aber auch die Beziehung zwischen den Geschlechtern. Unterschiedliche Geschlechter gibt es bei den Menschen (Mann und Frau) und bei den meisten Tieren (Männchen und Weibchen). Erzeugt ein Lebewesen sowohl männliche als auch weibliche Keimzellen, wird es als *Zwitter* bezeichnet. Viele Pflanzen sind Zwitter, sie bilden in ein und derselben **Blüte** beide Keimzellenarten aus. Die zweigeschlechtliche Fortpflanzung ist die einzige Art der Fortpflanzung bei Menschen und höheren Tieren. Wenn bei der **Befruchtung** der Kern einer *Samenzelle* mit dem Kern einer *Eizelle* verschmilzt, entwickelt sich aus der befruchteten Eizelle ein neues Lebewesen.

Bei der *eingeschlechtlichen Fortpflanzung* entsteht das neue Lebewesen aus einer unbefruchteten Eizelle.

Fossilien

Fossilien sind versteinerte Überreste und Spuren sowie Abdrücke im Gestein von Pflanzen und Tieren aus vergangenen Zeiten. Mit ihrer Hilfe erhält man relativ genauen Aufschluss über das frühe Leben auf der **Erde**. Die ältesten bisher gefundenen Fossilien sind annähernd 2700 Mill. Jahre alt. Fossilien entstehen folgendermaßen: Ein Tier, z. B. eine **Muschel**, stirbt auf dem Meeresgrund. Die Weichteile verwesen, die Schale wird vom Gestein bedeckt. Dann löst sie sich mit der Zeit auf, und im Gestein bleibt ein Abdruck zurück. Wenn nun nach Millionen von Jahren das Gestein auseinander bricht, kommt der Abdruck zum Vorschein, und wir erkennen auf dem Gestein das Fossil, also die Umrisse eines früheren Lebewesens.

Fotoapparat

Fotoapparate sind Geräte, die durch ein Linsensystem (**Objektiv**) auf dem dahinterliegenden lichtempfindlichen Material (**Film**) die Abbildung eines Gegenstandes ermöglichen. Ein moderner Fotoapparat

Durch besondere Sorgfalt bei den Ausgrabungsarbeiten konnte dieses Meeresfossil unbeschädigt erhalten werden

Fotografie

(Stehbildkamera im Gegensatz zur Laufbildkamera, **Kamera**) besteht aus einem lichtdichten Metallgehäuse, zwei Filmspulen – die eine trägt den unbelichteten Film, auf die andere wird er nach der Belichtung aufgewickelt –, einem Objektiv, durch das das Licht einfällt, und einem *Verschluss*, der das lichtempfindliche Material Bruchteile von Sekunden lang den Lichtstrahlen aussetzt. Daneben sind noch ein *Sucher*, durch den das Motiv anvisiert wird, und ein Auslöser erforderlich. Bei einer *Spiegelreflexkamera* betrachtet man das Motiv durchs Objektiv. Bei einer modernen Kamera kann man die Belichtungszeit durch das Objektiv vom eingebauten **Belichtungsmesser** ablesen. Entsprechend diesen Werten werden nun **Blende** (Öffnung des Objektivs) und Verschlusszeit (wie lange der Film den Lichtstrahlen ausgesetzt wird) festgelegt. Diese Werte ermitteln und steuern modernste Fotoapparate bereits vollautomatisch. Durch das Objektiv wird auch die Entfernung „scharf" eingestellt. Andere Fotoapparate haben einen Sucher, der neben dem Objektiv angebracht ist. Ist nun die Spiegelreflexkamera richtig eingestellt, also „schussbereit", so wird durch das Auslösen der Umlenkspiegel des Suchers nach oben geklappt, und der Schlitzverschluss öffnet sich für die vorgewählte bzw. automatisch gesteuerte Zeit (Belichtungszeit). Dadurch wird der Film belichtet. Durch minimale Verschlusszeiten (1/500, 1/1000 Sekunde), für die allerdings sehr gute Lichtverhältnisse Voraussetzung sind, ist es möglich, selbst Objekte, die sich sehr schnell bewegen, wie Autorennwagen, Flugzeuge u. a., mit scharfen Umrissen auf dem Film festzuhalten. Eine beliebte Spezialkamera ist die Polaroidkamera, die schon nach kurzer Zeit fertig entwickelte Fotos liefert.

Fotografie

Die Fotografie ist etwa seit 1840 bekannt. Der Begriff bedeutet „Schreiben mit Licht". Dabei wird mittels einer technischen Einrichtung (**Fotoapparat**) auf einem lichtempfindlichen Material (**Film**) ein Ausschnitt aus der Wirklichkeit festgehalten. Nach Entwicklung dieses Filmes (**Filmentwicklung**) kann diese Szene – je nachdem, welche Filmart man verwendet hat – auf Fotopapier vergrößert dargestellt oder als Dia an die Wand projiziert werden. Da man Filme und Fotografien jahrzehntelang aufbewahren kann, ist es möglich, Ereignisse auch für die Nachwelt festzu-

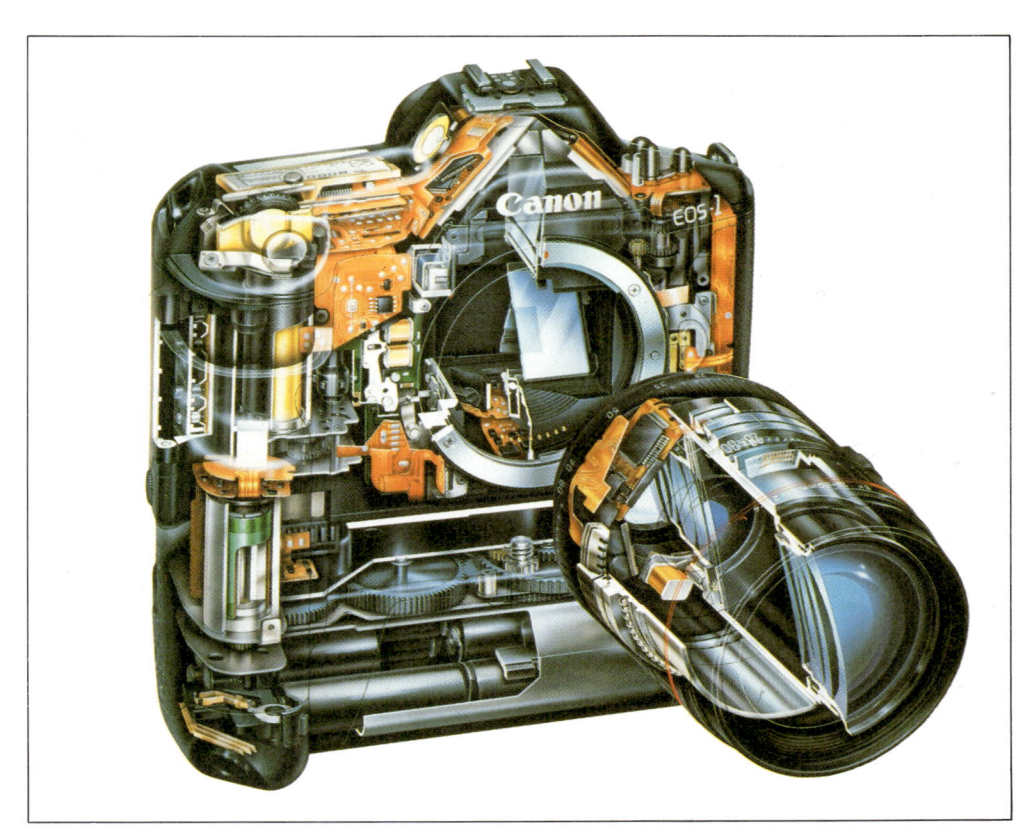

Schnittzeichnung einer Spiegelreflexkamera mit abgenommenem Objektiv

Diese Fotografie wurde mit einem Spezialelektronenblitz (Stroboskop) aufgenommen. Durch die außergewöhnlich kurze Blitzfolge (16–50 000 Blitze pro Sekunde) lassen sich auf einem Filmnegativ verschiedene Phasen eines Bewegungsablaufs festhalten

Fotosatz

Bei diesem Farbfoto wurde die Blende lange geöffnet, so dass die Scheinwerfer der vorbeifahrenden Fahrzeuge als farbige Linien zu erkennen sind

halten. Durch die Fotografie haben sich das Verlagswesen und die Medienlandschaft (Bücher, Zeitungen) grundlegend gewandelt.

Man unterscheidet Schwarzweiß- und Farbfotografie. In der Schwarzweißfotografie werden die Farben des Motivs in fein abgestufte Hell-Dunkel-Töne (Grauwerte) übersetzt. Diese Werte werden auf die lichtempfindliche Schicht des Schwarzweißfilms übertragen und durch die fototechnische **Filmentwicklung** sichtbar gemacht. Die Filme für die Farbfotografie tragen drei Schichten übereinander. Jeweils eine Schicht ist für Rot, für Grün und für Blau empfindlich. Andere Farben werden durch die Mischung dieser drei erzielt.

Fotosatz

Wenn das Manuskript eines Autors in der Redaktion korrigiert worden ist, geht es in die *Setzerei*, wo man früher von Hand und später mit Maschinen den Text aus Bleilettern zu Worten, Zeilen und Seiten zusammengesetzt hatte (*Bleisatz*), um eine Druckform herzustellen. Eine neue Technik ist das Setzen mit Hilfe von Lochstreifen und Datenverarbeitungsmaschinen. Das modernste Verfahren stellt der Fotosatz dar, der auf der Idee basiert, Schriftbilder durch Projektion grafischer Zeichen auf einen lichtempfindlichen Film zu erzeugen. Danach wird der Fotosatz auf chemischem Wege in Platten (*Druckformen*) für die verschiedenen Druckverfahren umgewandelt. Eine computergesteuerte Fotosatzmaschine leistet heute ein Vielfaches dessen, was eine Bleisetzmaschine leisten konnte.

Fotosynthese

In der **Biologie** bezeichnet man als Fotosynthese (auch **Assimilation** genannt) den Vorgang, bei dem aus **Kohlendioxid** und **Wasser** *Zucker* und *Stärke* gebildet werden. Das Kohlendioxid nimmt die Pflanze durch Spaltöffnungen im Blatt auf, das Wasser durch die Wurzeln. Dieser Prozess spielt sich vorwiegend in den **Blättern** der Pflanzen ab. Das **Blattgrün** (*Chlorophyll*) nimmt bei Sonnenlicht **Energie** auf, wodurch die oben beschriebene Umwandlung ausgelöst wird. Im Verlauf einer Reihe komplizierter chemischer Prozesse wird **Sauerstoff** frei, der für Menschen und Tiere lebensnotwendig ist. (Einen – allerdings relativ geringen – Teil dieses Sauerstoffs verbrauchen die Pflanzen selbst wieder.)

Mensch, Tier und Pflanze ergänzen sich aufgrund dieser Vorgänge sinnvoll, denn das bei der menschlichen und tierischen **Atmung** ausgestoßene Kohlendioxid brauchen die Pflanzen für ihren Atmungsvorgang. Ohne sie wäre die **Luft** also übermäßig mit Kohlendioxid angereichert und für Menschen und Tiere giftig.

Fotozelle

Die Fotozelle ist eine Vorrichtung, die mit Hilfe einer Spannungsquelle Helligkeitsschwankungen in Stromschwankungen umwandelt. Sie besteht aus zwei *Elektroden*, die in einem Glaskolben eingeschmolzen sind. Bei Lichteinstrahlung werden aus der *Katode* **Elektronen** ausgelöst und durch die angelegte Spannung zur **Anode** transportiert. Dieser Strom entspricht der Kraft des einfallenden Lichtes und ändert sich entsprechend der unterschiedlichen Strahlung. Fotozellen werden deshalb für **Belichtungsmesser** in Kameras verwendet. Aber auch beim Sortieren von Werkstücken, bei der Steuerung von Maschinen und bei Lichtschranken werden sie eingesetzt.

Fötus

Vom vierten Monat der **Schwangerschaft** an bezeichnet man den **Embryo** auch als Fötus. Er hat dann bereits eine deutlich menschliche Gestalt, sogar sein *Geschlecht* ist zu erkennen. Im vierten Schwangerschaftsmonat ist der Fötus 16 cm groß, im fünften 25 cm. Dann spürt die Mutter schon Bewegungen des entstehenden Kindes. Von diesem Zeitpunkt an wächst der Fötus monatlich um etwa 5 cm, sein Gewicht nimmt in der gleichen Zeit um ca. 500 g zu. Am Ende der Schwangerschaft ist er in der Regel 50 cm lang und 3000–4000 g schwer.

Frequenz

Die Frequenz gibt die Häufigkeit von **Schwingungen** (**Pendel, Rundfunk, elektrischer Strom**) pro Zeiteinheit an. Gemessen wird sie in Hertz (Hz). Maßeinheiten: 1 Hz = 1 Schwingung pro Sekunde, 1000 Hz = 1 Kilohertz (kHz) und 1 000 000 Hz = 1 Megahertz (MHz).

Frosch

Der Frosch gehört zur Gattung der *Lurche*, die eine Übergangsstellung unter den **Wirbeltieren** einnehmen. Sie sind Tiere mit amphibischer Lebensweise, d. h. sie vermögen im Wasser und auf dem Land zu leben. Der braune *Grasfrosch* ist die in Nord- und Mitteleuropa meistverbreitete Froschart, da er vor allem gegen Kälte relativ unempfindlich ist.

Im erwachsenen Zustand besitzt der Frosch einen stumpfschnauzigen Kopf, meist einen kennzeichnenden dunklen Fleck um das *Trommelfell* sowie hell-dunkel gestreifte Hinterbeine, und er ist schwanzlos. Er lebt an feuchten Plätzen oder im Wasser und bewegt sich hüpfend und springend fort. Alle Gliedmaßen sind

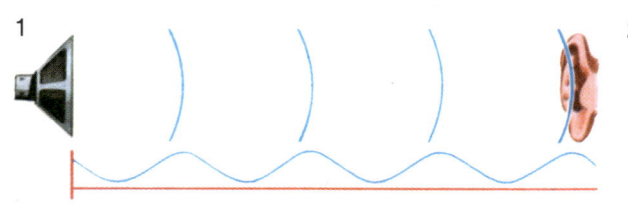

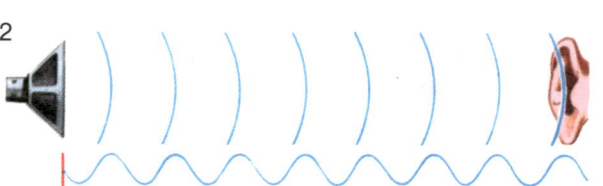

Schwingungen niedriger Frequenz erzeugen im Ohr einen dunklen Ton (1), Schwingungen höherer Frequenz einen hellen Ton (2)

unbekrallt. Die Haut des Frosches ist nackt und wird in Fetzen gewechselt. In seinen feuchten Lebensräumen nimmt er durch die Haut Wasser auf. Etwa 300 000 Schleimdrüsen in der Unterhaut halten die Oberhaut feucht. Der Grasfrosch ist ein Einzelgänger und macht Jagd auf **Schnecken** und **Insekten**. Die vorn am Mundboden festgewachsene Klappzunge schnellt heraus und zieht den Fang in das breite Maul, die Beute wird eingeschleimt verschlungen. Die Atmung erfolgt beim Frosch auf verschiedene Weise: als *Hautatmung*, über die sich 50% des Atemgaswechsels vollzieht, und als *Mundhöhlenatmung*. Dabei zieht der Frosch bei geschlossenem Maul und Kehlkopf durch schnelles, rhythmisches Heben und Senken des Kehlbodens Luft durch die Nase in seine Mundhöhle. Die Lungenatmung ist unvollkommen. Bei geschlossenen Nasenlöchern schluckt der Frosch die durch die Nase eingesogene Luft in die Lungen. Unter Wasser kann er es mit diesem Luftvorrat bis zu 8 Minuten aushalten, dann muss er auftauchen und wieder Luft holen. Zur **Fortpflanzung** siedelt der Frosch für kurze Zeit ins Wasser über (Laichtümpel). Im Wasser treibend locken die Männchen mit ihrem Quaken die Weibchen an. Diese Laute bringen sie mit *Stimmbändern* im *Kehlkopf* hervor. Die Weibchen lassen ihre schwarzen, von Gallerte umgebenen Eier in Klumpen im Wasser ab. Der sofort von den Männchen befruchtete **Laich** sinkt zu Boden und steigt erst, wenn sich die Gallertschicht löst, wieder nach oben. Die Eier, von denen das Weibchen bis zu 4000 Stück legt, werden durch die Wärme der Frühjahrssonne entwickelt. Je nach Witterung wimmelt es 3–5 Wochen nach der Eiablage in den Tümpeln von *Kaulquappen*, den **Larven** der Frösche. In diesem Larvenzustand leben die Tiere bis zu 3 Monate und sind überwiegend Pflanzenfresser. Danach vollzieht sich innerhalb von 5–6 Tagen der Umbau des Körpers für das Landleben. Insgesamt dauert die Entwicklung von der Eiablage bis zum Jungfrosch 10–12 Wochen. Neben dem braunen Grasfrosch kennen wir bei uns noch den grünen *Wasserfrosch* und den *Laubfrosch*.

Frucht

Jede Keimzelle beginnt sich nach der **Befruchtung** zu teilen. Bei den Pflanzen entwickelt sich durch viele *Zellteilungen* aus der Samenanlage der **Same**. Der Fruchtknoten wird zur Frucht. Das *Fruchtgehäuse* baut sich aus drei Schichten auf, die äußere Schicht ist häutig, die mittlere fleischig und die innere steinhart. Früchte wie Kirsche, Pflaume u.a. werden *Steinfrüchte* genannt, da sie innen einen Steinkern besitzen. Bei Beeren sind alle drei Fruchtschichten fleischig. Entwickelt sich eine Frucht nicht nur aus dem Fruchtknoten, sondern auch aus der Blütenachse, so spricht man von einer *Scheinfrucht* (Apfel, Birne). Bei Menschen und Säugetieren wird der **Embryo** auch Leibesfrucht genannt.

Die Entwicklung einer Kaulquappe über das Zwischenstadium Larve zum Frosch

Junge Füchse vor dem Bau

Fuchs

Der Fuchs ist ein *hundeartiges Raubtier*. Seine Vertreter in Europa und Nordasien, die Rotfüchse, leben in Erdbauten (*Fuchsbau*). Sein rotbraunes Fell und sein buschiger Schwanz sind besonders für die Pelzverarbeitung begehrt. Der Einzelgänger hat einen sehr guten Geruchs- und Gehörsinn. Er jagt nachts und ernährt sich z.B. von Kleingetier, aber auch von Pflanzen und sogar von *Aas*.

Funksprechgerät

Ein Funksprechgerät ist ein stationäres oder bewegliches Gerät zur drahtlosen Nachrichtenübermittlung über kurze und mittlere Entfernungen. Funksprechgeräte mit einem **Frequenz**-Bereich von z.B. 1500–5000 kHz werden auf Fischereifahrzeugen sowie von Booten der Wasserschutzpolizei usw. benutzt und ermöglichen auf See eine Reichweite von ca. 400 km. Funksprechgeräte mit einem Frequenzbereich von 30–300 MHz werden für den Sprechfunk der Polizei, der Feuerwehr, der Eisenbahn und des Militärs verwendet und haben eine Reichweite von ungefähr 25 km. Für den sprechfunkinteressierten Bürger gibt es den **CB-Funk**. (Telegrafie)

Funktechnik

Die Funktechnik beinhaltet alle Verfahren, die **elektromagnetische Wellen** zur Übertragung von Nachrichten verwenden. Dies geschieht beim **Rundfunk**, beim **Fernsehen**, bei der drahtlosen **Telegrafie** und beim **Radar**.

Fuß

Der Fuß ist das äußere Ende des Beines beim Menschen und bei den Wirbeltieren. Der menschliche Fuß baut sich aus 26 **Knochen** auf: sieben gehören zur Fußwurzel, fünf zum Mittelfuß und 14 zu den *Zehen*. Die Fußwurzelknochen setzen sich aus Sprung-, Fersen-, Kahn- und Würfelbein sowie aus den drei Keilbeinen zusammen. Sie sind in zwei Reihen so zusammengefügt, dass sie das Fußgewölbe bilden, auf dem der ganze Körper sicher lasten kann.

Fuß kann aber auch eine Maßeinheit bedeuten, die von der durchschnittlichen Länge des menschlichen Fußes abgeleitet wurde und sich zwischen 25 und 34 cm Länge bewegt.

Galle

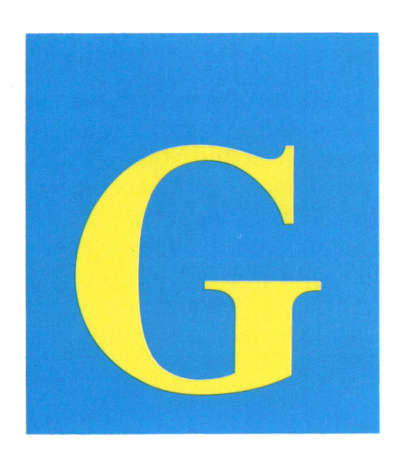

Magen mit Gallenblase und Bauchspeicheldrüse

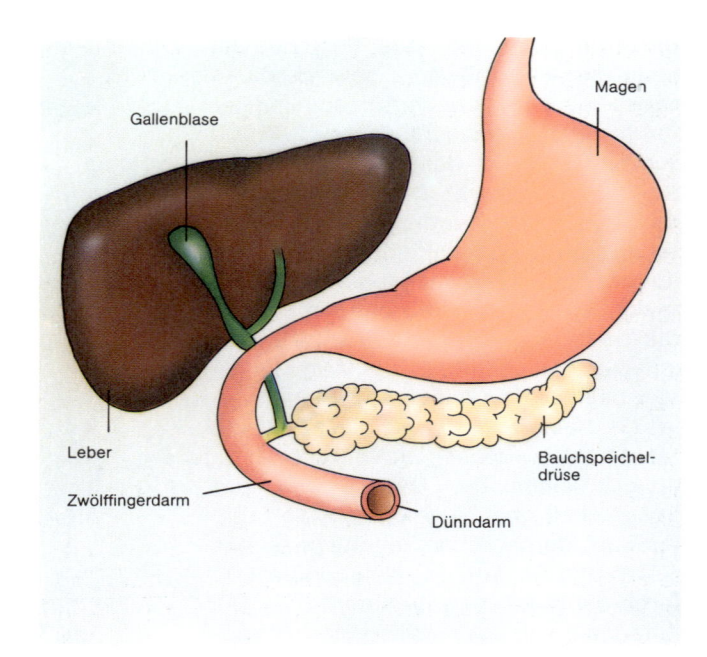

Galle

Die Galle ist ein gelbes **Sekret** der **Leber**, das in die *Gallenblase* abgegeben, gesammelt und konzentriert in den *Dünndarm* weitergegeben wird. Der Gallengang mündet gemeinsam mit dem Ausgang der **Bauchspeicheldrüse** in den *Zwölffingerdarm*. Die Galle enthält Gallenfarbstoffe, Gallensäuren, **Cholesterin, Wasser** und verschiedene **Salze**. Täglich werden in der Leber etwa 700–1200 ml Galle gebildet. Die von der Leber produzierte Galle hat eine goldgelbe Farbe; die von der Gallenblase abgegebene eingedickte Gallenflüssigkeit ist dunkelbraungrünlich gefärbt. Die Galle hat zum einen eine Ausscheidungsfunktion – mit ihr werden etliche Giftstoffe und Stoffwechselprodukte in den Darm ausgeschieden –, zum anderen eine Verdauungsfunktion, wobei ihre Hauptaufgabe die Verdauung der **Fette** ist. Durch die Galle werden die Fette zur **Emulsion**.

galvanische Elemente

Galvanische oder elektrische Elemente sind Apparate, mit denen auf chemischem Wege **elektrischer Strom** erzeugt wird. Sie bestehen aus zwei *Elektroden* aus verschiedenem **Metall** (eine kann auch aus **Kohle** sein), die in eine leitende Flüssigkeit (Salz- oder Säurelösung), den *Elektrolyten*, getaucht werden. Durch chemische Umwandlung entsteht zwischen den beiden Elektroden eine elektrische *Spannung*.

Galvanometer

Ein Galvanometer ist ein hoch empfindliches elektrisches Messgerät, mit dem man sehr niedrige *Spannungen* und schwache **elektrische Ströme** messen kann. Mit einer magnetischen Nadel und einem 3 m langen lackisolierten Kupferdraht ist ein Galvanometer – man nennt es auch *Schwachstromanzeiger* – unschwer selbst zu basteln.

Galvanotechnik

Die Herstellung metallischer **Niederschläge** durch **Elektrolyse** auf **Metallen** oder Oberflächen von Nichtmetallen wird Galvanotechnik genannt. Diese Niederschläge entstehen, wenn der zu behandelnde Gegenstand in das *Galvanisierbad* (das Metallsalz und andere Zusatzstoffe enthält) eintaucht und an eine Gleichspannung bis etwa 20 **Volt** angeschlossen wird.
Auf diese Weise kann man **Metalle** und besonders behandelte **Kunststoffe** *verchromen, versilbern* und *vergolden*.

Ganglien

Ganglien sind *Nervenknoten*, eine Anhäufung von Ganglienzellen bezeichnet man mit Ganglion. Die Ganglien stellen gewissermaßen Umschaltstationen im Nervenverlauf dar, wobei hier die Erregung von einem **Nerv** auf den nächsten übertragen wird. Dafür ist eine chemische Überträgersubstanz verantwortlich; sie heißt *Acetylcholin*. Unter Ganglion versteht man aber auch ein so genanntes *Überbein*, eine einzeln oder gehäuft auftretende *Geschwulst* im Bereich von Gelenkkapseln. Dieses Überbein ist prallzystisch mit einer

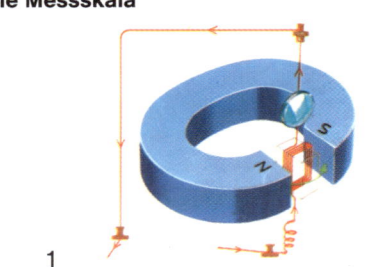

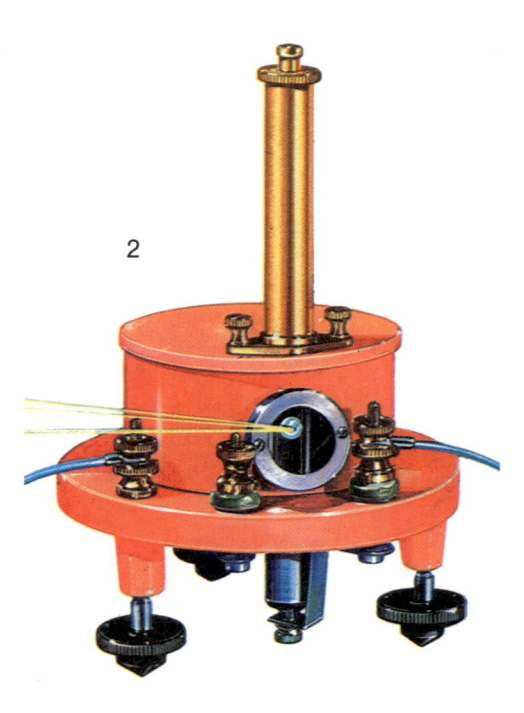

In einem Galvanometer (2) baut eine unter Strom stehende Feder ein kleines magnetisches Feld (1) auf, das von einem ständigen Magneten abgelenkt wird. Ein mit der Feder verbundener Spiegel leitet einen Lichtstrahl auf die Messskala

gallertartigen Masse gefüllt. Besonders häufig kommen solche Ganglien an Hand- und Fußrücken vor.

Gänse

Gänse sind eine Unterfamilie der *Gänsevögel* (Wasservögel), zu denen z. B. auch die *Schwäne* gehören. Sie haben breite Schwimmhäute zwischen den Zehen. In Europa kennen wir neben der kanadischen Wildgans mit ihrem schwarzen Hals, die vor allem auf Seen und Parkteichen zu finden ist, die *Graugans*, die die Stammform der Hausgans ist. Sie hat eine graubraune Färbung. Die genügsamen Gänse ernähren sich von Gräsern, die sie mit der Schnabelspitze rupfen. Graugänse wurden schon früh als **Haustiere** gehalten. So gab es schon im alten Rom eine regelrechte Gänsezucht. Gänse galten als Symbol der Wachsamkeit und sollen 387 v. Chr. Rom vor der Zerstörung gerettet haben („die Gänse vom Kapitol"). Der Begründer der Verhaltensforschung, *Konrad Lorenz* (1903–1989), leitete viele seiner Erkenntnisse von Beobachtungen der Verhaltensweisen der Graugänse ab.

Gärung

Als Gärung bezeichnet man den Abbau oder die Zersetzung organischer Substanzen unter Ausschluss von **Sauerstoff**. In der Regel können **Kohlenhydrate** bei Menschen, Tieren und Pflanzen durch Gärung abgebaut werden. Bei der *alkoholischen Gärung* zersetzen *Hefepilze* den *Traubenzucker*, der z. B. in Bierwürze, Traubensaft und anderen Fruchtsäften vorkommt, in **Alkohol** und **Kohlendioxid**. Bei der *Milchsäuregärung* wird der in der **Milch** enthaltene Zucker in Milchsäure aufgespalten und verursacht so das Sauerwerden der Milch.

Gas

Eine Substanz, die sich in einem gasförmigen **Aggregatzustand** befindet, nennt man Gas. Bei einem Gas sind die Kräfte zwischen den **Molekülen** nahezu aufgehoben, so dass diese sich frei bewegen können. Das Gas kann also jeden beliebigen Raum einnehmen, in den es gebracht wird. Bei Erwärmung dehnen sich Gase, wie auch alle festen und flüssigen Körper aus. Kann eine Ausdehnung nicht erfolgen, weil der Raum, d. h. das Volumen, nicht veränderbar ist, erhöht sich der **Druck**. Technische Gase werden zu Heiz- und zu Leuchtzwecken verwendet oder dienen als Treibstoffe für chemische **Synthesen**. Die für technische Gase wichtigsten Herstellungsverfahren sind die Ver- und Entgasung fester Brennstoffe, wie z. B. **Kohle**, *Torf* und **Holz**. Die Vergasung

Ein heißes Gas, die Moleküle wirbeln umeinander

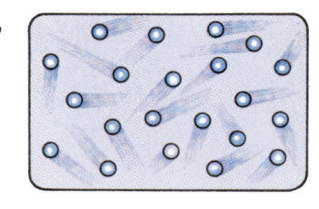

Ein kühles Gas, die Moleküle fliegen langsam

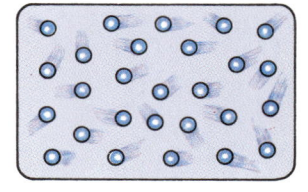

Ein kaltes Gas, das zu Flüssigkeit verdichtet wird

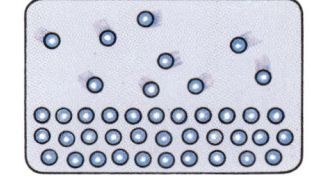

Graugans (rechts)

Emdener Gänse

Zwerggans (unten rechts)

Aufnahme des Kernkraftwerkes Tschernobyl in der Ukraine nach dem folgenschweren Unfall im April 1986

geschieht mit einem Gasgenerator (**Generator**), die Entgasung findet in Gaswerken und Kokereien statt. Das in Haushalten zur Heizung und zur Beleuchtung verwendete Stadt- oder **Leuchtgas** wird u. a. durch Entgasung von Steinkohle (*Verkohlung*) hergestellt.

GAU

Bei einem GAU (**g**rößter **a**nzunehmender **U**nfall) fällt das Kühlsystem in einem **Kernkraftwerk** aus und es kommt zur Schmelze des Reaktorkerns, wobei große Mengen an **Radioaktivität** in die **Umwelt** freigesetzt werden. Am 26. April 1986 ereignete sich im Atomreaktor von *Tschernobyl*, einer Stadt in der Ukraine, nordwestlich von Kiew, solch ein GAU, der bis dahin schwerste Reaktorunfall. Hunderttausende von Menschen mussten evakuiert werden, die Spätfolgen sind noch nicht abzusehen, und weite Teile Europas wurden von dem **Fallout** betroffen.

Gaumen

Der Gaumen ist die Deckplatte der *Mundhöhle* und zugleich Trennwand zwischen Mund- und *Nasenhöhle*. Der vordere Teil des Gaumens wird vom Gaumenbein gebildet und daher auch als harter oder knöcherner Gaumen bezeichnet. Nach hinten zu schließt sich eine weiche Muskelplatte an, der so genannte weiche Gaumen, der das *Gaumensegel* bildet und mit einer zipfelförmigen Ausbuchtung, dem *Zäpfchen*, endet. Seitlich werden vom Gaumensegel je zwei Falten – die vorderen und die hinteren Gaumenbögen – geformt. Zwischen ihnen liegen die *Gaumenmandeln (Rachenmandeln)*. Der weiche Gaumen schließt beim Sprechen und beim Schlucken die Nasenhöhle gegen den Rachenraum ab.

Gazelle

Die Gazelle gehört zur Gattung der **Antilopen** und lebt in den Steppen Afrikas und Asiens. Meist trägt nur der Bock ein quer geringeltes Gehörn.

Gebirge

Als Gebirge bezeichnet man eine räumlich geschlossene Gruppe von Bergen und Hochflächen, die durch Täler gegliedert ist. Je nach Höhe sowie nach **Klima** und **Vegetation** unterscheidet man Hoch- und Mittelgebirge. Man kann Gebirge aber auch noch nach ihrer Entstehung einteilen. Die *vulkanischen Gebirge* sind durch wiederholte Vulkanausbrüche entstanden, bei denen immer neues Nachbargestein aufgehäuft wurde. *Faltengebirge* kamen durch Bewegungen in der Erdkruste zustande. Durch Verschiebung der Schollen bei der Bildung der Erdteile wurden die *Schollengebirge* aufgeworfen.

Geburt

Eine normale Geburt findet nach rund 40 Wochen **Schwangerschaft** statt. Sie wird in drei Phasen eingeteilt: in die Eröffnungsphase, die Austreibungsphase und die Nachgeburtsphase. Die Geburt beginnt mit dem Einsetzen regelmäßiger *Wehen*, d. h. schmerzhaften Zusammenziehens der *Gebärmutter*. Treten sie im Abstand von 15–20 Minuten auf, ist es für die werdende Mutter Zeit, in die Klinik zu fahren. Ist die *Fruchtblase* geplatzt, beginnt die Geburt auf jeden Fall, auch wenn noch keine Wehen auftreten. Bei der Eröffnungsphase tritt der Kopf des Kindes in den Beckeneingang ein und drückt auf den *Muttermund*, der bis jetzt als Verschluss der Gebärmutter gewirkt hat. Diese erste Phase kann bei Frauen, die ihr erstes Kind erwarten, bis zu 10 Stunden dauern, bei Frauen, die bereits Kinder haben, 6–8 Stunden. Dauer, Stärke und Häufigkeit der Wehen werden jetzt ebenso regelmäßig überprüft, wie die Herztöne des Kindes. Hat sich nun der Muttermund geöffnet, beginnt die Austreibungsphase. Die Wehen verstärken sich, und die Mutter versucht mitzupressen. Die zweite Phase sollte nicht länger als 30 Minuten dauern. Kommt es in dieser Phase zu ernsten Schwierigkeiten, kann die Geburt mit Hilfe einer Saugglocke oder einer Zange, die am Kopf des Kindes angesetzt wird, beschleunigt werden. Wird der Kopf des Kindes sichtbar, macht der Arzt oder die Hebamme in der Regel einen Dammschnitt, um einen Dammriss zu vermeiden. Der Kopf des Kindes muss langsam austreten, dann werden Schultern und Rumpf vorsichtig herausgezogen. Das Kind ist geboren und seine Atemwege werden gereinigt. Pulsiert die **Nabelschnur**, die Mutter und Kind noch miteinander verbinden, nicht mehr, so wird sie abgebunden. Innerhalb der nächsten halben Stunde löst sich die *Nachgeburt*. Dabei löst sich der *Mutterkuchen* von der Wand der Gebärmutter und wird zusammen mit Resten der Nabelschnur und der Eihäute schmerzlos ausgestoßen. Es dürfen keine Reste des Mutterkuchens in der Gebärmutter zurückbleiben, da es sonst zu schweren Nachblutungen und Entzündungen kommen kann.

Geflügel

Als Geflügel bezeichnen wir Nutzvögel (**Vögel**), besonders die **Haustiere** wie **Gans**, Huhn oder Ente.

Schnitt durch die Ostalpen

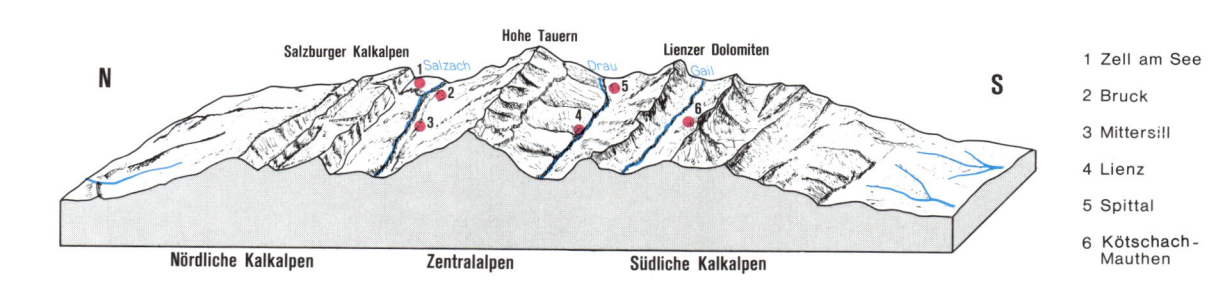

1 Zell am See
2 Bruck
3 Mittersill
4 Lienz
5 Spittal
6 Kötschach-Mauthen

Die höchsten Berge der Erde (Auswahl)

Name	Gebirge (Land)	Höhe (in m)
Mount Everest	Himalaya (Tibet)	8 848
K 2 (Chogori)	Karakorum (VR China)	8 611
Kangchenjunga	Himalaya (Indien)	8 578
Chotse	Himalaya (Nepal)	8 501
Makalu	Himalaya (Nepal)	8 475
Dhaulagiri	Himalaya (Nepal)	8 167
Nanga Parbat	Himalaya (Kaschmir)	8 125
Annapurna	Himalaya (Nepal)	8 091
Gasherbrum	Karakorum (VR China)	8 068
Ulugh Muztagh	Kunlun (VR China)	7 724
Minya Konka	Daxue Shan (VR China)	7 556
Mus Tagh Ata	Pamir (VR China)	7 546
Pik Kommunismus	Pamir (Tadschikistan)	7 495
Aconcagua	Anden (Argentinien)	6 959
Ojos del Salado	Anden (Argentinien/Chile)	6 880
Tupungato	Anden (Chile)	6 800
Huascarán	Anden (Peru)	6 768
Mount McKinley	Alaska-Gebirge (USA)	6 187
Kibo	Kilimandscharo (Tansania)	5 895
Puntjak Djaja	Irian (Indonesien)	5 030
Montblanc	Savoyer Alpen (Frankreich)	4 810
Dufourspitze (Monte Rosa)	Walliser Alpen (Schweiz/Italien)	4 634

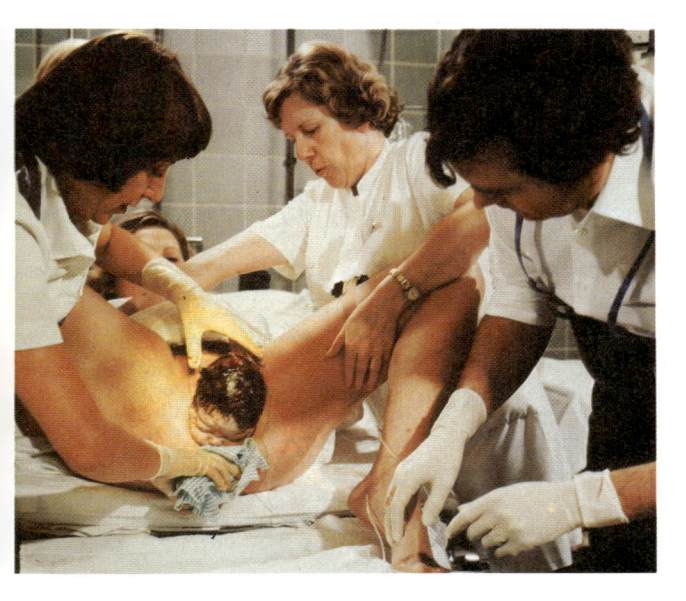

Bei einer normalen Geburt tritt der Kopf des Kindes zuerst aus

Gehirn

Gehirn

Im ausgereiften Gehirn unterscheidet man *Großhirn, Zwischenhirn, Hirnstamm* und *Kleinhirn*. Das Großhirn setzt sich aus zwei spiegelgleichen Hälften, den so genannten Hemisphären, zusammen. Sie sind durch einen tiefen Einschnitt voneinander getrennt und stehen über ein dickes Faserbündel, den so genannten Hirnbalken, miteinander in Verbindung. Die Oberfläche des Gehirns enthält zahlreiche Windungen und Vertiefungen. Im Großhirn befinden sich wichtige Teile des **Nervensystems**. Unter dem Großhirn liegt das Zwischenhirn. Es enthält wichtige Zentren des *vegetativen Nervensystems*. Weiter unten folgt der Hirnstamm; von hier aus werden u. a. Atmung, Herztätigkeit und Körpertemperatur reguliert. Schädigungen in diesem Bereich führen zum Tode. Hinten an das Großhirn schließt sich das Kleinhirn an. Es koordiniert die Bewegungen des Körpers. Störungen in diesem Bereich führen zu schweren Störungen bei der Ausführung willkürlicher Handlungen, wie Gehen, Stehen, Greifen usw. Das *Rückenmark* stellt die Verlängerung des Gehirns, speziell des Hirnstammes, nach unten dar. Die aus dem Rückenmark kommenden Nerven sammeln sich zu Strängen in den so genannten Rückenmarkswurzeln. Dabei unterscheidet man vordere Wurzeln (sie führen motorische oder Bewegungsnerven) von hinteren Wurzeln (sie führen sensible oder Empfindungsnerven). Die sensiblen Nerven leiten Reize, die von der Umwelt aufgenommen werden (Tast-, Seh-, Gehör- und Geschmackseindrücke), zum Gehirn weiter, wo entsprechende Reaktionen ausgelöst werden können. Gehirn und Rückenmark schwimmen in einer wässrigen, serumähnlichen Flüssigkeit, der Hirn-Rückenmarks-Flüssigkeit. Außerdem sind beide schützend von Häuten umgeben, von der äußeren, harten Hirnhaut und der innersten, dem Gehirn anliegenden, weichen Hirnhaut. Das *periphere Nervensystem* setzt sich aus 12 Paar *Hirn-*

Gehörlosigkeit

nerven (je einem rechten und einem linken) zusammen, die direkt aus dem Gehirn austreten, sowie aus 31–33 Paar *Rückenmarksnerven*, die vom Rückenmark kommen. Zu den Hirnnerven zählen u. a. Sehnerv, Hörnerv und Riechnerv. Zu den Rückenmarksnerven gehören die motorischen Nerven, die Empfindungen (äußere Reize) wie Wärme, Kälte oder Schmerz zum Gehirn weiterleiten.

Gehörlosigkeit

Taubheit, die angeboren ist oder während der ersten Lebensmonate erworben wurde, führt auch zur *Stummheit*, da das Kind keine Töne hört, die es nachahmen kann. (Diesen Zustand bezeichnet man als *Taubstummheit*.) Je nach Grad der Störung müssen die Kinder Schwerhörigen- oder Gehörlosenschulen besuchen. Gewisse Hörreste lassen sich mit Hilfe von Hörapparaten ausnützen. Außerdem können taube Kinder durch Erziehung lernen, die Sprache vom Munde abzulesen. Der Gehörlosenunterricht sucht den Schüler soweit zu fördern, dass er die Sprache versteht. Dabei werden die Gebärden-, die Laut- und die Schriftsprache angewandt. Der Gehörlose versucht sich also durch Laute und bestimmte vereinbarte und anerzogene Gebärden verständlich zu machen. Die Taubheit kann aber auch erst in späteren Jahren entstanden sein, z. B. als Folge verschiedener Krankheiten wie *Scharlach, Tuberkulose* oder *Masern*.

Geigerzähler

Der deutsche Physiker *Johannes G. Geiger* (1882–1945) entwickelte zusammen mit *E. W. Müller* ein Zählrohr, mit dem **Elektronen** und **Neutronen** durch *Ionisation* gezählt bzw. nachgewiesen werden können. Dieser nach ihm benannte Geigerzähler wurde zu einem wichtigen Messgerät im Bereich der Kernphysik und wird besonders zur Messung radioaktiver Strahlen eingesetzt (**Radioaktivität, Strahlenschutz**).

Geisteskrankheit

Geisteskrankheiten sind seelische Erkrankungen, die sich in Störungen des Denkens, Fühlens und Verhaltens äußern. In manchen Fällen gehen sie mit *Wahnsinn* (Verfolgungswahn) und *Sinnestäuschungen* einher. Geisteskranke Menschen sind auf die Hilfe ihrer Mitwelt angewiesen.

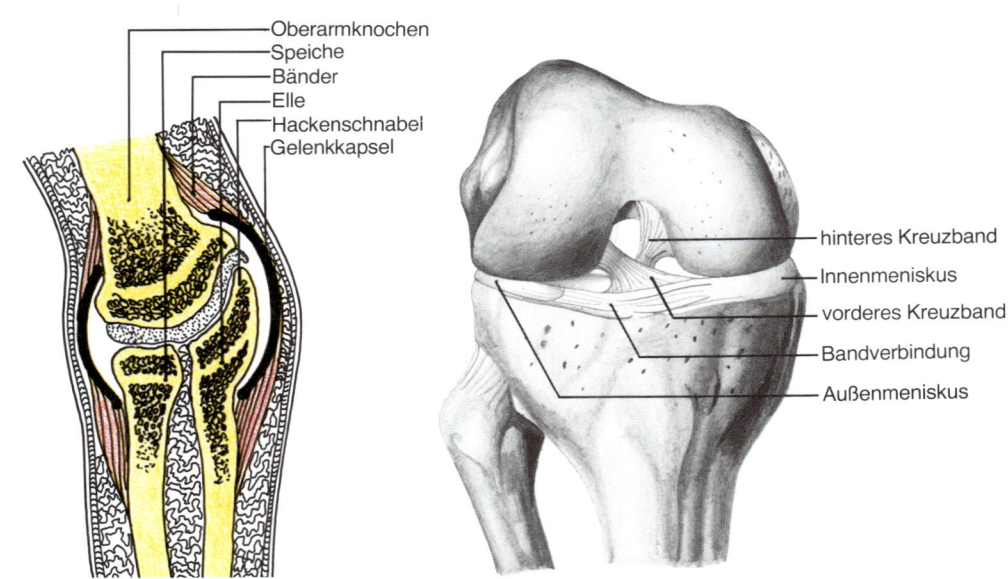

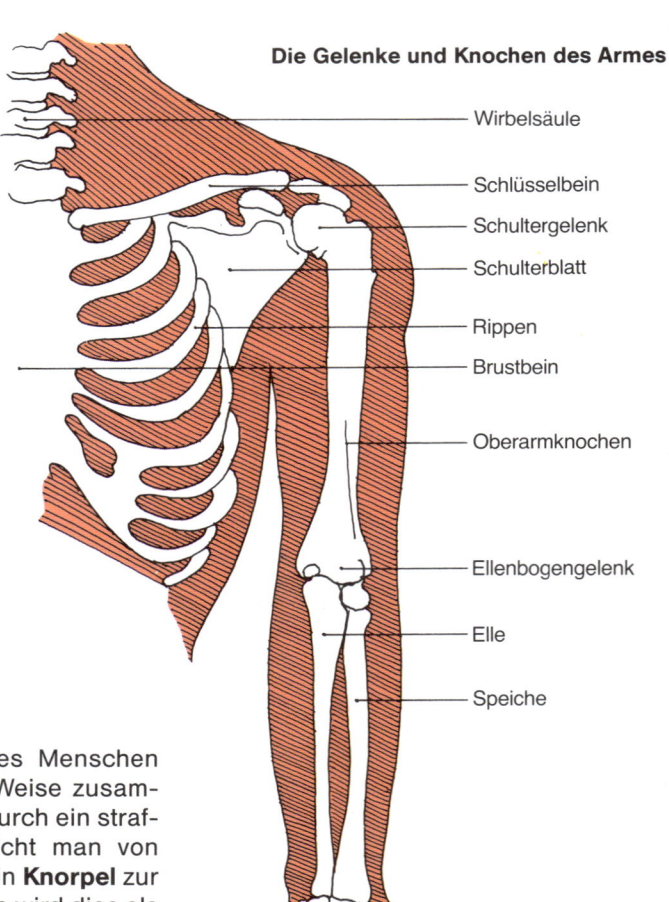

Schnitt durch ein Ellenbogengelenk
— Oberarmknochen
— Speiche
— Bänder
— Elle
— Hackenschnabel
— Gelenkkapsel

Meniskus, rechtes Kniegelenk maximal gebeugt und geöffnet, von vorn gesehen
— hinteres Kreuzband
— Innenmeniskus
— vorderes Kreuzband
— Bandverbindung
— Außenmeniskus

Die Gelenke und Knochen des Armes
— Wirbelsäule
— Schlüsselbein
— Schultergelenk
— Schulterblatt
— Rippen
— Brustbein
— Oberarmknochen
— Ellenbogengelenk
— Elle
— Speiche
— Handwurzelknochen
— Mittelhandknochen
— Fingerknochen

Gelenk

Die einzelnen **Knochen** des Menschen werden auf verschiedene Weise zusammengehalten. Erfolgt dies durch ein straffes Bindegewebe, so spricht man von Bandhaft. Dient hingegen ein **Knorpel** zur Verbindung der Knochen, so wird dies als Knorpelhaft bezeichnet. Bei den Gelenken grenzen zwei oder mehrere Knochen mit überknorpelten Flächen aneinander und sind gegeneinander beweglich. Den beweglichen Teil nennt man *Gelenkkopf*, den unbeweglichen *Gelenkpfanne*. Zur Angleichung der sich gegeneinander be-

Gentechnik

wegenden Gelenkflächen können Gelenkzwischenscheiben dienen, wie sie z. B. die beiden Menisken (*Meniskus*) im Kniegelenk darstellen. Darüber hinaus wird das Gelenk von der *Gelenkkapsel* völlig umhüllt und abgeschlossen. Die Innenhaut sondert eine Flüssigkeit ab, die als Gelenkschmiere dient und die einzelnen Gelenkabschnitte beweglich macht. Verstärkt wird die Gelenkkapsel durch verschiedene Bänder und Muskelzüge. Schleimbeutel halten als Schutzpolster vorbeiführende Muskelsehnen vom Gelenk fern und begünstigen deren Gleiten. Nach den Bewegungsmöglichkeiten unterscheidet man verschiedene Gelenkformen: ein-, zwei- und dreiachsige sowie straffe Gelenke. Einachsige Gelenke funktionieren entweder ähnlich wie Scharniere (*Scharniergelenke*) oder es sind *Drehgelenke*. Bei diesen kann die Bewegung nur um eine Achse erfolgen. Dabei dreht sich eine runde Scheibe des einen Knochens in einem entsprechenden Ausschnitt des anderen Knochens. Zu den zweiachsigen Gelenken zählen die *Eigelenke*, bei denen sich ein eiförmiger Gelenkkopf in einer entsprechend geformten Pfanne bewegt, sowie die *Sattelgelenke*, die nur Bewegungen nach vorn, nach hinten und zur Seite ermöglichen. Die dreiachsigen Gelenke sind die beweglichsten des Körpers. Der Gelenkkopf in Form einer Kugel bewegt sich in der Gelenkpfanne, die dem Ausschnitt einer Hohlkugel gleicht. Bei den straffen Gelenken handelt es sich um Gelenke mit Knorpelflächen, Kapsel u.a., die jedoch nur Wackelbewegungen zulassen.

Aber auch aus dem Bereich des Maschinenbaus kennen wir den Begriff Gelenk. Hier verstehen wir darunter eine bewegliche Verbindung von zwei Maschinenteilen. Beim Achsen- und beim Gabelgelenk sind die Teile durch einen Bolzen verbunden und nur in einer Richtung, und zwar senkrecht zum Bolzen, beweglich. Beim Kugelgelenk dreht sich das kugelförmige Ende des einen Teils in einer hohlkugelförmigen Pfanne des anderen Teils; dadurch ist eine Bewegung in alle Richtungen möglich. In der Bautechnik werden bewegliche Verbindungen von Bauteilen ebenfalls Gelenke genannt. Sie erlauben aber nur die Übertragung von Zug- und Druckkräften. Eine Drehbewegung ist nicht möglich.

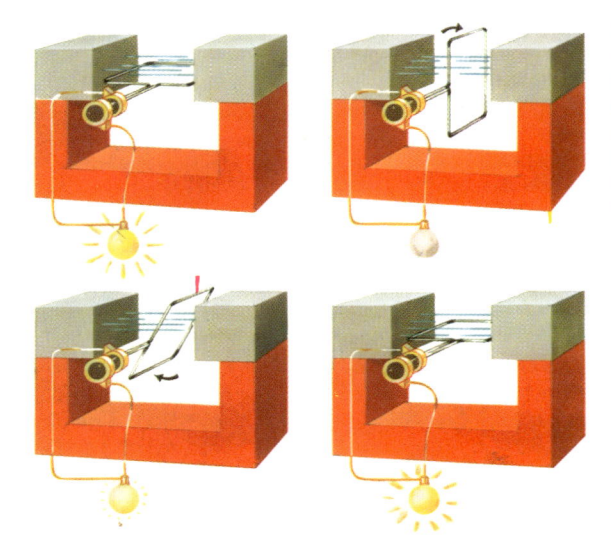

Die einfachste Form eines Generators besteht aus einer Drahtschleife in einem magnetischen Feld. Es fließt Strom, wenn die Drahtschleife bewegt wird

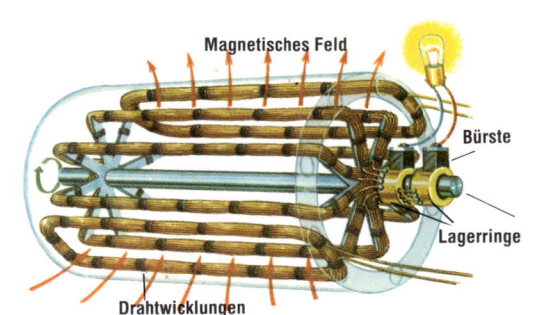

Bei industriell hergestellten Generatoren ist die Drahtschleife durch Drahtwicklungen ersetzt

Generationswechsel

Wechselt die Art der **Fortpflanzung** bei Pflanzen und Tieren periodisch oder unregelmäßig zwischen geschlechtlich und ungeschlechtlich im Verlauf von zwei oder mehreren *Generationen*, so spricht man von einem Generationswechsel. Dabei können die Generationen sich völlig voneinander unterscheiden. Ein Generationswechsel mit zwei Generationen, einer geschlechtlichen und einer ungeschlechtlichen, erfolgt bei fast allen **Algen, Farnen, Moosen** und *Blütenpflanzen*.

Generator

Ein Generator ist eine elektrische **Maschine**, die mechanische in elektrische **Energie** umwandelt. Das Prinzip eines Generators beruht auf der elektromagnetischen Induktion, die von *M. Faraday* nachgewiesen wurde. Dabei wird in eine *Spule*, die an ein Strommessgerät angeschlossen ist, ein Stabmagnet eingeführt. Bewegt man **Magnet** oder Spule, ändert sich in der Spule das Magnetfeld. Dadurch werden die freien *Elektronen* im Draht in eine bestimmte Richtung getrieben. So bildet sich an einem Drahtende ein Elektronenüberschuss, am anderen ein Elektronenmangel. Die dabei entstehende elektrische *Spannung* zwischen Anfang und Ende der Spule bezeichnet man als *elektromagnetische Induktion*, den ausgelösten Strom als *Induktionsstrom*. Antriebsmaschinen für Generatoren sind meist Dampf- oder Wasserturbinen (**Turbinen**).

Gentechnik

1973 gelang es amerikanischen Wissenschaftlern erstmals, je ein *DNS*-Stück, also Erbinformationen, von ganz verschiedenen Lebewesen zu isolieren und diese beiden Teile des genetischen Materials zusammenzufügen. Das Ergebnis war eine völlig neue Lebensform, wie es sie auf der Erde bis dahin noch nicht gegeben hatte. Seither werden nach dieser Methode neue Tiere und Pflanzen geschaffen – u. a. eine „Schiege", für die die Gene von Schaf und Ziege gemischt werden. Das erste kommerziell verwertbare Massenprodukt der *Gentechnologie* war künstlich erzeugtes *Insulin*, das von genetisch veränderten **Mikroben** produziert wird. Ein weiteres wichtiges Feld ist die Erzeugung

Geografie

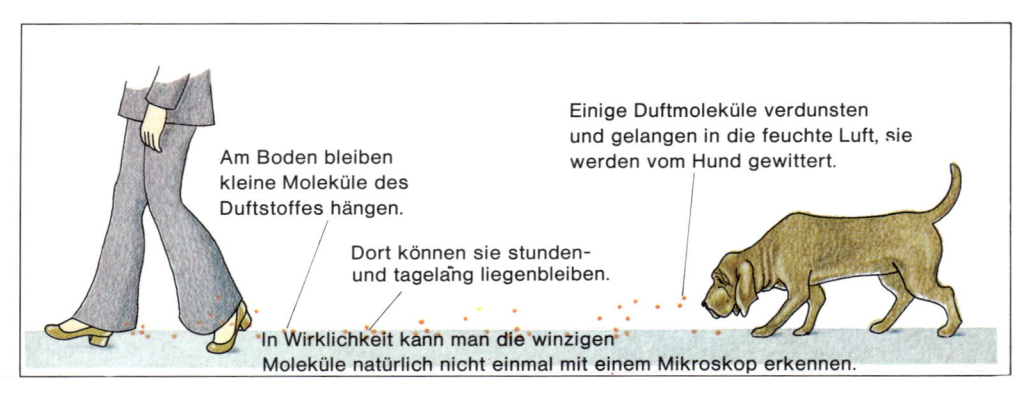

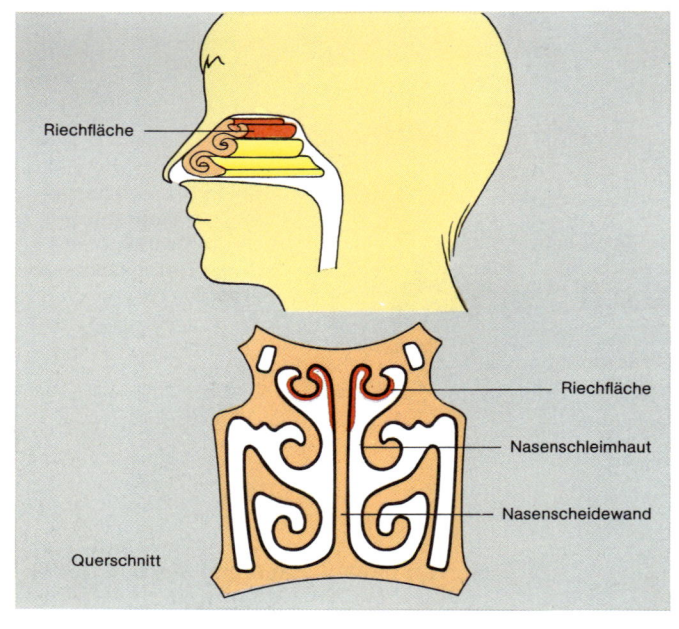

Am Boden bleiben kleine Moleküle des Duftstoffes hängen.

Einige Duftmoleküle verdunsten und gelangen in die feuchte Luft, sie werden vom Hund gewittert.

Dort können sie stunden- und tagelang liegenbleiben.

In Wirklichkeit kann man die winzigen Moleküle natürlich nicht einmal mit einem Mikroskop erkennen.

Hunde gehören zu den makrosmatischen Tieren mit einem ausgeprägten Geruchssinn

Das Riechorgan des Menschen ist die Nase, unten im Querschnitt

besonders widerstandsfähiger und ertragsintensiver Nutzpflanzen.

Die Risiken der Gentechnik werden jedoch als sehr hoch eingeschätzt: Niemand kann vorhersagen, welche Auswirkungen genetisch veränderte Lebewesen auf die **Umwelt** haben würden. Neuartige **Bakterien** beispielsweise könnten neben den gewünschten Merkmalen auch völlig unerwartete, gesundheitsgefährdende Eigenschaften aufweisen. Gewarnt wird besonders vor den nicht kontrollierbaren Folgen der Genversuche und dem Missbrauch der Gentechnik zur Menschenzüchtung. Die Gegner der Gentechnik sprechen deshalb auch von der Gefahr der *Genmanipulation*.

Geografie

Geografie oder *Erdkunde* ist die Wissenschaft von den Erscheinungen und den Räumen der Erdoberfläche, ihren Eigenarten, Formen und Beziehungen. (**Erde**)

Geometrie

Die Geometrie ist die Lehre von den Eigenschaften flächiger oder räumlicher Figuren (Kreis, Quadrat, Gerade usw.). Man unterscheidet die ebene von der körperlichen Geometrie. In der höheren Geometrie untersucht die synthetische Geometrie die Figuren als Ganzes. Daneben ordnet die analytische Geometrie jedem Punkt in einer Ebene oder einem Raum ein Zahlenpaar als Koordinaten zu. Es gibt eine Vielzahl geometrischer Grundsätze. Sie gliedern sich nach dem Verhalten der geometrischen Eigenschaften der Figuren bei bestimmten Koordinatenumwandlungen und -veränderungen.

Begründet haben die Geometrie die alten Ägypter. Sie bestand damals noch aus der Kenntnis und der praktischen Anwendung der Feldmessung. Mit ihr teilten die Ägypter nach jeder Nilüberschwemmung die Felder neu ein. Diese Feldmesskunst wurde im 6. Jh. v. Chr. von den Griechen übernommen und zu einer selbständigen Wissenschaft ausgebaut. Bekannt sind aus dieser Zeit *Archimedes* (um 287–212 v. Chr.), *Euklid* (3. Jh. v. Chr.), *Pythagoras* (6. Jh. v. Chr.), *Thales* (um 600 v. Chr.) u. a. Das Abendland übernahm im 12. Jh. von den Arabern geometrische Kenntnisse, zu deren Erweiterung in der Folgezeit berühmte Wissenschaftler wie Kepler (16. Jh.), Galilei, Leibniz, Newton, Pascal (17. Jh.), Euler, Lagrange (18. Jh.), Steiner und Gauß (19. Jh.) beigetragen haben.

Geothermik

Die Geothermik beschreibt die Temperaturverteilung in der Erde und beschäftigt sich mit der Wärmeleitfähigkeit von **Gesteinen**. Außerdem befasst sie sich mit der Nutzbarkeit von Wärmeenergie aus der **Erdkruste** (z. B. Umwandlung in elektrische **Energie** durch geothermische **Kraftwerke** und Nutzung zu Heizungszwecken, wie u. a. in Island).

Geruchssinn

Man unterscheidet, wenn man das Geruchsvermögen untersucht, drei Gruppen von Lebewesen. Makrosmatische Tiere (z. B. Raubtiere, Huftiere) besitzen den am besten entwickelten Geruchssinn. Mikrosmatische Säugetiere verfügen über ein nur unvollkommenes Geruchsvermögen. Zu ihnen muss man auch den Menschen zählen. Anosmatischen Säugern fehlt das Geruchsvermögen sogar ganz (z. B. Walen). Durch kurzes Einatmen (Schnuppern) gelangt die Luft näher an die Riechfelder. Die Riechzellen, die sich dort befinden, sind in der Lage, die in der Luft enthaltenen Geruchseindrücke in Nervenimpulse umzuwandeln und diese über die Riechnerven zum Großhirn weiterzuleiten. Bei vielen Tieren ist der Geruchssinn deshalb so gut entwickelt, weil er für die Nahrungssuche und das Auffinden eines Geschlechtspartners lebenswichtig ist.

Geschlechtsbestimmung

Die Geschlechtsbestimmung ist die Festlegung, ob aus einem pflanzlichen, tierischen oder menschlichen **Keim** ein männliches oder weibliches Lebewesen hervorgeht. Während der **Zeugung** beim Menschen kommt es zu einer besonderen Art von *Zellteilung*. Dadurch gelangt immer nur ein **Chromosom** von jedem Chromosomenpaar in den *Samenfaden*. Jedes **Ei** enthält ein X-Chromosom und jeder

Geschlechtsorgane

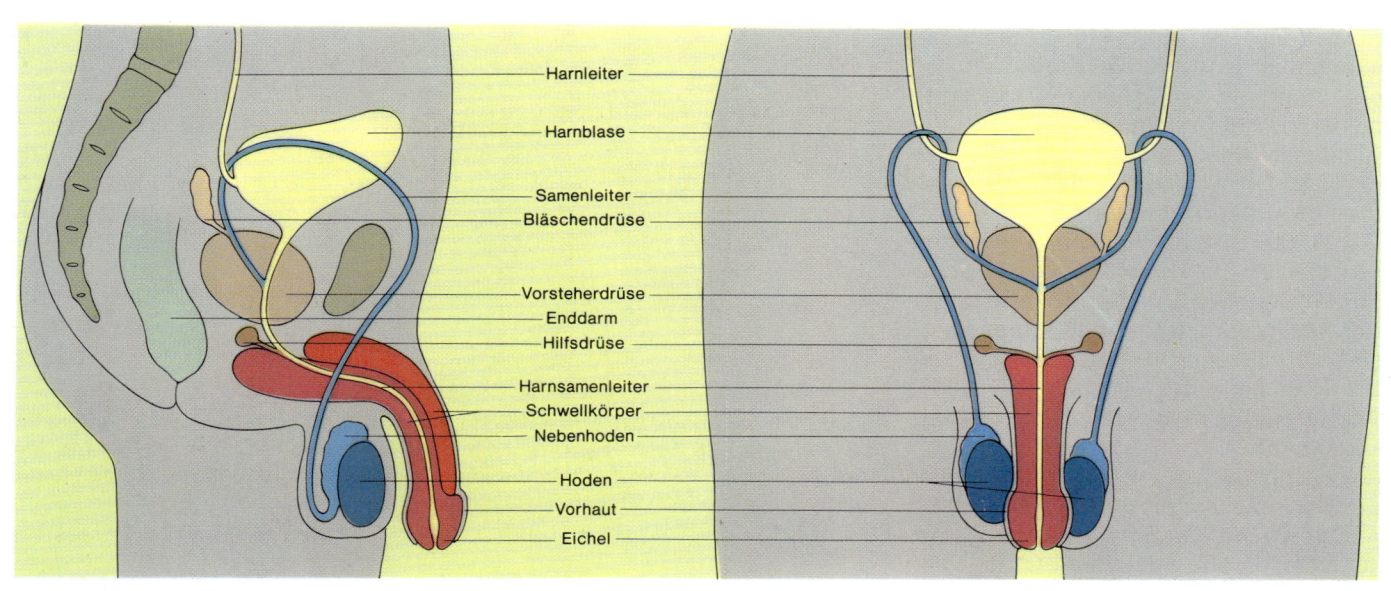

Schema der männlichen Geschlechtsorgane

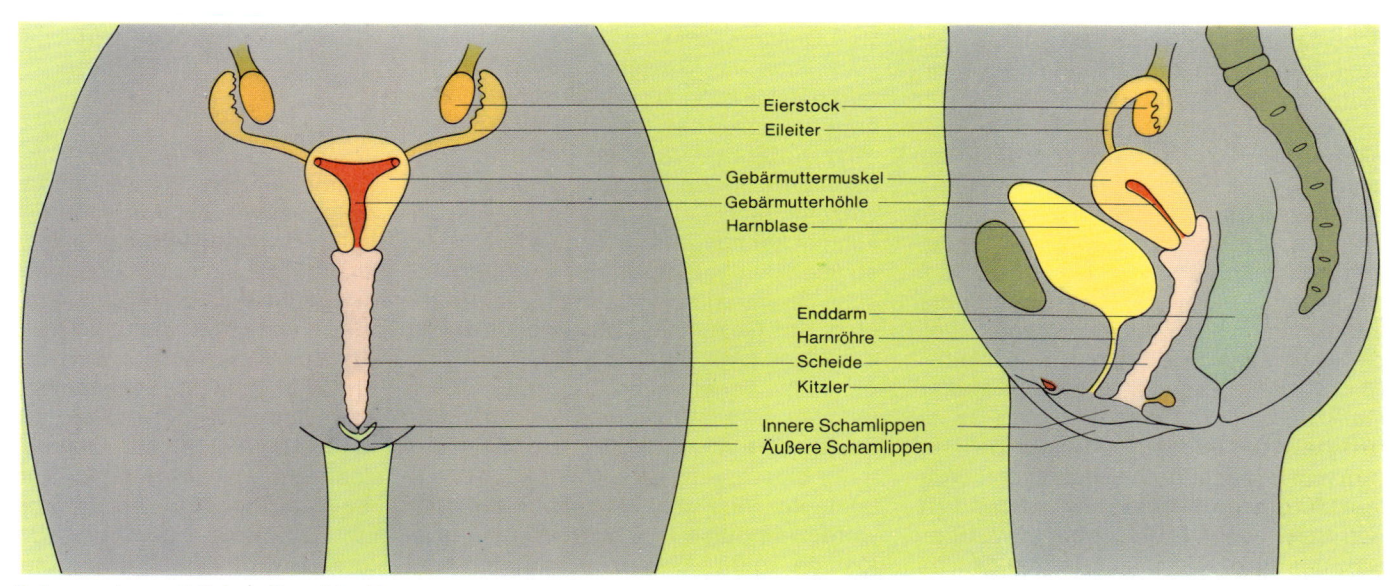

Beschriftungen: Harnleiter, Harnblase, Samenleiter, Bläschendrüse, Vorsteherdrüse, Enddarm, Hilfsdrüse, Harnsamenleiter, Schwellkörper, Nebenhoden, Hoden, Vorhaut, Eichel

Schema der weiblichen Geschlechtsorgane

Beschriftungen: Eierstock, Eileiter, Gebärmuttermuskel, Gebärmutterhöhle, Harnblase, Enddarm, Harnröhre, Scheide, Kitzler, Innere Schamlippen, Äußere Schamlippen

---

Samenfaden ein Y- oder aber ein X-Chromosom. Wird ein Ei von einem Samenfaden mit einem X-Chromosom befruchtet, entwickelt sich ein Mädchen. Befruchtet jedoch ein Y-chromosomhaltiger Samenfaden das Ei, wird das Kind ein Junge.

Geschlechtsmerkmale

Die Geschlechtsmerkmale sind typische Kennzeichen, durch die sich die *Geschlechter* unterscheiden. *Primäre Geschlechtsmerkmale* sind die **Geschlechtsorgane**, sekundäre Geschlechtsmerkmale sind beim Menschen: Wuchs, Brust, Haarwuchs, **Stimme** u. a.; bei Tieren: Waffen der Männchen (z. B. Geweih), Färbung, **Sinnesorgane** (beim Männchen meist besser entwickelt als beim Weibchen), **Instinkte**, die sich bei der *Paarung* und bei der *Brutpflege* zeigen.

Geschlechtsorgane

Organe, die der **Fortpflanzung** der Lebewesen dienen, bezeichnet man als Geschlechtsorgane oder *Genitalien*. Beim Menschen kennen wir männliche und weibliche Geschlechtsorgane. Die männlichen bestehen aus den beiden *Hoden* mit ihren Hüllen, den Nebenhoden, den Samenleitern, den Samenblasen, der *Prostata (Vorsteherdrüse)* und dem *Glied (Penis)* mit Hodensack. Beim Hoden unterscheidet man die Anteile, in denen der **Samen** gebildet wird, die ableitenden Samenwege und die Zwischengewebe. Der Nebenhoden ist mit der Hinterwand des Hodens verwachsen. Der darauf folgende Nebenhodengang, der als Samenspeicher dient, mündet in den *Samenleiter*. Die beiden Samenleiter treten an der Hinterfläche der Prostata ein und führen in die *Harnröhre*, durch die der Samen nach außen gelangt. Die beiden Samenblasen münden in die Harnröhre. Sie speichern den mit einem Sekret vermengten Samen und spritzen ihn über Ausführungsgänge bei einem Samenerguss in die Harnröhre. Die Prostata, durch die die Harnröhre läuft, erzeugt das Sekret, das dem Samen

115

Geschmackssinn

beigemengt wird. Beim Glied (Penis) unterscheidet man Wurzel, Körper und Eichel. Der Rand der Eichel formt sich zu einer Wulst, der Kranzfurche. Die Haut des Glieds ist sehr zart und bildet an der Eichel eine Doppelung (Vorhaut), mit der sie die Eichel überzieht. Der Körper und die Eichel des Glieds enthalten Schwellkörper, die um die Harnröhre herum angeordnet sind. Bei Erregung füllen sich die Schwellkörper mit Blut und führen so zu einer erheblichen Größenzunahme und zur Versteifung des Glieds.

Bei den weiblichen Geschlechtsorganen kann man zwischen inneren und äußeren unterscheiden, da die inneren innerhalb des Beckens und die äußeren an der Körperoberfläche liegen. Die inneren Geschlechtsorgane bestehen aus den beiden *Eierstöcken* und *Eileitern*, der *Gebärmutter* und der *Scheide*. Die äußeren Geschlechtsorgane sind die *Klitoris* und die *Schamlippen*. Die beiden Eierstöcke sind Keimdrüsen. Sie haben zwei Funktionen: Zum einen produzieren sie *Eizellen*, zum anderen weibliche *Sexualhormone*, deren Bildung von der Hirnanhangdrüse gesteuert wird. Über den Eierstöcken öffnet sich jeweils der Eileiter, ein 10 cm langes Rohr, das zur Gebärmutter führt. Die Eileiter sind Hohlorgane, in denen das reife **Ei** nach dem Eisprung in die Gebärmutter transportiert wird. Die Gebärmutter ist ein birnenförmiges Hohlorgan, das im kleinen Becken liegt. Der Eingang heißt *Muttermund* und ragt zapfenförmig in die Scheide hinein. Die Scheide verbindet die inneren mit den äußeren Geschlechtsorganen. Ihr Eingang liegt zwischen den kleinen Schamlippen. Sie ist ein etwa 10 cm langer muskulöser Schlauch, der sich bei Erregung weitet und sich beim Orgasmus rhythmisch zusammenzieht. Bei der **Geburt** wird die Scheide so weit gedehnt, dass das Baby hindurchpasst. Der äußere Schamberg wölbt sich im Bereich der Schambeinfuge vor. An ihn schließen sich die von der äußeren Haut bedeckten großen Schamlippen an, die die Schamspalte begrenzen. Nicht zu den Geschlechtsorganen, wohl aber zu den weiblichen **Geschlechtsmerkmalen** gehört die weibliche *Brust*. Sie enthält den Drüsenkörper, der aus 15–20 Lappen (Drüsengewebe) und ebenso vielen Milchgängen zusammengesetzt ist, die gemeinsam an der Brustwarzenspitze in die Milchporen münden.

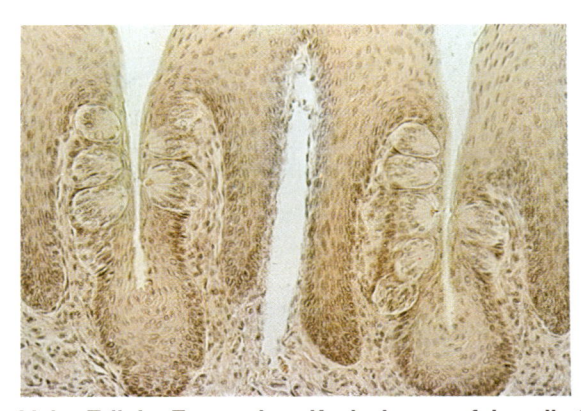

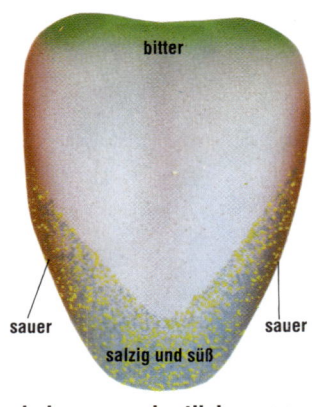

Links: Teil der Zunge eines Kaninchens, auf dem die Geschmacksknospen deutlich zu erkennen sind. 4–5 Geschmackszellen bilden eine Geschmacksknospe. Rechts: Menschliche Zunge. Die vier Geschmacksrichtungen bitter, salzig, sauer und süß werden hauptsächlich an den angegebenen Stellen geschmeckt

Geschmackssinn

Der Geschmackssinn ist die Fähigkeit, bestimmte im **Speichel** gelöste Stoffe durch Berührung mit den Geschmacksorganen wahrzunehmen. Wir schmecken über die **Zunge**. Auf der Zunge, im **Gaumen** und im Kehldeckel befinden sich verschiedene Zellgruppen, die man Geschmacksknospen nennt. Diese Geschmacksknospen reagieren auf chemische Stoffe unserer Nahrung. Die Verteilung der Geschmacksknospen sieht so aus, dass jene, die in der Nähe der Zungenspitze liegen, süße und salzige Substanzen erkennen, jene an den Rändern saure, wie Essig und Zitrone, und die hinteren bittere, wie Kaffee oder auch Medikamente. Über die Geschmacksknospen werden **Impulse** in den **Nerven** ausgelöst, die in das **Gehirn** gelangen.

Gestein

Gesteine sind feste Bildungen in der **Erdkruste**, die aus **Mineralien**, aus einer Mineralart oder aus organischen Resten bestehen. Die Bestimmung des Alters von Gesteinen erfolgt aus Lagerungsform und eingeschlossenen **Fossilien** oder durch geochemische Untersuchungen.
Nach ihrer Entstehung unterscheidet man: 1. Magmatische Gesteine, die aus **Magma** entstanden sind. In ihnen sind keine Fossilien eingeschlossen; 2. Sedimentgesteine (= Ablagerungsgesteine). 3. Metamorphe Gesteine (**Metamorphose**). Sie sind durch physikalische Umwandlung (Hitze, Druck) oder chemische Umwandlung von magmatischem oder Sedimentgestein entstanden.

Die Wissenschaft von der Bildung und Umwandlung der Gesteine nennt man Gesteinskunde oder *Petrologie*. Sie ist ein Teilgebiet der **Mineralogie**.

Getriebe

Getriebe sind Vorrichtungen zum Umwandeln von **Kräften** in Bewegungen. Je nach Aufbau unterscheidet man verschiedene Getriebe. Es gibt Zahnradgetriebe, wie bei Kraftfahrzeugen, und Druckflüssigkeitsgetriebe, wie sie in der **Hydraulik** verwendet werden. Viele Getriebe passen ihre **Drehzahl** stufenlos den jeweiligen Erfordernissen an. Man spricht dann von stufenlosen Getrieben. Stufenlos können zum Beispiel auch Flüssigkeitsgetriebe arbeiten, in denen ein starrer Teil durch eine Druckflüssigkeit (Öl) ersetzt wird. Neben den stufenlos arbeitenden Getrieben kann die *Übersetzung* auch stufenweise vorgenommen werden. Dies geschieht bei Wechselgetrieben durch Schaltgänge, die die hohen Drehzahlen des Motors herabsetzen und in ein höheres *Drehmoment* verwandeln (**Kraftwagen**). Das Übersetzungsverhältnis ist dabei abhängig vom Größenverhältnis der beiden gerade arbeitenden **Zahnräder**: Ein Zahnrad treibt ein zweites, halb so großes mit doppelter Drehzahl an. Im Autogetriebe wird also das Zahnrad, das auf der Motorantriebswelle sitzt, mit verschieden großen Zahnrädern kombiniert, was ein Auskuppeln (**Kupplung**) der Verbindung zwischen **Motor** und Getriebe erforderlich macht. Durch das Kombinieren ergeben sich die unterschiedlichen *Gänge* und es werden hohe und niedrigere Fahrgeschwindigkeiten ermöglicht.

Gewinde

Schnitt durch ein Kraftwagengetriebe

Ein Schiffsgetriebe von Mannesmann

Gewebe

Als Gewebe bezeichnet man in der **Biologie** einen Verband von **Zellen**, die alle zusammen einer Aufgabe dienen. Alle **Organe** sind aus einem oder mehreren Geweben aufgebaut. Bei Mensch und Tier heißt das nur aus Zellen bestehende Gewebe, das die inneren und die äußeren Körperoberflächen auskleidet, *Epithelgewebe*. Das *Stützgewebe* besteht aus Zellen und einer Zwischenmasse. Es ist zu finden in Binde-, Knorpel- und Knochengewebe. Das *Muskelgewebe* ist das Gewebe der **Muskeln**, die sich durch **Impulse** der **Nerven** bewegen. Das *Nervengewebe* besteht aus Nervenzellen und Nervenfortsätzen (Nervenfasern).

Gewehr

In Europa kamen mit der Erfindung des Schwarzpulvers im 14. Jh. (die Chinesen hatten diese Erfindung wesentlich früher gemacht) auch die ersten Gewehre als Handrohre auf. Sie waren aus Bronze oder **Eisen** gegossen und sehr schwer und unhandlich. Diese Rohre – man nannte sie *Arkebusen* – waren an einem Ende geschlossen. Durch die vordere Öffnung stopfte man Schießpulver und Kugel hinein und entzündete die Ladung mit einer glühenden Lunte durch eine kleine Öffnung im verschlossenen hinteren Teil. Das Pulver explodierte, die Kugel wurde durch das Rohr ausgestoßen und flog einige 100 m weit. Diese Gewehre (*Vorderlader*) waren nicht sehr zielsicher. Sie dienten eher dazu, den Feind durch Knall und Pulverdampf zu erschrecken. Später baute man einen Holzschaft an das Rohr, verkleinerte es und machte es handlicher. Zum besseren Zielen wurde ein *Visier* eingebaut, durch das der Schütze sein Ziel anpeilen konnte. Auch die *Zündung* wurde immer weiter verbessert. Das Gewehr war erst mit einem Schloss und einer Pulverpfanne ausgestattet. Später wurde das Schnappschloss entwickelt, das durch den Funkenschlag eines Feuersteins die Ladung entzündete. Dieses so genannte *Steinschlossgewehr* hatte den Nachteil, dass man bei Regen nicht damit schießen konnte. Aber geübte Schützen waren in der Lage, damit bis zu drei Schüsse pro Minute abzugeben, was eine beachtliche Steigerung der Feuerkraft bedeutete. Es dauerte rund 200 Jahre, bis dann 1836 der *Hinterlader* erfunden wurde. Das war ein Gewehr, das am hinteren Ende mit einem Verschluss versehen und so geladen werden konnte. Dieses *Zündnadelgewehr*, bei dem der Zündstoff in einer bereits vorgefertigten *Patrone* (Pulver in einer auswechselbaren Hülse, die durch das Geschoss verschlossen ist) durch eine Zündnadel zur Explosion gebracht wurde, ist der Vorläufer der heutigen Gewehre. Während der letzten beiden Weltkriege wurden die Gewehre immer weiter entwickelt. Das Ergebnis waren Maschinengewehr und Maschinenpistole, die sich nach jedem Schuss selbsttätig (automatisch) nachladen.

Das Lee Enfield-Gewehr wurde erstmals von britischen Soldaten im Jahre 1902 eingesetzt und fand auch noch im Zweiten Weltkrieg Verwendung

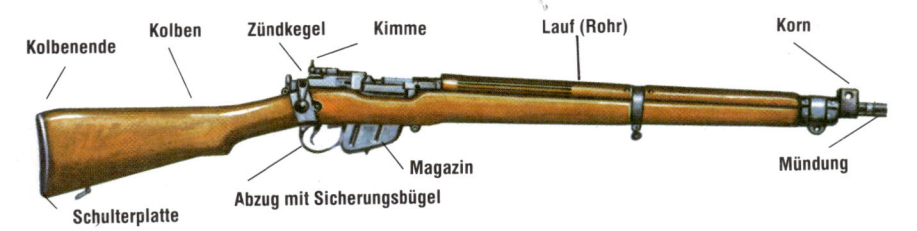

Gewinde

Als Gewinde bezeichnet man schraubenförmig umlaufende Kerben in oder an runden Körpern. Man spricht von Außengewinden, wenn sie an der Außenseite, oder von Innengewinden, wenn sie an der Innenseite des dann hohlen Körpers verlaufen. Gewinde sind nicht im rechten, sondern zum Ein- und Ausschrauben in einem geneigten Winkel zur Achse der Schraube eingekerbt, den man als *Stei-*

Geysir

gungswinkel bezeichnet. Größere Steigungswinkel zeigen an, dass es sich um Holzschrauben handelt. Es gibt sowohl Links- als auch Rechtsgewinde, die meisten Schraubverbindungen haben jedoch ein Rechtsgewinde.

Geysir

Eine **Quelle**, aus der in regelmäßigen Abständen unter Dampfentwicklung **Wasser** fontänenartig ausgestoßen wird, nennt man Geysir (*Springquelle*). Durch vulkanische Wärme wird **Grundwasser** oder ein unterirdisches Wasserreservoir erhitzt. Das unterirdische Wasserbecken ist durch eine schmale Röhre mit der Erdoberfläche verbunden. Der **Druck** des in der Röhre stehenden Wassers erhöht den *Siedepunkt* des gespeicherten Wassers, das somit nicht bei 100°C sieden kann. Erst wenn die diesem Druck entsprechende Siedetemperatur erreicht ist, wird ein Teil des Wassers ausgeworfen. Die dadurch entstehende geringe Druckentlastung reicht aus, um einen Teil des Wassers zu Dampf werden zu lassen. Nun erfolgt das Sieden explosionsartig und schleudert die Wassermassen aus der Quellöffnung heraus. Geysire finden sich nur auf vulkanischem Boden, so z.B. auf Neuseeland, Island und im Yellowstone Nationalpark in Wyoming/USA, in dem es allein 84 dieser heißen Springquellen gibt.

Geysir im Yellowstone Nationalpark (Wyoming/USA)

Gezeiten

Unter Gezeiten versteht man die regelmäßigen Schwankungen des Meeresspiegels auf dem größten Teil der Meere in etwa 12½ stündiger Periode. Das Steigen des Wassers heißt *Flut*, das Fallen *Ebbe*. Die Gezeiten entstehen durch die Anziehungskraft des **Mondes** und der **Sonne** auf die Wasserhülle der Erde. Sie setzen sich also aus Mondgezeiten und Sonnengezeiten zusammen. Je nach Stellung von **Mond** und **Sonne** zur **Erde** verstärken die beiden Kräfte einander zur Springflut oder schwächen einander zur Nippflut ab. Dazu kommen noch die Einflüsse der Erdoberfläche, also **Wind**, Wassertiefe usw., so dass die Gezeiten eine örtlich ganz verschiedene Erscheinung sind.

Gift

Gift ist ein Stoff, der im Körper aufgrund seiner chemischen oder physikalischen Eigenschaften zu schädigenden Wirkungen und unter Umständen zum Tode führen kann. Die Reaktion auf ein bestimmtes Gift hängt ab von der Menge, der Form der Einwirkung und davon, wo im Körper es angreift. **Arzneimittel**, in zu hoher Dosierung eingenommen, werden zu Gift. Auch durch das Verzehren verdorbener Nahrungsmittel kann man sich eine Vergiftung zuziehen (*Lebensmittelvergiftung*). Übermäßiger Genuss alkoholischer Getränke kann eine *Alkoholvergiftung* zur Folge haben.

Der Handel mit Giften ist nur mit besonderer staatlicher Erlaubnis gestattet und z.T. den Apotheken vorbehalten. Das Pflanzenschutzgesetz enthält Vorschriften über die Verwendung giftiger Mittel, wie es fast alle Pflanzenschutzmittel sind. Hochgiftig sind Unkrautvertilgungsmittel sowie Verbindungen des **chemischen Elements** *Arsen*. Die Maßnahmen, die ergriffen werden müssen, wenn sich eine Person vergiftet hat, sind sehr unterschiedlich und hängen von der Art des eingenommenen Giftes ab und auch davon, wie lange es sich bereits im Körper befindet. Da es keine Erste-Hilfe-Maßnahme gibt, die in jedem Fall angewendet werden kann, gilt generell, dass man möglichst rasch den Notarzt oder noch besser die Giftnotrufzentrale anrufen sollte. Dort erfährt man von Spezialisten, welche Sofortmaßnahmen zu ergreifen sind.

Giraffe

Die braungelb gefleckte Giraffe lebt in Herden in den offenen *Steppen* südlich der Sahara. Ihr besonderes Merkmal sind die hohen Vorderbeine und der lange

Gezeitenkraftwerk an der Rance-Mündung bei St. Malo/Frankreich. Die gewaltigen Gezeitenunterschiede, die hier bis zu 8 m betragen, werden vom Kraftwerk zur Stromerzeugung genutzt

Wegen ihrer langen Vorderbeine muss die Giraffe, um trinken zu können, diese weit spreizen oder im Kniegelenk beugen

Hals, der es ihr ermöglicht, bequem das Laub der Bäume, von dem sie sich ernährt, zu erreichen. Die Giraffe bewegt sich im *Passgang*, d. h., jeweils Vorder- und Hinterbein auf einer Seite bewegen sich gleichzeitig. Verwandt mit ihr ist das *Okapi*, das einen mäßig verlängerten Hals hat und kleiner ist. Es ist braun mit schwarzweiß gestreiften Beinen.

Glas

Glas ist ein harter, spröder, meist lichtdurchlässiger Stoff, der durch Schmelzen entsteht. Bei der Glasherstellung werden 35 % Sand, 18 % Pottasche, 13 % *Kalk*, 12–14 % Soda und 2–6 % andere Stoffe in ein Rührwerk gegeben, gemischt und bei Temperaturen von 1300 °C–1550 °C geschmolzen. Soll z. B. aus dem Glas Fensterglas entstehen, so lässt man das flüssige Glas über flüssiges Zinn laufen, dessen Oberfläche flach und glatt ist. Auf diese Weise erhält man glatte Scheiben.

Glasbläserei

Das Glasblasen ist eine traditionelle Methode, um **Glas** zu formen. Hierbei wird flüssiges Glas verwendet. Der Glasbläser muss schnell arbeiten, da die Masse rasch abkühlt und hart wird. Zum Glasblasen verwendet der Glasbläser eine Glasbläserpfeife, ein Rohr, das oben ein Mundstück und einen Griff hat und unten etwas verdickt ist. Er taucht dieses Rohr in die flüssige Glasmasse und bläst dann hindurch, wobei er das Rohr ständig dreht und schwingt, um so dem Glas eine besondere Form zu geben.

Glasfasern

Glasfasern (auch *Glasfibern*) sind feine und elastische Fäden, die aus geschmolzenem **Glas** hergestellt werden. Die feuerfesten Gewebe aus Glasfasern verwendet man vor allem zur Dämmung und zur Isolierung. In der modernen Fernmeldetechnik dienen Glasfaserkabel als *Lichtwellenleiter*, sie können wesentlich größere Informationsmengen (u. a. Fernsehprogramme) übermitteln als herkömmliche Metallkabel. Zudem sind sie viel leichter und einfacher zu handhaben. Der zu ihrer Herstellung benötigte Quarzsand ist nahezu unbegrenzt verfügbar, die Produkte selbst sind überaus beständig und unempfindlich gegen äußere Einwirkungen und elektrische sowie magnetische Störungen.

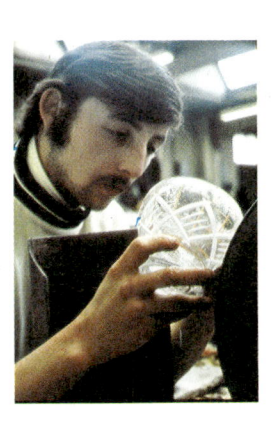

Mit einem speziellen Stahlrohr wird das geschmolzene Glas möglichst schnell in die gewünschte Form geblasen (rechts). Die Oberfläche des geschliffenen Musters wird poliert (oben)

Gleichgewicht

Gleichgewicht

Mit Gleichgewicht wird der Zustand bezeichnet, in dem sich ein Körper befindet, wenn die auf ihn einwirkenden physikalischen und chemischen **Kräfte** sich gegenseitig aufheben. Drehbar gelagerte Körper können im stabilen, im labilen oder im beständigen Gleichgewicht sein. Hängt man z. B. ein Lineal so auf, dass sein **Schwerpunkt** unter dem Aufhängepunkt liegt, so hängt es genau waagrecht zur Aufhängung. Ein Körper ist in einem sicheren oder stabilen Gleichgewicht, wenn sein Schwerpunkt unterhalb des Aufhängepunktes liegt. Hebt man solche Körper an, kehren sie von selbst in ihre Ausgangslage zurück. In einem unsicheren oder labilen Gleichgewicht befindet sich ein Körper, dessen Schwerpunkt genau über dem Unterstützungspunkt liegt. Wird er nur ein wenig angestoßen, senkt sich sein Schwerpunkt so weit, bis er die tiefste Lage erreicht hat. Im beständigen Gleichgewicht eines Körpers bleibt der Schwerpunkt bei allen Bewegungen in gleicher Höhe. Bei einer *chemischen Reaktion* herrscht chemisches Gleichgewicht, wenn sich dabei ebenso viele **Moleküle** bilden wie zerfallen.

Gleisanlage. Weichen verbinden die Gleise miteinander und ermöglichen Richtungsänderungen

Gleichgewichtssinn

Der Gleichgewichtssinn ist bei Mensch und Tier die Fähigkeit, entgegen der **Schwerkraft** das Körpergleichgewicht aufrechtzuerhalten. Das Gleichgewichtsorgan liegt im Innenohr. Über drei Bogengänge im **Ohr** wird das **Gehirn** über Änderungen der Kopfstellung informiert. Zusammen mit dem unter den Bogengängen liegenden **Organ** für die Schwerkraft wird so für das **Gleichgewicht** gesorgt. Kommt es nun zu Irrtümern in den Bewegungsabläufen, dann werden Gehirn und Rückenmark über eine spezielle Gruppe von Muskelfasern, die man Spindelzellen nennt, informiert. Sofort erhalten die **Muskeln** dann den Befehl, die falschen Bewegungen zu korrigieren.

Gleis

Gleise sind Fahrbahnen für Schienenfahrzeuge mit bestimmten Spurbreiten. Bei den Eisenbahngleisen liegen die *Schienen* auf Holz-, Metall- oder Betonschwellen und sind aus hochwertigem **Stahl**. Schienen und Schwellen sind durch Eisenschrauben und Spangen miteinander verbunden. Am so genannten Schienenstoß, wo zwei Schienen zusammentreffen, bleibt eine kleine Lücke, die Wärmelücke. Dadurch können sich die Schienen bei Temperaturveränderungen ausdehnen oder zusammenziehen. So werden Verformungen vermieden, die Züge zum Entgleisen bringen können. Durch bessere Materialien kommt man heute allerdings mit weniger Lücken aus als früher. Dadurch wird die Erschütterung der Waggons vermieden und der Zug kann mit höheren Geschwindigkeiten fahren.

Gleitschirmfliegen

Das Gleitschirmfliegen ist ein Freizeit- und Wettkampfsport, der sich in den 70er und 80er Jahren aus dem Fallschirmspringen (**Fallschirm**) entwickelt hat. Andere, heute vielfach gebrauchte Bezeichnungen sind *Paragliding* und *Parasailing*. Der Gleitschirmflieger startet ohne weitere Hilfsmittel von Bergkanten oder Abhängen. Die geringe Sinkgeschwindigkeit des nur leicht gewölbten Gleitschirms ermöglicht, dass man mehrere Stunden in der Luft bleiben kann. Im Vergleich mit dem Drachen ist der Gleitschirm erheblich leichter und zusammengefaltet auch kompakter. (**Drachenfliegen**)

Gletscher

Gletscher sind Eisfelder, die oberhalb der Schneegrenze entstehen und sich, der **Schwerkraft** folgend, talabwärts bewegen. Je nach Größe des Gletschers liegt die Durchschnittsgeschwindigkeit zwi-

Hobbysport Gleitschirmfliegen (aufgenommen auf dem Nebelhorn bei Obersdorf)

Gold

Arktischer Zungengletscher

Der Gornergletscher in der Schweiz, mit 14,1 km Länge der zweitgrößte Gletscher der Alpen

schen 40 und 200 m im Jahr (**Alpen**). Mehrere Kilometer können in diesem Zeitraum Gletscher auf dem zu 85 % von Inlandeis bedeckten Grönland (**Arktis**) erreichen. Durch die unterschiedlichen Geschwindigkeiten, mit denen sich verschiedene Bereiche eines Gletschers fortbewegen, können auf der Oberfläche Spalten entstehen, die so genannten *Gletscherspalten*, mit einer Breite bis zu 20 m und einer Tiefe bis zu 100 m. Wir unterscheiden beim Gletscher das Nährgebiet (das über der Schneegrenze liegt), d. h., dort fällt jährlich mehr Schnee als schmilzt, und das Zehrgebiet (unterhalb der Schneegrenze). Hier schmelzen Schnee und **Eis**, z. B. durch Sonneneinstrahlung und durch die warme Luft im Sommer. Diesen Teil bezeichnen wir als *Gletscherzunge*. Je nachdem, ob aus dem Nährgebiet Eis in das Zehrgebiet nachrutscht oder ob die Eisschmelze im Zehrgebiet stärker ist, sprechen wir vom Vorstoß oder vom Rückzug des Gletschers. Das beim Schmelzen des Gletschers abgelagerte Gestein nennen wir **Moräne**.

Gliederfüßer

Die Gliederfüßer sind der größte Stamm des Tierreiches. Ihre Außenskelette bestehen aus **Chitin** (Hautpanzer). Sie besitzen vielgliedrige Extremitäten (z. B. Flügel, Fühler). Gliederfüßer atmen durch **Kiemen** (z. B. die *Krebstiere*) oder durch Luftröhren, sogenannte *Tracheen* (z. B. **Insekten, Spinnen**). (Abb. S. 122/123)

Glühbirne

Die Glühbirne ist eine elektrische Lichtquelle, in der ein Wolframdraht durch **elektrischen Strom** auf möglichst hohe Temperaturen gebracht wird. (*Wolfram* hat von allen Metallen den höchsten Schmelzpunkt.) Der Glühkörper brennt in einem luftleeren bzw. mit einem speziellen **Gas** gefüllten Glaskolben. Er besteht aus einem bis zu 1 m langen Leuchtdraht, der vielfach geschlungen (gewendelt) ist, um eine möglichst hohe Lichtausbeute zu erreichen. Als Erfinder der (brauchbaren) Glühlampe gilt der Amerikaner *Thomas Alva Edison* (1847–1931). (Abb. S. 122)

Gold

Gold ist ein hochwertiges **Edelmetall**, da es an der Luft nicht oxidiert und auch gegen die meisten Säuren unempfindlich

In einer Mine in Südafrika wird Gold in Barren gegossen

Granit

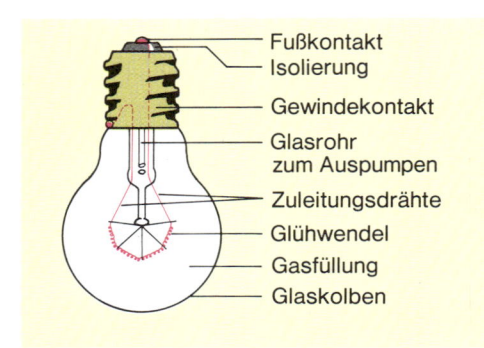

Schnitt durch eine Glühbirne

(Labels: Fußkontakt, Isolierung, Gewindekontakt, Glasrohr zum Auspumpen, Zuleitungsdrähte, Glühwendel, Gasfüllung, Glaskolben)

ist. Man kann es allerdings im so genannten *Königswasser* lösen. Das ist ein Gemisch aus Salpetersäure und Salzsäure. Gold ist das dehnbarste aller **Metalle**, deshalb wird es auch sehr gerne von Juwelieren verwendet. Man kann es bis zu einer Dicke von 0,0001 mm auswalzen. Bereits im Altertum kannte man das Gold als edles Metall. Man findet es hauptsächlich in Quarzgängen oder in Sandstein und Sedimentgestein. Die größten Goldvorkommen liegen in Südafrika, in der ehemaligen Sowjetunion, Australien und Nordamerika. Nur sehr wenig Gold fand man bisher in Europa. Entsprechend seiner Reinheit gibt es einen Reinheits-

Die größten Goldproduzenten 1993 (1990) in t		
Südafrika	619	(603)
USA	331	(290)
Australien	248	(242)
VR China	160	(100)
Kanada	153	(167)
Russland	150	(–)
Brasilien	80	(98)
Welt insgesamt	2258	(1751)

grad, der in Karat angegeben wird, wobei 24 Karat reines Gold bedeuten. Spricht man von 18 Karat, so enthält die **Legierung** nur 75 % Gold. Der Feingehalt ist meist in die Goldstücke eingeprägt. Dort steht in diesem Fall die Zahl 750.

Granit

Gesteine unterscheidet man nach ihrer Entstehungsart. Es gibt Erstarrungs- oder Eruptivgesteine (Eruption = Ausbruch), wie z. B. die **Lava** bei Vulkanausbrüchen. Manche dieser Gesteine werden schon in der Tiefe fest und heißen daher *Tiefengestein*. Zu diesen zählt der Granit. Er besteht anteilig aus *Feldspat*, **Quarz** und *Glimmer*. Sein Gefüge ist grob und feinkörnig, die Färbung grau bis silbergrau. (**Gesteine**)

Grafit

Grafit ist ein **Mineral** aus reinem **Kohlenstoff** und von grauschwarzer Farbe. Er wird zum Beispiel zur Herstellung von Bleistiften oder als Elektrodenmaterial verwendet.

Gräser

Die Gräser sind eine artenreiche, für den Menschen besonders wichtige Pflanzenfamilie. Zu ihnen gehören unsere *Getreidepflanzen*, z. B. *Weizen, Hafer, Gerste* und *Roggen*, aus denen wir das Mehl gewinnen. Auch *Zucker* wird aus einer Grasart, dem *Zuckerrohr*, gewonnen. Für unsere **Haustiere**, z. B. für die Rinder, stellen Gräser ein wichtiges Nahrungsmittel dar, ebenso für die Tiere in freier Wildbahn (z. B. auf Wiesen, in **Savannen** und *Steppen*). Der Blütenstengel der Gräser heißt

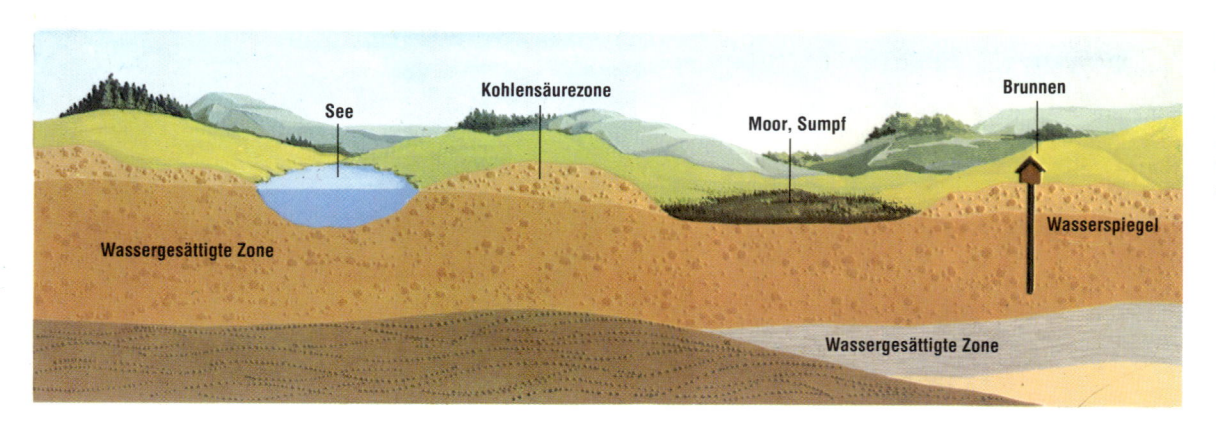

Wo der Grundwasserspiegel an die Oberfläche tritt, können Seen und Moore entstehen. Brunnenbohrungen erreichen auch das Wasser unter dem Grundwasserspiegel

(Abbildung: See, Kohlensäurezone, Moor, Sumpf, Brunnen, Wasserspiegel, Wassergesättigte Zone)

Gürteltier

Gliederfüßer: Jeder Rumpfring des Tausendfüßlers trägt gegliederte Laufbeinpaare. Der Name weist auf die Vielzahl hin

Halm. Ein Halm muss nicht immer zart sein, der holzige **Bambus** kann bis zu 40 m hoch wachsen. Der **Blütenstand** der Gräser besteht z. B. aus *Ähren* (wie beim **Weizen** und bei der Gerste) oder aus *Rispen* (wie beim Hafer). Die Frucht nennen wir *Korn*, es enthält so bedeutende **Nährstoffe** wie *Stärke* und *Eiweiß*. Zur Gewinnung von Mehl wird es gemahlen.

Grenzwerte

Als Grenzwerte bezeichnet man die zulässigen Höchstwerte für gesundheitsschädliche *Belastungsstoffe*. Sie werden durch Gesetze und Verordnungen festgelegt. Grenzwerte gibt es u. a. für verschiedene *Chemikalien* in Lebensmitteln und in der **Umwelt** (Boden, Wasser, Luft) sowie für radioaktive *Strahlenbelastung*, z. B. an den Arbeitsplätzen in kerntechnischen Anlagen **(Kernkraftwerk)**.

Grundwasser

Wasser, das sich unterirdisch über wasserundurchlässigen Schichten sammelt, wird als Grundwasser bezeichnet. Da das Wasser meist den **Niederschlägen** entstammt, die durch wasserdurchlässige Schichten des Erdbodens einsickern, schwankt der Stand des Grundwassers. Man spricht vom Grundwasserspiegel. An den Schnittpunkten der Erdoberfläche mit dem Grundwasserspiegel kommt es zur Ausbildung von **Quellen**. Da die *Trinkwasserversorgung* hauptsächlich aus dem Grundwasser erfolgt, ist die Verseuchung dieses Reservoirs mit Schadstoffen ein besonders akutes Problem. **(Industrie, Umweltschutz, Umweltverschmutzung)**

Gürteltier

Das Gürteltier gehört zur Klasse der **Säugetiere**. Es kommt mit 20 Arten in sandigen Gebieten Mittel- und Südamerikas vor. Seine Oberseite ist mit gegeneinander verschiebbaren Hornplatten bedeckt, die sich zu Gürteln formen können. Das Kugelgürteltier hat seinen Namen daher, dass es sich zu seinem Schutz zu einer Kugel zusammenrollen kann. Andere wiederum graben sich ein. Es gibt kleinere Gürteltiere, z. B. die Gürtelmaus mit 13 cm Länge, und solche mit 150 cm Länge, z. B. das Riesengürteltier. Sie ernähren sich vor allem von **Insekten** und *Termiten*, deren Bauten sie zerstören und die sie dann mit ihrer langen Zunge aufnehmen.

Die Heimat des Weißborstengürteltiers ist Süd- und Mittelamerika

Haar

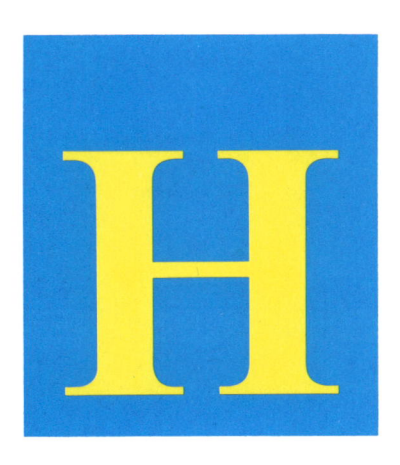

Haar

Die Haare bei Menschen und Säugetieren wurzeln in der äußeren **Haut** und bauen sich aus verhornenden **Zellen** der Oberhaut auf. Sie sind beim Menschen bis auf die Handteller und die Fußsohlen über den ganzen Körper verteilt und entspringen schlauchförmigen Hauteinschlüssen, die als Haarfollikel bezeichnet werden. Der *Haarschaft* besteht aus zwei Schichten: aus der Rinde mit dem für die Haarfarbe verantwortlichen **Pigment** und dem Mark. Am unteren Ende sitzt die *Haarwurzel*. Von hier aus wachsen die Haare, indem sie die jungen, noch unverhornten **Zellen** weiterschieben. Währenddessen entwickelt sich die Struktur des Haares. Durch die ständig nachwachsenden Zellen wird der bereits fertig entwickelte Haarschaft weiter nach außen geschoben. Die Farbe der Haare hängt ab von der Zahl und Aktivität der Pigmentzellen in der Haarzwiebel. Die Aktivität dieser Pigmentzellen lässt im Alter stark nach, deshalb werden die Haare grau bzw. weiß. Die gesamte Haut des menschlichen Körpers enthält etwa 5 Mill. Haarfollikel, 1 Mill. davon am behaarten Kopf. Haarfollikel werden nur einmal im Leben angelegt. Zerstörte Haare können daher nicht ersetzt werden. Je nach Körperregion wachsen die Haare mit unterschiedlicher Schnelligkeit, Dichte und Pigmentierung. An der Kopfhaut wächst das Haar im Durchschnitt 0,35 mm pro Tag. Der tägliche Haarverlust schwankt zwischen 30 und über 100 Haaren. 100 000 Haare stehen durchschnittlich an der behaarten Kopfhaut. Die so genannte *Schambehaarung* setzt mit der **Pubertät** ein.

Haarrisse

Feine Risse in Putz, **Beton** oder gebranntem Ton werden Haarrisse genannt. Sie entstehen, weil sich die Oberflächenschichten der genannten Materialien beim Abbinden oder Brennen rascher zusammenziehen als die innere Schicht. Haarrisse im Außenputz eines Gebäudes können z. B. Frostschäden hervorrufen. Ein Haarriss im Betonmantel eines Kernreaktors (**Kernkraftwerk**) kann zu einer Katastrophe durch radioaktive Verseuchung führen. (**Radioaktivität**)

Habicht

Der Habicht ist einer der schnellsten *Greifvögel*. Sein Jugendkleid ist gelbbraun mit schwarzbraunen Längsflecken (Rothabicht). Später färbt sich seine Unterseite dunkelbraun mit quer laufenden Bändern. Er hat kurze runde Flügel und einen langen Schwanz. Habichte erbeuten nur lebende Tiere.

Hacker

Hacker sind – vorwiegend jugendliche – Computerbenutzer, die über eine am **Computer** angeschlossene Telefonleitung widerrechtlich in fremde Datenverarbeitungssysteme eindringen. Die meisten betreiben diese Datenpiraterie aus sportlichem Ehrgeiz und versuchen trotz gesetzlicher Verbote (**Datenschutz**) die eingebauten Sicherungsvorkehrungen zu überlisten. Es gibt jedoch auch Hacker, die mit zerstörerischer Absicht in Computerprogramme eingreifen (so genannte Cracker).

Hafen

Der Hafen ist ein gegen Sturm und Strömungen geschützter Ankerplatz für **Schiffe**. Die meisten Häfen sind verkehrsgünstig an Flussmündungen (Bremerhaven an der Wesermündung), Meeresbuchten und Meerengen angelegt. Es gibt Häfen, bei deren Bau man geographisch günstige Gegebenheiten wie große Meeresbuchten ausnutzte (z. B. San Francisco oder Lissabon). Der Großteil der modernen Häfen ist jedoch künstlich angelegt, erstreckt sich oft über viele Quadratkilometer und ist in mehrere Hafenbecken unterteilt. Diese sind meist tief, um auch großen Schiffen die Möglichkeit des Festmachens zu geben. Für Schiffe mit mehr als 12 m Tiefgang werden spezielle Tiefwasserhäfen angelegt. Die Hafenbecken werden von den *Kaianlagen* eingefasst. Das sind befestigte Ufer oder künstlich ins Wasser gebaute Dämme, die *Piere*. Die Kaianlagen kann man mit den Bahnsteigen an den Bahnhöfen vergleichen. Hier legen die Schiffe an, von hier aus gehen

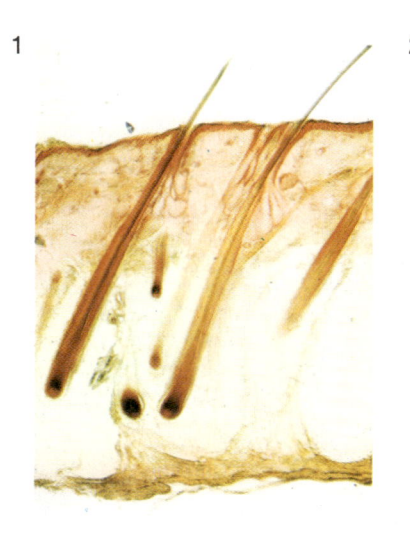

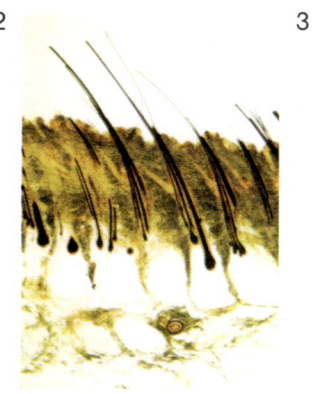

Menschenhaar (1) und Hundehaar (2) mit Wurzel. Mit der Mode wechselten auch die Haartrachten. Perücken waren oft ein Zeichen von Macht und Würden (3)

Assyrer um 600 v. Chr.

Römer um 30 v. Chr.

Perücke 1680

Der Hühnerhabicht ist auf der nördlichen Erdhalbkugel weit verbreitet. Seinen Horst aus Reisig errichtet er hoch oben in den Bäumen

die Matrosen an oder von Bord, hier wird be- oder entladen, was in der Seemannssprache „löschen" heißt. Meist haben Kaianlagen Gleisanschlüsse für das Eisenbahnnetz. Auch arbeiten hier große **Kräne**, die Stückgüter (z. B. **Lokomotiven**) bis zu 45 t heben können. In unmittelbarer Nähe der Kais sind im Güterbereich Lager- und Kühlhäuser angelegt. Zum Transport verwendet man heute oft **Container**, große kistenähnliche Gebilde, die bereits voll beladen angeliefert und auf spezielle *Containerschiffe* geladen werden können. Die meisten großen Häfen besitzen einen *Freihafen,* ein abgezäuntes Gelände, auf dem für die Waren kein Zoll gezahlt werden muss. Wenn das Schiff einen Freihafen anläuft, brauchen keine Zölle, sondern nur *Liegegebühren* bezahlt zu werden. Für die Ordnung im Hafen ist die Hafenmeisterei zuständig, an die auch die Liegegebühren abgeführt werden müssen. Man unterscheidet zwischen *See-* und *Binnenhäfen.* Erstere liegen am Meer, die anderen an Flüssen oder Kanälen. Spezielle Häfen sind Ölhäfen. Sie haben meist vorgelagerte Löschanlagen, an denen selbst Supertanker mit über 200 000 t Tragfähigkeit anlegen können, und sind durch Rohrleitungen (**Pipelines**) mit *Raffinerien* zum Verarbeiten des **Erdöls** verbunden. Der wichtigste Ölhafen in Europa ist Rotterdam. Der Rohölumschlag pro Jahr beträgt rund 85 Mill. t.

Hamburg hat den größten deutschen Seehafen (rund 90 km^2, davon 37 km^2 Wasserfläche)

Die größten Seehäfen der Welt
(mit Umschlag in Mill. t, 1992)

1. Rotterdam, Niederlande	292
2. Singapur	239
3. Kobe, Japan	170
4. Shanghai, China	140
5. Nagoya, Japan	131
6. Yokohama, Japan	123
7. Antwerpen, Belgien	104
8. Hongkong	103
9. Kitakyushu, Japan	99
10. Osaka, Japan	96

Hagel

Hagel ist ein **Niederschlag** in Form von Eiskugeln (Hagelkörnern) mit einem Durchmesser von 5 mm oder mehr. Die Körner haben einen schneeartigen Kern, um den sich Schichten von gefrierenden Wassertröpfchen legen. Hagel erreicht uns aus hohen *Quellwolken*, in denen **Aufwind** herrscht. Vor allem auf landwirtschaftlich genutzten Feldern richtet Hagel beträchtlichen Schaden an.

Weißspitzen-Hundshai

Haie

Haie sind *Knorpelfische* mit 5–7 Kiemenspalten auf jeder Seite des Körpers. Im Maul haben die Haie mehrere Reihen dreieckiger Zähne. In Größe und Länge unterscheiden sich die verschiedenen Arten, von denen man heute rund 250 kennt. Sie sind in fast allen Meeren und Ozeanen, vorwiegend jedoch in wärmeren und gemäßigten Zonen zu finden. Haie können bis zu 15 m lang werden. Die räuberischen Haie haben einen sehr feinen **Geruchssinn** und können Blut selbst in zehnmillionenfacher Verdünnung noch riechen. Manche Haie greifen Menschen, vor allem aber Tiere an, die verwundet und krank sind. Zu den bekanntesten Haien gehören der große Weiße Hai, der Tigerhai, der Hammerhai, der Blauhai und der Doggenhai. Während Tigerhai, Weißer Hai und Blauhai ein sehr spitzes Maul haben, ist es beim Doggenhai sehr breit und beim Hammerhai hammerartig (T-förmig) ausgebildet.

Halbaffen

Halbaffen sind nacht- oder dämmerungsaktive, erdgeschichtlich alte **Säugetiere** mit affenartigen Gliedmaßen und fuchsähnlichem Gesicht. Sie ernähren sich von Pflanzen und **Insekten**. Zu den Halbaffen zählen z. B. die *Lemuren* und *Indris* Madagaskars, die *Loris* Afrikas und Asiens sowie die *Koboldmakis* der Philippinen.

Halbwertszeit

Als Halbwertszeit bezeichnet man die Zeitspanne, in der bei radioaktiven Stoffen (*Radionukliden*) die Hälfte der ursprünglich vorhandenen **Atome** zerfällt (**Radioaktivität**). In dieser Zeit geht die *radioaktive Strahlung* des Elements um die Hälfte zurück. Die Halbwertszeiten von Radionukliden reichen von Bruchteilen einer Sekunde bis zu mehreren Milliarden Jahren. Radionuklide mit langen Halbwertszeiten fallen vor allem in kerntechnischen Anlagen an (z. B. Uran-238, Plutonium-239).

Halluzination

Die Halluzination ist eine *Sinnestäuschung*. Sie kommt ohne jeden äußeren Reiz zustande. Es gibt akustische, optische, Geruchs- und Geschmackshalluzinationen. Mitunter stehen Sinnestäuschungen im Zusammenhang mit tatsächlich Erlebtem oder mit einem Ausnahmezustand, in dem sich die betroffene Person befindet. Menschen z. B., die tagelang ohne Wasser und Nahrung durch die **Wüste** irren, sehen plötzlich **Oasen**, Wassertümpel u. a. vor sich, obwohl weit und breit nichts dergleichen zu finden ist. Erst wenn man sich der betreffenden Stelle nähert, wird der Irrtum erkannt. Auch unter dem Einfluss von **Drogen** und bei übermäßigem Genuss von **Alkohol** kommt es zu Halluzinationen.

Halogenlampe

Halogenlampen zeichnen sich durch hohe Lichtausbeute und lange Lebensdauer aus (Brenndauer bis zu 2000 Std.). Damit sind sie besonders wichtig für die Scheinwerfer von **Kraftwagen** und für die Beleuchtung von **Filmprojektoren**. Die Halogenlampe ist eine **Glühbirne** mit stark verkleinertem Quarz- oder Hartglaskolben, der einen *Halogenzusatz* (Metallverbindung mit dem Charakter von Salzen) enthält.

Hämatit

Hämatit (Eisenglanz) ist ein wichtiges und häufig vorkommendes *Eisenerz*, das sowohl in Erz-Lagerstätten **(Erze)** als auch in Schiefern vorkommt. Es ist grau bis schwarz gefärbt.

Hämoglobin

Mit Hämoglobin (abgekürzt Hb) wird der rote Farbstoff der *Erythrozyten* (der roten *Blutkörperchen*, **Blut**) bezeichnet. Die wesentliche Aufgabe des Hämoglobins ist der Transport von **Sauerstoff** und **Kohlendioxid**. Tritt Hämoglobin aus den roten Blutkörperchen aus, wenn diese z. B. durch **Bakterien**, **Gifte** u. a. zerstört bzw. aufgelöst werden, so bezeichnet man diesen Vorgang mit *Hämolyse*.

Indris, die den Halbaffen zugerechnet werden, leben in den Regenwäldern Madagaskars

Männliche (oben) und weibliche Hanfpflanze

Hämatit (Eisenglanz)

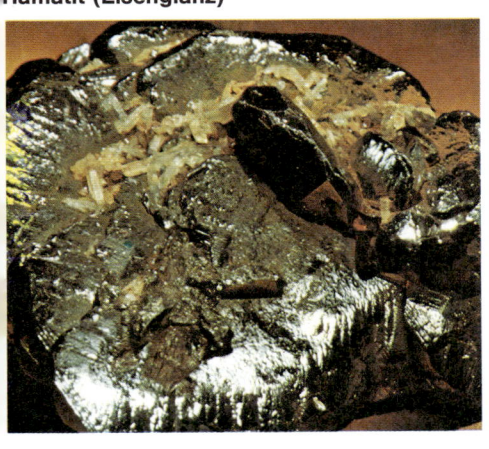

Hand

Die Hand ist ein Greif- und Tastorgan des Menschen. In der Regel bilden 27 **Knochen** die knöcherne Grundlage der Hand. Insgesamt acht Handwurzelknochen, die in zwei Reihen angeordnet sind, fünf Mittelhandknochen, die sich dann in den Fingerknochen fortsetzen, wobei der Daumen aus zwei Fingerknochen, alle anderen Finger aus jeweils drei Fingerknochen zusammengesetzt sind, formen die Hand. Zahlreiche **Gelenke**, **Muskeln**, *Bänder* und *Sehnen* dienen ihrer Beweglichkeit. Die **Haut** am Handrücken ist zart, behaart und dünn. An den Handflächen ist sie haarlos, dicker und fester mit der Unterlage verbunden.

Hanf

Hanf ist eine *Faserpflanze* wie die **Baumwolle**. Er wird zur Gewinnung von Fasern angebaut, aus denen man hauptsächlich Seile herstellt. Seine Stengel werden bis zu 4 m hoch; die Blätter sind länglich geformt. Die weiblichen und männlichen Pflanzen unterscheiden sich durch Größe, Feinheit und den Zeitpunkt der Reife: Die kleinere, männliche Pflanze (Femel) wird eher reif und früher geerntet als die weibliche (Mastel). Die Hanfsamen werden u. a. zur Gewinnung von Öl und zur Seifenherstellung verwendet.
Angebaut wird der Hanf in Deutschland, Italien und in Osteuropa. Aus dem Indischen Hanf gewinnt man das Rauschmittel *Haschisch*.

Hardware

Unter Hardware (engl.: „Metallwaren") versteht man u. a. die technischen Geräte einer **Datenverarbeitungs**-Anlage. Im Gegensatz dazu bezeichnet man die Programme für diese Anlagen als **Software**.

Härte

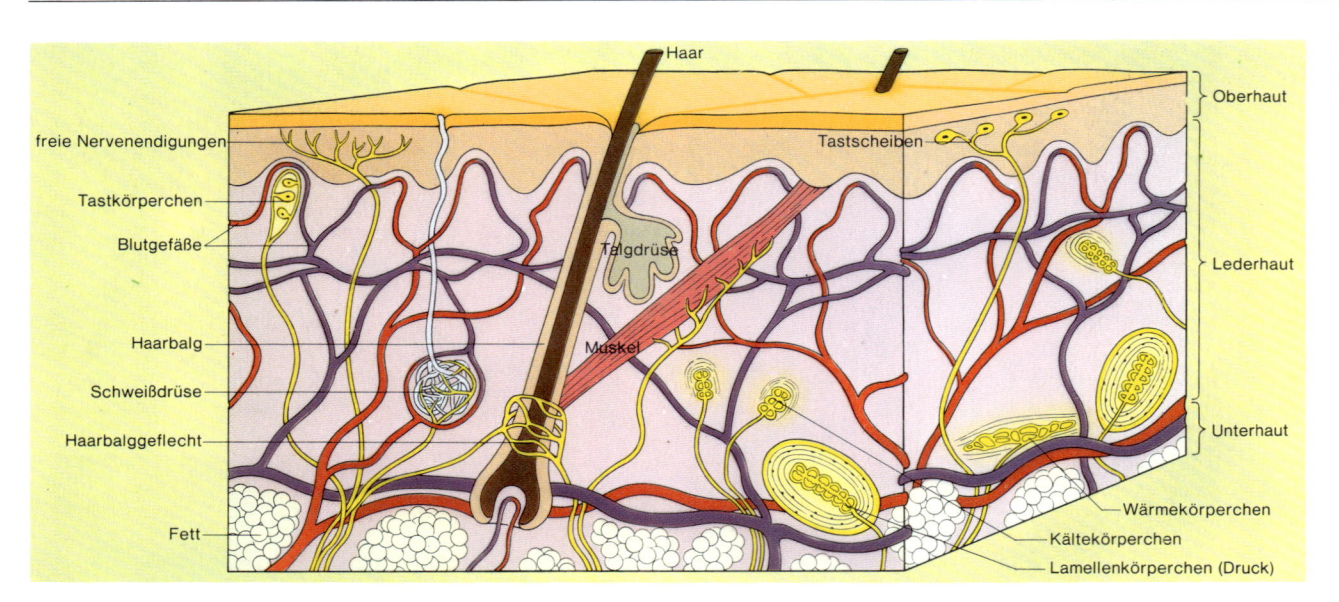

Die Schnittzeichnung zeigt den Aufbau der Haut

Härte

Mit Härte wird zum einen der Widerstand eines festen Körpers gegen das Eindringen eines anderen festen Körpers bezeichnet. Die **Mineralien** sind nach einer Härteskala in 10 Härtestufen eingeteilt (**Diamant** z. B. hat den Härtegrad 10). Zum anderen wird auch die Härte des **Wassers**, d. h. sein Gehalt an *Kalk* und Magnesium, in Härtegraden gemessen. Die Härte von Strahlungen – hohe **Energie** und großes Durchdringungsvermögen – ist um so größer, je kleiner die *Wellenlänge* der Strahlungen ist.

Haustiere

In vorgeschichtlicher Zeit begann der Mensch wilde Tiere einzufangen, um sie zu Nutzungszwecken (Fleisch, Eier, Milch, Wolle, Leder), aber auch als Arbeitstier zu zähmen. Diese so genannten Haustiere waren zutraulich; sie flohen nicht vor dem Menschen, der ihnen eine sichere Unterkunft und ausreichende Nahrung zu bieten hatte. Damit griff er aber auch gleichzeitig in die **Evolution** und in das natürliche Ausleseprinzip (**Auslese**) ein. Als das älteste Haustier gilt der **Hund**, der auf den **Wolf** zurückgeht (etwa 7500 v. Chr.). Ihm folgen in der Jungsteinzeit das **Schwein** (auf das Wildschwein zurückzuführen) und das **Rind** (auf das Ur zurückzuführen), dann das *Schaf*, die *Ziege* und der **Esel**. Das **Pferd** als Haustier taucht erstmals am Ende der Jungsteinzeit auf (um 5000 v. Chr.), das *Huhn* vor 4000 Jahren und die **Gans** im Altertum. Zu den Haustieren zählen je nach Erdteil ferner: das **Ren**, das **Kamel**, der *Büffel*, der **Elefant**, das *Kaninchen*, die Gans, die **Katze** und die **Biene**. Durch *Zucht* wusste der Mensch diese Tiere seinen Zwecken gemäß in ihrer Entwicklung zu beeinflussen und wirtschaftlichen Nutzen daraus zu ziehen. Haustiere haben heute oft nur noch die Funktion des menschlichen Begleiters und Gefährten (Hund, Katze, Vogel usw.).

Haut

Die Haut des Menschen schützt die darunter liegenden **Knochen**, **Gewebe** und **Organe** vor Verletzungen, aber auch vor zu starker Einwirkung von Hitze und **Kälte**. Eine weitere Aufgabe der Haut ist es, den Körper vor dem Austrocknen zu bewahren. Die Haut besteht aus zwei wichtigen Schichten, der Oberhaut (Epidermis) und der eigentlichen Haut (Derma) mit Lederhaut und Unterhautfettgewebe. Die Oberhaut ist normalerweise 0,1 mm dick, nur an Händen und Füßen ist sie dicker. Die Haut wird ständig durch ihre **Zellen** erneuert. Sie stößt Zellen ab, neue wachsen aus der eigentlichen Haut nach. Diese eigentliche Haut, die Dermis, ist auch viel dicker als die Oberhaut. Sie setzt sich aus einem Netz sehr elastischer und fester Fasern zusammen, zwischen denen viele Blutgefäße und **Nerven** liegen. Diese signalisieren uns **Schmerz**, **Wärme**, **Kälte** usw. Wenn es z. B. kalt wird, stellen winzige **Muskeln** die Körperhaare aufrecht. Dadurch kommt die Haut nicht direkt mit der kalten **Luft** in Berührung. Gleichzeitig verengen sich die kleinen Blutgefäße in der Haut, der Mensch sieht dann blass aus. Wenn es warm ist, öffnen sich diese Blutgefäße, und über Drüsen wird der **Schweiß** ausgeschieden. Diese Flüssigkeit verdampft in der Wärme und kühlt so den Körper. (**Temperatursinn**)

Hebel

Der Hebel ist ein wichtiges Werkzeug zur Übertragung von Kräften. Mit seiner Hilfe können große Lasten mit geringem Kraftaufwand bewegt werden. Jede um eine **Achse** drehbare Stange eignet sich zum Heben, z. B. einer Last. Man nennt sie

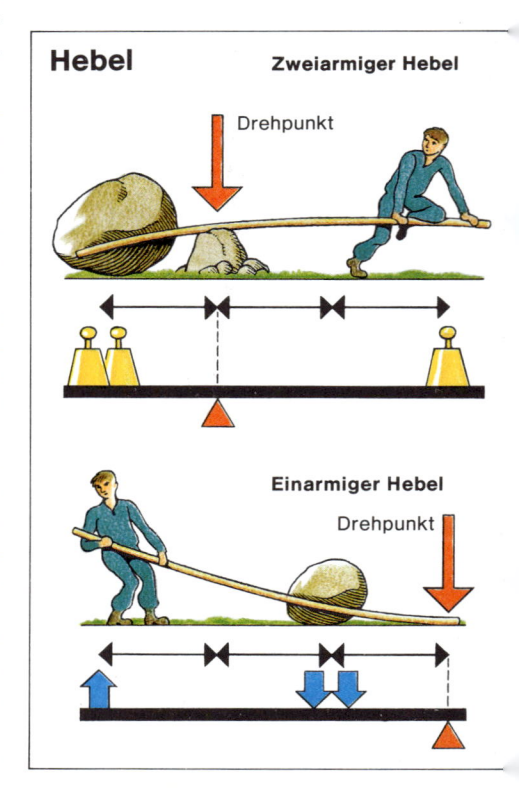

Hebel

Zweiarmiger Hebel
Drehpunkt

Einarmiger Hebel
Drehpunkt

dann Hebel. Die Hebelarme heißen *Lastarm* und *Kraftarm*. Der Lastarm reicht immer vom Drehpunkt eines Hebels bis zum Angriffspunkt der Last. Der Kraftarm führt vom Drehpunkt zum Angriffspunkt der Kraft. Je länger man den Kraftarm macht, desto leichter lassen sich Lasten heben. Man braucht weniger Kraft, etwa beim Einsatz des **Flaschenzuges**. Hebel kann man zweiseitig (Flaschenzug) und einseitig verwenden. Beim Schubkarren z. B. findet der einseitige Hebel Anwendung. Seine Drehachse geht durch die Radmitte, Kraft- und Lastarm liegen auf derselben Seite. Hebelwerkzeuge erleichtern uns die **Arbeit**. Sie verringern sie allerdings nicht, denn was am Hebel mit weniger Kraft erreicht wird, muss an Weg zugesetzt werden. Diese „goldene Regel" der **Mechanik** gilt für alle Hebel.

Heide

Die Heide als Landschaftsform ist infolge des nährstoffarmen Bodens und des feuchten Klimas spärlich begrünt und baumarm. Dort wachsen lediglich Zwergsträucher, z. B. das Heidekraut mit seinen blaßrosa Blüten (Zwergstrauchheide) und Wacholder. In Deutschland gibt es kaum noch Heiden; erhalten ist die Lüneburger Heide. Arktische Zwergstrauchheiden bezeichnet man als **Tundren**.

Helioskop

Das Helioskop ist eine Vorrichtung in einem **Fernrohr**, mittels der man das **Licht** der **Sonne** beobachten kann. Sie besteht aus **Prismen** oder **Spiegeln**, die mit dem *Okular* des Fernrohrs verbunden sind.

Heliostat

Ein Heliostat ist ein beweglicher **Spiegel**, der, z. B. in einem **Fernrohr**, das **Licht** der **Sonne** für Beobachtungszwecke immer in die gleiche Richtung wirft.

Helium

Helium ist ein **chemisches Element** und gehört zu den **Edelgasen**. Es kommt in ganz kleinen Mengen in der **Luft** vor, findet sich aber hauptsächlich in Erdgasquellen. Es ist leichter als Luft und wird deshalb oft zum Füllen von Luftballons und **Ballons** für die Luftfahrt verwendet. Ein weiterer Vorteil des Heliums bei der Verwendung für die Ballonfahrt ist, daß dieses Gas nicht brennbar ist.

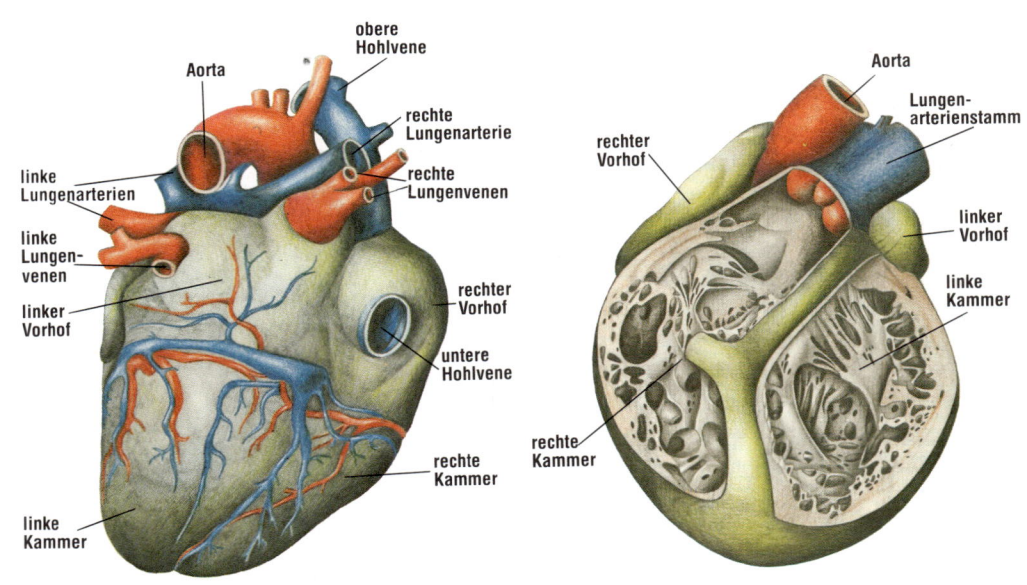

Modell des menschlichen Herzens (schematisiert)

Hemisphäre

Allgemein bezeichnet man mit Hemisphäre die Erd- oder Himmelshalbkugel, in der **Geographie** die – vom *Äquator* aus gesehen – nördliche bzw. südiche Erdhalbkugel. Die Alte und die Neue Welt (Europa/Asien/Afrika bzw. Amerika) stellen die östliche und westliche Hemisphäre dar. In der **Anatomie** wird ein Teil des Großhirns bei **Säugetieren**, **Menschen** und **Vögeln** ebenfalls Hemisphäre genannt.

Herbizide

Herbizide (lat.: „Krauttöter") sind chemische Mittel, die zur Unkrautvernichtung verwendet werden. Da ihr Einsatz jedoch mit Nebenwirkungen und Spätfolgen für die **Umwelt** verbunden ist, versucht die moderne **Landwirtschaft**, mit möglichst wenig Chemie bei der *Unkrautbekämpfung* auszukommen.

Herz

Der Antrieb des *Körperkreislaufes* wird durch das Herz, ein muskulöses Hohlorgan, bewirkt. Es wird durch eine Scheidewand in einen rechten und einen linken Teil getrennt. Jeder Teil ist durch *Klappen* nochmals in sich aufgeteilt. So entstehen sowohl in der rechten als auch in der linken Herzhälfte zwei Räume, die als *Kammer* und Vorhof bezeichnet werden. In den rechten *Vorhof* münden die beiden großen Hohlvenen, über die das sauerstoffarme **Blut** aus allen Körperregionen zum Herzen transportiert wird. Vom rechten Vorhof gelangt dann das Blut in die rechte Kammer, die das Blut in die Lungenarterie presst. Über die Lungenvenen fließt das in den **Lungen** mit Sauerstoff angereicherte Blut in den linken Vorhof. Von dort gelangt es in die linke Kammer und im Anschluss in die große Körperader, die **Aorta**. Durch Klappen in den einzelnen Abschnitten wird der Rückfluss des Blutes verhindert, das Blut kann also nur in eine Richtung fließen. Die stärkste Wandschicht des Herzens ist die Muskelschicht, die von den *Herzkranzgefäßen* versorgt wird. Nach innen und außen wird der *Herzmuskel* von je einer dünnen Haut überzogen. Das Herz arbeitet nach Art einer Druckpumpe. Das Tempo der Schlagfolge sowie das bei jedem *Herzschlag* geförderte Blutvolumen können in Grenzen verändert werden. Im Herzen läuft stets folgender Vorgang ab: Beide Vorhöfe erweitern sich, Blut strömt aus dem Körper bzw. der Lunge über die entsprechenden Gefäße in den rechten bzw. linken Vorhof ein. Nach der Füllung verengen sich die Vorhöfe und pressen das Blut in die jeweilige Herzkammer, die dadurch erweitert wird. Anschließend wird das Blut wieder aus dem Herzen herausgepresst, aus der rechten Kammer in die Lungenarterie, aus der linken Kammer in die Aorta. In der Regel läuft dieser Vorgang etwa siebzigmal in der Minute (beim Erwachsenen) ab; bei Kleinkindern erheblich öfter. Die Ursache der Bewegung liegt im Herzen selbst. In der Herzwand liegen automatisch arbeitende Reizbildungszentren, die die Zusammenziehung des Herzens hervorrufen. Die Schlagfolge kann zudem über das *vegetative Nervensystem* reflexartig gesteuert werden. (**Blutkreislauf**)

Herzinfarkt

Herzinfarkt

Der Herzinfarkt ist die Zerstörung eines Gewebebezirks des **Herzens** nach schlagartiger Unterbrechung der Blutzufuhr in den *Herzkranzgefäßen*. Ist der Bezirk zerstörter Herzmuskulatur besonders ausgedehnt, so kann das gesamte Herz versagen. Als Risikofaktoren des Herzinfarktes gelten u. a. Rauchen, erhöhte Blutfettwerte, Übergewicht, ferner Bewegungsmangel, Stress und der Alterungsprozess.

Herzschrittmacher

Elektrische Schrittmacher sind kleine Geräte, die in den Körper eingepflanzt werden (in der Regel unter der Haut an der rechten seitlichen Brustwand). Sie geben regelmäßige **Impulse**, die über entsprechende *Elektroden* auf das **Herz** übertragen werden. Dieses arbeitet dann entsprechend der Impulsgebung des Herzschrittmachers. Herzschrittmacher werden bei verschiedenen Herzerkrankungen, insbesondere bei Beeinträchtigung der Herzfunktion durch Herzrhythmusstörungen, eingesetzt.

Heuschrecke

Heuschrecken findet man vorwiegend in heißen, trockenen, oft steppenartigen Gegenden. Hier richtet unter für ihn günstigen Umweltbedingungen ein Teil der insgesamt etwa 10 000 **Arten** durch Massenvermehrung und Wanderzüge großen Schaden an. Sie können die Ernte eines ganzen Jahres in kürzester Zeit vernichten. Bei uns leben etwa 90 Arten, die man in drei Gruppen einteilt: die Feldheuschrecken, Laubheuschrecken und Grabheuschrecken (Grillen). Die beiden letzteren ernähren sich von **Insekten**. Die Feldheuschrecke nimmt nur pflanzliche Nahrung zu sich. Besondere Merkmale sind beißende Mundwerkzeuge, meist lange Fühler und vier Flügel. Das Heuschreckengezirpe vollführen die Männchen mit ihren Deckflügeln. Die Weibchen hören das mit Gehörorganen in den Beinen und werden so angelockt. Die langen Hinterbeine sind kräftige Sprungbeine. Im Sprung wird auch das Insekt erbeutet. Bei Gefahr macht die Heuschrecke auch von Ihren Flügeln Gebrauch und geht in den Flugsprung über.

Heuschreckenschwarm auf einem Baum (aufgenommen im Senegal)

Hieroglyphen

Hieroglyphen nennt man die *Bilderschrift* der alten Ägypter und einiger anderer Kulturen (z. B. Altkreter, Hethiter). In Ägypten wurden die Hieroglyphen um 3000 v. Chr. erfunden. Ursprünglich waren die Zeichen bildhaft. Ein Gefäß z. B. wurde nachgezeichnet, und das Zeichen stand für den Begriff „Gefäß". Bald aber wurden die Zeichnungen schematisiert, das heißt, die Zeichen bekamen einen größeren Geltungsbereich. Das Zeichen einer aufgehenden Sonne bedeutete zunächst Tag, dann aber auch hell und weiß, da die strahlende Helle für den Tag charakteristisch ist. Es gab ungefähr 2000 solcher Zeichen, die nur die Priester und der hoch angesehene Stand der Schreiber beherrschten. Als später die Griechen an den Nil kamen, konnten sie die auf zusammengeklebte Blätter der Papyrusstaude geschriebenen Zeichen nicht lesen und nannten sie daher Hieroglyphen, was „heilige Zeichen" bedeutet. Erst im 19. Jh. konnten die Schriftzeichen entziffert werden.

Hi-Fi

Hi-Fi ist die Abkürzung für **Hi**gh **Fi**delity und bedeutet allgemein hohe Qualität der Klangwiedergabe. Das heißt, ein Musikstück soll bei der Wiedergabe durch **Rundfunk**-Empfänger, Plattenspieler und **Tonbandgeräte** in seiner Ton- und Klangqualität möglichst wie im Konzertsaal zu hören sein. In Deutschland ist diese hohe Tonwiedergabequalität an der Normbezeichnung DIN 45500 (Abkürzung für: **D**eutsche **I**ndustrie-**N**orm) zu erkennen.

High-Tech

High-Tech ist die in den Medien gebräuchliche Bezeichnung für *Hochtechnologie*, also für den jeweils neuesten Stand der wissenschaftlich-technischen Entwicklung, z. B. beim **Computer** oder im Bereich der Energieerzeugung. Durch missbräuchliche Verwendung – vor allem in der Werbung – hat der Begriff mittlerweile an Aussagekraft verloren.

Himalaya

Der Himalaya, das höchste **Gebirge** der Welt, erstreckt sich in einer Länge von über 3000 km zwischen der nordindischen Tiefebene und dem Hochland von Tibet. Die Durchschnittshöhe der Gipfel im Hochhimalaya beträgt 6000 m. Die höchsten Erhebungen sind der Mount Everest (mit 8848 m der höchste Berg der Welt) und der K2 (auch: Chogoti, 8611 m). Die Schneegrenze liegt auf der Südseite bei 4800–5200 m, auf der Nordseite bei 5500–6000 m. Die Gebirgshänge sind bis auf etwa 4000 m mit dichtem Wald bedeckt.

Hieroglyphen

Mount Everest, mit 8848 m der höchste Berg der Erde

Hirsch

Hirsche sind überwiegend Geweih tragende **Wiederkäuer** aus der Familie der *Paarhufer* (**Huftiere**). Ihr Geweih erneuert sich jährlich. Es wird meist im Februar abgeworfen. Man unterscheidet Echthirsche, zu denen Edelhirsche und *Damhirsche* gehören, und die Trughirsche (u. a. mit **Reh, Rentier** und **Elch**). Der europäische Edelhirsch *(Rothirsch)* trägt im Sommer ein rötlichbraunes und im Winter ein graubraunes Fell.

Hochbau

Hochbau ist im Gegensatz zum **Tiefbau** (Bau von U-Bahnen, Abwasserkanälen) das Errichten von Gebäuden, die sich über der Erdoberfläche befinden. Früher war der Hochbau (Bau von Kirchen, Schlössern und Palästen) von den Materialien **Holz**, Naturstein und *Ziegel* geprägt. Erst im 19. Jh. begann eine durchgehende Wandlung im Bauwesen durch die Verwendung von **Stahl** und **Beton**. In unserer Zeit entwickelte man das Bauen mit Betonfertigteilen (z. B. Träger, die in einer Fabrik im Gussverfahren hergestellt werden), die sehr schnell am Bauplatz miteinander verbunden werden können. Erst durch die modernen Hochbautechniken war es möglich, Hochhäuser wie das World Trade Center in New York (412 m) oder den Sears-Tower in Chicago (443 m) zu errichten.

Hochdruckgebiet

Ein Gebiet mit einem hohen **Luftdruck**, bei dem der **Druck** von innen nach außen abnimmt, bezeichnet man als Hochdruckgebiet. Auf der nördlichen Erdhalbkugel umkreist dabei der **Wind** den Kern des Gebietes im Uhrzeigersinn, auf der südlichen Halbkugel umgekehrt. Ein an einem Ort länger stehendes Hochdruckgebiet enthält meist Warmluft. In höheren Breitengraden kommen aber auch kalte Hochdruckgebiete vor. (**Wetter**)

Hochofen

Im Hochofen wird Roheisen (**Eisen**) gewonnen. Dazu wird ein bis zu 40 m hoher Hochofen mit Hilfe eines Schrägaufzuges schichtweise mit *Koks* und *Eisenerz* gefüllt, das mit Zusätzen (Zuschlägen) angereichert wurde. Ein Hochofen hat einen Durchmesser von etwa 14 m und ist wegen der hohen Temperaturen außen mit Stahlplatten, innen mit Schamottesteinen verkleidet. Die Art der Zuschläge richtet sich nach der Qualität bzw. der Beschaffenheit des Eisenerzes. Wenn nun der Hochofen durch seine obere Öffnung, die Gicht, gefüllt (beschickt) ist, wird die unterste Koksschicht angezündet. Den zur Verbrennung erforderlichen **Sauerstoff** beschaffen so genannte Winderhitzer, die die Verbrennungsluft auf 1200 °C vorwärmen. Bei der Verbrennung der glühenden Kohlemassen entstehen Temperaturen bis zu 1450 °C. Das dabei entstehende **Kohlenmonoxid** hilft mit, das Eisenoxid des **Erzes** in metallisches **Eisen** zu überführen. Das Eisen sickert nun in Tropfenform nach unten und sammelt sich unter dem

Rothirsch, dessen noch wachsendes Geweih mit einer Haut (Bast) überzogen ist

Eisenherstellung mit dem Siemens-Martin-Verfahren

Hohltiere

Hohltiere sind vielzellige Wassertiere, deren Körperbau sich aus zwei Schichten zusammensetzt, dem Ektoderm (äußere Schicht) und dem Entoderm (innere Schicht). Der Verdauungshohlraum hat nur eine Öffnung, die von Fangarmen umgeben ist. Sie ist sozusagen Mund und After zugleich. Zu den Hohltieren gehören die *Quallen* (so genannte freischwimmende Form der Hohltiere), die *Polypen* (festsitzende Form) und die Korallentiere.

Holografie

Die Holografie ermöglicht die räumliche (*dreidimensionale*) *Abbildung* und Wiedergabe von Gegenständen unter Einsatz von **Laser**. Zur Werkstoffprüfung und in der Medizin, wo besonderer Wert auf die Genauigkeit der Darstellung gelegt wird, werden auch **Schallwellen** zur Vervollständigung des dreidimensionalen Bildes genutzt.

Holz

Als Holz bezeichnet man den unter der Rinde liegenden Teil von Baumstämmen und Sträuchern. Zwischen Holz und Rinde wächst das Bildungsgewebe (Kambium), das jährlich um den Holzkörper, der aus Faserzellen besteht, eine neue

Hohltiere: Kompassqualle (obere Abb.) und Seepolyp im Kampf mit einem Aal

Gestell (dort, wo die Heißluft eingeblasen wurde) und wird alle 3 bis 6 Stunden abgelassen oder „abgestochen". Vor dem Roheisenabstich werden erst alle Verunreinigungen, die *Schlacken*, durch einen Schlackenabstich entfernt. Die Schlacke schwimmt wegen ihres geringeren Gewichts auf dem Roheisen und kann deshalb leicht entfernt werden. Man kann aus ihr noch Hochofenzement, Straßenpflaster und Schottersteine machen. Das über Rinnen abfließende glühende Roheisen lässt man in Sandformen allmählich abkühlen und verarbeitet es weiter zu *Grauguss* oder zu **Stahl**. Das durch die Hochofenöffnung ausströmende Gas, das Gichtgas, kann wieder zur Beheizung der Winderhitzung verwendet werden. Der überschüssige Teil wird zur Energieerzeugung im Stahlwerk verwendet. Die gewaltige „Abfallwärme", die in einem Hochofen entsteht, wird teilweise über Fernleitungen zur Beheizung von Wohnungen verwendet (*Fernwärme*). Die Leistung eines modernen Hochofens beträgt bis zu 1100 t Roheisen täglich.

Hochseefischerei

Die Hochseefischerei wird im Gegensatz zur Küstenfischerei weit draußen auf den Meeren betrieben. Meist werden hierfür moderne **Fangschiffe** eingesetzt, die mehrere Wochen auf See bleiben können, ohne einen Hafen anzulaufen. Wegen der stark zurückgehenden Fischbestände wurden für die einzelnen Länder Fischfangquoten eingeführt. Das bedeutet, dass nur eine bestimmte Menge Fisch gefangen werden darf, um eine Ausrottung der Bestände zu verhindern. In den letzten Jahrzehnten wurden verstärkt *Fabrikschiffe* eingesetzt, die den Fang konservieren und verarbeiten können.

Höhle

In weiten Teilen der **Erde** liegen riesige Höhlensysteme, die zum großen Teil noch gar nicht erforscht sind. In manchen Höhlen gibt es reißende Flüsse oder riesige Seen. Höhlen bilden sich meist in **Kalkstein** und können bis tief in das Erdinnere vordringen. Das tiefste bisher entdeckte Höhlensystem konnte man bis in eine Tiefe von fast 12 000 m Tiefe verfolgen. Es liegt unter den Pyrenäen. Das größte Höhlensystem der Welt dürfte das bei Carlsbad in New Mexico sein. Durch das ständige Tropfen von der Decke einer Höhle entstehen Zapfen aus Kalk. Die stehenden, von unten nach oben wachsenden Säulentropfsteine nennt man *Stalagmiten*. Die von der Decke hängenden Zapfentropfsteine werden als *Stalaktiten* bezeichnet.

Schicht bildet. Der Querschnitt durch den Stamm lässt diese Zuwachsschichten als *Jahresringe* erkennen. Mit ihrer Hilfe lässt sich das Alter der Bäume bestimmen (**Altersbestimmung, Baumringe**). Das Kernholz ist meist dunkler gefärbt als das äußere Splintholz, durch das der Baum mit Wasser versorgt wird. Man unterscheidet Weichholz (z. B. Fichte, Tanne, Kiefer, Weide) von Hartholz (wie Eiche, Kirschbaum, Buche) bzw. Nutzholz (für Möbel, Holzdecken, Dachstühle) von Brennholz. Ferner wird Holz für **Papier**, Holzkohle und Eisenbahnschwellen verwertet. Das leichteste Holz ist das des *Balsabaumes*, das zum Flugzeugmodellbau benutzt wird; das schwerste Holz ist das *Pockholz*.

Homosexualität

Als Homosexualität bezeichnet man die sexuelle Anziehung (**Sexualität**) zwischen Menschen gleichen Geschlechts (Gegensatz: *Heterosexualität*). Die Homosexualität unter Frauen wird *lesbische Liebe* genannt.

Honig

Honig, ein sirupartiger, gelblicher, süßer Stoff, wird von **Bienen** aus dem **Nektar** von **Blütenpflanzen** hergestellt. Mit Hilfe von **Enzymen** wird der gesammelte Nektar im Honigmagen (Kropf) der Bienen zu Honig umgewandelt. Danach wird der fertige Honig in den *Waben* des *Bienenstocks* gespeichert. Ein einziges Bienenvolk sammelt hierzulande jährlich einen Vorrat von 7–10 kg Honig.

Hopfen

Hopfen ist eine 4–8 m hohe Schlingpflanze, die auf kalkhaltigem, lehmigem Boden angebaut wird (Hopfengärten). Die weiblichen Hopfenreben klettern an so genannten Steigdrähten hoch, die mit in 5–7 m Höhe gezogenen Laufdrähten verbunden sind. Das Grundgerüst bilden 7–8 m hohe Stangen. Geerntet werden die gelblichgrünen Dolden im August. Anschließend werden sie bei ca. 32 °C getrocknet. Hopfen wird dem *Bier* zugesetzt, weil es ihm Würze, Aroma und Haltbarkeit verleiht. Der Hopfen wird vor allem in Süddeutschland (Hallertau), aber auch in Amerika und England angebaut. Die Hopfenschösslinge lassen sich wie Spargel *(Hopfenspargel)* genießen. (Abb. S. 134)

In Kanada wird das Holz ganzer Waldgebiete von einem Boot flussabwärts gezogen (oben) und zur Weiterverarbeitung an Land befördert (unten)

Hormone

Die Hormone sind Stoffe (in kleinsten Mengen), die den Ablauf von Stoffwechselreaktionen sowie Fortpflanzung und Wachstum steuern. Ist das Gleichgewicht im *Hormonhaushalt* eines Menschen gestört, so treten auch Störungen im **Stoffwechsel** auf, und es kommt zu verschiedenen Krankheitserscheinungen. Hormone werden in **Drüsen** mit innerer Sekretion oder in bestimmten **Geweben** gebildet und direkt in die Blutbahn weitergegeben. Von dort gelangen sie an ihren Wirkungs-

Hopfenblüten

Hubschrauber im Einsatz

ort. Die wichtigsten Organe, die Hormone produzieren, sind bei Menschen und Wirbeltieren: *Hypothalamus* (Teil des Zwischenhirns), *Hirnanhangdrüse* (*Hypophyse*), *Eierstock* und *Hoden*, Mark und Rinde der *Nebenniere*, **Schilddrüse** und Nebenschilddrüsen, **Bauchspeicheldrüse** und *Mutterkuchen*.

Hornhaut

Mit Hornhaut bezeichnet man die oberste Schicht der **Haut** aus verhornten Zellen sowie einen Teil des **Auges**.

Hubraum

Hubraum nennt man das vom *Kolben* einer **Kolbenmaschine** bei einem Arbeitsgang im **Zylinder** verdrängte Gasvolumen. Der Kolben legt dabei im Zylinder den Weg von seinem obersten bis zu seinem tiefsten Punkt zurück. Dieser Hubraum wird meist in Kubikzentimeter angegeben. Der Hubraum eines **Verbrennungsmotors** setzt sich aus der Summe der Hubräume der einzelnen Zylinder zusammen. Nach dem Hubraum wird in der Bundesrepublik die Kraftfahrzeugsteuer berechnet.

Hubschrauber

Der Hubschrauber oder *Helikopter* hat statt der bei einem **Flugzeug** üblichen Tragflächen Rotorblätter. Sie drehen sich waagerecht über der Maschine um eine senkrechte **Achse** und treiben die Maschine sowohl nach oben als auch nach vorne an. Durch die Rotorblätter können Hubschrauber senkrecht starten und landen sowie in der Luft stehen. Der *Rotor* besteht aus zwei bis vier oder sogar mehr Rotorblättern. Manche Hubschrauber haben zwei Rotoren. Die Rotoren werden mit Kolben oder einer **Turbine** angetrieben. Je nach Stellung des Rotors oder der Rotoren wird das Flugzeug nach oben oder nach vorne angetrieben. Allerdings würde es mit dem Rotor allein nicht in die gewünschte Richtung gebracht werden, wenn es nicht am Heck einen kleineren, senkrecht gestellten Rotor, den so genannten Heckrotor, hätte. Der Winkel, in dem die Blätter des Heckrotors stehen, man nennt ihn Anstellwinkel, ist ebenfalls verstellbar. Mit diesem Heckrotor wird das Drehmoment des großen Rotors ausgeglichen. Dieser Ausgleich geschieht auch, wenn ein Hubschrauber zwei große Rotoren hat. Hubschrauber werden zur Beförderung von Personen und Lasten insbesondere dort eingesetzt, wo keine ausgebaute Landepiste vorhanden ist. So können Hubschrauber auch von Schiffen aus starten und wieder landen. Der Hubschrauber ist ein bevorzugtes Rettungsflugzeug. Er kann z. B. bei Unfällen auf der Autobahn landen, Bergsteiger aus Bergnot befreien oder Schiffbrüchige aus Seenot. Da der Hubschrauber in der Luft stehen kann (so genannter Schwebeflug), ist es möglich, Schiffbrüchige oder Bergsteiger mit Seilen nach oben in den Hubschrauber zu ziehen.

Hufeisen

Hufeisen nennt man den Eisenring, mit dem der *Huf* eines **Pferdes** beschlagen ist. Er ist hinten offen und vorne dem Rand des Hufes angepasst. Je nach Verwendung und Gewicht des Pferdes ist er verschieden dick und breit. Er wird mit 5 bis 8 Hufnägeln am Horn des Hufes befestigt.

Huftiere

Huftiere, die zu den **Säugetieren** gehören, besitzen einen *Huf*, d. h., ihre letzten Zehenglieder sind von einer Hornkapsel umhüllt, z. B. beim **Pferd**, einem *Unpaarhufer*, oder beim **Schwein**, einem *Paarhufer*.

Hülsenfrüchte

Hülsenfrüchte werden so bezeichnet, weil ihre **Frucht** eine Hülse darstellt. Es sind holzige und kantige Pflanzen, von denen es tausende von Arten gibt. Man zählt dazu: Mimosengewächse (z. B. Akazien), Johannisbrotbaumgewächse und Schmetterlingsblüter (Erbsen, Bohnen, Linsen), die als Nahrungsmittel große Bedeutung haben. Auch die ölhaltige Sojabohne und die Erdnuss gehören zu den Hülsenfrüchten.

Humus

Als Humus (lat.: Erdboden) bezeichnet man die Gesamtheit der abgestorbenen pflanzlichen und tierischen Stoffe in und auf dem Erdboden, die ständig von *Würmern*, **Bakterien** und anderen Kleinlebewesen umgewandelt werden. Humus ist für die *Fruchtbarkeit* des Bodens sehr wichtig und wird deshalb auch künstlich erzeugt.

Hund

Der Hund gehört zu der Familie der *Hundeartigen* und ist ein Raubtier mit sehr gut entwickeltem Geruchs- und Gehörsinn.

Hund

Hunderassen (von links oben nach rechts unten): Beagle, Rauhaardackel, Yorkshire Terrier, Zwergspitz, Riesenschnauzer, Collie, Dalmatiner, Deutscher Schäferhund, Bernhardiner, Pudel, Dobermann, Deutsche Dogge

Hurrikan

Es gibt etwa 400 Hunderassen, die man je nach ihrem Verwendungszweck (Jagd-, Hetz-, Dienst-, Nutz- und Begleithund) in größere Gruppen einteilt. Alle Hunderassen gehen auf den Haushund (das älteste **Haustier**) als Stammvater zurück. Der Familie der Hundeartigen werden auch die *Schakale*, **Wölfe** und **Füchse** zugerechnet. (Bilder S. 135)

Hurrikan

Der Hurrikan ist ein tropischer **Orkan**, der **Windstärke** 12 erreichen kann. Beim Hurrikan bewegen sich die **Winde** spiralförmig. Man weiß heute, dass Hurrikans aus starken, kreisenden und aufsteigenden Windbewegungen entstehen. Hurrikans haben anfänglich einen Durchmesser von etwa 10 km, der sich auf mehrere hundert Kilometer erweitern kann. Die Winde erreichen durchaus Geschwindigkeiten von mehr als 200 km/h und verwüsten dann weite Landstriche. Hurrikans können oft 2–3 Wochen dauern. Sie bewegen sich dann mit geringerer Geschwindigkeit fort, verursachen aber durch begleitende Wolkenbrüche und Sturmfluten verheerende Schäden. In den tropischen Gebieten des Atlantiks nennt man diese Wirbelstürme Hurrikans, in denen des Indischen Ozeans meist *Zyklone*. Heute verfolgt man mit Beobachtungsflugzeugen, **Radar** und **Satelliten** den Weg der Wirbelstürme, um die Bewohner rechtzeitig vor ihrem Eintreffen zu warnen. Hurrikans treten vor allem in den Monaten Juli bis Oktober auf.

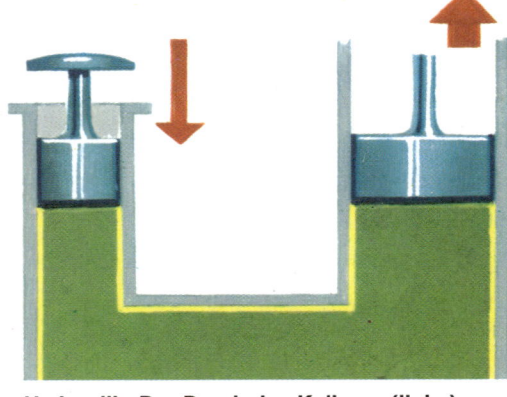

Hydraulik: Der Druck des Kolbens (links) wirkt sich über die Flüssigkeit vervielfacht auf den Arbeitskolben (rechts) aus

Hydraulik

Unter Hydraulik versteht man Verfahren und Anlagen zur Kraftübertragung mit Hilfe von *Flüssigkeiten* in einem geschlossenen Leitungssystem (**Getriebe**). Als Flüssigkeit wird meist *Öl* verwendet. Grundelemente eines hydraulischen **Antriebs** sind: Pumpe, Druckleitungen, Steuerungselemente und Verbraucher. Die Hydraulik beruht auf dem physikalischen Gesetz, das besagt, dass sich in einer Flüssigkeit der Druck nach allen Seiten gleichmäßig ausbreitet. Angewendet bedeutet dies, dass sich der Druck, der mit einem *Kolben* auf eine Flüssigkeit ausgeübt wurde, vervielfacht auf den größeren Presskolben (Arbeitskolben) auswirkt.

Hurrikan „Gladys", 1968 vom amerikanischen Raumschiff Apollo 7 fotografiert

Die Kraftvervielfältigung entspricht dem Größenverhältnis zwischen Druck- und Arbeitskolben. Dabei legt der kleinere Druckkolben zwar einen längeren Weg zurück, aber der Press- oder Arbeitskolben wird mit vielfachem Druck auf das Werkstück pressen. Anwendungsbereiche der Hydraulik sind vor allem *Pressen*, die einen Druck von mehr als 20 000 t ausüben können. Zur Erzeugung der Vorschubbewegung bei Maschinen im **Bergbau**, in vielfältiger Form als Antrieb für Kippvorrichtungen bei Lastwagen oder für Hebevorrichtungen bei **Baggern** und Planierraupen wird die Hydraulik ebenfalls eingesetzt.

Hydrographie

Die Hydrographie (Gewässerkunde) befasst sich mit den Gewässern im natürlichen Wasserkreislauf zwischen dem Niederschlag auf das Festland und dem Rückfluss ins Meer.

Hypnose

Der Begriff Hypnose wurde von dem englichen Arzt *James Braid* (1795–1860) geprägt. Er bezeichnet eine veränderte Bewusstseinslage, eine Einengung des Bewusstseins im Sinne eines Teilschlafes. Dabei bleibt eine gewisse Aufnahmefähigkeit für den Willen des Hypnotiseurs erhalten. Die Vorstellung des Schlafens wird der hypnotisierten Person sozusagen „eingeredet". Liegt bei ihr die Bereitschaft vor, sich etwas einreden zu lassen, kann die hypnotisierte Person während und auch noch nach der Hypnose zu Gedanken und Handlungen veranlasst werden. Hypnose wird u. a. im Bereich der Medizin zur Behandlung krankhafter Angstzustände, wie z. B. Höhenangst, angewandt.

ICE (Intercity Express)

Es handelt sich dabei um Hochgeschwindigkeitszüge der Bundesbahn, die seit 1991 verkehren und die mit einem hohen Komfort ausgestattet sind. Der ICE wird von zwei Lokomotiven an den Zugenden angetrieben. Der Energievebrauch ist im Gegensatz zum Auto oder zum Flugzeug äußerst gering. 1994 wurde bereits die dritte Generation des ICE bestellt, die 1998/99 ausgeliefert werden soll. Durch neue Entwicklungen sollen die Züge leichter und somit auch schneller werden. Das Schienennetz für den ICE-Verkehr wird weiter ausgebaut. Ein Versuchszug erreichte eine Höchstgeschwindigkeit von 406,9 km/h.

Immission

Als Immission bezeichnet man eine belästigende oder schädliche Einwirkung von **Emissionen** in Form von Rauch, **Gas**, *Strahlung* oder auch *Lärm* auf Menschen und/oder Umwelt. Immissionen werden durch Umweltschutzgesetze unterbunden, soweit dies wirtschaftlich vertretbar scheint; eine besondere Rolle spielt dabei die Entgiftung von Abgasen (**Entschwefelung, Katalysator**).
Im Zivilrecht wird mit dem Begriff Immission die Einwirkung von einem Grundstück auf ein anderes bezeichnet, in dem Stoffe zugeführt werden. Bei einer unwesentlichen Beeinflussung kann der Grundstückseigentümer die Immission nicht verbieten.

Immunität

Unempfänglichkeit gegenüber **Infektionen** oder **Giften** bezeichnet man als Immunität. Dabei unterscheidet man verschiedene Formen: a) dauernde, b) vorübergehende, c) absolute und d) relative Immunität. Darüber hinaus gibt es eine örtlich begrenzte oder allgemeine Körperimmunität. Diese Unempfänglichkeit beruht auf der Entwicklung von bestimmten Abwehrkräften (**Antikörper**).
Als völkerrechtliche Immunität wird die Freiheit der Diplomaten vor strafrechtlicher, zivilrechtlicher und verwaltungsrechtlicher Zwangsgewalt bezeichnet. Abgeordnete des Deutschen Bundestages und der Landesparlamente können in der Regel nicht strafrechtlich verfolgt werden, es sei denn, ihre Immunität wird vom Parlament aufgehoben. Werden die Abgeordneten allerdings während einer Tat oder am Tag der Tat festgenommen, können sie keinen Anspruch auf Immunität erheben. Die Funktionsfähigkeit des Parlaments soll durch die Immunität geschützt werden.
Der Begriff ist außerdem Bestandteil des katholischen Kirchenrechts. Die Geistlichen beider Konfessionen werden vom Wehrdienst befreit. Sie treten auch nicht als Inhaber öffentlicher Ämter auf.

Impfung

Die Impfung ist eine Maßnahme zum Schutz vor Infektionskrankheiten. Zwei Möglichkeiten werden hier unterschieden: Bei der *Schutzimpfung* werden abgeschwächte oder abgetötete Krankheitskeime oder Bakteriengifte unter die Haut gespritzt oder auch geschluckt (*Schluckimpfung*). Dadurch wird der Körper zur Bildung von Abwehrstoffen (**Antikörpern**) angeregt, die ihm eine **Immunität** gegen die entsprechende Krankheit verleihen. Die *Heilimpfung* mit dem Blutserum von schutzgeimpften Tieren erfolgt bei einer bereits ausgebrochenen Krankheit. Dadurch werden dem Körper die schon gebildeten Abwehrstoffe direkt zugeführt. Eine Behandlung mit Heilimpfungen führt nicht zur Immunität. Impfungen gibt es heute gegen *Pocken, Masern,* **Kinderlähmung,** *Röteln, Mumps, Grippe, Tollwut,* **Tuberkulose,** *Wundstarrkrampf, Diphtherie, Keuchhusten* u. a.

Impuls

Allgemein bezeichnet man mit Impuls einen Anstoß, eine Anregung. In der **Physik** stellt der Impuls eine Bewegungsgröße dar, die sich von dem Produkt aus **Masse** und der **Geschwindigkeit** eines Körpers ableiten lässt. Bei Kräften, die nur kurze Zeit wirken, wird auch die Änderung der Bewegungsgröße als Impuls (Kraftstoß) betrachtet. Dieser Begriff ist auch auf andere kurzzeitige Zustandsänderungen, z. B. Stromimpulse, zu übertragen.

Inch

Das Inch (Abkürzung in. oder ″) ist ein in Großbritannien und in den USA gebräuchliches Längenmaß, das dem **Zoll** entspricht. 1 in. = 2,54 cm.

Industrie

Unter dem Begriff Industrie fasst man alle gewerblichen Betriebe (*Fabriken*) zusammen, die ihre Produkte nicht mehr von Hand, sondern maschinell (**Automatisierung**) und in großen Mengen herstellen. Die Industrialisierung setzte Ende des 18. Jahrhunderts in England und zu Beginn des 19. Jahrhunderts in Deutschland ein.

Infektion

Dringen Krankheitserreger, wie **Bakterien** oder **Viren**, in den menschlichen Körper ein und vermehren sich dort, liegt eine **Infektion** vor. Je nach der körperlichen Verfassung und der Art der Erreger kann es zu *Infektionskrankheiten* kommen. Dabei werden drei Grundtypen unterschieden: 1. die zyklische Infektion, die in bestimmten Stadien abläuft und in der Regel mit einer **Inkubationszeit** beginnt. Anschließend kommt es zu einer Ausbreitung der **Keime** im ganzen Körper und die Krankheitserscheinungen treten auf; auch sie verlaufen nach einer gewissen Regelmäßigkeit; 2. die Lokalinfektion, die dadurch gekennzeichnet ist, dass es nur an einem bestimmten Ort oder Organ des Körpers zu einer Erkrankung kommt; 3. die *Sepsis*, unter der man eine generelle Verschärfung einer Infektion versteht, wenn Keime in die Blutbahn gelangen und sich auf diese Weise nach und nach im ganzen Körper ausbreiten. Das Überstehen einer Infektion führt zur **Immunität**.

Infrarotfotografie

Die Infrarotfotografie ist ein fotografisches Aufnahmeverfahren (**Fotografie**), das Aufnahmen auch bei völliger Dunkelheit ohne Blitzlichtgerät erlaubt. Dabei wird die natürliche *Wärmeabstrahlung* eines Menschen, Tieres oder eines Fahr-

Infrarotstrahlung

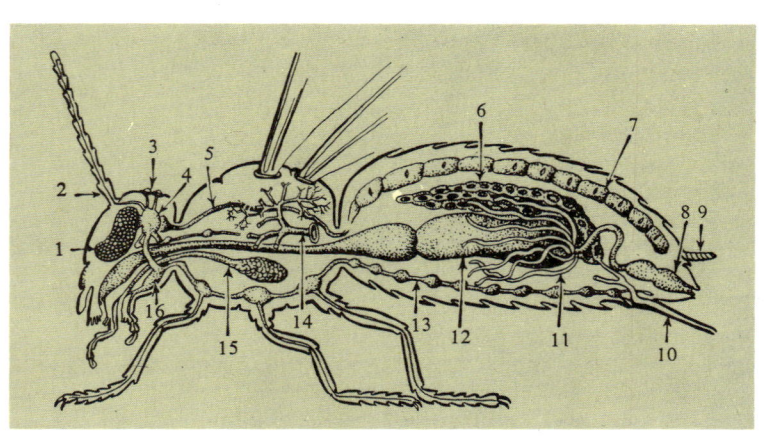

Schnake (langbeinige, nicht stechende Mücke) der Tropen (oben links). Oben rechts: Querschnitt eines Insektenkörpers (Schema). Facettenauge (1), Fühler (2), Punktaugen (3), Gehirn (4), Hauptader (5), Eierstock (6), Herz (7), Enddarm (8), Afterraife, Cerci (9), Legeröhre (10), in den Enddarm mündende Ausscheidungsschläuche, so genannte malpighische Gefäße (11), Mitteldarm (12), Bauchmark (13), Atemloch mit Tracheen (14), Speicheldrüse (15), Unterschlundnervenknoten (16)

1 Laufbein
2 Schwimmbein
3 Sammelbein

Abb. rechts: Wichtige Abwandlungen der Beine und Fühler (Antennen) von Insekten

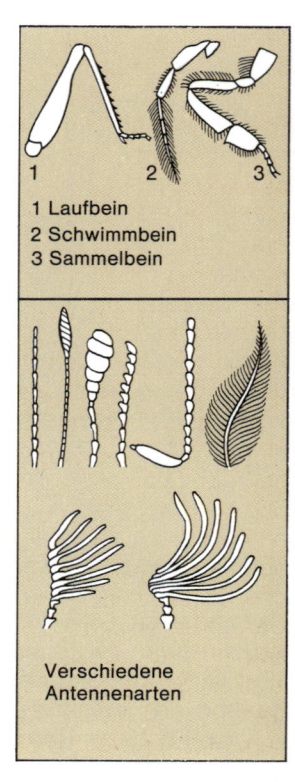

Verschiedene Antennenarten

zeuges (Motorwärme) auf Materialien sichtbar gemacht, die für nahes Infrarotlicht empfindlich sind. Infrarotfotografie ist ein geeignetes Mittel, um mangelhafte *Wärmeisolierung* (Wärmedämmung), z. B. an einem Haus, festzustellen. Die Mängel in der Isolierung werden dadurch aufgezeigt, dass an diesen Stellen starke Infrarotstrahlung ins Freie dringt, die auf dem *Film* aufgezeichnet wird. Durch die Überprüfung der Wärmedämmung eines Hauses mit Infrarotfotografie und die daran anschließende Verbesserung der Isolierung können die *Heizkosten* erheblich verringert werden. Auch in der Land- und Forstwirtschaft wird die Infrarotfotografie vom Flugzeug aus zur Unterscheidung von gesunden und kranken Pflanzen verwendet. (**Wärme**)

Infrarotstrahlung

Infrarotstrahlung ist *Wärmestrahlung*. Die Wärme eines Körpers wird durch die Bewegung seiner Bausteine (**Atome**) und **Moleküle** verursacht. Dabei sendet das Atom eine für das menschliche Auge nicht sichtbare, elektromagnetische Strahlung aus. Wir empfinden diese langwelligen Strahlen als Wärme. Im **Spektrum** schließt sich diese Strahlung an das rote Licht an; man bezeichnet sie als Infrarot- oder Ultrarotstrahlung, da ihre *Wellenlänge* größer ist als die des Rotanteils im sichtbaren Licht (**Farbenlehre**). Die Infrarotstrahlung ist von entscheidender Bedeutung in der Heizungs- und Wärmetechnik und bei der **Infrarotfotografie**. In der Medizin wird sie u. a. für Heilzwecke verwendet (z. B. bei Rheumatismus, Gelenkerkrankungen und Hals-, Nasen-, Ohrenkrankheiten).

Infraschall

Von Infraschall spricht man, wenn *Schwingungen* eine **Frequenz** unter 16 Hz (1 Hz = 1 Schwingung/s.) haben, also unterhalb der Hörgrenze liegen. Infraschall tritt z. B. bei Boden- oder Gebäudeschwingungen auf, die als Erschütterungen wahrgenommen werden.

Ingenieur

Ein Ingenieur (Abkürzung Ing.) ist ein auf wissenschaftlicher Grundlage ausgebildeter Fachmann für die *Technik*. Diplomingenieure (Dipl.-Ing.) haben an technischen Hochschulen und Universitäten ein mindestens 8 Semester dauerndes Studium mit einer abschließenden Diplomhauptprüfung abgelegt. Der Tätigkeitsbereich eines Ingenieurs ist auf die Leitung und Überwachung der Produktion und/oder auf die Entwicklung und den Entwurf neuer technischer Produkte ausgerichtet.

Inkubationszeit

Bei Infektionskrankheiten wird der Zeitraum zwischen dem Eindringen der Krankheitserreger in den **Organismus** und dem Auftreten der Krankheitserscheinungen mit Inkubationszeit bezeichnet. Sie ist für die jeweilige Krankheit typisch und abhängig von der Körperverfassung der betroffenen Person sowie der Stärke der Erreger. Einige Beispiele für Inkubationszeiten: Diphtherie 2–5 Tage, Masern 7–14 Tage, Röteln 10–20 Tage.

Insekten

Die Insekten stellen die formenreichste Klasse des Tierreichs mit ungefähr einer Million verschiedener Tierarten dar. Sie, die etwa einen Anteil von 80 % an der Tierwelt haben, gibt es fast überall, zu Wasser, zu Lande, in den Wüsten, im Hochgebirge, ja sogar in der Antarktis. Insekten sind **Gliederfüßer**, d. h., ihre Beine sind aus vielen Gliedern zusammengefügt. Aber auch ihr mit einer Chitinschicht bedeckter Körper ist deutlich unterteilt in Kopf, Brustabschnitt (Thorax) und Hinterleib. Der dreiteilige Brustabschnitt hat drei Beinpaare und zwei Flügelpaare. Der Kopf mit den **Facettenaugen** trägt ein Paar *Fühler* (Antennen) und um die Mundöffnung befinden sich drei Paar Mundgliedmaßen, die Mundwerkzeuge. Diese sind verschieden gebaut: *Käfer* z. B. und **Heuschrecken** besitzen Kauwerkzeuge, mit denen sie Nahrung zerkleinern können, Fliegen und **Bienen** saugen bzw. lecken mit einem Rüssel **Nektar** oder **Honig** auf. Die Insekten atmen durch kleine Löcher auf der Körperoberfläche Luft ein, die durch ein feines Röhrchensystem (*Tracheensystem*) den ganzen Körper mit Sauerstoff versorgen. Das Nervensystem ist strickleiterförmig. Die **Fortpflanzung** der Insekten erfolgt durch **Eier**, aus denen **Larven** schlüpfen (*Maden* oder *Raupen*). Die Larven verwandeln sich in *Puppen*, in denen die vollkommene Verwandlung (**Metamorphose**) zur Form des ausgewachsenen Tieres (Imago) auf einmal stattfindet (bei Bienen, **Ameisen**, Käfern, **Schmetterlingen** und **Flöhen**). Fehlt das Puppenstadium und vollzieht sich die Verwandlung schrittweise, spricht man von unvollkommener Verwandlung (bei *Libellen, Termiten,* bei der **Eintagsfliege**). Manche Insekten, wie die Bienen und Ameisen, besitzen eine ausgesprochen hoch entwickelte **Brutpflege** und erreichen dadurch ein ausgeprägtes soziales Gefüge. Man unterteilt die Klasse der Insekten in flügellose Ur-Insekten (Springschwänze) und in die Flug-Insekten (Fliegen, Libellen, Schmetterlinge). Es gibt schädliche und nützliche Insekten. Zu den schädlichen gehören z. B. die *Tsetsefliege,* die die Schlafkrankheit überträgt, und die *Anophelesmücken,* die die Malaria verbreiten. Zu den nützlichen Insekten gehören u. a. die Bienen, die uns mit Honig versorgen, oder auch die *Seidenspinner* (Maulbeerspinner), aus deren Kokongespinsten wir Seide gewinnen.

Insektizide

Insektizide sind chemische Mittel zur Vernichtung von schädlichen Insekten und ihrer Brut (z. B. DDT, E 605 und andere). Hauptnachteil vieler Insektizide ist die schlechte biologische Abbaubarkeit.

Insel

Eine Insel ist ringsum von Wasser umgebenes Festland. Zu den Inseln zählt man jedoch nicht die **Kontinente**. Wir unterscheiden je nach Lage: Kontinental- oder *Schelfinseln* (die nachträglich vom Festland abgetrennt wurden, wie z. B. die Britischen Inseln); ozeanische Inseln oder Tiefseeinseln (sie waren nie mit dem Festland verbunden, z. B. Koralleninseln oder Inseln vulkanischen Ursprungs, *Atoll*). Gruppen von Inseln sind *Archipele*, Inselreihen nennt man Inselketten, eine kleinere Insel ist ein Eiland, Inseln vor der Nordseeküste heißen *Halligen*, vor der skandinavischen Küste liegen die Schären. Zu den größten Inseln gehören Grönland, Neuguinea und Borneo.

Instinkt

Der Instinkt umfasst ererbte und arteigene Verhaltensweisen bei Menschen und Tieren. Bei Tieren besteht das Instinktverhalten darin, dass sie triebhaft nach einer *Reizsituation* suchen, auf die der ihnen angeborene auslösende Mechanismus, eben der Instinkt, anspricht (*Balz*, **Fortpflanzung**, Nestbau, Aufzucht der Jungen). Beim Menschen ist der Instinkt sehr stark von der Tätigkeit des Bewusstseins überlagert. Er ist z. B. nur noch in manchen Ausdrucks- und Reaktionsbewegungen erkennbar.

integrierte Schaltung

Die integrierte Schaltung wurde zur Verkleinerung und Verbilligung elektrischer Schaltungen entwickelt. Sie wird nicht aus einzelnen Bauteilen zusammengesetzt, sondern auf eine winzige Trägerplatte aufgedampft (**Chip**), die dann in einem Gehäuse mit Anschlussstiften untergebracht wird. Die Einführung der integrierten Schaltung ermöglichte enorme Größen- und Gewichtseinsparungen bei **Computern** und vielen anderen elektrischen Geräten.

Intelligenz

Intelligenz ist die geistige Fähigkeit, Probleme durch Einsicht zu lösen und vernunftgemäß zu handeln. Sie wird heute als in gewisser Weise messbare Größe betrachtet und getestet. Man nennt das Ergebnis eines genormten *Intelligenztestes Intelligenzquotient* (IQ). Mit einem besonderen Verfahren misst man dabei die Intelligenz eines Menschen und teilt sie in Quotienten ein. Der Intelligenzquotient 100 drückt dabei die Durchschnittsleistung aus. Es gibt keine völlig zuverlässige Methode, das Maß der Intelligenz zu bestimmen.

Inzucht

Als Inzucht bezeichnet man die geschlechtliche **Fortpflanzung** eng verwandter Menschen, Tiere oder Pflanzen. In der menschlichen Gesellschaft wirkt sich Inzucht ungünstig aus, da sie das Auftreten gewisser *Erbkrankheiten* begünstigt. Der Geschlechtsverkehr und die Ehe zwischen nahen Verwandten (Geschwister, Elternteil und Kind) heißt *Inzest* und ist gesetzlich verboten.

Ionen

Ionen sind elektrisch geladene Teilchen, die die Größe eines **Atoms** oder **Moleküls** haben. Ionen entstehen aus neutralen Atomen oder Molekülen durch Abspaltung oder Anlagerung von **Elektronen**. Die Abspaltung von Elektronen macht eine Energiezufuhr notwendig, entweder durch Strahlung, Stoß oder hohe Wärmezufuhr.

Isotope

Ein Isotop ist ein **chemisches Element**, dessen *Atomkern* entweder weniger oder mehr **Neutronen** als üblich enthält. Instabile Isotope zerfallen, wobei radioaktive Strahlung entsteht (**Radioaktivität**). Isotope werden vor allem für biochemische Untersuchungen verwendet und z. B. bei der Behandlung von **Krebs** eingesetzt.

Die Inseln der Malediven sind meist von einem Korallenriff umgeben

Isolation

In der Elektrotechnik bedeutet die Isolation die Trennung von elektrisch leitfähigen Körpern (**Leitfähigkeit**), z. B. von Kupferdrähten, die unter elektrischer Spannung stehen. Meist sind diese Drähte durch eine Kunststoffummantelung (**Kabel**) oder durch getränkte Faserstoffe isoliert. Medizinisch bedeutet Isolierung, jemanden auf Grund tatsächlicher oder vermuteter ansteckender Krankheiten (*Gelbsucht, Pocken* u. a.) in abgesonderten Räumen und Stationen (*Quarantäne*) des Krankenhauses unterzubringen, um die Ansteckung weiterer Personen zu vermeiden. (**Infektion**)

Jahr

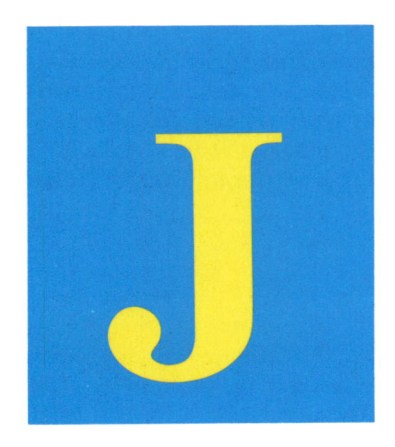

Jahr

Als Jahr bezeichnet man den Zeitabschnitt, in dem die **Erde** einmal um die **Sonne** gekreist ist. Das Sternjahr (siderische Jahr) entspricht der wahren Umlaufzeit der Erde um die Sonne. Sie beträgt 365 Tage, 6 Stunden, 9 Minuten und 9,54 Sekunden. Ein Jahr umfasst nach dem **Kalender** 365 Tage oder 12 Monate oder 52 Wochen. Dies sind nur Annäherungswerte. Das Jahr ist durch die **Jahreszeiten** charakterisiert. *Naturvölker* richteten sich nach dem Mondjahr, das sich aus 12 Monaten zusammensetzt (von Vollmond zu Vollmond) und 11 Tage kürzer ist als das Sonnenjahr.

Jahreszeiten

Die Jahreszeiten kennen wir in unseren Breiten als *Frühling, Sommer, Herbst* und *Winter*. Auf der Nordhalbkugel, in den gemäßigten Klimazonen (**Klima**) der Erde, beginnt der Frühling am 21. März, der Sommer am 22. Juni, der Herbst am 23. September und der Winter am 22. Dezember. Auf der Südhalbkugel gilt die Reihenfolge Herbst (21. 3.), Winter (22. 6.), Frühling (23. 9.) und Sommer (22. 12.). Diese vier gleich langen Zeitabschnitte entsprechen theoretisch den Vegetationsperioden. Die meteorologischen Jahreszeiten stimmen nicht mit den astronomischen überein. Der Wechsel der Jahreszeiten liegt darin begründet, dass die Erdachse mit der Ebene der **Erdumlaufbahn** um die **Sonne** einen Winkel von etwa 66,5° bildet (**Erde**). Die Sonnenstrahlen fallen daher unterschiedlich steil und intensiv ein, wodurch die klimatischen Unterschiede entstehen. An jedem Punkt der Erde erreicht die Sonne im Laufe eines Jahres verschiedene Mittagshöhen. Bei der Sommersonnenwende am 22. 6. steht die Sonne am höchsten, bei der Wintersonnenwende am 22. 12. am niedrigsten. Es gibt noch weitere Jahreszeiteneinteilungen auf der Erde. Je mehr man sich dem Nord- bzw. Südpol nähert, desto kürzer werden die warmen Jahreszeiten. Am **Äquator** gibt es keine Winter. In den **Tropen** richtet sich die Einteilung der Jahreszeiten nach der Niederschlagsmenge; unterschieden werden dort eine oder zwei Regen- und Trockenzeiten.

Joule

Joule (J) ist eine physikalische Wärmeeinheit. *Wärmeenergie* kann man nicht unmittelbar messen. Sie wird berechnet nach ihrer Wirkung aus einer bestimmten Wassermenge und einer bestimmten Temperaturerhöhung. So ist 1 Joule diejenige Wärmeenergie, die 1 g Wasser um ca. 0,24 °C erwärmt. 1 kg Wasser benötigt für eine Temperaturerhöhung um 1 °C 4,2 Kilojoule. Bei der **Ernährung** wird die Zahl der bei der Verbrennung der Nahrung frei werdenden Wärme in Joule angegeben. Früher wurde die physikalische Wärmeeinheit mit *Kalorie* (cal) benannt. Für die Umrechnung in Joule gilt folgende Gleichung: 1 cal = 4,1868 J.

Jupiter

Der Jupiter ist der größte **Planet** in unserem Sonnensystem. Er hat einen Durchmesser von 142 000 km und ist rund 778 Mill. km von der **Sonne** entfernt (mittlere Entfernung). Seine **Masse** ist größer als alle anderen Planetenmassen zusammen, z. B. etwa die 318fache Erdmasse. Seine Umlaufzeit um die Sonne beträgt

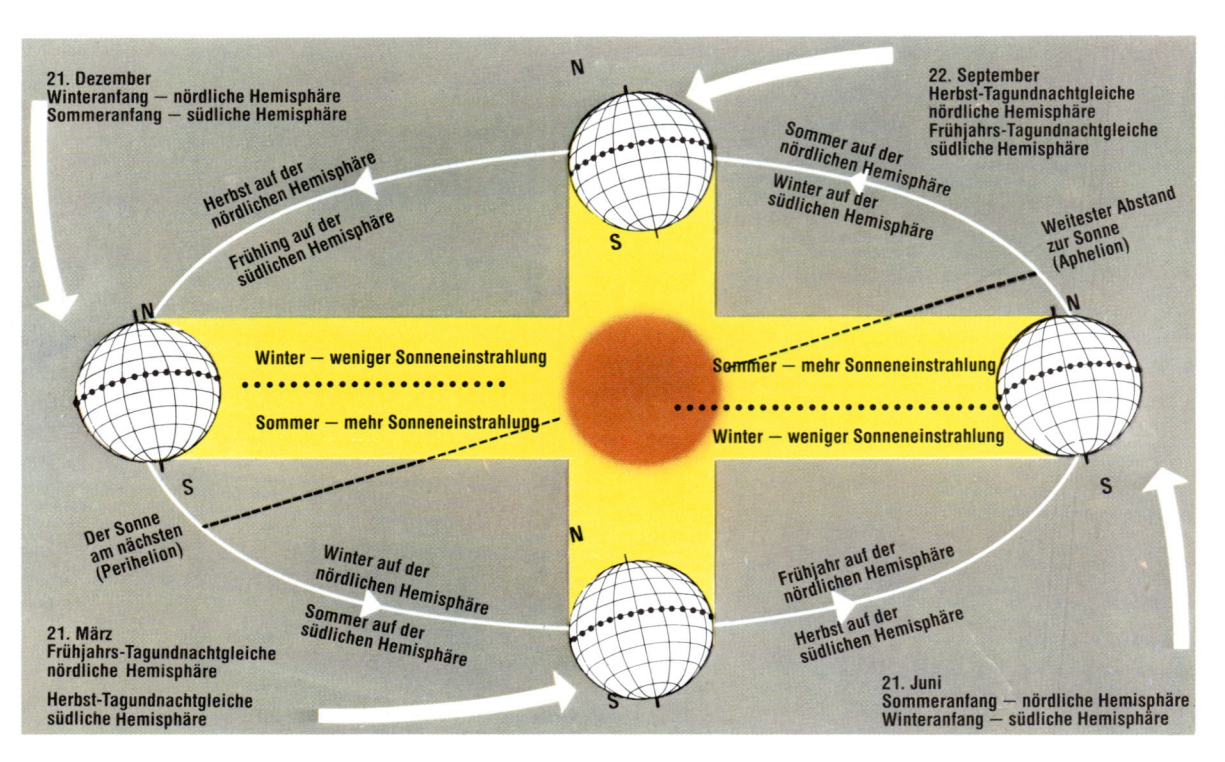

Jahreszeiten. Die Rotationsachse der Erde bildet mit der Ebene ihrer Bahn um die Sonne einen Winkel von etwa 66,5°. Der unterschiedliche Einfall der Sonnenstrahlen bedingt klimatische Unterschiede

Der Jupiter, der größte Planet unseres Sonnensystems, hat einen elfmal größeren Durchmesser als die Erde

11 Erdenjahre und 315 Erdentage. Begleitet wird dieser Planet von 14 **Monden**. Durch das **Fernrohr** betrachtet, erscheint die Jupiteroberfläche in rotbraunen bis rosafarbenen Streifen und Flecken. Die **Atmosphäre** des Jupiters besteht hauptsächlich aus **Wasserstoff, Helium** und kleineren Mengen von *Methan* und Ammoniak. Die Oberflächentemperatur wird mit minus 130 °C angegeben.

Jura

Als Jura bezeichnet man sowohl den Zeitraum als auch die Gesteinsformation im *Erdmittelalter* (**Erdgeschichte**) vor etwa 195–140 Mill. Jahren. Der Jura ist wiederum in Lias, Dogger und Malm gegliedert oder je nach Farbe des Gesteins spricht man in Süddeutschland von schwarzem, braunem, und weißem Jura. Kennzeichnend ist eine Schichtenfolge aus Tonen, Mergeln, Kalken, Sandsteinen und Vulkaniten. In der Pflanzenwelt des Jura gab es **Farne** und *Schachtelhalme*, in der Tierwelt *Saurier* und **Reptilien**, aus denen sich die **Säugetiere** entwickelten. Jura heißen außerdem Gebirge bzw. Regionen in Frankreich und der Schweiz.

K

Kabel

Kabel nennt man biegsame elektrische Leiter (**Elektrizität**), meist aus Kupfer oder Aluminium, die mit einer **Isolation** umgeben sind, damit sie, zu vielen in einem Kabelmantel gebündelt, unter Wasser (Unterwasserkabel) oder in der Erde (Erdkabel) verlegt werden können. Die leitenden Teile (Adern) eines Kabels bestehen entweder aus Einzeldrähten (Massivleiter) oder – wenn erhöhte Biegsamkeit erforderlich ist – aus Seilen, die aus mehreren Drähten zusammengedreht sind (*Litzen*).

Es gibt verschiedene Kabelarten, z. B. mehr als armdicke *Starkstromkabel*, Fernsprechkabel (**Telefon**) und Fernsehübertragungskabel (**Kabelfernsehen**). Bereits 1857/58 wurde ein Kabel im Atlantik zwischen Irland und Neufundland (Kanada) verlegt, um die Nachrichtenübermittlung zwischen den Kontinenten durch **Telegrafie** zu ermöglichen.

Kabelfernsehen

Beim Kabelfernsehen werden die Programme mit Hilfe von **Kabeln** (*Koaxialkupferkabel* oder *Glasfaserkabel*) zu den Empfangsgeräten übertragen. So können den Fernsehteilnehmern weit mehr Programme geboten werden als durch Funkübertragung und Antennenempfang (**Antenne**). Über die leistungsfähigen Kabel werden die Rundfunkprogramme zudem in optimaler Qualität übermittelt.

Käfer

Käfer sind mit etwa 350 000 **Arten** die artenreichste Ordnung der **Insekten**. Sie besitzen besondere Kauwerkzeuge und einen harten Hautpanzer. Das vordere Flügelpaar ist verhärtet und bedeckt in Ruhe die eingefalteten Hinterflügel und

Kaffee

Der Goliathkäfer wird bis zu 10 cm lang

den Hinterleib. Käfer machen während ihrer Entwicklung eine vollkommene Verwandlung (**Metamorphose**) bis zum fertigen Insekt durch, d. h. sie durchlaufen die Stadien **Ei**, **Larve**, *Puppe*. Viele Käfer sind Schädlinge, z. B. der **Kartoffelkäfer**, einige sind nützlich, weil sie wiederum schädliche Insekten vertilgen. Eine Unterordnung sind die Raubkäfer mit etwa 25 000 Arten, zu denen die Lauf- und Schwimmkäfer gehören.

Kaffee

Kaffee wird aus *Kaffeebohnen* gewonnen, den **Samen** der Kaffeebäume oder -sträucher. Der Kaffeebaum gehört zur Familie der *Rötegewächse* und wird bis zu 6 m hoch. In Pflanzungen stutzt man ihn jedoch, damit er leichter abzuernten ist und mehr Früchte trägt. Zum ersten Mal blüht der Kaffeebaum nach drei oder vier Jahren. Die Blüten sind weiß und verwelken sehr schnell. Der Kaffeebaum hatte seinen Ursprung in Äthiopien und kam dann über Arabien nach Indien. In der arabischen Welt erfreute sich das Getränk bald großer Beliebtheit, da die islamische Religion den Genuss von **Alkohol** verbietet und man im Kaffee einen Ersatzgenuss

Die dunkelroten Früchte enthalten die Kaffeebohnen, die Samen der Kaffeebäume oder -sträucher

Kaffee – Ernteergebnisse

Land	Ernteergebnisse 1994	(1993) in 1000 t
Brasilien	1 257	1 278
Kolumbien	684	1 080
Indonesien	400	442
Mexiko	240	336
Äthiopien	198	180
Uganda	180	141
Indien	170	162
Welt insgesamt	5 430	5 890

fand. Im 17. Jh. gelangte der Kaffee dann nach Europa. Die ersten Kaffeehäuser (Cafés) entstanden in Venedig und in London. Die größten Anbaugebiete liegen in Süd- und Mittelamerika, die größten Kaffeelieferanten sind Brasilien und Kolumbien. Geerntet werden die Kaffeefrüchte von Hand, nachdem sie etwa 6 bis 7 Monate herangereift sind und blauschwarz aussehen. Man legt die Früchte 3–4 Tage zum Trocknen in die Sonne. Das nicht genießbare Fruchtfleisch, das die beiden Samenkörner, die späteren Kaffeebohnen, bedeckt, wird abgezogen. Heute hat man auf großen Kaffeeplantagen Maschinen, die das Fruchtfleisch entfernen und die Samenkörner aussortieren. Um den Kaffee aus den Samenkörnern zubereiten zu können, müssen diese zuerst getrocknet und dann gemahlen werden. Man verschickt die Kaffeebohnen jedoch roh; erst am Bestimmungsort werden sie geröstet. Dabei entwickeln sich die aromatischen Stoffe, die den Kaffee zu einem Genussmittel machen. Gerösteter Kaffee enthält etwa 1,5 % *Koffein*, das anregend auf dass **Zentralnervensystem** wirkt, so dass z. B. vorübergehend die Müdigkeit nachlässt. Das Koffein kann dem Kaffee entzogen werden.

Kaiserschnitt

Der Kaiserschnitt ist eine *Operation* an der gebärenden Frau, wenn eine natürliche **Geburt** unmöglich oder gefährlich wäre. Dabei werden Bauchdecke und *Gebärmutter* der werdenden Mutter aufgeschnitten und nach der *Entbindung* wieder zugenäht.

Kakao

Der Kakaobaum wächst und gedeiht nur in warmen, tropischen und regenreichen Gebieten. Aus seinen bohnenförmigen **Samen**, den Kakaobohnen, wird das Kakaopulver gewonnen. Ein Baum bringt alle 6 Wochen ca. 50 Früchte hervor, pro Hektar liegt der Ertrag zwischen 200–1200 kg Bohnen. Diese lässt man 2–10 Tage gären, danach werden sie gewaschen und in Säcke abgefüllt. Zur Herstellung von Schokolade und Kakaopulver werden die Bohnen gereinigt, verlesen, geröstet, gebrochen, entkeimt und gemahlen. Nach dem Mahlen erhält man eine warme, flüssige Kakaomasse. Wird sie durch *hydraulischen* **Druck** entölt und vom Kakaofett befreit, bleibt der Puderkakao übrig. Als Getränk mit Milch zubereitet ist Kakao anregend und nahrhaft.

Kakteen

Die etwa 2000 Arten der Familie der Kakteen sind dicke, fleischige Gewächse verschiedenster Formen, jedoch meist ohne Blätter. Kakteen kommen in den trockenen Gebieten Amerikas vor und gedeihen dort besonders gut, da sie Wasser speichern können (*Sukkulenz*). Die Pflanzen haben meist kurze Seitentriebe (Areolen), aus denen mehr oder weniger lange Dornen oder Haare hervorgehen. Kakteen können wunderschön blühen. Die kleinsten sind 1 cm groß, die größten bis zu 18 m mit einem Stammdurchmesser bis zu 2 m.

Kalender

Der Kalender ist eine Zeiteinteilung unter astronomischen Gesichtspunkten, die sich auf die Umlaufzeit unserer **Erde** um die **Sonne** bezieht (Sonnenjahr). Unser heute gültiger Kalender ist der so genannte Gregorianische Kalender, der 1582 von Papst Gregor XIII. festgesetzt wurde. Nach dieser Zeiteinteilung hat jedes Jahr 12 Monate, 52 Wochen und 365 Tage, alle vier Jahre gibt es ein Schaltjahr mit

In Stein geritzter römischer Kalender

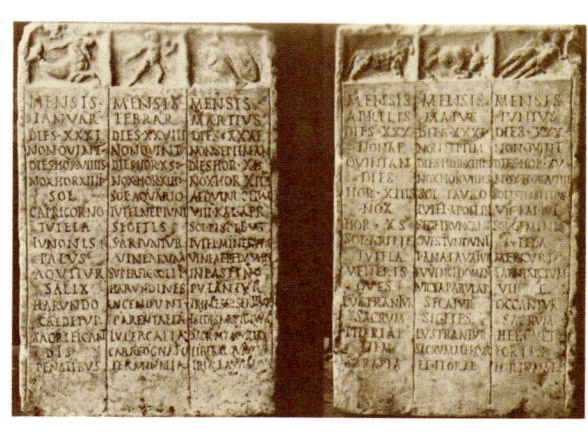

366 Tagen, das anfällt, wenn die Jahreszahl durch vier teilbar ist – so war 1996 ein Schaltjahr. Der zusätzliche 366. Tag wird im Februar eingeschaltet, der dann nicht wie gewöhnlich 28, sondern 29 Tage hat. Das Jahr beginnt mit dem 1. Januar und endet am 31. Dezember. Die Monate folgen einander im Wechsel von 31 bzw. 30 Tagen, nur Juli und August haben beide 31 Tage. Der Gregorianische Kalender wurde 1582 in allen katholischen Ländern eingeführt, die evangelischen Länder nahmen ihn erst viel später an (Deutschland 1700, England 1752 und Schweden 1753). In Russland rechnete man noch bis Oktober 1923 nach dem alten Julianischen Kalender. Doch nicht alle Länder haben diese Zeitrechnung. Der jüdische, der mohammedanische, der chinesische und der indische Kalender weichen von der so genannten christlichen Zeitrechnung ab.

Kalkstein

Kalkstein ist ein **Gestein**, das sich im **Wasser** ablagert. Es besteht vorwiegend aus Kalkspat und entstand in warmen Flachmeeren. Kalkstein bildet sich auch aus Kalkschalen, Kalkskeletten längst abgestorbener **Muscheln, Schnecken** und **Korallen**. Man unterscheidet u. a. den dichten, feinkörnigen Massenkalk, den erdigen Kalk (*Kreide*) und den kristallischen Kalk, der als *Marmor* bezeichnet wird. Kalksandstein (Kalkstein mit Sandbeimischungen) ist ein leicht zu bearbeitender Werkstoff und wurde deshalb von Bildhauern des Mittelalters für Statuen und Domfassaden verwendet. Kalkablagerungen im Wasserkessel im Haushalt lassen sich leicht mit Essigsäure beseitigen. Die Ablagerungen kommen hauptsächlich dort vor, wo das *Trinkwasser* stark kalkhaltig ist.

Kalzium

Kalzium ist ein **chemisches Element** mit dem Symbol Ca, das zur Gruppe der so genannten Erdalkalimetalle zählt. Sein Schmelzpunkt liegt bei 839 °C, der Siedepunkt bei 1484 °C. Kalzium ist ein silberweißes *Leichtmetall*, das durch **Elektrolyse** eines Gemisches von Kalziumchlorid und Kalziumfluorid gewonnen werden kann. Wird es erhitzt, verbrennt es sehr rasch, **Wasser** und verdünnte Säuren greifen es sofort an. In ionisierter Form ist Kalzium (oft allgemein auch mit *Kalk* bezeichnet) von wesentlicher Bedeutung für den **Organismus**. Der Kalziumstoffwechsel wird entscheidend von den Nebenschilddrüsenhormonen sowie von **Vitamin D** reguliert. Ein Absinken oder Ansteigen des Kalziumgehalts im Blut führt zu bestimmten Krankheitserscheinungen. Allgemein wirken Kalziumionen in der Blutbahn entzündungshemmend, antiallergisch (**Allergie**) und gefäßabdichtend. Kalzium ist u. a. wesentlich am Knochenaufbau beteiligt. Kleinkindern wird Kalzium für den reibungslosen Zahnwuchs verabreicht.

Kamel

Die paarhufigen, genügsamen und ausdauernden Kamele leben in Wüstengebieten und werden als Haus- und Lasttiere gehalten. Sie sind für die **Wüste** hervorragend ausgestattet, da sie in ihrem Höcker, der hauptsächlich aus Fett besteht, Nahrung und in ihrem Magen Wasser speichern können. Das eigentliche Kamel hat zwei Höcker, das **Dromedar** einen. Kamele sind *Wiederkäuer*. Charakteristisch sind ihr wolliges Haar und die gespaltene Oberlippe. Zu den höckerlosen Neuweltkamelen Südamerikas gehören das *Lama* und das *Alpaka* (*Guanakos*).

Kamera

Eine Kamera ist ein Gerät zur Abbildung bewegter Objekte auf lichtempfindlichem Material (**Film**). Man unterscheidet die Stehbildkamera (fotografische Kamera – Fotoapparat) von der Filmkamera. Darüber hinaus verdient noch die Fernsehkamera Beachtung (**Bildzeile**). Die Filmkamera arbeitet nach folgendem Prinzip: Auf der Abwickelspule befindet sich das unbelichtete Material, das von einer Transportrolle zwischen Bildfenster und Andruckplatte hindurch und als belichteter Film zur Aufrollspule geführt wird. Den **Antrieb** der Transportrolle übernimmt ein kleiner Elektromotor. Die Andruckplatte sorgt dafür, dass der Film richtig vor dem Bildfenster und damit vor dem **Objektiv** zu liegen kommt. Ist das Bild belichtet (**Fotografie**), wird der Film von einem Transportgreifer um einen Bildabstand weitergezogen. Der Transportgreifer fasst in die seitlich in den Film gestanzten Löcher, die Perforation. Während er den Film am Bildfenster vorbeizieht, verdeckt eine sich drehende Blende (*Umlaufblende*) das Bildfenster und gibt es nur für die Zeit der Belichtung frei (ungefähr $1/32$ s, was einer Bildgeschwindigkeit von 16 Aufnahmen pro Sekunde entspricht). Da das menschliche Auge für diese hohen Geschwindigkeiten zu träge reagiert, erfasst es die ruckartigen Bewegungen auf dem Film nicht, sondern sieht nur einen gleichmäßigen Ablauf. Bei den meisten Filmkameras lassen sich unterschiedliche Geschwindigkeiten für *Zeitraffer*- oder **Zeitlupenaufnahmen** einstellen.

Kapillare

Allgemein bezeichnet man äußerst feine, röhrenförmige Gefäße als Kapillare. Im engeren Sinne sind damit meist haarfeine *Blutgefäße* gemeint, die deshalb auch *Haargefäße* genannt werden. Die Kapillare stellen den Übergang zwischen arteriellem und venösem Blutgefäßsystem dar. Sie dienen dem Übertritt von Stoffen und Flüssigkeiten zwischen Blutgefäßen und **Geweben**.

Kapsel

Eine Kapsel ist die zur Reifezeit aufplatzende und damit den Samen freigebende **Frucht** einer Pflanze, z. B. der **Baumwolle**. Eine Kapsel besteht aus mindestens zwei Fruchtblättern. Auch der **Mohn** besitzt als Frucht eine Kapsel.

Kartoffelkäfer

Karat

Das Karat ist ursprünglich eine Maßeinheit für das Gewicht von Edelsteinen (1 Kt = 200 mg). Da diese Gewichtsbestimmung auch eine Wertangabe ist, wurde der Begriff schließlich auf den *Feingehalt* (Anteil an reinem **Gold**) von Goldlegierungen bezogen: Reines Gold hat 24 Karat, Goldlegierungen (**Legierungen**) entsprechend weniger.

Karbon

Das Karbon ist eine Epoche des *Erdaltertums* (**Erdgeschichte**), in der üppiger Pflanzenwuchs die Grundlage für die spätere Entwicklung der **Kohle** legte. Typische Pflanze dieser Zeit, die zwischen 320 und 350 Mill. Jahre zurückliegt, ist der riesige *Schachtelhalmbaum*. Im Karbon entwickelten sich aus den **Amphibien** die ersten **Reptilien**. Im Meer gab es außer **Korallen**, **Muscheln**, höheren Krebsen und **Schnecken** die ersten *Knochen*- und *Knorpelfische* (**Fische**).

Karotin

Karotine sind in der Natur vorkommende gelbrote *Farbstoffe* aus der Gruppe der Karotinoide. Sie finden sich z. B. in der Wurzel der Mohrrübe, in Tomaten, Hagebutten und in grünen Blättern. Da Karotin eine Vorstufe des **Vitamin** A darstellt, wird es auch als Provitamin A bezeichnet.

Kartoffel

Die Kartoffel (Erdapfel) ist ein ursprünglich in den südamerikanischen Anden beheimatetes *Nachtschattengewächs*, dessen Sprossknollen verzehrt werden können. Die Kartoffel ist eine der wichtigsten Feldfrüchte für gemäßigte Zonen. Sie wird als Hackfrucht in lockerem, etwas sandigem Erdreich meist in Reihen angebaut; die Knolle wird mit Spaten, Hacke oder Kartoffelkulturmaschine eingebracht. Geerntet wird im Herbst. Kartoffeln enthalten etwa 20 % **Stärke** (Kartoffelmehl), 2 % **Eiweiß**, 1 % Mineralstoffe und 0,2 % **Fett** sowie verschiedene **Vitamine**. Wichtigste Anbauländer sind die ehemalige UdSSR, Polen, die VR China, die USA, Indien und Deutschland. Der Kartoffelanbau war schon im Inkareich bekannt, um 1560 gelangten die Knollen von Amerika nach Europa. Doch erst im 18. Jh. unter Friedrich dem Großen wurde ihr Anbau in Deutschland gefördert.

Kartoffelkäfer

Der wichtigste Schädling des Kartoffelkrauts ist der Kartoffelkäfer. Er wird etwa 1 cm lang, seine Flügel sind strohgelb und haben 10 schwarze Streifen. Er legt seine orangefarbenen **Eier** unter die Blätter von Kartoffelstauden, die dann von den rotgefleckten **Larven** kahl gefressen werden. Das Insekt wurde 1877 aus Amerika nach Europa eingeschleppt. Bekämpft wird dieser Schädling mit Giftpulver.

Kartografie

Die Wissenschaft, die den Entwurf und die Herstellung aller Arten von **Landkarten** umfasst, bezeichnet man als Kartografie. Man unterscheidet die Originalkartografie, wobei die Karte aus einer topografischen Geländeaufnahme abgeleitet wird (**Topografie**), die geografische Kartografie, die einzelne Gebiete in kleineren *Maßstäben* wiedergibt, und die angewandte Kartografie. Bei dieser werden in der Karte die Vegetations-, Wetter- und Klimaverhältnisse, die Verteilung der Bevölkerung, der Wirtschaft oder des Verkehrs dargestellt. Zur angewandten Kartografie gehören auch historische Karten, die geschichtliche Entwicklungen bestimmter Zeiträume aufzeigen. Die Kartenkunde geht u. a. zurück auf die Erkenntnisse und Beobachtungen von *Claudius Ptolemäus* (100–160 n. Chr.), einem ägyptischen Geografen, Astronomen und Mathematiker. Seine Orts- und Wegeangaben galten, bis sie von den mittelalterlichen so genannten *Portulanen* – das sind Schifferhandbücher mit Küstenbeschreibungen – abgelöst wurden. In Italien entstanden Schulen für Kartenkunde. Im 16. Jh. wurde auch in Deutschland Entscheidendes auf diesem Gebiet geleistet. Heute werden Luftbilder, Fotos von Beobachtungssatelliten usw. zur Herstellung von

Der Kartograf beim Anfertigen eines Stadtplans

Katzen

Katzen gehören zur Familie der **Raubtiere**. Zu ihnen zählen der *Gepard*, der *Luchs*, der *Löwe*, der *Leopard*, der *Jaguar* und der *Tiger*. Insgesamt gibt es etwa 40–50 Arten. Ihr Körper ist meist schlank, der Kopf kurz. Sie besitzen einen ausgezeichneten Gehörsinn. Katzen haben runde Füße, so genannte *Tatzen*. Ihre Sohlenballen sind weich und daher zum lautlosen Anschleichen an die Beute geeignet. Eine Waffe der Katze sind ihre einziehbaren Krallen, die ihr auch gewagte Kletterkunststücke ermöglichen. Mit ihren kräftigen Eck- und Reißzähnen zerlegen Katzen ihre Beute. Sie ernähren sich von Kriechtieren, hauptsächlich aber von verendendem Wild. Leopard, Jaguar und *Ozelot* werden vom Menschen ihres Felles wegen gejagt, das zu Pelzmänteln verarbeitet wird. So sind diese Katzen bereits vom Aussterben bedroht. Aus unserem Lebensbereich kennen wir die Hauskatze, die Mäuse und Vögel jagt. Sie stammt von der ägyptischen Falbkatze (Afrikanische Wildkatze) ab. (Abb. S. 146)

Karten herangezogen. Der Kartograf bestimmt Inhalt und Darstellungsart. Dann wird das Kartenbild entworfen und der Kartenzeichner führt die Zeichnungen aus.

Kassettenrecorder

Der Kassettenrecorder ist ein **Tonbandgerät**, das mit *Tonbandkassetten* arbeitet. Die Tonbandkassette besteht aus einem rechteckigen Plastikgehäuse, in dem zwei Spulen untergebracht sind, die das knapp 0,5 cm breite Tonband aufnehmen. Die Tonbänder sind von unterschiedlicher Qualität. Es gibt Chromdioxid-, Ferro-Chrom- und für hohe Ansprüche Metallbänder. An teuren Stereokassettenrecordern (so genannten *Kassettendecks*) gibt es Bandsortenschalter.

Katalysator

Als Katalysator wird jede Substanz bezeichnet, die eine chemische Reaktion bewirkt, dabei aber selbst unverändert bleibt. Als Geräte zur Entgiftung von Autoabgasen werden zwei Typen von Abgaskatalysatoren eingesetzt: der ungeregelte und der *Dreiwegekatalysator*. Am wirkungsvollsten arbeitet der Dreiwegekatalysator, der **Kohlenmonoxid**, *Kohlenwasserstoff* und *Stickoxid* aus den **Abgasen** filtert: Die aus dem Motor kommenden Gase werden in einen Stahlbehälter geleitet, der einem Auspuff ähnlich sieht. Dieser enthält Waben aus Keramik, auf die **Platin**, *Rhodium* und *Palladium* als Wirkstoffe aufgetragen sind. Das Kohlenmonoxid der Abgase wird zusammen mit **Sauerstoff** aus der Luft zu **Kohlendioxid**, während die Kohlenwasserstoffe zu Kohlendioxid und Wasser umgewandelt werden. Die Stickoxide werden unter Sauerstoffentzug zu **Stickstoff** reduziert. Auf diese Weise werden Autoabgase bis zu 90 % entgiftet. Voraussetzung ist die Verwendung bleifreien **Benzins**.

Kautschuk

Kautschuk nennt man den Milchsaft einiger tropischer Gewächse. Die wichtigste Kautschukpflanze ist der bis zu 20 m hohe Kautschukbaum, der im feuchtwarmen Klima des Amazonasbeckens gedeiht. Mit einem Hohlmeißel werden V-förmige Rillen in die Rinde geschnitten, aus denen der Milchsaft, auch *Latex* genannt, in ein Sammelgefäß läuft. Aus dem Latex wird durch Räuchern der Wildkautschuk gewonnen. Dieser Rohkautschuk wird *vulkanisiert*, d. h., ihm wird **Schwefel** beigemischt. Je mehr Schwefel hinzugefügt

Der Dreiwegekatalysator mit Sauerstoffmessfühler (Lambda-Sonde) vermindert die Kfz-Abgasschadstoffe im günstigsten Fall um 90 %

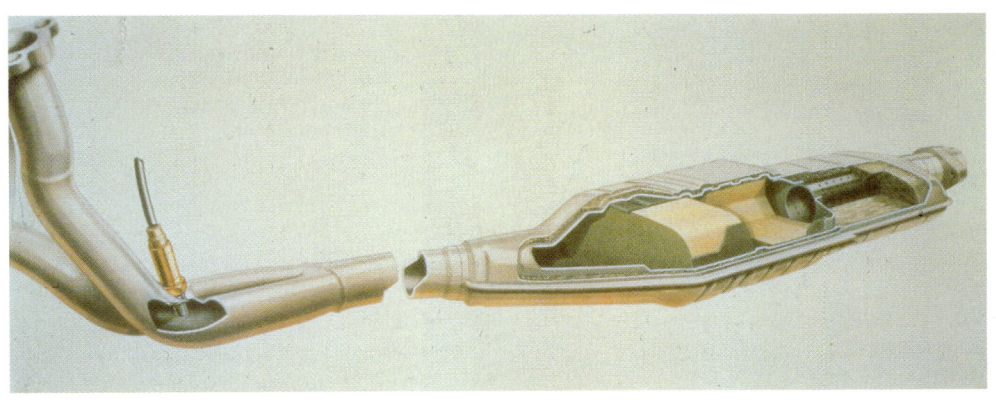

Kautschuk

Gewinnung von Naturkautschuk in Malaysia

1 Baumschule mit Stecklingen von Kautschukbäumen

2 Hügeliges Gelände wird vor dem Bepflanzen terrassiert

3 Kautschuksaft (Milchsaft, Latex) fließt aus den V-förmig in den Baum geschnittenen Rillen

4 Unter die schräg verlaufenden Rillen werden Behälter angebracht

5 Im ersten Produktionsgang werden dem Latex chemische Stoffe beigegeben

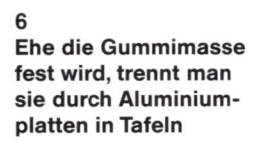

6 Ehe die Gummimasse fest wird, trennt man sie durch Aluminiumplatten in Tafeln

7 Ein getrocknetes Rohkautschukstück

Keime

Schottische Wildkatze

wird, desto geringer wird die Dehnbarkeit, aber desto größer die Festigkeit. Das so entstandene Produkt nennen wir *Gummi*. Seit dem Zweiten Weltkrieg ist die Bedeutung des Naturkautschuks sehr gesunken, denn es wurde der Kunstkautschuk erfunden, der sich wesentlich billiger herstellen lässt. Autoreifen werden fast nur aus Kunstkautschuk gefertigt.

Kehlkopf

Der Kehlkopf ist der Eingangsteil der *Luftröhre* und das Organ der Stimmbildung (**Stimme**). Er besteht aus einem knorpeligen Stützgerüst. Die einzelnen **Knorpel** werden durch Bänder, verschiedene **Gelenke** und kleine **Muskeln** verbunden, mit denen der Kehlkopfeingang verengt oder erweitert und die **Stimmbänder** angespannt oder entspannt werden können. Streift die Luft durch diese Öffnung, so entstehen Töne. Einer der Knorpel des Kehlkopfes ist der Schildknorpel, der besonders beim Mann als so genannter *Adamsapfel* sehr deutlich hervorspringt.

Keime

Keime sind einfache Ausgangsgebilde, die sich in der Keimung zum Pflanzen-, Tier- oder Menschenkörper oder zu einem **Organ** auswachsen. Auch Krankheitserreger heißen Keime. Sie lassen sich in zwei Hauptgruppen unterteilen: in **Bakterien** und in **Viren**. Auf der Oberfläche des menschlichen Körpers z. B. siedeln sich Millionen von Keimen an, die meist harmlos sind, weil der Mensch natürliche *Abwehrstoffe* gegen sie entwickelt hat. Die erste Abwehrstation ist die

Profil- und Querschnitt des Kehlkopfs

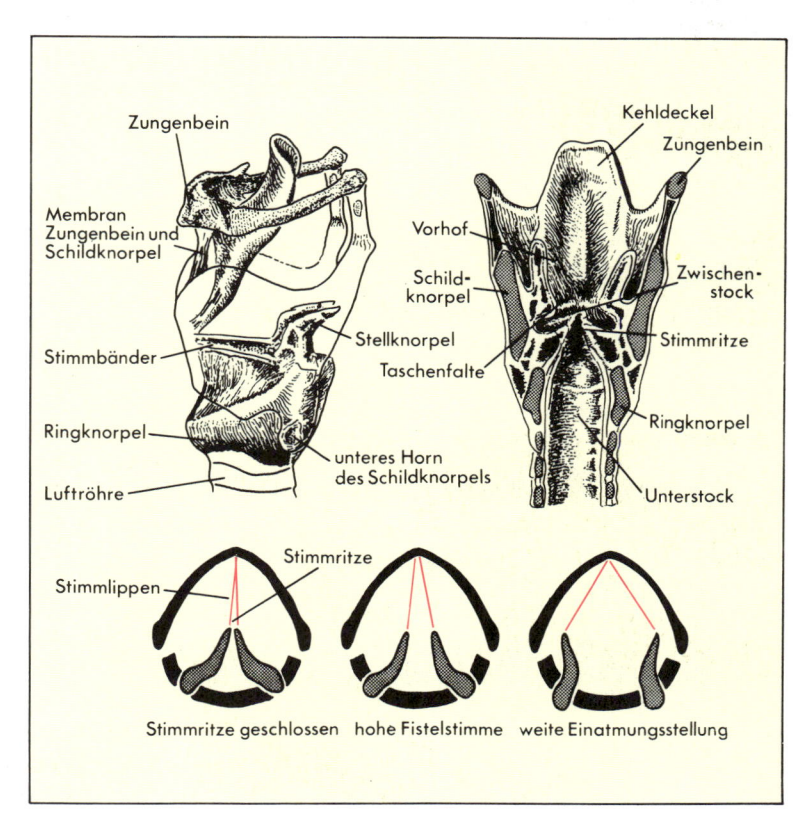

Keimzellen

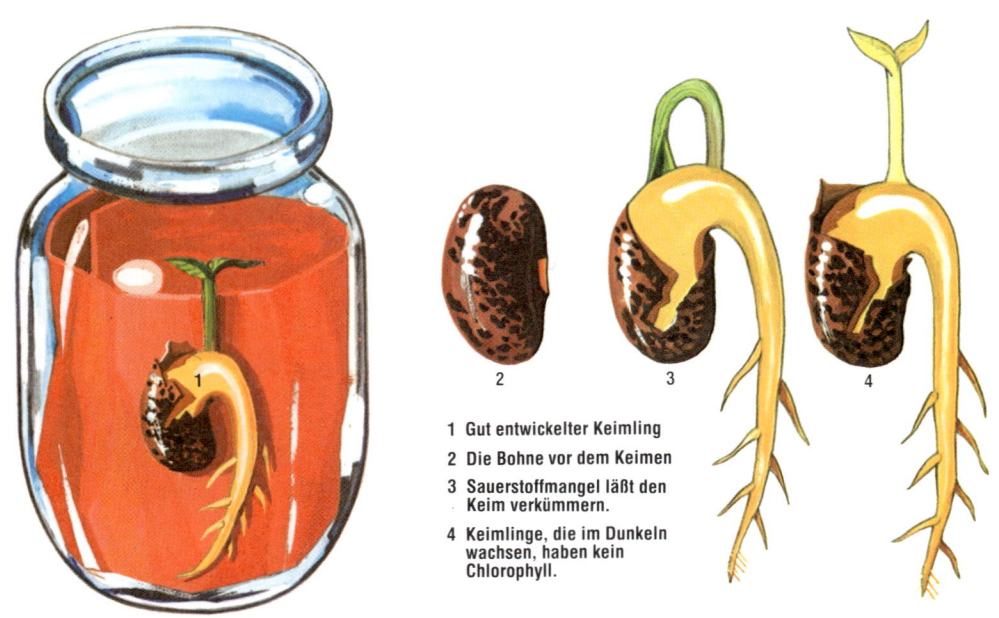

1 Gut entwickelter Keimling
2 Die Bohne vor dem Keimen
3 Sauerstoffmangel läßt den Keim verkümmern.
4 Keimlinge, die im Dunkeln wachsen, haben kein Chlorophyll.

Experiment zur Entwicklung eines Keimlings. Dazu kommt die Bohne in ein Glas mit sehr stark durchfeuchtetem Löschpapier

Haut. Dringen durch sie trotzdem Bakterien oder Viren in den Körper ein, kann es zu Krankheiten kommen. Beim Eindringen der Keime vermehren sich die weißen *Blutkörperchen*, die die Erreger bekämpfen. **(Blut)**

Keimzellen

Die meisten Lebewesen erzeugen besondere **Zellen** zur **Fortpflanzung**, die Keimzellen. Diese entstehen in besonderen **Geschlechtsorganen**. Die männlichen Geschlechtsorgane erzeugen männliche Keimzellen, die beweglichen *Samenzellen*. In den weiblichen Geschlechtsorganen werden die weiblichen Keimzellen, die meist unbeweglichen *Eizellen*, gebildet.

keplersche Gesetze

Die von dem Astronomen *Johannes Kepler* (1571–1630) aufgestellten Gesetze, nach denen sich die **Planeten** bewegen, lauten: 1. Die Planeten bewegen sich in **Ellipsen**, in deren einem **Brennpunkt** die **Sonne** steht. 2. Die Verbindungslinie zwischen dem Mittelpunkt der Sonne und dem des Planeten überstreicht in gleichen Zeiten gleiche Flächen. 3. Die Quadrate der Umlaufzeiten der Planeten verhalten sich wie die Kuben der mittleren Entfernungen von der Sonne.

Kernenergie

Die Kernenergie, auch *Atomenergie* genannt, ist die Energie, mit welcher die Kernbausteine im Atomkern (**Protonen** und **Neutronen**) gebunden werden. Diese nutzbare Bindeenergie wird z. B. frei, wenn man die **Masse** eines Atomkerns ändert. Seit man mit physikalischen Mitteln auf Atomkerne einwirken kann, ist es möglich, Kernenergie zu gewinnen. Wird der Kern eines Atoms zertrümmert, so fliegen seine Bestandteile auseinander und bilden in anderer Zusammensetzung einen neuen Atomkern. Bei einem solchen Vorgang wird **Radioaktivität** frei. In der Natur geschieht diese Atomumwandlung nur bei wenigen **Elementen** von selbst. Will man sie aber auf künstlichem Weg herbeiführen, muss man die Atomkerne mit auf 10 000–20 000 km/s beschleunigten Neutronen beschießen. Diese sehr schnellen Neutronen erhält man mit Hilfe gewaltiger Beschleuniger (*Zyklotronen*). Im Falle von **Uran** wird der Kern dabei in zwei etwa gleich große Teile gespalten, wobei große Mengen an Kernenergie freigesetzt (**Kernspaltung**) werden. **(Atom)**

Kernfusion

Im Gegensatz zur **Kernspaltung** werden bei der Kernfusion zwei Kerne leichter **Atome**, z. B. der des **Wasserstoffs**, zu einem Kern verschmolzen. Um zwei Atomkerne miteinander verschmelzen zu lassen, müssen die Kräfte, mit denen sie sich gegenseitig abstoßen, überwunden werden. Dies ist nur durch hohe Geschwindigkeit (Teilchenbeschleunigung) oder Zufuhr einer großen Wärmemenge zu erreichen. Der Vorteil der Kernfusion gegenüber der Kernspaltung liegt darin, dass als Brennstoff der in normalem **Wasser** enthaltene schwere Wasserstoff, auch *Deuterium* (^{2}H) genannt, dienen könnte.

Kernkraftwerk

Herzstück eines Kernkraftwerkes (auch *Atomkraftwerk* genannt) ist der *Kernreaktor*. Bei der Spaltung von **Uran** im Reaktor wird Energie frei, die sich größtenteils in Wärme umsetzt. Mit Hilfe eines durch ein Rohrsystem geleiteten Kühlmittels (Gas, Wasser) wird die Wärme aus dem Kernreaktor zum Wärmeaustauscher abgeführt (Primärkreis), erhitzt das Wasser im Sekundärkreis und treibt so eine **Turbine** an. Das von der Turbine zurückfließende Kondensat erwärmt sich im Wärmeaustauscher aufs neue, wird in **Dampf** verwan-

Die Entwicklung einer Keimzelle: befruchtete Eizelle; Durchfurchung/Zweizellenstadium (oben); Vierzellenstadium; Maulbeerkeim (Mitte); Blasenkeim; Becherkeim (unten)

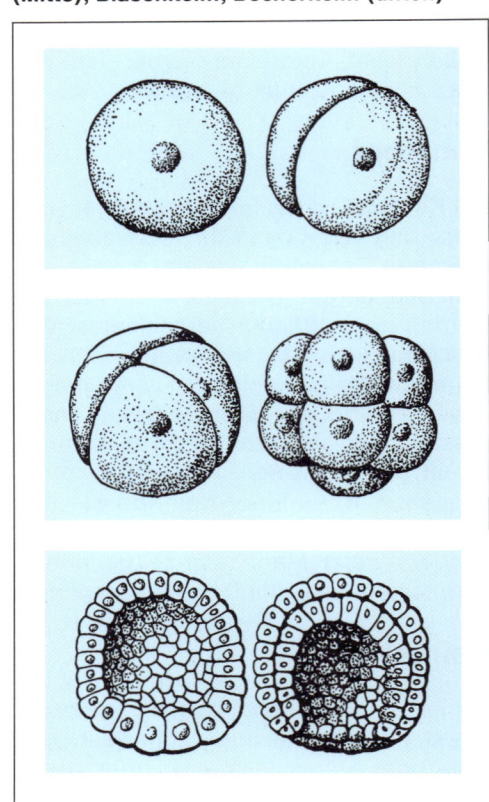

Kernwaffen

delt und strömt zur Turbine zurück. Diese treibt wie beim **Dampfkraftwerk** den Stromerzeuger an. Da sich ein Teil der bei der **Kernspaltung** frei werdenden Energie in radioaktive Strahlung umsetzt, muss der Reaktorkern durch **Blei, Stahl** und **Beton** nach außen hin abgeschirmt werden, um das Bedienungspersonal nicht zu gefährden. Die umfangreichen Sicherheitsmaßnahmen, die sowohl beim Bau als auch während des Betriebs eines Kernkraftwerks unbedingt notwendig sind, haben hohe Baukosten zur Folge. Aus Gründen der Sicherheit bestehen noch immer erhebliche Meinungsverschiedenheiten darüber, ob angesichts der Unfälle von Harrisburg (USA, 1979) und Tschernobyl (UdSSR, 1986) der Bau von Kernkraftwerken sinnvoll ist.

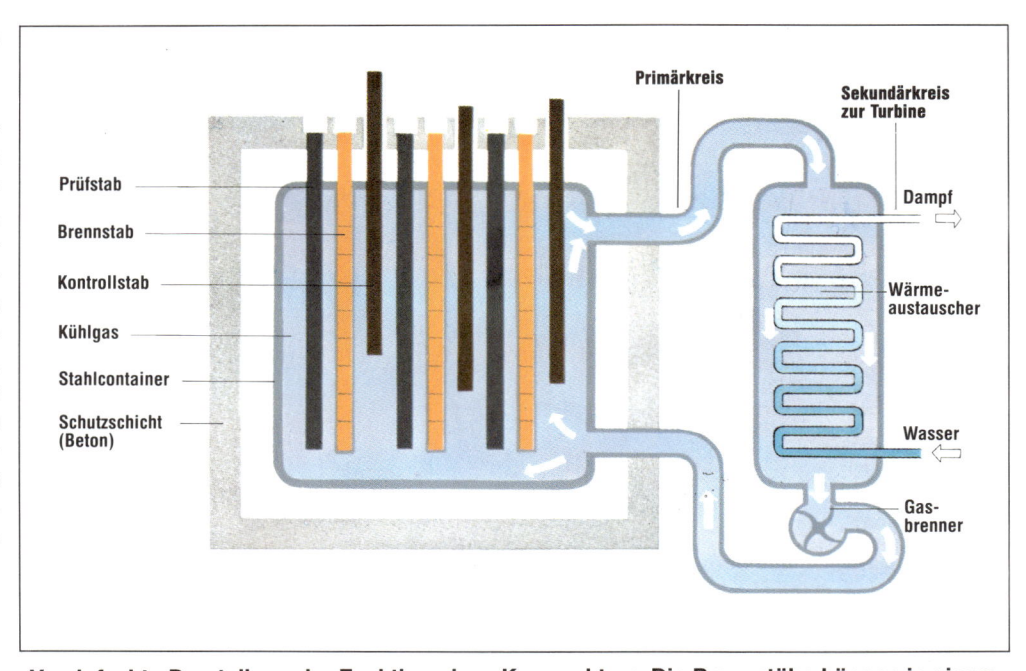

Vereinfachte Darstellung der Funktion eines Kernreaktors. Die Brennstäbe hängen in einem Stahlcontainer, der mit Kühlgas gefüllt ist. Dieser Behälter ist wiederum mit einer sehr starken Schutzschicht umgeben.
Im Wärmeaustauscher fließt unten Wasser ein und strömt oben Dampf aus

Kernspaltung

Die Physiker *Otto Hahn* (1879–1968) und *Fritz Straßmann* (1902–1980) machten 1938 eine bedeutende und folgenschwere Entdeckung: Trifft ein beschleunigtes **Neutron** auf den Kern eines U-235-Atoms (U = **Uran**), spaltet sich dieser in zwei etwa gleich schwere Stücke. Das eindringende Neutron versetzt den Urankern in Schwingungen, die eine Verformung hervorrufen. Die Kernkräfte an der Einschnürungsstelle können ihn schließlich gegen die elektrische Abstoßung der **Protonen** nicht mehr zusammenhalten, er platzt, wobei Bewegungsenergie (**Kernenergie**) entsteht. Jedes der zwei oder drei dabei freigesetzten Neutronen kann erneut einen Urankern treffen und diesen wieder spalten, somit wird eine **Kettenreaktion** ausgelöst. Dazu müssen aber genügend Urankerne vorhanden sein.

Kernwaffen

Kernwaffen, auch *Atomwaffen* genannt, sind Geschosse, *Atombomben* und *Atomraketen*, die Kernsprengstoff oder radioaktive Substanzen enthalten. Sie wirken durch **Luftdruck**, Hitze (ca. 20 Mill. °C) und radioaktive Strahlung. Die gewaltige Wirkung der Kernsprengstoffe entsteht durch **Energie**, die explosionsartig bei der **Kernspaltung** frei wird. Kernwaffen werden nach der bei der Detonation freiwerdenden Energie eingeteilt (1 kt entspricht der Sprengkraft von 1000 t TNT, 1 Mt entspricht 1 000 000 t TNT). Die Wärmestrahlung der Kernsprengstoffe breitet sich geradlinig mit Lichtgeschwindigkeit aus und wirkt deshalb nur kurzfristig.

Der Reaktor des Kernkraftwerks Isar 2 wird mit Brennstäben beladen

Kettenreaktion

Bei der Explosion einer Atombombe entsteht der typische Atompilz

Diagramm einer Kettenreaktion in einer Atombombe

Kernspaltendes Neutron von einem Uran 235 Atom

Uran 235 Atom

Kernbruchstücke – andere Atome

Kernbruchstücke, Neutronen, freigesetzte Energie

Heftige Explosion

Ähnlich verhält es sich mit der radioaktiven Strahlung. Das Ausmaß der durch Kernwaffen verursachten Schäden hängt in erster Linie von der Lage des Sprengpunktes (in der Luft, im Wasser oder unter dem Erdboden) ab. Von der Menge des Kernsprengstoffs wird der Wirkungsbereich des Luftdrucks, der Hitze und der radioaktiven Strahlung bestimmt. Die ersten Kernwaffen wurden im Zweiten Weltkrieg von den USA im Krieg gegen Japan eingesetzt (1945 Abwurf je einer 20 kt-Bombe über Hiroshima und Nagasaki). Nach dem Zweiten Weltkrieg wurde – vor allem in den USA und der UdSSR – die Kernwaffenforschung immer weiter vorangetrieben. So folgten bald mit Kernenergie betriebene U-Boote, die mit Raketen bestückt sind, Langstreckenraketen und entsprechende Abwehrsysteme (Anti-Raketen). 1953 detonierte in den USA die erste *Wasserstoffbombe*. Heute verfügen die USA und einige Staaten der ehemaligen UdSSR über den Großteil des Kernwaffenmaterials. Aber auch Großbritannien, Frankreich, die VR China sowie Indien haben eigene Atomwaffen und -bomben entwickelt. Der internationale Atomwaffensperrvertrag verpflichtet die Unterzeichnerstaaten zur Nichtverbreitung der Technologie von Kernwaffen. **(Radioaktivität)**

Kettenreaktion

Bei einer Kettenreaktion breitet sich eine chemische oder physikalische *Reaktion* so lange aus, bis alle Bestandteile des zur Verfügung stehenden Stoffes umgewandelt sind. Die bekannteste Kettenreaktion findet bei der Uranspaltung statt (**Kernspaltung**).

Kiemen

Kiemen nennt man die Atmungsorgane der **Fische**. Während alle im Wasser lebenden Säugetiere wie **Wale, Delfine** und **Seehunde** zum Atmen an die Oberfläche aufsteigen müssen, reicht den *Knorpel-* und *Knochenfischen* der im Wasser gelöste **Sauerstoff** zum Atmen aus. Sie nehmen ihn durch die Kiemen auf, die in den Kiemenspalten am Kopf liegen. Die Kiemen sind sehr dünnwandig, haben eine große Oberfläche und sind von feinen Blutgefäßen durchzogen. Der Fisch schluckt eine kleine Menge Wasser und presst es durch die Kiemenspalten über die Kiemen. Dabei wird der im Wasser enthaltene Sauerstoff ins Blut aufgenommen und geht in den **Blutkreislauf** des Tieres über. Auch Krebse, Hummer, **Muscheln,** Meeresschnecken und die Lurchenlarven **(Lurche)** atmen durch Kiemen.

Kinderlähmung

Bei der spinalen Kinderlähmung (*Poliomyelitis*) handelt es sich um eine Infektionskrankheit, die durch **Viren** hervorgerufen wird und besonders gehäuft im Sommer und Herbst auftritt. Man unterscheidet drei verschiedene Arten von Viren, die als Typ I, II und III bezeichnet werden. Die Übertragung erfolgt durch *Schmier-* oder *Tröpfcheninfektion*, auch durch Verseuchung von Wasser und Milch. Die Viren gelangen durch den Mund in den Körper. Die Dauer der **Inkubation,** also die Zeit vom Eindringen der Viren in den menschlichen Körper bis zum Auftreten der ersten Krankheitserscheinungen, beträgt etwa 10–14 Tage. Bei ca. ¾ aller Erkrankungen verläuft die Poliomyelitis, auch kurz Polio genannt, verhältnismäßig harmlos. Hier kommt es ungefähr für die Dauer von 3 Tagen zu **Fieber**, Übelkeit, Erbrechen, Kopf-, Hals- und Gliederschmerzen, nach ca. 14 Tagen fühlt sich der Patient wieder wohl. In anderen Fällen kommt es nach 1–3 Tagen erneut zum Krankheitsausbruch, verbunden mit Fieber und unter Umständen den Anzeichen einer Hirnhautentzündung sowie mit typischen unregelmäßig verteilten *Lähmungen* der Gliedmaßen oder anderer Muskelgebiete. Am gefährlichsten ist die Form, bei der die Atemmuskulatur gelähmt wird, was bei 50 % der Erkrankten zum Tode führt. Die genaue Abklärung und Behandlung der Erkrankungsform muss der Arzt vornehmen. Später ist zu versuchen, durch eine intensive Krankengymnastik sowie physikalische Therapie die ausgefallenen Körperfunktionen wiederherzustellen. Wie bei allen Viruserkrankungen gibt es auch für die epidemische Kinderlähmung keine medikamentöse Behandlung. Nur die Krankheitserscheinungen können gelindert werden. Da bei ca. 2 % der Erkrankten erhebliche Folgeschäden zurückbleiben und die Patienten ihr Leben lang unter Lähmungen

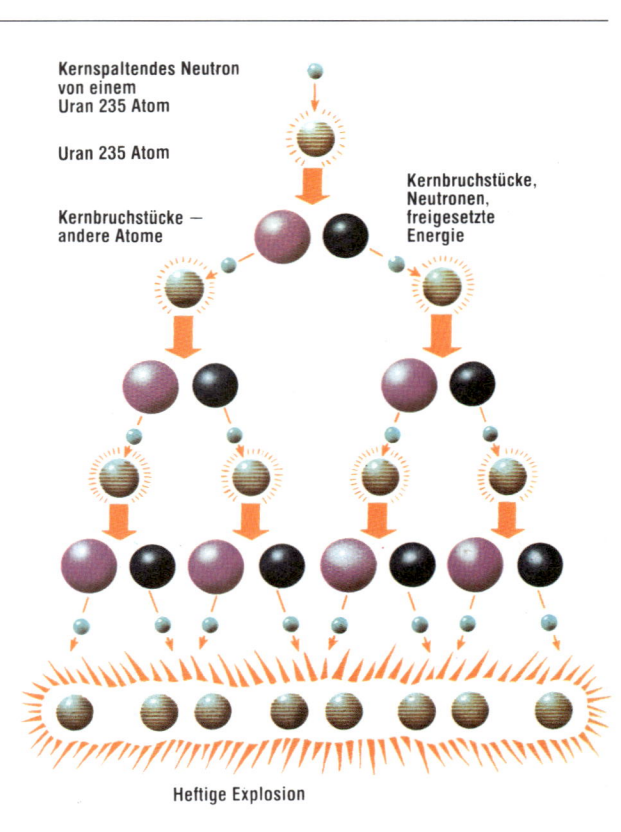

Klima

zu leiden haben, ist die Vorbeugung von großer Bedeutung. Die **Impfung** gegen Kinderlähmung sollte also in jedem Fall durchgeführt werden, wobei sich die so genannte *Schluckimpfung* als sehr erfolgreich erwiesen hat.

Klapperschlange

Die Klapperschlange mit einer Länge bis zu 2,5 m gehört zu den besonders giftigen **Schlangen**. Sie lebt in den trockenen Regionen Amerikas. Ihren Namen hat sie von den bei Bewegung klappernden Hornschuppen am Schwanzende.

Kläranlage

Eine Anlage, in der **Abwässer** gereinigt und für den Gebrauch aufbereitet werden, nennt man Kläranlage. Es ist sehr wichtig, die Verschmutzung der Gewässer zu vermeiden bzw. durch den Betrieb von Kläranlagen zu verhindern, da die Verunreinigung und die Vergiftung des **Wassers** die Gesundheit gefährdet. In die Gewässer fließen z.B. Waschmittelrückstände aus Millionen Haushalten, ebenso Verdauungsprodukte (**Fäkalien**) mit Erregern gefährlicher Krankheiten. Immer noch leiten Fabriken ungeklärte Abwässer mit Säuren, Laugen, Ölen, Teer und Metallsalzen in die Flüsse ein. Gegen diese Verschmutzung ist Grobmüll wie Papier, Blech, Holz und Plastik vergleichsweise harmlos. Um die Vorgänge in einer Kläranlage zu verstehen, muss man wissen, daß zwei Arten von Wasserverschmutzung unterschieden werden: 1. Die Verunreinigung durch Schwebeteilchen verschiedener Größe – von der Konservendose bis hin zum kleinsten Staubkorn. 2. Die Verschmutzung durch chemische Stoffe, wie u.a. Laugen, Öle, Salze und Giftstoffe. Eine Kläranlage enthält folgende Reinigungsvorrichtungen: 1. Grobrechen, 2. Sandrechen, 3. Fettfang, 4. Vorklärbecken, 5. Tropfkörper, 6. Nachklärbecken, 7. Vorfluter, 8. Faulturm. Die Schwimm- und Schwebestoffe werden durch mechanische Reinigung aus dem Wasser entfernt, sie scheiden durch feine Siebe, Rechen, Sandfilter oder im Absitzbecken aus. Öle, Fette und Benzin setzen sich im Fettfang oder Schwimmabscheider ab. Haben sich aber bestimmte Stoffe im Wasser gelöst, muss es chemisch gereinigt werden. Chemische Zusätze können dabei die Absetzfähigkeit des Schmutzes verbessern und zusätzlich **Keime** abtöten. Diese Art der Wasserreinigung können nur Großklärwerke leisten. Kleinere Klärwerke verfügen über Reinigungsstufen bis zur biologischen Reinigung. Diese geschieht im Tropfkörper mit Hilfe von Luft (**Sauerstoff**) und **Bakterien**. Letztere sollen die organischen (pflanzlichen und tierischen) Stoffe zersetzen. Im Faulturm fault der Schlamm aus, er verwest. Krankenhaus- und Haushaltsabwässer werden in Zeiten von **Epidemien** mit *Chlor* gereinigt bzw. desinfiziert. (Abb. S. 7)

Texasklapperschlange

Beispiel für Eisklima: Barentsinsel (Spitzbergen). Das Plateau liegt 400 m über dem Meeresspiegel und ist von Schneefeldern und Firngebieten einiger Gletscher bedeckt

Randgebiet des Trockenklimas: Die unregelmäßigen Winterregen reichen im Mittleren Atlas (Marokko) nicht mehr für eine ganzjährige Wasserführung der Flüsse aus

Klima

Als Klima bezeichnet man den atmosphärischen Zustand, der ein bestimmtes Gebiet auf der Erdoberfläche kennzeichnet. Maßgeblich für das Klima sind: 1. die Klimafaktoren, z.B. die **Meeresströmungen** (Golfstrom), die Bodenbeschaffenheit und die **Vegetation**; 2. die Klimaelemente, das sind Sonnenscheindauer, **Temperatur**, Luftfeuchtigkeit, **Niederschläge, Wind** und Bewölkung. Weit reichende Gebiete, in denen sich das Klima annähernd ähnelt, bezeichnet man als *Klimazonen*: 1. Tropische Klimate (z.B. im Gebiet des Amazonas); 2. Trockenklimate (z.B. das Innere Australiens); 3. warmgemäßigte Klimate (z.B. Mitteleuropa); 4. kaltgemäßigte Klimate (z.B. Russland); 5. Eisklimate (Alaska, wo ein subpolares Eisklima herrscht; Grönland und die **Antarktis** mit polarem Eisklima). Zur besseren Klassifizierung unterscheidet man weiterhin zehn Klimaregionen. Hier ist z.B. das gemäßigte Kontinentalklima unserer Breiten

Klimaanlage

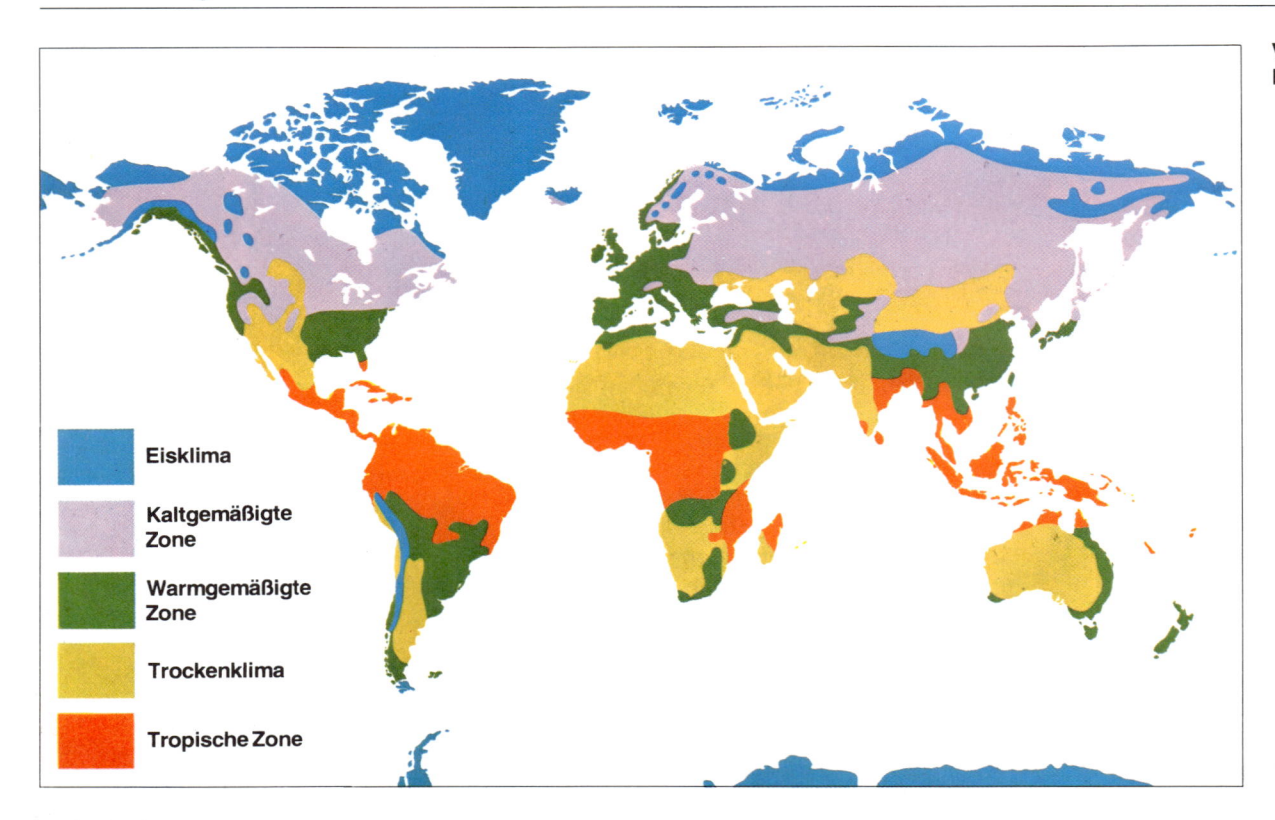

Verteilung der Klimazonen

- Eisklima
- Kaltgemäßigte Zone
- Warmgemäßigte Zone
- Trockenklima
- Tropische Zone

zu erwähnen mit warmen bis heißen Sommern und strengen Wintern oder das maritime Klima mit kühlen Sommern und milden Wintern.

Klimaanlage

Klimaanlagen halten die Lufttemperatur und die Luftfeuchtigkeit in einem Raum unabhängig von den äußeren klimatischen Bedingungen automatisch auf den vorgegebenen Werten. Eine Klimaanlage besitzt daher Einrichtungen zum Reinigen, Erwärmen, Kühlen und Be- oder Entfeuchten der Luft. Diese Luftaufbereitung geschieht meist außerhalb des zu klimatisierenden Raumes. Über Luftschächte wird die aufbereitete Luft dem Raum zugeführt, während die verbrauchte Luft abgesaugt wird. Eine Klimaanlage sollte auf die Werte eingestellt sein, die der Mensch als behaglich empfindet. Das sind 19 bis 20 °C im Sommer und 20 bis 25 °C im Winter bei einer Luftfeuchtigkeit zwischen 35 und 70 %. Geregelt wird die Lufttemperatur durch einen **Thermostaten**. Klimaanlagen helfen Menschen aus klimatisch gemäßigten Zonen (z. B. Europa), sich in den feuchtheißen Tropen wohlzufühlen. Außer in Hochhäusern mit nicht zu öffnenden Fenstern (wegen der höheren Windgeschwindigkeit und der Unfallgefahr) gibt es auch in der **Industrie** Klimaanlagen. Sie sind in Produktionshallen z. B. wegen Hitze (etwa bei Schweißvorgängen) und Abgasen unbedingt erforderlich.

Klimaveränderung

Gegenwärtig zeichnet sich als gravierendes globales Umweltproblem der nächsten Jahrzehnte eine Veränderung des **Klimas** ab, die starke Auswirkungen auf den Lebensraum **Erde** haben wird. **Kohlendioxid** und andere so genannte *Spurengase*, die vor allem bei der Verbrennung fossiler Energieträger (**Kohle**, **Erdöl**) freigesetzt werden, wirken in der **Atmosphäre** ähnlich wie die Glasscheiben eines Gewächshauses: Sie lassen das Sonnenlicht und die -wärme fast ungehindert zum Erdboden durch, bilden aber eine Barriere für die von der Erde reflektierten Strahlen. Ohne dieses als **Treibhauseffekt** bezeichnete Phänomen lägen die Temperaturen auf dem Globus zwar nur bei –15 °C, aber die zur Zeit beobachtete zu intensive Erwärmung der Erdatmosphäre wird sich um die Mitte des folgenden Jahrhunderts auf 1,5–4,5 °C belaufen und veränderte Lebensbedingungen zur Folge haben. Niederschlags- und Vegetationszonen verlagern sich nordwärts, die **Wüste** breitet sich aus, die Polkappen beginnen abzuschmelzen, so dass der Meeresspiegel ansteigt, Landverluste sind die unmittelbare Folge. Das Szenario dieser Veränderungen wird zur Zeit anhand von Computermodellen durchgespielt in der Hoffnung, Ansatzpunkte zu finden, von denen aus die Entwicklung zu steuern wäre. Auf der UN-Klimakonferenz 1995 in Berlin wurden keine konkreten Maßnahmen für die Minderung der Kohlendioxidemission beschlossen.

Kloake

Kloake nennt man den unterirdischen Abzugskanal der **Abwässer** aus den Häusern. Kloake heißt auch der erweiterte Darmendabschnitt bei Haifischen, **Lurchen**, Vögeln und Kriechtieren.

Knochen

Die Knochen kann man bei Menschen und **Wirbeltieren** als das Gerüst des Körpers bezeichnen; sie bilden das **Skelett**. Knochen sind keine leblosen Körper, sie verändern sich fortwährend bis ins hohe Alter. Jedes Jahr erneuern sich etwa 5 % ihrer **Zellen**. Knochen sind elastisch und halten großen Belastungen stand. Da mit zunehmendem Alter der Anteil der anorganischen Knochensubstanz steigt, sind die Knochen eines Kindes elastischer als die von Erwachsenen. Deshalb brechen die Knochen alter Leute leichter, wobei der Oberschenkelhals und die *Hüfte* besonders gefährdet sind. Ein Knochen ist aus mehreren Schichten aufgebaut. Außen überzieht ihn die *Knochenhaut*, die von *Blutgefäßen* durchzogen ist und so der Ernährung des Knochens dient. Im Inneren befinden sich die massive Knochenrinde und der poröse Knochenschwamm (Spongiosa), die für die Stabilität des Knochens sorgen. Im Knochen liegt das **Knochenmark**.

Knochenmark

Das Knochenmark lagert in den Markhöhlen der **Knochen**. Während bei der Geburt das rote, Blut bildende Knochenmark die Markhöhlen der Röhrenknochen ausfüllt, kommt es später allmählich zu einer beinahe völligen Verdrängung des roten Knochenmarks durch gelbes, so genanntes Fettmark. Nur in wenigen Knochen bleibt während des ganzen Lebens rotes Knochenmark erhalten. Dies ist z. B. bei den platten Knochen (*Rippen* und *Brustbein*) und den kurzen Knochen (*Wirbel*, Hand- und Fußwurzelknochen) der Fall.

Knorpel

Knorpel ist ein äußerst druckstabiles **Gewebe** aus der Gruppe der Binde- und Stützgewebe. Es setzt sich im wesentlichen aus wasserreichen Knorpelzellen und einer faserigen Knorpelsubstanz zusammen. Man unterscheidet drei Grundformen: 1. den Glasknorpel, der sehr widerstandsfähig und bläulichweiß gefärbt ist (**Gelenk**-, *Rippen*- und Luftröhrenknorpel), 2. den elastischen Knorpel, er ist biegsam, elastisch und gelblich gefärbt (Knorpel des äußeren **Ohres** und der **Nase**) sowie 3. den Faserknorpel, der sehr derb, faserreich und weißlich gefärbt ist (Knorpel im Bereich der Schambeinfuge und der *Bandscheiben*).

Knospe

In der Pflanzenkunde ist die Knospe, auch Auge genannt, der noch unentwickelte, außen von schützenden Blättern umkleidete Spross. Es gibt *Blattknospen* mit der Anlage für Blätter, also für Laub, sowie *Blütenknospen* (z. B. an Obstbäumen), die Blüten in sich bergen.

Knospung

Als Knospung bezeichnet man die ungeschlechtliche **Fortpflanzung** mancher Tiere wie z. B. der Süßwasserpolypen und **Korallen**. Bei diesem Vorgang bildet sich eine Knospe am Körper des Tieres und vergrößert sich zu einem Zweig (Auswuchs), der sich entweder wie beim Süßwasserpolypen löst oder sich wie bei der Koralle selbst abtrennt, so dass Korallenstöcke entstehen.

Kobra

Die Kobra, eine giftige Schlange Afrikas und Asiens, ist eine *Hutschlange*. Beim Aufrichten des Vorderkörpers wird durch Spreizen der Halsrippen die Nackenhaut so gespannt, dass sie wie ein Hut aussieht. Dies geschieht bei drohender Gefahr oder Erregung des Tieres. Bei einer *Brillenschlange* genannten Kobraart tritt dann eine brillenähnliche Zeichnung auf dem Nacken hervor. Kobras ernähren sich von kleinen Nagetieren, die sie mit ihrem lähmenden Gift töten. Die Speikobra z. B. spritzt ihrem Opfer treffsicher in die Augen. Die Riesen- oder Königskobra erreicht eine Länge bis zu 5,5 m. Der Biss dieser in den Dschungeln Südasiens lebenden größten *Giftschlange* ist auch für den Menschen sehr gefährlich; ohne Behandlung kann er nach etwa 15 Minuten zum Tode führen.

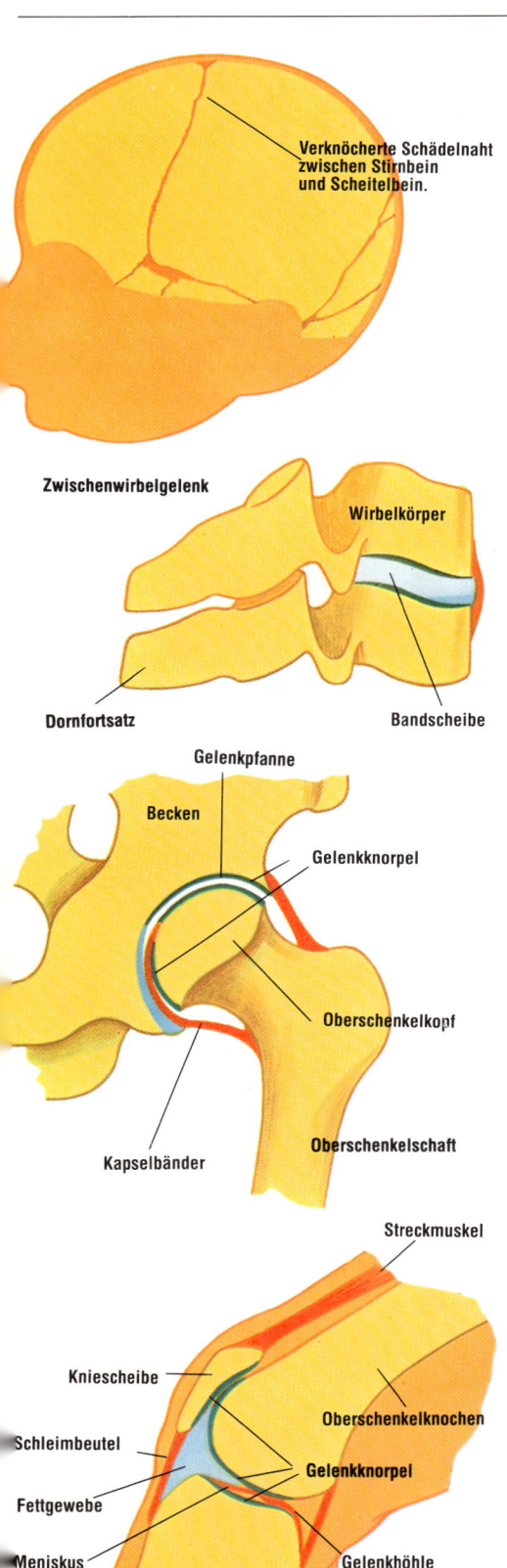

Aufbau verschiedener Knochen, oben Schädel, darunter Rückenwirbel, in der Mitte das Hüftgelenk, unten das Kniegelenk

Kobra

Kohäsion

Steinkohle wird unter Tage gefördert

Kohäsion

Die kleinsten Teilchen eines Stoffes werden von starken Bindekräften, der Kohäsion, zusammengehalten. Diese ist bei festen Stoffen sehr stark, in Flüssigkeiten schwächer. Die Kohäsion beruht auf elektrischen **Kräften**, die die **Atome** oder **Moleküle** des Stoffes aufeinander ausüben.

Kohle

Kohle ist, ähnlich wie das **Erdöl**, pflanzlichen Ursprungs. Aus riesigen tropischen Wäldern wurden zunächst Torfmoore, die absanken und von Ton- und Sandschichten überlagert wurden. Durch deren ungeheuren **Druck** verkohlten die Pflanzen. Die obere Schicht bildete die *Braunkohle*, untere Schichten wurden unter noch größerem Druck zur *Steinkohle*. Dieser Prozess dauerte sehr lange: Man schätzt Steinkohlevorkommen auf 250–280 Mill. bis 280 Mill. Jahre, Braunkohleschichten dagegen nur auf 50 Mill. Jahre. Steinkohle ist wertvoller, da sie einen höheren *Heizwert* hat. Sie wird im Untertagebau (**Bergbau**) gewonnen und kann danach zu *Koks* (**Hochofen**) umgearbeitet werden, indem man sie unter Luftabschluss erhitzt. Braunkohle ist meist weicher als Steinkohle und rußt beim Verbrennen stärker. Sie wird im Tagebau mit Hilfe riesiger **Bagger** aus dem Boden geholt. Die Weltvorräte an Kohle sind gewaltig; man schätzt sie auf 6–8 Billionen Tonnen.

Kohlendioxid

Kohlendioxid ist ein geruchloses **Gas**, das schwerer ist als **Luft**. Es entsteht bei der Verbrennung von Stoffen, die **Kohlenstoff** enthalten, wie **Kohle**, **Erdöl** oder **Holz**. Für die Menschen ist dieses Gas schädlich, die Grünpflanze ernährt sich aber u. a. davon. Dabei wandeln die Blätter der Pflanzen mit ihrem **Blattgrün** das Kohlendioxid in pflanzeneigene Stoffe um. Bei diesem Umwandlungsprozess wird **Sauerstoff** frei, der wiederum für Menschen und Tiere lebenswichtig ist. Ohne die Umwandlung des Kohlendioxids durch die Pflanzen wäre der Sauerstoff auf der Welt schnell aufgebraucht.

Kohlenhydrate

Kohlenhydrate sind eine sehr große Gruppe von *organischen* chemischen *Verbindungen*. Sie sind eine wichtige

Im Verlauf der Erdgeschichte wandelten sich Wälder zu Torfmooren, diese sanken ab, und die Pflanzenreste verkohlten unter dem Druck der sie überlagernden Bodenschichten

Reiner Kohlenstoff ist der Diamant (im Erz eingebettet) und Grafit (Verwendung als Bleistiftmine). Bohrer mit einem Diamantbohrkopf können in besonders hartes Material eindringen. Kohlenstoff ist der Hauptbestandteil von Kohle und Koks

Energiequelle für den Körper und neben **Eiweiß** und **Fett** ein unerlässlicher Bestandteil der Nahrung. Vom Körper nicht benötigte Kohlenhydrate werden zu Fett umgebaut, so dass die Einschränkung ihrer Zufuhr bei Gesunden die Abnahme übermäßigen Gewichts bewirkt. Die wichtigsten Kohlenhydrate sind einfache *Zucker* (entsprechend ihrer Molekülgröße Monosaccharide und Disaccharide genannt) und *Stärke*, die zu den Polysacchariden mit hoher Verwertbarkeit zählt. Stärke enthalten z. B. alle Sorten von *Getreide, Mais, Reis, Hülsenfrüchte* und verschiedene *Wurzelgemüse*.

Kohlenmonoxid

Das Kohlenmonoxid ist ein farb- und geruchloses **Gas**, das bei der unvollständigen Verbrennung von Kohlenstoffverbindungen (**Holz, Kohle, Erdöl** usw.) entsteht. Kohlenmonoxid ist sehr giftig und schädigt deshalb als Bestandteil der Autoabgase und des **Leuchtgases** die **Umwelt**. Andererseits wird es in großen Mengen hergestellt und für chemische **Synthesen** verwandt.

Kohlenstoff

Kohlenstoff mit dem chemischen Zeichen C ist das für die **Natur** wichtigste **chemische Element**. Kohlenstoffverbindungen finden sich in allen Stoffen, aus denen pflanzliche und tierische Körper aufgebaut sind. Besonders reich an Kohlenstoff ist die **Kohle**, da sie aus Pflanzenresten entstanden ist. Von daher leitet sich auch der Name ab. Kohlenstoffatome haben die Fähigkeit, sich nicht nur mit anderen Elementen, sondern auch untereinander leicht zu verbinden. Reiner Kohlenstoff ist nur der **Diamant** und das **Grafit**. Zersetzt man organische Stoffe unter Luftabschluss oder verbrennt sie unvollständig, erhält man Kohlenstoff entweder in groben Massen (*Koks*, Retortenkohle) oder in feinster Verteilung als *Ruß*. Diese Kohlenstoffarten vermögen **Gase**, gelöste Stoffe, **Bakterien** usw. aufzunehmen. Die *organische Chemie* ist die Wissenschaft vom Kohlenstoff und seinen Verbindungen.

Kolbenmaschine

Kolbenmaschinen sind Kraftmaschinen, bei denen Druckkräfte einen *Kolben* hin- und herbewegen. Der Arbeitskolben wird im *Zylinder* von **Gasen** (**Verbrennungsmotor**) oder von **Dampf** (**Dampfmaschine**) von hinten nach vorn gedrückt. Die *Kolbenstange* (*Pleuelstange*) überträgt die Bewegung auf eine *Kurbelwelle*, an der bei der Dampfmaschine ein *Schwungrad* sitzt. Dieses wird durch den Kolben in Bewegung gesetzt und drückt ihn wieder in den Zylinder zurück, während der Dampf durch ein Auslassventil den Zylinder verlässt. In der nächsten Phase wird wieder Dampf eingelassen, der Kolben wird nach vorne gestoßen und leistet wieder Arbeit. So wird das Schwungrad angetrieben, an das wiederum Arbeitsmaschinen (z. B. eine Säge) angeschlossen werden können. Bei Verbrennungsmotoren ist der Vorgang im Prinzip derselbe, wenn man davon absieht, dass statt Dampf explodierendes Gasgemisch den Kolben vorstößt und mehrere Kolben eine mehrfach gekröpfte (verwinkelte) Kurbelwelle antreiben.

Kolibri

Kolibri

Die über 300 Arten der nur bis zu 20 g schweren Kolibris sind die kleinsten Vögel der Erde. Der Zwergkolibri z. B. ist nur so groß wie eine Hummel und wiegt wenige Gramm. Die Kolibris, die zur Familie der *Segler* gehören und hauptsächlich in Amerika vorkommen, sind sehr wendige Flieger. Im Schwirrflug, der ihnen durch die kleinen, abgeflachten Flügel möglich ist, holen sie sich mit ihrer pinselartigen Zunge und dem langen Schnabel **Nektar** aus den Blüten. Außerdem fangen sie sich Insekten. Beachtenswert ist auch ihr farbenprächtiges Gefieder.

Der Kolibri kann schwirrend in der Luft stehen

Kollektor

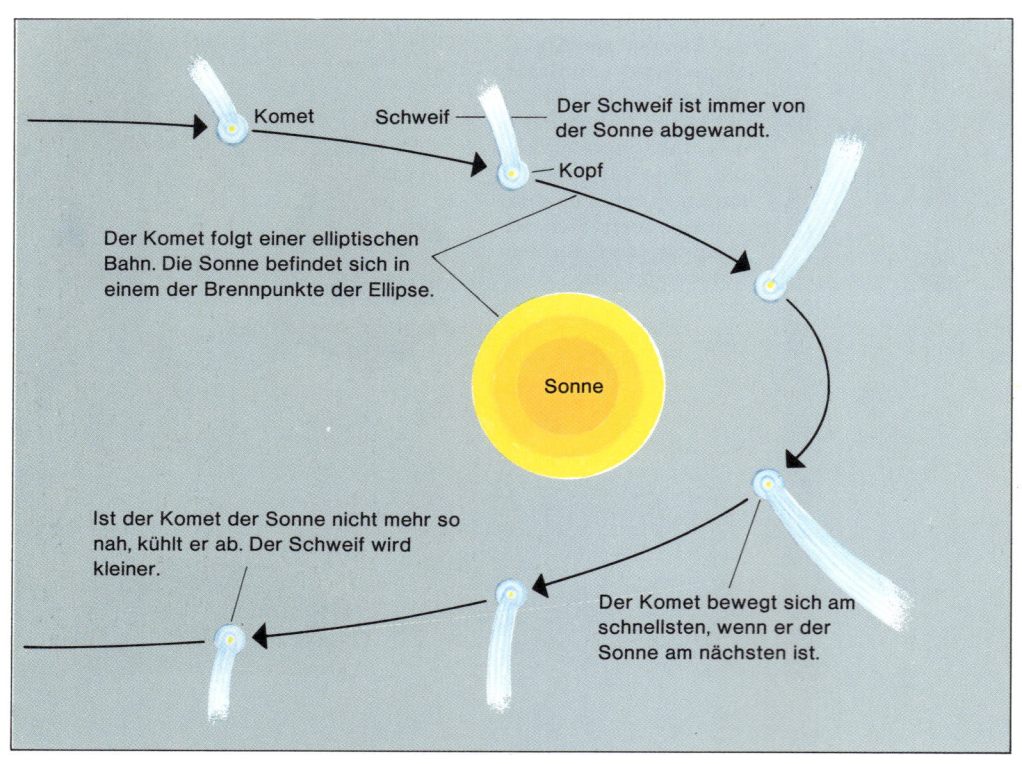

Kometen sind Himmelskörper, die sich auf einer Ellipsenbahn um die Sonne bewegen

Bildbeschriftungen:
- Komet
- Schweif
- Der Schweif ist immer von der Sonne abgewandt.
- Kopf
- Der Komet folgt einer elliptischen Bahn. Die Sonne befindet sich in einem der Brennpunkte der Ellipse.
- Sonne
- Ist der Komet der Sonne nicht mehr so nah, kühlt er ab. Der Schweif wird kleiner.
- Der Komet bewegt sich am schnellsten, wenn er der Sonne am nächsten ist.

Kollektor

Kollektor nennt man einen Baustein des **Transistors**. Ein *Solarkollektor* dagegen ist eine Einrichtung, die die Sonnenstrahlung aufnimmt, in Wärme umwandelt und an einen Wärmeträger (**Wasser**, flüssiges *Natrium*) abgibt. Solar- oder **Sonnenkollektoren** werden auf Dächern aufgebaut, um die Heizung oder die Warmwasserversorgung mit Sonnenkraft zu ermöglichen und Heizöl zu sparen. Sogar **Kraftwerke**, die in Ländern mit hoher Sonneneinstrahlung (z. B. in Spanien, Griechenland oder in den Wüstenstaaten) in größerem Maßstab und mit entsprechenden Kollektorflächen *Solarenergie* gewinnen, sind bereits entwickelt worden. Solarkollektoren können auch bei trübem Wetter einen Teil der ungerichteten (diffusen) Himmelsstrahlung in Wärme umsetzen, deshalb sind sie auch in unseren Breiten im Sommer ein gut nutzbarer *Energieträger*.

Komet

Kometen sind so genannte Schweifsterne, die sich meist in einer **Ellipse** um die **Sonne** bewegen. Nur sehr wenige von ihnen kann man mit dem bloßen Auge erkennen. Beim Kometen unterscheidet man den Kopf, der aus einem Kern und der ihn umgebenden *Koma* (Nebenhülle) gebildet wird, und den *Schweif*. Der Kern besteht wahrscheinlich aus einer Ansammlung von **Meteoriten** und Eisstücken. Nähert sich ein Komet der Sonne, erfolgen durch deren intensive Bestrahlung Ausbrüche von leuchtenden Gasmassen. Diese legen sich als Koma um den Kern und liefern etwa 90 % des **Lichtes**. Nur wenige Kometen bilden einen Schweif. Er entsteht dadurch, dass die leuchtenden Moleküle durch den Druck der Sonnenstrahlung vom Kometenkern weggetrieben werden. Manche Kometen lösen sich in viele Teile auf. Sie treten dann für unser Auge als *Sternschnuppen* in Erscheinung.

Kommutator

Ein Kommutator – auch **Kollektor** oder Stromwender genannt – ist bei elektrischen **Maschinen** ein Teil, der aus kleinen Kupferblättchen (Lamellen) zusammengesetzt ist, zwischen denen eine Isolierschicht liegt. *Kommutatormotor* nennt man eine Gleich- oder Wechselstrommaschine mit Stromwender (**elektrischer Strom**). Unter Kollektor versteht man auch eine Sammellinse im **Mikroskop**.

Kompass

Die Nadel des Magnetkompasses stellt sich bei ungestörtem erdmagnetischem Feld in die jeweilige erdmagnetische Nord-Süd-Richtung ein

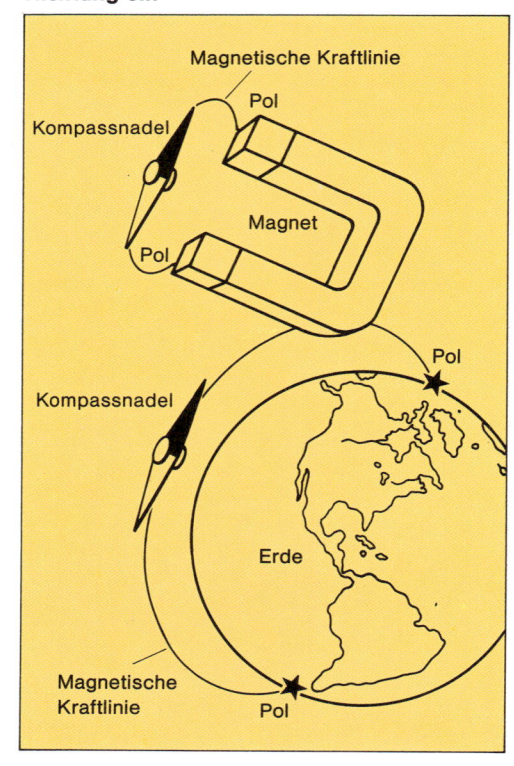

Bildbeschriftungen:
- Magnetische Kraftlinie
- Pol
- Kompassnadel
- Magnet
- Pol
- Kompassnadel
- Pol
- Erde
- Magnetische Kraftlinie
- Pol

Der Kompass ist ein Instrument, mit dem man die *Himmelsrichtung* bestimmen kann, also ein Gerät zur **Orientierung**. Die Wirkungsweise des Magnetkompasses beruht auf der **Kraft**, die vom **Magnetismus** der Erde ausgeht und auf einen **Magneten** so wirkt, dass die Magnetnadel überall auf der Erde in den magnetischen **Meridian** eingestellt wird. Allerdings stimmen die magnetischen **Pole** nicht mit den geographischen Polen überein. So ergibt sich eine örtliche Abweichung von der angezeigten Nord-Süd-Richtung, die *Missweisung* genannt wird. Bei einem kleinen Kompass dreht sich die auf einer Pinne (kleiner Stift) sitzende Nadel über einer Windrose, die die Himmelsrichtungen zeigt. Bei größeren Kompassen sind mehrere Nadeln an der Unterseite der Kompassrose angebracht. Es gibt verschiedene Kompassarten, die je nach Verwendung verschieden konstruiert sind. Zum Kurshalten werden Steuerkompasse, zur Ortsbestimmung Peilkompasse verwendet. Auf **Schiffen** ist ein Regelkompass an einer magnetisch günstigen Stelle angebracht. Er dient dazu, den eigentlichen Schiffskompass zu kontrollieren, da dieser dem Einfluss des von den Eisenteilen

Kompressor

Der Seekompass, wie er bei der Schiffahrt zur Navigation benutzt wird, ist direkt am Ruder angebracht

des Schiffes ausgehenden Magnetismus unterliegt. In **Flugzeugen** ist ein Fernkompass eingebaut. Er besteht aus einem Mutterkompass, einem Kursgeber, der vom Piloten beobachtet werden muss, und dem Kurszeiger, der vom Mutterkompass elektrisch oder pneumatisch gesteuert wird. Der Astrokompass wird zur **Navigation** in polnahen Gebieten eingesetzt. Ferner gibt es noch den Kreiselkompass und den Elektronenkompass.

Kompost

Kompost ist ein natürlicher **Dünger** aus Erde und Pflanzenresten. (**Recycling**)

Kompressor

Der Kompressor oder Gasverdichter ist eine Maschine zum Verdichten von **Gasen**, z. B. von **Luft**. Gase können bis zu 2000 bar verdichtet werden, u. a. zum Betreiben von Druckluftwerkzeugen. Der *Kolbenkompressor* ist die Umkehrung einer **Kolbenmaschine**: Der sich im **Zylinder** hin- und herbewegende *Kolben* saugt durch ein **Ventil** Gas an. Beim Zurückgehen des Kolbens schließt sich das Ventil; das Gas wird verdichtet, bis der Kolben zu seiner tiefsten Stellung im Zylinder, dem oberen Totpunkt, gelangt ist. Nun öffnet sich am Zylinder ein zweites Ventil und lässt das verdichtete Gas in eine Druckleitung zum nächsten Zylinder strömen, wo es weiter verdichtet wird. Es gibt Kompressoren, die vier und mehr Stufen besitzen. Bei der Verdichtung von Gasen erhöhen sich die Temperaturen (z. B. wird eine Fahrradpumpe am unteren Ende warm). Deshalb muss das Gas zwischen den einzelnen Stufen gekühlt werden. Herkömmliche Kompressoren, die nur geringeren Gasdruck erzeugen, haben nur eine oder zwei Stufen.

Funktionsprinzip von Kompressoren und Pumpen: Das Gas oder die Flüssigkeit wird in den Arbeitsraum angesaugt und in die Druckleitung gedrückt

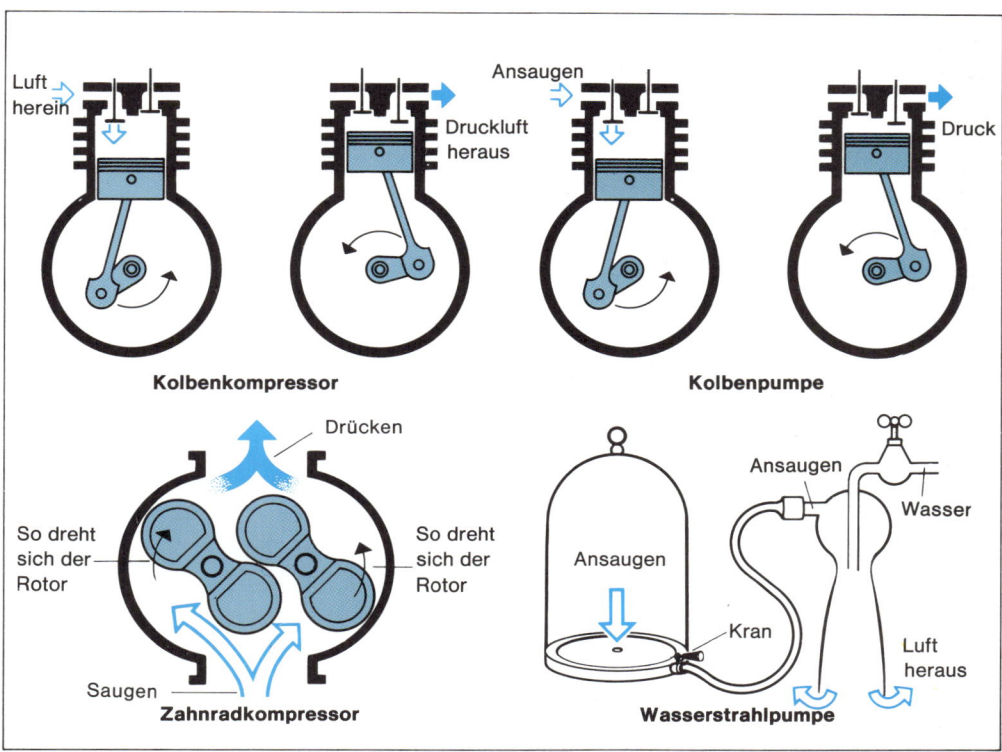

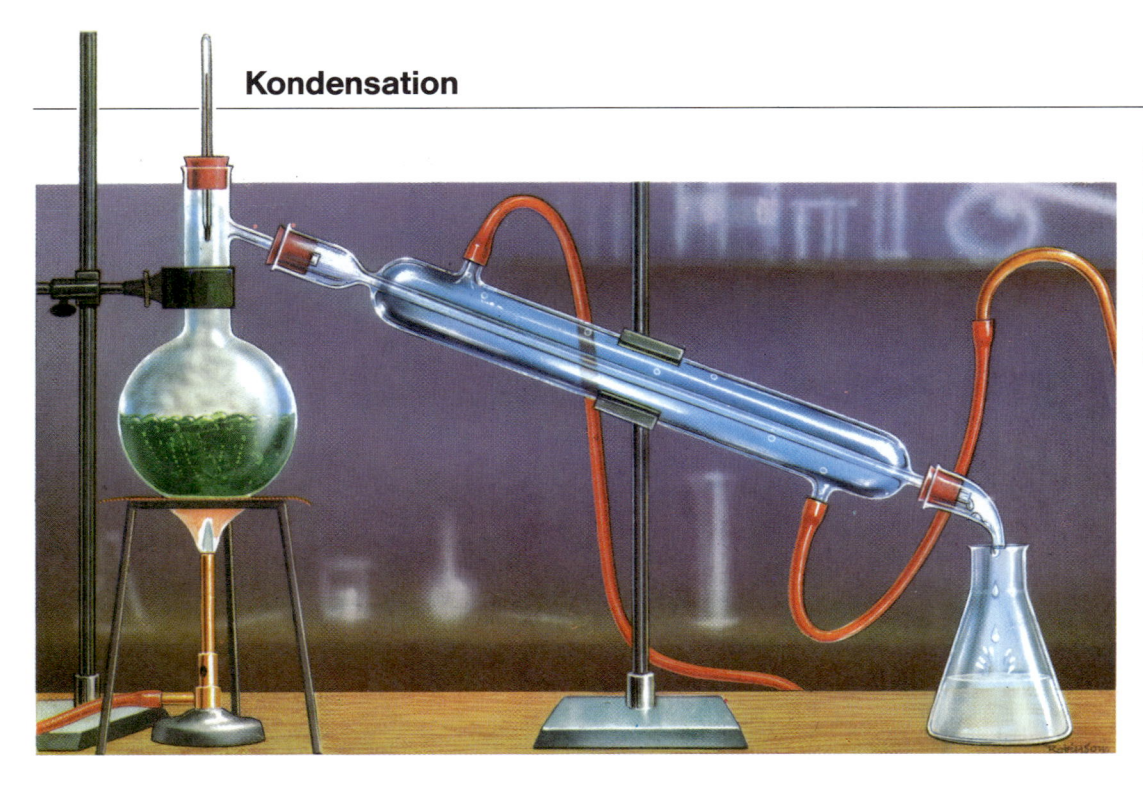

Kondensation: In einem Glasbehälter wird Wasser mit einem Bunsenbrenner zum Sieden gebracht. Der dabei entstehende Wasserdampf wird durch einen Glaskolben geleitet, wo er unter Luftzufuhr kondensiert und sich in einem zweiten Glasgefäß wieder in flüssigem Zustand absetzt

Kondensation

Alle Flüssigkeiten gehen bei einer bestimmten Temperatur, dem Siedepunkt, in einen gasförmigen Zustand über (*Verdampfen*). Der Siedepunkt des **Wassers** z. B. liegt bei 100 °C. Beim Sieden des Wassers entsteht ein **Gas**, der Wasserdampf. Kühlt er ab, verflüssigt er sich wieder. Man sagt, er kondensiert. Dies geschieht bei der gleichen Temperatur wie das Sieden. Kondensationspunkt und Siedepunkt fallen also zusammen. Bei 100 °C wird alle zugeführte Wärme verbraucht, um die kleinsten Teilchen im Inneren des Wassers voneinander zu trennen. Außerdem muss deren Bewegung so schnell werden, dass sie den auf dem Wasser lastenden **Luftdruck** überwinden und als Wasserdampf aufsteigen können. Um 1 kg Wasser von 100 °C zu verdampfen, d. h. in 1 kg Wasserdampf von 100 °C zu überführen, sind 2257 Kilojoule (kJ) Verdampfungswärme nötig. Demnach muss eine große Energiemenge zugeführt werden, bis 1 kg Wasser sich vollständig in **Dampf** umgewandelt hat. Deshalb steigt die Wassertemperatur während des Siedens nicht an. Beim Kondensieren wird die Verdampfungswärme als Kondensationswärme wieder frei. Bei Flugzeugen kennen wir so genannte *Kondensstreifen*, die hinter dem Flugzeug eine Zeitlang herziehen und sich dann auflösen. Sie entstehen durch die Kondensation des Wasserdampfes in der **Atmosphäre** an den Schmutzteilchen der Abgase.

Kondom

Das Kondom (auch *Präservativ*), ein Mittel zur Empfängnisverhütung, wird vor dem *Geschlechtsverkehr* als Schutz über das *Glied* (**Geschlechtsorgane**) des Mannes gezogen. Dadurch kann keine Samenflüssigkeit in die *Scheide* der Frau eindringen. Kondome schützen auch vor Ansteckung mit Geschlechtskrankheiten. (**Aids**)

Der Andenkondor zählt zu den größten Vögeln der Erde. Auffälliges Merkmal des männlichen Tieres ist der fleischige Scheitelkamm

Kondor

Der Kondor, ein *Geiervogel*, beeindruckt durch seine ungewöhnlich große Flügelspannweite von etwa 3 m. Der Andenkondor lebt im Hochgebirge der Anden. Er ernährt sich ebenso wie der etwas kleinere, seltene kalifornische Kondor von verwesenden Tieren, von *Aas*. Wegen seiner ausgewogenen Körperproportionen war der Kondor einst Vorbild für Flugzeugkonstrukteure.

Konsistenz

Konsistenz nennen wir die **Dichte**, Beständigkeit und Beschaffenheit eines Stoffes. Eisen ist z. B. von fester, Brom von schwerflüssiger und Glas von spröder Konsistenz.

Kontinent

Die Kontinente (*Erdteile*) sind geschlossene Landmassen mit den ihnen zugeordneten Inseln. In der **Geographie** unterscheidet man folgende Kontinente: Europa, Asien, Afrika, Amerika, Australien und die Antarktis. Alle Kontinente zusammen – ohne die kontinentalen Inseln – sind etwa 130 Mill. km² groß, das entspricht etwa einem Viertel der Erdoberfläche. Rechnet man noch die großen Inseln, wie Madagaskar und Grönland, dazu, die man als abgetrennte Teile der Kontinente betrachten kann, dann nimmt das Festland etwa 30 % der Erdoberfläche ein.

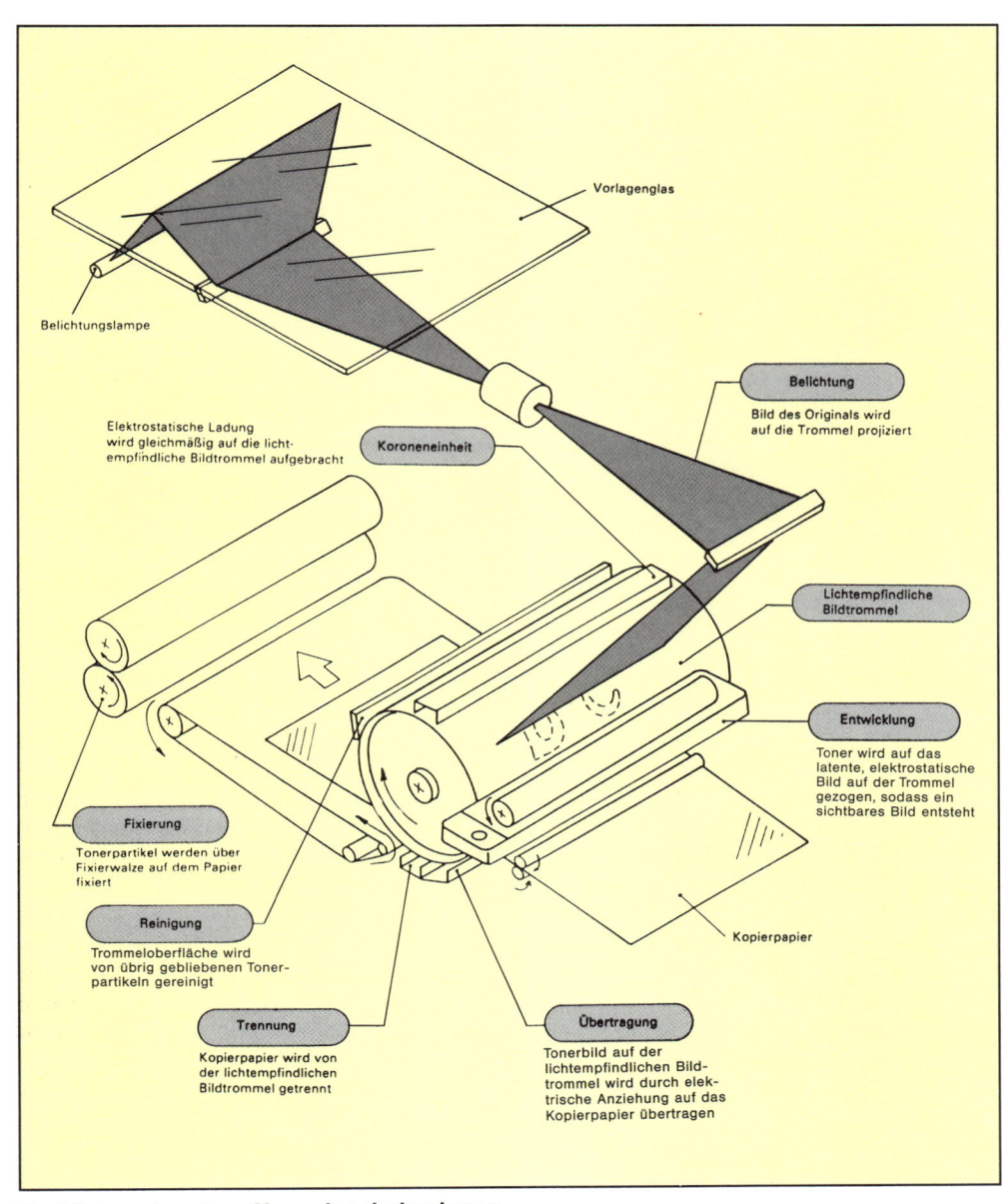

Funktionsweise eines Normalpapierkopierers

- **Belichtungslampe**
- **Vorlagenglas**
- **Belichtung**: Bild des Originals wird auf die Trommel projiziert
- **Koroneneinheit**
- **Elektrostatische Ladung** wird gleichmäßig auf die lichtempfindliche Bildtrommel aufgebracht
- **Lichtempfindliche Bildtrommel**
- **Entwicklung**: Toner wird auf das latente, elektrostatische Bild auf der Trommel gezogen, sodass ein sichtbares Bild entsteht
- **Fixierung**: Tonerpartikel werden über Fixierwalze auf dem Papier fixiert
- **Reinigung**: Trommeloberfläche wird von übrig gebliebenen Tonerpartikeln gereinigt
- **Trennung**: Kopierpapier wird von der lichtempfindlichen Bildtrommel getrennt
- **Übertragung**: Tonerbild auf der lichtempfindlichen Bildtrommel wird durch elektrische Anziehung auf das Kopierpapier übertragen
- **Kopierpapier**

Kopfhörer

Kopfhörer bestehen aus zwei Hörkapseln, die elektrische **Schwingungen** in akustische umwandeln (**Schallwellen**). Sie sind durch einen Bügel verbunden und werden über beide Ohren gelegt. Der Schall wird durch eine kleine **Membrane** wiedergegeben. Im Gegensatz zum so genannten offenen System ist beim geschlossenen System der von der schwingenden Membran des Kopfhörers und dem Ohr umschlossene Raum nach außen hin durch eine schalldichte Polsterung abgeschlossen. Das offene System ermöglicht ein Hörerlebnis, dass dem ohne Kopfhörer (Freifeldhören) ähnlich ist.

Kopie

Das Wort Kopie hat viele Bedeutungen. Einmal kann damit die Nachbildung eines Kunstwerkes oder eines Schmuckstücks gemeint sein. Zum anderen gibt es heute viele Verfahren, um Kopien (Vervielfältigungen) von Schriftstücken, von **Filmen** oder **Fotografien** anzufertigen. Die Übertragung von Film auf Film oder von Film auf Platte oder Papier nennt mant fotomechanisches Druckverfahren. Wenn ein neuer Film in den Kinos anläuft, werden vorher in den Kopieranstalten mehrere Kopien angefertigt, damit er in verschiedenen Städten gleichzeitig zu sehen ist. Zum Vervielfältigen von Schriftstücken, Zeichnungen u. a. verwendet man unterschiedliche Geräte, z. B. Trocken- oder Nasskopierer. Die Vorlage wird auf einen elektrostatisch (mit ruhenden elektrischen Ladungen) aufgeladenen Zwischenträger übertragen und dann mit entgegengesetzt aufgeladener Farbe in Pulverform (*Trockenkopierer*) oder in flüssiger Form (*Nasskopierer*) in Verbindung gebracht und schließlich auf unbeschichtetes Papier aufgetragen. Es gibt noch andere Kopierverfahren, wie das mit Wärmestrahlung auf Spezialpapier arbeitende Wärmekopieren oder das für Bau- und Konstruktionszeichnungen angewandte *Lichtpausverfahren*. Immer größere Bedeutung bekommt das elektrofotografische Kopierverfahren, das auch als *Xerografie* bekannt ist. Hierbei ist die Kopiergeschwindigkeit sehr groß.

Korallen

Korallen gehören zur Klasse der meerbewohnenden *Blumentiere* (**Hohltiere**). Sie sind auf dem Untergrund festsitzende *Polypen*, deren Körper aus einer Hohlröhre besteht. Um die Mundöffnung sind zahlreiche Fangarme (Tentakel) verteilt. Mit ihnen fängt die Koralle kleine Krebstierchen, die sie dann zur Mundöffnung führt. Es gibt Korallen als Einzelwesen und riffbildende Korallen in warmen Meeren mit über 20 °C. Diese bilden durch die Abla-

Ein steinbildender Einzelpolyp, der auch im Mittelmeer zu finden ist: die Atlantische Becherkoralle (Caryophylia amithi)

Körper

Luftaufnahme eines ringförmigen Korallenriffs im Gebiet von Neu-Kaledonien in der Südsee

Seeanemonen oder Aktinien sind sechsstrahlige Korallentiere

gerung ihrer kalkhaltigen Skelette weit verzweigte Korallenstöcke. Korallen vermehren sich ungeschlechtlich durch **Knospung**. Das größte Korallenriff der Erde mit einer Länge von 2000 km und einer durchschnittlichen Breite von 100 km ist das Große Barriereriff vor der Ostküste Australiens.

Körper

Der Körper ist in der **Geometrie** ein von Flächen allseitig begrenzter Raum, in der **Biologie** der Leib von Lebewesen.

Körpergeruch

Wenn es warm wird, öffnen sich die kleinen Schweißporen in der **Haut**. Die *Schweißdrüsen* sondern eine salzige Flüssigkeit ab. Diese verdampft und führt so dem Körper Kühlung zu. Besonders stark ausgeprägt sind die Schweißdrüsen unter den Achselhöhlen und im Genitalbereich (**Geschlechtsorgane**). Wenn die Schweißabsonderungen unter den Einfluss örtlicher **Bakterien** gelangen und die *Hygiene* mangelhaft ist, macht sich der **Schweiß** durch einen scharfen Geruch bemerkbar.

Korrosion

Mit Korrosion bezeichnet man die Zerstörung der Oberfläche von festen Körpern (z.B. Metalle) durch chemischen oder elektrochemischen Einfluss (**Rost**). Darüber hinaus ist Korrosion die chemische Zerstörung und Zerfurchung von **Gestein** durch fließendes **Wasser**.

Kosmos

Mit Kosmos wird zum einen das **Weltall** mit all seinen Systemen und zum anderen die Weltordnung als eine in sich geschlossene Einheit bezeichnet.

Kraft

Wird ein Körper losgelassen, fällt er mit sich beschleunigender *Geschwindigkeit* der Erde entgegen. Jede Fallbewegung wird von einer Kraft verursacht, die alle Körper senkrecht nach unten in Richtung Erdmittelpunkt zieht und die Erdanziehungskraft oder *Schwerkraft* heißt. Ihre Wirkung spürt man als *Gewicht*. Kein Körper setzt sich von selbst in Bewegung (**Gleichgewicht**); er erhöht weder von allein seine Geschwindigkeit noch ändert

Kraftwagen

Muskelkraft	Windkraft	Maschinenkraft	Wasserkraft	Gewichtskraft
① Gummi wird gedehnt	③ Bäume biegen sich	⑤ Blech wird geformt	⑦ Der Deich „bricht"	⑨ Das Brett biegt sich
② Der Karren rollt	④ Das Boot gleitet	⑥ Der Traktor fährt	⑧ Das Rad dreht sich	⑩ Der Apfel fällt

Körper, gleich welcher Art und Beschaffenheit, sind träge; das heißt, sie verändern ihren Zustand nie aus sich selbst. Nur eine von außen wirkende Kraft kann sie fortbewegen, formen, fallen oder fliegen lassen

er von selbst seine Richtung. Die Ursache für Änderungen des Bewegungszustandes ist immer eine Kraft. Schiebt man einen Wagen an oder wirft einen Ball, so wird Muskelkraft aufgewendet. Wirkt eine Kraft auf einen verformbaren Körper, wird dieser nicht in Bewegung versetzt, sondern verformt. Übt ein Körper auf einen zweiten eine Kraft aus, so übt der zweite auf den ersten eine entgegengesetzt gerichtete, gleich große Kraft aus, die so genannte Gegenkraft. Je nach ihrer Ursache unterscheiden wir Muskelkraft, Magnetkraft (**Magnet**), Federkraft, *Reibungskraft* (**Reibung**) und Gewichtskraft (Schwerkraft, Anziehungskraft der Erde). Die Krafteinheit heißt nach dem Physiker *Sir Isaac Newton* (1643–1727) 1 Newton (1N). 1 N ist die Kraft, die einer **Masse** von 1 kg eine **Beschleunigung** von 1 m/s² erteilt.

Der Aufwand an Forschung und Entwicklung ist im Kraftfahrzeugbau sehr hoch. Schnittzeichnung eines modernen Personenkraftwagens

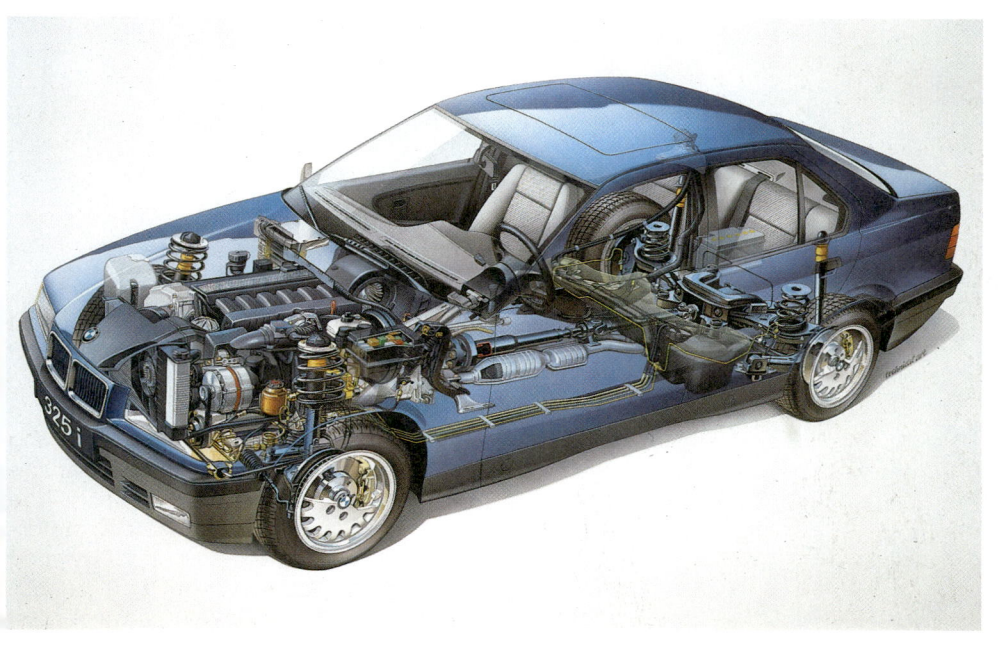

Kraftwagen

Unter Kraftwagen versteht man alle mehrspurigen Landfahrzeuge, die sich mit eigener Motorkraft fortbewegen und nicht an Schienen gebunden sind. Man unterscheidet Personenkraftwagen (PKW) und Nutzfahrzeuge wie Lastkraftwagen (LKW), Omnibusse und Zugmaschinen. Personenkraftwagen werden nach ihrem Hubraum eingeteilt in große (über 2000 cm³), mittlere (bis 2000) und kleine (bis 1000). Personenwagen werden gebaut als bequeme, meist viertürige *Limousine*, als mit zusätzlichem Transportraum ausgestatteter *Kombi* und als sportlich geformtes *Coupé*, das manchmal mit absetzbarem Dach (Hardtop) oder mit zurückklappbarem Verdeck geliefert wird (*Kabriolett*). Personenkraftwagen bestehen aus Aufbau (*Karosserie*) und **Fahrgestell**. Heute verwendet man aus Gründen der Gewichtseinsparung die selbsttragende Karosserie, bei der Motor und Fahrwerksteile direkt an verstärkte Karosserieteile angebracht werden. Wichtig bei der Konstruktion sind *Knautschzonen*, die bei Unfällen die Fahrgastzelle schützen, und Maßnahmen zur Rostbekämpfung (*Korrosionsschutz*). Außerdem versuchen die Techniker, die Form des *Automobils* möglichst windschlüpfrig (aerodynamisch günstig) zu gestalten, um einen geringen Treibstoffverbrauch zu ermöglichen. Das Fahrgestell besteht aus Radaufhängung und Federelementen (**Federung**), wobei

Kraftwagen

immer mehr Wagen mit Einzelradaufhängung gebaut werden, da deren Straßenlage in der Regel besser ist. Die Lenkung eines Fahrzeuges wird durch Drehen des Lenkrades ermöglicht. Um dies leichtgängiger zu machen, wird oft eine zusätzliche Lenkhilfe (*Servolenkung*) eingebaut, die auf **Hydraulik** beruht. Ein Kraftfahrzeug kommt zum Stehen, indem man auf ein Bremspedal tritt. Dadurch drückt man aus dem Hauptbremszylinder Bremsflüssigkeit in die vier Bremsleitungen, die zu den Radbremsen führen. An diesen sind Radzylinder angebracht, deren Druckbolzen sich durch den Druck der Bremsflüssigkeit etwas aus dem Zylinder schieben. Durch diese Bewegung werden die Bremsbeläge an die Bremsscheibe oder -trommel gedrückt. Es gibt Scheibenbremsen, die dadurch bremsen, daß jeweils zwei Bremsklötze die auf der **Achse** sitzende Stahlscheibe bremsen, und Trommelbremsen (meist an der Hinterachse), in denen zwei halbrund geformte Bremsbeläge auf eine auf der Achse sitzende trommelartige Nabe wirken. Die

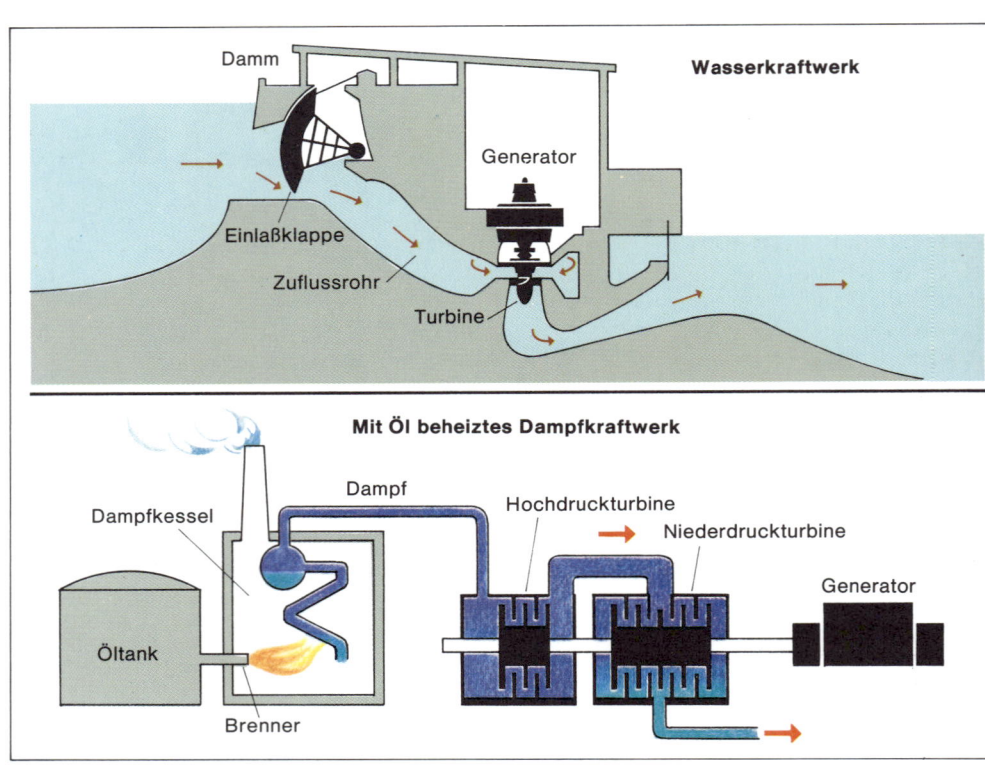

In Kraftwerken wird mittels verschiedener Antriebskräfte elektrische Energie erzeugt

Blick auf das Wasserkraftwerk am Sog in Südisland

Strecke, die das Auto während des Bremsens noch zurücklegt, heißt *Bremsweg*. Neben der Fußbremse besitzt jeder Wagen eine Handbremse (Feststellbremse), die unabhängig von der Fußbremse auf die Hinterräder wirkt.

Das Auto wird gestartet, indem man mit einem Schlüssel in einem Zündschloss einen elektrischen Kontakt schließt, wodurch ein Elektromotor, der *Anlasser*, eingeschaltet wird. Dieser bringt den Motor (**Verbrennungsmotor**) zum Laufen. Wenn das Auto kein **automatisches Getriebe** besitzt, muss nun die **Kupplung** getreten werden, um einen *Gang* (**Getriebe**) einlegen zu können. Wenn man langsam den Fuß vom Kupplungspedal nimmt, wird die Motorkraft über das Getriebe und das Ausgleichsgetriebe (**Differentialgetriebe**) entweder auf die Vorder- oder Hinterräder übertragen. Wegen des besseren Fahrverhaltens werden heutzutage immer mehr Autos mit *Vierradantrieb* angeboten. Die elektrische Ausrüstung umfasst außer dem Starter (Anlasser) noch die **Batterie**, die durch einen motorbetriebenen **Generator** (*Lichtmaschine*) aufgeladen wird, die Zündanlage, Signaleinrichtungen (Blinker), Scheinwerfer, das Heizungsgebläse, das Radio usw. Geheizt wird das Fahrzeug meist durch die Wärme des Kühlwassers (**Kühlung**).

Bereits im Jahre 1885 wurden die ersten fahrtüchtigen Vorläufer unserer Automobile von *Gottlieb Daimler* (1834–1900) und *Carl Benz* (1844–1929) gebaut. Schon 1908 wurde das Auto durch das Modell T, die erfolgreiche Konstruktion des Industriellen *Henry Ford* (1863–1947), in Amerika zur Massenware.

Kraftwerk

Ein Kraftwerk ist eine Anlage, in der natürliche **Energie** in **elektrischen Strom** umgewandelt wird. Der Strom wird von **Generatoren** erzeugt, die wiederum von Energieträgern wie **Wasser, Wind, Kohle** oder **Erdöl** ihre Antriebsenergie erhalten. Aber auch die bei der **Kernspaltung** gewonnene **Kernenergie** dient als Antriebsenergie. Je nach Energieträger wird unterschieden: 1. *Wärmekraftwerke*, die hauptsächlich *Dampfkraftwerke* sind. Die riesigen Dampfkessel werden mit **Kohle, Gas** oder Öl beheizt. 2. *Wasserkraftwerke*, die mit der Wasserkraft aus einem Stausee betrieben werden. 3. Atom- oder **Kernkraftwerke**, bei denen die Feuerung der Dampfkessel durch den *Kernreaktor* ersetzt wird. 4. *Gezeitenkraftwerke*. 5. *Windkraftwerke*. 6. *Sonnenkraftwerke*. 7. *geothermische Kraftwerke*. Der erzeugte Strom fließt in **Überlandleitungen** vom Kraftwerk an den Verbrauchsort. Die Überlandleitungen führen Strom mit hoher Spannung. Dieser *Starkstrom* wird in **Transformatoren** in Strom mit wesentlich kleinerer Spannung umgewandelt und in unterirdischen **Kabeln** zu den Verbrauchern weitergeleitet.

Kran

Kräne werden zum Heben, Schwenken und Versetzen von Lasten aller Art verwendet. Sie bestehen, entsprechend dem Verwendungszweck, aus verschiedenartigen Stahlgerüsten. Die Lasten werden meist mit Hilfe eines Hakens und einer elektrisch betriebenen Drahtseilwinde

Sollen Lasten nicht nur gehoben, sondern auch über weitere Entfernungen transportiert werden, bedient man sich so genannter Laufkatzen. Die brückenartigen Kranträger rollen auf gleisähnlichen Schienen

gehoben. Ein Turmdrehkran, der übliche Baukran, besteht aus einem gitterartig gebauten Turmgerüst und einem verstellbaren Ausleger. Je steiler dieser aufragt, desto höher ist die Tragkraft des Kranes und desto weniger stark wirkt die Last auf das Gegengewicht, das unten an der Hinterseite des Kranwagens befestigt ist und verhindert, dass der Kran umfällt. Schwere Fahrzeugkräne können wegen ihrer Beweglichkeit überall eingesetzt werden. Im **Hafen** werden Schwimmkräne verwendet, die auf schwimmende Stahlpontons montiert sind und bis zu 250 t heben können.

Turmkräne werden aufgrund ihrer Beweglichkeit in allen Häfen der Welt eingesetzt

Krebs

Der typische Hafenkran ist der Portalkran, der auf einem portalartigen Traggerüst steht und auf Schienen beweglich ist. In *Fabriken* und *Werften* werden meist *Bockkräne* verwendet, die auf weit auseinander liegenden Stützen fahren oder fest montiert sind. Auf dem Träger, der auf den Stützen liegt, bewegt sich eine so genannte *Laufkatze*, ein Fahrgestell, das Winden und Motor enthält und die Lasten hebt. Diese Bockkräne heben bis zu 900 t.

Krebs

Der Krebs, eine bösartige *Geschwulstkrankheit*, kann alle **Organe** des Körpers angreifen. Die vom Krebs befallenen Körperzellen beginnen unkontrolliert zu wuchern und bilden eine Geschwulst, *Tumor* genannt. Tumorzellen sprechen nicht auf bestimmte Hemmstoffe an, die normalerweise die *Zellteilung* über das normale Maß hinaus verhindern. Es kommt zur ungehemmten Wucherung. Einzelne kranke **Zellen** können sich lösen und werden vom **Blut** oder der **Lymphe** in andere Körperteile transportiert. Dort entstehen Tochtergeschwülste (*Metastasen*). Die Ursachen der Krankheit sind noch nicht vollständig erforscht. Man weiß, dass bestimmte chemische Substanzen Krebs auslösen können, diese Stoffe (z. B. **Asbest** oder Tabakteer) heißen *Karzinogene*. Auch ultraviolette und radioaktive Strahlen sowie einige **Viren** können Krebs hervorrufen. Wenn die Krankheit frühzeitig erkannt wird, kann sie meist wirksam behandelt werden (Bestrahlung, operative Entfernung der Geschwulst, Medikamente). Wird Krebs erst im fortgeschrittenen Stadium festgestellt, verläuft die Krankheit tödlich.

Krebstiere

Krebstiere, auch Krustentiere genannt, leben im **Meer**. Zu ihnen gehören *Hummer, Krebse, Krabben, Garnelen, Langusten, Wasserflöhe* und *Asseln*, von denen jedoch einige Arten auch an Land leben. Alle besitzen einen harten **Panzer** aus **Chitin** und zwei Paar Fühler. Sie atmen durch **Kiemen**. Krebstiere sind **Gliederfüßer**. Ihre zahlreichen Beinpaare (z. B. beim Hummer fünf, bei der Assel sieben) sind verschieden geformt. Oft ist ein Paar zu Scheren ausgebildet (Krebs und Hummer), mit denen die Nahrung zerlegt wird. Die Hummer zählen zu den größten Krustentieren; winzige Krebstierchen leben im **Plankton**. Hummer- und Krebsfleisch ist für den Feinschmecker eine Delikatesse; als besonders schmackhaft gilt das Fleisch der Scheren.

Kreide

Die Kreideformation ist der jüngste Zeitabschnitt des *Erdmittelalters* (**Erdgeschichte**). Kreide ist eine weiße, feinkörnige Kalkablagerung, u. a. aus Foraminiferen (vorwiegend Meerestiere mit kalkhaltigen Schalen). Die obersten Schichten der Kreideformation in Nordwesteuropa bezeichnet man als Danien oder Dänische Stufe. Durch Schlämmen (Reinigen der Kreide) entsteht die so genannte Schlämmkreide. Aus dem Schulunterricht ist uns die Schreibkreide ein Begriff.

Kreuzung

Allgemein bezeichnet man die geschlechtliche Vereinigung zweier verschiedener Rassen (Unterarten) oder Arten von **Organismen** als Kreuzung. In der Tier- und Pflanzenzucht (**Züchtung**) bedient man sich häufig dieser Methode, um neue Merkmale zu erzielen. Die Wunderblume bietet alle Voraussetzungen für ein

Kreidefelsen bei Rosh Hanibera (israelisch-libanesische Grenze) an der Mittelmeerküste

Kreuzung: Nach den Mendelschen Vererbungsregeln entstehen in der ersten Tochtergeneration mischerbige (rosa) Blüten. In der zweiten Tochtergeneration erhält man reinerbige (rote), mischerbige (rosa) und reinerbige (weiße) im Verhältnis 1:2:1

einfaches Kreuzungsbeispiel. Sie kommt in zwei Formen vor; eine trägt weiße Blüten, die andere rote. Sie unterscheiden sich also nur in ihrem Merkmal Blütenfarbe. Kreuzt man jede Form unter sich, werden also **Pollen** einer rot blühenden Pflanze auf die *Narbe* einer anderen, gleichfalls rot blühenden Pflanze gebracht, so wächst aus dem **Samen** der auf diese Weise befruchteten **Blüte** im nächsten Jahr in der 1. Tochtergeneration wie in allen weiteren Generationen wieder eine rot blühende Pflanze. Das gilt entsprechend für die Wunderblume mit weißen Blüten. Von der Blütenfarbe sagt man, sie sei reinerbig, d. h. alle Nachkommen der Eltern zeigen immer wieder dieselben Merkmale. Bringt man aber die Pollen einer rot blühenden Pflanze auf die Narbe einer weiß blühenden oder umgekehrt, so wachsen aus dem Samen der so befruchteten Blüten im nächsten Jahr rosafarbene Blüten. Alle Blüten der 1. Tochtergeneration sind einheitlich mischfarben. Wird diese 1. Tochtergeneration wieder untereinander gekreuzt, ergeben sich im nächsten Jahr bei der 2. Tochtergeneration rot, rosa und weiß blühende Pflanzen. Die rosablühenden sind daher mischerbig. Bei der Kreuzung der Wunderblume waren die **Erbanlagen** beider Kreuzungspartner gleichwertig. Häufiger jedoch sind die Erbanlagen bei einem Kreuzungspaar nicht gleichwertig. Dann setzt sich im Aussehen des neuen Lebewesens nur ein Merkmal durch. Man sagt, es ist dominant. Das andere Merkmal, welches nicht in Erscheinung tritt, nennt man rezessiv. Obwohl es nicht in Erscheinung tritt, ist es doch vorhanden. So ist es nicht möglich, vom Erscheinungsbild eines Lebewesens auf dessen Erbanlagen zu schließen.

Kristalle

Kristalle sind feste Körper mit ebenen Flächen. Sie entstehen durch das chemische Verfahren *Kristallisation* aus Schmelzflüssen (von Metallen), aus Lösungen oder aus Dämpfen (z. B. von Schwefel). Je nach Dauer des Kristallisationsprozesses entstehen große (langsame Abkühlung) oder kleine Kristalle (schnelles Abkühlen). Im Kristall sind die **Atome, Ionen** und **Moleküle** jeweils auf bestimmte Weise, nämlich gitterartig, angeordnet (Kristallsysteme). **Gesteine**, die aus Kristallen bestehen, nennt man kristalline Gesteine. Bekannt sind ferner Schnee- und Eiskristalle.

Krokodile leben in den Sumpf- und Flussgebieten der Tropen und Subtropen. Sie können bis zu 7 m lang werden

Krokodile

Krokodile sind bis zu 7 m lange **Reptilien** aus der Familie der *Panzerechsen*. Sie sind mit den **Dinosauriern** verwandt. Ihre dicke Haut hat ein Schuppenmuster und ist für Lederwaren sehr begehrt. Um ihr Aussterben zu verhindern, werden sie auf Farmen (USA) gezüchtet. Krokodile leben in Flüssen der **Tropen** und Subtropen. Sie sind im Wasser mit ihrem Ruderschwanz und den Schwimmhäuten zwischen den Zehen sehr beweglich, an Land wirken sie eher plump. Mit ihrem riesigen Maul, das mit großen Zähnen ausgestattet ist, schnappen sie nach Fischen, ansonsten vertilgen sie als Fleischfresser **Säugetiere**, die sich den Flüssen zum Trinken nähern. Die so genannten Echten Krokodile unterscheiden sich von den **Alligatoren** dadurch, dass der vierte Unterkieferzahn auch bei geschlossenem Maul sichtbar ist. Manche Krokodile erreichen ein Alter von 100 Jahren.

Kühlung

Kühlung ist z. B. bei **Verbrennungsmotoren** erforderlich. Dabei werden die Zylinder des Motors entweder mit **Luft** (Luftgebläsekühlung) oder durch **Wasser** gekühlt, da sonst durch Überhitzung die Bewegung des Kolbens im Zylinder nicht mehr möglich wäre. Das erwärmte Kühlwasser wird durch den Fahrtwind und einen Kühlpropeller auf gleich bleibender Temperatur gehalten. Es wird nach der Abkühlung wieder am Motor vorbeigeleitet. Bei **Kernkraftwerken** wird das Kühlwasser in riesigen so genannten Kühltürmen abgekühlt.

künstliche Befruchtung

Die Kühlung von Lebensmitteln erfolgt durch *Kühlschränke*. Ein Kältegas (*Ammoniak* oder *Frigen*) wird mit einem **Kompressor** verdichtet, bis es sich verflüssigt. Die dabei entstehende Wärme wird abgeleitet. Die Flüssigkeit, die unter **Druck** steht, wird durch ein Ventil gepresst, verliert dabei ihren Druck und entzieht durch **Verdunsten** dem Kühlschrank Wärme.

künstliche Befruchtung

Bei der künstlichen Befruchtung wird der männliche **Samen** auf künstliche Weise in die **Gebärmutter** der Frau eingeführt und dort mit einer befruchtungsfähigen *Eizelle* zusammengebracht. In manchen Fällen verbinden sich die Geschlechtszellen auch außerhalb des Körpers in einer Nährlösung und die so entstandene *Zygote* wird in die Gebärmutter der Frau eingepflanzt. 1978 wurde in Großbritannien das erste auf diese Weise gezeugte Kind (*Retortenbaby*) geboren (in Deutschland 1982). Das Verfahren der künstlichen Befruchtung wird angewendet, wenn Ehepaare mit Kinderwunsch nicht auf natürliche Weise zeugungsfähig sind. Auch in der Tierzucht wird künstliche Befruchtung vorgenommen, um eine gezielte Zuchtauswahl treffen zu können.

Schematische Darstellung der Funktionsweise eines Kühlschranks

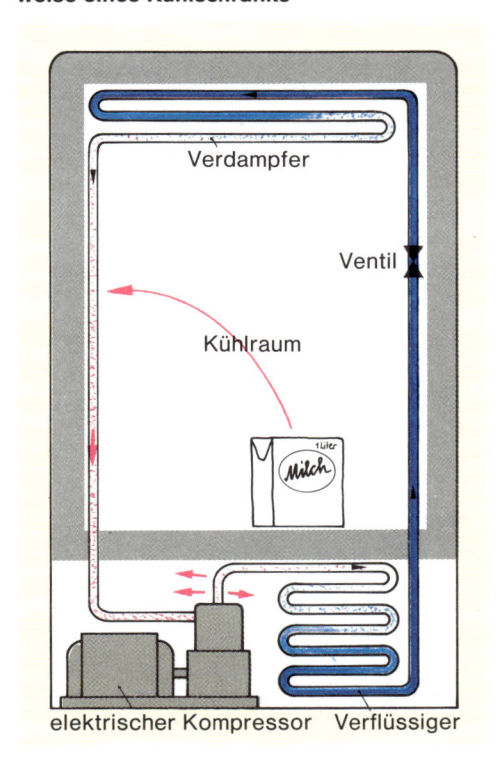

Verdampfer
Ventil
Kühlraum
elektrischer Kompressor   Verflüssiger

Kunststoffe

Kunststoffe

Kunststoffe (Plaste, Plastik) sind im Gegensatz zu den natürlichen Stoffen (**Metalle, Holz**) chemisch abgewandelte Naturstoffe oder völlig neu (synthetisch) hergestellte Materialien. Aufgrund ihrer enormen Widerstandsfähigkeit (Licht-, Stoß-, Wasser- und Altersbeständigkeit) finden sie auf vielen Gebieten Anwendung. Eben wegen dieser Widerstandsfähigkeit jedoch stellen Kunststoffartikel heute ein besonderes Problem dar (**Entsorgung**), weil sie nur beschränkt wieder verwertet werden können. Kunststoffe, die nach einmaligem Erwärmen nicht mehr verformbar sind, werden als *Duroplaste* bezeichnet. *Thermoplaste* hingegen lassen sich durch Erwärmen immer wieder verformen.

Kupplung

Die Kupplung ist die lösbare Verbindung zwischen zwei beweglichen Maschinenteilen, üblicherweise zwischen Motor (**Verbrennungsmotor**) und **Getriebe** bei **Kraftwagen**. Wenn das Kupplungspedal durchgetreten wird, ist diese Verbindung aufgehoben und ein Gang kann eingelegt werden. Die übliche Einscheiben-Trockenkupplung besteht aus einer mit Kupplungsbelägen versehenen Mitnehmerscheibe, die gegen eine vom Motor angetriebene Schwungscheibe gedrückt wird. Sind die Kupplungsbeläge abgenutzt, kann mit dem Auto nicht mehr gefahren werden, da zwischen Motor und Getriebe keine feste Verbindung mehr hergestellt werden kann. (**Reibung**)

Kurs

Mit Kurs bezeichnet man 1. die Fahrt- bzw. Flugrichtung eines Schiffes bzw. Flugzeuges, 2. an der Börse den Preis für Wertpapiere und gehandelte Waren, 3. einen Lehrgang, eine Schulung in einer bestimmten Fachrichtung (Kursus).

Kurve

Allgemein wird mit Kurve eine gekrümmte Linie, in der **Mathematik** jede (auch eine gerade) Linie bezeichnet. Liegt die Kurve in einer **Ebene**, so heißt sie ebene Kurve, liegt sie in einem Raum, spricht man von einer Raumkurve. Zu den ebenen Kurven zählen u. a. Geraden, Kreise, Parabeln. Die Schraubenlinie ist eine Raumkurve. Alle ebenen Kurven besitzen eine *Krümmung*, Raumkurven haben Krümmung und *Windung*. Eine stetige Kurve ist durch die Gleichung zwischen den *Koordinaten* ihrer Punkte bestimmt.

Kurzwelle

Kurzwellen nennt man **elektromagnetische Wellen**, die sich geradlinig ausbreiten und weniger störanfällig als Langwellen sind. Sie haben eine *Wellenlänge* von 10–100 m und eine **Frequenz** von 3–30 MHz. Sie reichen sehr weit und werden deshalb zur Übertragung von Rundfunkprogrammen, aber auch für den Sprechfunk verwendet.

Küste

Als Küste bezeichnet man die Berührungslinie von Festland und **Meer**. Sie verändert sich stetig durch die **Gezeiten**, die Strömungen, die Brandung und durch Ablagerungen von Flüssen. Man unterscheidet je nach Formung Steilküsten und Flachküsten. Wo die Küstenlinie

Eine Vielzahl unterschiedlichster Produkte wird heute aus Kunststoff hergestellt

Laich

Westküste von Gran Canaria (Kanarische Inseln)

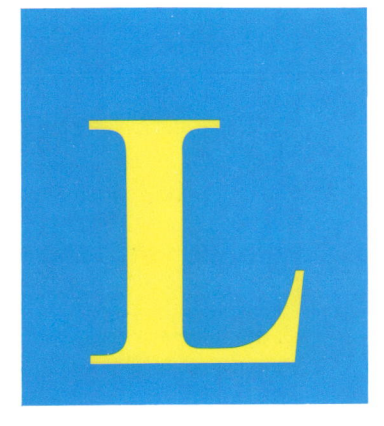

Laboratorium

Ein Laboratorium, auch *Labor* genannt, ist ein Arbeitsraum für chemische, physikalische, bakteriologische, medizinische und technische Arbeiten oder Forschungen. Ein *Laborant* oder eine Laborantin ist die Berufsbezeichnung einer Person, die bei diesen wissenschaftlichen Arbeiten, Untersuchungen und Versuchen mithilft oder assistiert.

Lagerstätte

Lagerstätten nennt man alle nutzbaren Vorkommen natürlicher Minerale wie **Kohle**, **Erdöl** und **Erdgas** in der **Erdkruste**. (**Bodenschätze**)

Laich

Als Laich bezeichnet man die **Eier** vor allem von **Fischen** und **Lurchen**. Das Weibchen legt die Eier am Ufer oder an flachen Stellen im Wasser ab, wo sie dann vom

einen Bogen ins Landesinnere beschreibt, spricht man von einer *Bucht*. Buchten eignen sich gut als natürliche **Häfen**. Dort, wo sich Küstenbewohner vom Meer (Sturmflut) bedroht fühlen, errichten sie **Deiche** und Dämme. Eine besondere Küstenform sind die **Fjorde**.

Kybernetik

Die Kybernetik ist eine übergreifende Wissenschaft, die sich mit Steuerungsvorgängen und *Rückkopplungssystemen* in der **Technik, Biologie** und Soziologie beschäftigt. In der Technik, so z. B. bei Rechenanlagen (**Rechenzentrum**), bilden verschiedene Steuerelemente ein System, wobei jedem Element eine bestimmte Aufgabe zugewiesen ist und allen Funktionen eine bestimmte Gesetzmäßigkeit zugrunde liegt. Dieses System versucht man auch auf menschliche Lebensbereiche zu übertragen (angewandte Kybernetik), z. B. in der Psychologie und Soziologie auf den Bereich der Kommunikation. Ein Beispiel eines solchen Regelsystems aus der Biologie ist das Bestreben der **Bienen**, in ihrem Bienenstock eine gleichmäßige Temperatur zu halten.

Grasfrösche paaren sich.
Die Laichballen sieht man deutlich

Landkarten

Politische Karte der Bundesrepublik Deutschland

Landwirtschaft

Die ersten Menschen waren umherziehende Jäger und Sammler. Erst als sie feste Hütten errichteten, begannen sie auch, das Land planvoll zu bepflanzen, um dann ernten zu können. Diese Nutzung der Bodenkräfte nennt man Landwirtschaft. Die ersten Produkte, die die Landwirtschaft hervorgebracht haben dürfte, waren *Getreide* (z. B. Weizen und Gerste). Nun kann man aber den Boden nicht beliebig oft bepflanzen, insbesondere dann, wenn es sich immer wieder um die gleiche Pflanzengattung handelt. Der Boden erschöpft sich und das **Wachstum** der Pflanzen lässt nach. Dies war anfangs keine Schwierigkeit, da genügend Boden vorhanden war. Die Bauern zogen einfach ein Stück weiter und kultivierten neues Land. Als jedoch die Bevölkerungszahl stieg, war dies nicht mehr möglich. Man ging deshalb zu der so genannten *Dreifelderwirtschaft* über. Eingeführt wurde sie unter Kaiser Karl dem Großen (768–814). Bei diesem System wurde das Land in drei Abschnitte eingeteilt. Der erste diente der Sommersaat, der zweite der Wintersaat, und der dritte konnte brach liegen, um sich zu erholen. Im 19. und 20. Jh. entwickelte man die Bodennutzung mit Hilfe der Wissenschaft weiter. Durch einen bestimmten Wechsel des Anbaus wurde der Boden nicht so schnell erschöpft. Außerdem erfand man den *Kunstdünger*, der die Pflanzen schneller wachsen und gedeihen lässt. Speziell gezüchtete Pflanzen, **Dünger** und eine neue Einteilung der Felder bringen dem Bauern heute mehr Ertrag als früher. Hinzu kommen moderne Maschinen wie Mähdrescher, Hack- und Sämaschinen usw., die die Arbeit erleichtern und es erlauben, sich in kürzerer Zeit um größere Felder zu kümmern. Hauptzweige der Landwirtschaft sind *Ackerbau* und *Viehzucht*, im weitesten Sinn gehören auch Forstwirtschaft, Gärtnerei, Jagd und Fischfang sowie Molkereien dazu.

Männchen befruchtet werden. Die Eier sind einzeln, in Schnüren oder Klumpen abgelegt. Es gibt Winterlaicher – sie laichen zwischen Oktober und Februar, z. B. der *Lachs* – und Frühjahrslaicher – sie laichen zwischen März und Mai, z. B. der *Hecht*. Laichwanderungen unternehmen Lachse, die in Quellgebieten von Flüssen laichen. Nach etwa drei Jahren wandern junge Lachse ins Meer, und von dort kehren sie wieder flussaufwärts an ihren Geburtsort zurück, um selbst zu laichen.

Landkarten

Wir unterscheiden geografische und topografische Karten. Bei den geografischen Karten werden nur die wesentlichen geografischen und politischen Gegebenheiten in kleinem Maßstab gezeigt. In einer topografischen Karte werden Bodenformen, Gewässer, **Vegetation**, Besiedlung, Verkehrswege usw. eines Landes, einer Landschaft oder Örtlichkeit aufgezeigt. (**Kartografie**)

Laptop

Tragbare **Personalcomputer** in der Größe eines Aktenkoffers, mit Tastatur, Arbeitsspeicher, Diskettenlaufwerk und Bildschirm, werden als Laptop (engl.: lap bedeutet Schoß) bezeichnet. Sie werden mit Akkus oder Batterien betrieben. Man unterscheidet zwischen den so genannten Notebooks (engl.: Notizbuchrechner) im DIN A 4-Format und den handflächengroßen Palmtop-Computern (engl.: palm ist die Handfläche), die Informationen auf austauschbaren Karten oder **Chips** speichern. Notepad-Computer (engl.: Notizblock) nehmen handschriftliche Eingaben durch Berühren des Bildschirms mit einem elektronischen Griffel auf.

Larve

Die Larve ist ein Stadium der frühen Entwicklung von **Insekten** (*Raupe*) und **Lurchen** (*Kaulquappe*), bevor sie die Form des ausgewachsenen Tieres annehmen (**Metamorphose**).

Laser

Die Bezeichnung Laser ist eine englische Abkürzung (**l**ight **a**mplification by **s**timulated **e**mission of **r**adiation) und bedeutet „Lichtverstärkung durch erzwungene Abgabe von Strahlung". Laserstrahlen verstärken **elektromagnetische Wellen** im Bereich von **Infrarotstrahlung** bis zur **ultravioletten Strahlung**. Dabei wird ein Lichtbündel erzeugt, dessen Strahlen einen wesentlich stärkeren Zusammenhalt als andere optische Strahlen haben. Laserstrahlen werden deshalb im Bereich der **Technik** als Energieträger für Nachrichtensignale, zum Bohren, Schweißen und Schneiden, in der Medizin für Operationen, z. B. für das „Anschweißen" einer sich lösenden *Netzhaut*, verwendet. In der Computertechnik wird der Laserstrahl zur Ausgabe von Daten über *Laserdrucker* eingesetzt. Die *Vermessungstechnik* verwendet ihn bei Entfernungs- und Höhenmessungen. Laserabgetastete **Compact Discs** gewährleisten höchste Wiedergabequalität von Musik und selbst in der Beleuchtungstechnik von Diskotheken hat der Laserstrahl Einzug gehalten, wobei Mediziner vor schädlichen Auswirkungen auf die Augen warnen.

Lasur

Lasur ist eine Lackschicht, die den Untergrund durchscheinen lässt und die Leuchtkraft darunter liegender Farben erhöht. Da sie z. B. in **Holz** einzieht, verleiht sie ihm zusätzliche *Widerstandskraft* gegen Umwelteinflüsse.

Laubbaum

Man unterscheidet heute etwa 50 verschiedene Familien von Laubbäumen, dagegen nur 10 von **Nadelbäumen**. Wegen ihrer breiten Blätter können Laubbäume das **Licht** viel besser ausnutzen als Nadelbäume. In Mitteleuropa legen die Laubbäume zum Schutz im Winter die Blätter ab. Zu den charakteristischen Laubbäumen zählt man *Ulme, Birke, Eiche, Buche, Trauerweide, Pyramidenpappel* und *Stechpalme*. (Abb. S. 170)

Lautsprecher

Lautsprecher dienen zur Wiedergabe von Sprache und Musik und sind in **Rundfunk-** und *Fernsehgeräten*, in *Plattenspielern* und **Tonbandgeräten** und als besonders kleine Exemplare in Telefonhörern eingebaut (**Stereophonie**). Es sind Geräte zur Umwandlung elektrischer **Schwingungen** in **Schall**, d. h. in akustische Schwingungen. Das Prinzip des Lautsprechers beruht darauf, dass ein Dauermagnet, dessen Feld durch Wicklungen verstärkt wird, hinter einer **Membran** aus Metall liegt, die durch das veränderliche *Magnetfeld* bewegt wird. Dieses verändert sich durch die Wicklungen, durch die im Schallrhythmus **elektrischer Strom** fließt. Die Membran schwingt im Rhythmus der Feldschwankungen und überträgt diese Schwingungen als hörbaren Schall. Es

Das durch den Laser erzeugte Strahlenbündel ist besonders geeignet, auch in härtere Metalle und andere Werkstoffe feinste Löcher zu bohren. Mit Laserstrahlen können auch Metalle mit einem hohen Schmelzpunkt geschmolzen werden

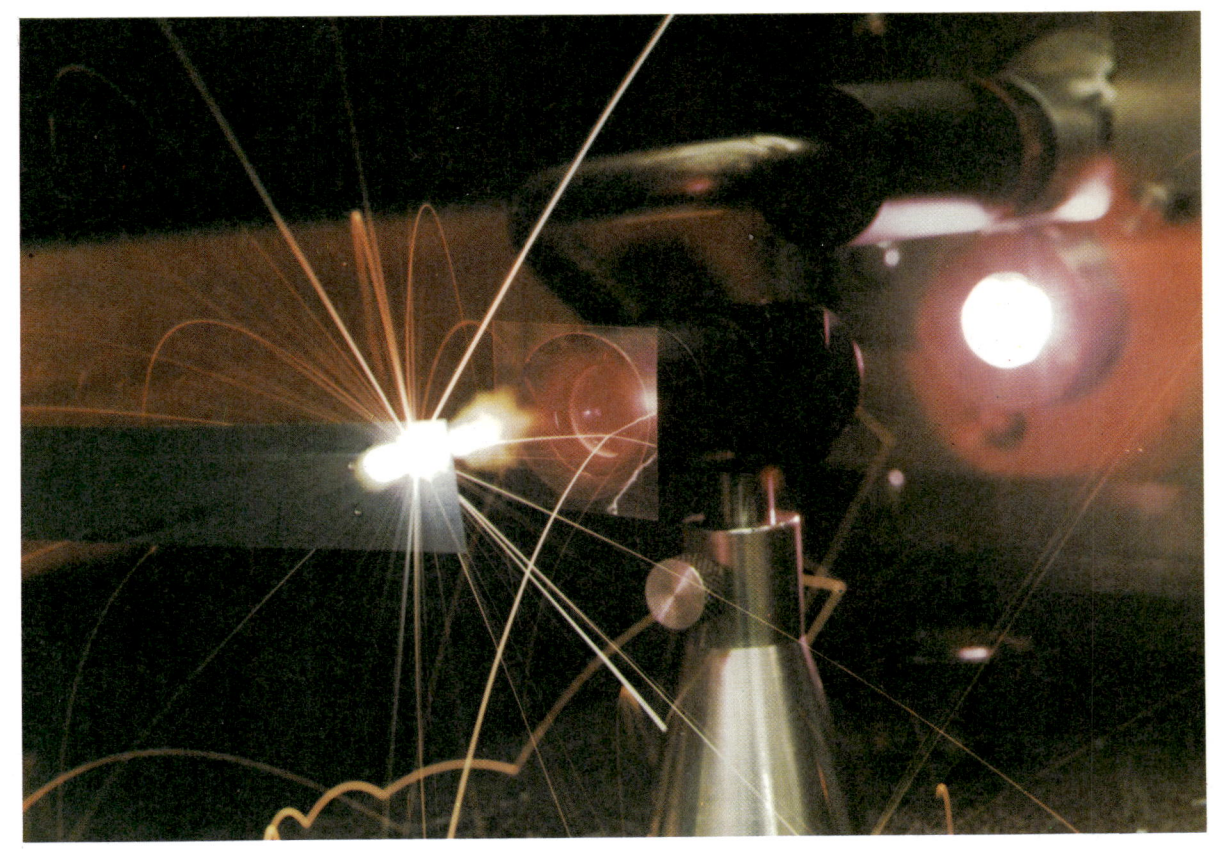

Lava

Laubbäume: Weißbirke (1), alte Stieleiche auf einer Weide (2), Buchenwald in prächtiger Herbstfärbung (3)

gibt verschiedene Arten von Lautsprechern: den freischwingenden, bei dem die Metallmembran durch eine beweglich aufgehängte Pappmembran abgelöst wurde, und als Weiterentwicklung den dynamischen Lautsprecher. Für besonders hohe **Frequenzen**, wie sie im **Hi-Fi**-Verfahren vorkommen, wurden Kristall- und elektronische Lautsprecher mit besonders hoher Leistung entwickelt.

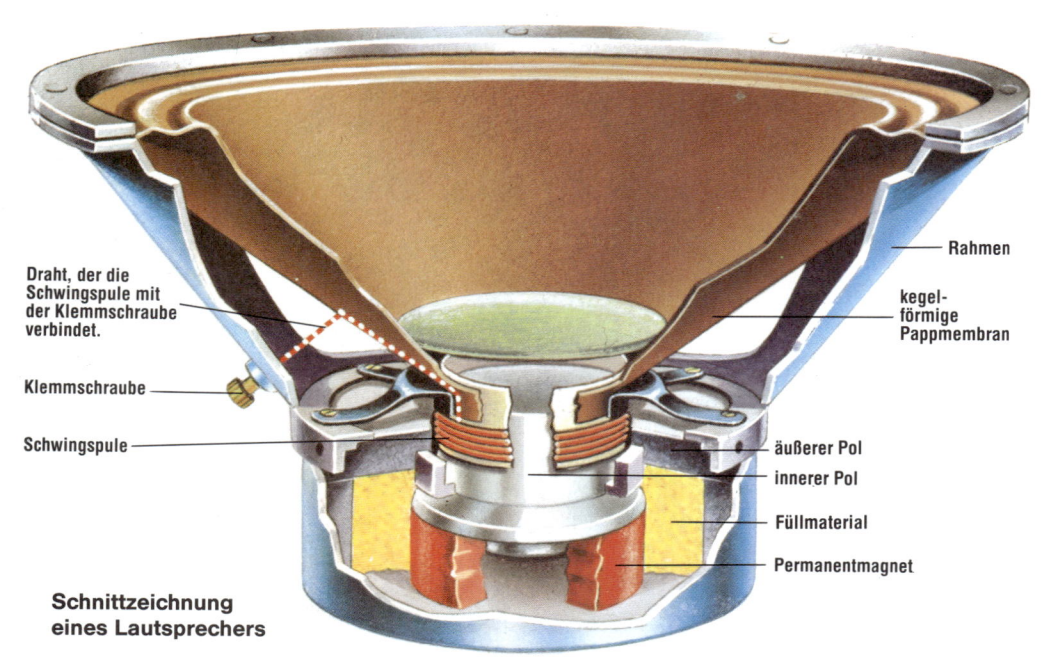

Schnittzeichnung eines Lautsprechers

Lava

Das beim Ausbruch von **Vulkanen** austretende flüssige **Gestein** nennt man Lava. Es wird meist unter hohem **Druck** herausgeschleudert und fließt dann die Hänge der Vulkanberge herunter. Die Temperatur eines Lavastromes beträgt bis 1400 °C. Unter den Lavamassen sind bei großen Vulkanausbrüchen schon ganze Städte begraben worden.

Lawine

Als Lawine bezeichnet man Schnee- und Eismassen, die sich von einem steilen Hang talwärts bewegen und dabei Bäume mitreißen sowie Schutt und Geröll mit sich führen. Lawinen lösen sich meist dann, wenn Tauwetter einsetzt oder sich der Neuschneezuwachs mit der vorhandenen Schneegrundlage noch nicht verfestigt hat. Die sich rasch vorwärts bewegenden Lawinen sind eine große Gefahr für Skifahrer. Um einem Lawinenunglück vorzubeugen, nimmt man zur Sicherung von Skipisten bereits am Vormittag fachmän-

Als breiter Strom bahnt sich die glühende Lavamasse einen Weg und erstarrt allmählich

nische Sprengungen von Schneebrettern vor. Zum Schutz von Ortschaften und Straßen baut man z. B. Stützmauern und Lawinengalerien.

LCD-Anzeige

LCD ist die Abkürzung des englischen Begriffes **L**iquid **C**rystal **D**isplay, was mit *Flüssigkristallanzeige* übersetzt werden kann. Uhrzeiten, Rechendaten (bei **Taschenrechnern**), Messdaten (bei Messgeräten) u. a. werden heute mit Hilfe von Flüssigkristallen, organischen Verbindungen im flüssigen **Aggregatzustand**, angezeigt. Durch Lichtabsorption wird der nach Anlegen einer elektrischen *Spannung* feldorientierte Zustand der vollkommen transparenten (durchsichtigen) *Flüssigkristalle* sichtbar gemacht. Farbige Anzeigen erhält man mit Hilfe gefärbter Reflektoren oder Farbfilter. Als Nachtbeleuchtung dienen spezielle Glühlampen oder mit *Tritium* gefüllte Leuchtstoffröhren, deren Leuchtstoff durch die *Betastrahlung* des Tritiums angeregt wird. Die LCD-Anzeige benötigt eine geringe Ansteuerspannung und zeichnet sich durch

Armbanduhr mit LCD-Anzeige und eingebautem Rechner

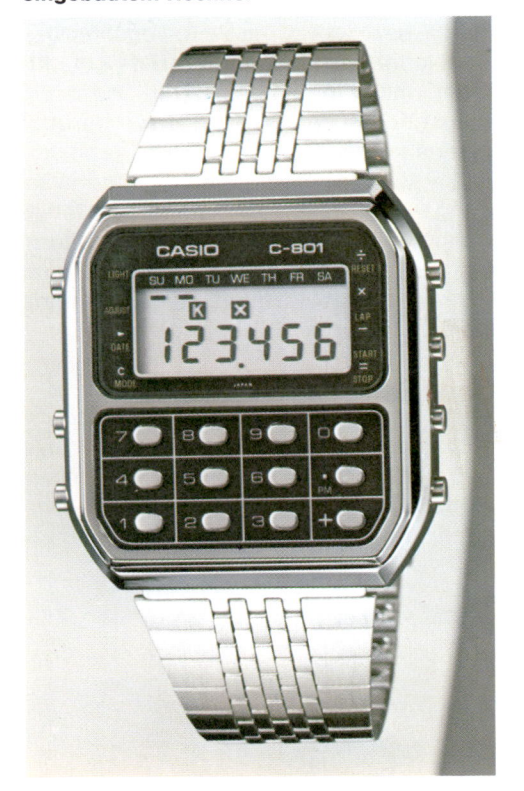

einen niedrigen Leistungsbedarf aus (nur einige Millionstel Watt pro Quadratzentimeter angesteuerte Fläche).

Leber

Mit einem Gewicht von ca. 1,5 kg stellt die Leber die größte **Drüse** des Körpers dar. Sie liegt zu ca. ¾ im rechten Oberbauch unter dem Zwerchfell, der kleinere Anteil erstreckt sich bis in den linken Oberbauch. Ihre Farbe ist braunrot. Normalerweise ist sie weich und kann von außen nicht getastet werden. Erst durch krankhafte Veränderungen kann sie hart und vergrößert sein und ist dann zu tasten. Die Leber enthält zahlreiche venöse *Blutgefäße*; Leberrisse (z. B. nach Unfällen oder heftigen Schlägen in den Oberbauch) führen zu schweren Blutungen und u. U. zum Tode. An der Leberpforte treten Pfortader und Leberarterie in die Leber ein, der Gallengang tritt hier aus und transportiert die in der Leber gebildete **Galle** zur *Gallenblase*. Die Leber hat zahlreiche Funktionen. Sie speichert **Eiweiß** und **Kohlenhydrate** und spielt eine wesentliche Rolle beim Stickstoffumsatz im Körper und da-

Legierung

mit bei der Bildung von *Harnstoff* und *Harnsäure* (**Ausscheidung**). Sie bildet Substanzen, die bei der *Blutgerinnung* wichtig sind. Ferner übt sie eine entscheidende Schutzfunktion für den **Organismus** aus; denn alle aus der Darmflüssigkeit aufgesaugten Substanzen gelangen über Lymphgefäße in die Pfortader und somit in die Leber. Hier wird das so genannte Darmblut kontrolliert und entgiftet. Deshalb führen dauernde Vergiftungen (z. B. Alkoholmissbrauch) über die Nahrungsaufnahme zu Leberschädigungen (u. a. *Leberzirrhose*).

Legierung

Durch Zusammenschmelzen verschiedener **Metalle** entstehen Legierungen, die besondere, von den Einzelmetallen abweichende Eigenschaften aufweisen. So kann man beispielsweise Härte oder **Elastizität** erzielen. Wichtige Legierungen sind *Stahl* (**Eisen** mit *Chrom* oder *Nickel*) und *Messing* (*Kupfer* mit *Zink*). Legierungen können auch nicht metallische Bestandteile enthalten.

Leistung

Leistung ist eine *physikalische Größe*. Sie misst vor allem die Arbeit von **Maschinen**, die in einer Zeiteinheit geleistet und in *Watt* (W) angegeben wird; bisher war im Bereich der Technik die Einheit *Pferdestärken* (PS) für die Angabe der Leistung gebräuchlich. Die elektrische Leistung bei *Gleichstrom* ist das Produkt aus *Stromstärke* und *Spannung*.

Leitfähigkeit

Die Fähigkeit eines Stoffes, **elektrischen Strom** oder Wärme zu leiten, bezeichnet man als Leitfähigkeit. Alle **Metalle** und Strom leitende Kohlearten sind gute Leiter der **Elektrizität**. **Baumwolle**, **Glas**, **Kunststoff**, Porzellan u. a. leiten Strom nicht. Man nennt sie Nichtleiter oder *Isolatoren*. Stoffe unterscheiden sich auch hinsichtlich ihrer Wärmeleitfähigkeit: Metalle sind sehr gute, die Luft und alle anderen Gase besonders schlechte Wärmeleiter.

Leuchtgas

Eine andere Bezeichnung für Leuchtgas ist *Stadtgas*. Es wird durch Entgasung von Steinkohle gewonnen und als brennbares **Gas** für Heizung und Beleuchtung verwendet. Das gebrauchsfertige Leuchtgas, dem oft noch Generator- oder Wassergas beigemischt wird, speichert man in Gasbehältern, in denen es auf einen bestimmten **Druck** gebracht wird. Stadt- oder Leuchtgas enthält folgende brennbare Stoffe: etwa 50% **Wasserstoff**, 20–30% *Methan*, 7% **Kohlenmonoxid** und 3,5% schwere *Kohlenwasserstoffe*. Das Stadtgas muss entgiftet werden. Dies geschieht – ohne dass es an Heizwert verliert – durch die Umwandlung des hoch giftigen **Kohlenmonoxids zu Kohlendioxid**. Durch die überraschend großen Erdgasfunde geht man mehr und mehr dazu über, ungiftiges **Erdgas**, das zudem noch einen höheren Heizwert hat, zu verwenden.

Leuchtturm

Der Leuchtturm ist ein weithin sichtbares *Seezeichen*, das in der Schifffahrt eine wichtige Orientierungshilfe darstellt. Er befindet sich z. B. auf Felsenriffen, Inseln, an gefahrvollen Untiefen oder Küstenstrichen, an denen sich häufig Nebelbänke festsetzen. Am Tag ist er an seinem für Seezeichen speziellen Anstrich erkennbar (z. B. rot-weiß gestreift, *Leuchtfarbe*). Bei Nacht strahlt er ein starkes Leuchtfeuer mit einer bestimmten Kennung (Leuchtfeuer-Funksignal) aus. Darüber hinaus ist er mit Funkanlagen, Nebelsignalen sowie Einrichtungen für Sturmwarnung und Seenotdienst ausgestattet. Schon im Altertum war der Leuchtturm bekannt. Berühmt wurde der Leuchtturm Pharos vor dem Hafen von Alexandria (260 v. Chr.), der 120 m hoch war.

Leukämie

Leukämie ist ein Sammelbegriff für alle Erkrankungen, die mit der deutlichen Vermehrung der weißen *Blutkörperchen* (*Anämie*) im **Blut** einhergehen. Man unterscheidet: 1. Die chronische myeloische Leukämie. Als Ursache gilt eine Störung der Bildung von Blutkörperchen im **Knochenmark**. Dabei haben die Knochenmarkszellen eine starke Neigung zu wuchern, wovon insbesondere die weißen Blutkörperchen (*Leukozyten*) betroffen sind. In der Folge kommt es zu einem ausgeprägten Mangel an roten Blutkörperchen und außerdem zu einer schmerzlosen Vergrößerung von Leber und Milz. Vorwiegend tritt diese Erkrankung zwischen dem 25. und dem 45. Lebensjahr auf. Diese Form der Leukämie wird zu den bösartigen gezählt, die Krankheit läuft in Schüben mit fortwährender Verschlechterung ab. 2. Die chronische lymphatische Leukämie. Hier kommt es zu einer starken Vermehrung der lymphatischen Zellen, der *Lymphozyten*. Im späteren Verlauf tritt ein Mangel an roten Blutkörperchen auf. Am ganzen Körper schwellen die **Lymphknoten** an; es kommt zu Verhärtungen und Juckreiz auf der Haut. Männer im Alter zwischen 40 und 70 Jahren erkranken doppelt so häufig wie Frauen. Für diese Form der Krankheit gibt es heute verhältnismäßig gute Behandlungsmöglichkeiten. Die Hauptgefahr besteht in bakteriellen **Infektionen**, da die Abwehrkraft des **Organismus** gestört ist. 3. Die akute Leukämie. Hier entsprechen die Blutbildveränderungen denen der chronischen Formen; allerdings ist der Krankheitsverlauf sehr viel rascher und bösartiger. Fieber, Blutungen, Müdigkeit und allgemeine Abwehrschwäche des Körpers treten auf. Die akute Leukämie zählt zu den gefährlichsten Erkrankungen überhaupt. Sie

Das elektromagnetische Spektrum umfasst Strahlungen der unterschiedlichsten Wellenlängen; es reicht (v. r. n. l.) von der extrem langwelligen Radiostrahlung über die Infrarotstrahlung und das sichtbare Licht (gelb gezeichnet) bis zur Ultraviolettstrahlung, Röntgenstrahlung und extrem kurzwelligen Gammastrahlung. Infrarot- und Ultraviolettstrahlung sind für uns nicht sichtbar; die irdische Atmosphäre ist im wesentlichen nur für das sichtbare Licht und Teile der Radiostrahlung durchlässig

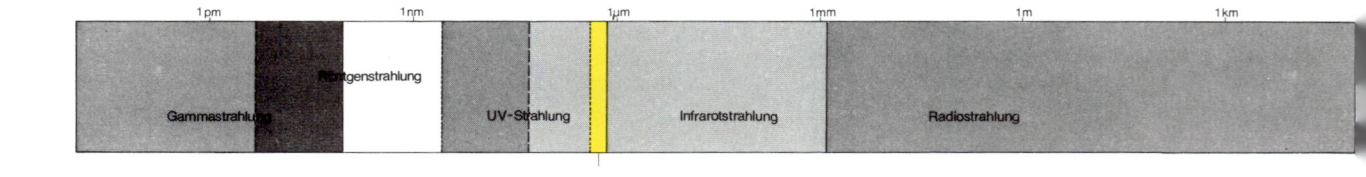

stellt einen außerordentlich bösartigen *Blutkrebs* dar. Sie befällt vorwiegend Männer ab dem 50. Lebensjahr. Auch bei intensiver Behandlung bestehen nur geringe Überlebenschancen.

Licht

Das Licht ist eine besondere Form von Strahlungsenergie, die wir mit den Augen wahrnehmen können. (**Röntgenstrahlen, Infrarot-** und **ultraviolette Strahlung** z. B. sind für uns nicht sichtbar.) Lichtstrahlen breiten sich nach allen Seiten mit der *Lichtgeschwindigkeit* von 300 000 km/s aus, sie sind elektromagnetische **Schwingungen**, die von einer Lichtquelle ausgesandt werden, z. B. von der **Sonne**, einem **Feuer** oder einem elektrischen Funken. Manche Körper lassen Licht ungehindert durch (z. B. farbloses Glas). Nebel oder Mattglas lassen Licht durchscheinen, Holz oder Metalle sind lichtundurchlässig. Trifft Licht auf einen undurchsichtigen Stoff, wird es entweder in eine bestimmte Richtung gespiegelt wie beim Spiegel – diese Erscheinung heißt **Reflexion** – oder nach allen Richtungen zerstreut *(Lichtstreuung)*. Es kann aber auch von einem Stoff aufgesaugt werden (**Absorption**). Wenn Licht von einem durchsichtigen Körper in einen anderen übertritt, wird der Lichtstrahl gebrochen.

Linse

Linsen sind Körper aus durchsichtigem Material, z. B. aus **Glas** oder **Kunststoff**. Es gibt *Sammel-* oder *Konvexlinsen*, die in der Mitte dicker als am Rande sind. Sie bewirken das Zusammenlaufen der Lichtstrahlen. *Zerstreuungs-* oder *Konkavlinsen* sind in der Mitte dünner als am Rand und bewirken, wie schon ihr Name sagt, ein Auseinanderlaufen der Strahlen. Die Gerade, die man durch die Krümmungsmittelpunkte der Linse legen kann, heißt **Achse**. Alle parallel auf die Linse auffallenden Strahlen vereinigen sich im Brennpunkt, dessen Entfernung von der Linsenmitte man **Brennweite** nennt. Linsen werden für Brillen, **Mikroskope**, **Fernrohre** und in der **Fotografie** (**Objektiv**) gebraucht.

Lokomotive

Lokomotiven sind Zugmaschinen, die auf **Gleisen** (**Eisenbahn**) Güter- oder Personenwagen ziehen. Die meisten Lokomotiven in Deutschland sind Elektrolokomotiven, während **Diesellokomotiven** weit weniger häufig sind und **Dampflokomotiven** fast völlig verschwunden sind. Eine mittelschwere Elektrolokomotive leistet etwa 3700 kW (5000 PS) und besitzt pro Achse einen Fahrmotor, in der Regel also vier **Motoren**. Die hohen **Drehzahlen** der Elektromotoren werden durch **Getriebe** herabgesetzt. Gespeist werden die Motoren durch die Oberleitung, in deren Fahrdraht ein Wechselstrom von 15 000 Volt fließt (elektrische Spannung). Die Drehzahl der Motoren kann mit Hilfe eines Reglers auf 28 verschiedene Fahrstufen festgelegt werden, wobei der Regler einen großen **Transformator** steuert. Elektrolokomotiven beschleunigen weit schneller als Diesel- oder Dampflokomotiven. Gebremst wird die Lokomotive durch elektrische

Die parallelen Lichtstrahlen treffen durch verschieden geformte Linsen (a–e) in verschiedenen Brennpunkten zusammen. Von einer Lichtquelle (f) aus wird das Licht durch eine Linse parallel gerichtet

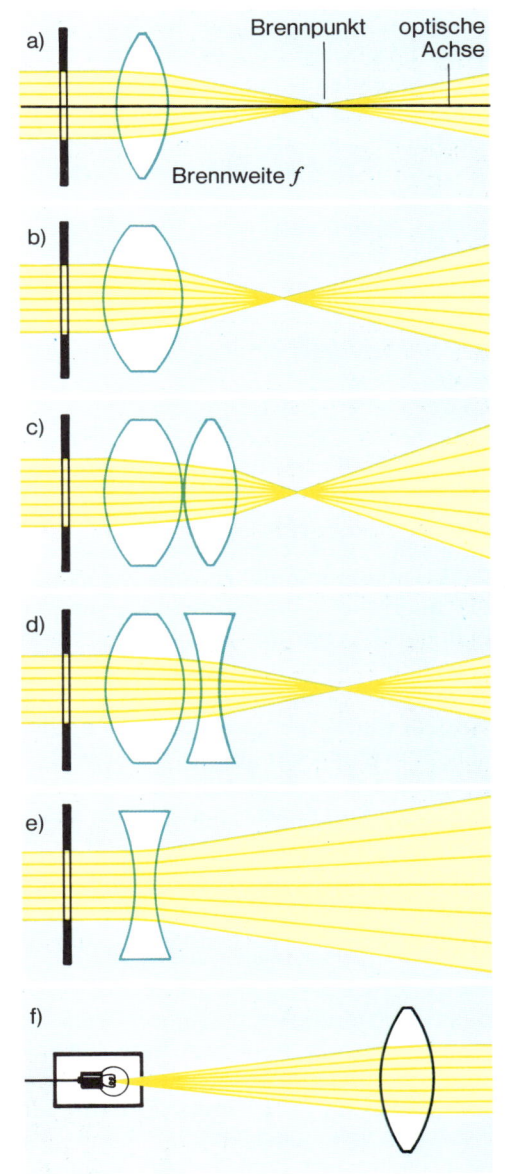

Ein etwa 160 km hohes Polarlicht über Kanada. Polarlichter entstehen durch das Zusammenwirken der Teilchenstrahlung der Sonne und des Magnetfeldes der Erde

Löss

Bremsen. Die Motoren arbeiten dabei als **Generatoren**, deren Strom ins Leitungsnetz eingespeist wird. Wenn der Lokführer die Fahrkurbel loslässt, reagiert ein Elektromagnet, der die Bremsen auslöst und die Motoren abschaltet. Die induktive Zugbeeinflussung sorgt dafür, dass der Zug beim Überfahren eines Haltesignals zwangsgebremst wird. Es gibt auch diesel-elektrische Lokomotiven: Ein Dieselmotor treibt Generatoren an, die den Strom für den Elektroantrieb erzeugen; das erspart den Ausbau der Strecke mit Oberleitungen.

Löss

Löss nennt man ein lockeres, leicht zerreibbares **Gestein** von gelber Farbe. Löss ist nichts anderes als in Jahrtausenden vom Wind verwehter Flugstaub. Die Bildung von Löss kann noch heute in China beobachtet werden. Lössschichten erreichen im allgemeinen eine Dicke (Mächtigkeit) von ungefähr 10 m. Eine Ausnahme macht China; dort gibt es Lössschichten, die bis zu 400 m dick sind. Aufgrund seiner guten Wasserhaltigkeit ist dieser Boden meist von hoher *Fruchtbarkeit*. Größere Lössschichten, die auch von Wasser angeschwemmt werden können, gibt es in Deutschland am Kaiserstuhl und in Rheinhessen.

Luft

Die Luft ist ein Gemisch aus verschiedenen **Gasen**. Sie besteht zu rund 21 % aus **Sauerstoff**, zu rund 78 % aus **Stickstoff**, zu etwa 1 % aus **Edelgasen** und aus 0,03 % **Kohlendioxid**. Sowohl Menschen als auch Tiere und Pflanzen brauchen Luft. Luft hat ein Gewicht. Sie lässt sich zusammendrücken, ist aber bestrebt, sich immer wieder auszudehnen. Sie beansprucht wie alle anderen Gase einen bestimmten Raum. Ein „leeres" Gefäß enthält Luft. Will man es füllen, muss sie entweichen können. Luft ist – physikalisch gesehen – ebenso ein **Körper** wie fester Stein oder flüssiges Wasser.

Luftdruck

Als Luftdruck bezeichnet man den durch das *Gewicht* der Luft erzeugten **Druck**. Er wurde erstmals 1644 von dem italienischen Wissenschaftler *Evangelista Torricelli* (1608–1647) registriert. Er nahm ein Röhrchen voll Quecksilber, drehte es um und steckte es in eine Schale mit **Quecksilber**. Das Quecksilber im Rohr lief nicht aus, da die Luft über der Schale auf das Quecksilber in der Schale drückte (**Barometer**). Der Druck der Luft hängt von der Höhe ab, in der er gemessen wird. Je höher man also auf die Berge steigt, um so geringer ist der Druck der Luft (je 15 m Höhenunterschied beträgt die Druckabnahme ca. 1 Millibar). Der Luftdruck verändert sich aber auch von Ort zu Ort und von Stunde zu Stunde. Er ist damit ausschlaggebend für unser **Wetter**. Die Luftdruckmessung wiederum ist wichtig für die Wettervorhersage. Die Wetterbeobachter kennzeichnen alle Stationen mit dem gleichen Druck durch eine Linie. Diese Linien heißen **Isobaren**. Das Wetter wird von **Hochdruck-** und **Tiefdruckgebieten** bestimmt. Der Druck wird in *Bar* bzw. *Millibar* gemessen.

Bundesbahn-Lokomotive der Baureihe E 120

Die aus dem Fußball in das Glas geleitete Luft drückt den Stopfen aus dem Gefäß

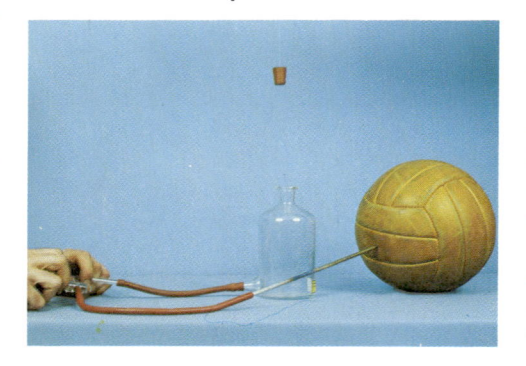

Luftkissenfahrzeug

Luftkissenfahrzeuge oder Bodeneffektfahrzeuge, englisch *Hovercraft* genannt, sind bis zu 300 t schwere, 50 m lange und 18 m breite Fahrzeuge, die von einem Luftpolster ca. 30 bis 60 cm über dem Boden oder über einer Wasserfläche in Schwebe gehalten werden. Die von turbinengetriebenen (**Strahltriebwerk**) Gebläsen erzeugte **Druckluft** tritt durch einen ringförmigen Spalt um den ovalen Bootskörper aus und hebt das Fahrzeug hoch. Die Vorwärtsbewegung, die weit mehr Energie erfordert, wird durch Schubdüsen oder **Propeller** erzeugt. Selbst bei 2–3 m hohen Wellen kann ein Luftkissenfahrzeug, wie es auf dem Ärmelkanal als Fähre nach Großbritannien eingesetzt wird, 416 Passagiere und 60 Autos mit einer Geschwindigkeit von 100 km/h über den Kanal befördern.

Luftspiegelung

Als Luftspiegelung wird eine Erscheinung in der **Atmosphäre** bezeichnet. Sie entsteht, wenn sich Lichtstrahlen in Luftschichten mit wechselnder **Dichte**, wie sie sich z. B. über stark erhitzten oder abgekühlten Ebenen (z. B. Wüsten) bilden, brechen. Diese Luftspiegelung wird auch als *Fata Morgana* bezeichnet und ist häufig in der **Wüste** zu erleben (**Halluzination**). Ebenso zeigen sich Luftspiegelungen auf erwärmten Straßen, an sonnenbestrahlten Mauern und über dem Wasser.

Lurche

Luftkissenfahrzeug

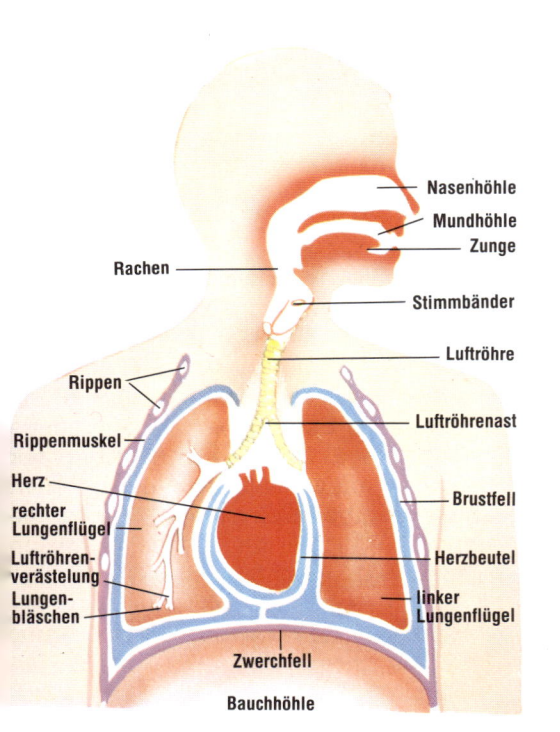

Lunge und obere Atemwege
- Nasenhöhle
- Mundhöhle
- Zunge
- Rachen
- Stimmbänder
- Luftröhre
- Rippen
- Luftröhrenast
- Rippenmuskel
- Herz
- Brustfell
- rechter Lungenflügel
- Herzbeutel
- Luftröhrenverästelung
- linker Lungenflügel
- Lungenbläschen
- Zwerchfell
- Bauchhöhle

Bei dieser Fata Morgana in der ägyptischen Sandwüste ist vor den Felsen ein See zu sehen

Lunge

Die Lunge gliedert sich in einen rechten und einen linken Lungenflügel. Der rechte besteht aus drei Lappen und ist insgesamt etwas größer als der aus zwei Lappen bestehende linke Flügel (weil links im Brustkorb noch das **Herz** Platz finden muss). Die Lunge setzt sich aus unendlich vielen winzigen Bläschen zusammen, die an den Enden der kleinsten Luftröhrenäste sitzen und sich infolge ihrer **Elastizität** erweitern oder verkleinern können, je nachdem, ob Luft in sie einströmt oder aus ihnen wieder entweicht. Die hauchdünnen Wände dieser *Lungenbläschen* sind von einem engmaschigen Netz winziger Blutgefäße, den so genannten **Kapillaren**, ausgekleidet. Hier findet der Gasaustausch statt: **Hämoglobin** (Farbstoff der roten Blutkörperchen) nimmt **Sauerstoff** auf und gibt **Kohlendioxid** ab (**Atmung**). Die Lungen sind nach allen Seiten hin frei beweglich, nur an der Lungenwurzel (hier treten die großen *Bronchien* und großen Blutgefäße in die Lunge ein) sind sie gewissermaßen befestigt. Die Farbe der Lunge kann je nach Gehalt an färbenden Fremdstoffen (Staub, Kohle u. a.) rötlich bis schwarz sein. Normalerweise kann die Lunge zwischen 2 bis 5 l Luft fassen. Bei der Ausatmung entleert sie sich jedoch nie völlig, es bleibt stets eine Restmenge, die Restluft, in ihr zurück.

Lungenkreislauf

Der Lungenkreislauf beginnt mit der *Lungenarterie*, die der rechten *Herzkammer* entspringt. Unmittelbar danach teilt sie sich in je eine linke und eine rechte Pulmonalarterie für die rechte und die linke Lunge. In der Lunge selbst teilen sich die großen Arterien weiter auf bis hin zu den kleinsten Haargefäßen, die sich dann wieder zu größeren Gefäßen zusammenschließen. Endgültig werden vier Lungenvenen, zwei von jedem Lungenflügel, gebildet, die dann in den linken *Herzvorhof* münden. Die Funktion des Lungenkreislaufs ist der Gasaustausch, die **Atmung**.

Lurche

Die Lurche besaßen als erste Tiere ein *Rückgrat* (wechselwarme **Wirbeltiere**). Zu ihnen gehören die seltenen Blindwühler, die *Schwanzlurche* (Wassermolch und Salamander) und die *Froschlurche* (Kröten und **Frösche**). Ursprünglich lebten diese Tiere im Wasser und kamen vor et-

Lymphe

wa 400 Mill. Jahren an Land. Hier bevorzugen sie feuchte Stellen. Um ihre Eier abzulegen (**Laich**), kehren sie zum Wasser zurück. Sie sind also sowohl Wasser- als auch Landbewohner (**Amphibien**). Die **Larven** der Frösche (*Kaulquappen*) atmen durch **Kiemen** und haben einen Ruderschwanz, während die ausgewachsenen Frösche Luft atmen und den Schwanz verlieren (**Metamorphose**). Lurche fressen Würmer, **Insekten** und Schnecken, größere auch **Vögel**, Mäuse und **Fische**.

Lymphe

Die Lymphe ist eine hellgelbe Flüssigkeit, die sich aus Lymphplasma und Lymphzellen zusammensetzt, die im wesentlichen so genannte kleine *Lymphozyten* (**Blut**) sind. Die Lymphflüssigkeit entsteht durch Austritt von Blutplasma durch die Gefäßwand ins **Gewebe** und wird daher auch manchmal als *Gewebeflüssigkeit* bezeichnet. Sie fließt in winzigen Gewebsspalten und sammelt sich in besonderen Gefäßen, den *Lymphgefäßen*. In das Lymphgefäßsystem sind die **Lymphknoten** zwischengeschaltet. Diese vereinigen sich zu immer größeren Gefäßen zuletzt im *Brustlymphgang (Milchbrustgang)*, der schließlich im Brustraum in das Venensystem mündet. Dadurch gelangt die Lymphflüssigkeit wieder ins Blutgefäßsystem. Die *Lymphströmung* hängt von verschiedenen Wirkungsfaktoren ab, die Strömungsgeschwindigkeit ist geringer als die des Blutes. Im Laufe eines Tages gelangen 1,5–2,5 l Lymphe über das Lymphgefäßsystem ins Blut. (**Blutkreislauf**)

Lymphknoten

Die Lymphknoten sind kleine erbsen- bis haselnussgroße Organe, die in das Lymphgefäßsystem zwischengeschaltet sind und wesentliche Funktionen als **Filter** für verschiedene Schadstoffe haben. Ferner werden in ihnen die *Lymphozyten* und die Körperschutzstoffe gebildet, die Krankheitserreger abwehren oder vernichten.

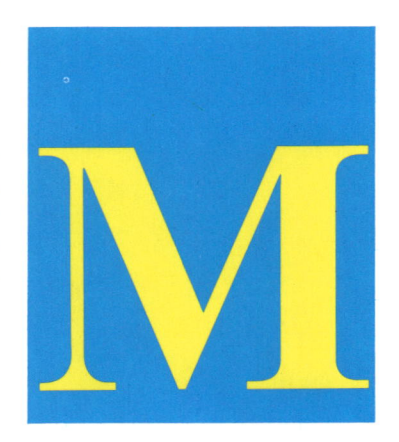

M

Magen

Der Magen stellt den größten Abschnitt des *Verdauungstraktes* dar. Sein Fassungsvermögen ist je nach Alter, individueller Beschaffenheit, Essgewohnheiten u. a. unterschiedlich. Es liegt jedoch im Durchschnitt zwischen 1,8 und 2,5 l. Am Anfang und am Ende des Magens befindet sich je eine Engstelle. Am Magenmund mündet die **Speiseröhre** in den Magen. Dieser Übergang ist besonders geformt, so dass normalerweise ein Rückfluss des Nahrungsbreis in die Speiseröhre verhindert wird. Am Magenende befindet sich der Magenpförtner. Ein kräftiger Ringmuskel entlässt den Nahrungsbrei aus dem Magen nur in bestimmten Portionen und nach entsprechender Verdauung in den ersten Dünndarmabschnitt, den *Zwölffingerdarm* (**Darm**). Andererseits verhindert er den Rückfluss von Nahrungsbrei. Der Magen ist mit *Schleimhaut* ausgekleidet. In seinem ersten Drittel findet man vorwiegend

Schematische Darstellung des menschlichen Magens

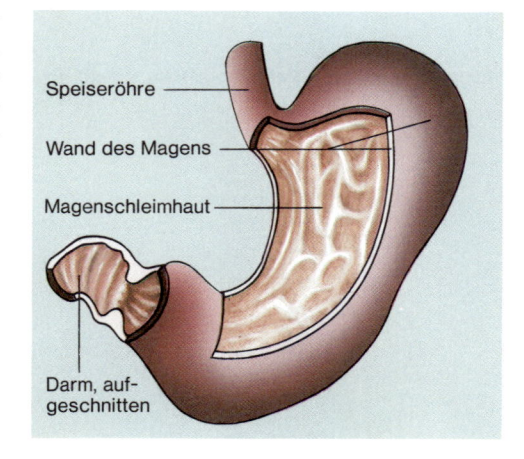

Schleim produzierende **Drüsen** in der Magenwand, während im mittleren Drittel jene Drüsen liegen, die für den **Magensaft** charakteristische Substanzen, nämlich Pepsin und Salzsäure, absondern. Sekretproduktion, Eigenbewegung und Magenentleerung werden über verschiedene Mechanismen gesteuert, auch durch das vegetative **Nervensystem**. Dabei führt die Reizung des so genannten Vagus zu einer Vermehrung der Sekretion, die Reizung des *Sympathikus* zu einer Verminderung. Die in den Magen gelangende Nahrung ist, nach entsprechendem Kauen und Durchmischen mit **Speichel**, teils flüssig, teils fest. Hier wird sie nun intensiv mit Magensaft vermengt. Dabei kommt es vor allem zur **Verdauung** von **Eiweiß**.

Magma

Die flüssige, glühende Masse im Inneren der **Erde** wird Magma genannt. Hitze und Druck im Erdinneren (beides nimmt mit wachsender Tiefe zu) schmelzen die Sedimentgesteine der *Erdrinde* zum Teil auf, dabei entsteht das Magma (Gesteinsschmelze). Dieses wird unter gewaltigem Druck nach oben gepresst. Hier dringt es entweder in die Gesteine der *Erdkruste* ein, erstarrt (*Intrusion*) und bildet so *magmatische Gesteine* aus, z.B. **Granit**, oder es sprengt sich einen Schlot durch die Erdrinde und ergießt sich an der Oberfläche als **Lava** und vulkanische Asche. Alle **Gesteine** entstammen letztlich der einst schmelzflüssigen Erdkruste, deren ursprüngliche Oberfläche freilich nirgends mehr zutage liegt. Die unmittelbar aus dem Magma verfestigten Steine werden *Erstarrungsgesteine* genannt.

Magnesium

Magnesium ist ein **chemisches Element** mit dem chemischen Zeichen Mg. Sein Schmelzpunkt liegt bei 650 °C, sein Siedepunkt bei 1107 °C. Magnesium gehört zu den Leichtmetallen und findet sich in der Natur in Magnesiummineralien, wie z. B. in Magnesit, Dolomit, Talk, Serpentin, **Asbest** u. a. Magnesium wird durch **Elektrolyse** von geschmolzenem Karnallit (einem Kalisalz aus Kaliumchlorid, Magnesiumchlorid und Wasser) gewonnen. Es ist silberweiß glänzend. Es lässt sich feilen, hämmern und walzen und verbrennt mit strahlend weißem Licht (Magnesiumlicht) zu Magnesiumoxid. Magnesium findet beim *Blitzlicht* und bei der Herstellung von Leichtmetall-**Legierungen** Anwendung.

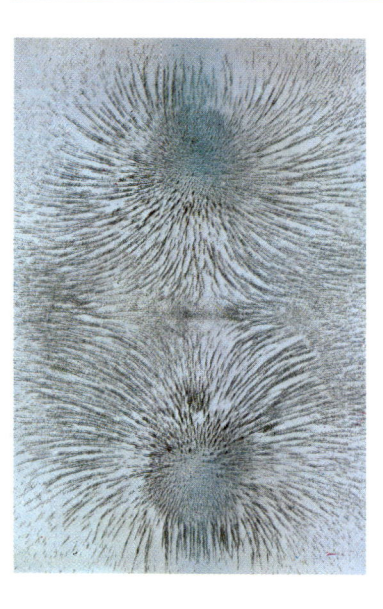

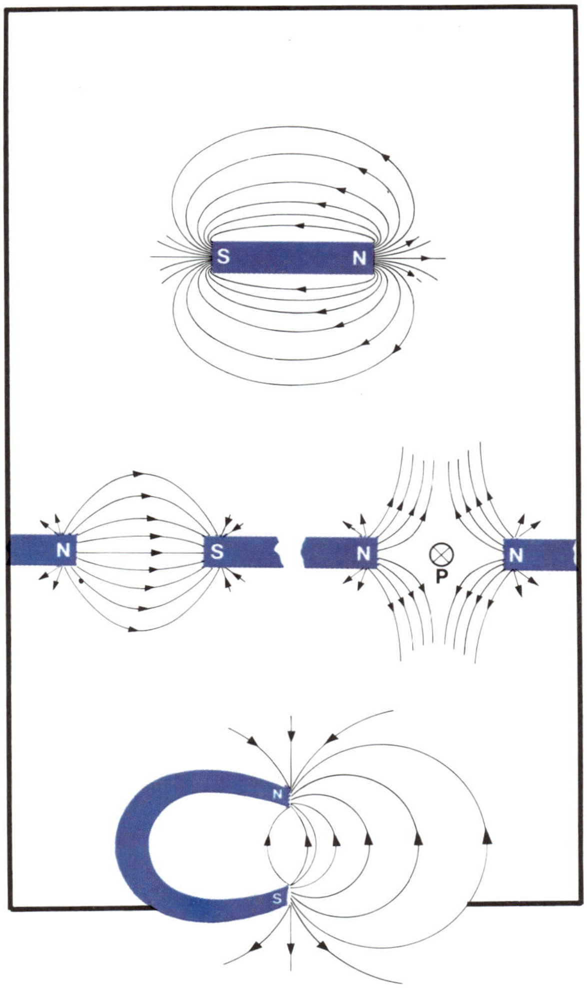

Magnetismus

Magnet

Eisenerzstücke, die Körper aus **Eisen**, *Nickel* oder *Kobalt* anziehen, nennt man natürliche Magnete. Die Bezeichnung rührt daher, dass solche Erzbrocken vor mehr als 2500 Jahren in der Nähe der Stadt Magnesia in Kleinasien gefunden worden sein sollen. Wird ein Magnet in Eisenfeilspäne getaucht, so bleiben vor allem an seinen Enden so genannte „Bärte" aus Eisenspänen hängen. Diese Stellen mit der stärksten Magnetwirkung nennt man *Magnetpole*. Wird ein Magnetstab frei beweglich aufgehängt, stellt er sich in Nord-Süd-Richtung ein – der Pol, der nach Norden zeigt, heißt *Nordpol*, der, der nach Süden zeigt, *Südpol*. Nähert man zwei Magnete mit ihren Polen einander, ist eine Kraftwirkung zu beobachten. Gleiche Magnetpole stoßen einander ab, ungleiche ziehen einander an. Teilt man einen Magneten immer wieder, erhält man stets von neuem vollständige Magnete. Die winzigen Bereiche, die ebenfalls vollständige Magnete sind, werden als *Elementarmagnete* bezeichnet.

Magnetismus

Magnete ziehen **Eisen**, Eisenverbindungen und einige Metallgemische stark an. Nickel und Kobalt werden nur schwach, alle anderen Stoffe überhaupt nicht angezogen. Die stärkste Wirkung geht von den Enden eines Magneten aus, man nennt sie **Pole**. Die vom Magneten ausgehende Anziehung wird magnetische Kraft, die Erscheinung Magnetismus genannt. Magnete sind von einem *Magnetfeld* umgeben. Mit Eisenspänen kann man die Kraftfeldlinien sichtbar machen. Durch Magnetisieren werden kleinste Teilchen eines Körpers, die wir uns als Elementarmagnete vorstellen, so geordnet, dass dieser zum Magneten wird. Der frei bewegliche Magnet kommt so zur Ruhe, dass immer ein Pol in die Nordrichtung zeigt. Man nennt ihn deswegen *Nordpol*. Das nach Süden zeigende Ende heißt *Südpol*. (Auch unsere Erde ist ein Magnet.) Nach diesem Prinzip arbeitet z. B. die Nadel in

Kräftelinien in verschiedenen Magnetfeldern (rechts). Ungleiche Pole ziehen sich an, gleiche Pole stoßen sich ab. Am Punkt P herrscht ein kräftefreies Feld. Mit Hilfe von Eisenfeilspänen lassen sich die Kraftlinien eines magnetischen Feldes gut sichtbar machen (Bild oben)

Die Magnetpole der Erde sind nicht identisch mit den geographischen Polen. Der magnetische Nordpol liegt in der Nähe der Prince-of-Wales-Insel im polaren Kanada, der magnetische Südpol am Rande der Antarktis

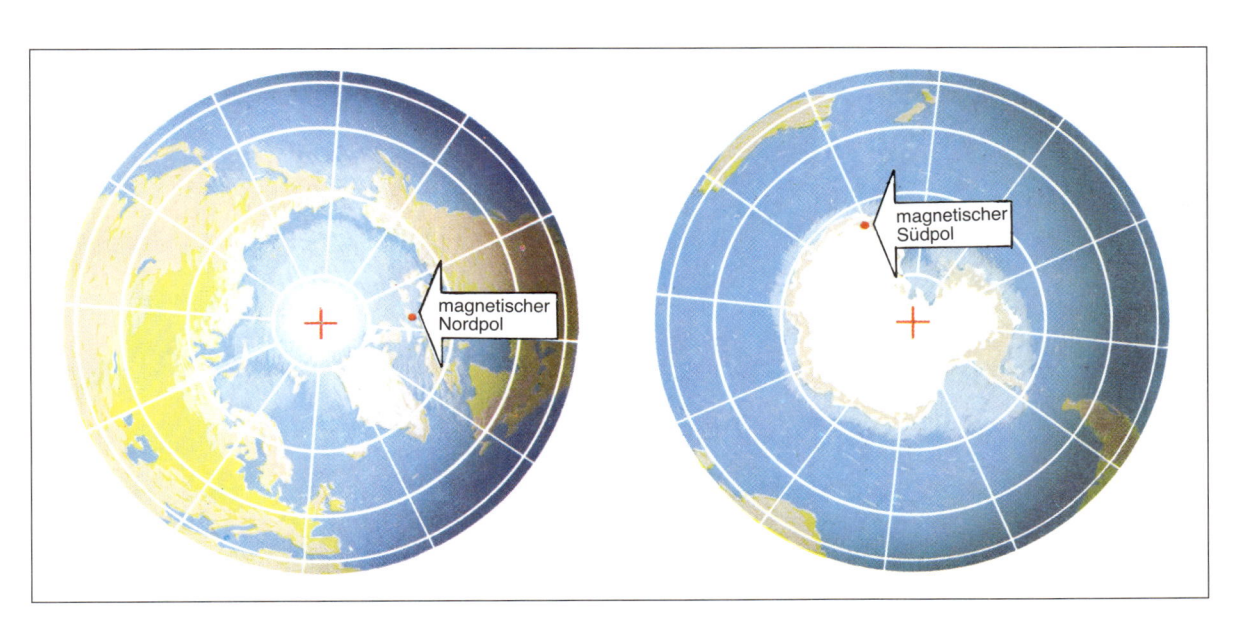

Magnetschwebebahn

einem **Kompass**. Ungleiche Magnetpole (Nord- und Südpol) ziehen einander an, gleiche (Nord- und Nordpol bzw. Süd- und Südpol) stoßen einander ab. Auch von **elektrischem Strom** kann eine magnetische Wirkung ausgehen. Das Magnetfeld einer stromdurchflossenen *Spule* ordnet die Elementarmagnete im Eisenkern. Dieser wirkt nun selbst wie ein Magnet. Magnete finden vielfache Verwendung in der **Technik**, so z. B. in **Lautsprechern, Mikrofonen** und **Telefonen**.

Magnetschwebebahn

Die Magnetschwebebahn schwebt auf einem elektrisch erzeugten Magnetkissen, so dass der Verlust durch **Reibung** minimal gehalten werden kann und sie eine Geschwindigkeit von 400 km/h unter wirtschaftlichen Bedingungen erreichen kann. Das Projekt befindet sich noch in der Versuchsphase.

Magnetschwebebahn Transrapid auf der Versuchsstrecke im Emsland

Mais

Mais ist ein Getreidegras (**Gräser**), dessen ursprüngliches Anbaugebiet in den Anden lag und das jetzt über die ganze Erde verbreitet ist. Mais wird bis zu 2,50 m hoch. Die weiblichen Blüten sind die von Blättern umhüllten *Kolben*, an denen in Längsreihen Fruchtknoten (Körner) angeordnet sind. An der Spitze des Kolbens treten die so genannten Maisgriffel oder -haare hervor. Die männlichen Blüten sind *Rispen*. Man unterscheidet den *Futtermais* (Grünfuttermais) von dem für den Menschen z. B. als Salat oder in Form von Mehl oder Grieß genießbaren Mais.

Malaria

Malaria, auch Sumpfwechsel- oder kaltes Fieber genannt, ist eine Infektionskrankheit, die insbesondere in den **Tropen** auftritt, die aber auch schon in einigen europäischen Regionen beobachtet wurde. Die Malariaerreger wurden 1880 entdeckt. Die Krankheit wird durch den Stich der weiblichen *Anophelesmücke* übertragen. Darüber hinaus ist auch eine Ansteckung durch Blutübertragung von einem Kranken auf einen Gesunden möglich. Die **Inkubationszeit** beträgt 10–30 Tage. Dann treten Kopfschmerzen, Müdigkeit und leichtes **Fieber** auf. Die Hauptphase der Krankheit ist charakterisiert von Fieberanfällen mit Schüttelfrost und Hitzewallungen. Die *Milz* schwillt an, es kommt zu Blutarmut. Bei bösartigen Verlaufsformen treten blutige Durchfälle, Krämpfe, Lähmungen und Bewusstlosigkeit auf. Zur Vorbeugung gegen und zur Behandlung von Malaria diente früher reines **Chinin**. Heute gibt man Resochin, Chloroquin und Plasmochin.

Mammut

Das Mammut ist eine ausgestorbene Art von **Elefanten**, die im Eiszeitalter (**Eiszeit**) in Europa, Nordasien und Nordamerika verbreitet war. Im tief gefrorenen Boden Sibiriens fand man nahezu vollständig erhaltene Tiere. Das Mammut, ein Herdentier, war wesentlich größer als der Elefant und behaart. Die geschwungenen Stoßzähne mit einer Länge bis zu 5 m und die Mammutknochen wurden in der *Altsteinzeit* zur Errichtung von Behausungen und für Werkzeuge verwendet.

Mars

Wir zählen den Mars zu den so genannten äußeren **Planeten**. Er ist 228 Mill. km von der **Sonne** entfernt und ändert seinen Abstand von der Erde im Bereich zwischen 55 und 377 Mill. km. Sein Durchmesser wird mit 6900 km angegeben. Er bewegt sich mit 24 km in der Sekunde um die

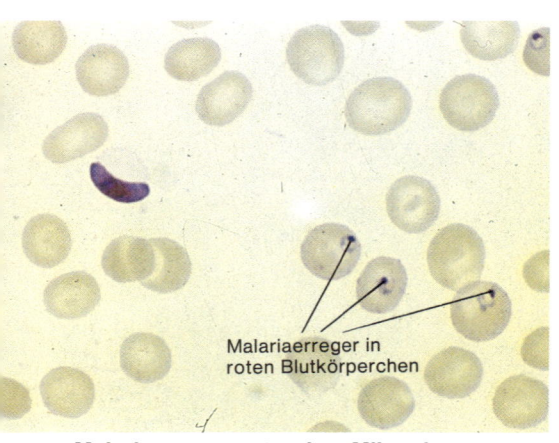

Malariaerreger unter dem Mikroskop

Mais wird heute in allen gemäßigten Klimazonen der Erde angebaut

Maßeinheiten

Sonne. Die Marsoberfläche gleicht einer Kraterlandschaft mit deutlichen Spuren von Vulkanismus. Amerikanische Raumsonden mit dem Namen „Mariner" liefern seit 1965 zahlreiche Bilder von der Marsoberfläche. 1976 landete die **Sonde** „Viking I" weich auf dem Mars, lieferte Fotos und begann mit der Untersuchung von Bodenproben. Man wollte vor allem wissen, ob es Leben auf diesem Planeten gibt. Bisher haben die Forschungen aber keinen Hinweis auf die Existenz von Organismen erbracht. Die Erforschung des Mars wird intensiv weiter betrieben.

Maschine

Maschinen sind mechanische Einrichtungen, die in der Regel dem Menschen große Teile der körperlichen Arbeit abnehmen oder Bewegungsenergie aus anderer **Energie**, z. B., aus **Dampf** (**Dampfmaschine**), **Elektrizität** (**Elektromotor, Generator**) oder **Erdöl** (**Verbrennungsmotor**) gewinnen. Als einfache Maschinen bezeichnet man in der **Physik** Vorrichtungen, mit deren Einsatz man unter geringem Aufwand an **Kraft** schwere Lasten relativ leicht bewegen kann, wobei allerdings der Kraftweg größer sein muss als der Lastweg (**Hebel, Flaschenzug,** schiefe Ebene).

Masse

Masse ist eine Grundeigenschaft der **Materie**, eine physikalische Eigenschaft jedes **Körpers** und daher eine der Grundgrößen der **Physik**. Sie kann sich auf zweierlei Art äußern: als Widerstand, den der Körper einem Beschleunigen oder Abbremsen entgegensetzt (träge Masse); oder, infolge der Anziehungskraft, als die Fähigkeit, einen anderen Körper anzuziehen oder von ihm angezogen zu werden (schwere Masse). Da träge Masse und schwere Masse in einem konstanten Verhältnis zueinander stehen, kann man sie einander gleichsetzen. Die Masse wird in Kilogramm (kg) gemessen.

Maßeinheiten

Festgelegte Vergleichsgrößen zur Bestimmung physikalischer Größen nennt man Maßeinheiten. Zur Messung einer bestimmten Größe (z. B. einer Zeitdauer von 10 Sekunden) gehört die Angabe der Maßzahl (10) und der verwendeten Maßeinheit (s). Die heute üblichen Basiseinheiten (SI-Einheiten) wurden vor einigen Jahren nach zahlreichen Veränderungen international gültig. Es sind dies: für die Länge der Meter (m), für die Masse das Kilogramm (kg), für die Zeit die Sekunde (s), für die Stromstärke das Ampere (A), für die Temperatur das Kelvin (K), für die Lichtstärke die Candela (cd) und für die Stoffmenge das Mol (mol). Von diesen Basiseinheiten sind alle Untereinheiten (z. B. für Geschwindigkeit m/s) abgeleitet. Aus ihnen (z. B. Meter) entstehen auch, meist durch die Kopplung mit Vorsatzsilben (z. B. Kilo), neue Einheiten (Kilometer). Die gebräuchlichsten Vorsatzsilben sind:

Vorsatzsilbe	Abkürzung	Wertigkeit
Tera	T	das Billionenfache (10^{12})
Giga	G	das Milliardenfache (10^9)
Mega	M	das Millionenfache (10^6)
Kilo	k	das Tausendfache (10^3)
Hekto	h	das Hundertfache (10^2)
Deka	da	das Zehnfache (10^1)
Dezi	d	das Zehntel (10^{-1})
Zenti	c	das Hundertstel (10^{-2})
Milli	m	das Tausendstel (10^{-3})
Mikro	μ	das Millionstel (10^{-6})
Nano	n	das Milliardstel (10^{-9})

Beispiel für die in Klammern angegebene Kurzformel der Wertigkeit bezogen auf die Basiseinheit Meter: 1000 m = 10^3 m (das Tausendfache der Basiseinheit) oder 1 cm = 10^{-2} m (das Hundertstel der Basiseinheit).
(Weitere Tabelle S. 180)

Ein fast vollständig erhaltenes Mammut, das im Eis Sibiriens gefunden wurde

Die Oberfläche des Mars zeigt eine rötlichgelbe Farbe (rechts) und eine dem Mond sehr ähnliche Kraterlandschaft (ganz rechts; Aufnahme der Raumsonde „Mariner")

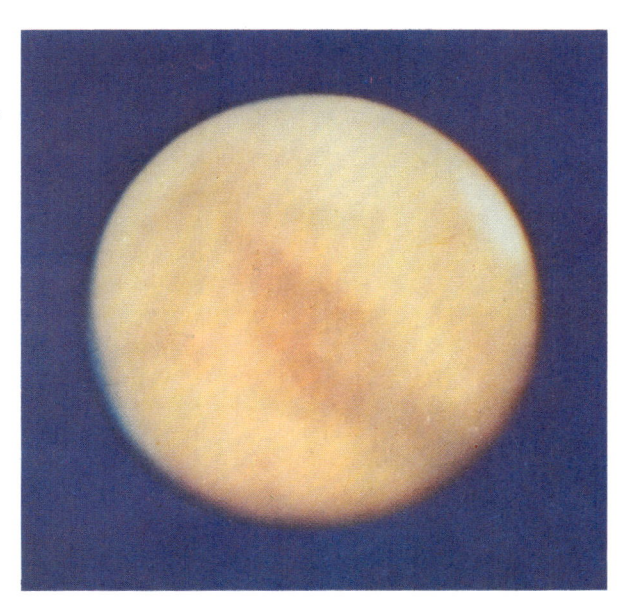

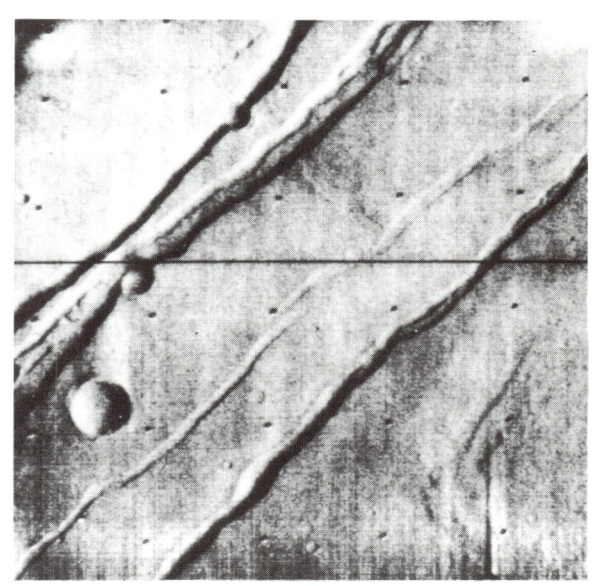

Maßeinheiten

Längenmaße

Mikrometer	μm	1 μm = 1 000 nm (Nanometer)
Millimeter	mm	1 mm = 1 000 μm
Zentimeter	cm	1 cm = 10 mm
Dezimeter	dm	1 dm = 10 cm
Meter	m	1 m = 10 dm = 100 cm
Kilometer	km	1 km = 1 000 m

Flächenmaße

Quadratzentimeter	cm²	1 cm² = 100 mm²
Quadratdezimeter	dm²	1 dm² = 100 cm²
Quadratmeter	m²	1 m² = 100 dm² = 10 000 cm²
Ar	a	1 a = 100 m²
Hektar	ha	1 ha = 100 a
Quadratkilometer	km²	1 km² = 100 ha

Hohlmaße

Zentiliter	cl	1 cl = 10 ml
Deziliter	dl	1 dl = 10 cl
Liter	l	1 l = 10 dl
Hektoliter	hl	1 hl = 100 l

Gewichte

Gramm	g	1 g = 1 000 mg (Milligramm)
Kilogramm	kg	1 kg = 1 000 g
Zentner	Ztr.	1 Ztr. = 50 kg
Doppelzentner (Dezitonne)	dz dt	1 dz = 1 dt = 100 kg
Tonne	t	1 t = 1 000 kg = 10 dz

Frequenz

Grundeinheit: 1 Hertz (Hz) = 1 Schwingung je Sekunde. Häufig verwendete Ableitungen:
1 Kilohertz (kHz) = 10^3 Hz
1 Megahertz (MHz) = 10^6 Hz
1 Gigahertz (GHz) = 10^9 Hz

Elektrizität

Grundeinheit: 1 Ampere (A); Einheit der Stromstärke. Davon abgeleitete wichtige Einheiten:

Größe	Einheit	Kurzz.	Beziehung
Spannung	1 Volt	V	1 V = 1 W/A
Leitwert	1 Siemens	S	1 S = 1 A/V
Widerstand	1 Ohm	Ω	1 Ω = 1 V/A
Elektrizitätsmenge	1 Coulomb	C	1 C = 1 As
Kapazität	1 Farad	F	1 F = 1 C/V
Magnet. Fluss	1 Weber	Wb	1 Wb = 1 Vs
Magnet. Flussdichte	1 Tesla	T	1 T = 1 Wb/m²
Induktivität	1 Henry	H	1 H = 1 Wb/A

Leistung

Grundeinheit: 1 Watt (W) = Leistung, bei der während 1 s die Energie 1 J umgesetzt wird.
Wichtigste Ableitungen:
1 Kilowatt (kW) = 1 000 W, 1 Megawatt (MW) = 1 000 000 W.
Eine veraltete Einheit ist die Pferdestärke (PS); 1 PS = 736 W.

Zeit

Grundeinheit: 1 Sekunde (s oder sec); weitere Einheiten:

	d	h	min	s
1 Jahr (a)	365	–	–	–
1 Tag (d)	1	24	1 440	86 400
1 Stunde (h)	–	1	60	3 600
1 Minute (min)	–	–	1	60
1 Sekunde (s)	–	–	–	1

Temperatur

Grundeinheit: 1 Kelvin (K); ohne Gradbezeichnung. Die K.-Skala beginnt beim absoluten Nullpunkt:
0 K = –273,16 °C. Weitere zulässige Einheit ist 1 Grad Celsius (°C); Einteilung der Skala in 100° zwischen Gefrierpunkt (0 °C) und Siedepunkt (100 °C) des Wassers.

Raummaße

Kubikzentimeter	cm³	1 cm³ = 1 000 mm³
Kubikdezimeter	dm³	1 dm³ = 1 000 cm³
Kubikmeter	m³	1 m³ = 1 000 dm³
Bruttoregistertonne[1]	BRT	1 BRT = 2,831 m³
Nettoregistertonne[2]	NRT	1 NRT = 2,831 m³

[1] Maßeinheit für den gesamten Raum eines Schiffes, der für Mannschaft, Ladung, Ausrüstung und Passagiere zur Verfügung steht.
[2] Maßeinheit für den Rauminhalt eines Schiffes, der nach Abzug der Räume für Brennstoff, Maschinen usw. für Passagiere und Ladung wirklich noch verfügbar ist.

Energie, Arbeit, Wärmemenge

Grundeinheit: 1 Joule (J) = 1 Wattsekunde (Ws) = 1 Newtonmeter (Nm) = Arbeit, die verrichtet wird, wenn der Angriffspunkt der Kraft 1 N in Richtung der Kraft um 1 m verschoben wird.
Eine veraltete Einheit ist Kalorie (cal.).

Geschwindigkeit

Grundeinheit: 1 Meter/Sekunde (m/s) = der in 1 s zurückgelegte Weg von 1 m.
Wichtigste Ableitung:
1 Kilometer/Stunde (km/h) = $\frac{3}{3,6}$ m/s = 0,2778 m/s.

Kraft, Gewichtskraft

Grundeinheit: 1 Newton (N) = Kraft, die einem Körper der Masse 1 kg die Beschleunigung 1 m/s² gibt.
Wichtigste Ableitung:
1 Kilonewton (kN) = 10^3 N
Veraltete Einheit ist Pond (p). Ableitungen.

Druck

Grundeinheit: 1 Pascal (Pa) = 1 N/m² = mit der Kraft 1 N auf eine Fläche von 1 m² senkrecht wirkender Druck. Wichtige Untereinheiten:
1 Bar (bar) = 10^5 Pa, 1 Millibar (mbar) = 10^2 Pa.
Veraltete Einheiten sind Technische Atmosphäre (at), Physikal. Atmosphäre (atm).

Maßstab

Ein Maßstab ist ein Längenmessgerät, z. B. ein Lineal. Maßstab kann aber auch das Maßverhältnis von Strecken auf **Karten** und Plänen in Hinblick auf ihre wirkliche Größe bedeuten. Auf einer Karte mit dem Maßstab 1:100 000 entspricht also 1 cm auf der Karte 100 000 cm in der freien Natur, was 1 km entspricht. Man kann also mit Hilfe des Maßstabes auf Karten Entfernungen ausrechnen.

Materie

Die **Physik** bezeichnet alles, was in der **Natur** vorkommt und **Masse** besitzt, als Materie. Materie kann gasförmig, flüssig oder fest sein. Außerdem kann sie zerstrahlen, d. h. in *Strahlungsenergie* übergehen (**Radioaktivität**), aber auch umgekehrt aus Strahlung entstehen.

Mathematik

Die Mathematik ist die Wissenschaft von den *Zahlen* und *Figuren*. Sie untersucht die gegenseitigen Beziehungen zwischen diesen Größen und erforscht die von den Gegenständen abgetrennten Beziehungsgefüge. In der Praxis unterscheidet man die „*reine Mathematik*", die wieder in Algebra, Zahlentheorie, Analysis, Geometrie, Topologie, Mengenlehre und Grundlagenforschung unterteilt ist, sowie die „*angewandte Mathematik*". Letztere benutzt die Ergebnisse der reinen Mathematik, um die Zusammenhänge zwischen den Dingen zu erläutern und sie z. B. in der **Physik**, der **Astronomie**, der **Chemie** usw. nutzbringend anzuwenden.

Mäuse

Mäuse stammen aus der Ordnung der **Säugetiere** und sind eine Familie der **Nagetiere**. Neben den Echten Mäusen (Hausmaus, Ährenmaus und Waldmaus), zu denen auch die eigentlichen **Ratten** gehören, zählen dazu auch die Wühlmäuse. Mäuse vermehren sich rasch. Drei- bis viermal im Jahr bringen sie bis zu zwölf Junge zur Welt.

Mechanik

Die Mechanik ist der älteste und auch heute noch mit der bedeutendste Zweig der **Physik**. Die Mechanik untersucht die *Bewegung* der **Körper** unter dem Einfluss von **Kräften**. Solch eine Bewegung erfolgt

Mensch

entsprechend den Gesetzen der **Dynamik**. Bewegt sich der Körper trotz äußerer Krafteinwirkung nicht, fällt dies in den Bereich der *Statik*. Die *Kinetik* befasst sich mit der bloßen Beschreibung von Bewegungen; die Kräfte, die sie verursachen, bleiben dabei unberücksichtigt. Alle genannten Begriffe sind Unterbegriffe aus dem Bereich der Mechanik. Für das Messen dieser mechanischen Bewegungen gibt es **Maßeinheiten** und besondere Messverfahren. Zur Bewältigung mechanischer **Arbeit** baute der Mensch **Maschinen**, die durch **Energie** angetrieben werden müssen. Ein uralter Traum des Menschen ist es immer gewesen, eine Maschine zu konstruieren, die ohne Energiezuführung arbeitet; man nannte das ein „Perpetuum mobile", also ein Gerät, das sich immerfort von selbst bewegt. Das aber ist nach den Gesetzen der Physik unmöglich.

Meer

Die **Erde** ist zu einem weitaus größeren Teil von Wasser- als von Landflächen bedeckt. Die großen Wasserflächen nennt man Meere. Sie nehmen ungefähr 71 % der Erdoberfläche ein – das sind etwa 360 Mill. km². Das größte Meer ist der Atlantische Ozean, der von Nord- und Südamerika sowie von Europa und Afrika begrenzt wird. Der Pazifische oder auch Stille Ozean, dessen Grenzen zwischen Nord- und Südamerika, Australien, Asien und der Antarktis liegen, bedeckt etwa ein Drittel der Erdoberfläche. Der Indische Ozean liegt zwischen Australien, der Antarktis, Südasien und Afrika und ist das kleinste der drei Weltmeere. Als größte Tiefen hat man im Atlantischen Ozean den so genannten Puerto-Rico-Graben mit über 9000 m, im Pazifischen Ozean den Philippinengraben mit über 10 000 m und im Indischen Ozean den Sundagraben mit über 7000 m gemessen.
Randmeere sind teilweise vom freien Ozean getrennt (z. B. die Nordsee). Von Landmassen umschlossene Meere heißen *Binnenmeere* (z. B. das Schwarze Meer). An den Rändern sind die Meere ziemlich flach, weil dort die *Kontinentalschelfe* hineinragen, die am *Kontinentalsockel* abfallen.

Meeresströmungen

Die Strömungen – auch *Driften* genannt – in den Meeren werden durch **Wind** (*Passate*, **Monsune**), Erddrehung und Unterschiede in der **Dichte** des **Wassers** hervorgerufen. Kaltes, salziges Wasser ist zum Beispiel dichter und schwerer als wärmeres und als Süßwasser. Die Richtung der Strömungen weicht infolge der Erdumdrehung auf der Nordhalbkugel nach rechts, auf der Südhalbkugel nach links von der Richtung des Windes ab. Sie sind, je nach Ursprungsgebiet, warm oder kalt. Das kalte Wasser sinkt deshalb ab und fließt unter dem weniger dichten Wasser. Die so entstehenden Strömungen haben großen Einfluss auf das **Klima**. Es kann durchaus vorkommen, dass Strömungen warmes Wasser in Gebiete bringen, die normalerweise zugefroren sein müssten. Viele norwegische Seehäfen z. B. sind durch den warmen *Golfstrom* eisfrei.

Feldmaus

Melanin

Melanin ist ein braunschwarzes **Pigment**. Auf diese Substanz ist die Färbung von **Haut** und **Haaren** zurückzuführen.

Membran

Eine Membran ist ein flächenhafter Körper, ein dünner Stoff, der nur am Rand eingespannt ist und entweder dort oder auch durchgehend elastisch ist. Sie findet Verwendung beim Bau von Druckmessern und Drucklauferhitzern sowie in der Elektroakustik. Sie hat entweder die Form eines dünnen Metallblechs oder, wie bei **Telefonen, Mikrofonen** und **Lautsprechern**, eines kegelförmigen Trichters aus Papier. Bei Pflanzen werden die *Zellwände*, bei Tieren und Menschen sehr dünne Häute *(Trommelfell)* Membrane genannt.

Mensch

Der Mensch, wie er heute auf der Erde lebt, lässt sich durch eindeutige Skelettfunde bis in die Eiszeit zurück nachweisen. Er ist das höchstentwickelte *Säuge-*

Das Meer – hier an der Nordküste Cornwalls, nahe der Südwestspitze Englands – hat außer für den Fischfang zunehmende Bedeutung für den Fremdenverkehr

Menschenaffen

tier und gehört der Familie der Klasse der **Primaten** *(Herrentiere)* bzw. der Familie der „*Menschenartigen*" *(Hominidae)* an. Schon zu Anbeginn seines Auftretens lassen sich verschiedene Rassen erkennen. Man schließt daraus, daß der Mensch eine lange Entwicklungszeit durchgemacht hat. Der so genannte *Homo sapiens* (d. h. der vernunftbegabte Mensch) ist vermutlich in Asien entstanden. Aus physischer und geistiger Notwendigkeit heraus ist der Mensch ein Gemeinschaftswesen. Vom Tier unterscheidet er sich durch Glauben, Gewissen, schöpferisches Handeln und Denken. Dies alles ist an die Sprache gebunden, durch die sich der Mensch mitteilt. Im Gegensatz zum Tier vermag er seine **Umwelt** nach eigenen Ideen zu gestalten (das Tier ist an eine artspezifische Umwelt gebunden). Dazu befähigen ihn drei Merkmale, die in dieser Vollkommenheit nur dem Menschen eigen sind: der aufrechte Gang, die Greifhand und das leistungsfähige **Gehirn**. Der Mensch ist das einzige Lebewesen auf der Erde, das sich dauernd aufrecht auf seinen Beinen bewegt. Das ermöglicht ihm der Bau seines **Skeletts**. Im Gegensatz zu anderen Lebewesen ruht sein ganzes Gewicht auf seinen beiden Beinen. Die Vordergliedmaßen, die Arme, hängen frei beweglich herab. Die Eingeweide des Menschen (sein *Bauch*) liegen in dem schüsselförmigen Becken (beim Hund z. B. hängt der Bauch an der Wirbelsäule). Da der Mensch aufrecht geht, braucht er seine Vordergliedmaßen nicht zur Fortbewegung, er kann sie für andere Zwecke benutzen. Am Ende der Arme befinden sich äußerst bewegliche Glieder, die Fingerhände. Sie gestatten ein vielfältiges Greifen und Festhalten. Aufgrund seines aufrechten Ganges und mit Hilfe seiner Greifhand ist der Mensch in der Lage, *Werkzeuge* zu benutzen. Die Entwicklung von Werkzeugen und Geräten wäre jedoch ohne das leistungsfähige Gehirn des Menschen nicht möglich gewesen. Die meisten Vorgänge im Körper des Menschen werden vom Gehirn gesteuert. Damit kann der Mensch in Zusammenhängen (systematisch) sowie vorausschauend (planerisch) denken. Das Gedachte gibt er mittels der Sprache wieder.
(**Adern, Bauchspeicheldrüse, Blut, Darm, Drüse, Fuß, Galle, Gehirn, Gelenk, Geschlechtsorgane, Haar, Hand, Haut, Herz, Hormone, Kehlkopf, Leber, Lunge, Lymphe, Magen, Mund, Muskel, Rippenfell, Sinnesorgane, Skelett, Zahn, Zentralnervensystem**)

Ein Orang-Utan-Weibchen mit seinem Jungen

Menschenaffen

Die Menschenaffen (lat. Pongidae), eine Familie der **Affen**, gehören zu den *Menschenartigen* (Hominidae) und sind die nächsten Verwandten des **Menschen** im Tierreich. Menschenaffen und Mensch haben aber lediglich gemeinsame Vorfahren, der Mensch stammt also nicht vom Menschenaffen ab. Eine gewisse Ähnlichkeit besteht im Körperbau, so z. B. in der angedeutet S-förmigen Wirbelsäule, der Zehen- und Fingerglieder, der nackten Haut der Handflächen und Fußsohlen. Zu den Menschenaffen gehören der *Schimpanse*, der *Gorilla* (in West- und Zentralafrika beheimatet) und der *Orang-Utan*, der auf Borneo und Sumatra lebt. Kennzeichnend sind die langen Arme (die Beine sind wesentlich kürzer) und die Greiffüße mit den entgegenstellbaren großen Zehen, die die Menschenaffen als Baumkletterer ausweisen. Sie sind vorwiegend Pflanzenfresser.

Menschenrassen

Rund 6 Milliarden Menschen leben heute auf der Erde. Sie alle gehören der einen **Art** Menschen an, unterscheiden sich aber im Aussehen voneinander. Man teilt sie von alters her ganz grob nach der *Hautfarbe* (als auffälligstem Rassenmerkmal) in drei Rassen ein: in die europäische Rasse (weiß), die afrikanische Rasse (schwarz) und die asiatische Rasse (gelb). Man nennt sie auch die Europiden, die Negriden und die Mongoliden.

Menstruation

Als Menstruation (auch *Periode* oder *Regel*) bezeichnet man die regelmäßig auftretende Blutung aus der **Gebärmutter** der Frau während ihrer Geschlechtsreife im Alter von etwa 13 bis 50 Jahren. Dabei werden die Gebärmutterschleimhaut und das unbefruchtet gebliebene **Ei** abgestoßen. Die Menstruation dauert 3–6 Tage. Der Abstand zwischen zwei Blutungen (*Zyklus*) beträgt 25–31 Tage.

Meridian

In der **Geografie** ist ein Meridian ein *Längenkreis*, d. h. jeder von **Pol** zu Pol reichende und senkrecht auf dem **Äquator** stehende Halbkreis. Die magnetischen Meridiane verlaufen durch die erdmagnetischen Pole und geben an jedem Ort die magnetische Nord-Süd-Richtung an. In der **Astronomie** wird der *Mittagskreis*, der größte Kreis am Himmel, Meridian genannt. Er steht senkrecht auf dem **Horizont** und schneidet ihn in Mitternachts- und Mittagspunkt.

Metalle

Etwa zwei Drittel aller **chemischen Elemente** sind Metalle, die folgende charakteristische Eigenschaften aufweisen: Sie glänzen stark (Metallglanz), reflektieren in hohem Maße, absorbieren **Licht** und besitzen eine gute **Leitfähigkeit** für Wärme und elektrischen Strom. Man teilt die Metalle ein in *Leichtmetalle* (z. B. **Magnesium, Aluminium**, Titan), niedrig schmelzende **Schwermetalle** (z. B. *Zink*, **Kadmium, Blei, Quecksilber**), hoch schmelzende Schwermetalle (z. B. **Eisen**, *Chrom, Kobalt, Nickel, Kupfer, Silber*, **Gold**, *Platin, Palladium*) und sehr hoch schmelzende Schwermetalle (z. B. *Wolfram, Tantal, Molybdän*). Darüber hinaus unterscheidet man noch unedle Metalle, Halbedelmetalle und **Edelmetalle**. Die unedlen reagieren mit dem **Sauerstoff** der Luft zu **Oxiden** und sind größtenteils säurelöslich. Das wichtigste Metall, das **Eisen**, wird vom **Rost** buchstäblich zerfressen.
Da Metalle nur selten in reiner Form vorkommen, müssen sie aufbereitet werden. Die Trennung der **Mineralien** vom nicht metallhaltigen Material (taubes Gestein) erfolgt mittels mechanisch-physikalischer Arbeitsweisen (**Akkumulator, Elektrolyse**). Die Schmelztemperaturen liegen zwischen −39 °C (Quecksilber) und 3380 °C (Wolfram).

Metamorphose

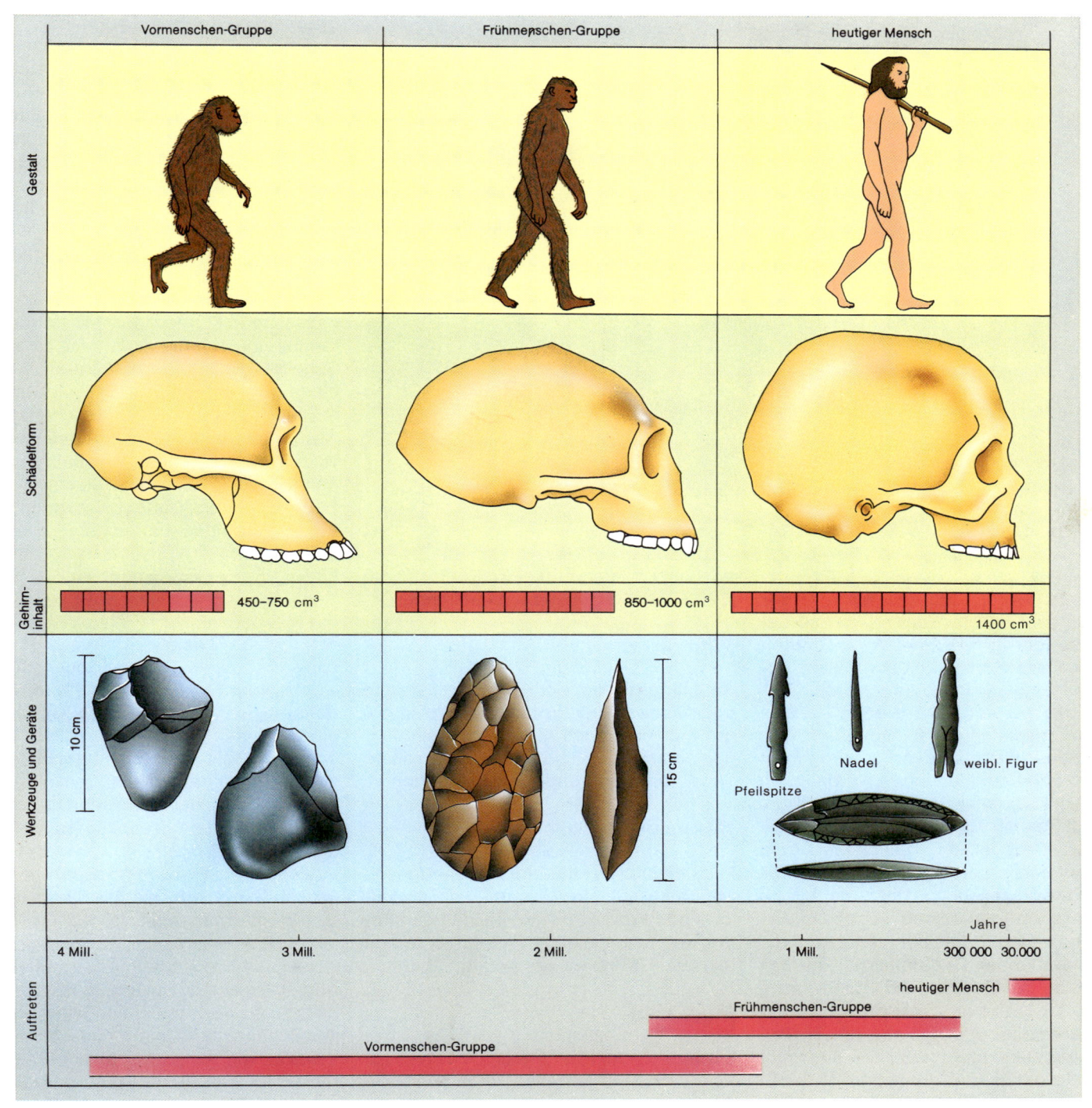

Die Entwicklung des Menschen

Metamorphose

Unter Metamorphose versteht man allgemein eine Verwandlung. In der Gesteinskunde (**Gesteine**) bedeutet es die Umwandlung eines Gesteins in ein anderes, metamorphes Gestein. Diese Umwandlung ist durch höhere **Temperatur** oder höheren **Druck** in der **Erdkruste** und durch die damit verbundenen chemischen Veränderungen des Mineralbestands bedingt. Zum Beispiel entsteht aus **Kalkstein** *Marmor*. In der Zoologie bezeichnet man als Metamorphose die Entwicklung vom **Ei** über das Larvenstadium (**Larve**) zum ausgewachsenen Tier, wobei sich das Frühstadium vom Endstadium wesentlich unterscheidet: so entwickelt sich aus dem Ei (Laichkorn) über die *Kaulquappe*, die durch **Kiemen** atmet, der **Frosch**, der Luft atmet (**Lurche**). Bei den **Insekten** unterscheidet man die vollkommene (Larve, *Puppe, Imago* = fertig entwickeltes Insekt) von der unvollkommenen Metamorphose, bei der das Puppenstadium fehlt. In der **Botanik** ist die Metamorphose die Umbildung bestimmter pflanzlicher Organe in Anpassung an die durch Lebensweise und **Umwelt** bedingte Funktion.

Meteorit

Der größte Meteoritenkrater der Erde mit einem Durchmesser von 1380 m liegt im Cañon Diablo (Arizona/USA)

Meteorit

Ein Meteorit ist ein Gesteinskörper, der nicht auf der Erde zu finden ist, sondern sich u. a. als Bruchstück von einem **Kometen** löst. Bei seinem sehr raschen Eintritt in die Erdatmosphäre erhitzt er sich so sehr, dass er glüht, und ist für uns als *Sternschnuppe* oder Feuerkugel zu sehen. Manche Meteoriten verdampfen nicht völlig, sondern fallen auf die Erde. Ein mittelgroßer Meteorit bohrt sich dabei bis zu 2 m tief in den Boden hinein. Große Meteoriten können Meteoritenkrater mit einem Durchmesser von über 1 km aufreißen. Alle übrigen bilden so genannten meteoritischen Staub, der ständig auf die Erde herabrieselt. Dadurch erhält sie täglich einen Massezuwachs von etwa 14 000 t. Man unterscheidet Eisen- und Steinmeteorite. In ihnen wurden **chemische Elemente** gefunden, die auch auf der Erde vorkommen. Einige der Meteoriten enthielten aber auch Reste von Organismen, die teils den im Wasser lebenden algenartigen *Einzellern* ähnlich sind, teils aber auch mit keinem Organismus auf der Erde verglichen werden können.

Meter

Der Meter ist die gesetzlich festgelegte **Maßeinheit** für die Länge. 1875 wurde der Meter als vierzigmillionster Teil des **Meridians**, der durch Paris geht, definiert. Gemäß der Neudefinition von 1983 ist 1 Meter jene Strecke, die ein Lichtstrahl im **Vakuum** während des Zeitraumes von 1/299 792 458 Sekunden durchläuft.

Mikroben

Als Mikroben bezeichnet man einzellige pflanzliche oder tierische Lebewesen, die nur mit Hilfe eines **Mikroskops** sichtbar gemacht werden können. Zu ihnen zählen **Viren, Bakterien** und einzellige **Algen**.

Mikroelektronik

Mikroelektronik nennt man das Teilgebiet der **Elektronik,** das sich mit der Entwicklung und Produktion von kleinen elektronischen Bauelementen, so genannten integrierten Schaltungen befaßt (**Chips**).

Mikrofon

Ein Mikrofon ist ein Gerät zur Umwandlung von **Schallwellen** in elektrische **Schwingungen**. Es arbeitet also umgekehrt wie der **Lautsprecher**. In einem Telefonhörer (**Telefon**) z. B. befindet sich ein Kohlemikrofon, in dem die Schallschwingungen unserer Sprache in elektrische Wechselspannungen umgeformt werden. Beim Sprechen wird die **Membran** im Verhältnis zu den auftreffenden Schallwellen zum Schwingen gebracht. Bei lautem Sprechen schwingt die Membran weiter vor und zurück als bei leisen Tönen. Eine tiefe Stimme lässt die Membran weit weniger schwingen als eine hohe Stimme. Die Lautstärke beeinflusst also die Schwingungsweite (**Amplitude**) der Membran, während die Schwingungszahl (**Frequenz**) durch die Tonhöhe verursacht wird. Durch diese Schwingungen werden feine Kohlekörner zusammengedrückt. Dadurch ändert sich der elektrische Widerstand, die Stärke des Gleichstroms wechselt, und diese Schwankungen entsprechen genau der Sprache; sie können durch Lautsprecher wieder hörbar gemacht werden. Es gibt mehrere Arten von Mikrofonen, so z. B. das für Musikübertragungen besonders geeignete elektrodynamische Mikrofon oder das Kondensatormikrofon für die Aufnahme in einem Schallplattenstudio. Der Frequenzbereich eines guten Mikrofons umfasst etwa die Frequenz von 30–20 000 Hz (Hertz), das menschliche **Ohr** vermag Frequenzen von 16–20 000 Hz zu hören. Kabellose Bühnenmikrofone sind mit einem kleinen Sender für drahtlose Übertragung zur Verstärkeranlage ausgestattet.

Mikroprozessor

Ein Mikroprozessor ist die aufs äußerste verkleinerte Ausführung eines Prozessors, d. h. eines Rechen- oder Steuerwerks einer Rechenanlage (**Datenverarbeitung**), der die Aufgaben einer Zentraleinheit eines Computers (**CPU**) übernimmt. Ein Mikroprozessor besteht aus einem oder mehreren etwa 25 mm^2 großen Halbleiterplättchen, auf denen jeweils 100 000–1 Million **Transistoren** untergebracht sind (**Chip**). Sein Hauptvorteil ist unter anderem die hohe Operationsgeschwindigkeit, d. h., die Zeit für das Erfassen, Vergleichen und Speichern eingegebener Daten usw. ist äußerst gering. Durch ihre Herstellung aus **integrierten Schaltungen** ist es möglich, große Stückzahlen billig zu produzieren. Seine Winzigkeit ermöglicht es, den Mikroprozessor für eine Vielzahl von Aufgaben einzusetzen: für Messaufgaben, für die Steuerung von **Maschinen** in **Industrie** und Haushalt und vor allem in der Datenverarbeitung. Mikroprozessoren haben in der Industrie bereits zu großen Veränderungen im Arbeitsbereich geführt. Arbeiten, die bisher noch weitgehend von Menschenhand verrichtet wurden, werden von elektronisch gesteuerten Maschinen (**Roboter**) ausgeführt. Zum Beispiel können Mikroprozessoren, eingebaut in die Schweißapparate oder Transportgreifer am Fließband, viele einfache, sich immer wiederholende Arbeitsvorgänge völlig selbständig bewältigen (**CAD/CAM**).

Mikroskop

Mikroskope sind Geräte, mit denen man Gegenstände, die mit dem bloßen **Auge** kaum oder gar nicht zu erkennen sind, sichtbar machen kann. Mit Hilfe des Mikroskops können Gegenstände bis zu tausendmal und mehr vergrößert werden. Das Mikroskop besteht meist aus zwei Linsensystemen. Dabei befindet sich eine **Linse** oder ein Linsensystem, das man **Objektiv** nennt, am unteren Ende des Gerätes. Am oberen Ende ist eine zweite Linse oder ein zweites Linsensystem eingebaut, das man *Okular* nennt. Das Bild wird zunächst vom **Objektiv** vergrößert. Das Okular vergrößert dieses bereits vergrößerte Bild noch einmal. Die Grenzen der mikroskopischen Vergrößerung lagen bisher bei etwa dreitausendmal. Durch *Elektronenmikroskope* können noch viel stärkere Vergrößerungen erzielt werden. Erfunden wurde das Mikroskop vermutlich 1590 von den beiden holländischen Optikern *Johann* und *Zacharias Jansen*.

Mikrowellen

Mikrowellen sind **elektromagnetische Wellen** mit einer Länge zwischen 1 mm und 10 cm, die in der Höchstfrequenztechnik (**Nachrichtentechnik**), in der Funknavigation (**Flugsicherung**) und als Hochfrequenzwärme zum Beispiel im *Mikrowellenherd* genutzt werden.

Milch

Allgemein bezeichnet man als Milch eine weiße, undurchsichtige Flüssigkeit, die in den *Milchdrüsen* des Menschen (*Brüste*) und der weiblichen **Säugetiere** (*Euter, Zitzen*) nach dem Gebären so lange abgesondert wird, wie dies zur Ernährung des Säuglings oder der Jungen nötig ist. Im Handel versteht man unter Milch nur die Kuhmilch. Sie wird im Euter der Kuh aus dem Blut in den Drüsenbläschen gebildet. Dann sammelt sie sich in feinen Kanälen, die sich zu Milchgängen vereinigen und fließt anschließend in die Zitzen, aus denen sie gesaugt oder gemolken wird. Milch setzt sich zusammen aus 84–90% **Wasser** und 10–16% Trockensubstanz, die sich wiederum in 2,8–4,5% **Fett**, 3,3–3,95% *Gesamteiweiß*, 3–5% *Milchzucker* und 0,7–0,8% **Salze** aufteilt. Der Nährwert der Milch steigt mit ihrem Gehalt an Fett. Der biologische Wert besteht im Gehalt an **Vitaminen**, Mineralsalzen, **Eiweiß**, Milchfett und Milchzucker.

Mimikry: Das Wandelnde Blatt, eine bis 9 cm große, in Südostasien verbreitete Gespenstheuschrecke, sieht einem Pflanzenblatt täuschend ähnlich

Milchstraße

Die verschiedenen **Körper** und Gebilde im **Weltall**, die sich alle von uns zu entfernen scheinen, bilden einzelne Milchstraßensysteme, auch *Galaxien* genannt, und diese ihrerseits ganze Milchstraßengesellschaften, die über 500 einzelne Milchstraßen umfassen. Zwar ist das System, zu dem unsere Milchstraße zählt, vergleichsweise klein, aber unsere Galaxis gehört zu den größeren der bekannten Sternensysteme; sie umfasst annähernd 100 Milliarden **Sterne**. Von außen und von der Kante her gesehen gleicht unsere Milchstraße einer flachen Scheibe mit einer dicken Sternwolke gegen die Mitte zu und um sie herum. In senkrechter Sicht sieht sie aus wie ein riesiges Feuerrad mit zahllosen spiralförmigen Speichen verschiedener Größe. In einer dieser Speichen liegt die Sonne, von der Mitte so weit entfernt, dass sie für einen vollen Umlauf um die Nabe des „Rades" etwa 200 Mill. Jahre braucht. Die Sterne der Milchstraße sind nicht gleichmäßig verteilt. Mit der Entfernung von der Hauptebene und ihrem zwiebelförmigen Kern nimmt ihre Dichte ab. Die den Kern bildenden Sterne sind dem Blick von der Erde aus durch ungeheure Wolken kosmischen Staubes entzogen und nicht ohne weiteres sichtbar. Richtet man aber von einem Standpunkt leicht außerhalb den Blick auf die Hauptebene, sieht man Sterne in größerer Tiefe und Zahl so verteilt, dass sie zu einem einzigen leuchtenden Band verschmelzen scheinen. Seit Jahrhunderten bezeichnet man dieses Lichtband als Milchstraße, und nach ihr wird auch das ganze System benannt.

Mimikry

Als Mimikry bezeichnet man die *Schutzanpassung* bei **Tieren**. Vor allem Insekten ohne Stachel oder Giftdrüse ahmen in Form und Farbe entweder wehrhafte Tiere nach oder gleichen ihr Aussehen Elementen aus der Umgebung (z. B. Blättern) so weit an, dass sie von ihren Feinden nicht mehr auszumachen sind.

Mine

Unter dem Begriff Mine versteht man zum einen ein Bergwerk (**Bergbau**), in dem eine erzhaltige Gesteinsader ausgebeutet wird (z. B. Goldmine), zum anderen ist damit das Schreibmaterial in Bleistiften (**Graphit**) oder Kugelschreibern gemeint. Mine kann aber auch eine Sprengladung in einem Metallbehälter bedeuten, die bei Berührung explodiert. Diese wird zur militärischen Abriegelung im Gelände oder auf See eingesetzt. Gegen feindliche Schiffe werden Seeminen eingesetzt, die teils im Wasser treiben, teils fest unter der Wasseroberfläche verankert sind. Diese Minen werden entweder durch Fernsteuerung oder magnetisch durch den Eisenrumpf des darüber fahrenden Schiffes gezündet.

Mineralien

Mineralien (auch *Minerale*) sind in der Natur vorkommende anorganische Stoffe von einheitlicher Zusammensetzung und vorwiegend fester, kristallisierter (**Kristalle**) Form. Flüssig sind **Quecksilber** und **Wasser**. Mineralien sind Bestandteile der **Erdkruste** und von **Meteoriten**. Man kennt über 2000 Arten. Sie kommen in **Gesteinen** verteilt vor, aber auch angereichert in **Lagerstätten** (z. B. **Erze**). Wichtige Mineralien sind z. B. die Elemente Silber, Kupfer, Schwefel. Die Lehre von den Mineralien ist die *Mineralogie*.

Mineralstoffe

Zu einer gesunden Ernährung gehören neben einer ausreichenden Menge an **Nährstoffen** und **Vitaminen** auch bestimmte Mineralstoffe, die für den menschlichen Körper lebensnotwendig sind. Dazu gehören Magnesium, **Phosphor**, **Kalzium** (Kalk), *Kalium, Natrium* und *Chlorid*, die man als *Mengenelemente* bezeichnet, weil der Organismus sie in größeren Mengen benötigt, und außerdem **Eisen**, *Jod, Fluorid* u. a., die so genannten

Mischpult

Spurenelemente. Von ihnen braucht der Körper nur geringe Mengen. All diese Mineralstoffe sind in den pflanzlichen und tierischen Nahrungsmitteln enthalten und werden dem Körper bei einer richtig zusammengesetzten Ernährung ausreichend zugeführt. Die notwendigen *alkalischen Substanzen* (Kalium, Kalzium, **Magnesium** und Natrium) sind besonders in grünem Gemüse und in Früchten sowie in **Milch** enthalten. Eine regelmäßige Zufuhr von Kalzium ist für den Knochenaufbau unbedingt notwendig. Es findet sich hauptsächlich in Milch und deren Produkten. Eisen ist für jede Form von Stoffwechselvorgängen unbedingt erforderlich. Außerdem stellt es einen der wichtigsten Bestandteile des roten Blutfarbstoffes (Hämoglobin) dar und wird für die Blutbildung sowie zur Bindung des eingeatmeten **Sauerstoffs** gebraucht. Viel Eisen enthalten Leber, Fleisch, Hülsenfrüchte sowie Spinat und andere Gemüse.

Mischpult

Das Mischpult ist ein elektrisches Gerät mit mehreren Anschlüssen (mehrere Eingänge und ein Ausgang) zum Mischen von **Tonfrequenzen**, die aus verschiedenen Geräten (**Tonbandgerät**, *Plattenspieler*, *Radio* und **Mikrofon**) stammen können. Es wird auch zur Untermalung von Sprachdarstellungen mit Musik verwendet. Im **Fernsehstudio** benutzt man es dazu, um die von verschiedenen **Kameras** eintreffenden Bilder ohne Störung in die Sendung einzublenden. Mithilfe des Mischpultes wird immer gerade die Kamera „auf Sendung" sein, deren Bilder für den Zuschauer im Moment die aussagekräftigsten sind.

Blick in die Tonregie eines Fernsehstudios, im Vordergrund das Mischpult

Moleküle haben einen komplizierten, dreidimensionalen Aufbau, wie dieses Enzym-Molekül

Modem

Ein Modem (engl. Abk. für MOdulator/DEModulator) ist ein Gerät, das es ermöglicht, **binär** codierte und somit **digitale** Informationen eines Computersystems über das **Telefon** oder andere Telekommunikationsnetze (*ISDN*) zu versenden. Dies geschieht durch Umwandlung der digitalen Informationen in verschiedene Typen von Tonsignalen, die dann vom Empfangsgerät zurückübersetzt werden können.

Modul

Modul ist im Bereich der **Elektronik** eine Baugruppe, die meist mehrere Aufgaben übernimmt und sie durch elektronische Schaltkreise ausführt. Module sind in der Regel leicht austauschbare Bausteine, die über Steckverbindungen mit anderen zusammengekoppelt werden. Ihre Bauweise ist deshalb sehr wartungsfreundlich und ermöglicht den leichten Ausbau eines Systems (Hinzufügen weiterer Module).

Mohn

Mohn ist eine Gattung der *Mohngewächse*. Wir kennen vor allem den kräftig roten Klatschmohn, der als Unkraut auf Feldern gedeiht. Die Blüten krönen lange Stiele, inmitten der dunklen Staubblätter befindet sich der Fruchtknoten, die Mohnkapsel (**Kapsel**). Aus dem Schlafmohn wird im Orient *Opium,* ein Rauschmittel, gewonnen, das auch als schmerzstillendes Arzneimittel Verwendung findet (**Morphium**).

Molekül

Ein Molekül ist das kleinste Teilchen einer **chemischen Verbindung**, das noch deren Eigenschaften aufweist. Es besteht aus **Atomen** und lässt sich durch chemische Reaktionen wieder in sie zerlegen. Man unterscheidet zwei Molekülarten: Die *Ionenmoleküle* setzen sich aus **Ionen** zusammen, die einander aufgrund entgegengesetzter elektrischer Ladung anziehen; die *Atommoleküle* werden durch die von den äußeren **Elektronen** ausgehenden Bindungskräfte zusammengehalten. Zählt man das Gewicht aller in einem Molekül vereinigten Atome zusammen, so erhält man das Molekulargewicht. Dies lässt sich am einfachsten bei gasförmigen oder verdampfbaren Stoffen bestimmen. Nach dem avogadroschen Gesetz (be-

Mondfinsternis

Die Besatzung der Raumkapsel Apollo 8, die als erste den Mond zehnmal umkreiste, machte diese Aufnahme der Mondoberfläche. Deutlich sind die vielen Krater zu sehen

nannt nach dem italienischen Physiker *Amedeo Avogadro*, 1776–1856) enthalten alle **Gase** in der Raumeinheit die gleiche Anzahl an Molekülen, wenn **Druck** und **Temperatur** gleich sind.

Mond

Der Mond umläuft die Erde in 27 Tagen in einem mittleren Abstand von 384 400 km. Sein Durchmesser von 3470 km entspricht etwa einem Viertel des Erddurchmessers, seine Oberflächenschwerkraft nur einem Sechstel der Erdschwerkraft. Einzelheiten seiner Oberfläche sind mit den heutigen optischen Geräten bereits sehr gut von der Erde aus erkennbar. Es zeigen sich viele Krater und Ringgebirge. Seit der ersten Landung von Menschen auf dem Mond (1969 die amerikanischen **Astronauten** Neil Armstrong und Edwin Aldrin) weiß man Genaueres über die Mondoberfläche durch die Untersuchung der mitgebrachten Gesteinsproben.

Die Einwirkungen des Mondes auf die **Erde** zeigen sich in erster Linie an den **Gezeiten** (Ebbe und Flut). Den Ablauf der *Mondphasen* nennt man Mondwechsel. Diese Phasen hängen von der Stellung von Sonne, Mond und Erde zueinander ab. Man unterscheidet *Halbmond* – da sieht man den Mond als Sichel –, *Vollmond* – dabei zeigt er sich als runde Scheibe – und *Neumond* – in diesem Stadium ist er überhaupt nicht zu sehen.

Mondfinsternis

Durchläuft der Vollmond den Erdschatten, wenn die **Erde** zwischen **Sonne** und **Mond** steht, so verfinstert er sich. Die Erde hält die Sonnenstrahlen von ihm ab. Dabei entsteht ein Kern- und ein Halbschatten. Bei einer völligen Mondfinsternis tritt der Mond ganz in den Kernschatten ein, bei einer teilweisen Mondfinsternis bleibt ein Teil von ihm im Halbschatten. Dieser bewirkt nur an der Grenze zum Kern-

Die Besatzung von Apollo 15 machte diese Aufnahmen vom Mond: links die „Hadley-Rinne", rechts der „St.-Georg-Krater"

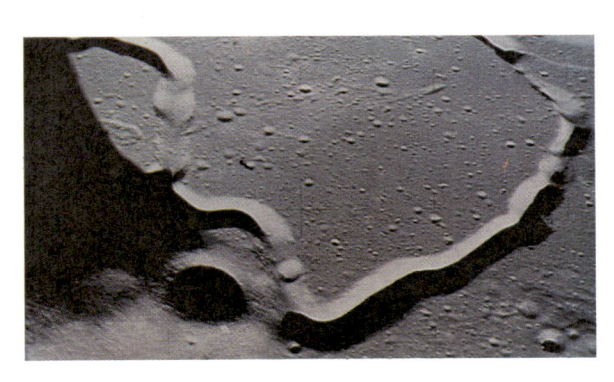

Monitor

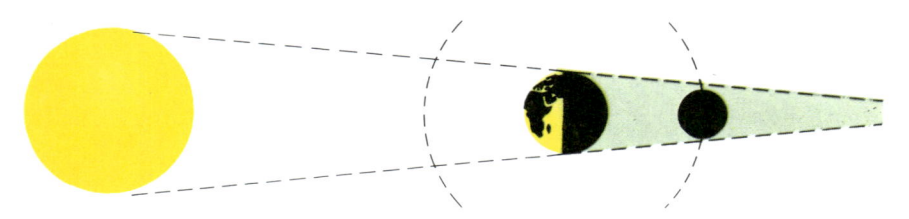

Eine Mondfinsternis entsteht, wenn die Erde zwischen Mond und Sonne hindurchwandert

schatten eine für das Auge sichtbare Lichtverminderung. Bei einer totalen Mondfinsternis kann man den Mond in Form einer kupferroten Scheibe sehen. Die Dauer einer totalen Mondfinsternis beträgt maximal 1,7 Stunden. In 1000 Jahren ergeben sich im Durchschnitt 1543 Mondfinsternisse, davon 716 totale.

Monitor

Ein Monitor ist ein **Bildschirm**, der zur Qualitätskontrolle von Kameraaufnahmen beim **Fernsehen**, aber auch zur Überwachung von Gebäuden und Verkaufsräumen dient. Rein äußerlich ist er von einem kleinen Fernsehgerät kaum zu unterscheiden, aber er bekommt die **Impulse** nicht über die Fernsehantenne, sondern von Videokameras (**Videotechnik**), die einen bestimmten Raum überwachen. Manche Monitore sind so weit entwickelt, dass sie automatisch wichtige Abläufe überwachen (z. B. im **Kernkraftwerk**) und z.T. sogar Alarm auslösen, wenn sich unvorhergesehene Ereignisse anbahnen. (Der Begriff Monitor kommt aus dem Lateinischen und bedeutet „Mahner").

Monokultur

Als Monokultur bezeichnet man den Anbau von nur einer Pflanze über Jahre hinweg. Weil jedoch das Erdreich aufgrund der einseitigen Nutzung der **Nährstoffe** durch diese Pflanze ausgelaugt wird und sich die Schädlinge rasch vermehren, ging man immer mehr zur vielseitigen Fruchtwechselwirtschaft über, d. h., man wechselt beim Anbau verschiedene Feldfrüchte ab. Ein typisches Beispiel für Monokultur sind die Kaffeeplantagen in Brasilien und die Baumwollplantagen in Amerika. (**Landwirtschaft**)

Monsun

Der Begriff (arabisch; mausim = Jahreszeit) bezeichnet ein großräumiges Windsystem in den Küstenländern der **Tropen**,

Die Strömungsrichtung des indischen Monsuns ist hier mit blauen Pfeilen gekennzeichnet

besonders am Indischen Ozean. Am bekanntesten ist der Monsun Indiens. Der Monsun ändert seine Richtung entsprechend der Jahreszeit. Der in den Sommermonaten landeinwärts wehende SW-Monsun ist feuchtwarm und bringt die Regenzeit mit sich. In den Wintermonaten weht der trockene und kalte NW-Monsun landauswärts. Beginnt der Sommermonsun verspätet oder bleibt er ganz aus, sind Dürre und Hungersnöte die Folge. Der Monsun verdrängt über dem Indischen Ozean sogar den **Passat**.

Moor

Das Moor ist ein ständig feuchtes Gebiet. Der Boden besteht aus nicht vollkommen zersetzten Pflanzenresten (*Torf*) und einer von Wassertümpeln unterbrochenen Pflanzendecke (**Moose** und Hartgräser). Nach ihrer Entstehungsart unterscheidet man Flach- und *Hochmoore*. Die *Flachmoore* (auch *Riede* oder *Wiesenmoore* genannt) sind vom **Grundwasser** durchfeuchtet. Sie bilden sich durch die Verlandung von Seen. Dort findet sich nach einiger Zeit der so genannte *Bruchwald* mit Erlen, Birken und Weiden. Die vom Grundwasser unabhängigen Hochmoore entstehen überwiegend in Gebieten mit reichlichen **Niederschlägen**. Die **Verdunstung** ist wesentlich geringer als die Feuchtigkeitszufuhr. Hochmoore können unter Umständen auch aus Flachmooren entstehen, deren Zentren feuchter sind als ihre Randgebiete und in denen die Pflanzen aufgrund der höheren Feuchtigkeit schneller wachsen. Wirtschaftlich nutzt man die Moore durch Abbau von Torf (Torfstechen), der zum Heizen verwendet wird. Vielfach werden Moorgebiete z. B. durch Entwässern und Düngen in landwirtschaftlich nutzbares Land umgewandelt (*Moorkultur*). In Deutschland gibt es noch Moore in Schleswig-Holstein und im Alpenvorland. Oft leben in Mooren seltene Tierarten, deshalb werden sie zu Naturschutzgebieten erklärt. (**Naturschutz**)

Moose

Moose sind vorwiegend kleine Landpflanzen. Sie besitzen keine echten **Wurzeln** und nehmen das **Wasser** mit ihrer ganzen Oberfläche auf. Viele von ihnen können starke Trockenheit, Hitze und Kälte vertragen. Deshalb wachsen Moose fast überall. Sie vermehren sich durch *Sporen*, die in den Sporenkapseln gebildet werden. Die Lebermoose haben entweder einen lappenförmigen Körper oder gliedern sich in einen Stengel und zwei Reihen von Blättern. Sie liegen flach auf dem Boden auf. Bei den Laubmoosen sind die Blätter rund um den Stengel angeordnet. Die Laubmoose erheben sich etwas über den Erdboden. Im Aufbau des **Waldes** spielt die Moosschicht als Wasserspeicher eine besondere Rolle. Es gibt etwa 20 000 Moosarten. In Nadelwäldern ist die Moosschicht gut ausgebildet. Die einzelnen Moospflänzchen schließen sich zu Polstern oder Teppichen zusammen und decken oft den Waldboden flächenmäßig ab. Waldmoose gedeihen nur im lichten Schatten des Waldes. Wird Wald abgeholzt, verschwinden die Moose. 1 ha Wald kann 20 000–30 000 l Wasser speichern. Die Moose haben einen bedeutenden Anteil daran. Die Wasserspeicherung erfolgt sowohl zwischen den einzelnen Pflänzchen als auch zwischen den Moosstämmchen und -blättchen oder in Wasserzellen. Bei Trockenheit geben die Moose das Wasser nur langsam an ihre Umgebung ab. Darin liegt ihre Bedeutung für den **Wasserhaushalt** einer Landschaft.

Moräne

Eine Moräne ist eine durch die Bewegung von **Gletschern** entstandene Anhäufung von *Geröll* und **Gestein** sowie von Sand und Kies. Man unterscheidet zwischen mehreren Arten: die Seitenmoränen bilden sich am Rande des Gletschers, die Innenmoränen werden von ins Gletschereis geratenem Gestein geformt, die Grundmoränen liegen unter dem Gletscher, Mittelmoränen entstehen bei der Vereinigung zweier Gletscher durch die jeweiligen Seitenmoränen; am Ende des Gletschers lagert sich die so genannte End- oder Stirnmoräne ab.

Morphium

Morphium (Morphin) wird aus *Opium* (**Mohn**) hergestellt und ist wie dieses ein Rausch- und stark schmerzbetäubendes **Arzneimittel**. Der nach dem Genuss hervorgerufene Zustand von Glückseligkeit verführt zu ständigem Gebrauch und endet in der Abhängigkeit von diesem Rauschmittel (*Morphinismus*). Dies bewirkt beim Süchtigen den Verfall der Persönlichkeit sowie schwere geistige und charakterliche Störungen bis hin zu völlig asozialem Verhalten. (**Drogen**)

Moose können fast überall wachsen

Morphologie

Unter Morphologie versteht man allgemein die vergleichende Beschreibung und das Vergleichen (vergleichende Morphologie) von Formen und Gestalten. Dabei wird deren Eigenart und Entwicklung erforscht. In der **Biologie** (*Biomorphologie*) beschäftigt man sich mit den Lebewesen und deren **Organen**; in der *Geomorphologie* mit der Formenvielfältigkeit der Erdoberfläche sowie deren Ursache; in der sozialen Morphologie mit den vom einzelnen Menschen nicht beeinflussbaren Umständen, die ihn in seiner Handlungsweise bestimmen.

Motor

Motor ist die Bezeichnung für vorwiegend kompakte, schnell laufende Kraftmaschinen. Mit ihrer Hilfe wird Bewegungsenergie aus anderen Energien und Energieträgern wie **Elektrizität, Dieselkraftstoff, Benzin, Wasser, Wind** usw. hergestellt. Nach der Art des verwendeten Energieträgers unterscheidet man u. a. **Elektromotor, Verbrennungsmotor** (**Zweitaktmotor**), **Dampfmaschine, Turbine**.

Motorrad

Motorräder, auch Krafträder genannt, sind einspurige, zweirädrige Fahrzeuge zur Beförderung von Personen. Man unterscheidet außer Motorrädern auch Kleinkrafträder bis 50 cm³ **Hubraum**, *Mokicks* mit *Kickstarter* (Hebel zum Antreten des Motors), *Mopeds* und *Mofas* (maximale Geschwindigkeit: 25 km/h). Der tragende Teil eines Motorrades ist der Stahlrohrrahmen, mit dem das Vorderrad durch eine teleskopgefederte Radgabel verbunden ist. Das Hinterrad ist an einer langen Schwinge befestigt. Die Vordergabel ist schwenkbar gelagert. Gelenkt wird das Motorrad durch Lenkbewegungen sowie durch Gewichtsverlagerung. Zur **Federung** verwendet man meist hydraulische **Stoßdämpfer**, die mit **Federn** kombiniert werden. Jedes Motorrad hat zwei vonei-

Technische Schnittzeichnung eines Motorrades

Möwen

Die Heringsmöwe gehört zu den Echten Möwen. Sie ist ein Meeresvogel und Allesfresser

nander unabhängige Bremsen, die entweder mechanisch auf die Radnabe oder hydraulisch auf eine Scheibe wirken. Der Zwei- oder Viertaktmotor (ab 250 cm³, **Verbrennungsmotor**) wird meist vom Fahrtwind, manchmal aber auch von Wasser gekühlt (**Kühlung**). Zur besseren Wärmeableitung ist der Zylinderkopf außen mit Kühlrippen versehen, die seine Oberfläche vergrößern. Es gibt Motoren für Krafträder, die über 1100 cm³, sechs Zylinder und über 75 kW (100 PS) verfügen. Die **Kupplung** wird meist von Hand betätigt, geschaltet wird mit dem linken Fuß, Gas gibt man mit einem Drehgriff am Lenker. Zur Übertragung der Motorkraft auf das Hinterrad ist entweder eine *Kette* vorgesehen, die öfters nachgespannt werden muss, oder der praktisch wartungsfreie *Kardanantrieb* mit einer Antriebswelle. Die elektrische Ausrüstung (6 oder 12 Volt) umfasst Licht- und Zündanlage, Blinker, Hupe und z.T. einen *Anlasser*, der manchmal zugleich als Wechselstromgenerator (**Generator**) ausgelegt ist.

Möwen

Die Möwen gehören zur Familie der Möwen- und Schnepfenvögel und sind gewandte Flieger sowie gute Schwimmer. Möwen sind sehr gesellig und leben an

Wilde Müllkippen sind umweltschädigend und verboten

den Küsten aller Meere und Binnengewässer. Sie sind zum Großteil Koloniebrüter. Man unterscheidet fünf „echte" Möwenarten: Lachmöwe, Silbermöwe, Heringsmöwe, Zwergmöwe und Mantelmöwe. Die Lachmöwe ist in Mitteleuropa

Bei einer geordneten Müllkippe (Deponie) ist die Grundwasserverseuchung ausgeschlossen

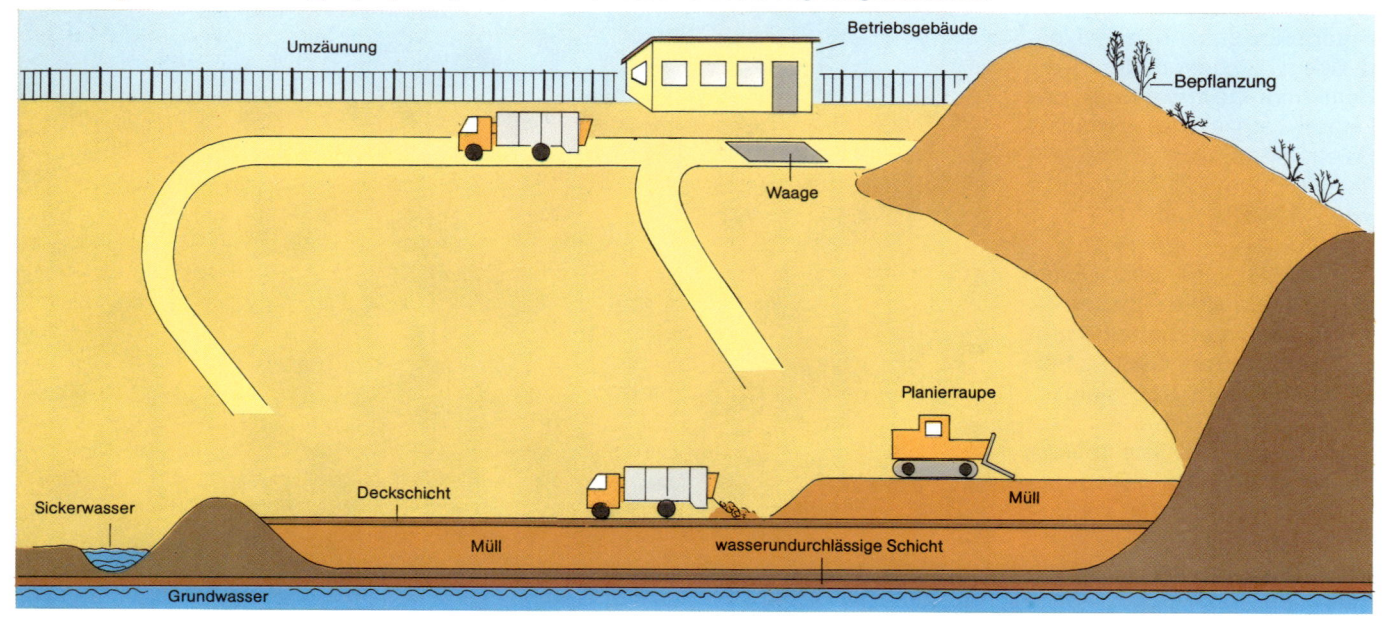

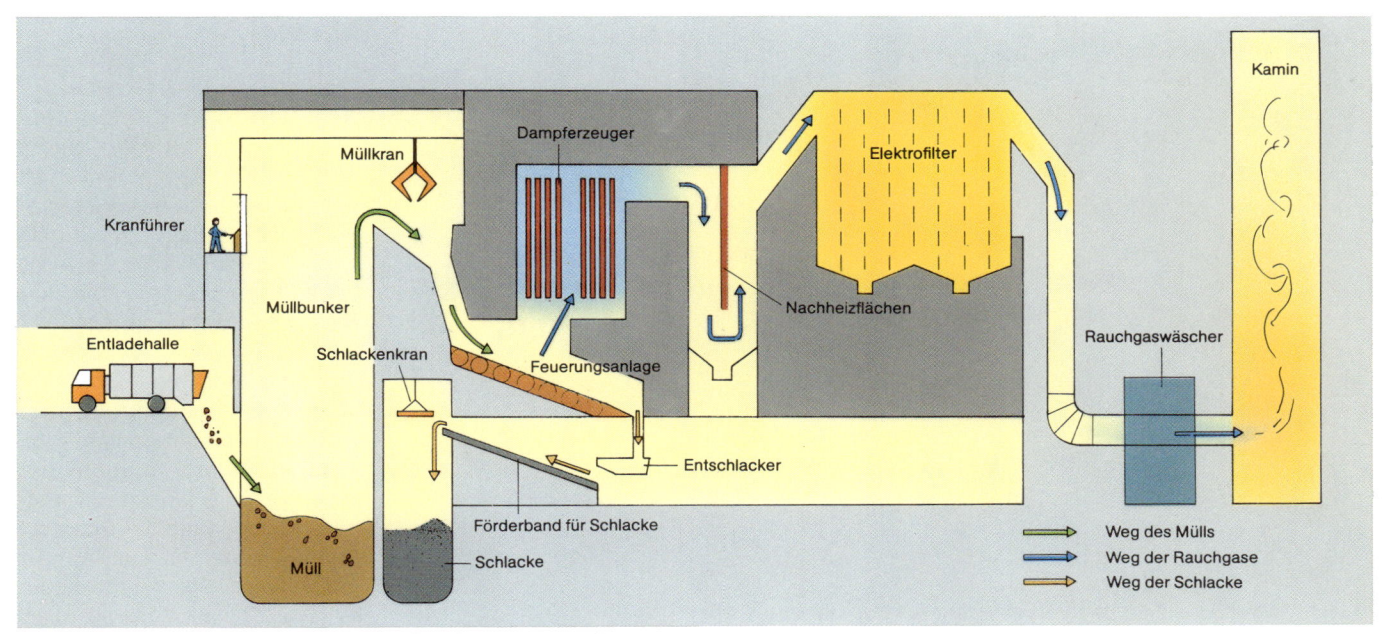

Schema der Funktionsweise einer Müllverbrennungsanlage

häufig an Seen und Flüssen (Süßwasser) anzutreffen. Die Zwergmöwe findet man vorwiegend an den Binnenseen Polens. Die Übrigen sind Meeresvögel. Die Möwe ist ein *Allesfresser*. Sie ernährt sich vorwiegend von Kleintieren aus dem Wasser. Doch sie frisst ebenso alle Abfälle.

Müll

Alle Haushaltsabfälle und den Straßenkehricht bezeichnet man als Müll. In Großstädten beläuft sich der Müllanfall pro Kopf täglich auf bis zu 1,5 kg. Aus hygienischen Gründen muss der Müll aus den Haushalten und Wohngebieten so schnell wie möglich entfernt werden. Dazu wird er in Mülltonnen gesammelt und von der Müllabfuhr abgeholt. Es gibt heute drei Möglichkeiten der Müllbeseitigung: 1. die *Deponie*, 2. die Müllverbrennung und 3. die Müllkompostierung. Die Deponie ist die billigste und häufigste Methode. Dabei müssen aber unbedingt bestimmte gesetzliche Vorschriften (u. a. *Abfallbeseitigungsgesetz*) beachtet werden. Umweltschädigend und daher verboten sind so genannte wilde Deponien (*Müllkippen*), bei denen der Müll unkontrolliert in Wald und Flur abgelagert wird. Zugelassen sind die geordneten Deponien, die mit einem wasserundurchlässigen Material ausgekleidet werden und aus mehreren Schichten bestehen. Die erste Schicht bildet der zerkleinerte, gepresste Müll; auf sie folgt in mehreren Stufen die Abdeckungsschicht, die bepflanzt wird. Bei dieser Art der Mülbeseitigung schließt man die Gefahr der Grundwasserverseuchung aus. Die radikalste und auch teuerste Art der Müllbeseitigung ist die *Müllverbrennung* bei 900–1250 °C. Die dabei erzeugte Wärme verwendet man u. a. für Treibhäuser, die entstandene Schlacke für Kunststeine (Müllverwertung – **Recycling**). Die organischen Abfallstoffe eignen sich auch als landwirtschaftlicher **Dünger**. In besonderen Kompostieranlagen wird so genannter *Müllkompost* hergestellt. Hierzu wird der Müll gesiebt, zerkleinert und mit *Klärschlamm* oder geklärtem **Abwasser** vermischt. Der Verrottungsprozess dauert mehrere Wochen.

Mund

Der Mund hat mehrere Funktionen. Er ist der Eingang zum Verdauungskanal, dient der Nahrungsaufnahme und der Lautbildung sowie teilweise der **Atmung**. Durch das Kauen der Nahrung im Mund wird die **Verdauung** eingeleitet. Der Mund besteht aus der Mundspalte, dem Vorhof zwischen Lippen und Wangen, dem Ober- und Unterkiefer sowie der Mundhöhle. Diese wird unten durch den Mundboden begrenzt, an dem die **Zunge** festgewachsen ist; nach oben schließt sie mit dem harten, nach hinten zu mit dem weichen **Gaumen** ab. Die Mundhöhle ist von einer **Schleimhaut** ausgekleidet, die zahlreiche Schleimdrüsen enthält.

Muscheln

Muscheln sind **Weichtiere**, die von pflanzlichen oder tierischen Lebewesen sowie von Abfallstoffen leben. Die Muschelschale ist zu über 98 % aus *Kalk* aufgebaut. Das Häutchen, das sie als Schutzmantel umgibt, besteht aus dem Gerüsteiweißstoff *Conchiolin*. Den zum Bau der Schale nötigen Kalk nimmt die Muschel mit der Nahrung auf. Den Baustoff scheidet sie als flüssigen Kalkbrei ab, der sich an der Innenfläche der Schale absetzt und sehr schnell erstarrt. Die Schale besteht aus zwei Hälften, die wie zwei Klappen gelenkartig miteinander verbunden sind. Muscheln kommen in etwa 25 000 verschiedenen Arten im **Meer** und im Süßwasser vor. Sie bewegen sich entweder schwimmend oder kriechend, manche springen sogar. Einige Muscheln fressen sich in Pflanzen fest und ernähren sich auch von ihnen. Vorwiegend leben sie aber von kleinsten Teilen, die sie mit Wasser bei der Atmung durch die **Kiemen** einsaugen. Es gibt Muscheln, die nur knapp 1 mm groß werden; andere wiederum erreichen Größen von über 2 m. Die so genannten Riesenmuscheln der Südsee, des Indischen Ozeans und des Roten Meeres wiegen bis zu 5 Zentner. Ihre Schalen schützen sie gegen Feinde. Zu den essbaren Muscheln zählen u. a. Miesmuscheln, Flussmuscheln und Austern. Wichtig für die Schmuckherstellung ist die Seeperlenmuschel. (Abb. S. 192)

Muskel

Muscheln finden sich in den verschiedensten Formen und Farben

Muskel

Die Muskeln sind **Organe**, die bei der Bewegung von Körperteilen und Eingeweiden wichtig sind. Man unterscheidet die willentlich beeinflussbaren quer gestreiften Muskeln, die am **Skelett** angreifen, mit hoher, aber kurzer Leistungsfähigkeit, und die nicht vom Willen steuerbaren glatten, *vegetativen Muskeln* der *Eingeweide* und *Blutgefäße* mit andauernder Leistungsfähigkeit. Der *Herzmuskel* nimmt eine Zwischenstellung ein. Das Muskelgewebe kann sich unter dem Einfluss von Nervenimpulsen zusammenziehen. Für einen einzigen Schritt braucht man über 100 verschiedene Muskeln. Schon daraus ist zu ersehen, dass der Einsatz der Muskeln genau aufeinander abgestimmt sein muss, um einen reibungslosen Bewe-

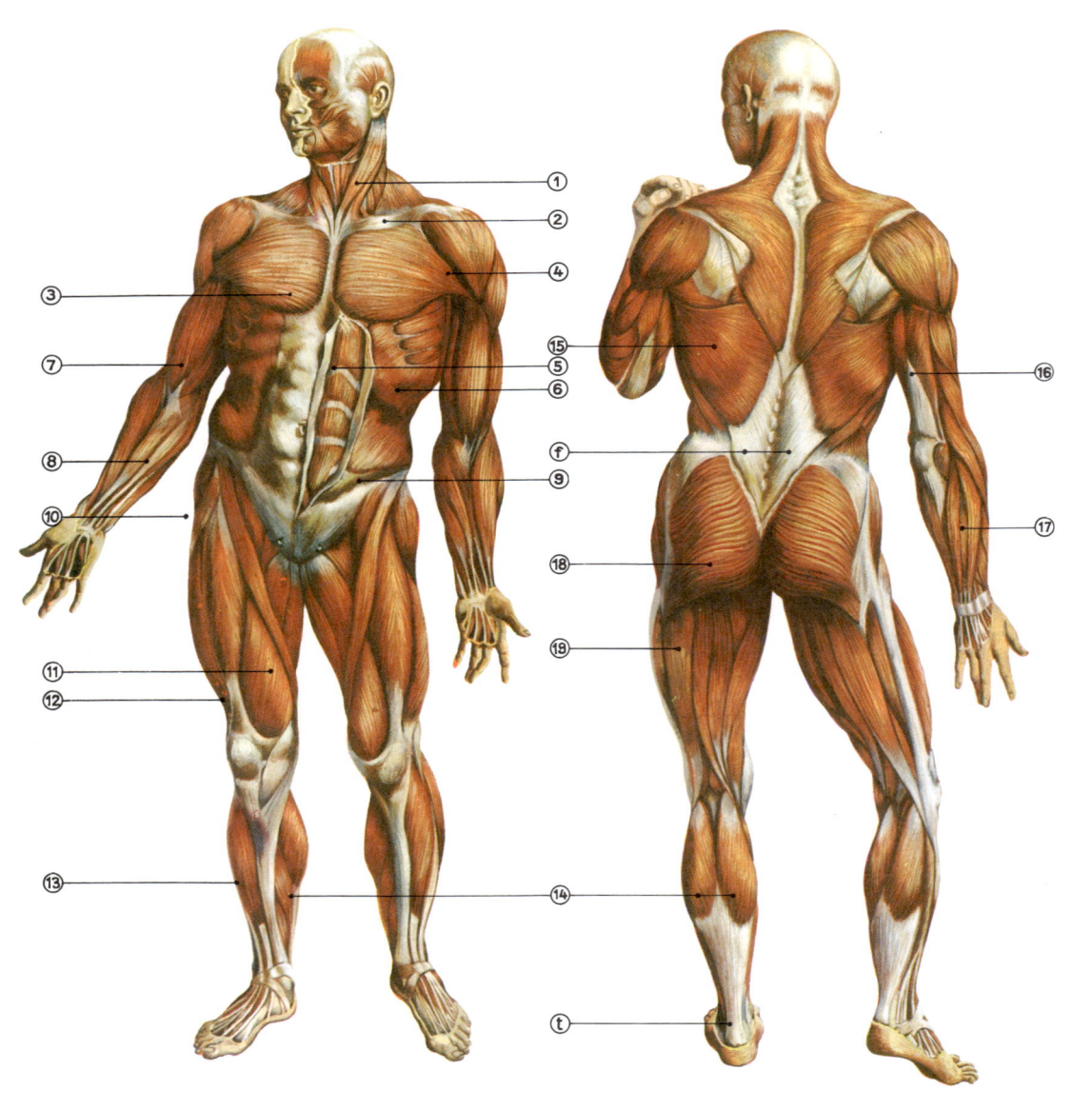

Die wichtigsten Muskeln des Menschen. Kopfwender (1), Trapezmuskel (2), Großer Brustmuskel (3), Deltamuskel (4), Gerader Bauchmuskel (5), Großer Sägemuskel (6), Zweiköpfiger Armmuskel (7), Handwurzelbeuger (8), Äußerer schräger Bauchmuskel (9), Mittlerer Gesäßmuskel (10), Schneidermuskel (11), Vierköpfiger Schenkelmuskel (Quadrizeps) (12), Schienbeinmuskel (13), Zwillingswadenmuskel (14), Großer Rückenmuskel (15), Dreiköpfiger Armmuskel (Trizeps) (16), Langer Daumenbeuger (17), Großer Gesäßmuskel (18), Zweiköpfiger Schenkelmuskel (19), Lenden-Rücken-Band (f), Achillessehne (t)

gungsablauf zu garantieren. Jeder Muskel besteht aus feinen Fasern, die man *Fibrillen* nennt. Diese wiederum bestehen aus dem Eiweißkörper Actomyosin. Die kleinsten Teilchen davon sind in parallelen Fäden aus *Actin* und *Myosin* angeordnet. Wenn nun die **Nerven** ein **Signal** zum Zusammenziehen der Muskeln aussenden, werden die Actinfäden durch elektrochemische Kräfte entlang den Myosinfäden gezogen. Das bewirkt, dass sich die Muskeln verkürzen. Mit regelmäßigem Training kann man die *Muskelfasern* vergrößern und kräftigen. Dadurch schlägt auch das **Herz** stärker und die **Atmung** wird wirkungsvoller. Die Folge ist, dass die Muskeln mehr **Sauerstoff** erhalten und mehr **Energie** zur Verfügung steht.

Mutation

Erbanlagen werden von Generation zu Generation von den Eltern an die Kinder weitergegeben. So sehen z. B. eine Eiche, ein Wolf oder ein Elefant heute noch genauso aus wie vor 100, ja vor 1000 Jahren. Trotz dieser scheinbaren Unveränderlichkeit des Erbgutes kommt es zur Entstehung zahlreicher *Rassen*. In der Natur beobachtet man immer wieder Lebewesen, die ganz plötzlich in bestimmten Merkmalen anders gestaltet sind als ihre Artgenossen. Eine *Modifikation* (Abwandlung) kann es nicht sein, da die Nachkommen dieser Lebewesen wieder dieselben neuen Merkmale zeigen wie ihre Eltern. Die Veränderung muss also im Erbgut liegen. Solche plötzlichen Veränderungen eines Merkmals, die zufällig und ziellos auftreten und durch das Erbgut an die Nachkommen weitergegeben werden, heißen *Erbsprünge* oder Mutationen. Sie vollziehen sich in den **Chromosomen**. Sie treten unterschiedlich häufig bei einzelnen **Arten** auf und sind oft nur geringfügig. Viele von ihnen werden rezessiv vererbt, d. h., sie treten nicht in Erscheinung, sind aber als Anlage im Erbgut vorhanden. **(Vererbungsregeln)**

Muttermal

Muttermal ist eine volkstümliche Sammelbezeichnung für verschiedene angeborene oder auch erst später erworbene scharf abgegrenzte Hautveränderungen (Mäler) mit charakteristischer Form und Farbe (z. B. braune Leberflecken, Pigment- und Feuermäler). Bemerkt man eine Veränderung des Muttermals, sollte man unbedingt einen Arzt aufsuchen.

N

Nabelschnur

Die Nabelschnur ist eine meist spiralig gedrehte Verbindung zwischen dem kindlichen und dem mütterlichen **Kreislauf** während der **Schwangerschaft**. Sie enthält drei Gefäße. Zwei Nabelarterien bringen kindliches **Blut** zur *Plazenta* (Mutterkuchen), eine Nabelvene transportiert Blut von dort in den kindlichen Kreislauf. Normalerweise hat die Nabelschnur eine Länge von ca. 50 cm und einen Durchmesser von 1,5 cm. Eine zu lange Nabelschnur kann zu Umschlingungen von kindlichen Körperteilen und zu Komplikationen bei der **Geburt** führen.

Das Kind ist durch die Nabelschnur noch mit der Mutter und deren Kreislauf verbunden. Die Nabelschnur wird nach der Geburt abgetrennt

Nachrichtentechnik

Nachrichtensatellit

Ein Nachrichtensatellit ist ein unbemannter Raumkörper im **Weltall**, der in ungefähr 36 000 km Höhe über der Erde an einem vorher berechneten Punkt steht. Er wird mit einer Weltraumrakete (**Rakete**) dorthin gebracht und dreht sich nun mit der Erde mit. Nachrichtensatelliten dienen als **Relaisstationen**, die die elektrischen Signale der jeweiligen Sendestation z. B. in Europa empfangen und verstärkt an die entsprechende Empfangsstation in den USA weiterleiten. So kann die Entfernung zwischen den Kontinenten leicht überbrückt werden. Jeder Satellit ist in der Lage, entweder rund 12 Fernsehprogramme oder 10 000 Telefongespräche zu übermitteln. Für den Empfang auf der Erde ist eine Parabolantenne (**Antenne**) von knapp 1 m Durchmesser erforderlich. Die modernen Nachrichtensatelliten werden von der Sonne über **Solarzellen** mit **Energie** versorgt und haben eine Lebensdauer von 5–7 Jahren. (Abb. S. 194)

Nachrichtentechnik

Die Nachrichtentechnik beinhaltet die gesamte Vermittlungstechnik der elektrischen Nachrichtensysteme. Eine Nachricht (Text, Musik, Bild oder Sprache) wird durch einen Wandler (**Mikrofon**, *Fernsehkamera* usw.) in ein elektrisches **Signal**

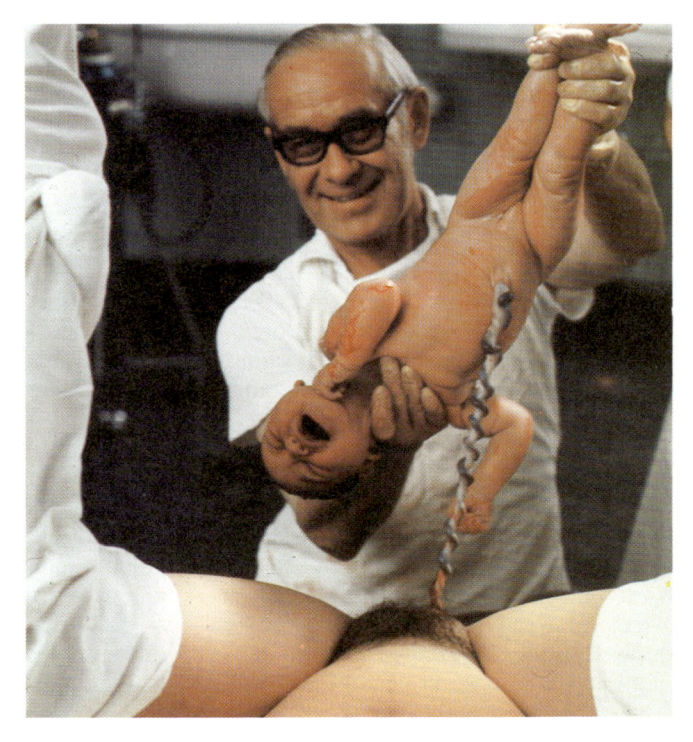

Nacht

Der Nachrichtensatellit INTELSAT V – im Bild mit entfalteten Solarzellenauslegern – wird zur Übermittlung von Telefongesprächen und Fernsehprogrammen genutzt

umgeformt, das als Träger der Nachricht dient. Dieses Signal wird mit Hilfe von Trägerwellen vom Sender über eine Übertragungsstrecke (Kanal) ausgestrahlt. Der **Empfänger** gewinnt nun das ursprüngliche elektrische Signal zurück, das wiederum über einen Wandler (**Lautsprecher, Bildröhre** u. a.) hörbar bzw. sichtbar gemacht wird. In den Bereich der Nachrichtentechnik gehören also das **Fernsehen**, der **Rundfunk**, die **Funktechnik**, das **Radar**, die Funknavigation (**Flugnavigation**) und die Fernmeldetechnik (**Telefon**).

Nacht

Als Nacht bezeichnen wir den Zeitraum von Sonnenuntergang bis Sonnenaufgang. Die Dauer einer Nacht variiert je nach dem eigenen Standort auf der Erde und nach der Jahreszeit. Im Herbst und im Winter sind die Nächte bei uns länger als im Frühling und im Sommer. Das hängt mit der **Erdumlaufbahn** zusammen (**Tag**). Bei der *Tagundnachtgleiche* (am 21. März und am 23. September) sowie am **Äquator** beträgt die Dauer einer Nacht immer 12 Stunden.

Nadelbaum

Etwa ein Viertel unseres Waldbestandes sind Nadelbäume. Man nennt sie auch Nadelhölzer oder *Koniferen*. Die Botaniker bezeichnen die Nadelbäume als nacktsamige Bäume, denn ihre **Samen** sitzen nicht im Inneren einer fleischigen Frucht. Die **Blüten** sind nicht von Blütenblättern umgeben. Zu den bei uns bekanntesten und am meisten verbreiteten Nadelbäumen gehören die *Kiefer*, die *Fichte*, die *Tanne* und die *Lärche* sowie im Mittelmeerraum die *Pinie*.

Nagetiere

Die Nagetiere bilden die größte Ordnung der **Säugetiere**. Sie ernähren sich überwiegend von Pflanzen. Typisch ist ihr Gebiss: Ihre oberen und unteren *Schneidezähne* sind zu großen Nagezähnen geformt, die entsprechend der Abnützung ständig nachwachsen. Zu den Nagetieren gehören z. B. die **Biber**, die **Mäuse**, die *Stachelschweine* und die **Hörnchen** (*Murmeltier*, **Eichhörnchen**).

Nähmaschine

Die Nähmaschine dient der Durchführung verschiedenster Näharbeiten, wie z. B. Schließen von Nähten, Stepparbeiten, Ziernähte, Knopflöcher. Die gebräuchlichsten Nähmaschinen arbeiten nach dem Zweifadensystem, bei dem zwei Fäden (Ober- und Unterfaden) miteinander verschlungen werden. Früher durch Tret- und Handkurbel, heute meist mittels eines Elektromotors wird mit Hilfe eines Kurbelgetriebes eine senkrecht gelagerte Nadelstange auf und ab bewegt. Der Oberfaden wird durch das Öhr an der Nadelspitze geführt, der Unterfaden läuft von einer ruhenden Spule ab. Der Oberfaden bildet eine Schlinge, durch die der Unterfaden hindurchgeführt wird.

Nährstoffe

Stoffe, aus denen die Lebewesen ihre Körper aufbauen, nennt man Nährstoffe. Unsere Hauptnährstoffe sind **Eiweiß** (*Proteine*), **Kohlenhydrate** und **Fette**. Der Nährstoff- und **Joule**-(Kalorien)bedarf ist abhängig von der körperlichen Belastung des Betroffenen. Ein gesteigerter Nährstoff- und Joulebedarf besteht u. a. bei kalter Witterung und bei Erkältungskrankheiten. (**Ernährung**)

Nase

Die Nase stellt den obersten Teil der Atemwege dar und dient zur Reinigung, zur Vorwärmung, zur Anfeuchtung und zur Kontrolle (**Geruchssinn**) der Atemluft. Dabei unterscheidet man die äußere Nase sowie die Nasenhöhle mit den Nasennebenhöhlen. Unter der äußeren Nase versteht man die Nasenwurzel, den Nasenrücken, die Nasenspitze, die Nasenlöcher und die Nasenflügel. Diese bestehen aus **Haut** sowie aus knöchernen und knorpeligen Anteilen, die wesentlich die Form der Nase beeinflussen. Bei der *Nasenhöhle* unterscheidet man einen rechten und einen linken Abschnitt; beide bestehen aus je drei Nasenmuscheln und werden durch die Nasenscheidewand voneinander getrennt. Diese ist oft nicht völlig gera-

Zur Ordnung der Nagetiere gehört auch das Murmeltier. Es lebt in den Steppen und Wäldern Eurasiens und Nordamerikas und ist ein Winterschläfer

Äußere Nase, inneres Nasenbein und Nasenhöhle mit Nasennebenhöhlen

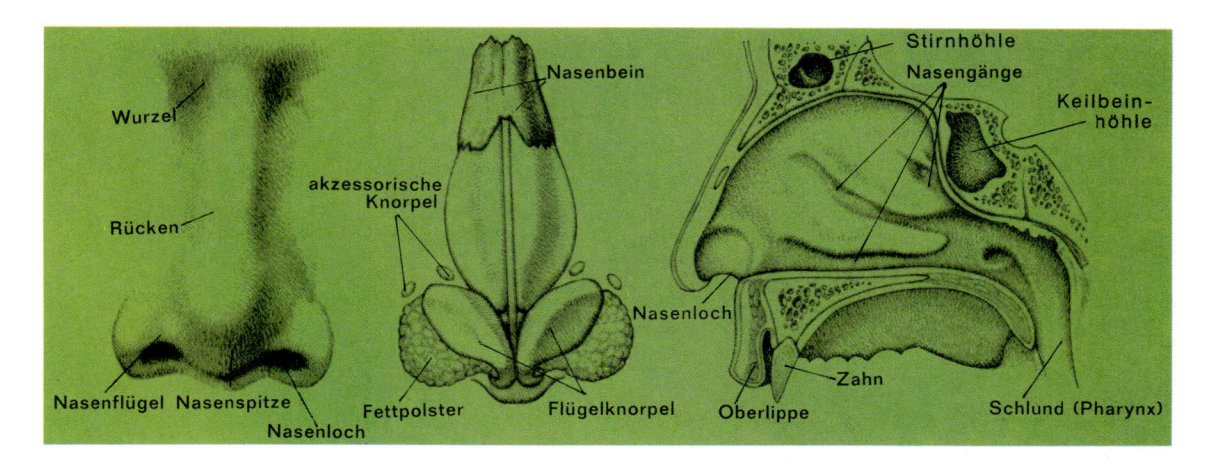

de und kann mitunter sogar so stark gekrümmt sein, dass die Nasenatmung behindert ist. Dann kann nur ein operativer Eingriff zur Korrektur der Nasenscheidewand Abhilfe schaffen. Unter der **Schleimhaut**, die die Nasenhöhle auskleidet, liegen ausgedehnte Venengeflechte, die bei Verletzungen Ursache für länger anhaltende und stärkere Blutungen sein können. Die Riechgegend besteht aus vier etwa fünfpfennigstückgroßen Feldern im oberen Teil der Nasenhöhle. Die Nebenhöhlen der Nase sind paarig angelegt und stehen durch Öffnungen mit der Nasenhöhle in Verbindung. Auch sie sind mit Schleimhaut ausgekleidet.

Nashorn

Das dickhäutige Nashorn (*Rhinozeros*) hat seinen Namen von den auf der Nase sitzenden, nach oben geschwungenen zwei Hörnern (afrikanisches Nashorn). Von ihm unterscheidet sich das indische Nashorn dadurch, dass es nur ein Horn besitzt. Nashörner haben einen plumpen, ungelenken Körper und kurze Beine. Sie sind Pflanzenfresser.

Nationalpark

Nationalparks werden zur Erhaltung wilder Tiere und zur Bewahrung des Gleichgewichts in der Natur (Landschafts- und Pflanzenschutz) geschaffen (**Ökosystem**). Diese Parks dienen auch als Erholungsgebiete für die Bevölkerung. Bekannte Nationalparks sind in den Rocky Mountains (USA) der Yellowstone Park, in der Republik Südafrika der Krüger-Nationalpark, in der Bundesrepublik Deutschland der Nationalpark im Bayerischen Wald. (**Naturschutz**)

Natur

Die Natur umfasst im weitesten Sinne das gesamte **Weltall** mit all seinen Stoffen, Kräften, Veränderungen und Gesetzmäßigkeiten. Im übertragenen Sinne bezeichnet der Begriff Natur alles, was sich so darstellt, wie es von innen her angelegt ist, sich nach eigenen Kräften, Trieben und Gesetzen entwickelt und formt, und dies im Gegensatz zu dem, was Kultur und **Technik** bewirken. Mit den Erscheinungen in der Natur befassen sich die *Naturwissenschaften*. Zu ihnen zählen die **Physik**, die **Chemie**, die **Biologie**, die **Geografie**, die *Geologie* (**Erdgeschichte**) und die **Astronomie**.

Naturschutz

Seltene Pflanzen oder die durch die Jagd vom Aussterben bedrohten Tiere (z. B. **Bison**) werden unter Naturschutz gestellt. Dessen Ziel ist die Erhaltung der natürlichen Landschaft, der Tier- und Pflanzenwelt. Dies bedeutet heute gleichzeitig Erhaltung der naturgemäßen **Umwelt** des Menschen. (**Ökologie, Umweltschutz, Umweltverschmutzung**)

Navigation

Navigation nennt man die Technik zur Orts- und Kursbestimmung von **Schiffen** und **Flugzeugen** (**Flugnavigation**). Die richtige Navigation ist vor allem bei schlechten Sichtverhältnissen (**Nacht, Nebel**) lebenswichtig. Der Standort eines Schiffes wird als Schnittpunkt zweier Linien gefunden. Sie ergeben sich aus Abstandsmessungen und *Peilungen* zu Landmarken (**Leuchttürmen**, Schornsteine, *Seezeichen*).
Als unentbehrliches Hilfsmittel gibt es genaue Seekarten, nautische Handbücher und Tabellen. Zur Kennzeichnung des Fahrwassers sind Leuchtfeuer oder **Bojen** eingesetzt. Die astronomische Navigation arbeitet nicht mit der Beobachtung von Landmarken, sondern mit der von Gestirnen, deren Stellung am Himmel astronomischen Jahrbüchern entnommen wird.

Von den afrikanischen Spitzmaulnashörnern leben noch etwa 16 000 südlich der Sahara

Nebel

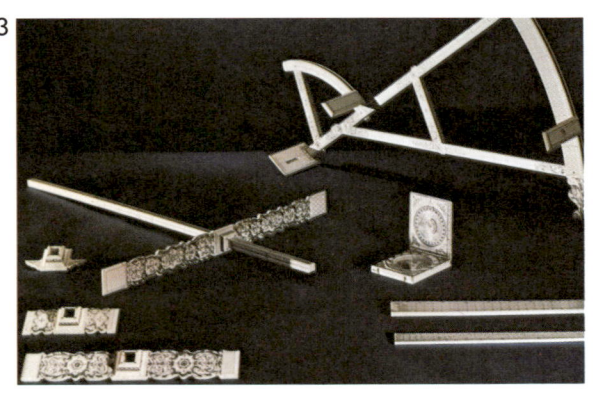

Ein so genanntes Astrolabium, das um 1585 von spanischen Seefahrern zur Navigation eingesetzt wurde (1). Ein Scheitelkreiskompass aus dem Jahr 1720 (2). Alte englische Navigationsinstrumente aus Elfenbein, u. a. Sextant (um 1700) und Sonnenuhr (um 1660) (3)

Mit einem Spezialgerät, dem **Sextanten**, wird die Höhe des Gestirns über dem Horizont bestimmt und danach eine Standlinie ausgerechnet. Heute ist das wichtigste Verfahren zur Standortbestimmung die *Funknavigation*, deren Möglichkeiten sich durch **Satelliten** noch erweitert haben. Moderne Systeme beruhen auf Kombinationen von *Funkpeilung* und Laufzeitmessung abgestrahlter und reflektierter elektromagnetischer **Impulse**.

Nebel

Nebel ist eine Trübung der **Luft** durch feinste Wassertröpfchen. Er bildet sich, wenn sich die Temperatur der Luft, die mit viel Wasserdampf angereichert ist, dem Taupunkt nähert. Bodennebel entsteht durch Ausstrahlung des kühlen und feuchten Erdbodens, See- und Flussnebel bilden sich bei niedrigen Temperaturen über Gewässern, Bergnebel sind **Wolken**, die den Berggipfel einhüllen.

Nektar

Nektar ist ein zuckerhaltiger Saft, der aus Honigdrüsen (Nektarien) ausgeschieden wird, die sich meist in den **Blüten** befinden. Er ist Nahrung für viele **Insekten** (**Bienen**) und auch für den **Kolibri**.

Nerven

Die Nerven sind strangartige Gebilde zur Reizleitung und bilden einen Teil unseres **Nervensystems**. Sie verbinden die Nervenzentren mit allen Körperteilen. Jeder Nerv enthält hauchdünne *Nervenfasern*, die gebündelt sind und getrennt voneinander Botschaften weiterleiten. Diese Botschaften wiederum bestehen aus elektrischen **Impulsen**. Nerven erreichen

Herrscht im Bereich des Flughafens dichter Nebel, so können die Flugzeuge nicht nach Sichtflugregeln landen. In diesem Fall unternimmt der Pilot eine Instrumentenlandung oder wird durch automatische Anflugsysteme geleitet

jeden Teil des Körpers, wobei die stärksten Nervenfaserbündel im **Gehirn** und im **Rückenmark** liegen.

Nervensystem

Das perfekte Zusammenwirken der **Organe** des Körpers wird wesentlich vom Nervensystem gelenkt. Es besitzt die Fähigkeit, Reize, die von innerhalb und von außerhalb des Körpers kommen, in bestimmte Formen von Erregungen umzusetzen, zu verarbeiten und anderen Stellen des Körpers zuzuführen. Wichtige Rückschlüsse auf die Funktion des Nervensystems gewinnt der Arzt, indem er die Funktion bestimmter **Nerven** überprüft (**Reflex**, *Kniesehnenreflex*).

Gehirn und Rückenmark fasst man als **Zentralnervensystem** zusammen. Die Bewegungs- und Empfindungsnerven bilden das *periphere Nervensystem*. Die Eingeweide werden vom *vegetativen Nervensystem* versorgt. Es arbeitet vom menschlichen Willen ziemlich unabhängig. Man unterscheidet bei ihm noch zwischen dem sympathischen Nevensystem (Sympathikus), das die Arbeitsleistung des Organismus verstärkt, und dem parasympathischen Nervensystem (Parasympathikus), dessen Wirkung auf die Schonung des Organismus angelegt ist.

Nerz

Der Nerz gehört zur Gattung der **Raubtiere** und zur Familie der *Marder*. Er ist ein wertvolles Pelztier und ein Wasserjäger. Heimisch ist er noch in Osteuropa; in Deutschland hat man ihn bereits ausgerottet. Die in Pelztierfarmen gezüchteten Nerze sind amerikanischer Herkunft. Dieser amerikanische „Mink" ist vielfach in die freie Wildbahn entkommen und hat bereits weite Gebiete Skandinaviens besiedelt.

Neutron

Das Neutron ist ein Elementarteilchen und wie das **Proton** einer der beiden Bausteine der Atomkerne (**Atom**). Neutronen tragen keine elektrische Ladung. Bei ausreichender Geschwindigkeit dringen sie in den Atomkern ein und verursachen dort eine **Kernspaltung**. Wenn eine *Neutronenbombe* explodiert, entsteht eine wesentlich geringere Druck- und Hitzewelle als bei anderen Bomben. Dafür aber sendet sie eine ganz erheblich höhere radioaktive Strahlung aus (**Radioaktivität**). Auf dieser Eigenschaft beruht die verheerende Wirkung der Neutronenbombe, die sich in erster Linie gegen Lebewesen richtet und Sachwerte nur geringfügig beschädigt.

Niederschlag

Die Niederschläge gehören zum **Wasserkreislauf** zwischen **Meer**, Festland und **Atmosphäre**. Sie können flüssig oder fest sein. Flüssiger Niederschlag ist **Regen**, **Nebel** oder **Tau**, fester ist **Hagel**, *Graupel*, **Schnee** oder **Eis**. Die Niederschläge bestimmen weitgehend das **Wachstum** auf der Erde. Starke Niederschläge führen zu üppigem Pflanzenwuchs, wie z. B. im tropischen *Regenwald*. Sehr seltene oder ausbleibende Niederschläge lassen das Land ausdörren und zur **Wüste** werden.

Nikotin

Nikotin, das in den Blättern der Tabakpflanze enthalten ist, wird als eines der stärksten Pflanzengifte bezeichnet. Es wirkt auf den Organismus zunächst anregend, aber ab einer bestimmten Menge auf das **Nervensystem**, den Kreislauf und die **Atmung** lähmend und damit tödlich. 60 mg Nikotin bedeuten für den Menschen den Tod. Jemand, der viel raucht, verträgt in der Stunde bis zu 20 mg, bei Kindern aber können bereits wenige Milligramm zu Vergiftungserscheinungen führen, die sich in Herzklopfen, Übelkeit, Erbrechen, Schweißabsonderung und Durchfall äußern. Beim Rauchen wird der größte Teil des Nikotins durch die Atemwege aufgenommen. Starker Nikotingenuss über Jahre hinweg kann zur Sucht führen, aus deren Abhängigkeit man sich nur sehr schwer lösen kann. (**Drogen**)

Das so genannte „Raucherbein" ist die volkstümliche Bezeichnung für das Krankheitsbild einer arteriellen Verschlusskrankheit in den Beinen, wobei die Durchblutungsstörungen auf die Wirkungen von Nikotin zurückgeführt werden

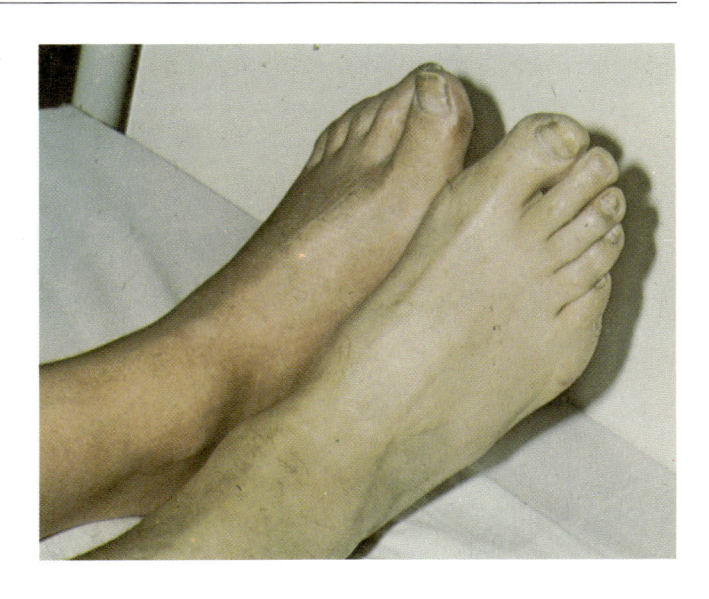

Nitroglyzerin

Nitroglyzerin ist eine höchst explosive, ölige Flüssigkeit; sie heißt deshalb auch Sprengöl. Nitroglyzerin explodiert durch Stoß oder Schlag. Entdeckt wurde es 1847 von dem italienischen Chemiker *Ascanio Sobrero* (1812–1888). Nitroglyzerin ist zu 75 % in dem 1867 von dem schwedischen Chemiker und Industriellen *Alfred Nobel* (1833–1896) erfundenen Sprengstoff *Dynamit* enthalten.

Nobelpreis

Der Nobelpreis wurde von *Alfred Nobel* (1833–1896) gestiftet, einem schwedischen Chemiker, der das *Dynamit* (**Nitroglyzerin**) erfand. Die jährlich aus den Zinsen seiner Stiftung zu gleichen Teilen vergebenen Preise werden für Literatur, **Physik, Chemie**, Medizin, für Leistungen zur Erhaltung des Friedens und seit 1969 für Wirtschaftswissenschaften an diejenigen verliehen, die sich auf dem jeweiligen Gebiet verdient gemacht haben. Wer einen Nobelpreis erhält, bestimmen schwedische wissenschaftliche Sachverständige. Die Übergabe des Preises erfolgt immer am Todestag Nobels (10. Dezember) durch den schwedischen König, nur der Friedensnobelpreis wird vom Nobelkomitee des norwegischen Parlaments in Oslo verliehen. (Tabelle S. 198–200)

Normung

Als Normung bezeichnet man die Aufstellung einheitlicher Richtlinien für Größe, Form, Farbe, Abmessung oder Typen. Ziel der Normung ist es, schon bei der Herstellung von Produkten darauf zu achten, dass sie von einem möglichst großen Personenkreis benutzt werden können. Ohne Normung oder *Standardisierung* gäbe es ein heilloses Durcheinander, weil z. B. kaum eine Schraube in ein ungenormtes Loch passen würde. Die Normung für Deutschland wird vom Deutschen Industrie-Normenausschuss durchgeführt und als *DIN-Norm* bezeichnet.

Notbremse

Eine Notbremse ist eine Druckluftbremse mit rascher Wirkung. Sie ist u. a. in Eisenbahn- und Straßenbahnzügen eingebaut.

Nylon

Nylon ist eine Chemiefaser und gehört zu den Kunststofferzeugnissen der *Polyamide*. Diese erhält man u. a. durch Selbstkondensation von Aminkarbonsäuren. Sie sind hornartig beschaffen und in gebräuchlichen Lösungsmitteln unlöslich. Neben Nylon gehört auch *Perlon* zu den Kunststofferzeugnissen der Polyamide (**Kunststoffe**). Polyamide werden u. a. zu Bändern, Borsten, Folien, Spritzgussmassen und Kunstleder verarbeitet.

Nobelpreisträger

Nobelpreisträger

A = Österreich, AUS = Australien, B = Belgien, CDN = Kanada, CH = Schweiz, CO = Kolumbien, CR = Costa Rica, ČS = Tschechoslowakei, D = Deutschland, DK = Dänemark, E = Spanien, ET = Ägypten, F = Frankreich, GB = Großbritannien, GCA = Guatemala, GR = Griechenland, H = Ungarn, I = Italien, IL = Israel, IND = Indien, IRL = Irland, IS = Island, J = Japan, MEX = Mexiko, N = Norwegen, NL = Niederlande, P = Portugal, PL = Polen, R = Rumänien, RA = Argentinien, RCH = Chile, S = Schweden, SF = Finnland, SU = Sowjetunion (vor 1917: Rußland), US = USA, VN = Vietnam, WAN = Nigeria, YU = Jugoslawien, ZA = Südafrika

Jahr	Friedenspreis	Literatur	Medizin	Physik	Chemie
1901	H. Dunant, CH F. Passy, F	R. F. A. Sully-Prud-homme, F	E. A. v. Behring, D	W. Röntgen, D	J. H. van 't Hoff, NL
1902	E. Ducommun, CH A. Gobat, CH	Th. Mommsen, D	R. Ross, GB	H. A. Lorentz, NL P. Zeeman, NL	E. Fischer, D
1903	W. R. Cremer, GB	Bj. Björnson, N	N. R. Finsen, DK	H. A. Becquerel, F P. u. M. Curie, F	S. A. Arrhenius, S
1904	Institut für internat. Recht, B	Fr. Mistral, F J. Echegaray, E	I. P. Pawlow, SU	J. W. S. Rayleigh, GB	W. Ramsay, GB
1905	B. v. Suttner, A	H. Sienkiewicz, PL	R. Koch, D	Ph. Lenard, D	A. v. Baeyer, D
1906	Th. Roosevelt, US	G. Carducci, I	C. Golgi, I Ramón y Cajal, E	J. J. Thomson, GB	H. Moissan, F
1907	E. T. Moneta, I L. Renault, F	R. Kipling, GB	Ch. L. A. Laveran, F	A. A. Michelson, US	Ed. Buchner D
1908	Kl. P. Arnoldson, S Fr. Bajer, DK	R. Eucken, D	I. Metschnikow, SU P. Ehrlich, D	G. Lippmann, F	E. Rutherford, GB
1909	A. M. F. Beernaert, B P. H. B. d'Estournelles de Constant, F	S. Lagerlöf, S	Th. Kocher, CH	G. Marconi, I F. Braun, D	W. Ostwald, D
1910	Internat. Friedensbüro	P. Heyse, D	A. Kossel, D	J. D. van der Waals, NL	O. Wallach, D
1911	T. M. C. Asser, NL A. H. Fried, A	M. Maeterlinck, B	A. Gullstrand, S	W. Wien, D	M. Curie, F
1912	E. Root, US	G. Hauptmann, D	A. Carrel, F	G. Dalén, S	V. Grignard, F P. Sabatier, F
1913	H. La Fontaine, B	R. Tagore, IND	Ch. Richet, F	H. Kamerlingh-Onnes, NL	A. Werner, CH
1914	–	–	R. Bárány, A	M v. Laue, D	Th. W. Richards, US
1915	–	R. Rolland, F.	–	W. H. Bragg, GB W. L. Bragg, GB	R. Willstätter, D
1916	–	V. v. Heidenstam, S	–	–	–
1917	Internat. Rotes-Kreuz-Komitee	K. Gjellerup, DK H. Pontoppidan, DK	–	Ch. G. Barkla, GB	–
1918	–	–	–	M. Planck, D	F. Haber, D
1919	W. Wilson, US	C. Spitteler, CH	J. Bordet, B	J. Stark, D	–
1920	L. Bourgeois, F	K. Hamsun, N	A. Krogh, DK	Ch. E. Guillaume, F	W. Nernst, D
1921	K. Hj. Branting, S Ch. L. Lange, N	A. France, F	–	A. Einstein, D	F. Soddy, GB
1922	Fr. Nansen, N	J. Benavente, E	A. V. Hill, GB O. Meyerhof, D	N. Bohr, DK	F. W. Aston GB
1923	–	W. B. Yeats, IRL	F. G. Banting, CDN J. J. R. Macleod, CDN	R. A. Millikan, US	F. Pregl, A
1924	–	W. S. Reymont, PL	W. Einthoven, NL	K. M. G. Siegbahn, S	–
1925	A. Chamberlain, GB Ch. G. Dawes, US	G. B. Shaw, GB	–	J. Franck, D G. Hertz, D	R. Zsigmondy, D
1926	A. Briand, F G. Stresemann, D	Gr. Deledda, I	J. Fibiger, DK	J. Perrin, F	T. Svedberg, S
1927	F. Buisson, F L. Quidde, D	H. Bergson, F	J. Wagner-Jauregg, A	A. H. Compton, US Ch. Th. R. Wilson, GB	H. Wieland, D
1928	–	S. Undset, N	Ch. Nicolle, F	O. W. Richardson, GB	A. Windaus, D
1929	F. B. Kellogg, US	Th. Mann, D	Chr. Eijkman, NL Fr. G. Hopkins, GB	L. V. de Broglie, F	A. Harden, GB H. v. Euler-Chelpin, S
1930	N. S. Söderblom, S	S. Lewis, US	K. Landsteiner, US	Ch. V. Raman, IND	H. Fischer, D
1931	J. Addams, US N. M. Butler, US	E. A. Karlfeldt, S	O. H. Warburg, D	–	C. Bosch, D Fr. Bergius, D
1932	–	J. Galsworthy, GB	Ch. Sherrington, GB E. D. Adrian, GB	W. Heisenberg, D	J. Langmuir, US
1933	N. Angell, GB	I. A. Bunin, F	Th. H. Morgan, US	E. Schrödinger, A P. A. M. Dirac, GB	–
1934	A. Henderson, GB	L. Pirandello, I	G. Minot, W. Murphy, G. Whipple, US	–	H. Cl. Urey, US
1935	C. v. Ossietzky, D	–	H. Spemann, D	J. Chadwick, GB	F. Joliot, F I. Curie-Joliot, F
1936	C. de Saavedra Lama, RA	E. G. O'Neill, US	H. Hallet Dale, GB O. Loewi, D	C. D. Anderson, US V. Fr. Heß, A	P. J. W. Debye, NL
1937	E. A. Cecil of Chelwood, GB	R. Martin du Gard, F	A. Szent-Györgyi von Nagyrapolt, H	C. J. Davisson, US G. P. Thomson, GB	W. N. Haworth, GB P. Karrer, CH
1938	Internat. Nansen-Amt für Flüchtlinge	P. S. Buck, US	C. Heymans, B	E. Fermi, I	R. Kuhn, D
1939	–	Fr. E. Sillanpää, SF	G. Domagk, D	E. O. Lawrence, US	L. Ružička, CH J. Butenandt, D
1940/42	wurden keine Nobelpreise verliehen				
1943	–	–	H. Dam, DK E. A. Doisy, US	O. Stern, US	G. de Hevesy, H
1944	Internat. Rotes-Kreuz-Komitee	J. V. Jensen, DK	J. Erlanger, US H. S. Gasser, US	I. I. Rabi, US	O. Hahn, D
1945	C. Hull, US	G. Mistral, RCH	A. Fleming, GB E. B. Chain, GB H. Florey, GB	W. Pauli, A	A. I. Virtanen, SF
1946	E. Gr. Balch, US J. R. Mott, US	H. Hesse, CH	H. J. Muller, US	P. W. Bridgman, US	J. B. Sumner, US J. H. Northrop, US W. M. Stanley, US
1947	American Friends Service Committee, US Friends Serv. Council, GB	A. Gide, F	C. F. Cori, US G. T. Cori, US B. A. Houssay, RA	E. V. Appleton, GB	R. Robinson, GB
1948	–	Th. St. Eliot, GB	P. H. Müller, CH	P. M. St. Blackett, GB	A. W. K. Tiselius, S
1949	J. Boyd Orr, GB	W. Faulkner, US	W. R. Heß, CH A. C. Moniz, P	H. Yukawa, J	W. Fr. Giauque, US

Nobelpreisträger

Jahr	Friedenspreis	Literatur	Medizin	Physik	Chemie	Wirtschaft
1950	R. Bunche, US	B. Russell, GB	E. C. Kendall, US T. Reichstein, CH Ph. Sh. Hench, US	C. F. Powell, GB	O. Diels, D K. Alder, D	
1951	L. Jouhaux, F	P. Lagerkvist, S	M. Theiler, ZA	J. D. Cockcroft, GB E. Th. S. Walton, IRL	E. McMillan, US G. T. Seaborg, US	
1952	A. Schweitzer, F	F. Mauriac, F	S. A. Waksman, US	F. Bloch, US E. M. Purcell, US	A. J. P. Martin, GB R. L. M. Synge, GB	
1953	G. C. Marshall, US	W. Churchill, GB	F. A. Lipmann, US H. A. Krebs, GB	F. Zernike, NL	H. Staudinger, D	
1954	UN-Flüchtlings- kommissariat	E. Hemingway, US	J. Enders, US F. Robbins, US T. Weller, US	M. Born, D W. Bothe, D	L. C. Pauling, US	
1955	–	H. Laxness, IS	H. Theorell, S	W. E. Lamb, US P. Kusch, US	V. du Vigneaud, US	
1956	–	J. Ramón Jiménez, E	A. Cournand, US W. Forssmann, D D. W. Richards, US	W. Shockley, US J. Bardeen, US W. H. Brattain, US	C. Hinshelwood, GB N. Semjonow, SU	
1957	L. Pearson, CDN	A. Camus, F	D. Bovet, I	Tsung Dao Lee, US Chen Ning Yang, US	A. Todd, GB	
1958	G. Pire, B	B. Pasternak, SU	G. W. Beadle, US E. L. Tatum, US J. Lederberg, US	P. A. Tscherenkow, SU I. M. Frank, SU I. Tamm, SU	F. Sanger, GB	
1959	P. Noël-Baker, GB	S. Quasimodo, I	S. Ochoa, US A. Kornberg, US	E. Segrè, US O. Chamberlain, US	J. Heyrovsky, ČS	
1960	A. J. Luthuli, ZA	Saint-John Perse, F	F. Burnet, AUS P. B. Medawar, GB	D. Glaser, US	W. F. Libby, US	
1961	D. Hammarskjöld, S	I. Andrič, YU	G. v. Békésy, H	R. Mössbauer, D R. Hofstadter, US	M. Calvin, US	
1962	L. C. Pauling, US	J. Steinbeck, US	F. H. C. Crick, GB M. H. F. Wilkins, GB J. D. Watson, US	L. D. Landau, SU	J. Kendrew, GB M. Perutz, GB	
1963	Internat. Rotes- Kreuz-Komitee	G. Seferis, GR	J. C. Eccles, AUS A. L. Hodgkin, GB A. F. Huxley, GB	E. P. Wigner, US M. Goeppert-Mayer, US H. D. Jensen, D	K. Ziegler, D G. Natta, I	
1964	M. L. King, US	J.-P. Sartre, F	F. Lynen, D K. Bloch, US	C. H. Townes, US N. Basow, SU A. Prochorow, SU	D. Crowfoot- Hodgkin, GB	
1965	UNICEF	M. Scholochow, SU	T. Jacob, F A. Lwoff, F J. Monod, F	Sh. Tomonaga, J R. P. Feynman, US J. S. Schwinger, US	R. B. Woodward, US	
1966	–	S. J. Agnon, IS N. Sachs, S	P. Rous, US Ch. B. Huggins, US	A. Kastler, F	R. Mulliken, US	
1967	–	M. A. Asturias, GCA	R. Granit, S G. Wald, US H. K. Hartline, US	H. A. Bethe, US	M. Eigen, D R. G. W. Norrish, GB G. Porter, GB	
1968	R. Cassin, F	Y. Kawabata, J	M. W. Nirenberg, US H. G. Khorana, US R. W. Holley, US	L. W. Alvarez, US	L. Onsager, US	
1969	Internat. Arbeits- organisation	S. Beckett, IRL	M. Delbrück, US A. Hershey, US S. Luria, US	M. Gell-Mann, US	D. H. Barton, GB O. Hassel, N	R. Frisch, N J. Tinbergen, NL
1970	N. Borlaug, US	A. Solschenizyn, SU	B. Katz, GB U. S. v. Euler, S J. Axelrod, US	H. Alfvén, S L. Néel, F	L. Leloir, RA	P. Samuelson, US
1971	W. Brandt, D	P. Neruda, RCH	E. W. Sutherland, US	D. Gabor, GB	G. Herzberg, CDN	S. S. Kuznets, US
1972	–	H. Böll, D	G. M. Edelman, US R. Porter, GB	J. Bardeen, US L. N. Cooper, US J. R. Schrieffer, US	Ch. Anfinsen, US St. Moore, US W. Stein, US	J. R. Hicks, GB K. J. Arrow, US
1973	H. Kissinger, US Le Duc Tho, VN (Nord)	P. White, AUS	K. v. Frisch, A K. Lorenz, A N. Tinbergen, NL	L. Esaki, J I. Giaever, US B. D. Josephson, GB	E. O. Fischer, D G. Wilkinson, GB	W. Leontieff, US
1974	S. McBride, IRL E. Sato, J	E. Johnson, S H. Martinson, S	A. Claude, B Ch. Duve, GB G. E. Palade, R	A. Hewisch, GB M. Ryle, GB	P. L. Flory, US	F. A. Hayck, A G. Myrdal, S
1975	A. Sacharow, SU	E. Montale, I	R. Dulbecco, US H. Temin, US D. Baltimore, US	A. Bohr, DK B. Mottelson, DK J. Rainwater, US	J. Cornfort, AUS W. Prelog, CH	L. Kantorowitsch, SU T. Koopmans, US
1976	B. Williams und M. Corrigan, GB	S. Bellow, US	B. S. Blumberg, US D. C. Gajdusek, US	B. Richter, US S. Ch. Ch. Ting, US	W. N. Lipscomb, US	M. Friedman, US
1977	Amnesty Inter- national	V. Aleixandre, E	R. Guillemin, US A. V. Schally, US R. Yalow, US	Ph. W. Anderson, US J. H. Van Vleck, US Sir Nevill Francis Mott, GB	I. Prigogine, B	B. Ohlin, S J. Meade, GB
1978	Anwar As Sadat, ET M. Begin, IL	I. B. Singer, US	W. Arber, CH D. Nathans, US H. O. Smith, US	P. L. Kapitza, SU A. A. Penzias, US R. W. Wilson, US	P. Mitchell, GB	
1979	Mutter Theresa, IND	O. Elytis, GR	A. M. Cormack, US G. N. Hounsfield, GB	S. Glaskow, US St. Weinberg, US A. Salam, PAK	H. C. Brown, US G. Wittig, D	Th. Schultz, US A. Lewis, US
1980	A. M. Perez Esquivel, RA	C. Milosz, PL	B. Benacerraf, US J. Dausset, F G. Snell, US	W. Cronin, US V. L. Fitch, US	P. Berg, US W. Gilbert, US F. Sanger, GB	Prof. R. Klein, US
1981	Hochkommissar der Vereinten Nationen für Flüchtlinge	E. Canetti, GB	R. W. Sperry, US D. A. Hubel, US T. N. Wiesel, US	K. M. Siegbahn, S N. Bloembergen, US A. L. Schawlow, US	K. Fukui, J R. Hoffmann, US	J. Tobin, US
1982	A. Myrdal, S. A. Garcia Robles, MEX	G. Garcia Márquez, CO	S. K. Bergström, S B. I. Samuelsson, S J. R. Vane, GB	K. G. Wilson, US	A. Klug, GB	G. Stigler, US
1983	L. Walesa, PL	W. Golding, GB	B. McClintock, US	S. Chandrasekhar, US W. A. Fowler, US	H. Taube, CDN	G. Debreu, US
1984	D. M. Tutu, ZA	J. Seifert, ČS	N. K. Jerne, DK G. F. K. Köhler, D C. Milstein, RA	C. Rubbia, I S. van der Meer, NL	R. B. Merrifield, US	R. Stone, GB

Oase

Jahr	Friedenspreis	Literatur	Medizin	Physik	Chemie	Wirtschaft
1985	IPPNW = Internationale Vereinigung der Ärzte zur Verhinderung des Atomkriegs	C. Simon, F	M. Brown, US J. Goldstein, US	K. von Klitzing, D	H. A. Hauptman, US J. Karle, US	F. Modigliani, US
1986	E. Wiesel, US	W. Soyinica, WAN	R. Levi-Montalcini/ S. Cohen, US	F. Ruska, D G. Binnig, D H. Rohrer, CH	D. Herschbach, US J. Polanyi, CDN Y. Lee, US	J. Buchanan, US
1987	O. Arias, CR	J. Brodsky, US* *Russe seit 1972 in USA lebend	S. Tonegawa, J	G. Bednorz, D K. A. Müller, CH	D. J. Cram, US J.-M. Lehn, F C. J. Pedersen, US	R. Solow, US
1988	Friedenstruppe der Vereinten Nationen	Nagib Machfuz, ET	J. Black, GB G. B. Elion, US G. H. Hitchings, US	L. Lederman, US M. Schwartz, US J. Steinberger, US	J. Deisenderfer, D R. Huber, D H. Michel, D	M. Allais, F
1989	Dalai Lama, Autonome Region Tibet/VR China	C. José Cela, E	M. J. Bishop, US H. E. Varmus, US	W. Paul, D H. G. Dehmelt, US N. F. Ramsey, US	S. Altman, CDN T. R. Cech, US	T. Haavelmo, N
1990	M. Gorbatschow, SU	O. Paz, MEX	J. E. Murray, US E. D. Thomas, US	R. E. Taylor, CDN J. I. Friedmann, US H. W. Kendall, US	E. J. Covey, US	H. Markowitz, US M. Miller, US W. Sharpe, US
1991	Aung San Suu Kyi Myanmar	N. Gordimer, ZA	E. Neher, D B. Sakmann, D	P.-G. de Gennes, F	R.R. Ernst, CH	R. Coase, US
1992	R. Menchú, GCA	D. Walcott, St. Lucia	E.H. Fischer, US E.G. Krebs, US	G. Charpack, F	R.A. Marcus, US	G. Becker, US
1993	N. Mandela, ZA F.W. de Klerk, ZA	T. Morrison, US	P. Sharp, US R. Robertson, GB	R. A. Hulse, HS J. Taylor, US	K. B. Mullis, US M. Smith, CDN	R.W. Fogel, US D.C. North, US
1994	J. Arafat, PLO S. Peres, IL Y. Rabin, IL	K. Oe, J	A. G. Gilman, US M. Rodbell, US	B. Brockhouse, CDN C. Shull, US	G. A. Olah, US	J. C. Harsanyi, US J. F. Nash, US R. Selten, D
1995	Internationale Pugwash-Konferenzen und J. Rotblat, GB	S. Heaney, IR	C. Nüsslein-Volhard, D E. B. Lewis, US E. Wieschaus, US	M.L. Pearl, US F. Reines, US	P. Crutzen, NL M. Molina, MEX F. S. Rowland, US	R.E. Lucas jun., US

Oase

Eine Wasserstelle in oder am Rande der **Wüste** nennt man Oase. Der reiche Pflanzenwuchs, der sich dort findet, wird begünstigt durch die Nähe von **Grundwasser** oder den Austritt einer **Quelle**. Für durchziehende Karawanen sind diese Wasserstellen in der Wüste Handelsstützpunkte, die intensiv bewirtschaftet werden (Öl- und Dattelpalmen, Obstbäume, Getreide, Gemüse und Knollenpflanzen). Oasen werden deshalb z. B. durch künstliche **Bewässerung** vergrößert.

Objektiv

Ein Objektiv ist ein in einem Metallgehäuse befindliches System von **Linsen**, durch die beim **Fotoapparat** das **Licht** einfällt und eine Abbildung auf dem dahinter liegenden **Film** ermöglicht wird. Moderne *Spiegelreflexkameras* haben Wechselobjektive mit verschiedenen **Brennweiten**, die für unterschiedliche Zwecke geeignet sind. So gibt es z. B. *Weitwinkelobjektive* für Aufnahmen von großen Objekten (Schlösser, Kirchen) und *Teleobjektive* mit großer Brennweite, die es ermöglichen, weit entfernte Motive zu fotografieren. Dabei kann das Objektiv durch Drehen der Einstellringe genau auf die Entfernung zum Objekt eingestellt werden. Üblich sind aber auch Objektive mit veränderlicher Brennweite *(Zoom-Varioobjektiv)* und mit automatischer Schärfeneinstellung *(Autofokus)*. Der Lichteinfall wird durch die Veränderung der **Blende** geregelt. Auch **Filmprojektoren** und andere optische Geräte wie **Kameras**, **Fernrohre** und **Mikroskope** besitzen Objektive.

Observatorium

Als Observatorium bezeichnet man ein wissenschaftliches Institut zur Beobachtung astronomischer, geophysikalischer (erdphysikalischer) und meteorologischer Vorgänge. Astronomische Observatorien sind *Sternwarten*, die mit **astronomischen Instrumenten** ausgerüstet sind. In der Regel werden sie in freier und erhöhter Lage angelegt. Die **Fernrohre** sind auf jeden Punkt des Himmels einstellbar. Sternwarten besitzen ein drehbares Kuppeldach mit einem Spalt, der beliebig geöffnet und geschlossen werden kann. Zu den bedeutendsten Stern-

Oasen sind Bewuchsinseln in Wüstengebieten. Sie entstehen an nutzbaren Wasserstellen, ihre Lebensgrundlage ist der Bewässerungsbau

warten gehören die Observatorien auf dem Mount Wilson und dem Mount Palomar in Kalifornien sowie die Südsternwarte auf dem La Silla in Chile. Die größten deutschen Sternwarten befinden sich in Berlin-Babelsberg, Bonn, Göttingen, Bochum und Hamburg-Bergedorf.
Wetterwarten sind meteorologische Beobachtungsstationen, die mehrmals am Tag die ausgearbeiteten Ergebnisse der Beobachtung der Wetterlage an die Wetterämter des Wetterdienstes weitergeben. Zu den geophysikalischen Instituten gehören z. B. die *Erdbebenwarten*, in denen Bodenbewegungen bei **Erdbeben** und bei geringer Bodenunruhe mit Hilfe von **Seismografen** aufgezeichnet werden.

Blick in die geöffnete Kuppel des Observatoriums auf dem Calar Alto in Südspanien. Das Spiegelteleskop hat einen Durchmesser von 2,20 m

Ohm

Fließt **elektrischer Strom** durch einen Draht, so setzt dieser ihm je nach seiner Leitfähigkeit einen mehr oder weniger großen *Widerstand* entgegen. Man nennt ihn den elektrischen Widerstand des Leiters. Er wird in Ohm (Ω) angegeben. 1 Ohm ist der Widerstand zwischen zwei Punkten eines leitenden Drahtes, durch den bei der elektrischen Spannung von 1 **Volt** ein elektrischer Strom von 1 **Ampere** fließt.

Ohr

Das Ohr stellt ein **Organ** am Kopf dar, das mit dem **Zentralnervensystem** in enger Verbindung steht. Man unterscheidet das *äußere Ohr* (Ohrläppchen, Ohrmuschelhöhle, äußerer Gehörgang), das *Mittelohr* (*Trommelfell*, Paukenhöhle, *Gehörknöchelchen*) und das *Innenohr* oder *Labyrinth* (Bogengänge, Vorhof, *Schnecke*). Das Ohr vereinigt in sich *Gehör-*, **Gleichgewichts-** und Drehsinn, d. h., es nimmt alle akustischen Reize auf, ist aber auch für die Erhaltung des Gleichgewichts von Bedeutung und vermittelt das Lageempfinden im Raum. Die **Schallwellen** werden zuerst von der Ohrmuschel wie Trichter aufgefangen. Sie schwingen dann durch den Gehörgang und treffen auf das Trommelfell, das zu vibrieren beginnt. Diese Vibration wird auf die drei Gehörknöchelchen im Mittelohr übertragen, die man *Hammer*, *Amboss* und *Steigbügel* nennt. Der Steigbügel gibt die Schwingungen durch die feinen **Membrane** des ovalen Fensters am Innenohr weiter. Das ovale Fenster ist wiederum viel kleiner als das Trommelfell. Deshalb sind seine Schwingungen kürzer und kräftiger. Diese Schwingungen oder Vibrationen erreichen dann die Schnecke. Sie besteht aus einer zusammengerollten Röhre, die an einem Ende empfindlich gegenüber hohen und am anderen Ende empfindlich gegenüber tiefen Tönen ist. Die Schwingungen des ovalen Fensters pflanzen sich in dem oberen und dem unteren Kanal fort, der mit Flüssigkeit gefüllt ist. Dadurch werden die auf einer Membrane ruhenden Haar- oder Hörzellen gereizt. Diesen Sinnesreiz übermitteln Nerven durch Impulse ins Gehirn.

Ökologie

Die Ökologie ist die Wissenschaft von den Beziehungen der Lebewesen zu ihren Lebensräumen. Man gliedert die Ökologie entsprechend der Einteilung in der **Biologie** (Pflanzen-, Tier- und Menschenkunde) in: 1. Pflanzenökologie; sie beschäftigt sich mit den Wechselbeziehungen zwischen **Pflanzen** und **Umwelt**, wobei z. B. **Wasser, Wärme** und **Licht** eine wichtige Rolle spielen; 2. Tierökologie; sie befasst sich mit den Wechselbeziehungen zwischen den Tieren und ihrer Umwelt sowie mit ihrer Abhängigkeit von den Umweltbedingungen, z. B. mit der Versorgung durch Nahrung; 3. Human- oder Anthropoökologie; sie beschäftigt sich mit den Wirkungsweisen des Menschen auf die Umwelt und mit den Umwelteinflüssen auf den Menschen. Sie steht im Zusammenhang mit der Sozialökologie (z. B. Auswirkungen der zunehmenden *Bevölkerungsdichte*). Die Ökologie gewinnt immer mehr an Bedeutung bei der Lösung von Umweltproblemen (z. B. **Umweltverschmutzung, Ölpest**).

Ökosystem

Besteht zwischen einer Lebensgemeinschaft (Biozönose) und dem sie umgebenden Lebensraum *(Biotop)* eine natürliche ökologische (**Ökologie**) Einheit, die ein relativ gleich bleibendes System bildet, so spricht man von einem Ökosystem. Das Ökosystem ist gekennzeichnet durch die Wechselwirkung zwischen den **Organismen** und den Umweltfaktoren (**Umwelt**). Bleibt diese Wechselwirkung langfristig unverändert, besteht ein *ökologisches Gleichgewicht*. Der **Wald**, ein See oder ein **Moor** z. B. stellen Ökosysteme dar. Für ihre Erhaltung setzen sich **Natur-** und **Umweltschutz** ein. (Abb. S. 202)

Oktanzahl

Die Oktanzahl, abgekürzt OZ, kennzeichnet die *Klopffestigkeit* von Normal- und Superbenzin (**Benzin**). Als Klopfen oder Klingeln bezeichnet man unkontrollierte Explosionen des Gasgemisches in den Zylindern des Motors (**Verbrennungsmotor**), die zu Motorschäden führen können. Superbenzin muss eine Oktanzahl von mindestens 97,4, Normalbenzin eine Oktanzahl von 91 haben. Diese Klopfstärke wird in einem kleinen Motor mit variabler **Verdichtung** durch ein Messgerät, z. B. einen Springstab, festgestellt.

Ölpest

STÖRUNG ÖKOLOGISCHER GLEICHGEWICHTE UND SCHÄDLICHE EINWIRKUNGEN AUF UNSEREN LEBENSRAUM DURCH

- **TECHNISCHE** (Wasserbau, Hoch- u. Tiefbaumaßnahmen)
- **CHEMISCHE** (Abwässer, Abfälle, Abgase, Dünger, Pestizide)
- **PHYSIKALISCHE** (Lärm, Wärme, Aerosole, Strahlung u.a.)

STÖRFAKTOREN DER HAUPTVERURSACHER
Industrie, Haushalte, Verkehr, Energiewirtschaft, Landwirtschaft, Bergbau u.a.

UMWELT: Phytosphäre (FLORA), Zoosphäre (FAUNA), MENSCH, Hydrosphäre (WASSER), Atmosphäre (LUFT), Pedosphäre (BODEN)

AUSWIRKUNGEN AUF
- LANDSCHAFT UND BODEN (Landschaftsbild, Bodengüte, Vegetationsdecke und Tierwelt u.a.)
- GESUNDHEIT DES MENSCHEN (über Trinkwasser, Atemluft, Nahrungsmittel u.a.)
- KULTUR- UND WIRTSCHAFTSGÜTER (Korrosion und Verfall = Zerstörung)

BEWIRKEN BEIM MENSCHEN
SOMATISCHE, PSYCHISCHE, GENETISCHE ERKRANKUNGEN; ALLGEMEINE MINDERUNG DER LEBENSQUALITÄT ODER TOD.

Ökologisches Verflechtungsmodell

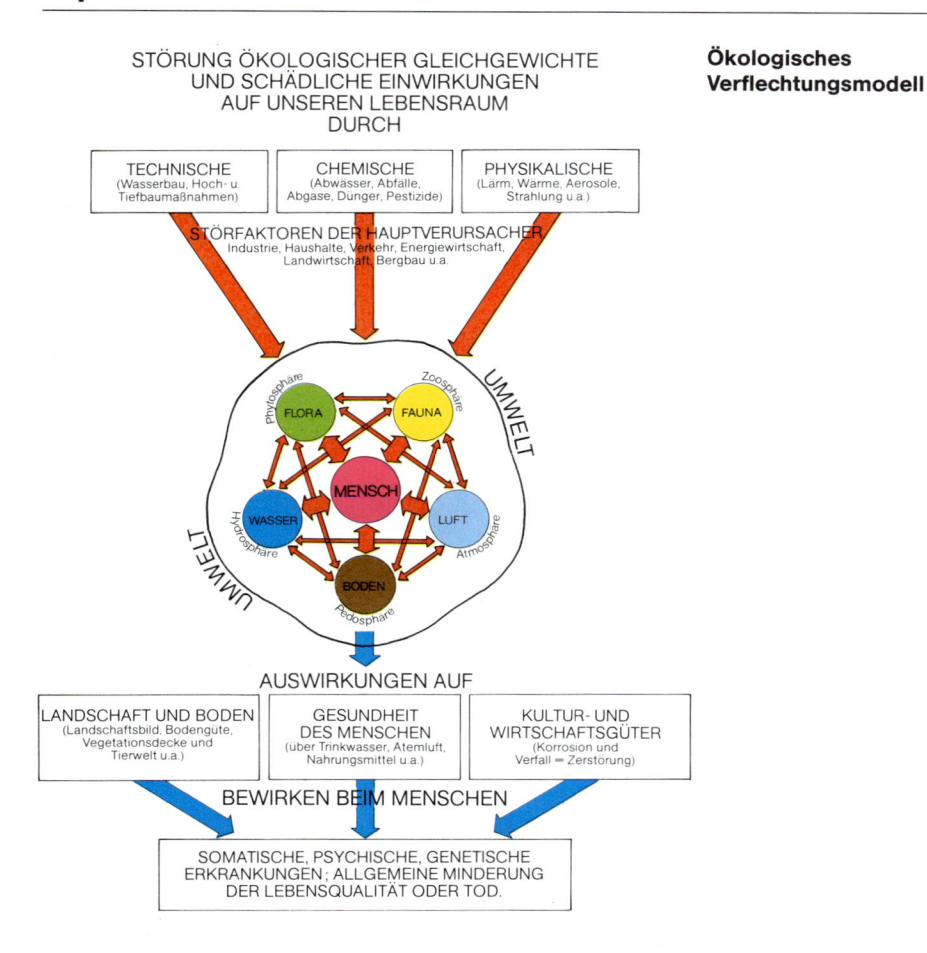

Ölpest

Ölpest nennen wir die Verschmutzung der **Küsten** und des **Meeres** durch Rohöl und Ölprodukte (**Benzin, Dieselöl**), die bei Schiffsunfällen ins Meerwasser gelangen oder durch Bohrlöcher in Küstengewässer austreten und das Wasser verseuchen. Die Folgen einer Ölpest sind verheerend: Fische und Schalentiere (Austern) gehen zugrunde, alle Seevögel im betroffenen Gebiet sind zu einem qualvollen Tod verurteilt, da das Öl ihr Gefieder verklebt. Auch verantwortungslose Tankerkapitäne verursachen derartige Umweltschäden, wenn sie ölhaltiges Ballastwasser aus den Tanks ins Meer pumpen. Man kann versuchen, Ölflächen (so genannte *Ölteppiche*) vom Wasser abzupumpen, da sie aufgrund ihres geringeren Gewichts auf der Oberfläche schwimmen, oder sie mit **Chemikalien** zu binden, d. h. das Öl als Klumpen absinken zu lassen. Erprobt wird als weitere Methode, das Öl durch **Bakterien** vernichten zu lassen, die speziell für diesen Zweck gezüchtet und dann gezielt ausgesetzt werden. **(Umweltverschmutzung)**

Omnibus

Omnibus nennt man ein mindestens achtsitziges, gelegentlich sogar zweistöckiges Kraftfahrzeug zur Beförderung von Personen und deren Reisegepäck. Der Begriff kommt aus dem Lateinischen und bedeutet „für alle"; auch die Abkürzung Bus oder die Bezeichnung Autobus ist geläufig. Als Antrieb dient meist ein sparsamer **Dieselmotor**. Es gibt auch dreiachsige Omnibusse, deren hinterer Teil durch ein **Gelenk** mit dem Motorwagen verbunden ist. In unserem Zeitalter der Energieverknappung ist der Omnibus ein sehr wichtiges und beliebtes Beförderungsmittel für den Nah- und Fernverkehr, da er zu den sparsamsten Transportmitteln überhaupt gehört.

Optik

Die Optik ist die Lehre vom **Licht** und damit ein Teilgebiet der **Physik**. Licht ist eine Form der **Energie**. Es ist einem bestimmten Bereich der sichtbaren **elektromagnetischen Wellen** mit sehr kurzen *Wellenlängen* und hohen **Frequenzen** zuzuordnen. Die Ausbreitungsgeschwindigkeit des Lichtes, die *Lichtgeschwindigkeit*, ist mit 300 000 km/s die höchste in der Physik vorkommende Geschwindigkeit. Lichtstrahlen haben unterschiedliche Wellenlängen und Frequenzen; diese verschiedenen Strahlen erscheinen als farbige Lichtstrahlen. Man kann das als weiß empfundene Licht mit Hilfe eines **Prismas** zerlegen und erhält so durch Lichtbrechung die verschiedenen *Spektralfarben* (**Farbenlehre**) von Rot über Orange bis hin zu Violett. Diese Lichtbrechung kann man in der Natur am Beispiel des **Regenbogens** beobachten, wenn winzige, noch in der Luft befindliche Regentropfen das Licht in seine Bestandteile zerlegen. Seit einiger Zeit wurde vielfach mit Licht experimentiert; man entwickelte die so genannten Laserstrahlen (**Laser**), die in der **Technik** wie auch in der Medizin bereits eine große Rolle spielen.

Auf den Gesetzen der Optik beruhen Erfindungen wie die **Fotografie**, die Entwicklung von **Linsen** (Brille, **Brennglas**, **Objektive**), **Fernrohr** und **Mikroskop**.

optische Täuschung

Optische Täuschungen sind Wahrnehmungstäuschungen, die durch die Eigenarten des Baues des menschlichen **Auges** bedingt sind. Auch eine Fehldeutung der gesehenen Bilder kann die Ursache einer optischen Täuschung sein. Im weitesten Sinne gehören auch Trugbilder, z. B. **Luftspiegelungen** (*Fata Morgana*), zu den optischen Täuschungen.

Orchideen

Zur Pflanzenfamilie der Orchideen gehören die schönsten **Blüten**, die wir kennen. Es gibt über 20 000 Orchideenarten, die als einkeimblättrige Pflanzen existieren. Vorwiegend findet man die Orchideen in tropischen und subtropischen Gebieten, aber auch im Mittelmeerraum. Heute wird ein Großteil der Orchideen in Gewächshäusern gezüchtet. Lange Zeit wußte man nichts über ihre **Fortpflanzung**. Es gelang nicht, **Samen** zu züchten. Der Grund liegt vor allem darin, dass die Orchideen mit anderen Lebewesen zusammenleben. Man nennt dies **Symbiose**. Ohne eine bestimmte Art von **Pilzen** können die Orchideen nicht keimen. Man unterscheidet hauptsächlich drei Arten von Orchideen, die Erdorchideen, die Epiphyten (das sind Orchideen, die nicht auf dem Boden, sondern als „Aufsitzer" auf einer anderen

Ordnung

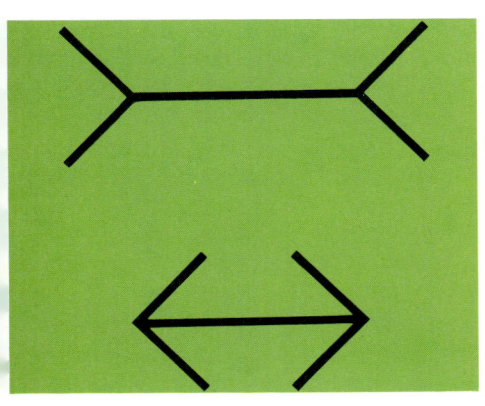

Orchidee (Cattleya violacea)

Das rote Quadrat und der rote Kreis scheinen deformiert zu sein. Das rote Quadrat hat aber in Wirklichkeit parallel verlaufende Seiten, der Kreis ist kreisrund. Die optische Täuschung kommt durch den Hintergrund (Kreise und Dreiecke) zustande (Bild oben)

Kreise, die von kleineren Kreisen umgeben sind, erscheinen dem Auge deutlich größer als Kreise, die von größeren Kreisen umgeben sind, auch wenn beide gleich groß sind (Bild Mitte)

Bei der Müller-Lyer-Täuschung erscheint die Linie, bei der die Winkel nach außen weisen, deutlich länger als die, bei der die Winkel nach innen weisen. Beide Linien sind jedoch gleich lang (Bild unten)

Pflanze, z. B. auf einem Baum, wurzeln) und die Kletterorchideen. Sehr verschieden sind die Formen ihrer Blüten. Es gibt sogar Blüten, die **Insekten** oder anderen Tieren gleichen. Meist haben sie sehr leuchtende Farben und einen starken, angenehmen Duft. Auch ihre Größe ist sehr unterschiedlich. Manche Blüten werden nur millimetergroß, andere wiederum bis 25 oder 30 cm.

Ordnung

Allgemein bezeichnet man als Ordnung einen Zustand, in dem alles geregelt ist (z. B. durch *Gesetze*) oder in dem sich eben einfach alles an seinem Platz befindet, dort, wo es nach allgemeiner Ansicht (*Normen*) hingehört. In der **Biologie** bezeichnet man die Zusammenfassung von

Ordnungszahl

verwandten *Familien* als Ordnung, entsprechend der *Klassifizierung* von Pflanzen und Tieren (*Systematik*): **Art**, **Gattung**, **Familie, Ordnung, Klasse, Stamm**. In der Soziologie spricht man von der sozialen Ordnung.

Ordnungszahl

Die Ordnungszahl eines **chemischen Elements** zeigt seine Stellung im **Periodensystem** der Elemente an. Sie ist identisch mit der Anzahl der positiven Elementarladungen des betreffenden *Atomkerns* und damit der ihn umgebenden **Elektronen**. (**Atom**)

Organ

Ein Organ ist bei den mehrzelligen Lebewesen ein Körperteil, der durch einen entsprechenden Bau und Aufbau im **Organismus** eine bestimmte Funktion ausübt. Die verschiedenen Organe eines Körpers stehen in wechselseitiger Beziehung. Als Organ wird aber auch die **Stimme**, im Rechtswesen eine Person, eine Gemeinschaft, die mit bestimmten Aufgaben betraut ist, und darüber hinaus eine Zeitung oder Zeitschrift in ihrer Eigenschaft als Sprachrohr einer Partei, einer Regierung oder eines Verbandes bezeichnet.

Organismus

Allgemein wird als Organismus ein mehrzelliger belebter Naturkörper bezeichnet. Die Samenpflanze z. B. mit all ihren **Organen** ist ein Organismus, der nur durch die geregelte Zusammenarbeit seiner Organe leben kann. Auch die vielzelligen Tiere und Menschen sind Organismen, deren Leben vom Zusammenwirken der einzelnen Organe abhängt. Durch die Ausbildung von **Geweben** und Organen innerhalb des Organismus besteht eine Arbeitsteilung. So ist z. B. das **Auge** das Sehorgan, die **Nase** das Riechorgan, die Niere das Organ der **Ausscheidung** usw. In einem *Organsystem* arbeiten verschiedene Organe für eine übergeordnete Aufgabe zusammen. Die Verdauungsorgane des Menschen z. B. stellen ein solches Organsystem dar.

Orientierung

Allgemein bezeichnet man als Orientierung die Fähigkeit, sich zeitlich und örtlich zurechtzufinden. Dies geschieht mit Hilfe des so genannten Raum- und Ortssinnes, der sich wiederum aus dem Zusammenwirken von **Tastsinn**, Gehör (**Ohr**) und *Raumsinn* des **Auges** ergibt. Bei Tieren versteht man unter dem Orientierungssinn das Vermögen, sich nach den aus der **Umwelt** auf sie einwirkenden Reizen auszurichten. (**Instinkt**)

Orkan

Als Orkan bezeichnet man einen sehr starken **Sturm** ab Windstärke 12 und mit Windgeschwindigkeiten über 117 km/h. Wegen ihrer Gewalt berüchtigt sind die tropischen Wirbelstürme **Hurrikan** und *Taifun*.

Oszillograf

Der Oszillograf ist ein elektrisches Messgerät, das schnelle *Schwingungsvorgänge* sichtbar macht und aufzeichnet. Beim Lichtstrahloszillografen wird ein kleiner Spiegel, der an einer Spule oder an einem kleinen Drehmagneten angebracht ist, aus seiner Nulllage elektromagnetisch abgelenkt. Ein von dem Spiegel abgelenkter Lichtstrahl wird dann auf einem ablaufenden Fotopapier in Form einer **Kurve** aufgezeichnet. Beim Katodenstrahloszillografen werden die aus einer **Elektronenröhre** ausgesandten Elektronenstrahlen mit einer Linsenelektrode punktförmig auf dem Leuchtschirm (**Bildschirm**) abgebildet. Ein so genannter Schnellschreiber, bei dem eine erhitzte Nadel auf wachsüberzogenem Papier schreibt oder das Papier von der Zeigerspitze durch Funkenüberschlag beschrieben wird, ist in der Lage, die Aufzeichnungen sofort sichtbar zu machen.

Oxid

Ein Oxid ist die Verbindung eines **chemischen Elements** mit **Sauerstoff**. Wenn **Blei** längere Zeit der Luft ausgesetzt wird, dann bekommt es einen grauschimmernden Belag. Es hat sich dann mit Luftsauerstoff verbunden und dadurch ist Bleioxid entstanden. Wird **Eisen** der Witterung ausgesetzt, dann beginnt es zu rosten, das heißt, das Eisen verbindet sich nicht nur mit Sauerstoff, sondern auch mit Luft-

Das 1976 dem Institut für Meereskunde an der Universität Kiel übergebene Forschungsschiff „Poseidon" wird zur ozeanographischen, meeresbiologischen und meeresgeologischen Erforschung der europäischen Rand- und Schelfmeere eingesetzt

feuchtigkeit. Rost ist also ein Eisenhydroxid (griechisch: hýdor = Wasser), da an seiner Entstehung Wasser beteiligt ist. Würde sich das Eisen nur mit Sauerstoff verbinden, dann entstünde ein Eisenoxid.

Ozeanografie

Als Ozeanografie bezeichnen wir die Meereskunde. Einer der ersten seefahrenden Forscher war Heinrich der Seefahrer aus Portugal. Er gründete sogar eine Marineakademie. Heute betreibt man die Forschungen mit Hilfe moderner Forschungsschiffe und verankerter Messbojen sowie unter Einsatz von Flugzeugen und Satelliten. Ein wesentlicher Schwerpunkt der modernen Ozeanografie ist die Untersuchung der Wechselbeziehungen zwischen Wasser- und Lufthülle der Erde, die für das Klima entscheidend sind.

Ozon

Ozon ist ein Sauerstoffgas mit dem chemischen Zeichen O$_3$, d. h., ein Molekül **Sauerstoff** enthält 2, ein Molekül Ozon 3 **Atome**. Im Gegensatz zum geruchlosen Sauerstoff riecht Ozon kräftig. Das Ozon ist das stärkste aller *Oxidationsmittel*; es reizt die Atemorgane und ist in größeren Konzentrationen giftig. Ozon entsteht in der Natur unter den Bedingungen der **ultravioletten Strahlung** oder elektrischer Entladungen (**Blitze**). Deswegen kann seine Konzentration (in Verbindung mit den sonstigen Umweltbelastungen) die **Grenzwerte** der Verträglichkeit überschreiten und gesundheitsgefährdend wirken. Das natürliche Ozon bildet andererseits in 15 bis 50 km Höhe die Ozonschicht, die das Leben auf der Erde vor schädlichen *Kurzwellenstrahlungen* aus dem All schützt. In den letzten Jahren ist ein Schwund der *Ozonschicht* über der **Arktis** und der **Antarktis** beobachtet worden, der in den Medien als „Ozonloch" bezeichnet wird (Verringerung um bis zu 60 Prozent). Zurückgeführt wird er vor allem auf die aus **Spraydosen** und in der **Industrie** freiwerdenden **Fluorchlorkohlenwasserstoffe** (FCKW). Deshalb ist eine drastische Reduzierung der FCKW-Produktion ein dringendes Anliegen des **Umweltschutzes**.

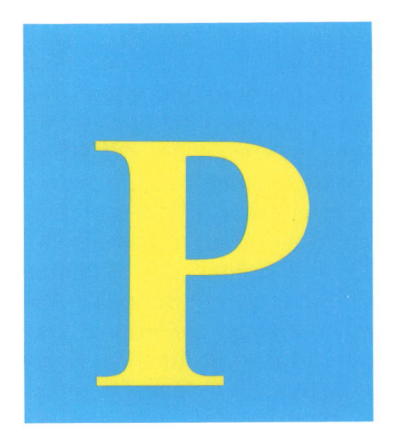

P

Palme

Palmen sind einkeimblättrige Pflanzen warmer Regionen mit meist hohen Stämmen und an der Spitze sitzenden so genannten Palmenwedeln. Das sind die gefiederten oder gefächerten großen Blätter. Je nach deren Aussehen unterscheidet man Fiederpalmen und Fächerpalmen. Zu den Fiederpalmen gehören Dattel- (Frucht: Datteln), Öl- (Gewinnung von Öl und Fett) und Kokospalme (Frucht: Kokosnuss), zu den Fächerpalmen die Südeuropa beheimatete Zwergpalme. Holz, Fasern und Blätter der Palmen werden von Naturvölkern zum Dachdecken verwendet.

Kaimane sind Alligatoren, die in den tropischen Binnengewässern Südamerikas vorkommen. In der Zoologie werden sie den Panzerechsen zugerechnet; sie tragen einen Hautpanzer aus dichten Hornschuppen

Panzer

Im Tierreich besitzen verschiedene Lebewesen wie **Krokodile** oder **Schildkröten** einen Panzer, der durch Hornplatten gebildet wird. **Gliederfüßer** haben einen Chitinpanzer, der den Körper als Schutz umschließt.

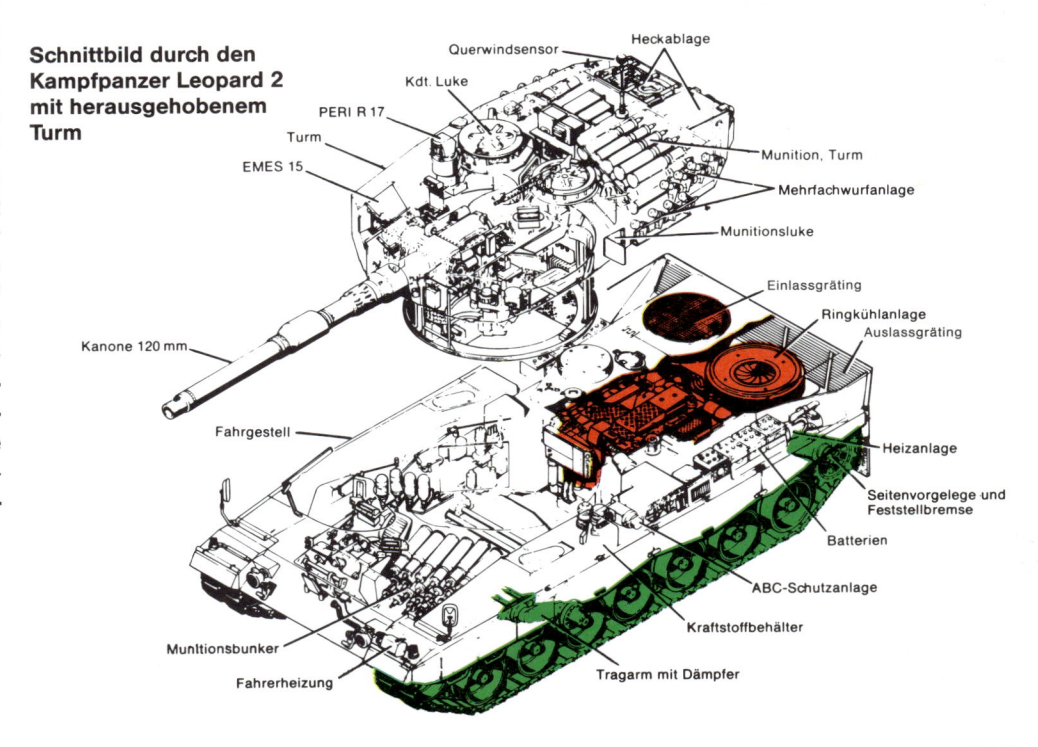

Schnittbild durch den Kampfpanzer Leopard 2 mit herausgehobenem Turm

Querwindsensor — Heckablage — Kdt. Luke — PERI R 17 — Turm — EMES 15 — Munition, Turm — Mehrfachwurfanlage — Munitionsluke — Einlassgräting — Ringkühlanlage — Auslassgräting — Kanone 120 mm — Heizanlage — Seitenvorgelege und Feststellbremse — Batterien — ABC-Schutzanlage — Kraftstoffbehälter — Fahrgestell — Munitionsbunker — Fahrerheizung — Tragarm mit Dämpfer

Papagei

Im militärischen Bereich war ein Panzer früher die Schutzrüstung eines Kriegers. Im 20. Jh. ist mit dem Wort Panzer das Panzerfahrzeug gemeint, ein Fahrzeug also, das durch eine dicke Stahlpanzerung gegen feindliche Geschosse geschützt ist. Panzerfahrzeuge kamen im Ersten Weltkrieg auf und waren damals wie im Zweiten Weltkrieg eine kriegsentscheidende Waffe. Heute zählen fast alle Heere der Welt Panzer zum Kern ihrer Armeen. Drei Viertel aller Panzer sind Kampfpanzer, die mit dicken Stahlplatten besonders geschützt sind. Sie haben eine Besatzung von drei Mann und verfügen durch eine Panzerkanone sowie durch zwei Maschinengewehre über eine hohe Feuerkraft. Daneben gibt es den *Schützenpanzer*, der bis zu acht Soldaten mit sich führen kann. Auch wurden Spezialfahrzeuge eingeführt, wie Aufklärungspanzer, Jagdpanzer, Flugabwehr- und schwere Pionierpanzer, die hydraulisch Brücken legen können. Zu den Spezialpanzern zählen auch Minenräum-, Flammen- und Raketenwerferpanzer.

Papagei

Papageien – es gibt über 300 Arten – haben meistens ein farbenprächtiges Gefieder, oft mit langen Schwanzfedern. Mit einem ihrer beiden Greiffüße (die Zehen sind paarig, zwei nach hinten und zwei nach vorn zu angeordnet) führen sie ihre Nahrung, die aus **Samen** und **Früchten** besteht, zu ihrem kräftigen Schnabel. Papageien sind Waldvögel, sie leben in den Baumwipfeln und sind in Amerika, Asien und Afrika beheimatet. Manche Arten können ein paar Sätze nachsprechen oder Melodien nachsingen, so der afrikanische Graupapagei und der *Wellensittich*. Sie gelten als besonders intelligent und werden nicht zuletzt deswegen auch gerne als **Haustiere** gehalten.

Papier

Papier ist ein Werkstoff, der vor allem aus Pflanzenfasern besteht und zum Bedrucken, zum Beschreiben oder als Packpapier verwendet wird. Das Wort Papier kommt von *Papyrus*, einer schilfartigen Pflanze, deren Stengelmark die alten Ägypter bereits als Schreibunterlage bzw. Schriftträger verwendet haben (**Hieroglyphen**). Es gibt sehr viele Papiersorten, vom feinsten Krepppapier bis zum groben Packpapier, die aber alle aus Fasern, Füll- und Leimstoffen sowie Wasser hergestellt werden. Den wichtigsten Rohstoff für Papier bekommt man durch das Schleifen ganzer Baumstämme (Holzschliff). Meist werden Nadelhölzer (Fichte, Tanne) als Papierholz verwendet. Das Fasergemisch wird – je nach Verwendungsart des Papiers – mit weiteren Faserstoffen aus *Altpapier* oder Leinen vermischt. Dieses Gemisch wird nun gebleicht und weiter zerkleinert, mit Füllstoffen und viel Wasser vermengt, ständig verrührt und mit weiteren Stoffen versetzt. Diese Papiermasse wird nun auf Siebe gegossen und in einer

Für die industrielle Herstellung von Papier wird als Ausgangsstoff der in Holz enthaltene Zellstoff verwendet

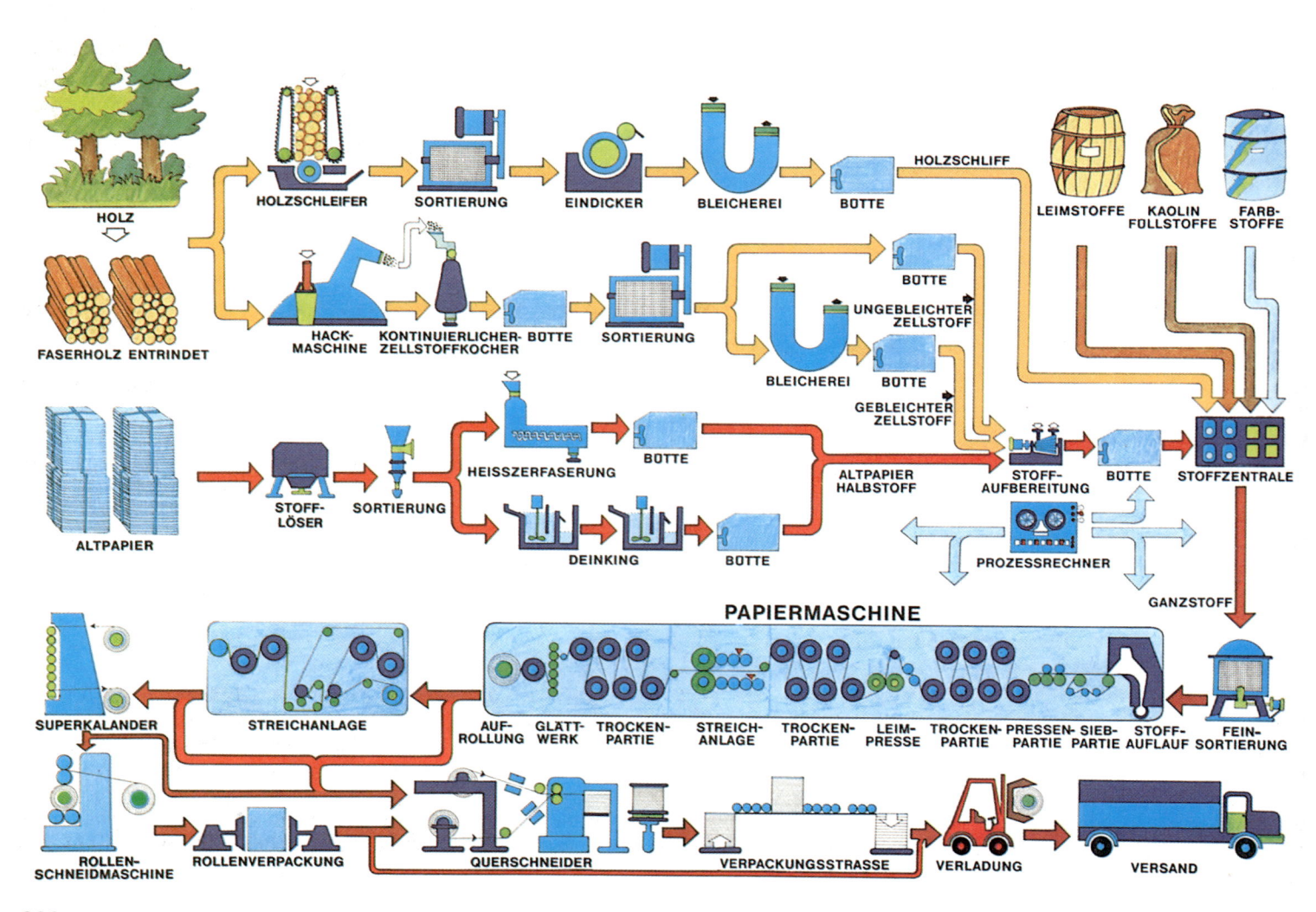

Kalanderanlage (Walzmaschinenanlage) entwässert, gepresst, mit Wasserzeichen versehen, getrocknet, gewalzt und am Ende aufgerollt oder in Bogen geschnitten und gestapelt. Zeitungspapier stellt man zum Teil völlig aus Altpapier her, um die Wälder vor Raubbau zu bewahren. Die Papierformate sind genormt; DIN A4 ist Briefbogenformat, DIN A6 Postkartenformat (Postkartengröße). Schulhefte haben meist das Format DIN A4, was einer Größe von 21,0 x 29,7 cm entspricht. Die Papierstärke wird durch das Gewicht je Flächeneinheit angegeben (z. B. Zeitungspapier ca. 55 g/m², Seidenpapier ca. 18 g/m², Pappe über 200 g/m²).

Paraboloidscheinwerfer

Ein Paraboloid stellt eine gekrümmte Fläche ohne Mittelpunkt dar. Bei der heute meist in Scheinwerfern verwendeten *Biluxlampe* liegt der Glühfaden für Fernlicht im **Brennpunkt** des Paraboloidscheinwerfers. Sein Licht tritt deshalb parallel zur Paraboloidachse aus. Der Glühfaden für das Abblendlicht, das getrennt eingeschaltet werden kann, sitzt einige Millimeter vor dem Brennpunkt und etwas höher. Die auf den unteren Teil des Spiegels auftreffenden Strahlen würden nach oben gelenkt werden. Dies aber verhindert ein Abdeckschirm unter dem Glühfaden, der die nach unten und direkt nach vorn ausgehenden Strahlen abfängt.

Parasiten

Parasiten (*Schmarotzer*) sind Lebewesen, die sich auf Kosten ihres Wirts ernähren, d. h. ihm ihre Nahrung entziehen (*Antibiose*; das Gegenteil ist die **Symbiose**) und ihn damit schädigen, z. B. **Pilze** an Baumstämmen. Man unterteilt in Außen- oder *Ektoparasiten* (sie leben auf der Körperoberfläche ihres Wirts) und Innen- oder *Endoparasiten* (sie leben im Inneren ihres Wirts). Bei den Pflanzen unterscheidet man zwischen Halb- oder *Hemiparasiten*, die dem Wirt nur Wasser und Bodensalze entziehen (z. B. die *Mistel*), und Voll- oder *Holoparasiten*, die ihren gesamten Nährstoffbedarf aus dem Wirt decken.

Passat

Passat nennen wir ein Windsystem, das über den tropischen Meeren vorherrscht. Seine große Beständigkeit wird durch das andauernde Luftdruckgefälle vom Bereich des subtropischen Hochs (z. B. Azorenhoch) zum **Tiefdruckgebiet** in Äquatornähe verursacht. Der Passat weht auf der Nordhalbkugel aus Nordost, auf der Südhalbkugel aus südöstlicher Richtung. Die alten Seefahrer haben auf ihren Segelschiffen die unterschiedlichen Passatwinde meisterhaft ausgenutzt.

Pelikan

Pelikane gehören zur Gattung der Ruderfüßer und sind ausgezeichnete Schwimmer. Sie zählen zu den größten Vögeln mit einer Flügelspannweite von 3 m. Am Unterschnabel besitzen sie einen Hautsack, der ihnen zum Fisch- und Krebsfang dient. Der Rosapelikan lebt an Binnengewässern Südosteuropas, Südwestasiens und Südafrikas. Der Meerespelikan, der an amerikanischen Meeresküsten beheimatet ist, hat eine dunkelbraune, an seiner Unterseite ins Weißliche übergehende Körperfarbe. Er besitzt eine besondere Eigenart – er fängt die Meeresfische im *Sturzflug*.

Hauptanwendung findet das Pendel bei Penduluhren. Das mit gleich bleibender Schwingungsdauer hin- und hergehende Pendel gibt das Gangwerk regelmäßig frei und unterbricht es

Pendel

Allgemein wird ein Körper, der um eine **Achse** oder einen Punkt frei schwingt, als Pendel bezeichnet. Schwingt eine Pendelkugel nach unten, wird Lageenergie in Bewegungsenergie, beim Hochschwingen Bewegungsenergie in Lageenergie (**Energie**) umgewandelt. Ein Pendel, das an einem Faden von 1 m Länge hängt, schwingt genau 1 s lang hin und 1 s zurück. Ein Pendel kann somit den Gang einer Uhr regulieren. Beim Fadenpendel hängt die Dauer der **Schwingung** allein von der Länge des Pendels ab. Je länger der Faden ist, desto länger dauert die Schwingung. Ein Pendel wurde auch benutzt, um die Erdbeschleunigung an verschiedenen Orten zu bestimmen. Ein ebenes Pendel behält aufgrund seiner Trägheit seine Schwingungsebene im Raum bei, wenn nicht zusätzliche Kräfte wirken. Diese zusätzlichen Kräfte können z. B. die so genannten *Corioliskräfte* (benannt nach dem französischen Physiker *Gas-*

pard *Gustave de Coriolis*, 1792–1843) auf der sich drehenden Erde sein, die an der Ablenkung von Luft- und **Meeresströmungen** sowie an der **Abtragung** der Flussufer beteiligt sind. Diese Erkenntnis machte sich 1851 der französische Physiker *Léon Foucault* (1819–1869) zunutze, als er im Pariser Panthéon einen Versuch durchführte, mit dem er die Drehung der Erde nachweisen konnte.

Periodensystem

Das Periodensystem der **chemischen Elemente** verzeichnet systematisch alle bisher bekannten chemischen Elemente: Die Stellenzuweisung im Periodensystem beruht auf der Feststellung, dass in der Reihenfolge der nach aufsteigender **Ordnungszahl** aufgelisteten Elemente in gewissen Abständen (*Perioden*) immer wieder solche mit ähnlichen chemischen Eigenschaften vorkommen.

Personalcomputer

Die Personalcomputer (*PC*) sind kleine, unabhängige **Computer** für den Einzelarbeitsplatz etwa im kaufmännischen Bereich oder zur *Textverarbeitung* bzw. für den Privathaushalt. Aufgrund zunehmend verwirklichter *Kompatibilität* (Zusammenschließbarkeit) lassen sie sich untereinander und mit Großrechnern vernetzen und ermöglichen so einen weit gefächerten elektronischen Austausch von *Daten*.

Pestizide

Pestizide ist die Sammelbezeichnung für giftige **Chemikalien** zur Vernichtung schädlicher Tiere, Pflanzen und Mikroorganismen. Bei langjährigem Einsatz von Pestiziden zur *Schädlingsbekämpfung* treten zahlreiche Nebenwirkungen auf. Pestizide hinterlassen Rückstände in den Nahrungsmitteln, reichern sich im tierischen und menschlichen Organismus an und sind mitverantwortlich für den Rückgang der **Arten**.

Pferde

Pferde sind Einhufer (**Huftiere**) und gehören zur Familie der Unpaarhufer. Sie treten nur mit der ausgebildeten dritten Zehe auf. Sie ernähren sich von Pflanzen und besitzen daher ein typisches Pflanzenfressergebiss, anhand dessen sich auch ihr Alter bestimmen lässt. Unser Hauspferd – es ist schon seit der Bronzezeit **Haustier** – stammt wahrscheinlich von drei verschiedenen Unterarten des wilden Pferdes ab: vom bereits ausgestorbenen Tarpan, vom ebenfalls schon ausgestorbenen Südrussischen Steppenwildpferd und vom mongolischen Wildpferd, von dem es noch heute einige Exemplare gibt. Pferde dienen dem Menschen schon seit vielen Jahrtausenden als Last-, Reit- und Zugtier. Die Eroberungszüge der Reitervölker (Parther, Hunnen, Mongolen, Kosaken und Araber) wären ohne sie undenkbar gewesen.
Man teilt die Pferde in drei Hauptgruppen ein: in die temperamentvollen, schnellen *Vollblüter* (Englisches Vollblut und Araber), die zahlreichen *Warmblutrassen* und die ruhigen, schweren *Kaltblutpferde*. Zu den Warmblütern – als den üblichen Reitpferden – zählen u. a. Hannoveraner und *Lipizzaner*. Die Lipizzaner – benannt nach dem Stammgestüt Lipizza bei Triest – werden allerdings primär als Dressurpferde eingesetzt (Spanische Hofreitschule in Wien). Typische Kaltblutpferde sind die Pinzgauer und die Haflinger. Nach der Farbe des Haarkleides unterscheidet man die Pferde nach Rappen, Fuchs, Brauner und Schimmel. Rappen haben schwarze Haare und eine schwarze Mähne, Füchse ein rotbraunes Fell und eine gleichfarbige Mähne. Der Braune besitzt ein rotbraunes bis dunkelbraunes Fell, einen schwarzen Schwanz und im unteren Teil der Beine ein schwarzes Haarkleid. Beim Schimmel sind Fell und Mähne weiß. Das männliche Pferd heißt *Hengst*, das kastrierte männliche Pferd *Wallach*, das weibliche *Stute* und das junge Pferd *Füllen* oder *Fohlen*. Die Pferdegangarten sind Schritt, Trab und Galopp. Zu den schönsten und beliebtesten Reitpferden gehört das Arabische Vollblut, ebenso wie das Englische, das aus einer **Kreuzung** von Araber mit europäischem Warmblut hervorging (Pferdezucht). Ein kleines, aber sehr zähes Zug- und Reittier – vor allem für die jungen Anfänger und Anhänger des Pferdesports – ist das *Pony*. Es wird nur etwa 1 m hoch. Zur Familie der Pferde zählen ferner auch das *Zebra* und der **Esel**.

Pflanzen

Pflanzen sind Lebewesen, deren Kennzeichen das **Blattgrün** (*Chlorophyll*) ist. Mit Hilfe des Chlorophylls baut die Pflanze unter Einwirkung des Sonnenlichts (**Fotosynthese**) die körpereigenen Stoffe aus anorganischen Stoffen auf. Pflanzen, die kein Blattgrün besitzen (z. B. **Bakterien**, **Pilze**), sind wie Tier und Mensch auf fertige **Nährstoffe** angewiesen. Die systematische Einteilung der Pflanzen geht auf das Linnésche Sexualsystem (nach *Carl von Linné*, 1707–1778) zurück. Heute unterscheidet man die Pflanzen nach *Samen-* und *Sporenpflanzen*.

Phon

Die Lautstärkeempfindungen unserer **Ohren** werden in Phonzahlen ausgedrückt (bezogen auf den Pegel des Normaltons von 1000 *Hertz*). Sie reichen von 0 Phon, der Hörschwelle, bis 130 Phon. Hier ist der Ton so laut, dass nur noch Schmerz empfunden wird (Schmerzschwelle). Heute misst man die *Lautstärke* international mit dB (*Dezibel*).

Phosphor

Phosphor ist ein **chemisches Element**, das isoliert in der Natur nicht vorkommt. Es ist in den *Phosphaten* enthalten, von denen die wichtigsten Apatit und Phosphorit sind. Zur Gewinnung von Phosphor werden Mineralphosphate zusammen mit **Kohle** und Quarzsand hoch erhitzt. Der dabei entweichende Phosphordampf verdichtet sich unter Wasser zu festem Phosphor. Beim Abkühlen von Phosphordampf entsteht weißer Phosphor. Er schmilzt bei 44,2 °C, siedet bei 280 °C und oxidiert an der Luft schon bei Zimmertemperatur (20–30 °C). Außerdem entzündet er sich an der Luft unter schwachem Leuchten sehr rasch selbst und wird daher unter Wasser aufbewahrt. Im Sonnenlicht überzieht er sich mit einer roten Kruste aus beständigerem rotem Phosphor. Phosphor wird für die Herstellung von **Pestiziden** (Schädlingsbekämpfungsmittel) und in Verbindungen für *Kunstdünger* verwendet. Der rote Phosphor ist für die Herstellung von **Zündhölzern** von Bedeutung.

Physik

Die Physik ist die Wissenschaft von den Vorgängen in der Natur, die durch Beobachtungen und Messungen festgehalten, weiterverfolgt und gesetzmäßig erfasst werden. Damit sind sie zugleich auch mathematisch darstellbar. Die Physik wird eingeteilt in: **Mechanik**, **Wärmelehre**, **Akustik**, **Optik** und in die Lehre von der **Elektrizität** einschließlich **Magnetismus**. Diese Disziplinen fasst man unter dem Begriff *Makrophysik* zusammen. Ihr

Pferde: Hannoveraner (oben links), Oldenburger (oben rechts), Anglo-Araber (unten links), Connemara-Pony (unten rechts)

gegenüber steht heute die *Mikrophysik*. Sie befasst sich mit den physikalischen Eigenschaften der **Atome, Moleküle** und *Elementarteilchen*.

Wichtige Bereiche der Mikrophysik, die insbesondere in den letzten fünfzig Jahren an Bedeutung gewonnen haben, sind die Laserphysik (**Laser**), die Festkörperphysik (die den Aufbau von **Metallen** und **Kristallen** erforscht) und die *Kernphysik* (**Kernspaltung**). Grundlagenforschung wird vor allem in der Teilchenphysik (Bestimmung der *Elementarteilchen*) und in der Astrophysik (Aufbau der **Sterne**, Entstehung und Entwicklung des **Weltalls**) betrieben. Zum Handwerkszeug des Physikers gehören elementare, wissenschaftlich exakt definierte Begriffe wie z. B. **Beschleunigung, Energie, Kraft, Masse** und **Temperatur.**

Die Physik ist die Grundlage des technischen Fortschritts.

Pigment

In der **Biologie** bezeichnet man die in Geweben von Menschen, Tieren (**Augen, Haut, Haare**) und Pflanzen vorkommenden Farbstoffe als Pigmente. Liegt eine übermäßige Pigmentierung durch Ablagerung von **Melanin** vor, färbt sich die Haut stellenweise dunkel. Das Fehlen von Pigmenten bezeichnet man als **Albinismus.**

Pilze

Der Steinpilz gilt als ausgezeichneter Speisepilz

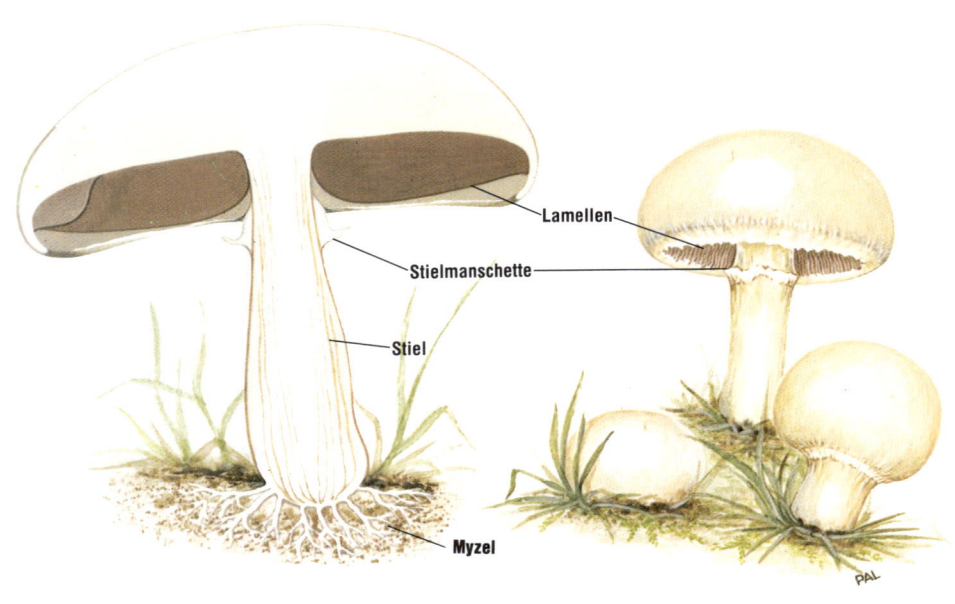

Die Ständerpilze zählen mit über 30 000 Arten zu den höheren Pilzen. Wichtige Merkmale für die systematische Einteilung sind u. a. Farbe, Stiel- und Hutform sowie die Beschaffenheit der Hutunterseite

Dieses Pinguinmännchen bebrütet allein mehrere Wochen lang das Eigelege und zehrt vom vorher angelegten Fettpolster. Das Weibchen kehrt erst nach der Brutzeit zurück

Pilze

Pilze besitzen weder **Wurzeln** noch **Blätter**. Sie bestehen aus Zellfäden (*Hyphen*), die zu *Myzelien* zusammenlaufen und bestimmte Formen bilden. Man unterscheidet *Blätterpilze* (z. B. den Champignon, aber auch den giftigen Fliegenpilz), *Röhrenpilze* (z. B. den Steinpilz) und *Leistenpilze* (z. B. den Pfifferling). Die Zuordnung zu diesen Gruppen erfolgt anhand der Beschaffenheit der Hutunterseite. Pilze sind im Gegensatz zu anderen Pflanzen nicht zur **Assimilation** fähig und beziehen daher ihre Nahrung z. B. von abgestorbenen Pflanzenteilen. Andere sind **Parasiten** oder leben in **Symbiose**. Diese Art der Ernährung der Pilze nennt man *heterotrophe Ernährung*. Giftige Pilze sind z. B. der Knollenblätterpilz, der Fliegenpilz, nicht giftige und somit genießbare Pilze sind z. B. der Steinpilz, Morchel, Pfifferling und Champignon, der auch als Zuchtpilz geeignet ist. Schimmelpilze, deren Kolonien als blaugrüne Flecken erscheinen, verderben unsere Nahrungsmittel (z. B. Brot und Obst). Der Hausschwamm zerstört Holz. Durch Zufall entdeckte der Engländer *Alexander Fleming* 1928, dass ein bestimmter Pilz (Penicillium notatum) einen Bakterien tötenden Stoff produziert. Nach dem Namen dieses Pilzes wurde der Stoff *Penizillin* genannt. Andere Penicilliumarten liefern weitere **Antibiotika**. Manche Pilze dienen wiederum zur Nahrungsherstellung (z. B. zur Jogurtherstellung, *He-*

fepilze zur Bier- und Weinherstellung). Pilzvergiftungen, z. B. nach dem Verzehr des Knollenblätterpilzes, gehen oft tödlich aus, da die Symptome (Erbrechen, Magenkrämpfe etc.) erst nach Stunden auftreten. Der Laie sollte daher vor dem Genuss der selbst gesammelten Pilze eine Pilzberatungsstelle aufsuchen. Die Pilzkunde heißt *Mykologie*.

Pinguine

Pinguine sind Meeresvögel der **Antarktis**, die jedoch nicht fliegen können. Ihre verkümmerten Flügel benutzen sie als Flossen. Pinguine sind gute Schwimmer und Taucher, was ihnen beim Fischfang zugute kommt. An Land stützen sie sich aufrecht stehend auf ihrem kurzen Schwanz ab. Der Kaiserpinguin ist mit 1,15 m größer als der Königspinguin, der ca. 100 cm erreicht. Die Pinguine brüten in Kolonien jeweils das einzige **Ei**, das das Weibchen legt, aus. Die Männchen bergen dabei das Ei über lange Zeit hinweg auf ihren Schwimmfüßen und trotzen den heftigsten Stürmen, ohne sich um ihre eigene Ernährung zu kümmern. Sie zeigen also ein ausgeprägtes, hoch entwickeltes Sozialempfinden.

Pipeline

Eine Pipeline ist eine Rohrleitung, in der **Erdöl**, **Erdgas** u. a. über größere Entfernungen befördert werden. Pipelines können über Land, unterirdisch und auch unter Wasser verlegt werden.

Planetarium

Ein Planetarium ist ein Raum, in dem der Fixsternhimmel und die scheinbaren Bahnen von **Sonne**, **Mond** und **Planeten** anschaulich dargestellt werden. Der Zuschauer sitzt in einem verdunkelten, halbkugelförmigen Raum. Auf die Innenfläche der Halbkugel wird das Bild des Fixsternhimmels sowie die Stellung von Sonne, Mond und Planeten projiziert.

Planeten

Als Planeten – auch Wandelsterne genannt – bezeichnet man Himmelskörper, die nicht aus sich selbst leuchten, sondern nur das Licht der Sonne oder eines anderen Sternes reflektieren. Sie bewegen sich nach den **keplerschen Gesetzen** in elliptischen Bahnen um die **Sonne**. Die heute bekannten Planeten sind **Erde**,

Bauarbeiten an einer Erdgaspipeline in Russland. Stützteile aus Beton geben der Rohrleitung im morastigen Boden Halt

Mars, Venus, Jupiter, *Merkur, Saturn, Uranus, Neptun* und **Pluto**. Die letzten drei sind für das bloße Auge nicht sichtbar. Die übrigen Planeten waren schon im Altertum bekannt; Uranus wurde 1781, Neptun 1846 und Pluto 1930 entdeckt. Merkur, Erde, Venus und Mars werden die erdähnlichen Planeten genannt, Jupiter, Saturn, Uranus und Neptun heißen die jupiterähnlichen Planeten. Die inneren Planeten Merkur und Venus werden von den äußeren Planeten durch die Erdbahn getrennt. Letztere entfernen sich nie weit von der Sonne und sind daher nur als Abend- oder Morgensterne zu sehen. Alle Planeten, bei denen eine Rotation festgestellt wurde, drehen sich rechtsläufig um ihre Achse. Die Zeit, die ein Planet braucht, um die Sonne einmal zu umlaufen, heißt Planetenjahr. (Abb. S. 212)

Planetensystem

Das Planetensystem, auch *Sonnensystem* genannt, fasst alle Himmelskörper zusammen, die dauernd der Anziehung der **Sonne** und der **Planeten** unterworfen sind. Dazu gehören: neun Planeten, 32 **Monde**, etwa 50 000 **Planetoiden**, außerdem **Kometen, Meteore**, *Sternschnuppen* und die Materie des *Zodiakallichts* (das durch kosmische Staubmassen entstanden ist und sich in der Ebene der Erdbahn um die Sonne bewegt). Alle diese Himmelskörper bewegen sich nach den **keplerschen Gesetzen** in elliptischen Bahnen um die Sonne, die auch den Schwerpunkt des Planetensystems darstellt. Die Gesamtmasse des Planetensystems beträgt rund 450 Erdmassen; dies entspricht 1/750 der Sonnenmasse.

Die wichtigsten Daten der Planeten

Planeten	Durchmesser km	Entfernung v. d. Sonne Mill. km	Entfernung v. d. Erde Mill. km	Umlaufzeit Jahre	Tage
Merkur	4 840	58	91		88
Venus	12 112	108	41		225
Erde	12 756	149	–		365
Mars	6 800	228	79	1	321
Jupiter	142 800	778	629	11	315
Saturn	120 670	1 426	1 279	29	167
Uranus	50 800	2 868	2 724	84	4
Neptun	49 200	4 494	4 375	164	280
Pluto	2 700	5 899	5 768	248	315

Planetoiden

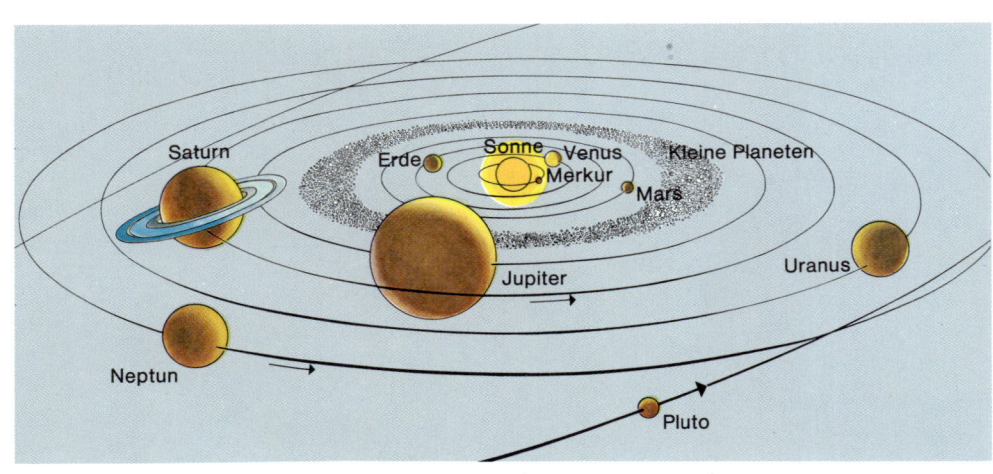

Die Umlaufbahnen der Planeten um die Sonne (Schemazeichnung)

Planetoiden

Planetoiden sind kleine **Planeten** und stellen eine große Gruppe nur mit dem **Fernrohr** erkennbarer Himmelskörper dar. Sie bewegen sich nach den **keplerschen Gesetzen** fast ausschließlich zwischen **Mars** und **Jupiter** um die **Sonne**. Ihre Gesamtzahl beläuft sich auf etwa 50 000. Entstanden sind die Planetoiden vermutlich durch die Zerstörung eines so genannten Mutterplaneten.

Plankton

Plankton nennt man die Gesamtheit der im **Wasser** schwebenden Kleinstlebewesen (Planktonten oder Plankter). Die Tiere heißen Zooplankton, die Pflanzen Phytoplankton. Je nach Vorkommen unterscheidet man Süßwasser- und Meeresplankton. Diese Lebewesen haben kaum eine Eigenbewegung; sie treiben mit der Strömung dahin. Zum Zooplankton gehören u. a. die Kleinkrebse (**Krustentiere**), die **Quallen** und die **Larven** (Jugendstadien). Zum Phytoplankton zählen **Algen** und **Bakterien**. Für viele **Fische**, sogar für **Wale**, bildet der Sauerstofflieferant Plankton die Ernährungsgrundlage. Durch immer größere Verschmutzung der Gewässer (z. B. durch Öl), wird jedoch vor allem das Zooplankton gefährdet. Dies führt zu einer Kettenreaktion: Der Bestand der Fische reduziert sich und somit auch eine der Nahrungsquellen des Menschen.

Krebsembryonen. Nur im Jugendstadium ist der Krebs dem Plankton zuzurechnen

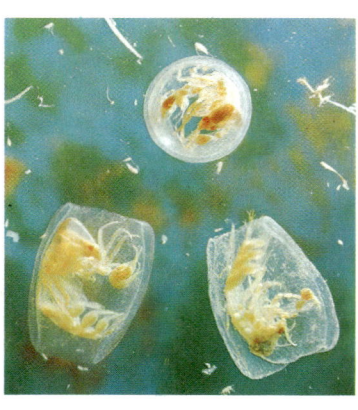

Plasma

Unter Plasma versteht man zunächst die Zellflüssigkeit (Protoplasma der **Zelle**) und die gerinnbare Flüssigkeit des **Blutes** (Blutplasma). In der **Physik** stellt Plasma einen **Aggregatzustand** dar, und zwar ein ionisiertes **Gas** aus **Ionen**, **Elektronen** und neutralen Teilchen.

Plotter

Ein Plotter ist ein elektronisches Zeichengerät, das an eine Datenverarbeitungsanlage (**CAD/CAM**) angeschlossen ist. Durch diesen Plotter werden Daten, die in der Anlage gespeichert sind, auf Papier grafisch dargestellt. Anforderungen an einen Plotter bestehen in einer hohen Arbeitsgeschwindigkeit, Zeichengenauigkeit und Glätte der Kurvenzeichnung.

Pluto

Pluto ist der neunte – 1930 entdeckte – **Planet** des **Planetensystems**. Möglicherweise handelt es sich bei ihm um einen ehemaligen Neptunmond.

Plutonium

Plutonium gehört zur Gruppe der so genannten Transurane und ist ein **chemisches Element** (mit dem Zeichen Pu), das eine höhere **Ordnungszahl** (94) als **Uran** (92) besitzt. Plutonium (Pu 239) erhält man durch den Neutronenbeschuss von Uran 238 im Kernreaktor, d. h., unter Beschuss mit Neutronen findet – wie bei Uran 235 – eine **Kernspaltung** statt. Daher ist das Plutonium ebenfalls in der Lage, eine Energie liefernde **Kettenreaktion** zu erzeugen. Es wird deshalb in *Kernreaktoren* und *Atombomben* verwendet. Plutonium ist sehr gesundheitsschädlich, da es sich in den Knochen ablagert und den Organismus radioaktiv verseucht.

Pol

In der **Astronomie** und der **Geografie** bezeichnet man den jeweiligen Endpunkt der **Achse** eines sich drehenden Körpers als Pol, z. B. bei der Erde die geografischen Pole *Nordpol* (**Arktis**) und *Südpol* (**Antarktis**). In der **Physik** wird so die Anschlussklemme an eine Stromquelle genannt (*Plus*- bzw. *Minuspol*, **Anode**). Das Ende eines magnetischen Dipols ist ein magnetischer Pol. (**Magnet**)

Polarforschung

Die Polarforschung ist die Erforschung der Polargebiete (**Antarktis, Arktis**). Zunächst fielen unter diesen Begriff nur die Entdeckungsfahrten, dann erweiterte er sich zur wissenschaftlichen Erforschung in klimatischer, biologischer, wirtschaftlicher, geologischer und verkehrsstrategischer Hinsicht. Erst die modernen Verkehrsmittel wie **Eisbrecher** (1930), **Flugzeuge** (erstmals 1914 am Nordpol eingesetzt) und Unterseeboote (erstmals 1931 im Bereich des Nordpols; 1958 durchquerte das atomgetriebene **U-Boot** Nautilus unter der Eisdecke die Arktis) ermöglichten eine intensive, gezielte Polarforschung. Zu diesem Zweck wurden ferner wissenschaftliche Forschungsstationen (Landstationen) eingerichtet.

Polarlicht

Das Polarlicht ist eine Erscheinung in den **Polarzonen** in 100–600 km Höhe. Von der Sonne abgestrahlte elektrisch geladene Teilchen treffen hier auf Luftmoleküle der oberen **Atmosphäre** und bringen sie zum Leuchten.

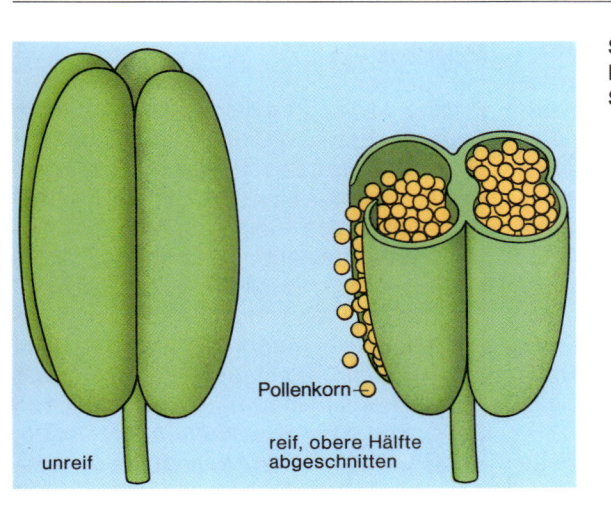

Staubblatt der Kirsche mit Pollensack, Pollenkörnern und Staubfaden

unreif / reif, obere Hälfte abgeschnitten / Pollenkorn

Polarluft

Als Polarluft bezeichnet man die Zufuhr (ursprünglich polarer) Luftmassen gemäßigter Breiten, die an der *Polarfront* wirksam werden. Die Polarfront ist in der Meteorologie (Wetterkunde) die Grenzfläche zwischen der ursprünglichen polaren Kaltluft und der tropisch-subtropischen Warmluft.

Polarzonen

Die Polarzonen (kalte Zonen) sind die Gebiete innerhalb des nördlichen bzw. südlichen *Polarkreises*. (**Klima**)

Pollen

Pollen (*Blütenstaub*) sind die männlichen Sporen der Samenpflanzen. Ein Pollenkorn ist winzig klein. Durch **Bestäubung**, z. B. durch den **Wind** oder durch **Insekten**, werden die Pflanzen befruchtet. Nachdem sich ein Pollen auf der Narbe einer **Blüte** niedergelassen hat, beginnt er zu keimen. Es entsteht ein Pollenschlauch, der sich in den Fruchtknoten vorarbeitet. Aus dem Pollen gelangen so die zwei **Zellen** ins Innere des Fruchtknotens, wo eine sich mit einer **Eizelle** vereint (**Befruchtung**). Diese entwickelt sich zu einem winzigen Pflänzchen (Keimling).
Die *Pollenanalyse*, eine mikroskopische Untersuchung von im Boden erhalten gebliebenen Pollen, ermöglicht es, das Alter und den Zeitpunkt des Bestehens bestimmter Pflanzen festzustellen, was wiederum Rückschlüsse auf das **Klima** zulässt, das zu dieser Zeit geherrscht hat. Einige Pollen führen bei manchen Menschen zu **Allergien** (z. B. *Heuschnupfen*).

Porzellan

Porzellan ist feinste *Keramik*. Es besteht aus einem Gemisch von geschlämmtem *Kaolin*, fein gemahlenem *Feldspat* und **Quarz**. Aus dieser Masse werden dann Teller, Tassen und Schüsseln geformt. Dabei verwendet man entweder eine drehbare Töpferscheibe oder Schablonen. Henkel von Tassen und Ähnliches werden nachträglich „angarniert". Dann lässt man die Gegenstände trocknen und brennt sie anschließend bei etwa 900 °C. Nach dem Brennen taucht man die Ware in *Glasur*. Sie ähnelt der Porzellanmasse, ist aber noch zusätzlich mit Feldspat, *Kalk* und *Dolomit* durchsetzt. So entsteht beim Glattbrand (etwa 1400 °C) der Glasüberzug. Dann wird das Porzellan entweder durch Bemalen oder durch Bedrucken verziert. Das Ursprungsland des Porzellans ist China, wo es wahrscheinlich schon seit dem 7. Jh. erzeugt wird. Unabhängig davon gelang im frühen 18. Jh. in Deutschland die Porzellanherstellung *(E. W. von Tschirnhaus und F. J. Böttger)*. Die berühmteste deutsche Porzellanmanufaktur ist Meißen (Meißner Porzellan), gegründet 1710. Die Porzellanmarke nennt die Herkunft des Porzellans und auch das Datum der Herstellung.

Porzellanverzierung: Golddekore und Linien werden auch heute noch von Hand aufgemalt. Die Arbeit erfordert Präzision und Geschicklichkeit

Primaten

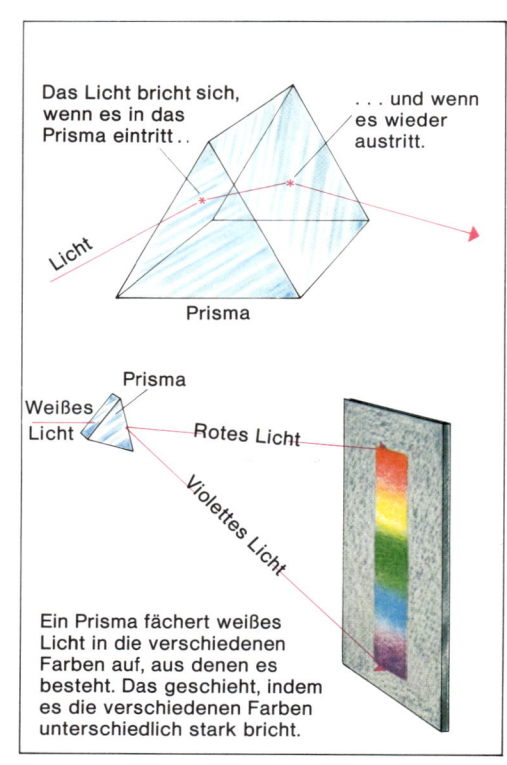

Das Licht bricht sich, wenn es in das Prisma eintritt..
...und wenn es wieder austritt.

Ein Prisma fächert weißes Licht in die verschiedenen Farben auf, aus denen es besteht. Das geschieht, indem es die verschiedenen Farben unterschiedlich stark bricht.

Lichtbrechung in einem Prisma

Primaten

Die Primaten, auch Herrentiere genannt, sind die Ordnung hoch entwickelter **Säugetiere**. Zu ihnen rechnet man außer dem Menschen auch **Halbaffen** und **Affen**. Primaten haben einen gut ausgeprägten *Gehör-* und **Tastsinn**, Greifhände mit fünf Fingern und nach vorn gerichtete **Augen**.

Prisma

Ein Prisma ist in der Geometrie ein *Körper*, dessen Grund- und Deckfläche parallele, übereinstimmende Vielecke sind. In der **Optik** besteht ein Prisma aus lichtdurchlässigem und lichtbrechendem Material (**Glas**, **Quarz**). Ein Lichtbündel wird mit Hilfe des Prismas durch Brechung zerlegt, d. h., ein Lichtstrahl wird bei seinem Weg durch ein Prisma in seiner gerade verlaufenden Linie gebrochen. Bei dieser Brechung lassen sich die Spektralfarben erkennen (**Farbenlehre**). Prismen werden u. a. auch für **Fotoapparate** und **Fernrohre** verwendet.

Programmierung

Als Programmierung bezeichnet man das Aufstellen eines *Programmes* mit verschlüsselter Arbeitsvorschrift für Datenverarbeitungsanlagen (**Datenverarbeitung**). Es gibt Programmiersprachen für verschiedene Bereiche, z. B. für den kaufmännischen Bereich **COBOL**, für die Mathematik **ALGOL** und *FORTRAN*; weitere Sprachen sind **BASIC**, *PASCAL* sowie *JAVA (Internet)*. Für die Programmierung legt man zunächst den Programmablauf fest und untersucht ihn auf logische Fehler hin. Dann überträgt man das Programm in eine geeignete Programmiersprache, d. h., man codiert es. Nächster Schritt ist die Umsetzung der Übertragung auf einen geeigneten *Datenträger*, von dem das Programm in die Datenverarbeitungsanlage eingespeichert wird.

Propeller

Der Propeller dient zum Antrieb von Luftfahrzeugen (**Flugzeugen** und **Hubschraubern**) und **Schiffen**. Die sich drehende Flügelschraube mit zwei oder mehreren Flügeln saugt Luft bzw. Wasser an und schleudert sie bzw. es dann nach hinten weg, wodurch das Fahrzeug in die entgegengesetzte Richtung getrieben wird (*Schwerkraft*). Propeller werden auch zur Erzeugung von Wasser- bzw. Luftströmen (**Ventilator**) verwendet.

Proton

Das Proton ist ein Elementarteilchen und neben dem **Neutron** einer der beiden Bausteine des Atomkerns. Es besteht aus einem positiven Ladungskern, der von einer positiven Ladungswolke umgeben ist.

Propeller dienen als Vortriebsmittel von Luftfahrzeugen

Psyche

Psyche ist das griechische Wort für *Seele*. Davon werden die Begriffe abgeleitet, die sich auf die Beschäftigung mit dem menschlichen Verhalten, mit den geistigen Vorgängen und den psychischen Funktionen beziehen, zu denen *Denken*, *Wahrnehmen*, *Fühlen* und *Lernen* gehören. Die Wissenschaft, die sich mit diesen Fragen befaßt, nennt man *Psychologie*. Der *Psychiater* (Facharzt für Nerven- und Gemütskrankheiten) befasst sich mit den Störungen und Krankheiten der Seele. Seine wichtigste Methode ist die *Psychoanalyse*. Mit ihr versucht er, dem Patienten unbewusste, meist in der Kindheit entstandene Konflikte bewusst zu machen. Weitere Methoden der *Psychotherapie* sind die Gesprächs- und die Verhaltenstherapie, durch die dem Patienten Einsicht in die unbewussten Gründe seines Handelns vermittelt werden soll. *Psychopharmaka* sind Substanzen, die auf das **Zentralnervensystem** einwirken und die psychischen Funktionen beeinflussen. Die *Psychosomatik* befasst sich mit jenen organischen Störungen, die ihre Ursachen in psychischen Faktoren haben.

Pubertät

Die Zeit der eintretenden *geschlechtlichen Reife* mit den entsprechenden körperlichen und geistig-seelischen Veränderungen wird als Pubertät bezeichnet.

Pumpe

Pumpen verwendet man zur Förderung von Flüssigkeiten und **Gasen** und zur **Verdichtung** oder zum Verdünnen von Gasen. Die beiden wichtigsten Pumpentypen sind die *Kolbenpumpe* und die *Kreiselpumpe*. Die Kolbenpumpe besteht aus einem **Zylinder**, in dem sich ein Kolben bewegt. An ihm ist im rechten Winkel ein Rohr angebracht. Wird der Kolben nun aus dem Zylinder gezogen, entsteht im Rohr ein Unterdruck, durch den ein **Ventil** (Saugventil) geöffnet wird und Flüssigkeit in das Rohr strömt. Wird der Kolben nun in den Zylinder zurückgedrückt, so schließt sich das Saugventil; dafür öffnet sich das Druckventil, das Wasser steigt im Rohr. Dieser Vorgang wiederholt sich so schnell, dass große Wassermassen aus der Tiefe eines Brunnens gefördert werden können. Kreiselpumpen haben den Vorteil, dass die Flüssigkeit nicht stoßweise wie bei der Kolbenpumpe, sondern gleichmäßig gepumpt wird. Dafür aber muss sie vor Inbetriebnahme mit Wasser gefüllt werden, da die Luft im Laufrad einer leeren Kreiselpumpe nicht genügend Saugkraft hat. Bei der Kraftstoffpumpe des Autos wird eine dünne **Membran** hin- und herbewegt, deshalb bezeichnet man sie auch als *Membranpumpe*.

Pythagoras

Der griechische Philosoph und Mathematiker *Pythagoras* (6. Jh. v. Chr.) sah in den Zahlen die Grundlage der Weltordnung. Er entdeckte, dass in der Natur bestimmte, natürlich begründete Zahlenverhältnisse existieren. Von ihm stammt der geometrische Lehrsatz, den man auch den pythagoreischen Lehrsatz oder kurz Pythagoras nennt. Dieser besagt Folgendes: Die Flächeninhalte der zwei Quadrate über den kurzen Seiten a und b (*Katheten*) eines rechtwinkligen Dreiecks sind gleich dem Flächeninhalt des Quadrats über der langen Seite c (*Hypotenuse*).

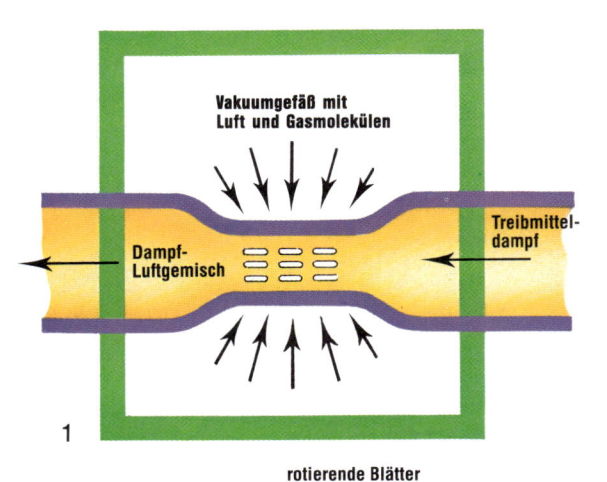

Die Abbildung zeigt einige der wichtigsten Spezialpumpen

Vakuumpumpe (1). Dampf strömt in die Röhre, die an ihrer engsten Stelle Löcher hat. Durch diese Löcher strömt Luft aus einem angeschlossenen Gefäß ein. Ein Vakuum entsteht im Gefäß und ein Dampf-Luftgemisch in der Röhre

Kreiselpumpe (2). Die Arbeitsübertragung an der Förderflüssigkeit erfolgt hierbei durch Strömungsvorgänge am Laufrad

Zahnradpumpe (3). Die Flüssigkeit umfließt zwei Zahnräder, die sich drehen

Kolbenpumpe als Saugpumpe (4). Wird der Kolben aus dem Zylinder gezogen, entsteht Unterdruck im Rohr. Das Ventil öffnet sich, Flüssigkeit strömt in das Rohr. Beim Zurückdrücken des Kolbens schließt sich das Saugventil, das Druckventil öffnet sich, und das Wasser steigt im Rohr

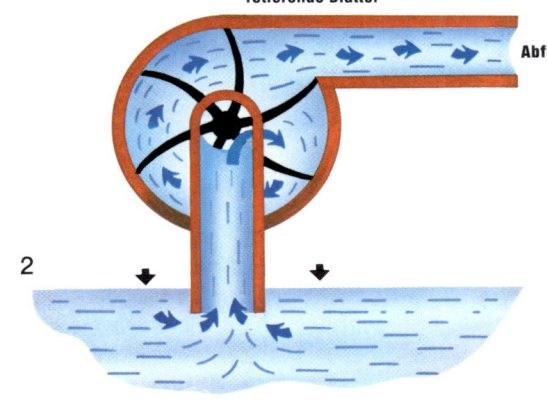

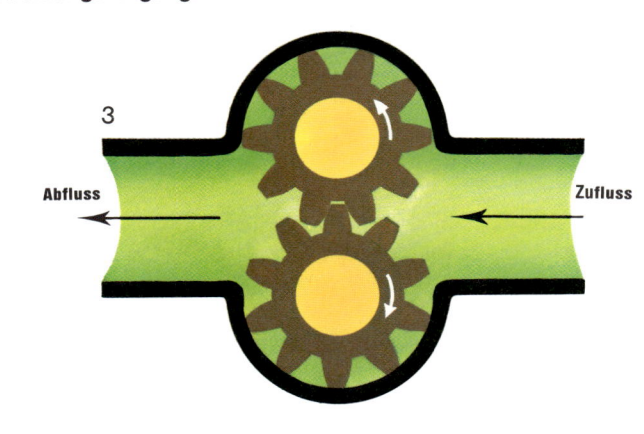

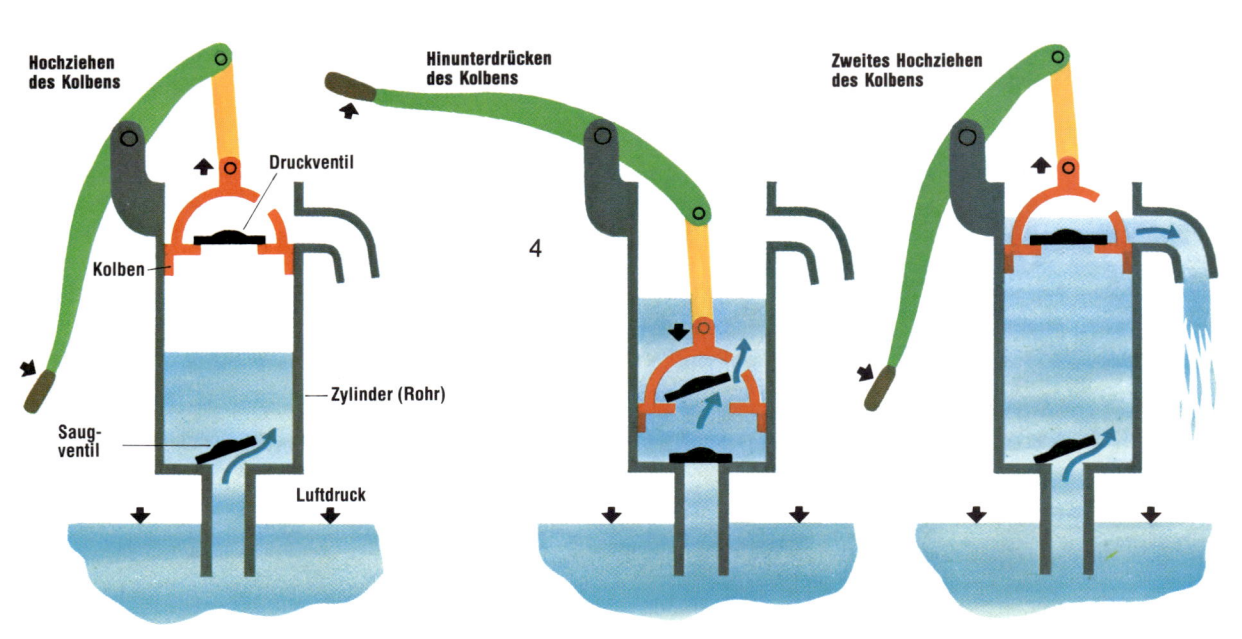

Quant

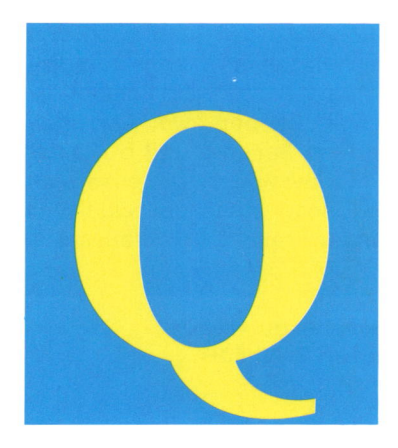

Quant

Quant ist eine allgemeine Bezeichnung für den kleinsten Wert einer physikalischen Größe. So ist z. B. das **Licht** aus Lichtquanten (*Photonen*) aufgebaut. Die *Quantenmechanik* stellt ein Teilgebiet der modernen **Physik** dar, das die Gesetze des **Atoms** und seiner Bausteine zum Gegenstand hat.

Quarks

Quarks sind *Elementarteilchen,* die lange Zeit als kleinste Bausteine aller **Materie** galten. Neueste Forschungsergebnisse

Blick auf die Versuchsanlage des Teilchenbeschleunigers des europäischen Forschungszentrums für Teilchenphysik (CERN) in Genf (Schweiz)

deuten jedoch darauf hin, dass sie wiederum aus kleineren Strukturen von nur einem hundertmillionstel milliardstel Zentimeter Größe bestehen. Quarks sind die Bausteine der **Protonen** und **Neutronen** in *Atomkernen.* Der Nachweis ihrer Existenz erfolgt in so genannten *Teilchenbeschleunigern,* ringförmigen Experimentalanlagen der *Kernphysik,* in denen man elektrisch aufgeladene Teilchen mithilfe von *Magnetfeldern* nahezu auf *Lichtgeschwindigkeit* beschleunigen und kollidieren lassen kann.

Quartär

Das Quartär ist die jüngste, bis in unsere Gegenwart reichende geologische Formation der *Erdneuzeit* (**Erdgeschichte**). Es gliedert sich in *Pleistozän* (Diluvium) und *Holozän* (Alluvium). Im Pleistozän wechselten **Eiszeiten** (Glaziale) mit Warmzeiten (Interglazialen) ab (Eiszeitalter). Das Holozän wird als Nacheiszeit (Postglazialzeit) bezeichnet. Die chronologische Erforschung der Erdzeitalter stützt sich auf verschiedene Analysen, z. B. auf die *Pollenanalyse* und auf die Altersbestimmung mit Hilfe der Jahresringe von Bäumen (**Baumringe**).

Gemeiner Quarz (links), Milchquarz (rechts)

Quarz

Quarz ist neben Feldspat das häufigste Mineral (**Mineralien**). Quarze sind z. B. der klare *Bergkristall,* der bräunliche *Rauchquarz,* der lilafarbene *Amethyst* und der rosafarbene *Rosenquarz.* Diese Schmucksteine (früher Halbedelsteine) werden zu Schmuck verarbeitet. Als Rohstoff dient Quarz zur Porzellan- und zur Glasherstellung (**Glas, Porzellan**). Weiterhin finden Quarzkristalle z. B. in der **Optik** (**Prisma**) und in der **Nachrichtentechnik** Verwendung. Sehr große Bedeutung hat Quarz heute in der Uhrenindustrie (**Quarzuhr**). Aus Quarzsand stellt man **Mörtel**, **Zemente** und Schleifmittel her.

Quarzuhr

Eine Quarzuhr ist eine Präzisionsuhr, die die elastischen **Schwingungen** (so genannte „Dickenschwingungen"), die ein *Quarzkristall* unter gewissen Bedingungen ausführt, zur Zeitmessung nutzt. Ein geeignet geschnittener Quarzkristall (Schwingquarz) wird periodisch elektrisch aufgeladen. Man bedient sich dabei des so genannten *piezoelektrischen Effekts.* Er besteht darin, dass sich ein **Kris-**

tall durch mechanischen Druck oder Zug elektrisch auflädt und sich dann ausdehnt bzw. zusammenzieht. Entdeckt wurde dieser Piezoeffekt 1883 von *Pierre Curie*. Das Sichausdehnen und Sichzusammenziehen des Kristalls wird benutzt, um ihn zu elastisch-mechanischen Schwingungen anzuregen. Die Schwingungszahl (**Frequenz**) dieser Schwingungen kann in weiten Grenzen gewählt werden (zwischen 8192 Hz und 5 Mhz). Im Wesentlichen besteht die Quarzuhr aus einem Röhrchen- oder Transistorsender, dessen Schwingungskreis durch einen Schwingquarz gesteuert wird. Die am Kristall abnehmbare Wechselspannung besitzt eine nahezu gleich bleibende Frequenz. Durch Frequenzuntersetzungsschaltungen oder durch einen Hochfrequenzmotor lässt sich damit ein normales Uhrwerk antreiben, das äußerst genau die Zeit messen kann. Die Zeitangabe bei Quarzuhren erfolgt meist digital mit Hilfe von *Leuchtdioden* (**LCD-Anzeige**).

Quarzuhr: Digitalanzeige mit Leuchtdioden und Analoganzeige (Zeiger und Zifferblatt)

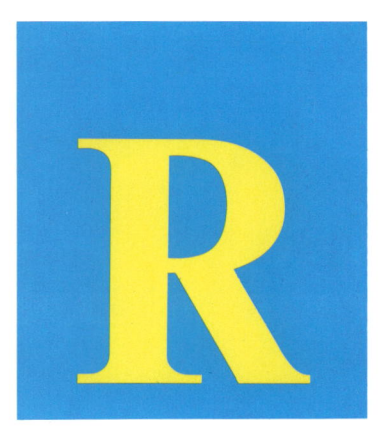

Quecksilber

Quecksilber ist ein **chemisches Element** mit dem Zeichen Hg. Es gehört zu den metallischen Elementen und hat eine silbrige Färbung. Bei normaler Temperatur ist es flüssig und verdampft zusehends. Sein Erstarrungspunkt liegt bei -38,87 °C, sein Siedepunkt bei 357 °C. Quecksilberdampf ist überaus giftig. Von verdünnter Schwefel- oder *Salzsäure* wird Quecksilber nicht angegriffen, ist aber in **Salpetersäure** löslich. Verwendung findet es als Füllung von **Thermometern, Barometern** und *Manometern*, als elektrisch leitendes flüssiges Kontaktmittel, als **Katalysator** bei chemischen **Synthesen**, in Quecksilberdampflampen und bei der Gewinnung von Gold und Silber. Quecksilber findet sich in Quecksilbererzen, von denen das wichtigste *Zinnober* ist. Es kommt hauptsächlich in Almadén (Spanien), Idrija (Slowenien) und in der Toskana (Italien) vor. Gewonnen wird Quecksilber durch Röstung von Quecksilbererzen. Die dabei entweichenden Quecksilberdämpfe werden in Ton- und Eisenröhren verdichtet.

Quelle

Die Quelle ist der Ursprung eines Baches. Das zutage tretende Quellwasser entstammt dem **Grundwasser**, also den **Niederschlägen** der **Atmosphäre**, nur selten dem tiefen Erdinneren. Dort, wo das Land an der Küste unter dem Meeresspiegel liegt, können Quellen auch vom Meer gespeist werden.

Quelle im Hungerbrunnental in der Schwäbischen Alb

R

Radar

Das Wort Radar besteht aus englischen Abkürzungen, die übersetzt bedeuten: „Erkennen von Objekten und Messen ihrer Entfernung durch Radiowellen" (**Ra**dio **d**etection **a**nd **r**anging). Der Raum wird also mit elektromagnetischen Strahlen (**elektromagnetische Wellen**) ausgelotet. Trifft ein Strahl auf ein Hindernis, wird er zum **Sender** zurückgeworfen. Ausgesendet werden diese Strahlen von einer sich drehenden Radarantenne, die einen Kreis von bestimmter Größe ausleuchtet. Trifft ein Strahl auf ein Gebäude, wird er stärker reflektiert als z. B. von Sträuchern. Die **Antenne** empfängt die zurückgestrahlten Wellen wieder. Sie werden auf einem **Radarschirm** sichtbar gemacht. Dadurch kann das Objekt geortet werden. Der Radar wurde im Zweiten Weltkrieg entwickelt und war für den Sieg der Alliierten im See- und im Luftkrieg von entscheidender Bedeutung. Der Radar ist auch heute aus der **Navigation** im Flug- und im Schiffsverkehr nicht mehr wegzudenken (**Fluglotse, Flugsicherung**).

Radarschirm

Der Radarschirm ist Hauptbestandteil eines Radargerätes. Mit seiner Hilfe werden die von Gebäuden und anderen Hindernissen zurückgeworfenen Strahlen (**Radar**) sichtbar gemacht. Wir können einen Radarschirm mit einem runden Fernsehschirm vergleichen, da es sich in beiden Fällen um eine Kathodenstrahlröhre handelt (**Bildröhre**). Mit der gleichen Geschwindigkeit, mit der sich die Radarantenne dreht (10 Umdrehungen pro Minute), bewegt sich ein *Kathodenstrahl* wie

Radioaktivität

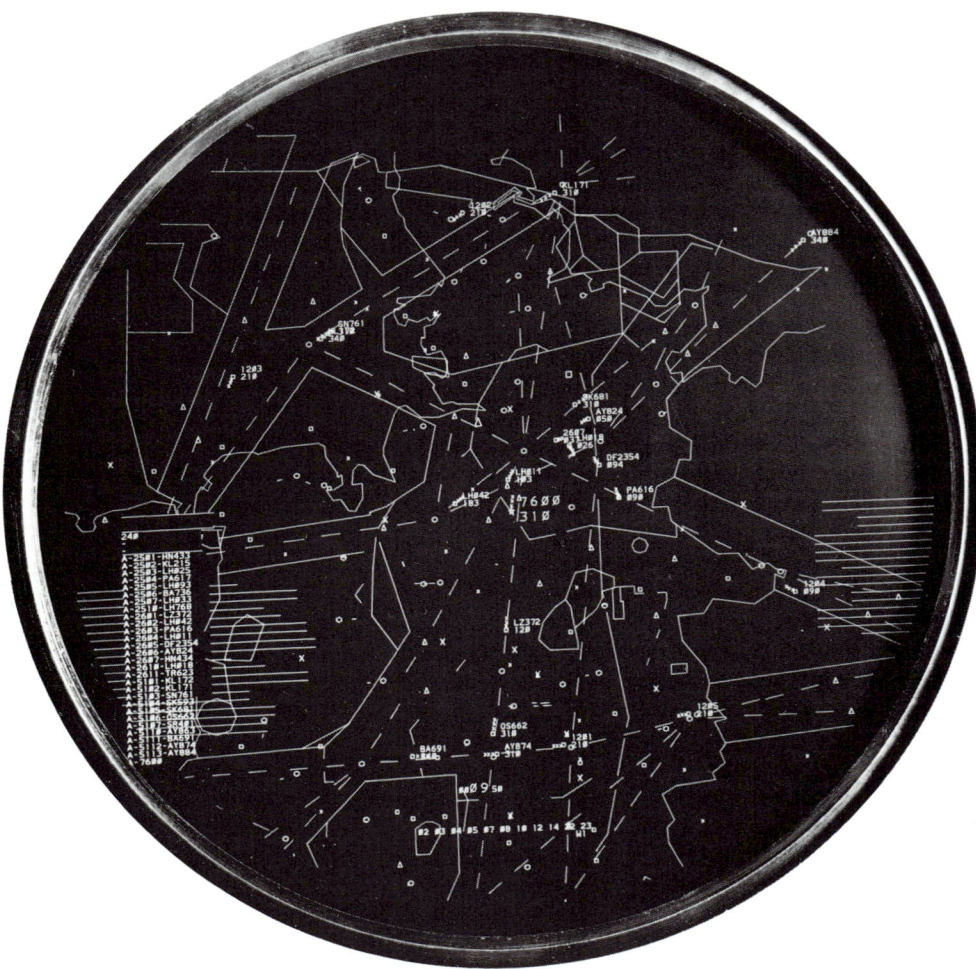

Blick auf den Radarschirm eines Fluglotsen. Das Sichtgerät zeigt u. a. den Verlauf der Luftstraßen und bietet Informationen über Flugobjekte, kontrollierte und nicht kontrollierte Flugziele sowie Angaben zum Wetter

ein großer Uhrzeiger auf dem Schirm. Über die **Antenne** aufgefangene zurückgeworfene Strahlen (**Echo**) bewirken ein Aufleuchten auf dem **Bildschirm**. Dieser Leuchtpunkt bleibt bis zum Eintreffen eines neuen Signals kurz sichtbar. Durch die Leuchtpunkte kann man die Umrisse des georteten Gegenstandes erkennen (Schiff, Flugzeug) und sowohl die Entfernung als auch die Geschwindigkeit ausrechnen, mit der sich das Objekt bewegt.

Radioaktivität

Wird ein uranhaltiger Stein für einige Tage auf ein lichtundurchlässig verpacktes Filmstück gelegt, so ist bei der anschließenden Entwicklung auf diesem Filmstück eine Belichtung zu erkennen. Auf diese Weise entdeckte *Henri Becquerel* (1852–1908) 1896, dass uranhaltiges Erz eine unsichtbare, durchdringende Strahlung aussendet. Dem französischen Ehepaar *Marie* (1867–1934) und *Pierre Curie* (1859–1906) gelang es 1898, aus uranhaltigen Erzen zwei Elemente zu isolieren, die eine besonders starke Strahlung aussenden. Sie nannten sie *Radium* und *Polonium*. Neben diesen beiden senden noch viele andere Stoffe eine derartige unsichtbare Strahlung aus. Sie haben meist eine hohe **Ordnungszahl** und werden als *radioaktive Stoffe* bezeichnet. Um radioaktive Strahlung zu erkennen, wird ein radioaktiver Stoff in eine so genannte *Nebelkammer* (Gerät zum Sichtbarmachen der Spuren elektrisch geladener Teilchen) gebracht. Die Luft in dieser durchsichtigen Kammer enthält einen hohen Anteil an Wasserdampf, sie ist mit Wasserdampf „gesättigt". Wird nun das Kammervolumen vergrößert, kühlt sich die wasserdampfhaltige Luft ab, sie wird mit Wasserdampf übersättigt. In diesem Augenblick zeigen sich Nebelstreifen (den *Kondensstreifen* der Flugzeuge vergleichbar). Diese Nebelspuren gehen von dem radioaktiven Stoff aus. Sie sind geradlinig und enden nach einigen Zentimetern. Wenn zwischen zwei Platten, an die eine Spannung angelegt ist, ein Radiumpräparat gebracht wird, schlägt ein angeschlossenes Messgerät aus; es fließt Strom. Radioaktive Strahlung wandelt zunächst neutrale **Moleküle** der Luft in geladene Teilchen um. Sie stößt **Elektronen** aus den Hüllen aus. Dabei entstehen freie Elektronen und positive **Ionen**, d. h., die **Atome** zerfallen. Ohne Spannung würden sie sich durch die gegenseitige Anziehung wieder vereinigen, so aber werden die Elektronen zur positiven, die Ionen zur negativen Platte gezogen. Die dabei an den Platten neutralisierten Ladungen werden durch die Stromquelle wieder ersetzt, es fließt Strom.

Es gibt drei verschiedene Arten der radioaktiven Strahlung: 1. Die *Alphastrahlung*, die aus schnellen Heliumkernen besteht. Sie wird von Papier vollständig absorbiert. Ihre Reichweite in der Luft beträgt nur wenige Zentimeter. 2. Die *Betastrahlung*, die aus sehr schnellen Elektronen besteht. 3. Die *Gammastrahlung*; diese Strahlen (**Röntgenstrahlen**) besitzen ein hohes Durchdringungsvermögen. Sie finden vor allem im Bereich der Medizin Verwendung. Die *Strahlungsstärke* eines ra-

Mit Radioteleskopen werden Radiowellen aus dem All empfangen

Start der Saturn-V-Trägerrakete, mit der die Apollo-15-Kapsel in den Weltraum geschossen wurde

dioaktiven Stoffes wird in *Curie* angegeben (benannt nach dem Forscherehepaar Curie). Zur Messung der Radioaktivität verwendet man Elektrometer oder Zählrohre (**Geigerzähler**). (**Strahlenschäden, Strahlenschutz**)

Radioteleskop

Radioteleskope sind parabolische Reflektoren oder Dipolantennen (**Antenne**), die in der Radioastronomie, einem Teilbereich der **Astronomie**, verwendet werden. Sie untersucht die *Kurzwellenstrahlung* der Himmelskörper. Radiostrahlung senden in erster Linie die **Sonne** und die **Milchstraße** aus. Diese Strahlung wird von der Erdatmosphäre im Wellenbereich zwischen 0,6 cm und etwa 30 m durchgelassen. Radioteleskope mit einem Durchmesser bis zu 200 m fangen diese Strahlen auf und führen sie gebündelt einem Anzeigegerät zu.

Rakete

Eine Rakete ist ein geschossartiger Flugkörper, der durch *Rückstoß* angetrieben wird. Das Rückstoßprinzip beruht auf dem fundamentalen Gesetz Isaac Newtons (1643–1727) von *Aktion* und *Reaktion*. Jede **Kraft** (Aktion) löst eine gleich große entgegengesetzt gerichtete Kraft (Reaktion) aus. Werden nun **Gase**, die sich ausdehnen wollen, plötzlich mit großer Wucht durch eine **Düse** nach hinten ausgestoßen, entsteht als Gegenkraft ein Rückstoß. Er treibt Fahrzeuge und Flugkörper an und wird auch als *Schub* bezeichnet. Bei *Düsenflugzeugen* bewirken **Strahltriebwerke** diesen Schub. In Flughöhen über 30 km lassen die Leistungen der Strahltriebwerke aber stark nach, da für die Verbrennung des Treibstoffs nicht mehr genügend Luftsauerstoff zur Verfügung steht. Ab dieser Höhe setzt man Raketen ein. Sie führen flüssigen **Sauerstoff** und als Treibstoff flüssigen **Wasserstoff** oder *Kerosin* in Tanks mit. Der Schub einer Rakete hängt von der Ausströmungsgeschwindigkeit und der Menge des pro Sekunde verbrannten Treibgases ab, d. h., der Schub errechnet sich nach der ausgestoßenen Gasmasse m pro Zeiteinheit t und der Gasgeschwindigkeit $\triangle$ V:

$$F = \frac{m}{\triangle t} \cdot \triangle V$$

Der Schub einer Rakete wird in der Einheit *Newton* (N) angegeben: 1 N ist die Kraft, die notwendig ist, um eine **Masse** von 1 kg um 1 m/s^2 zu beschleunigen.

Die einfachsten Raketen sind Feuerwerks- oder Signalraketen. Große Raketen bestehen im wesentlichen aus Raketentriebwerk, Regel- und Steuermechanismen, der Flugkörperzelle und der Nutzlast. Letztere umfasst wissenschaftliche Geräte, Besatzung, Erdsatellit, **Raumsonde** oder auch eine Sprengladung. Eine Rakete kann bei einem genügend großen Rückstoß die Lufthülle der Erde durchstoßen und deren Schwerefeld überwinden. Mit so genannten *mehrstufigen Raketen* können größte Höhen und Reichweiten erzielt werden. Hier besteht der Flugkörper aus mehreren hintereinander geschalteten Raketen. Hat eine Stufe ihren Treibstoff verbraucht, so wird sie abgetrennt. Danach wird das Triebwerk der nächsten Stufe gezündet und der Flugkörper fliegt um die Masse einer Stufe erleichtert weiter. Raketen werden für militärische Zwecke (**Raketenwaffen**), als Satellitenträger und seit 1961 in der bemannten **Raumfahrt** eingesetzt. Einen entscheidenden Anteil an der Entwicklung von Trägerraketen für die Raumfahrt (Atlas, Ranger, Saturn) hatte der deutsche, in der amerikanischen Raketentechnik tätig gewesene Physiker *Wernher von Braun* (1912–1977).

Raketentriebwerk

Beim Raketentriebwerk wird das Prinzip des Rückstoßes technisch angewendet. Durch chemische oder physikalische Reaktionen (Energiezufuhr von außen) wird kinetische Energie (Bewegungsenergie) erzeugt. Man unterscheidet *Feststoffraketen*, die einen in der Brennkammer gela-

Raketenwaffen

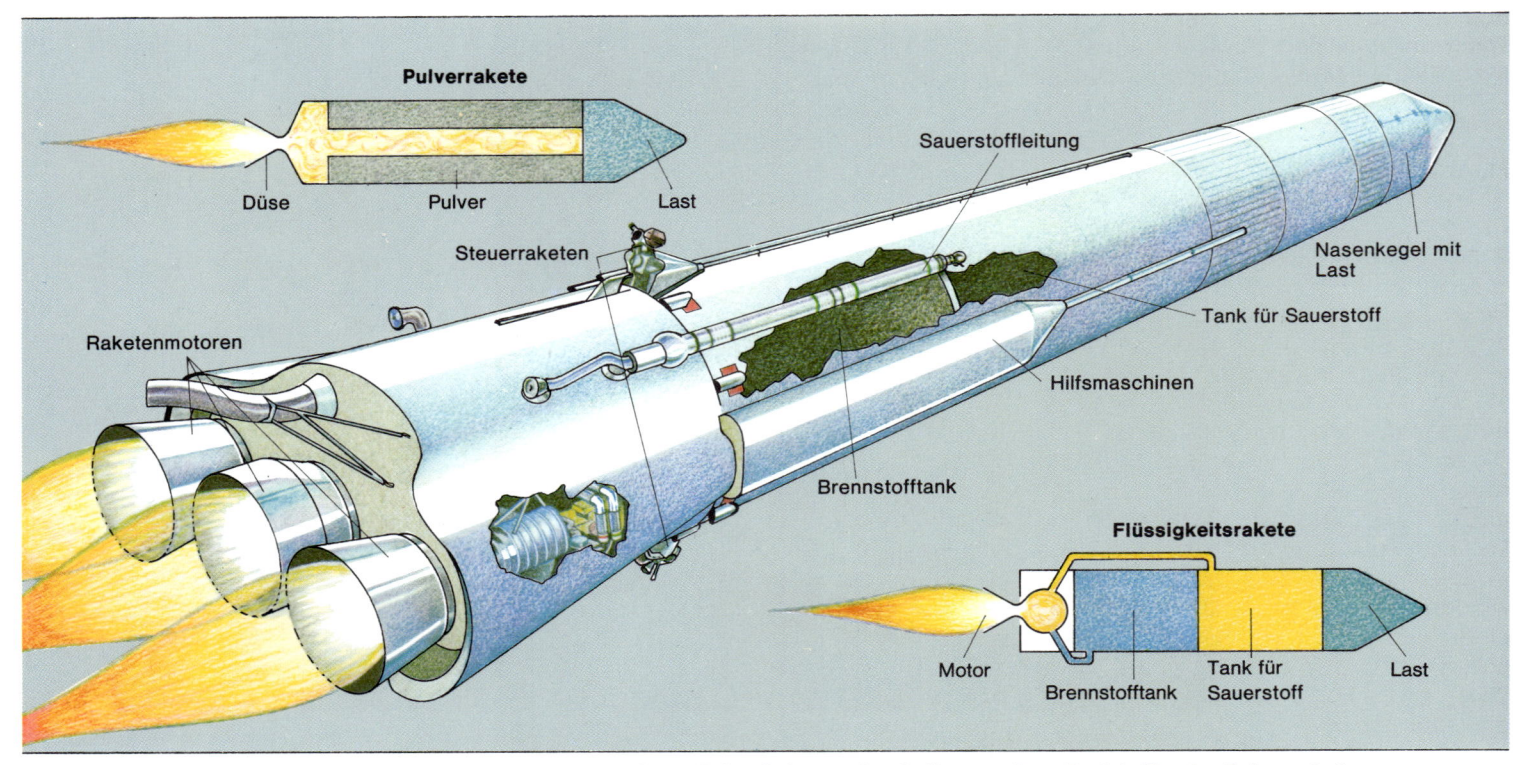

Aufbau einer Flüssigkeitsrakete, schematisch dargestellt. Oben links: Schema des Aufbaues einer Feststoff- oder Pulverrakete

gerten festen Brennstoff haben, *Flüssigkeitsraketen*, die den Treibstoff in flüssiger Form in Tanks mitführen, und Atomraketen, die die bei der Kernreaktion frei werdende Energie zum Antrieb nutzen. Elektrische Raketen braucht man für die Steuerung und für den Langzeitantrieb im Weltraum.

Raketenwaffen

Unter Raketenwaffen versteht man alle Flugkörper mit Raketenantrieb und Sprengkopf, einschließlich der Abschussvorrichtung. Es gibt ungelenkte und ferngelenkte (**Fernlenkung**) Raketenwaffen. Man unterscheidet die Raketen auch nach ihrer Reichweite in *Kurzstreckenraketen* (bis ca. 100 km), *Mittelstreckenraketen* (bis ca. 3000 km) und *Langstrecken-* oder so genannte *Interkontinentalraketen* (bis ca. 12 000 km).

Jedes Geschoss – gleich ob von einem Gewehr oder einer Rakete – fliegt am weitesten, wenn der Wurfwinkel 45° beträgt

Ratten

Ratten sind **Nagetiere** und gehören zur Gattung der *Echten Mäuse* (**Mäuse**). Neben der Hausratte, die aus Südostasien stammt und jetzt über die ganze Erde verbreitet ist, kennen wir noch die Wanderratte. Diese Nagetiere sind Allesfresser und können zur Plage werden, da sie sich sehr rasch vermehren, wenn günstiger Lebensraum ohne nennenswerte Feinde vorhanden ist. Ihre bevorzugten Reviere sind z. B. Müllplätze, feuchte Keller und Abwasserkanäle. Das Weibchen wirft etwa alle 6 Wochen bis zu 20 Junge, die bereits nach einem Vierteljahr ebenfalls geschlechtsreif sind. Sie übertragen Krankheiten (z. B. *Pest* und **Typhus**) und sind auch Pflanzenschädlinge; besonders in Ländern der *Dritten Welt* werden oft Getreideernten von ihnen vernichtet. Man bekämpft sie mit Rattengift.

Raubtiere

Raubtiere sind vorwiegend **Säugetiere**. Sie kommen weltweit vor und ernähren sich von Frischfleisch, aber auch von Aas und von Pflanzen. Sie besitzen meist ausgeprägte Sinnesorgane (*Gehör-* und **Geruchssinn**) sowie scharfe Zähne und Krallen. Man unterscheidet Land- und Wasserraubtiere. Zu den Landraubtieren zählen: **Katzen, Hunde** (**Fuchs, Wolf**), *Marder*, **Bären** und Kleinbären (Waschbär). Wasserraubtiere sind die Robben (Seehunde). Außerdem gibt es *Raubfische* (**Hecht**, **Hai**), *Raubfliegen* (Mordfliege), *Raubkäfer* (Schwimmkäfer) und *Raub-* bzw. *Greifvögel* (**Adler**, Bussard, **Eule**, *Kauz*).

Raumanzug

Der Raumanzug ist eine luftdichte Schutzkleidung für **Astronauten**. Er besteht aus mehreren Schichten und kann mit Wasser angewärmt oder abgekühlt werden. Über Schläuche wird der Astronaut mit **Sauerstoff** versorgt.

Raumfähre

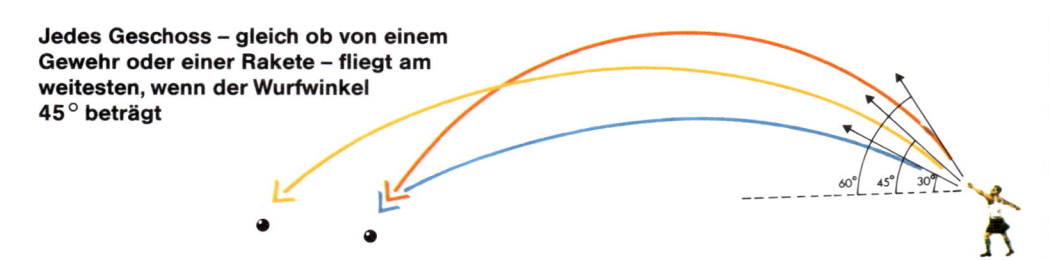

Die Raumfähre (*Spaceshuttle*) ist ein bemannter Raumflugkörper, der zum Transport von Nutzlasten (z. B. **Satelliten**) ins **Weltall** dient und im Gegensatz zu traditionellen Trägerraketen wieder verwendbar ist. (**Raumfahrt**)

Raumfahrt

Die Weltraumfahrt, auch *Astronautik* genannt, befasst sich sowohl mit der Erforschung des *Weltraums* als auch mit der *Raumtechnik*. Durch die Entwicklung und den Bau von **Raketen** ist es möglich geworden, die Lufthülle der Erde zu durchstoßen und die Erdschwere (Erdanziehungskraft, *Schwerkraft*) zu überwinden. Die Bewegung eines Körpers im Weltraum hängt von seiner Geschwindigkeit und von den Kräften ab, die die Himmelskörper auf ihn ausüben. Damit ein Körper, in diesem Falle also eine Rakete, nicht wieder auf die Erde zurückfällt, muss er eine Geschwindigkeit erreichen, die ihn sozusagen an der Erde „vorbeifallen" lässt. Diese Kreisbahngeschwindigkeit, die auch als die *erste kosmische Geschwindigkeit* bezeichnet wird, ist bei 7,9 km/sec oder 28 000 km/h erreicht. Da die **Reibung** der Luft sehr stark ist, muss die Rakete (das Raumschiff) senkrecht gestartet werden sowie eine aerodynamische Form und eine hitzebeständige Hülle haben. Ab einer bestimmten Höhe tritt nur noch eine geringe atmosphärische Reibung auf. Die *Schwerkraft* zieht das Raumschiff zum *Erdmittelpunkt*. Eine gleich große Fliehkraft, die von der Bahngeschwindigkeit des Flugkörpers abhängt, zwingt diesen in eine Kreisbahn. Bahngeschwindigkeit, Flughöhe und Umlaufzeit hängen also voneinander ab. Soll z. B. ein **Wettersatellit** über einem bestimmten Punkt der Erde fest stehen, muss seine Umlaufzeit der Erdumdrehung entsprechen und seine Kreisbahn in der Äquatorebene liegen. Das wird mit genau 3,06 km/sec in einer Höhe von knapp 36 000 km erreicht.

Eine *zweite kosmische Geschwindigkeit* macht den Flug ins **Weltall** möglich. Sie liegt bei einer Bahngeschwindigkeit von 11,2 km/sec oder 40 000 km/h. Wird ein Flugkörper mit dieser Geschwindigkeit gestartet, bleibt er immer noch im Anziehungsbereich der **Sonne** und umkreist sie als künstlicher **Planet**. Um den **Mond** zu erreichen, ist eine Geschwindigkeit erforderlich, die nur wenig unter der „Fluchtgeschwindigkeit" von 11,2 km/sec liegt. Die unbemannte Raumfahrt hat der Wissenschaft innerhalb weniger Jahre wichtige Erkenntnisse über die **Atmosphäre** und den interplanetarischen Raum vermittelt. Die Mondrückseite wurde fotografiert, auf den Planeten **Mars** und **Venus** glückten weiche Landungen. In der bemannten Raumfahrt ist es durch die technische Weiterentwicklung der unbemannten Raumfahrt gelungen, die Belastungen auszugleichen, die der Astronaut bei einem Raumflug zu ertragen hat. Diese Belastungen sind der überaus starke Andruck beim Start der Trägerrakete und der schwerelose Zustand, der eintritt, sobald die Endgeschwindigkeit erreicht ist,

Raumkapseln und bemannte Raumstationen werden mit Raketen gestartet, wie z. B. in Kap Canaveral, Florida (USA)

Die Raumfähre „Enterprise" wird zum Raketenstartplatz geflogen. Trägermaschine ist eine Boeing 747 (Jumbo Jet)

und der über lange Zeit anhält. Auch bei der Rückkehr zur Erde, besonders beim Wiedereintritt in die Erdatmosphäre, der unter großer Hitzeentwicklung stattfindet, sind die Besatzungsmitglieder starken Belastungen ausgesetzt.

Große Raumfahrtprojekte wurden zu Beginn der 90er Jahre vor allem aus finanziellen Gründen zeitlich verschoben oder ganz gestoppt. Die USA-Raumfahrtbehörde NASA reduzierte ihre Programme erheblich, die Nachfolgestaaten der UdSSR konnten sich bislang über kein gemeinsames Weltraumprogramm verständigen. Bis zum Jahr 2002 soll eine internationale Raumstation fertiggestellt sein, an der neben den USA und Russland auch Japan und die europäische Raumfahrtbehörde ESA beteiligt sind.

Bedeutende Ereignisse in der bemannten Raumfahrt:

Raumfahrt

Raumflug-körper	Astronauten/Kosmonauten	Staat	Start	Umläufe/Programm	Flugdauer Tg.	Std.	Min.
Wostok 1	J. Gagarin	UdSSR	12. 4. 1961	1		1	48
Wostok 2	G. Titow	UdSSR	6. 8. 1961	17	1	1	18
Mercury 6	J. Glenn	USA	20. 2. 1962	3		4	56
Mercury 7	S. Carpenter	USA	24. 5. 1962	3		4	56
Wostok 3	A. Nikolajew	UdSSR	11. 8. 1962	64	3	22	22
Wostok 4	P. Popowitsch	UdSSR	12. 8. 1962	48	2	22	57
Mercury 8	W. Schirra	USA	3. 10. 1962	6		9	13
Mercury 9	G. Cooper	USA	15. 5. 1963	22	1	10	20
Wostok 5	W. Bykowskij	UdSSR	14. 6. 1963	81	4	23	6
Wostok 6	Walentina Tereschkowa	UdSSR	16. 6. 1963	48	2	22	50
Woschod 1	W. Komarow, K. Feoktistow, B. Jegorow	UdSSR	12. 10. 1964	16	1	0	17
Woschod 2	P. Beljajew, A. Leonow	UdSSR	18. 3. 1965	17	1	2	17
Gemini 3	W. Grissom, J. Young	USA	23. 3. 1965	3		4	54
Gemini 4	J. McDivitt, E. White	USA	3. 6. 1965	62	4	1	57
Gemini 5	G. Cooper, C. Conrad	USA	21. 8. 1965	120	7	22	56
Gemini 7	F. Borman, J. Lovell	USA	4. 12. 1965	206	13	18	35
Gemini 6	W. Schirra, T. Stafford	USA	15. 12. 1965	16	1	1	52
Gemini 8	N. Armstrong, D. Scott	USA	16. 3. 1966	6½		10	43
Gemini 9	T. Stafford, E. Cernan	USA	3. 6. 1966	44	3	0	21
Gemini 10	J. Young, M. Collins	USA	18. 7. 1966	43	2	22	46
Gemini 11	C. Conrad, R. Gordon	USA	12. 9. 1966	44	2	23	17
Gemini 12	J. Lovell, E. Aldrin	USA	11. 11. 1966	59	3	22	35
Sojus 1	W. Komarow	UdSSR	23. 4. 1967	17	1	2	45
Apollo 7	W. Schirra, D. Eisele, W. Cunningham	USA	11. 10. 1968	163	10	20	9
Sojus 3	G. Beregowoi	UdSSR	26. 10. 1968	64	3	22	51
Apollo 8	F. Borman, J. Lovell, W. Anders	USA	21. 12. 1968	2 Erd-, 10 Mondumläufe	6	3	
Sojus 4	W. Schatalow	UdSSR	14. 1. 1969	48	2	23	14
Sojus 5	B. Wolynow, A. Jelissejew, J. Crunow	UdSSR	15. 1. 1969	49	3	0	46
Apollo 9	J. McDivitt, D. Scott, R. Schweikart	USA	3. 3. 1969	151	10	1	1
Apollo 10	T. Stafford, J. Young, E. Cernan	USA	18. 5. 1969	2 Erd-, 31 Mondumläufe	8	0	3
Apollo 11	M. Collins, N. Armstrong, E. Aldrin	USA	16. 7. 1969	20. 7. Mondlandung, 31 Mondumläufe	8	3	18
Sojus 6	G. Schonin, V. Kubasow	UdSSR	11. 10. 1969	81	4	22	34
Sojus 7	A. Filipschenko, W. Wolkow, W. Gorbatko	UdSSR	12. 10. 1969	81	4	22	40
Sojus 8	W. Schatalow, A. Jelissejew	UdSSR	13. 10. 1969	81	4	22	44
Apollo 12	C. Conrad, R. Cordon, A. Bean	USA	14. 11. 1969	19. 11. Mondlandung, 45 Mondumläufe	10	4	36
Apollo 13	J. Lovell, F. Haise, J. Swigert	USA	11. 4. 1970	2 Erdumläufe, ½ Mondumlauf	5	22	52
Sojus 9	A. Nikolajew, V. Sewastianow	UdSSR	1. 6. 1970	287	17	16	59
Apollo 14	A. Shepard, S. Roosa, E. Mitchell	USA	31. 1. 1971	5. 2. Mondlandung, 36 Mondumläufe	9	0	2
Sojus 10	W. Schatalow, A. Jelissejew, N. Rukawischnikow	UdSSR	23. 4. 1971	32, 24. 4. Kopplung mit Saljut 1		48	
Sojus 11	G. Dobrowolskij, W. Patsajew, W. Wolkow	UdSSR	6. 6. 1971	370, 7. 6. Kopplung mit Saljut 1	24	18	
Apollo 15	A. Worden, D. Scott, J. Irwin	USA	26. 7. 1971	30. 7. Mondlandung, 74 Mondumläufe	12	7	12
Apollo 16	J. Young, C. Duke, T. Mattingly	USA	16. 4. 1972	21. 4. Mondlandung, 63 Mondumläufe	11	1	36
Apollo 17	E. Cernan, R. Evans, H. Schmitt	USA	6. 12. 1972	11. 12. Mondlandung, 75 Mondumläufe	12	13	52
Skylab	C. Conrad, P. Weitz, J. Kerwin	USA	25. 5. 1973	Kopplung einer Apollokapsel mit Skylab, 404 Erdumläufe	28	0	50
Skylab	A. Bean, O. Garriot, J. Lousma	USA	28. 7. 1973	Kopplung einer Apollokapsel mit Skylab, 858 Erdumläufe	59	11	
Sojus 12	W. Lasarew, O. Makarow	UdSSR	27. 9. 1973	32	1	23	16
Skylab	G. Carr, E. Gibson, W. Pogue	USA	16. 11. 1973	Kopplung einer Apollokapsel mit Skylab, 1214 Erdumläufe	84	1	16
Sojus 13	P. Klimuk, W. Lebedejew	UdSSR	18. 12. 1973	128	7	20	55
Sojus 14	P. Popowitsch, J. Artjuchin	UdSSR	3. 7. 1974	etwa 240 5. 7. Kopplung mit Saljut 3	15	17	34
Sojus 15	G. Sarafanow, L. Demin	UdSSR	26. 8. 1974	etwa 32	2	0	12
Sojus 16	A. Filiptschenko, N. Rukawischnikow	UdSSR	2. 12. 1974	81	5	22	24
Sojus 17	A. Gubarjow, G. Gretschko	UdSSR	11. 1. 1975	700 12. 1. Kopplung mit Saljut 4	29	13	20
Sojus 18	P. Klimuk, W. Sewastjanow	UdSSR	24. 5. 1975	25. 5. Kopplung mit Saljut 4	62	23	20
Sojus 19	A. Leonow, W. Kubassow	UdSSR	15. 7. 1975	96, 17. 7. Kopplung mit Apollo 18	5	22	31
Apollo 18	T. Stafford, D. Slayton, V. Brand	USA	15. 7. 1975	etwa 145	9	1	29
Sojus 21	B. W. Wolynow, W. Scholobow	UdSSR	6. 7. 1976	784 7. 7. Kopplung mit Saljut 5	49	6	24
Sojus 26	J. Romanenko, G. Gretschko	UdSSR	10. 12. 1977	Kopplung mit Saljut 6	36	10	

Raumfahrt

Raumflug- körper	Astronauten/Kosmonauten	Staat	Start	Umläufe/ Programm	Flugdauer Tg.	Std.	Min.
Sojus 27	W. Dschanibekow, O. Makarow	UdSSR	10. 1. 1978	1. Doppelkopplung an eine Raumstation (Saljut 6)	5	22	59
Sojus 31	W. Bykowski, S. Jähn (DDR)	UdSSR	26. 8. 1978	Kopplung mit Saljut 6	7	20	49
Sojus 35	L. Popow, V. Rjumin	UdSSR	9. 4. 1980	Kopplung mit Saljut 6	184	20	11
Spaceshuttle „Columbia" (1.)	J. Young, R. Crippen	USA	12. 4. 1981	1. Testflug	2	6	22
„Columbia" (5.)	V. Brand und Besatzung	USA	11. 11. 1982	Aussetzen von Nachrichtensatelliten; 1. kommerzieller Flug einer Raumfähre	5	2	14
„Challenger" (1.)	P. Weitz und Besatzung	USA	5. 4. 1983	Erstflug der 2. Fähre	5	23	–
„Columbia" (6.)	J. Young u. Bes. (mit U. Merbold)	USA/Europa	28. 11. 1983	1. Spacelab-Test	10	7	47
„Challenger" (9.)	H. Hartsfield u. Bes. (mit R. Furrer u. E. Messerschmid)	USA/D	30. 10. 1985	deutsche Spacelab-Mission D-1	7	44	–
„Challenger" (10.)	F. Scobee und Besatzung	USA	28. 1. 1986	(Explosion kurz nach dem Start)			
Sojus T-15	L. Kisim, W. Solowjew	UdSSR	13. 3. 1986	Aufenthalte in den Raumstationen „Mir" (1.) und Saljut 7	125	–	1
Sojus TM-4	W. Titow, M. Manarow, A. Lewtschenko	UdSSR	21. 12. 1987	Aufenthalt in Raumstation „Mir"	365	22	39
„Discovery" (10.)	L. Shriver und Besatzung	USA	24. 4. 1990	Aussetzen des Hubble Space Telescope	5	1	16
„Euromir 95"	T. Reiter u. a.	Russland/ Europa	3. 9. 1995	medizinische und materialwissenschaftliche Versuche	179		
„Euromir 96"	R. Ewald u. a.	Russland/ Europa	Ende 1996				

1961 Der erste Mensch im Weltraum ist der *Kosmonaut Jurij Gagarin* (Wostok 1) mit einer Erdumkreisung.
1962 Der erste amerikanische Astronaut *John Glenn* (Mercury 6) umkreist die Erde dreimal.
1963 Die erste Frau im Weltall ist die sowjetische Kosmonautin Walentina Tereschkowa.
1964 Erstmalig befinden sich mehrere Menschen zusammen im Weltraum: die Kosmonauten Komarow, Feoktistow und Jegorow.
1965 Start von Gemini 3, dem ersten amerikanischen Gruppenflug, mit den Astronauten Grissom und Young.
1965 Bei ihren Weltraumflügen bewegen sich der Kosmonaut A. Leonow (10 Min.) und der amerikanische Astronaut White (22 Min.), nachdem sie die **Raumkapsel** verlassen haben, freischwebend im Raum.
1967 Beim Start in Kap Kennedy brennt die Apollokapsel aus, die Astronauten Chaffee, Grissom und White kommen ums Leben. Bei der Landung von Sojus 1 verunglückt der Kosmonaut Komarow tödlich.
1969 Zum ersten Mal landen Menschen mit einer *Landefähre* (Eagle) auf

Wasserung einer Raumkapsel

Mondlandung von Apollo 15 (26. 7. – 7. 8. 71). Zum ersten Mal wird ein von Menschenhand gesteuertes automobilähnliches Fahrzeug auf dem Mond verwendet

Raumkapsel

Das erste wieder verwendbare Raumschiff, das so genannte Spaceshuttle „Columbia", bei seiner geglückten Landung auf dem Luftwaffenstützpunkt Edwards, Kalifornien am 14. 4. 1981

Modell der internationalen Raumstation „Freedom". Beitrag der europäischen Weltraumbehörde ESA ist ein bemanntes Großlabor aus dem Columbus-Programm (in der unteren Bildhälfte sichtbar)

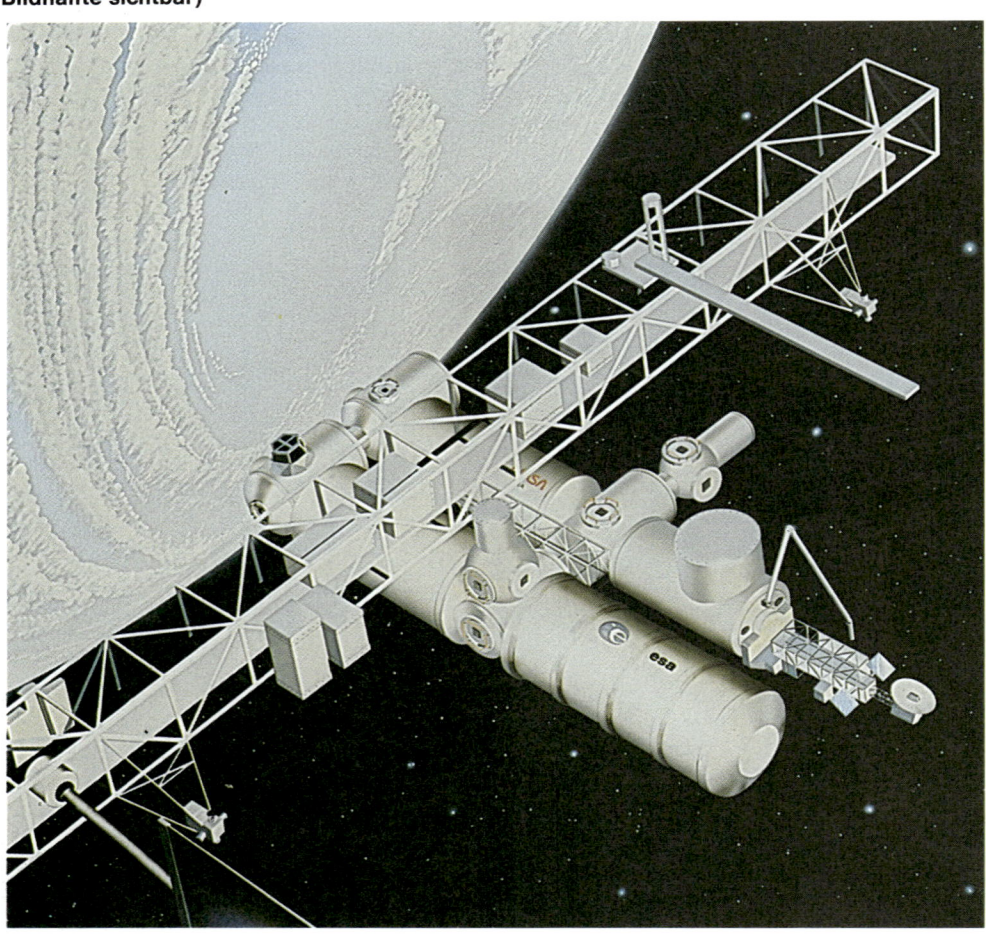

dem Mond, es sind die amerikanischen Astronauten Neil Armstrong und Edwin Aldrin (20. 7. 69). Den Kosmonauten Dobrowolskij, Wolkow und Pazajew gelingt es, erstmals ein Raumschiff mit einer **Raumstation** zu koppeln.

1973 Die amerikanische Raumstation Skylab wird in die Erdumlaufbahn gebracht.
1974 Die sowjetische Raumstation Saljut 4 umkreist die Erde.
1975 Erstes gemeinsames Weltraumunternehmen der Sowjetunion und der USA (Kopplung der Raumschiffe Sojus 19 und Apollo 18).
1978 Erster (ost)deutscher Kosmonaut ist Sigmund Jähn.
1981 Der erfolgreiche Verlauf des Flugs der **Raumfähre** (*Spaceshuttle*) „Columbia", die wie eine Rakete startet und wie ein Flugzeug landet, stellt einen Meilenstein in der Geschichte der Raumfahrt dar.
1983 Erster Einsatz des *Spacelabs,* eines wieder verwendbaren Weltraumlaboratoriums.
1983 Der erste (west)deutsche Astronaut ist Ulf Merbold.
1985 D 1-Mission, erster Forschungsflug unter deutscher Leitung.
1986 Die Explosion der Raumfähre „Challenger" beim Start bedeutet einen schweren Rückschlag für das amerikanische Raumfahrtprogramm.
1993 D2-Mission, das bisher größte deutsche Raumfahrtunternehmen.
1995 Der Kosmonaut Poljakow stellt mit 439 Tagen im All einen Langzeitrekord auf.

Raumkapsel

Der kleinste Teil der Trägerrakete ist die Raumkapsel – das Raumschiff oder Raumfahrzeug –, in dem sich die Besatzung, die **Astronauten** oder *Kosmonauten* sowie sämtliche Steuer-, Mess- und technischen Geräte befinden. Die Kapsel kehrt als einziger Teil der **Rakete** zur Erde zurück, die übrigen Teile werden während des Fluges abgestoßen. Sie verglühen, da sie in der Erdatmosphäre einer enormen Reibung ausgesetzt sind. Damit die Kapsel beim Wiedereintritt in die Erdatmosphäre nicht verglüht, ist sie mit einem besonderen *Hitzeschild* ausgestattet, der auch die Raumfahrer schützen soll. Bremsfallschirme machen eine so genannte weiche Landung möglich. Russische Raumkapseln landeten bisher stets auf dem Erdboden, amerikanische Raumkapseln im Meer. Bei der Wasserung der Kapsel bläst sich ein Schwimmgürtel auf, der verhindert, dass die Kapsel sinkt.

Raumsonden

Raumsonden sind Teile von Satelliten; sie werden unbemannt in den *Weltraum* geschickt, um dort Messungen vorzunehmen. Sie werden von der Erde aus über Funk gesteuert und sind in der Lage, auf **Planeten** zu landen. Mit Hilfe einer Raumsonde konnte die *Mondfähre* auf dem **Mond** landen. Von Raumsonden aus werden Bilder zur Erde gefunkt.

Raumstation

Eine Raumstation ist ein ständig im Weltraum stationierter Raumflugkörper, der als Ankopplungsstation (Andockstelle) für **Raumfähren** sowie als Wohnraum und Forschungslabor von **Astronauten** genutzt werden kann. (**Raumfahrt**)

Receiver

Ein Receiver (engl.: Empfänger) ist ein Verstärkergerät mit Rundfunkempfangsteil, an das ein **Tonbandgerät**, ein **Kassettenrecorder** und ein **CD-Player** angeschlossen werden können.

Rechenzentrum

Als Rechenzentrum bezeichnete man früher die räumlich-organisatorische Einheit einer Datenverarbeitungsanlage (**Datenverarbeitung**). Um Störungen der Anlage (**Computer**) zu vermeiden und **Datenschutz** zu gewährleisten, gehören heute z. B. die **Programmierung** und die Datenerfassung zumeist nicht mehr zum Rechenzentrum. Die nur für die *Operatoren* (Bediener der Datenverarbeitungsanlage) zugänglichen Anlagen bezeichnet man als „closed shop". In einem Rechenzentrum werden umfangreiche Berechnungen durchgeführt, die auf kaufmännischem, technischem und wissenschaftlichem Gebiet anfallen.

Recycling

Unter Recycling (engl.: das Zurückführen in einen Kreislauf) versteht man die Wiederverwertung von Abfällen zur Herstellung neuer Produkte. Die Natur folgt diesem Prinzip, indem bestimmte Elemente wie **Kohlenstoff** und **Sauerstoff** ständig neue Bindungen eingehen. Nichts geht verloren, es finden lediglich Umwandlungen statt. Auch der Mensch bemüht sich in zunehmendem Maße, bestimmte Materialien wieder zu verwenden. 1990 wurde das *Duale System* Deutschland (DSD) gegründet und ein flächendeckendes Sammelsystem für Kunst- und Verbundstoffe, Weißblech und Aluminium aufgebaut; Papier, Glas, Altöl und anderer Sondermüll werden in vielerorts aufgestellten Containern gesammelt. Aus Altpapier wie Zeitungen und Telefonbüchern stellt man neues **Papier** her. Durch die Müllaufbereitung (**Müll**), die Abwasserreinigung in **Kläranlagen** und die Schrottverwertung (**Schrott**) wird es möglich, Rohstoffanteile zu gewinnen, die dann neu verarbeitet werden. Recycling spart Rohstoffe und **Energie** und entlastet Mülldeponien. In **Wiederaufbereitungsanlagen** wird nicht vollständig abgebranntes **Uran** zu neuen Brennelementen für **Kernkraftwerke** aufbereitet.

Reflex

Ein Reflex ist eine unwillkürliche Muskelkontraktion (Zusammenziehung), die durch Einwirkung eines äußeren *Reizes* hervorgerufen wird. Dabei wirken Teile des **Nervensystems** vermittelnd (z. B. *Rückenmark*). Hautreflexe, Sehnenreflexe, Pupillenreflexe u. a. sind physiologische Reflexe, solche also, die bei einem gesunden Menschen vorhanden sind und deren Fehlen auf gesundheitliche Störungen hinweist. Der Arzt überprüft diese Reflexe. (Abb. S. 226)

Um Altmaterial wieder verwenden zu können, werden verschiedene Techniken eingesetzt. Autowracks presst man zusammen und gewinnt durch Schmelzen das Metall zurück

Reflexion

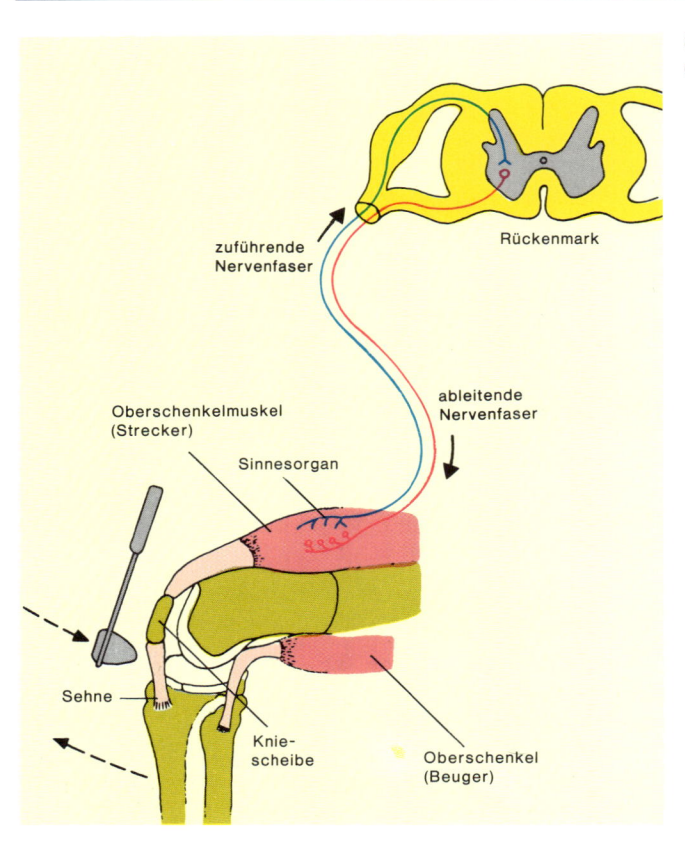

Schematische Darstellung des Kniesehnenreflexes

Reflexion

Beleuchtete Körper werden für uns sichtbar, indem sie das **Licht** streuen, das dann z.T. in unser **Auge** fällt. Raue Oberflächen streuen das Licht in alle Richtungen (*diffuse Reflexion*). Glatte Oberflächen (z.B. Spiegel, polierte Metallplatten) werfen das Licht in eine bestimmte Richtung zurück. Diese Erscheinung bezeichnet man als Reflexion. Zur Festlegung des Strahlenganges führte man Bezeichnungen ein. Wörtlich übersetzt bedeutet Reflexion das „Zurückwerfen" von Licht- oder Schallwellen. Das Lot im Auftreffpunkt eines einfallenden Strahls heißt Einfallslot; der Winkel zwischen dem einfallenden Strahl und dem Einfallslot ist der *Einfallswinkel*; der Winkel zwischen dem reflektierten Strahl und dem Einfallslot heißt *Reflexionswinkel*. Bei einer normalen Reflexion eines Lichtstrahls an einer glatten Fläche (z.B. Spiegel) liegen der einfallende Strahl, das Einfallslot und der reflektierte Strahl in einer Ebene, der Einfallsebene. Dabei ist der Einfallswinkel gleich dem Reflexionswinkel (*Reflexionsgesetz*).

Treffen Lichtstrahlen auf eine dicke Glasscheibe, wird ein Teil reflektiert. Der Rest durchdringt das Glas und wird gebrochen

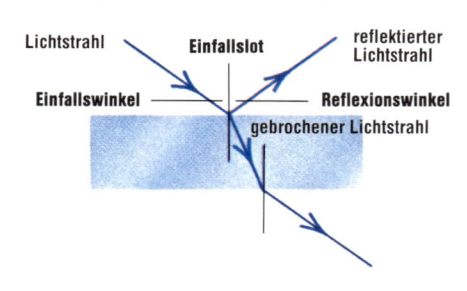

Regen

Regen ist flüssiger **Niederschlag**, der dann fällt, wenn die mit Feuchtigkeit gesättigte **Luft** abkühlt. Er bildet sich vor allem im Grenzgebiet zwischen kalten und warmen Luftmassen. Regentropfen entstehen innerhalb einer **Wolke** und bilden sich um die festen Teilchen (**Eis**, winzige Salzstückchen oder Kohlestaubkörnchen) herum, die sie enthält. Diese Teilchen (Kondensationskerne) ziehen Wassertröpfchen an, die dann zu einem Tropfen werden. Sind die Tropfen so schwer, dass sie die Wolke nicht mehr halten kann, fallen sie als Regen herab. Dabei ist die Größe der Tropfen sehr unterschiedlich. Bei Gewitter können sie fünfundzwanzigmal so groß sein wie bei Nieselregen.

Regenbogen

Für den Beobachter entsteht ein Regenbogen, wenn die in seinem Rücken stehende Sonne auf eine vor ihm liegende Regenwand scheint. Der Regenbogen stellt sich als ein in den *Spektralfarben* (**Spektrum**) leuchtender Bogen dar. Meist ist daneben noch ein schwächerer Regenbogen (Nebenregenbogen) zu sehen. Die Entstehung eines Regenbogens lässt sich durch die *Brechung* und die **Reflexion** der Sonnenstrahlen in den und durch die einzelnen Wassertröpfchen erklären.

Regeneration

Unter Regeneration (lat.: Wiederherstellung) versteht man die Fähigkeit eines **Organismus**, durch Verletzung oder Abnützung geschädigte Körperteile wieder zu ersetzen. Dies gilt für gesunde Menschen, Tiere und Pflanzen gleichermaßen. Beim Menschen betrifft die Regeneration **Haut**, **Haare**, **Zähne**, **Nägel**, bestimmte Drüsenzellen, das **Blut** und die Knochenmasse. Bei Tieren können darüber hinaus ganze Körperteile neu gebildet werden (z.B. der Schwanz der **Eidechse**).

Register

Bei einem Register handelt es sich im Allgemeinen um ein Verzeichnis, in dem in alphabetischer Reihenfolge bestimmte Personen, Orte oder Sachbegriffe aufgeführt sind. Weiterhin versteht man darunter öffentliche Urkundenbücher (z.B. *Handelsregister,* Schiffsregister). In der **Datenverarbeitung** sind Register besondere *Speichereinheiten* für kleine Informationsmengen mit speziellen Aufgaben, die nur vorübergehend gebraucht werden. Ihre Funktion ist daher begrenzt, ihre Arbeitsgeschwindigkeit jedoch dadurch besonders groß.

Reh

Das Reh gehört zur Gattung der Trughirsche (**Hirsche**). Es ist schlank und zierlich, sein *Fell* (*Decke*) ist im Sommer rotbraun, im Winter eher graubraun. Am Hinterteil haben Rehe einen weißen Fleck, den „Spiegel". Die Männchen (Böcke) tragen ein *Geweih*, das im Spätherbst abgeworfen wird; die Weibchen (Ricken) sind geweihlos. Die *Brunftzeit* der Rehe liegt im Juli und August. Die neugeborenen Rehe (Kitze) kommen im Mai und Juni zur Welt. Ihr bräunliches Fell ist weiß gefleckt. Rehe

Reibung

Wird feuchte Luft an einem Bergmassiv nach oben in kühlere Schichten geleitet, schlägt sich die Feuchtigkeit als Regen nieder

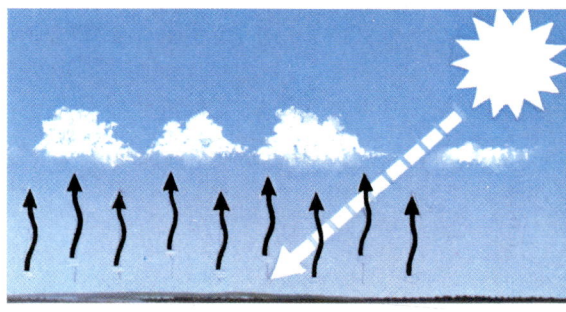

Wenn in warmen Gebieten die Sonne tagsüber dem Land Feuchtigkeit entzogen hat, fällt sie oft gegen Abend als Regen nieder

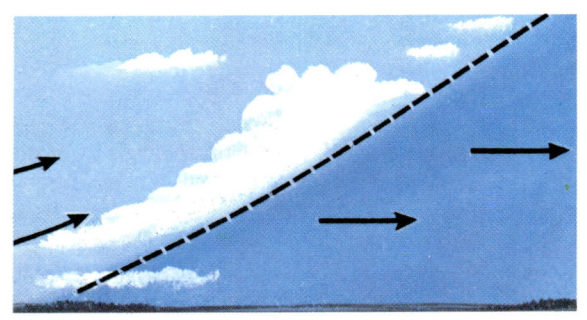

Wenn sich ein Kaltluftkeil unter eine Warmfront (oben) schiebt, können die warmen Wolken die Feuchtigkeit nicht halten. Flutartige Regenfälle sind die Folge

Wo feuchte Luft abgekühlt wird, kommt es zu Regenschauern, die nach kurzer Zeit aufhören. Dieses Klima herrscht bei uns vor

leben in „Sprüngen", das sind kleine Gruppen, oder in größeren **Rudeln**. Sie ernähren sich von Pflanzen und sind im Wald beheimatet.

Reibung

Zieht man nur leicht an einem auf einer waagerechten Unterlage liegenden Holzklotz, so bleibt er zunächst liegen, er haftet also an der Unterlage (*Haftreibung*). Zieht man aber stärker an ihm, beginnt er sich ab einer bestimmten Zugkraft zu bewegen, er gleitet. Doch auch beim Gleiten wirkt der Zugkraft ständig die Haftkraft entgegen. Will man also einen aufliegenden Körper bewegen, muss der Reibungswiderstand (die Haftkraft) überwunden werden. Er entsteht, weil sich die Unebenheiten der Berührungsflächen in-

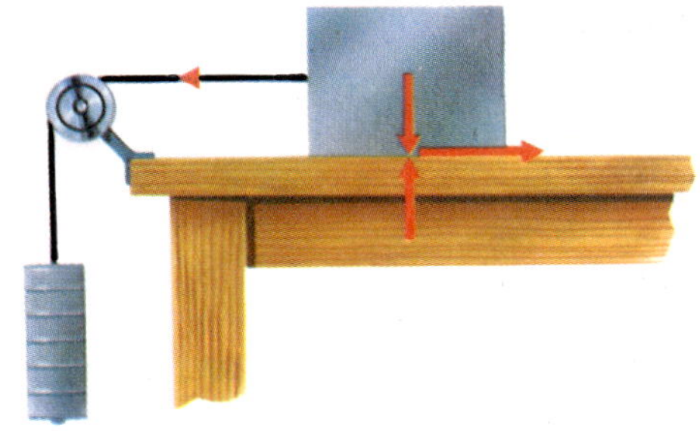

Reibung. Die auf dem Tisch liegenden Gegenstände bestehen zwar aus dem gleichen Material, sind aber verschieden geformt. Ihr Gewicht ist gleich, und das sie nach rechts ziehende Gewicht ebenfalls. Alle diese Körper erzeugen Reibung, weil ihr Gewicht sie festhalten will, mit der Tischfläche in Reaktion tritt und durch das Zuggewicht verschoben wird. Je größer die Haftfläche des Gegenstandes, desto stärker wirkt die Reibungskraft. Die Kraft der Reibung stellt der nach rechts weisende rote Pfeil dar (kleines Bild rechts)

einander verhaken und verzahnen. Selbst beim Gleiten zweier ganz glatter Flächen aufeinander werden mikroskopisch kleine Teilchen umgebogen oder abgerissen. Zunehmendes Gewicht und raue Flächen vergrößern die *Gleitreibung*. Die Reibung kann durch Rollen zwischen den Gleitflächen vermindert werden, da die *Rollreibung* unter sonst gleichen Bedingungen sehr viel geringer ist als die Gleitreibung. Bei Rädern wird dieser Vorteil ausgenutzt.

Man unterscheidet also Haftreibung, Gleitreibung und Rollreibung. Alle *Reibungskräfte* wirken der Bewegungsrichtung eines Körpers entgegen. Die Ursache dieser Reibungskräfte sind elektrische Molekularkräfte mit sehr geringer Reichweite. Kommen sich zwei **Atome** oder **Moleküle** sehr nahe, behindern diese Kräfte die Trennung (**Kohäsion**). Durch die Reibungskraft kann ein Körper auf einen anderen **Kraft** übertragen. Beim *Bremsen* eines Fahrzeugs gleitet der Bremsbelag auf einer Bremstrommel, Felge oder Bremsscheibe. Hier ist die Reibungskraft erwünscht. Wo sie unerwünscht ist, lässt sie sich durch Ölen oder Einfetten vermindern. Die Energie zur Überwindung der Reibung wird stets in Wärme umgesetzt.

Reif

Reif ist ein **Niederschlag** aus feinen Eisteilchen, der sich aus dem Wasserdampf der einen Körper umgebenden **Luft** bildet und sich dort absetzt, sobald die Temperatur unter den *Gefrierpunkt* (0 °C) absinkt. Kühlt sehr feuchte Luft stark ab, so entsteht Raureif. Der Erdboden ist häufig im Frühjahr und im Herbst mit Reif überzogen. Steigt die Lufttemperatur über 0 °C an, bildet sich **Tau**.

Reis

Reis ist eine alte Kulturpflanze, die schon 3000 v. Chr. in Thailand und China angebaut wurde. Er gehört zur Gattung der Gräser mit rund 20 Arten, wird 1–2 m hoch und hat eine lange *Rispe*, deren Spelzen die Frucht (das Korn) fest umschließen. Man unterscheidet den gewöhnlichen Stärkereis und den besonders nahrhaften Klebreis Südostasiens. Reis wird bis weit in die gemäßigten Zonen (Nordamerika, Japan, Spanien und Poebene) angebaut. Bergreis (Trockenreis) wird auf gewöhnlichem Boden, Sumpfreis (Wasserreis) auf Terrassen mit künstlicher Bewäs-

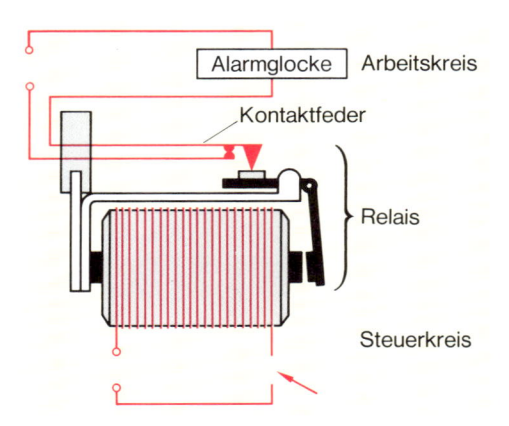

So ist ein Relais geschaltet; der Steuerkreis ist am Pfeil durchbrochen. Auf dieser Basis arbeiten Alarmanlagen

serung angepflanzt. Reis ist gut verdaulich und eignet sich vorwiegend zum Kochen und Dünsten. In Asien stellt er das Hauptnahrungsmittel dar. Der ungeschälte Reis enthält viele **Vitamine**. Entfernt man allerdings das Silberhäutchen, verliert der Reis **Eiweiß**, **Fett** und wichtige Vitamine. In Ländern, in denen sich die Bevölkerung vorwiegend von diesem Getreide ernährt, kann es dadurch zu einseitiger Ernährung und zur *Beriberikrankheit*, einer Vitamin-B_1-Mangelkrankheit, kommen. Reismehl wird u. a. für Puddingpulver, Reisstärke und als Kleister verwendet. In Asien stellt man aus Reis auch alkoholische Getränke (z. B. Arrak, Reiswein) her.

Relais

Ein Relais ist eine Schaltvorrichtung, die mehrere Kontakte enthält. Relais haben die Aufgabe, *Stromkreise* zu öffnen oder zu schließen. Die Schaltvorrichtung funktioniert oft durch einen **Elektromagneten**, der Kontakte schließt oder trennt. In der Fernsprechtechnik (**Telefon**) werden zahlreiche Relais u. a. zum Herstellen einer Verbindung und zum Durchschalten benutzt. Neben diesem elektromagnetischen Relais, das mit einer geringen Strommenge zu steuern ist, gibt es noch thermische Relais und Photorelais, bei denen eine **Fotozelle** durch Belichtung wirksam wird. Ähnlich wie ein Relais, nur komplizierter, wirkt eine **Elektronenröhre**.

Relaisstation

Als Relaisstation bezeichnet man eine erhöht liegende Funkstation für *Ultrakurzwellen* (UKW), die als Zwischenstation zwischen **Sender** und **Empfänger** liegt. Die Relaisstation besitzt Empfangs- und Sendeantennen (**Antenne**), die das aufgenommene Programm verstärken und weiter ausstrahlen. Diese Zwischensender sind zur Überbrückung großer Strecken unbedingt nötig, da sich die Strahlen nur geradlinig ausbreiten und selbst die Erdkrümmung nicht überwinden können. Sogar schwer erreichbare Gebiete (z. B. enge Täler) können auf diese Weise Rundfunk- und Fernsehprogramme empfangen. In neuester Zeit wirken häufig **Nachrichtensatelliten** im Weltraum als Relaisstationen.

Relativitätstheorie

Die von *Albert Einstein* (1879–1955) begründete Relativitätstheorie hat der modernen **Physik** eine neue Forschungsgrundlage gegeben. Die erste „spezielle" Relativitätstheorie ging auf Experimente mit der *Lichtgeschwindigkeit* zurück. Diese Versuche hatten ergeben, dass sich Lichtstrahlen im **Vakuum** mit einer immer gleich bleibenden und nicht zu überbietenden Geschwindigkeit fortbewegen. Daraus folgerte Einstein, dass **Raum** und **Zeit** keine absoluten und voneinander unabhängigen Größen sind, sondern von der Geschwindigkeit der an einer Messung beteiligten Körper abhängen. Mit zunehmender **Geschwindigkeit** wird ein **Körper** immer kürzer, gleichzeitig nimmt seine **Masse** stetig zu, und die Zeit eines ruhenden Beobachters läuft langsamer ab als die Zeit eines Körpers mit hoher Geschwindigkeit. Diese Auswirkungen werden allerdings erst bei solchen Geschwindigkeiten deutlich spürbar, die nahe an die Lichtgeschwindigkeit herankommen. Daraus ergab sich unter anderem, dass Masse und **Energie** im wesentlichen dasselbe und austauschbar sind: Eine bestimmte Masse entspricht einer Energiemenge, die sich folgendermaßen errechnen lässt: $E = mc^2$; Energie = Masse multipliziert mit dem Quadrat der Lichtgeschwindigkeit. – In der zweiten, „allgemeinen" Relativitätstheorie befasste sich Einstein u. a. mit neuen Aspekten der Gravitation (*Anziehungskräfte* der Masse) und entwickelte mehrere Theorien über den Aufbau des **Weltalls**.

Rentiere

Rentiere zählen zur Gattung der *Trughirsche* (**Hirsche**). Sie sind in den kälteren Gebieten Nordeuropas (Lappland), Nord-

Rentiere haben spreizbare Hufe, damit sie in Morast und Schnee nicht tief einsinken

asiens (Sibirien) und Amerikas beheimatet. Auch die weiblichen Tiere tragen ein *Geweih*. Das Ren ist die einzige Hirschart, die zum **Haustier** geworden ist. Es liefert dem Menschen Fleisch, Milch und Felle und wird auch als Lasttier benutzt. Die halbwilden Rentiere unternehmen Wanderungen und zwingen ihre Züchter zum Nomadentum (Rentiernomaden). Sie ziehen im Sommer in Richtung Norden und kehren im Winter in geschützte Gebiete zurück. Die Hauptnahrung der Rentiere ist dann die Rentierflechte, die sie mit ihren Hufen vom Schnee freischarren.

Reptilien

Die Reptilien (auch: Kriechtiere) gehören zur Klasse der **Wirbeltiere**. Zu ihnen zählen die *Schuppenkriechtiere*, **Schlangen**, *Echsen* (**Chamäleon**), **Krokodile** (**Alligatoren**) und **Schildkröten**. Die Reptilien entwickelten sich vor etwa 300 Mill. Jahren aus den **Amphibien**. Die Zeitalter der großen Reptilien, der **Dinosaurier**, waren **Jura** und **Kreide**. Damals waren sie am zahlreichsten vertreten. Die verhältnismäßig kleinen Reptilien, die wir kennen, haben eine trockene Haut, die mit **Schuppen** oder einem **Panzer** bedeckt ist. Es sind wechselwarme Land- oder Wasserbewohner, d. h., ihre Körperwärme hängt von der Außentemperatur ab. Die **Fortpflanzung** erfolgt nach innerer **Befruchtung** zumeist durch **Eier** (Ausnahme: einige Krokodile und Schlangen). Manche Reptilien sind Fleischfresser, andere geben sich auch mit Pflanzen zufrieden, so die Schildkröte und einige Echsen.

Resonanz

Schlägt man mit einer Stimmgabel gegen verschiedene Gegenstände aus Holz, Glas, Metall u. a., hört man verschieden starke Töne, die durch das Mitschwingen der berührten Körper entstehen. Ein Mitschwingen, das heißt eine Resonanz entsteht, wenn der mitschwingende Körper den gleichen Rhythmus hat (die gleiche **Frequenz**) wie der Schallerzeuger. Als *Resonanzboden* wird bei Saiteninstrumenten eine Holzplatte bezeichnet, die eine größere Klangstärke bewirkt, da sie mitschwingt und dadurch den **Schall** verstärkt.

Retusche

Als Retusche bezeichnet man die Überarbeitung eines *Fotos* oder eines *Negativfilms* im Sinne einer Verbesserung, z. B. beseitigt man Unschönes oder betont Wichtiges. Dies geschieht auf verschiedene Weise, z. B. mit einem Retuschiermesser oder mit einem Pinsel.

Rhesusfaktor

Der Rhesusfaktor (Rh-Faktor) ist ein erbliches Merkmal der roten **Blutkörperchen**. **Blut**, das dieses Merkmal aufweist, wird als *Rh-positiv* bezeichnet, anderes (selteneres) Blut heißt *Rh-negativ*. Die Bestimmung des Rhesusfaktors ist vor allem bei Blutübertragungen wichtig, da Rh-positive Patienten zwar Rh-negatives Blut erhalten können, Rh-negative jedoch nur Rh-negatives Blut vertragen. Außerdem spielt die Ermittlung des Rhesusfaktors bei Schwangerschaften und bei Vaterschaftsnachweisen eine Rolle.

Riesenschlangen

Zu den Riesenschlangen gehören die *Boas* und die *Pythonschlangen*. Sie sind ungiftig, jedoch ungewöhnlich groß. Die Boas sind vertreten durch die bis 11 m lange *Anakonda* Südamerikas und die bis

Eine Stimmgabel schwingt in verschieden hohen Tönen, je nachdem, an welches Material man sie schlägt

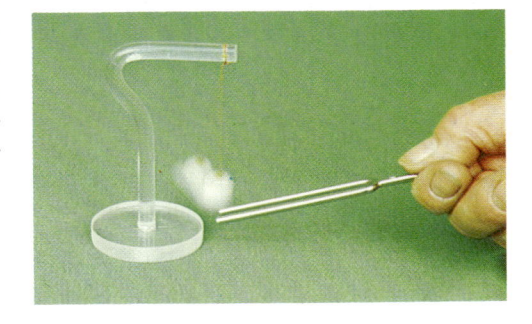

Rinder

4 m lange Boa constrictor (Abgott- oder Königsschlange), die Pythonschlangen durch die bis zu 10 m lange Netz- oder Gitterschlange, die bis 4 m lange vorderindische Tigerschlange und durch die afrikanische Felsenschlange (Assala) mit 9 m Länge. Riesenschlangen umschlingen ihre Beute (bis zur Größe eines Schweines) und erdrücken sie.

Rinder

Rinder gehören zur Familie der *Horntiere* sowie zur Unterfamilie der *Paarhufer* und zur Ordnung der **Wiederkäuer.** Alle Zuchtrassen gehen auf den *Auerochsen* zurück, den der Mensch schon vor mehr als 8000 Jahren als Haustier nutzte. Das Hausrind ist in Europa eines der wichtigsten Nutztiere, sowohl als Arbeitstier wie auch als Fleisch- und Milchlieferant. Es ist mit 5 Jahren ausgewachsen und wird etwa 20 Jahre alt. Im ersten Jahr heißt das Rind Kalb, dann im weiblichen Geschlecht, ehe es zum ersten Mal gekalbt hat, *Färse* und danach Kuh. Das männliche Tier wird *Bulle* oder *Stier* genannt; das kastrierte heißt *Ochse*. Das Rind wird im Sommer auf der Weide und im Winter im Stall gehalten.

Rippenfell

Das Rippenfell ist das äußere Blatt des *Brustfells*, das als eine aus zwei Blättern gebildete Schicht zwischen Lungenwandung und Brustkorbinnenfläche liegt. Es ist für die gegenseitige Verschiebbarkeit verantwortlich. (**Lunge**)

Roboter

Das Wort Roboter geht auf das spätmittelhochdeutsche „robat" (Frondienst) zurück, das sich im slawischen Sprachbereich zu „robota" (Arbeit) gewandelt hat und über das Tschechische wieder in die deutsche Sprache gelangt ist. Ein Roboter ist ein selbstbeweglicher, dem Menschen nachgebildeter Automat, der die Aufgaben des Menschen teilweise übernehmen kann und auch eine gewisse Lernfähigkeit besitzt. Über *Fernsehkameras* können Roboter in Kontakt zu ihrer Umwelt treten und aufgenommene Informationen mit Hilfe eines eingebauten **Computers** verarbeiten. Bislang wurden solche Geräte in Labors entwickelt, um sie z. B. für die Erforschung von **Planeten** einsetzen zu können. Davon zu unterscheiden sind die *Industrieroboter*, die vor

Lackierroboter in einem Automobilwerk

allem im Automobilbau eine neue Entwicklung eingeleitet haben. Statt Menschen stehen Arbeitsmaschinen am Fließband, die gefährliche oder gesundheitsgefährdende Arbeiten wie Schweißen und Transportieren schwerer Karosserieteile ausführen. Sie greifen das Werkstück mit Hilfe von Tastsensoren und bearbeiten es mit einer Genauigkeit, die der Mensch in derselben kurzen Zeit nicht bieten könnte.

Röntgenstrahlen

Der Physiker *Wilhelm Conrad Röntgen* (1845–1923) entdeckte 1895 bei der Untersuchung der physikalischen Eigenschaften von **Kristallen** „neue" Strahlen (**Radioaktivität**), die später nach ihm benannt wurden. Sie werden mit Hilfe so genannter Röntgenröhren (**Elektronen-**

Wilhelm Conrad Röntgen

röhre) erzeugt. In Abhängigkeit von ihrer **Dichte** werden Stoffe unterschiedlich stark von Strahlen durchdrungen. Substanzen mit hoher Dichte sind weniger durchlässig als solche mit geringerer Dichte. Diese Eigenschaft macht man sich bei der Verwendung der Röntgenstrahlen zu diagnostischen Zwecken zunutze (Anfertigung von Röntgenbildern). Die *Röntgendiagnostik* stellt heute eines der unentbehrlichen Untersuchungsverfahren dar, über die die Medizin verfügt. Die *Röntgenbestrahlung* wird zur Behandlung von Geschwulstkrankheiten, als schmerzlindernde Bestrahlung sowie für andere Therapiezwecke angewandt.

Rost

Rost ist eine braunrote Schicht, die sich unter Einwirkung von Feuchtigkeit auf **Eisen** bildet und hauptsächlich aus Eisenoxid besteht. Die Rostbildung wird zudem begünstigt, wenn Eisen mit anderen Metallen oder mit Schwefeldioxid, das z. B. in Rauchgasen enthalten ist, in Berührung kommt. Um **Metalle** vor der Zerstörung durch Witterungseinflüsse zu bewahren, müssen sie mit Schutzschichten überzogen werden. So verhindern kostspielige *Rostschutzmittel*, dass Autos, Maschinen, Werkzeuge oder auch Stahlbauten usw. bereits innerhalb weniger Jahre zerstört werden. Überzüge aus *Zinn, Chrom, Nickel, Silber, Emaille, Mennige* (Bleioxid), *Kunstharz* oder bloßes Einfetten haben sich als Schutz gegen **Korrosion** bewährt.

Rudel

Ein Rudel ist ein größerer Verband von Tieren, z. B. von **Wölfen, Hirschen,** *Gemsen* oder **Rehen**. Es steht meist unter der Führung eines Leittiers.

Rundfunk

Der Begriff Rundfunk umfasst alle Techniken zur drahtlosen Übermittlung akustischer Informationen mit Hilfe hochfrequenter **elektromagnetischer Wellen**, die über kleine und große Entfernungen vom **Sender** zum **Empfänger** gehen. Die erste Übertragung von Nachrichten durch elektromagnetische Wellen gelang 1897 dem Italiener *Guglielmo Marchese Marconi* (1874–1937). Die zum Senden notwendigen **Frequenzen** werden von einem Hochfrequenzgenerator, z. B. einem elektrischen Schwingkreis, erzeugt, der aus einer *Spule* und einem *Kondensator* besteht. Beide sind als Energiespeicher zu betrachten. Zwischen ihnen wandert **Energie** hin und her, die vom Strom im Schwingkreis übertragen wird. Die **Elektronen** schwingen dabei mit einer bestimmten Frequenz, die durch die veränderbare Größe des Kondensators und der Spule festgelegt wird. Die Sendeantenne stellt genauso wie die Empfangsantenne (**Antenne**) einen solchen Schwingkreis dar. Wenn man nun den Generatorschwingkreis (*Oszillator*) mit einer Antenne koppelt und durch den *Drehkondensator* auf dieselbe Frequenz abstimmt, nimmt die Antenne Energie auf und strahlt diese als elektromagnetisches Feld aus, dessen Wellen sich mit *Lichtgeschwindigkeit* ausbreiten. Diese Trägerfrequenz wird vorher im Sender mit der **Tonfrequenz** moduliert, d. h., die zu übertragende Information z. B. aus einem **Mikrofon** wird den Rundfunkwellen derart aufgeprägt, dass sie im Empfänger wieder zurückgewonnen werden kann. Befindet sich nun eine Empfangsantenne im Wirkungsbereich des Senders, muss der Antennenschwingkreis auf die gewünschte Trägerfrequenz abgestimmt werden, da die Trägerwellen von anderen Sendern ausgeschaltet werden müssen. Das bedeutet, dass man am Knopf für die Sendereinstellung des Radiogerätes so lange drehen muss, bis die gewünschte Trägerfrequenz aus der Sendersuchskala gefunden wurde. Diese Abstimmung erfolgt wie im Sender durch einen Drehkondensator. Die so ausgesonderte Trägerfrequenz wird nach Verstärkung demoduliert, d. h., die elektrisch umgeformte akustische Nachricht wird durch einen **Lautsprecher** zurückgewonnen und äußert sich in hörbaren **Schallwellen**.

Beim Rundfunk verwendet man *Langwellen* (Frequenz 30–300 kHz), *Mittelwellen* (Frequenz 300–3000 kHz), **Kurzwellen** (Frequenz 3000–30 000 kHz) und *Ultrakurzwellen* (UKW) mit einer Frequenz von 30–300 MHz. Die sich ausbreitenden Wellen werden von den Schichten der oberen **Atmosphäre** (*Ionosphäre*) zurückgeworfen, gelangen auf den Erdboden und werden reflektiert. Dadurch können sie große Entfernungen überwinden.

Blick in den Regieraum eines Rundfunkstudios

Salmonellen

Salmonellen sind Mikroorganismen, die nach dem amerikanischen Bakteriologen D. E. Salmon (1850–1914) benannt wurden. Sie leben im Darm von Menschen und Tieren sowie am Boden und in Gewässern. Ihre rund 2000 verschiedenen Arten sind oft Auslöser von bakteriellen Lebensmittelvergiftungen (*Salmonellose*). Verbreitet werden Salmonellen u. a. durch Geflügelmastbetriebe, unsachgemäßes Aufbewahren von Lebensmitteln oder mangelnde Hygiene bei der Speisenzubereitung.

Salz

Das gebräuchlichste Salz ist das Kochsalz. Es besteht aus den **chemischen Elementen** *Natrium* und *Chlor* und wird deshalb auch *Natriumchlorid* genannt. Es findet sich als *Steinsalz* in großen Lagern in der Erde, die aus Salzseen oder aus Meeresteilen entstanden sind. Es wird im **Tagebau** oder unter Tage abgebaut. *Solesalz* gewinnt man aus natürlichen Salzquellen. *Meersalz* gewinnt man, indem man Meerwasser in große Becken leitet, wo es verdunstet. Übrig bleiben *Kochsalz* und Nebensalze. Mit drei verschiedenen chemischen Reaktionen lassen sich Salze herstellen: 1. aus *Lauge* und *Säure* (Neutralisation), 2. aus **Metall** und Säure, 3. aus *Metalloxid* und Säure. Mischt man chemisch gleichwertige Mengen **Salzsäure** und *Natronlauge*, so reagiert dieses Gemisch neutral; man bezeichnet diesen Vorgang deshalb als *Neutralisation*. Dabei bildet sich Salzwasser. Wird es eingedampft, erhält man als Rückstand Kochsalz (Natriumchlorid). Bringt man Metall mit Salzsäure zusammen, entwickelt sich zunächst ein **Gas**. Ist die Gasbildung ab-

Salzsäure

Salzgewinnung aus dem Wasser des Great Salt Lake, Utah (USA)

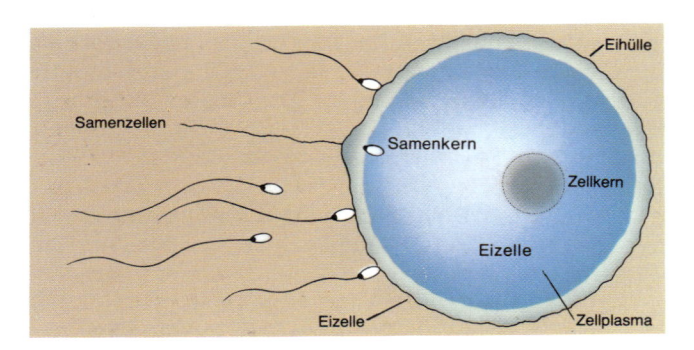

geschlossen, werden die restlichen Metallstückchen abfiltriert, die Flüssigkeit in einer Schale erwärmt und eingedampft. Als Rückstand hat sich ein *Metallsalz* (Metallchlorid) gebildet. Übergießt man ein Metalloxid mit Salzsäure, so bildet sich nach dem Eindampfen der filtrierten Flüssigkeit ebenfalls ein Metallsalz. Bei allen drei Arten der Salzbildung spielt sich derselbe Vorgang ab: Der Wasserstoff der Säure wird durch ein Metall ersetzt; man sagt auch, Salze sind Verbindungen von Metallen und Säureresten.

Salzsäure

Übergießt man in einem Glasbehälter *Kochsalz* (Natriumchlorid) mit Schwefelsäure (H_2SO_4), entsteht ein Salzsäuregas, das von **Wasser** aufgenommen wird. 1 l Wasser löst bei +10 °C 470 l **Gas** und wandelt sich dabei in konzentrierte, rauchende 38prozentige Salzsäure HCl um. Salzsäure ist also eine Lösung von Salzsäuregas in Wasser. Die Salzsäure ist ein Bestandteil des *Magensaftes* beim Menschen und bei allen Wirbeltieren. Sie wird u. a. bei der Farbenherstellung und der Verarbeitung von **Metallen** verwendet.

Samen

Samen sind vielzellige Gebilde, die einen **Embryo** sowie **Nährstoffe** enthalten und von einer schützenden, festen Schale umgeben sind. Die **Bestäubung** und die **Befruchtung** gehen der Samenbildung in der **Blüte** voraus. Aus der befruchteten **Eizelle** einer Samenanlage entsteht ein

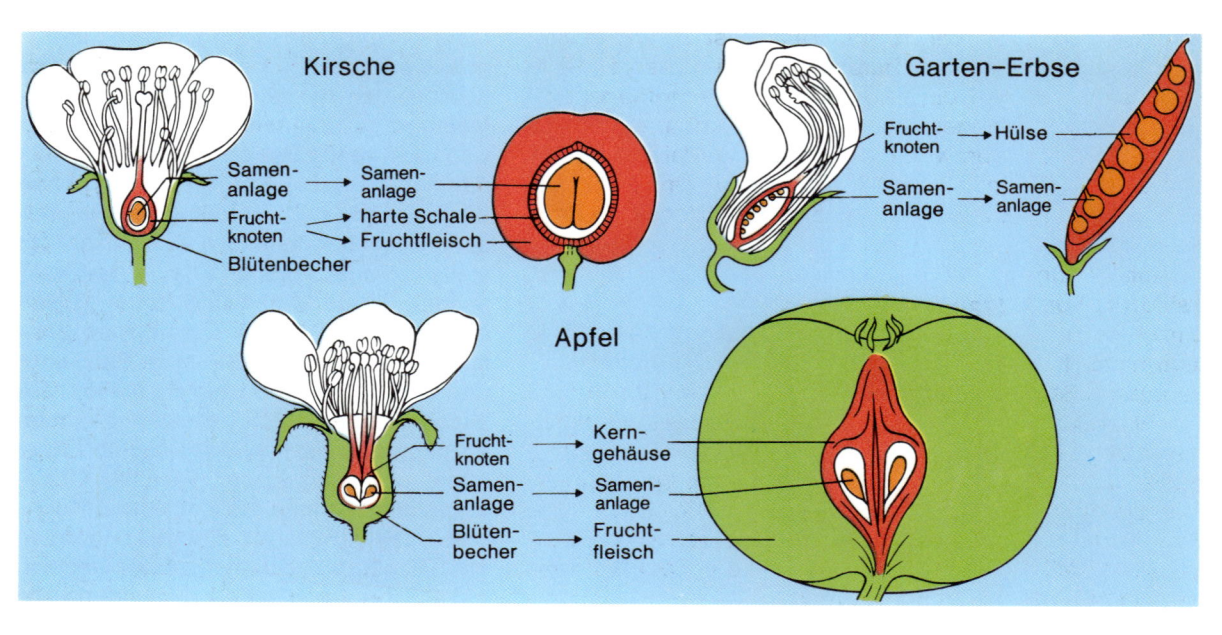

Bei Tieren und Menschen bewegen sich die männlichen Samenzellen im Eileiter zur weiblichen Eizelle. Die erste Samenzelle dringt ein und verschmilzt mit dem Zellkern

Die Keimlinge der höheren Pflanzen sind von einer Hülle, dem Fruchtknoten, umgeben und mit Nahrungsvorrat versehen. Nach der Befruchtung entwickeln sie sich in der Samenanlage und werden bei der Reifung von einer festen oder fleischigen Fruchtwand umgeben

Arbeiten am Röntgenteleskop des Forschungssatelliten ROSAT

Same. Meist wachsen die Samen in einer **Frucht** heran und verlassen diese nach der Reife (**Keimzellen**). Der Samen bei Menschen und Tieren ist eine weißliche, schleimig-klebrige Flüssigkeit, die in den männlichen Geschlechtsdrüsen abgesondert wird (**Geschlechtsorgane**). Sie enthält die Samenfäden und Samenzellen, die sich in den Samenkanälchen des *Hodens* bilden.

Satellit

Als Satelliten bezeichnet man die **Monde** eines **Planeten**, die diesen umkreisen. Heute wird der Begriff Satellit immer mehr für künstliche Himmelskörper gebraucht. Der erste Erdsatellit, genannt „Sputnik I", wurde 1957 von der UdSSR gestartet. 1958 wurde „Explorer I", der erste amerikanische Satellit, in die Erdumlaufbahn geschickt. Diese Satelliten sind die Vorläufer der bemannten Raumschiffe und stellen den Beginn der **Raumfahrt** dar. Satelliten beobachten heute aus großen Höhen das **Wetter**, werden für militärische Beobachtungszwecke eingesetzt und übermitteln Nachrichten und Fernsehbilder von einem Ende der Welt zum anderen. Der größte Erdbeobachtungssatellit, UARS, wurde 1991 von den USA im Weltraum zur Erkundung der Ozonschicht und der Windverhältnisse stationiert. Die erste direkte Fernsehübertragung zwischen Europa und den Vereinigten Staaten kam am 23. Juli 1962 durch einen **Nachrichtensatelliten** zustande. Bis dahin konnte man Fernsehsendungen nur in einem Kontinent aufzeichnen und sie dann als Film mit dem Flugzeug zu einem anderen Kontinent bringen, um sie dort zu senden. Mit Hilfe der Nachrichtensatelliten können also jetzt Direktübertragungen aus fast allen Teilen der Welt durchgeführt werden. Ohne Satellit ist eine Übertragung deshalb nicht möglich, weil die **Wellen**, die vom **Sender** zum **Empfänger** gelangen müssen, die Erdkrümmung nicht überwinden können. Die Wellen werden jetzt in größeren Höhen vom Satelliten aufgefangen und dann wieder an die Erde zurückgegeben.

Saturn

Der Saturn ist der zweitgrößte **Planet** nach dem **Jupiter**. Er hat einen Äquatordurchmesser von 120 000 km. Seine Oberflächenatmosphäre besteht aus *Methan*, *Ammoniak* und **Wasserstoff**. Über seinem festen Kern liegt eine Eisschicht. Der Saturnring besteht aus **Meteoriten**, die den Planeten in seiner Äquatorebene in Kreisbahnen umlaufen.

Sauerstoff

Sauerstoff ist ein **chemisches Element**, das als geruchloses **Gas** in der **Luft** vorkommt. Alle Menschen und Tiere benötigen diesen Sauerstoff. Können sie nicht genügend davon aufnehmen, so ersticken sie. Der Sauerstoffgehalt der Luft wird mit zunehmender Höhe geringer. Bergsteiger verwenden deshalb in Höhen über 7000 m meist ein *Sauerstoffgerät*. Auch Taucher (**Tauchgeräte**) benötigen solche Geräte. Ist bei einem schwer kranken Menschen eine regelmäßige **Atmung** nicht mehr gewährleistet, kommt er unter das so genannte Sauerstoffzelt.

Säugetiere

Säugetiere sind eine Klasse der **Wirbeltiere** und die am höchsten entwickelten Lebewesen. Sie sind in 19 Ordnungen mit ca. 4300 Arten eingeteilt. Ihre überwiegend vorhandene Fähigkeit, die körpereigene Temperatur unabhängig von den Außentemperaturen mit Hilfe von Fettpolstern oder eines isolierenden Haarkleides konstant zu halten, ermöglichte ihnen eine Ausbreitung selbst in die kältesten Regionen der Erde. Nachdem die Saurier (**Dinosaurier**) ausgestorben waren, traten die Säugetiere im Zeitalter des **Tertiär** verstärkt in Erscheinung. Sie hatten sich aus den Kriechtieren (**Reptilien**) entwickelt. Säugetiere umfassen die Gruppen *Kloakentiere*, **Beuteltiere** und *Plazentatiere*. An

Hält man einen glimmenden Holzstab in einen mit Sauerstoff gefüllten Glasbehälter, so flammt der Holzstab auf

Säugling

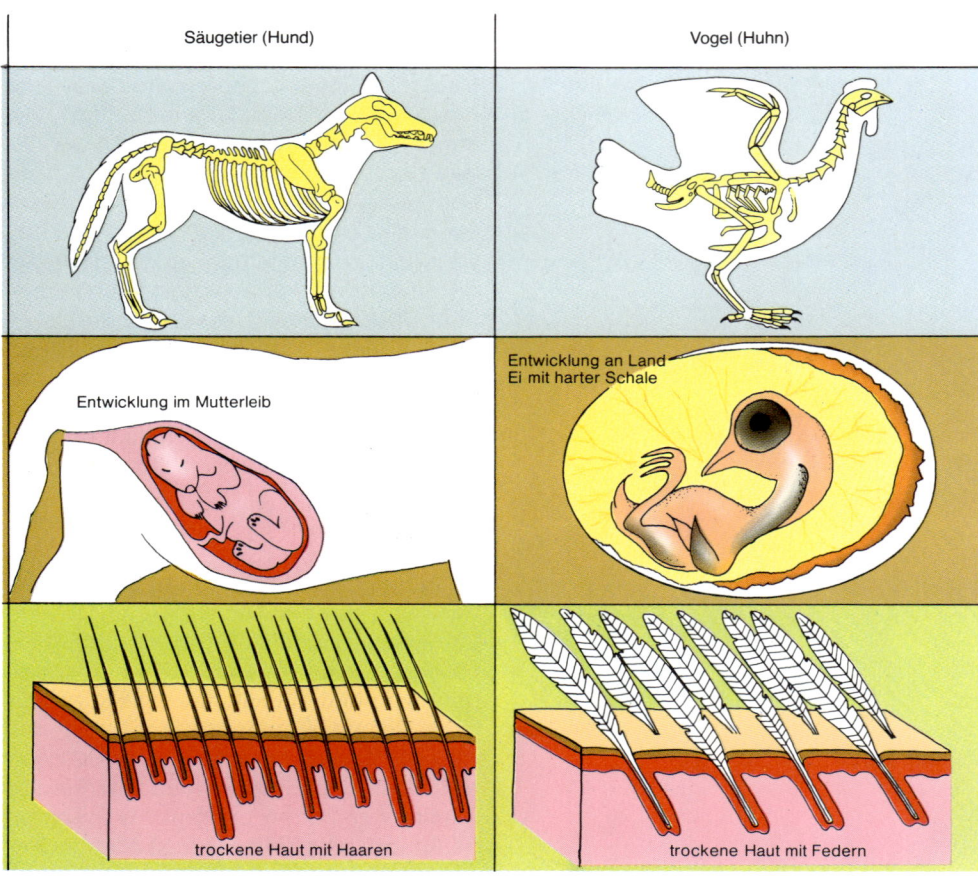

Einige Merkmale von Säugetieren und – zum Vergleich – Vögeln

den Kloakentieren (*Schnabeltier*, **Ameisenigel**) lassen sich noch reptilähnliche Merkmale feststellen; sie legen z. B. im Gegensatz zu den anderen Säugetieren noch **Eier**, ihre Körpertemperatur ist schwankend und deutet auf die Abstammung von wechselwarmen Tieren hin. Die aus den Eiern ausgeschlüpften Jungen werden dann mit **Milch** gesäugt. Sie wird bei allen Säugetieren nach dem Gebären (bzw. Eierlegen) aus den *Milchdrüsen* (Brustdrüsen) der Muttertiere abgesondert und dient zur Ernährung der Jungtiere. Das Säugen der Nachkommen ist ein wesentliches Merkmal der Säugetiere (daher auch der Name). Zwischen der Gruppe der Kloakentiere und der der Plazentatiere liegt die Gruppe der **Beuteltiere**. Als Beuteltier sind uns vor allem das *Känguru*, der *Koalabär* und das *Opossum* Australiens bekannt. Sie bringen relativ unentwickelte, winzige Junge zur Welt, die sie in ihrem Beutel, einer Hautfalte am Bauch, herumtragen und ernähren, bis sie sozusagen erwachsen sind. Die am höchsten entwickelte Gruppe der Säugetiere sind die über die ganze Welt verbreiteten Plazentalier, z. B. die Ordnung der Insektenfresser wie *Igel* oder *Maulwurf*, *Flattertiere* wie die **Fledermaus**, Herrentiere (**Primaten**) wie **Halbaffen, Menschenaffen** und der **Mensch, Nagetiere, Wale, Raubtiere,** *Unpaarhufer* wie **Pferd** und **Nashorn** und Paarhufer wie **Kamel, Giraffe** und **Hirsch**. Plazentalier tragen ihre Jungen eine gewisse Zeit im Mutterleib, wo sie durch die Plazenta (Mutterkuchen) ernährt werden und ein gewisses Wachstumsstadium erreichen. Bei der **Geburt** sind sie dann schon höher entwickelt als z. B. die Jungen der Beuteltiere. Manche Jungtiere kommen jedoch hilflos, blind und nackt zur Welt, so z. B. **Katzen** und **Hunde**. Andere wiederum sind imstande, sofort nach der Geburt aufzustehen und bald herumzutollen, wie z. B. das nordamerikanische **Rentier**. Von den Eltern werden sie dann in der Nahrungssuche unterwiesen. Neben dem Säugen haben die Tiere noch weitere wichtige Merkmale gemeinsam: Sie besitzen zwei Gliedmaßenpaare, die entweder zur Fortbewegung auf dem Land (als Beine und Füße) oder in der Luft (als Flugorgane wie etwa bei der Fledermaus) oder im Wasser (als Flossen wie beim **Wal** oder beim **Seehund**) ausgebildet sind. Säugetiere atmen mit **Lungen**. Ihr **Herz** besteht aus vier Kammern. Der Schädel ist durch zwei Gelenkhöcker mit dem ersten Halswirbel (Atlas) verbunden. Der Unterkiefer ist aus einem einzigen Knochen gebildet. Die **Sinnesorgane** (Riech- und Hörorgan) sind besonders geschärft und viele dieser Tiere besitzen auch eine gewisse geistige Beweglichkeit (z. B. die **Affen**). Ihr **Gehirn** ist dementsprechend komplizierter gebildet. Den klimatischen Verhältnissen passen sich manche Tiere durch Wanderungen (Ren) oder durch Winterschlaf (Igel, *Murmeltier*, Fledermaus) bzw. Winterruhe (**Bär, Dachs**) an. Manche Tiere leben in Gruppen wie **Rudeln** oder *Herden* mit einer Rangordnung. Andere wiederum sind *Einzelgänger*. Sie finden sich nur zur Erzeugung der Nachkommen und zu deren Pflege zusammen. Die Verständigung der Tiere untereinander erfolgt durch Lautäußerungen oder durch verschiedene Ausdrucksbewegungen.

Säugling

Als Säugling bezeichnet man ein Kind von der **Geburt** an bis zum Ende des ersten Lebensjahres. Normalerweise wird ein Kind in der 40. Woche der **Schwangerschaft** geboren und weist, wenn es voll ausgereift ist, gewisse Reifezeichen auf. In der Säuglingszeit macht das Kind wesentliche Entwicklungsstadien durch.

saurer Regen

Als sauren Regen bezeichnet man säurehaltige **Niederschläge**. Die bei der Verbrennung schwefelhaltiger Brennstoffe

Eine Mutter stillt ihren Säugling

Schallmauer

wie Heizöl, **Erdgas** oder **Kohle** entstehenden **Abgase**, vor allem das Schwefeldioxid, lösen sich im Regenwasser zu schwefliger *Säure* und säuern den Boden. Viele Pflanzenarten werden dadurch stark geschädigt. Das **Waldsterben** wird überwiegend auf den sauren Regen zurückgeführt.

Savanne

Als Savanne bezeichnet man grasbewachsene **Steppen** in tropischen und subtropischen Gebieten, die mit Büschen und Bäumen durchsetzt sind. Je nachdem, wie oft und wie viel Regen fällt, unterscheidet man Feuchtsavannen, Trockensavannen sowie Dorn- und Sukkulentensavannen und Wüstensavannen.

Scanner

Der Scanner ist ein Gerät zur **digitalen** Erfassung optischer Werte (Helligkeit, Farbe usw.). Das Untersuchungsobjekt – ein Gegenstand oder ein Bild bzw. eine grafische Darstellung – wird mit einem **Licht**- oder *Elektronenstrahl* punkt- bzw. zeilenweise abgetastet. Die unterschiedlich starke **Reflexion** oder Absorption der Strahlen wird in elektrische **Impulse** umgesetzt, die digital gespeichert bzw. weiterverarbeitet werden können. So werden an den *Balkendiagrammen (Strichcode)* der Kaufhauswaren die Preise abgelesen. So können aber auch Farbfotos – mit entsprechender Computertechnik – elektronisch analysiert und, einmal in Informationen umgesetzt, beliebig verändert, also am **Bildschirm** „retuschiert" werden. Für dieses Verfahren hat sich das Kürzel *EBV* (elektronische Bildverarbeitung) eingebürgert.

Schall

Schall entsteht durch das Schwingen von Stäben, Platten, Saiten, Luftsäulen und **Membranen**. Von einer Schallquelle aus werden Luftteilchen wellenartig bewegt. Wir nennen diese Bewegung die **Schallwellen**. Harmonische **Schwingungen** mit Schwingungszahlen zwischen 16 und 20 000 Hz werden als Töne (**Ton**) empfunden. Es gibt verschiedene Arten von Schall: Der *Hörschall* hat eine **Frequenz** zwischen 16 Hz (als Maßeinheit für Frequenz gilt 1 Hertz = Hz, benannt zu Ehren des deutschen Physikers *Heinrich Rudolf Hertz*, 1857–1894; 1 Hz = 1 Schwingung je Sekunde) und 20 000 Hz (Hörbereich).

Schallquelle	Dort schwingt
Wespe	Flügel
Stimmgabel	Metallzinken
Geige, Gitarre	Saite, (Metall oder Darm)
Lautsprecherbox	Membran
Flöte, Trompete	Luft
Sänger	Stimmbänder

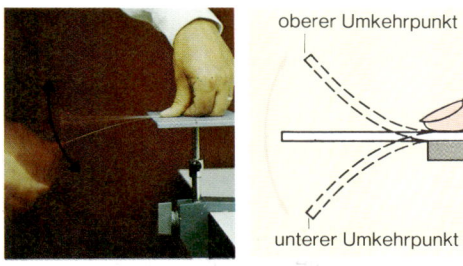

Verschiedene Schallquellen: oben Bienenflügel, in der Mitte Stimmgabel und unten schwingende Blattfeder

Was unter 16 Hz liegt, nennen wir **Infraschall**, was darüber liegt, **Ultraschall**. Trifft der Schall nun auf ein Hindernis, das die Wellenbewegungen nicht fortsetzt, so wird er zurückgeworfen; es entsteht ein **Echo**.

Schallgeschwindigkeit

Bei einem Gewitter sehen wir zuerst den **Blitz** und hören dann den **Donner**. Das zeigt, dass der Schall langsamer ist als das **Licht**. Aber er breitet sich trotzdem ziemlich schnell aus. Die Schallgeschwin-

Die Schallgeschwindigkeit beträgt bei einer Lufttemperatur von +15 °C 340 m/s; nach einer Faustregel lässt sich sagen, dass der Schall in der Luft für eine Strecke von 1 km 3 s braucht

digkeit in **Luft** beträgt 340 m/s, das sind rund 1200 km in der Stunde. In luftleerem Raum kann sich der Schall nicht fortbewegen. Schneller als in Luft bewegt er sich in Wasser (rund 1400 m/s), in Holz (3500 m/s) und in Stahl (5000 m/s) fort.

Schallmauer

Diesen Begriff kennt man in erster Linie aus dem Bereich der Flugzeugtechnik. Die **Schallgeschwindigkeit** in der Luft wird heute von **Flugzeugen** längst überboten, und zwar sowohl von Militär- als auch von Passagiermaschinen. Dabei entstehen an Bug und Heck dieser Überschallmaschinen **Wellen**, in denen die Luft stark zusammengepresst wird. Dort, wo sie auf den Erdboden treffen, steigt der **Luftdruck** plötzlich so an, dass ein Knall hörbar wird. Die Schallgeschwindigkeit in

Schallmauer

Der Start zur ersten Überschallfahrt. Pilot Stan Barrett zündet an einem kalten Dezembermorgen des Jahres 1979 den Flüssiggastreibstoff-Raketenmotor (Leistung: 44 Mill. Watt oder 60 000 PS). William Fredricks Raketenfahrzeug „Budweiser" beschleunigt pro Sekunde um mindestens 100 km/h. Stan Barrett wiegt jetzt das Fünffache seines normalen Körpergewichts. Nach 12 Sekunden ist das Fahrzeug über die Transonic-Zone hinaus, nach 18 Sekunden fällt die Schallmauer: 1190,122 km/h schnell auf drei Rädern!

Die Concorde unmittelbar nach dem Abheben von der Startbahn. Um den Piloten optimale Sichtverhältnisse zu gewähren, ist die Nase des Überschalljets um fünf Grad nach unten geklappt

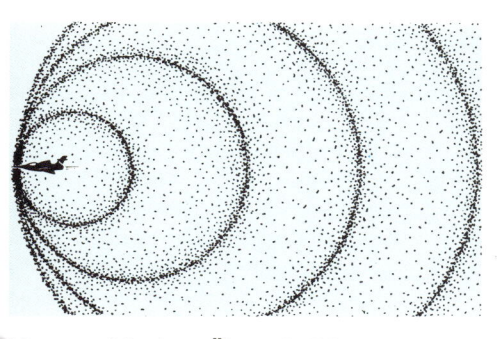

Lärmteppich eines Überschallflugzeugs

Die Erfindung der Schallplatte geht auf den von T. A. Edison entwickelten Phonographen zurück

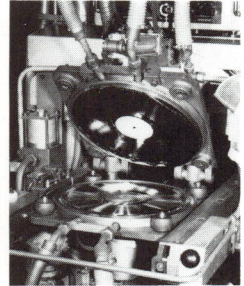

Die maschinelle Herstellung einer Schallplatte

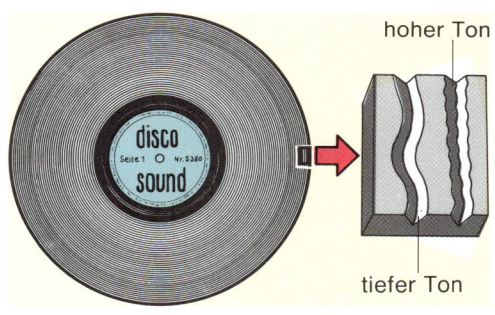

Schallplattenrillen in der Vergrößerung

der Luft beträgt 340 m/s. Fliegt ein Flugzeug schneller, so durchbricht es die Schallmauer. Seine Fluggeschwindigkeit wird dann mit der sogenannten *Mach-Zahl* (Ma) angegeben. Bei Schallgeschwindigkeit (1200 km/h oder 340 m/s) spricht man von 1 Mach, bei doppelter Schallgeschwindigkeit (2400 km/h) von 2 Mach.

Schallplatte

Die Schallplatte ist eine kreisrunde Scheibe, auf der **Schall** in spiralförmig von außen nach innen verlaufenden Rillen aufgezeichnet ist. Die Herstellung einer Schallplatte läuft folgendermaßen ab: Zunächst nimmt man die Darbietung auf ein Tonband (**Tonbandgerät**) auf. Von hier wird der Schall nun auf einen Schneidstichel übertragen, der die Schallschwingungen in Form einer Wellenlinie in eine mit Kunststoffschichten überzogene Metallplatte ritzt. Dabei werden die jeweilige **Frequenz** und **Amplitude** genau entsprechend der vorgegebenen Lautstärke und Tonhöhe nachvollzogen. Die Bewegung des Stichels entspricht exakt der des Saphirs beim späteren Abspielen der fertigen Platte. Die erste, durch den Stichel hergestellte Scheibe überzieht man nun mit Lack, der in einem galvanischen Bad gehärtet und anschließend wieder entfernt wird. Diese erste *Matrize* entspricht einem *Negativ* beim Fotografieren; sie hat nun keine Rillen, sondern den Rillen entsprechende, erhabene Konturen. Mit ihrer Hilfe werden die Pressmatrizen (ebenfalls mit erhabenen Konturen) aus Stahl hergestellt. Zwei solcher Pressmatrizen pressen nun die eigentliche Schallplatte mit Rillen. Dies geschieht unter Erhitzen mit Dampf und unter hohem **Druck**. Früher bestanden Schallplatten aus Schellack, heute ist es ein **Kunststoff** auf Vinylgrundlage. Es gibt verschiedene Aufzeichnungsarten; Schallplatten mit Normalrillen (ca. 4 je mm) werden mit 78 Umdrehungen pro Minute (U/min) abgespielt (Schellackplatten). Diese ältere Form ist jedoch von den Mikrorillen (9 je mm) abgelöst worden. Sie sind kleiner, und dadurch kann eine solche Platte mit mehr Musik bespielt werden. Die so genannten Singles mit 17,5 cm Durchmesser benötigen 45 U/min, die Langspielplatten mit 30 cm Durchmesser 33⅓ U/min. 16⅔ U/min werden bereits durch die Picorillen (20 je mm) möglich. Bei Stereoaufnahmen (**Stereofonie**) wird die Darbietung mit zwei **Mikrofonen** aufgenommen. In der Rille ist die Schallaufzeichnung in zwei um 90 Grad gegeneinander geneigten Richtungen eingeschnitten. Die Tonwiedergabe erfolgt über zwei **Lautsprecher**. Heute hat die **Compact Disc** (CD) die konventionelle Schallplatte weitgehend vom Markt verdrängt, da sie ihr wegen der höheren Wiedergabequalität und wegen des praktisch verschleißfreien Gebrauchs überlegen ist.

Schallwellen

Bei den Schallwellen handelt es sich um **Wellen**, bei denen sich die **Schwingungen** eines Körpers nach allen Richtungen ausbreiten. Meist trägt die **Luft** den **Schall** weiter. Wie das geschieht, kann man sich vorstellen, wenn man einen Stein ins Wasser wirft. Sobald er eintaucht, breiten sich die Wellen in immer größer werdenden Kreisen aus. Der Schall breitet sich wellenförmig mit Hilfe von Luftteilchen aus. Ein Teilchen stößt ein anderes an und versetzt es in Schwingungen und dieses Teilchen stößt wieder das nächste an. Solche Teilchen treffen dann auf unser **Ohr**, genauer genommen auf unser *Trommelfell*, das nun ebenfalls in Schwingungen gerät. Diese Schwingungen werden über **Nerven** in unser **Gehirn** weitervermittelt, und wir registrieren dort den **Ton**, der weit weg von uns seinen Ausgang genommen haben kann. Wir nennen den Gegenstand, der den Schall erzeugt, die Schallquelle. Sie muss von Luft umgeben sein, damit wir den Ton hören. Die Geschwindigkeit des Schalls nennen wir **Schallgeschwindigkeit**.

Schalter

Mit dem Schalter kann man Stromverbindungen herstellen oder unterbrechen. Beim Einschalten (z. B. des Lichts oder eines elektrischen Geräts) berühren sich zwei *Kontakte*; beim Ausschalten werden sie wieder getrennt. Es gibt verschiedene Schaltertypen: den Dreh-, den Kipp- und

Die Schwingungen einer Schallquelle – hier einer Stimmgabel – übertragen sich auf die umgebende Luft

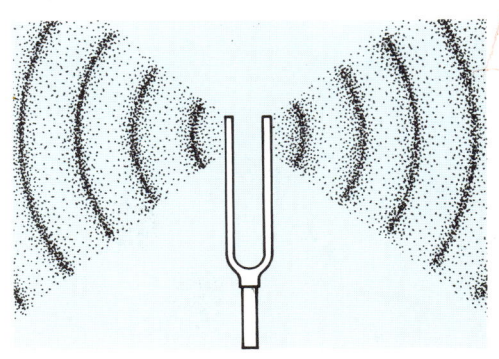

Schatten

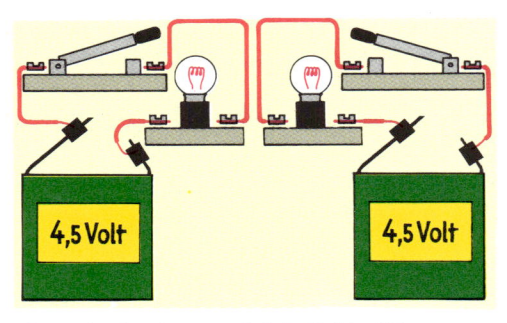

Stromkreise lassen sich beliebig öffnen (ausschalten) und schließen (einschalten). Dies geschieht mit dem Schalter, einem Gerät mit zwei Kontaktstücken

den Druckknopfschalter (den so genannten Rastschalter) im Haushalt; weiter Hand- und Fußschalter, die von Menschenhand direkt bedient werden. Fernschalter werden indirekt über Steuerschalter betätigt (z. B. durch Druckluft, Motor- und Magnetantrieb). So genannte Schutz- oder Grenzschalter reagieren selbsttätig durch Überwachungseinrichtungen, ebenso wie die Tastschalter, die ihre Ausgangsposition wieder einnehmen, wenn sie nicht mehr betätigt werden. Neben diesen so genannten Niederspannungsschaltern (**Relais**) gibt es die Hochspannungsschalter, zu denen der Hebel- und der Quecksilberschalter gehören. Sie helfen verhindern, dass beim Entstehen des Stromkontakts zu starke *Funken* sprühen. Die Schaltung von Höchstspannungen (über 1000 Volt) erfolgt durch die besonders sicheren Ölströmungs- und Druckgas-Schalter.

Bei dem beliebten Schattenspiel mit Figuren oder Händen werden deren Schattenkonturen mittels Licht auf einer hellen Fläche sichtbar gemacht

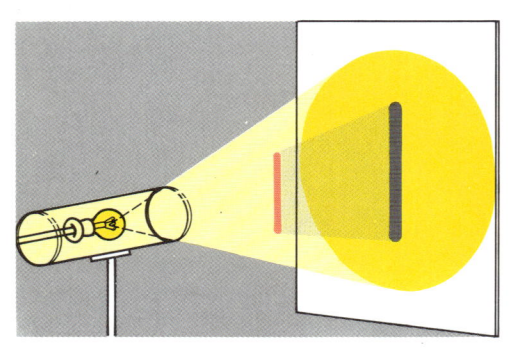

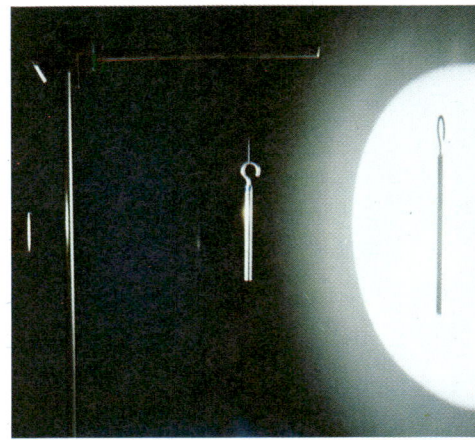

Das Schattengebiet wird durch die Form des Körpers und die Art der Lichtquelle festgelegt. Die Begrenzung des Schattens erfolgt durch die Beugung des Lichts am Körper

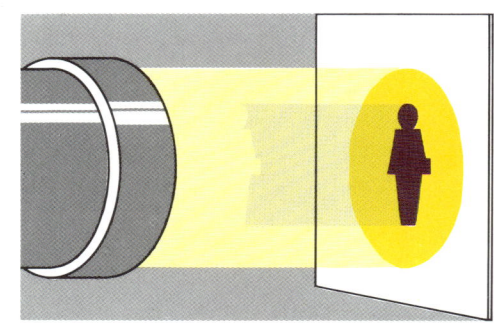

Eine einzige Lichtquelle erzeugt scharf abgegrenzte Schlagschatten (oben). Fallen Strahlen aus einer zweiten Lichtquelle auf diesen Schatten, so entstehen Halbschatten; dort, wo sich mehrere Schatten überdecken, entsteht ein Kernschatten (unten)

Schatten

Als Schatten bezeichnet man den durch die Umrisse eines undurchsichtigen Gegenstandes begrenzten Bereich, der hinter dem von einer Lichtquelle beleuchteten Gegenstand liegt (Schlagschatten). Von einem Halbschatten spricht man, wenn eine umfangreiche Lichtquelle (Sonne) nur einen Teil eines bestimmten Gebietes ausleuchtet. Der Kernschatten ist dann der Teil des Schattens, auf den überhaupt kein Licht trifft. (**Mondfinsternis, Sonnenfinsternis**)

Schiffe

Große Wasserfahrzeuge nennt man Schiffe. Waren die Schiffe in früherer Zeit aus Holz, so sind sie seit dem 19. Jh. vorwiegend aus Eisen gebaut. Entsprechend dem archimedischen Prinzip erfährt ein schwimmender Körper einen **Auftrieb**, der der von ihm verdrängten Wassermenge entspricht. Damit ein Schiff nicht kentert, müssen der Gewichts- und der Auftriebsschwerpunkt senkrecht übereinander liegen. Ist dies der Fall, dann ist die Schwimmlage stabil. Während früher **Segelschiffe**, die die Windkraft ausnutzten als Fracht- oder Kriegsschiffe eingesetzt wurden, haben sich im 19./20. Jh. Bauweise, Antrieb und Verwendungsbereich stark verändert. Moderne Stahlschiffe werden in der Werft auf so genannten Hellingen aus vorgefertigten Rumpfteilen nach dem Baukastensystem zusammengeschweißt, wobei man mit dem Hinterschiff beginnt und gleichzeitig mit der Fertigstellung des Mittel- und Vorschiffes die Antriebsanlage einbaut. Bereits im 19. Jh. baute man in Segelschiffe mit **Dampfmaschinen** betriebene *Schaufelräder* als zusätzlichen Antrieb ein. Nach Erfindung der *Schiffsschraube* (**Propeller**, 1826) wurde der Schaufelradantrieb und um die Jahrhundertwende auch die Dampfmaschine von der Dampfturbine (**Turbine**) verdrängt. Moderne Fracht- und Passagierschiffe werden entweder von **Dieselmotoren** (bis 25 000 kW Leistung) oder von Gasturbinen angetrieben, während bei Kriegsschiffen auch die Antriebsanlage mit **Kernenergie** (**Flugzeugträger**, **U-Boot**) eingeführt wurde.

Neben den Passagierschiffen, die als Verkehrsmittel über den Atlantik vom **Flugzeug** weitgehend verdrängt wurden und heute nur noch Vergnügungsreisen dienen (solche Schiffe sind von der Ausstattung her schwimmende kleine Städte)

Schiffe

Das Roll-on-roll-off-Schiff „Reichenfels", 1977 gebaut, hat 14 190 BRT, eine Länge von 195 m, eine Breite von 27 m und einen Tiefgang von 8,5 m. Es erreicht eine Geschwindigkeit von 21 Knoten. Die Besonderheit dieses Frachtschifftyps besteht darin, dass die Verschlüsse als Rampe ausgebildet sind, über die die rollenden Ladungseinheiten (Container, Stückgut auf Großpaletten) an und von Bord gelangen

gibt es als Frachtschiffe so genannte *Containerschiffe* (**Hafen**), die den Frachtverkehr zwischen den Kontinenten erleichtern. Mit zunehmendem Energieverbrauch wurden auch die *Tankschiffe*, die **Erdöl** transportieren, immer größer. Heute gibt es bereits Supertanker, die eine Ladung von fast 500 000 t Erdöl aufnehmen können. Bekommt ein solches Schiff ein Leck, werden Meer und Küste von Öl verseucht (**Ölpest**). Die Geschwindigkeit eines Schiffes misst man in *Knoten*; 1 Knoten entspricht einer Fahrleistung von 1 *Seemeile* (1,852 km) pro Stunde. Die Größe eines Schiffes wird nach seinem Rauminhalt in *Bruttoregistertonnen* (BRT) gemessen, wobei 1 Registertonne (RT) 2,832 m^3 entspricht. Ausgerüstet sind heutzutage die meisten Schiffe mit Navigationsgeräten (**Navigation**) wie dem **Sextanten** und mit *Peilungsgeräten* wie **Radar**, **Echolot** und **Sonargerät**.

Müssen Schiffe gewartet oder repariert werden, kommen sie in Schwimm- oder Trockendocks

Schilddrüse

Kleine Landschildkröten hält man im Sommer am besten im Garten. Die Abgrenzung muss sehr sorgfältig gesichert werden, denn diese Tiere gehen gern auf Wanderschaft. Da sie die Geselligkeit lieben, sollte man nie nur eine Schildkröte halten. Das Wasserbecken und das Schutzhaus müssen ständig gereinigt werden, da es sonst leicht zu Erkrankungen der Schildkröte kommt

Schilddrüse

Die Schilddrüse sitzt am Hals und liegt vorn dem **Kehlkopf** und dem oberen Luftröhrenknorpel an. Normalerweise wiegt sie zwischen 20 und 60 g, kann jedoch (beim *Kropf*) bedeutend schwerer sein. Die Form dieser endokrinen **Drüse** (Drüse mit innerer Sekretion) entspricht einem U, d. h., sie besteht aus zwei senkrecht stehenden Lappen, die durch einen Steg miteinander verbunden sind. Die Schilddrüsenzellen produzieren **Hormone**, die in Bläschen gespeichert und bei Bedarf freigesetzt werden. Diese Hormone wirken anregend auf den **Stoffwechsel**, regulieren die Muskel- und die Nerventätigkeit und sind unbedingt erforderlich für Knochenwachstum und Reifungsvorgänge. Zur Produktion der Schilddrüsenhormone ist *Jod* notwendig, das der Mensch mit der Nahrung in ausreichender Menge zu sich nehmen muss. Geschieht dies nicht, vergrößert sich die Schilddrüse unter Umständen gewaltig (Kropf), da sie dennoch ihrer Aufgabe gerecht zu werden versucht, wobei es ihr allerdings nicht gelingt, funktionstüchtige Hormone in

Kennzeichen der amerikanischen Schmuckschildkröte sind ihr fast kunstvoll gezeichneter Panzer und ihr lebhaftes Wesen. Als überwiegender Fleischfresser macht sie Jagd auf Wasserinsekten, Libellenlarven, kleine Fische, Würmer und Wasserflöhe

Schlangen

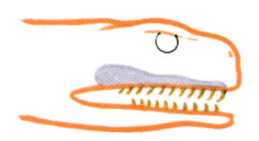

Für den Winterschlaf der Schildkröten wird eine ausbruchsichere Holzkiste mit Luftlöchern gebaut

Bei Giftschlangen gibt es vier verschiedene Zahnformen und -stellungen, durch die das lähmende Gift in das Beutetier gelangt

ausreichender Menge zu produzieren. Jodmangelgebiete sind der gesamte Alpenraum und die Schweiz. Deshalb gibt es dort viele Menschen mit einem Kropf. Seit man dem Speisesalz Jod beigefügt hat, ist diese Krankheit stark zurückgegangen.

Schildkröten

Schildkröten gehören zur Klasse der *Kriechtiere* und stellen darin eine eigene Ordnung dar. Sie stecken in einem gewölbten, zweiteiligen **Panzer**. Er besteht aus Hautknochenplatten, die von Hornplatten überlagert sind. Der Panzer ist kein loses Gehäuse, sondern er ist im Rückenschild mit der **Wirbelsäule** verwachsen. Rücken- und Bauchschild sind durch **Knorpel** verbunden. Am Vorder- und am Hinterende sind zum Durchtritt von Kopf, Schwanz und Beinen Öffnungen ausgespart. Diese weichen Teile können in den Panzer zurückgezogen werden. Schildkröten atmen durch **Lungen**. Die Nahrung (teils pflanzlich, vorwiegend aber tierisch) zerstückeln sie mit ihren scharfen Hornkiefern. Ihre **Eier** legen sie in Erdlöchern ab; Sonne und Bodenwärme besorgen das Ausbrüten. Es gibt etwa 250 verschiedene Arten, die in wärmeren Ländern und Meeren leben. Die bekanntesten Familien sind die Landschildkröten, die Sumpf- und die Seeschildkröten.

Schimmel

In der Umgangssprache bezeichnen wir als Schimmel das, was eigentlich **Pilze** sind. Auf feuchtem Untergrund wie auf Brotscheiben gedeiht der Schimmelpilz besonders gern. Er bildet dabei einen flaumigen Überzug, der aus vielen einzelnen Fäden besteht, die sich rasch vermehren. Der *Köpfchenschimmel* ist der häufigste Schimmelpilz. Seine Fäden (*Hyphen*) sind weiß. Wenn an diesen Fäden Seitenäste entstanden sind, erkennt man an ihrer Spitze kleine **Kapseln**, die wie Stecknadelköpfe aussehen; daher der Name Köpfchenschimmel. Ferner gibt es Schimmelpilze, die bei Tier und Mensch Krankheiten erregen (*Mykose*). Von Schimmel befallene Nahrungsmittel soll

Verdorbenes Brot mit Schimmelpilz

man nicht mehr essen, auch nicht, wenn man die befallenen Stellen herausschneidet, da dieser Schimmel als Krebs erregend gilt. Weitere Schimmelpilze sind u. a. der *Hefepilz* und der *Penicillium*.
Schimmel nennt man auch die weißen Pferde. Der *Apfelschimmel* hat schwarze Flecken im Fell, die etwa apfelgroß sind. *Fuchs-, Rapp-* und *Braunschimmel* haben weiße Haare in ihrem sonst farbigen Haarkleid (Stichelhaarigkeit oder Schimmelung). Schimmel werden nie weiß geboren, sondern erhalten diese Farbe erst mit zunehmendem Alter.

Schlangen

Schlangen sind *Kriechtiere* meist ohne Gliedmaßen. Bei manchen **Riesenschlangen** finden sich allerdings noch Reste des hinteren Gliedpaares. Schlangen bewegen sich fort, indem sie sich mit ihren *Schuppen* im Boden einhaken und vorwärtsziehen (schlängeln). Sie häuten sich von Zeit zu Zeit, wobei die gesamte Oberhaut auf einmal abgestreift wird (Natternhemd). Schlangen sind im Wesentlichen Fleischfresser. Ihre Nahrung besteht aus **Insekten**, *Würmern* und kleinen **Wirbeltieren**. Sie können sogar Beutetiere ganz verschlingen, die größer sind als sie selbst, da sie einen dehnbaren Mund- und Schlundbereich und eine gewisse Dehnfähigkeit des Körpers besitzen. Es gibt in der ganzen Welt ca. 3000 Arten von Schlangen; doch nur wenige sind giftig. Sie töten ihre Beute, indem sie sie mit ihrem **Gift** lähmen, das von der Giftdrüse

Schleimhaut

Eine Kobra in Angriffsstellung. Augenfälliges Merkmal ist die schildförmig abgespreizte Nackenregion. Kobras sind die vorzugsweise von Schlangenbeschwörern benutzten Schlangen

Die hohe Dehnfähigkeit des Schlundbereichs ermöglicht es vielen Schlangen, auch ungewöhnlich große Beutetiere zu verschlingen

durch den röhrenartigen Giftzahn gespritzt wird. Ein Biss mit diesen Giftzähnen kann auch für den Menschen gefährlich sein. Bei uns gibt es die giftige *Kreuzotter* (Zickzackmuster auf dem Rücken). Weitere bekannte Giftschlangen sind die **Klapperschlange** (Amerika), die **Kobra** (Indien) und die *Mamba* (Afrika). **Riesenschlangen** erdrücken ihre Opfer durch ihre Körperkraft.

Schleimhaut

Die Schleimhaut ist bei Menschen und höheren Tieren eine meist Schleim absondernde Gewebeschicht, mit der die *Hohlorgane* des Körpers ausgekleidet sind. Zu ihnen gehören der Verdauungskanal, die Atmungsorgane, die Harn ableitenden Wege und Teile der **Geschlechtsorgane**. Die Schleimhaut dient dem besseren Gleiten, z.B. der Nahrung und der Atemluft, sowie der Fermentbildung im **Darm**.

Schleuse

Mit Hilfe einer Schiffsschleuse überwindet man größere Höhenunterschiede eines *Kanals* oder eines **Flusses**. Sie besteht aus einer an beiden Frontseiten wasserdicht verschließbaren Kammer, in die Schiffe einfahren, um dann durch *Fluten* (Auffüllen) oder Leeren der Schleuse auf ein höheres oder niedrigeres Niveau gebracht zu werden. – Die *Luftschleuse* ist eine Kammer mit zwei Türen zum *Druckausgleich* beim Betreten oder Verlassen eines Raumes mit Über- oder Unterdruck (z.B. in Raumfahrzeugen).

Schleuse Gutenbach am Neckar

Schluckauf

Der Schluckauf ist eine lästige Erscheinung, bei der es, vermutlich infolge einer Reizung der Zwerchfellnerven, zu eigentümlichem schallendem, krampfartigem Einatmen kommt. Dies wird durch ruckartiges Zusammenziehen des *Zwerchfells* verursacht. Der Schluckauf ist im Allgemeinen harmlos, kann aber mitunter auch als Krankheitserscheinung bei verschiedenen Krankheiten des Bauchraumes auftreten. In der Regel kann man sich helfen, indem man in kleinen Schlucken etwas Flüssigkeit zu sich nimmt.

Schmelzofen

Der Schmelzofen wird in der Industrie zum Schmelzen von **Metallen** benützt. Leicht schmelzbare Metalle wie **Blei**, *Zinn* und *Zink* werden im Kesselofen, schwer schmelzbare im *Tiegelofen* geschmolzen. Zum Schmelzen von **Eisen** verwendet man den **Hochofen**.

Schmerz

Schmerz empfinden wir – und auch die Tiere – mittels besonderer **Sinnesorgane** (selbstständiger Schmerzsinn). In der **Haut** wird der Oberflächenschmerz von den Schmerzpunkten als solcher erkannt. Sie können verschiedene Reize wahrnehmen, wie z. B. Druck, einen Schlag, Wärme oder chemische Reize (Säuren). Nervennetze in den **Muskeln** und in der Knochenhaut nehmen den Tiefenschmerz auf, der ebenso wie der Eingeweideschmerz, von den **Nerven** des *vegetativen Nervensystems* als *Empfindung* weitergeleitet wird (z. B. bei Entzündungen, Geschwülsten usw.). Schmerz ist ein wesentlicher Faktor für das Erkennen einer Krankheit und gilt somit auch als „Gesundheitspolizei". Er dient der *Früherkennung*, ist aber nicht unbedingte Voraussetzung dafür, denn lebensbedrohende Krankheiten verlaufen anfänglich häufig schmerzlos. Außerdem besteht die Möglichkeit der ausstrahlenden Schmerzen.

Die grünlichen bis graubraunen Puppen des Tagpfauenauges tragen zwei Reihen Dornen am Hinterleibsrücken. Als Stürzpuppen sind sie nur am Hinterende befestigt und hängen frei herab. Der schlüpfende Falter ist gerade dabei, sich aus der Chitinhülle der Puppe zu befreien und so das letzte Stadium seiner Entwicklung einzuleiten

Im Schmelzofen werden unter hohen Temperaturen Metalle zum Schmelzen gebracht, um sie von Fremdbestandteilen zu reinigen und in bestimmte Formen gießen zu können. Das flüssige Metall, das hier gelblich-rötlich leuchtend aus dem Ofen in Gussformen fließt, erstarrt schnell

Schmetterlinge

Schmetterlinge sind Fluginsekten (**Insekten**) und stellen die am zahlreichsten vertretene Insektenordnung dar. Nahezu alle Schmetterlinge besitzen zwei Flügelpaare, wobei das hintere Paar kleiner ist. Die Flügel sind sehr dicht und dachziegelartig mit *Schuppen* bedeckt, die aus **Chitin** bestehen. In die Schuppen sind oft **Pigmente** eingelagert, die die wunderschöne Färbung entstehen lassen, oder sie kommt durch Lichtbrechung infolge einer besonderen Strukturierung bestimmter Schuppen zustande (Schillerfarben). Die Größe der Schmetterlinge reicht von 1 mm bis 6 cm, ihre Flügelspannweite von 5 mm bis 30 cm. Der Körper kann schlank und lang, aber auch gedrungen und kurz sein. Die Nahrung der Schmetterlinge bildet überwiegend der **Nektar**, den sie sich mit einem zierlichen, aber langen *Saugrüssel* aus den Blüten holen. Außer den beiden **Facettenaugen** können sie noch zwei Punktaugen aufweisen. Ihre Fühler sind empfindliche **Sinnesorgane** (z. B. Geruchsorgane). Sie setzen sich aus vielen

Schmetterlinge

Kleines Nachtpfauenauge

Mondvogel

Zitronenfalter

Raupe des Kleinen Nachtpfauenauges

Kleiner Schillerfalter

Kleiner Eisvogel

Großer Schillerfalter

Schmetterlinge

Raupe des Schwalbenschwanzes

Kleiner Fuchs

Admiral

Tagpfauenauge

Schwalbenschwanz

Kupferglucke

Spanische Fahne

Schnecken

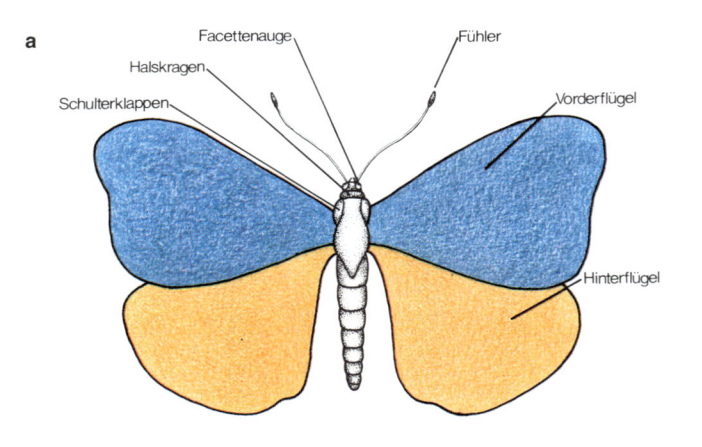

Die wichtigsten Körperteile eines Schmetterlings aus zwei Perspektiven (a und b)

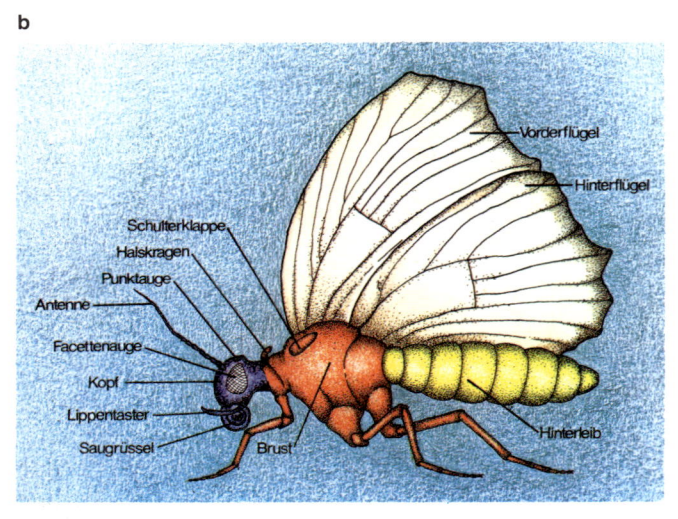

Schnitt durch einen Schmetterlingsflügel bei starker Vergrößerung

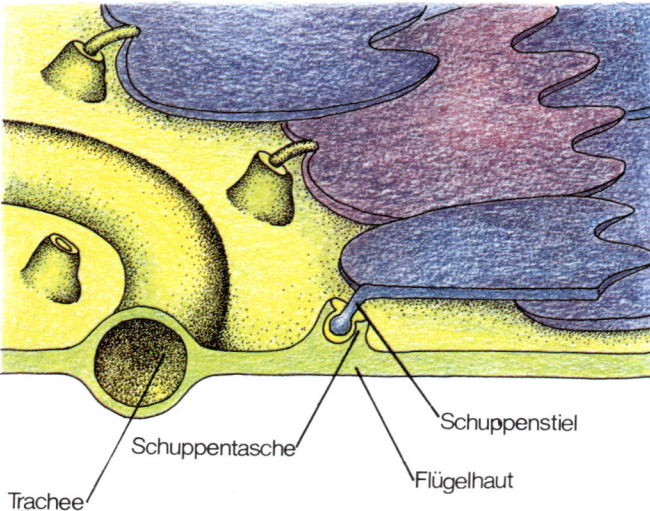

Querschnitt einer Schuppe des Schmetterlingsflügels

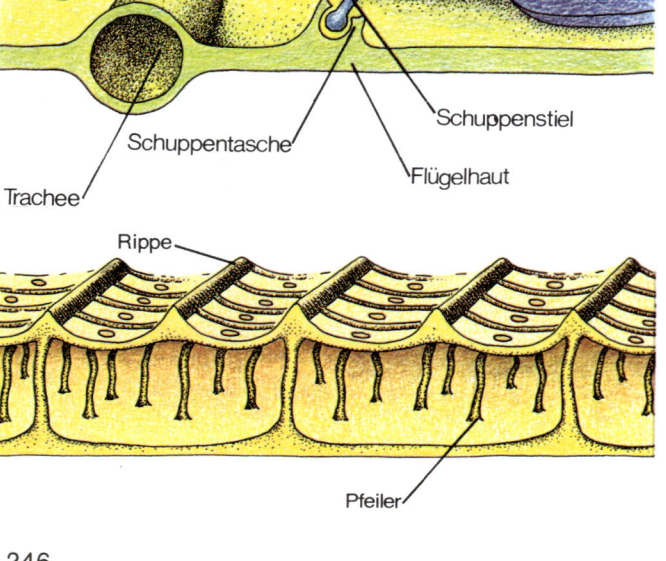

Gliedern zusammen und sind fadenförmig. Der Duft (**Duftstoffe**) spielt bei den Schmetterlingen im Liebeswerben eine große Rolle: Oft besitzen sowohl Männchen als auch Weibchen Duftdrüsen und -haare, die Duftstoffe produzieren, mit denen jeweils das andere Geschlecht angelockt werden soll. Die Fähigkeit der Geruchswahrnehmung ist bei diesen Insekten außergewöhnlich ausgeprägt. In ihrer Entwicklung durchlaufen die Schmetterlinge die vollkommene **Metamorphose**. Das **Ei** wird vom Weibchen auf einer Nahrungspflanze abgelegt. Im Ei entwickelt sich nun die **Larve** (*Raupe*), die nach einer gewissen Zeitspanne (sie kann von mehreren Wochen bis zu 2 Jahren dauern) ausschlüpft. Obwohl die Raupen Tarnfarben haben, werden viele von ihnen von Vögeln verzehrt. Die Raupe ist noch mit kauendem Mundwerkzeug ausgerüstet. Sie ist überwiegend ein Pflanzenfresser. Zur Verpuppung spinnt sie sich in einen *Kokon* ein. Die *Puppe* ist das letzte Entwicklungsstadium des Schmetterlings. Bis das fertige Tier herauskriecht, kann es Tage, aber auch Monate und mitunter sogar einige Jahre dauern. In der Systematik ist man von der früheren Unterteilung der über die ganze Welt (außer in der **Arktis**) verbreiteten Schmetterlinge in Tag- und Nachtfalter oder in Groß- und Kleinschmetterlinge abgekommen. Heute trennt man sie in *Jugatae* (Urmotten, Trugmotten, Wurzelbohrer) und *Frenatae* (z. B. Seidenspinner, Echte Motten). Jugatae haben gleich geäderte Vorder- und Hinterflügelpaare, die durch ein Flügelschüppchen (Jugum) miteinander verbunden sind, während die Frenatae unterschiedlich geäderte Flügelpaare aufweisen und die Flügel durch eine Haftborste (Frenulum) verbunden sind. Unter den Schmetterlingsraupen finden wir zahlreiche Schädlinge, die Gemüse (z. B. durch Blattfraß) und Obst (*Maden* in Äpfeln und Pflaumen) vernichten. Die Echten Motten zerstören u. a. Kleider, Pelze und Tapeten.

Schnecken

Schnecken sind asymmetrisch gebaute **Weichtiere**. Der Weichkörper gliedert sich meist in Mantel, Fuß (Kriechsohle), Kopf und Eingeweidesack. Der Mantel scheidet das Gehäuse ab, das in vielfältigen Formen auftritt. Es kann auch stark zurückgebildet sein oder ganz fehlen. Schnecken atmen durch **Lungen** oder mittels **Kiemen**. Die weitaus meisten der etwa 85 000 Arten leben im Wasser, nur eine

Schwämme

Die Landschnecken sind Zwitter, d. h., sie erzeugen in der Zwitterdrüse gleichzeitig oder abwechselnd Eier und Samenzellen. Nach der Paarung legen die Tiere 30–50 Eier in ein Erdloch, das sie selbst mit dem Fuß graben

geringe Zahl auf dem Festland. Die Schnecken sind vorwiegend Zwitter. Aus den abgelegten **Eiern** entwickeln sich bei Landschnecken die Jungen direkt, bei Meeresschnecken über ein Larvenstadium. Einige Arten sind auch lebendgebärend. Schnecken sind meist Pflanzenfresser; eine kleine Zahl lebt räuberisch. Schnecke heißt auch ein Bestandteil des inneren **Ohrs**.

Schnee

Wenn die Temperatur unter 0 °C fällt, gibt es statt **Regen** Schnee. Der Wasserdampf gefriert und bildet Eiskristalle, die als Flocken zur Erde fallen. Wenn auch der Boden gefroren ist, bleibt der Schnee liegen.

Schreibmaschine

Seit Anfang des 19. Jh. wurden Schreibmaschinen entwickelt und kamen 1873 in Amerika in den Handel. Sie ersetzen das Schreiben mit der Hand und erleichtern somit den Schriftverkehr, besonders im Geschäftsbereich.
Bis ca. 1950 arbeiteten alle Schreibmaschinen mit *Typenhebeln*, die mittels Fingerdruck gegen ein Farbband und das darunter eingespannte Papier geschlagen wurden. Der Abdruck eines Zeichens (Zahlen, Buchstaben usw.) blieb dann auf dem Papier zurück. Heute werden Schreibmaschinen zum großen Teil elektrisch betrieben. Die Typenhebel ersetzt dabei ein *Kugelkopf* oder ein *Typenrad*. Mit diesen Maschinen erreicht man mit wesentlich geringerem Kraftaufwand eine höhere Schreibgeschwindigkeit. Moderne Schreibmaschinen sind mit elektronischen **Speichern** ausgestattet.

Schrittmacher

Im Radsport bezeichnet man die meist motorisierten Fahrer als Schrittmacher, die den Langstreckenfahrern vorausfahren, um den Luftwiderstand zu verringern und ihnen dadurch eine höhere Geschwindigkeit zu ermöglichen. Im Pferdesport versteht man darunter das Pferd, das das Tempo eines Rennens so bestimmt, dass dem Stallgefährten Vorteile daraus entstehen. In der Medizin kommt der **Herzschrittmacher** zum Einsatz.

Schrott

Unter Schrott versteht man Metallabfälle, die wieder verwertet werden. Man unterteilt dabei in Neuschrott (z. B. Abfälle, die bei der Herstellung eines Metallgegenstandes entstanden sind) und Altschrott (z. B. kaputte Autos). Bedeutend für die Stahlherstellung ist der Eisenschrott. Aus Buntmetallschrott werden **Aluminium**, *Kupfer*, **Blei** und *Zink* wiedergewonnen. Der Schrottwert eines Gegenstandes bemisst sich nach seiner teilweisen Wiederverwertungsmöglichkeit. **(Recycling)**

Schuppentier

Der Körper des bis zu 1,50 m großen, in Afrika und Asien beheimateten Schuppentiers ist mit großen Hornplatten bedeckt. Bei Gefahr rollt es sich zusammen, wobei es seine Schuppen panzerähnlich schützen. Das nachtaktive Tier lebt von **Ameisen** und *Termiten*, die es mit seiner langen Zunge aufnimmt. Tagsüber schläft es in Baum- oder Erdhöhlen, die es sich mit seinen scharfen Grabklauen selbst gräbt.

Schwämme

Die festgewachsenen Schwämme sind überwiegend Meeresbewohner. Sie setzen sich aus vielen kleinen Tierchen zu-

Einer der schönsten Schwämme auf dem Meeresboden ist der blumenartige Axinella

Schwangerschaft

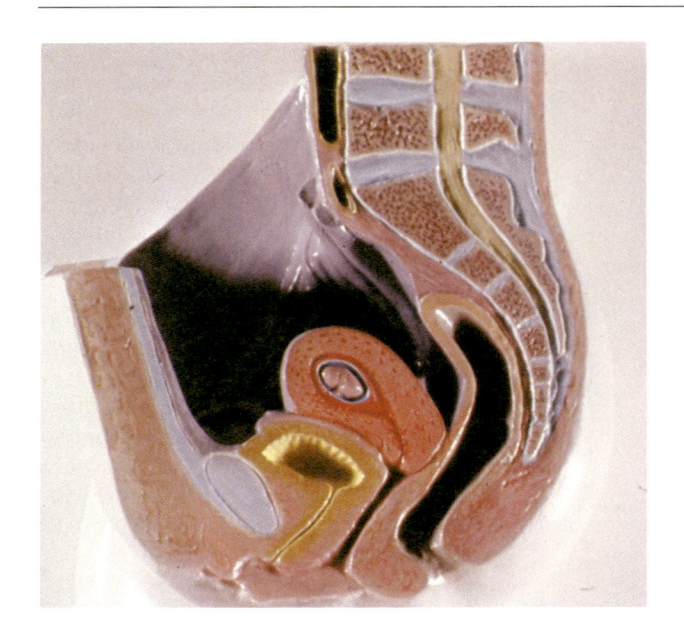

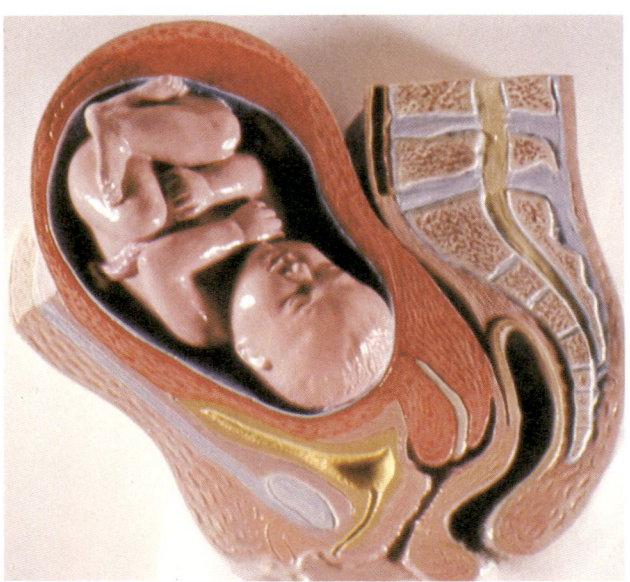

Schwangerschaft im 2. Monat (links außen) und im 6. Monat (links)

sammen, die ähnlich wie bei der **Koralle** einen Stock bilden, der unterschiedliche Formen haben kann. Sein Grundgerüst ist ein Skelett aus Kalk- und Kieselelementen. Ebenso wie bei den Korallenstöcken entstehen auch bei den Schwämmen neue Stöcke durch **Knospung**, die von einem Einzelwesen ausgeht, das sich aus einem **Ei** entwickelt hat. Schwämme filtern aus dem Meereswasser, das sie umspült und durch kleine *Poren* in sie eintritt, Nahrungsbestandteile. Es gibt Kalkschwämme, Glasschwämme, Strahlschwämme, ferner Baumfaserschwämme und Kieselschwämme. Zu diesen gehören die Süßwasser- und die *Badeschwämme*, deren Skelett aus Horn besteht. Diese Badeschwämme werden vor der Verwendung von den Weichteilen befreit, gereinigt, getrocknet und gebleicht.

Schwangerschaft

Die Schwangerschaft ist der Zustand der Frau von der *Empfängnis* bis zur **Geburt**. Sie beginnt mit der Befruchtung des weiblichen **Eies**, das im Verlauf von ca. 3 Tagen in Richtung der *Gebärmutter* (**Geschlechtsorgane**) wandert. Während dieser Zeit kommt es bereits zu fortwährenden Zellteilungen. Nach etwa 7 Tagen nistet sich das befruchtete Ei in der **Schleimhaut** der Gebärmutter ein. Zwischen befruchteter Eizelle und Gebärmutterwand bildet sich eine spezielle Schicht aus, die so genannte *Plazenta* oder der *Mutterkuchen*. Die Entwicklung des **Embryos** ist abhängig von der Erbmasse, von den **Chromosomen**, außerdem von seiner Ernährung und von der Länge der Tragzeit. Am Ende des 3. Monats ist der Embryo ca. 9 cm groß. Ab dem 4. Monat spricht man dann von einem Fötus; er weist schon deutlich ausgeprägte

Kristallisierter Schwefel auf Vulkanasche

Schwefel wird in einem Glasröhrchen geschmolzen

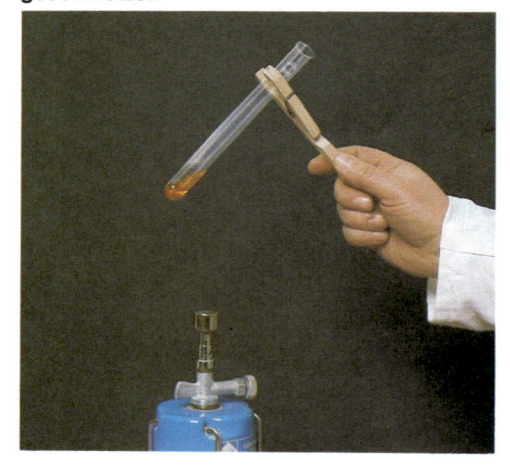

Gliedmaßen auf und auch Organe, Nervensystem und Blutkreislauf sind angelegt. Am Ende des 4. Monats ist er etwa 16 cm groß, nach dem 5. Monat 25 cm, nach dem 6. Monat ca. 30 cm, nach dem 7. Monat ca. 35 cm, nach dem 8. Monat 40 cm, nach dem 9. Monat ca. 45 cm und am Ende des 10. Monats etwa 50 cm. Ebenso steigt auch das Gewicht allmählich: in der 30. Woche sind es ca. 1300 g, in der 32. Woche 1850 g, in der 35. Woche 2500 g. Die normale Schwangerschaftsdauer beträgt 40 Wochen. Wird ein Kind zu diesem Zeitpunkt geboren, so ist es ausgetragen und reif. Wird es vor der 28. Woche geboren, so spricht man von einer *Fehlgeburt (Abort)*. Wenn es vor der 37. Woche geboren wird, so spricht man von einer *Frühgeburt*.

Schwefel

Schwefel ist ein nicht metallisches **chemisches Element** mit dem Zeichen S. Er findet sich in verschiedenen Formen. Rhombischer Schwefel schmilzt bei 113 °C, monokliner Schwefel bei 119,2 °C. Oberhalb dieser Temperatur wird Schwefel dünnflüssig und gelb, bei 220 °C wird er dunkelbraun und zäh, bei 400 °C wieder dünnflüssig bis zu seinem Siedepunkt bei 444,6 °C. Schwefel verbrennt mit einer blauen Flamme zu Schwefeldioxid. Freier Schwefel kommt als vulkanischer Schwefel in Sizilien und Nordamerika und als sedimentärer Schwefel in Japan vor. In gebundener Form findet er sich in Sulfiden, Sulfaten, Schwefelwasserstoff und im pflanzlichen und tierischen **Eiweiß**.

Reinen Schwefel gewinnt man aus Rohschwefel durch **Destillation**. Er gelangt dann als Stangenschwefel in den Handel. Schwefel wird zur Herstellung sowohl von Schwefelsäure als auch von *Schießpulver* und Feuerwerkskörpern und zum *Vulkanisieren* von **Kautschuk** verwendet.

Schweine

Schweine sind *Paarhufer*. Sie sind mittelgroße Tiere mit einem rüsselartig verlängerten Kopf. Vorn am Rüssel befindet sich eine knorpelige Rundscheibe. Damit können die Schweine den Boden nach Nahrung durchforschen. Die Familie der Schweine umfasst fünf Gattungen: 1. Wildschweine, 2. Warzenschweine, 3. Pinselschweine, 4. Waldschweine und 5. Hirscheber. Schweine sind Allesfresser. Unser Hausschwein entstammt der Gattung der Wildschweine und ist neben dem **Rind** für die Ernährung besonders wichtig. Schweine werden meist geschlachtet, bevor sie ausgewachsen sind. Hausschweine können sehr schnell fett werden. So nehmen sie bei guter Fütterung am Tag zwischen 750 g und 1000 g zu. Das männliche Hausschwein nennt man *Eber*, das weibliche *Sau*. Beim Wildschwein wird das männliche Tier *Keiler* und das weibliche *Bache* genannt. Das junge Hausschwein nennt man *Ferkel*, das junge Wildschwein *Frischling*.

Wildschwein mit Frischlingen (oben), Hausschwein mit Ferkeln (unten)

Beim Schweißen werden zum Schutz der Augen Spezialbrillen getragen

Schweiß

Der Schweiß ist eine flüssige Absonderung der Schweißdrüsen in der **Haut**. Er besteht zu rund 98% aus **Wasser**, beinhaltet aber auch *Kochsalz, Harnstoff, Fettsäuren*, Mineralsalze (**Mineralien**) und **Cholesterin**. Die Schweißabsonderung wird vom *vegetativen Nervensystem* gesteuert. Ihre Funktion besteht im Regulieren des Wärmehaushalts des Körpers.

Schweißen

Unter Schweißen versteht man das Verbinden von Metall- und Kunststoffteilen unter Wärmezufuhr (Schmelzschweißen) oder unter **Druck** und **Wärme** (Pressschweißen). Bei der Pressschweißung werden die örtlich erhitzten Berührungsstellen aufeinander gelegt und durch hohe Druck- oder Schlageinwirkung miteinander verbunden. Beim Schmelzschweißen werden die Berührungsteile aufgeschmolzen und durch einen Zusatzstoff an den Nahtstellen vereinigt. Zu dieser Methode gehören die elektrische *Lichtbogenschweißung* und das *Gasschweißen (autogenes Schweißen)*, wobei als Wärmequelle entweder der elektrische Lichtbogen oder die Gasflamme eines Schweißbrenners dient. Die Temperatur der Schweißflamme beträgt dabei bis zu 3000 °C. Während des Schweißvorgangs wird ein metallischer Zusatzstab entlang der Schweißfuge mitgeführt. Durch die Flamme, die aus einem Gemisch aus *Acetylen* und **Sauerstoff** besteht, wird so gleichzeitig das Metall des Stabes und das der beiden Teile an der Schweißstelle erhitzt und die Teile auf diese Weise miteinander verbunden. Bei der Lichtbogenschweißung ersetzt der Lichtbogen, der zwischen einer schmelzenden Metallelektrode und den zu schweißenden Teilen brennt, die Flamme. Bei der Lichtbogenschweißung trägt der Schweißer einen Schutzhelm, um seine Augen vor der beim Schweißen frei werdenden ultravioletten Strahlung zu schützen. Es gibt auch so genannte Kaltpressverfahren, wo auf die Schweißstelle hoher Druck der Energie in Form von Ultraschallschwingungen (**Ultraschall**) einwirken.

Schwerelosigkeit

Neben der **Erde** übt auch der **Mond** eine *Anziehungskraft* aus. So nimmt während eines Mondfluges die Anziehungskraft der Erde ständig ab, die des Mondes laufend zu. Das Raumschiff kommt schließlich an einen Punkt zwischen Erde und Mond, an dem beide Anziehungskräfte gleich groß sind. Da sie in entgegengesetzter Richtung wirken, heben sie einan-

Schwerelos schwebt Pilot Robert Crippen im Raum des SpaceShuttle „Columbia"

Schwermetalle

der auf. Flugkörper, Geräte, Menschen und Proviant sind hier schwerelos, sie haben kein *Gewicht*. Die Raumfahrer fühlen sich allerdings in bezug auf die **Raumkapsel** bereits dann schwerelos, wenn die Triebwerke abgeschaltet sind. Raumkapsel und Insassen fliegen gleich schnell durch den Raum; ein Oben oder Unten ist für die Astronauten nicht zu spüren. Allein aufgrund ihrer Masse üben auch alle **Körper** eine Anziehungskraft aufeinander aus.

Schwermetalle

Metalle mit einer **Dichte** über 4,5 g/cm³ heißen Schwermetalle. Während einige von ihnen schon in geringen Mengen als *Spurenelemente* lebenswichtig sind (**Kupfer, Zink, Mangan**), üben andere eine schädliche Wirkung auf Lebewesen aus (**Cadmium, Quecksilber, Blei**). Verseuchungen durch Schwermetalle werden hauptsächlich durch Anreicherungen im Boden ausgelöst, die hauptsächlich auf **Abgase** zurückgehen. So geraten die Schwermetalle in die Nahrungskette von Tier und Mensch, oft mit gesundheitsschädigender Wirkung. Die meisten Schwermetalle können in der **Umwelt** nicht auf natürliche Weise abgebaut werden. (**Umweltverschmutzung**)

Schwerpunkt

Jeder **Körper** besitzt einen Schwerpunkt (*Massenmittelpunkt*). Man betrachtet ihn als Angriffspunkt für die Schwerkraft. Der Schwerpunkt ist der Punkt eines Körpers, in dem man sich dessen gesamte Masse vereinigt denken kann. Er liegt dort, wo sich die Schwerlinien schneiden. Wird dieser Punkt unterstützt, kann der Körper nicht fallen – er bleibt im **Gleichgewicht**. Ein Körper steht um so fester, je größer seine Standfläche ist und je tiefer der Schwerpunkt liegt. Schwere Körper haben bei gleicher Form und Standfläche eine größere Standfestigkeit als leichte. Ein Körper ist standfest, solange sein Schwerpunkt noch über der Unterstützungsfläche liegt. Bewegt er sich über die kippende Kante hinaus, fällt er um.

Schwindel

Schwindel ist eine Störung des **Gleichgewichts**. Man unterscheidet verschiedene Formen und Schweregrade. Leichten Schwindel empfindet man als Schwanken des Bodens oder der Umgebung. Daneben gibt es Formen des Drehschwindels, der mit Übelkeit und Brechreiz einhergehen kann. Der Betroffene ist gezwungen, sich hinzulegen. Es können verschiedene Ursachen vorliegen: z. B. Störungen des **Blutkreislaufs** mit unzureichender Durchblutung des **Gehirns**, zu niedriger **Blutdruck**, Blutarmut (*Anämie*), Erkrankungen des **Zentralnervensystems** sowie Erkrankungen im Bereich des *Innenohres*. Eine ärztliche Abklärung ist unbedingt erforderlich, damit eine sinnvolle Behandlung möglich wird.

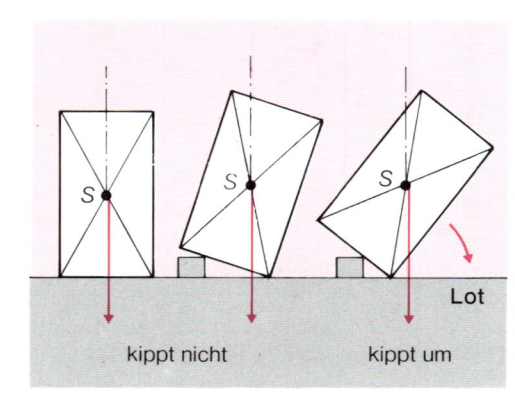

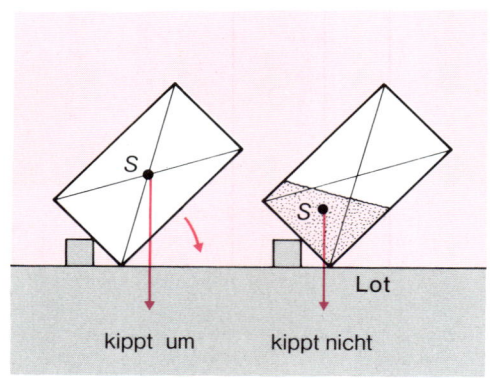

Wenn der Schwerpunkt eines Körpers außerhalb der Lotrechten liegt, kippt er um (ganz oben). Wird er durch ein Gewicht (Flüssigkeit) beschwert, kann er weiter kippen, ohne umzufallen (oben), da der Schwerpunkt tiefer liegt

Die Kurve einer harmonischen Schwingung

Schwingung

Als Schwingung bezeichnet man einen periodisch ablaufenden Vorgang, wie etwa die Lageänderung eines **Pendels**, einer Saite oder die von Luft beim **Schall** (**Schallwellen**). Auch Zustandsänderungen **elektrischer** oder **magnetischer Felder** sind Schwingungen (**Spektrum**). Hierzu zählen Wärme-, Licht-, Funk- und **Röntgenstrahlen**. (**Welle, Frequenz, Amplitude**)

Seehunde

Der Seehund gehört zur Gattung der *Flossenfüßer* und ist ein Wasserraubtier. Er lebt sowohl an Land als auch im Wasser. Er ist zwar ein **Säugetier**, lebt aber amphibisch und ist dementsprechend ausgerüstet. Sein spindelförmiger, kurzhaariger Körper und die Formung seiner Gliedmaßen machen ihn zum ausgezeichneten Schwimmer und Taucher; dabei dienen die Hinterflossen als Antrieb, die Vorderflossen als Steuerruder. Die kleinen Ohren- und Nasenöffnungen werden unter Wasser geschlossen. Er kann 8–10 Minuten lang tauchen. Gegen Auskühlung schützt ihn eine 2–8 cm dicke Speckschicht. Zu Lande bewegt sich der Seehund, indem er abwechselnd den Vorderrumpf vorwirft und den Hinterleib nachzieht. Seine Jungen bringt er auf Schlickbänken zur Welt und säugt sie 4–6 Wochen lang. Seine Beute jagt der Seehund am liebsten bei Tag unter Wasser, wo er sie auch frisst. Seehunde gehören zur Ordnung der *Robben*.

Seeigel

Seeigel sind kugelige *Stachelhäuter* mit einem festen Kalkpanzer, beweglichen Stacheln, langen Saugfüßen und starkem Kauapparat. Man unterscheidet reguläre Seeigel (z. B. den essbaren Seeigel, den Strandigel) und irreguläre Seeigel (Herz-

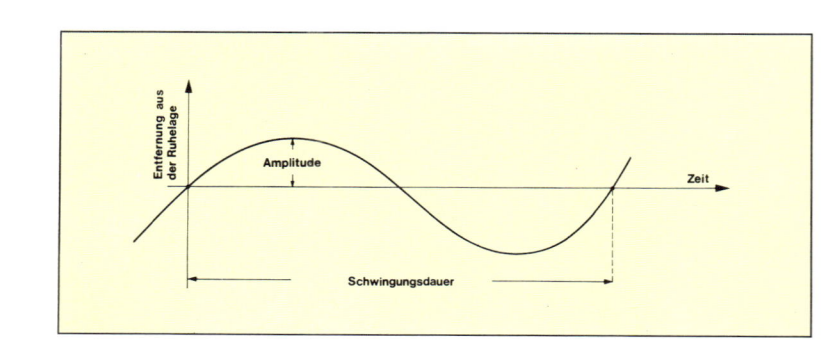

Der Strandigel kommt häufig in der Nordsee (Wattenbewohner) und im westlichen Teil der Ostsee vor

Dieses Segelflugzeug ist mit einem Hilfsmotor für den Start aus eigener Kraft ausgerüstet. Nach Erreichen der Gleitflughöhe wird er in den Flugzeugrumpf eingesenkt. Der Motor kann auch während des Fluges ausgefahren und gestartet werden

igel). Letztere besitzen nicht den kugeligen Körperbau. Mundöffnung und After haben sich verlagert, der Körper ist mehr herzförmig. Seeigel leben vorwiegend in Küstengebieten. Einige von ihnen sind räuberisch und fressen Krebse, **Muscheln** und **Schnecken**, andere ernähren sich nur von Tangen.

Seekrankheit

Die Seekrankheit entsteht beim Menschen durch die schlingernden Bewegungen des Schiffes, auf dem er sich befindet. Sie äußert sich meist durch Übelkeit und Erbrechen und kann auch mit Kreislaufstörungen verbunden sein. Ihre Ursache liegt darin, dass die Bogengänge des Gleichgewichtsorgans durch die ungewohnten Bewegungen gereizt werden. Vorbeugende Mittel gegen die Seekrankheit sind Medikamente und geringe Nahrungsaufnahme. Die Seekranken fühlen sich sofort wohl, sobald sie wieder festen Boden unter den Füßen haben. Manchen Menschen macht der Seegang nichts aus.

Seehunde leben im Wasser und auf dem Land in Kolonien. Hier wird ein Seehundbulle von den Weibchen und Jungen umtänzelt

Seekühe

Seekühe sind **Säugetiere**, die in den tropischen Gewässern an den Küsten Südamerikas, der Karibik, Afrikas, Asiens und Australiens beheimatet sind. Mit ihrem runden Kopf gleichen sie Robben. Die abgeplattete waagrechte Flosse des Schwanzes dient ihnen als wichtigstes Hilfsmittel beim Schwimmen. Sie sind Pflanzenfresser und ernähren sich hauptsächlich von **Algen**, aber auch von anderen Meerespflanzen. Die Seekühe werden in zwei Familien eingeteilt: in die Rundschwanz-Seekühe, die *Lamantine*, und in die Gabelschwanz-Seekühe, die *Dugongs*, von denen es heute aber nur noch eine Art gibt.

Segelflugzeug

Ein Segelflugzeug fliegt im Gegensatz zum **Flugzeug** ohne Motor; es nutzt dafür die nach oben steigenden Luftströmungen (**Aufwinde**) aus. Dabei spricht man von Hangsegeln – hier nutzt man den Aufwind am Hang aus – und von *Thermik*segeln, dabei werden verschiedene Luftströmungen über dem unterschiedlich erwärmten Boden oder Aufwinde vor Gewitterfronten (Frontensegeln) oder unter Haufenwolken ausgenutzt. Mit Hilfe die-

Segelschiffe

ser thermischen Türme erreicht das Flugzeug Höhen bis zu 4000 m, von denen aus der Pilot zu über 200 km/h schnellen Gleitflügen ansetzt, die es ihm erlauben, auch größere Strecken zurückzulegen. Das Segelflugzeug wird mit Hilfe einer Seilwinde oder eines Motorflugzeugs in die Luft geschleppt und dann ausgeklinkt. Manche Modelle sind mit einem Hilfsmotor für den Eigenstart ausgerüstet.

Segelschiffe

Segelschiffe werden in der Regel durch die Kraft des Windes angetrieben. Es gibt allerdings auch welche, die mit einem Motor versehen sind. Je nach der Anzahl der Masten und nach Form und Anordnung der Segel unterscheidet man verschiedene Typen, z. B. Vollschiffe, Barken oder Schoner.

Segelschiffe gab es u. a. schon bei den Phöniziern im 2. Jahrtsd. v. Chr., in Nordeuropa lassen sie sich um 400 n. Chr. nachweisen. Eine wesentliche Rolle spielten sie bei den Kreuzzügen (vom Ende des 11. bis ins 13. Jh.) und 1492 bei der Entdeckung Amerikas durch Christoph Kolumbus (1451–1506). Außerdem kam ihnen eine große Bedeutung als Handels- und Kriegsschiffe zu. Um die Wende des

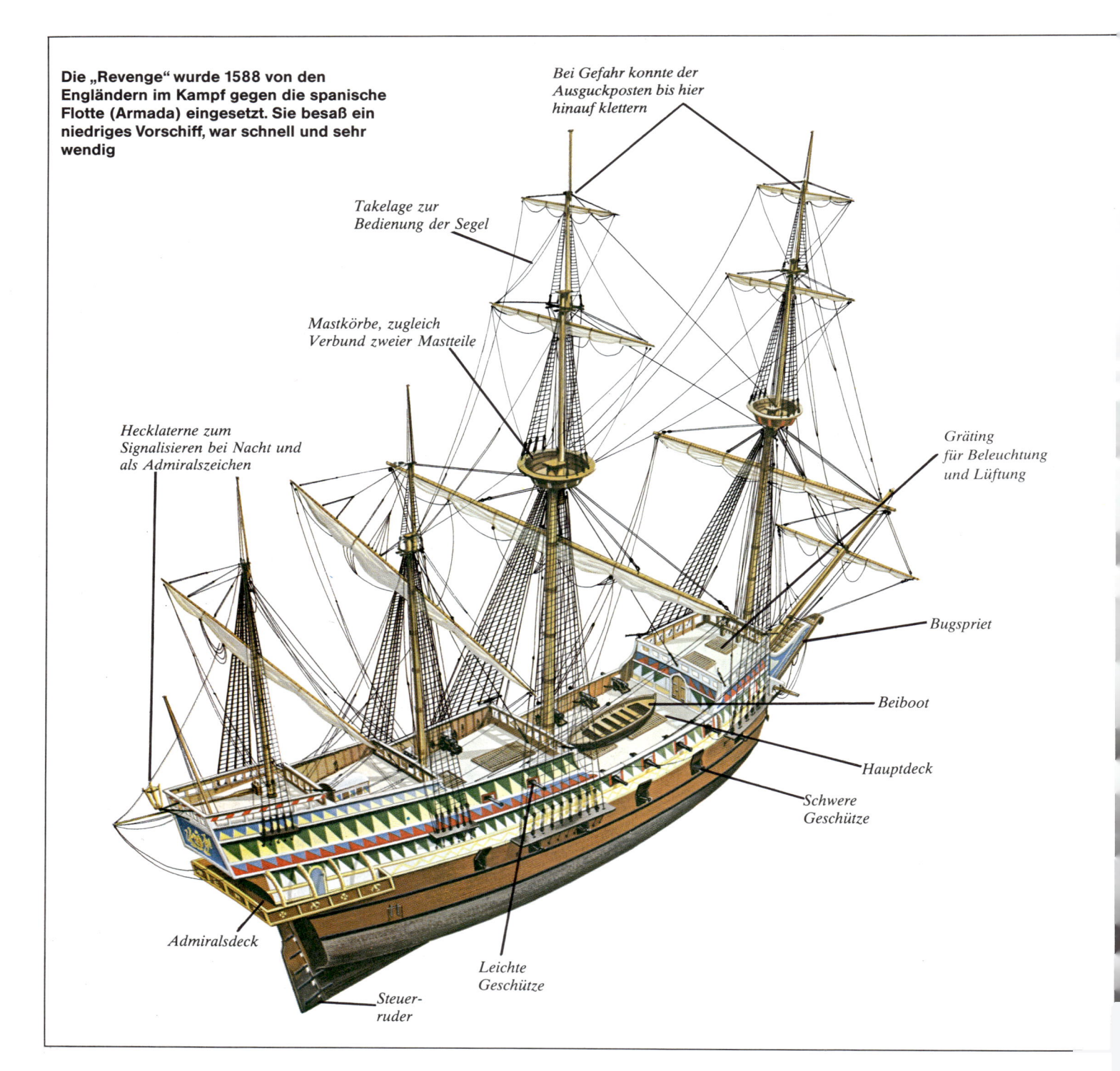

Die „Revenge" wurde 1588 von den Engländern im Kampf gegen die spanische Flotte (Armada) eingesetzt. Sie besaß ein niedriges Vorschiff, war schnell und sehr wendig

- *Bei Gefahr konnte der Ausguckposten bis hier hinauf klettern*
- *Takelage zur Bedienung der Segel*
- *Mastkörbe, zugleich Verbund zweier Mastteile*
- *Hecklaterne zum Signalisieren bei Nacht und als Admiralszeichen*
- *Gräting für Beleuchtung und Lüftung*
- *Bugspriet*
- *Beiboot*
- *Hauptdeck*
- *Schwere Geschütze*
- *Admiralsdeck*
- *Leichte Geschütze*
- *Steuerruder*

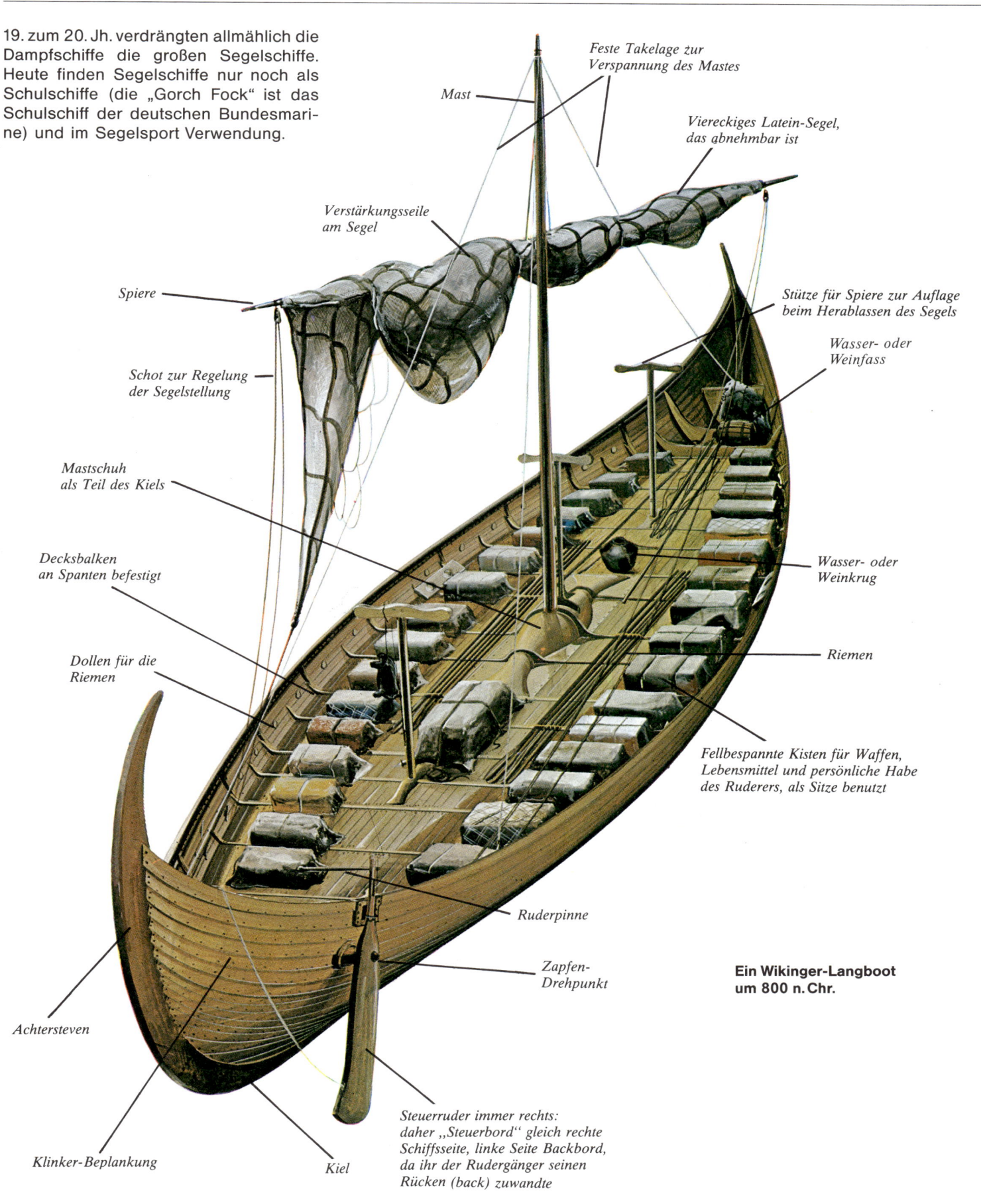

Segelschiffe

19. zum 20. Jh. verdrängten allmählich die Dampfschiffe die großen Segelschiffe. Heute finden Segelschiffe nur noch als Schulschiffe (die „Gorch Fock" ist das Schulschiff der deutschen Bundesmarine) und im Segelsport Verwendung.

- Mast
- Feste Takelage zur Verspannung des Mastes
- Viereckiges Latein-Segel, das abnehmbar ist
- Verstärkungsseile am Segel
- Spiere
- Stütze für Spiere zur Auflage beim Herablassen des Segels
- Wasser- oder Weinfass
- Schot zur Regelung der Segelstellung
- Mastschuh als Teil des Kiels
- Decksbalken an Spanten befestigt
- Wasser- oder Weinkrug
- Dollen für die Riemen
- Riemen
- Fellbespannte Kisten für Waffen, Lebensmittel und persönliche Habe des Ruderers, als Sitze benutzt
- Ruderpinne
- Zapfen-Drehpunkt
- Achtersteven
- Klinker-Beplankung
- Kiel
- Steuerruder immer rechts: daher „Steuerbord" gleich rechte Schiffsseite, linke Seite Backbord, da ihr der Rudergänger seinen Rücken (back) zuwandte

Ein Wikinger-Langboot um 800 n. Chr.

Seismograf

Sender Feldberg/Taunus des Hessischen Rundfunks

Seismograf

Der Seismograf ist ein Gerät zur Messung und Aufzeichnung von **Erdbeben**. Bei Seismografen ist das frei aufgehängte Pendelgewicht so schwer und träge, dass es den Bodenbewegungen gegenüber annähernd in Ruhe bleibt. Erschütterungen des Erdbodens werden von einem Hebelmechanismus auf eine Schreibvorrichtung übertragen und dort aufgezeichnet (*Seismogramm*).

Sender

Ein Sender ist ein Gerät, das **elektromagnetische Wellen** zur Nachrichtenübertragung (**Rundfunk, Fernsehen**) oder zur Richtungsbestimmung ausstrahlt (**Radar**). Sein Gegenstück ist der **Empfänger**. In der Funktechnik werden Sender mit **Elektronenröhren** oder auch mit **Transistoren** betrieben. Die Ausstrahlung der Wellen wird durch Sendeantennen (**Antenne**) ermöglicht.

Serum

Allgemein bezeichnet man als Serum den von Bestandteilen freien, nicht mehr gerinnenden Teil von **Blut, Lymphe** oder **Milch**. Das Blutserum ist der wässrige Bestandteil des Blutes, der zurückbleibt, wenn aus dem Blut verschiedene Bestandteile entfernt wurden (z. B. *Blutkörperchen*). Es ist leicht gelblich und hat seine Gerinnungsfähigkeit eingebüßt. Bei Infektionskrankheiten führt das Serum die Abwehrstoffe des Körpers zum erkrankten **Gewebe**.

Servomechanismus

Der Servomechanismus dient dazu, das *Lenken* oder das *Bremsen* eines **Kraftwagens** zu erleichtern. Erreicht wird dies durch die pneumatische oder hydraulische Verstärkung (**Hydraulik**) der Bewegungskräfte, so dass mit geringer Muskelkraft eine sehr wirkungsvolle Mechanik betätigt werden kann.

Sextant

Neben dem **Kompass** und dem **Echolot** ist der Sextant ein weiteres wichtiges und sogar eines der ältesten Hilfsmittel bei der **Navigation**. Zur astronomischen *Peilung*, d. h. zur Messung des Winkelabstandes von zwei Gestirnen (und deren Höhe = Elevation), wird heute der Spiegelsextant verwendet. Er dient vor allem der Schifffahrt zur Orts- und Zeitbestimmung, da man mit ihm die Höhe bestimmter Sterne über dem Horizont und ihren Abstand davon errechnen kann.

Sexualität

Unter Sexualität (*Geschlechtlichkeit*) versteht man alle auf das Geschlechtsleben bezogenen körperlichen und psychischen Erscheinungen, im Besonderen die körperlichen Beziehungen zwischen männlichen und weiblichen Lebewesen, manchmal auch zum Zweck der **Fortpflanzung**. (**Geschlechtsorgane**)

Sicherung

Als Sicherung bezeichnet man eine Schutzvorrichtung, die Schäden bei Kurzschlüssen oder bei Überlastung des elektrischen Stromkreises möglichst gering halten soll. Ein Kurzschluss tritt z. B. dann ein, wenn die *Stromstärke* unverhältnismäßig ansteigt, d. h., wenn die **Isolation** der Zuleitungsdrähte mangelhaft ist und diese sich berühren. Bei der so genannten Schmelzsicherung schmilzt ein in einem Rohr aus **Porzellan** oder **Glas** in Quarzsand eingebetteter Draht, wenn die Stromstärke den zuvor veranschlagten Höchstbetrag überschreitet. Durch das Schmelzen des Drahtes wird dann der Stromkreis unterbrochen. Dabei fällt ein Plättchen (je nach Stromstärke eingefärbt) ab. Dieser Vorgang verlangt jedoch den anschließenden Einsatz einer neuen Schmelzsicherung. Um dies zu umgehen, verwendet man heute oft so genannte Leitungsschutzautomaten oder Motorschutzschalter. Hierbei wird der Stromkreis durch die Biegung eines *Bimetallstreifens* (= zwei miteinander verschweißte Metallbänder von unterschiedlicher Ausdehnungsfähigkeit bei Wärmeeinwirkung) auf mechanischem Weg unterbrochen. Nachdem der Kurzschluss beseitigt ist, kann der Stromkreis einfach per Druckknopf wieder geschlossen werden (Sicherungskasten).

Dieses Eisenbahnsignal zeigt Grün, also freie Fahrt, an

Sinnesorgane

Das Blaukehlchen, eine Drosselart

Singvögel

Singvögel sind mit ca. 4000 Arten über die ganze Welt verbreitet. Oft sind es **Zugvögel**. Das Stimmorgan der Singvögel ist, je nach Vogelart, verschieden gebaut. Die Stimme entsteht jedoch in jedem Falle durch Vibrieren der **Stimmbänder** beim Ausatmen der Luft. Die Stimmritze zieht sich zusammen oder erweitert sich, was jeweils eine Veränderung des Tones bewirkt. Meist sieben Muskelpaare sind es, durch die die **Membranen** in der Kehle bewegt werden. Die Singvögel bringen melodiöse „Lieder" hervor und Laute, die man als Vogelsprache interpretieren kann. Vögel verständigen sich durch Lock- und Warnrufe, die sie jedoch nicht bewusst, sondern ihrem **Instinkt** folgend ausstoßen. Der echte Gesang, der vor allem im Frühjahr zur Nistzeit aus den Vogelkehlen ertönt, dient zur Brautwerbung und zur Abgrenzung des Brutreviers. Zu den bekanntesten Singvögeln zählen *Meisen, Drosseln, Amseln, Rotkehlchen, Stare, Lerchen, Finken, Schwalben, Gartengrasmücken, Zeisige, Zaunkönige* und die *Nachtigall*.

Sinnesorgane

Äußere Einwirkungen wie Licht, Lärm, Berührung u. a., die bei Lebewesen eine Reaktion hervorrufen können, bezeichnet man als *Reize*. Die Organe, die diese Reize aufnehmen, heißen Sinnesorgane. Dazu gehören das **Auge**, das **Ohr**, die **Nase**, die **Zunge** sowie die Hautsinnesorgane (**Tastsinn**). Jedes dieser Organe liefert nach einer Reizaufnahme eine bestimmte *Empfindung*. Aber erst ab einer gewissen Mindeststärke wandeln die Sinnesorgane Reize in Erregung um. Diese Grenze wird als *Reizschwelle* bezeichnet. Ein Bei-

Signal

Unter einem Signal versteht man ein allgemein sichtbares (optisches) und hörbares (akustisches) Zeichen, dessen Bedeutung eindeutig festgelegt ist. So weiß jeder Verkehrsteilnehmer, dass er nicht weiterfahren oder -gehen darf, wenn die Ampel auf Rot steht. Es muss also sowohl derjenige, der das Signal gibt, als auch derjenige, der es empfängt, dessen Bedeutung genau kennen. Ohne Signale käme es z. B. im Eisenbahnverkehr (Streckensignale) oder in der **Nachrichtentechnik** kaum zu der notwendigen raschen und gesicherten Verständigung. In der Schifffahrt erfolgt der Informationsaustausch durch die **Telegrafie** oder per **Sprechfunk**, außerdem über optische Signale (z. B. *Signalflaggen, Lichtsignale* des **Leuchtturms**) und akustische Signale (z. B. **Sirene**, *Nebelhorn, Heulboje*, **Boje**). Befindet sich jemand in einer ausweglosen Situation (Bergnot, Seenot), bedient er sich der international gültigen Notsignale (**SOS**). In der Sprache der **Datenverarbeitung** bezeichnet man die Darstellung von Informationen mit Hilfe physikalischer Größen als Signal.

Simulator

Simulatoren sind Computer oder computergesteuerte Einrichtungen, mit deren Hilfe physikalische oder technische Abläufe und Prozesse (z. B. Weltraumflüge) dargestellt bzw. durchgespielt (simuliert) werden können.

Sinnesorgane. Die Riechfläche eines makrosmatischen Tieres (z. B. Hund) ist größer als die des Menschen (vergleiche Bild Nase und Geruchssinn S. 114)

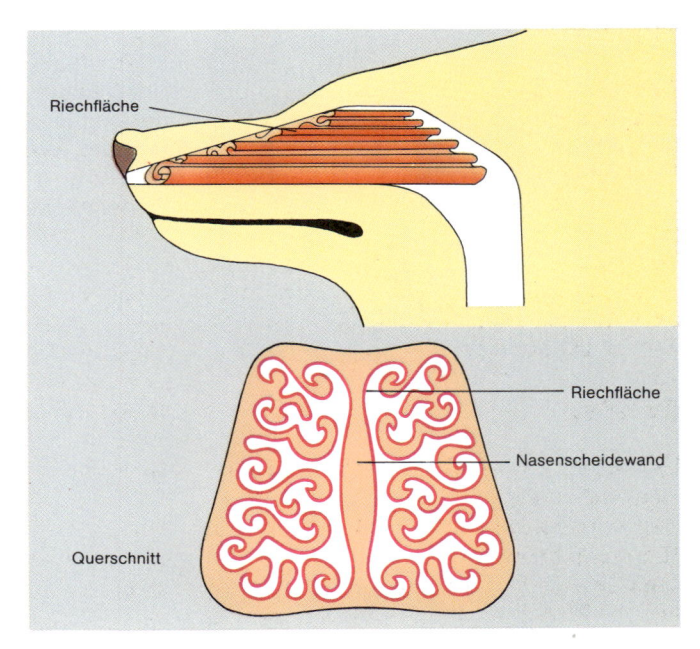

Neben dem menschlichen Auge, dem Ohr und der Nase ist die Zunge ein wichtiges Sinnesorgan. Mit ihr unterscheidet man die Geschmacksrichtung süß, salzig, sauer und bitter auf den einzelnen Geschmacksfeldern

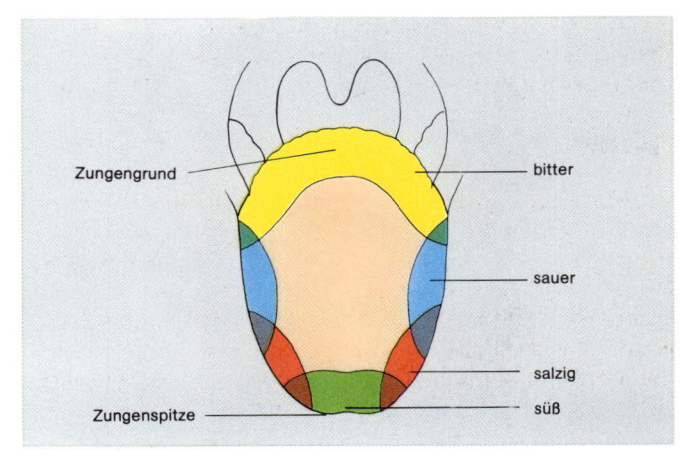

Sirene

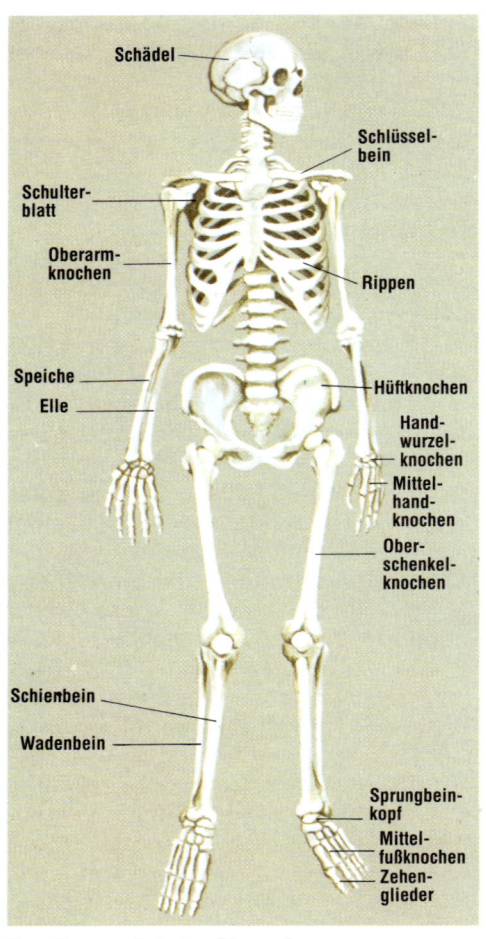

Knochengerüst des Menschen

(Labels: Schädel, Schlüsselbein, Schulterblatt, Oberarmknochen, Rippen, Speiche, Elle, Hüftknochen, Handwurzelknochen, Mittelhandknochen, Oberschenkelknochen, Schienbein, Wadenbein, Sprungbeinkopf, Mittelfußknochen, Zehenglieder)

spiel dafür ist Lärm. Reize, deren Stärke nicht ausreicht, die Sinneszellen zu erregen, sind unterschwellige Reize.

Sirene

Eine Sirene ist ein Gerät, mit dem laute Heultöne hervorgebracht werden können. Relativ einfach gebaut ist die Lochsirene, die aus einem Gehäuse mit einem durch kreisförmige Öffnungen durchbrochenen Deckel besteht. Über diesem Deckel befindet sich eine drehbare Lochscheibe. Am anderen Ende wird in das Gehäuse **Druckluft** oder **Dampf** (Dampfsirene) eingeleitet. Durch das Drehen der Lochscheibe, die in einem bestimmten Rhythmus die Löcher des Gehäusedeckels abdeckt oder öffnet, tritt in regelmäßigen Abständen Druckluft bzw. Dampf aus. Diese sehr schnellen Unterbrechungen lassen den typischen Heulton der Sirene entstehen.

Skelett

Unter einem Skelett versteht man den inneren oder äußeren Stützapparat bei **Tieren** und **Menschen**, der aus *Kalk*, Kiesel oder Horn gebildet sein kann. Das menschliche Skelett besteht aus 210 Teilen (**Knochen**), von denen manche beweglich (Arme, Beine), andere unbeweglich gegliedert sind (Schädel, Rippen). Der tragende Bestandteil des Knochengerüsts heißt **Wirbelsäule**.

Skorpione

Skorpione gehören zur Ordnung der **Spinnentiere**. Ihre besonderen Merkmale sind die Scheren und der giftige Stachel am langen Hinterleib, der ihnen als Angriffs- sowie als Verteidigungswaffe dient. Der Stich bestimmter tropischer Skorpionarten kann für den Menschen gefährlich werden. Skorpione leben meist in trockenen, warmen Gebieten. Tagsüber halten sie sich unter Steinen versteckt, sie werden erst nachts aktiv. Ihre Nahrung besteht aus **Insekten** und **Spinnen**, durch die sie ihrem Körper auch die notwendige Flüssigkeit zuführen. Sie teilen sie mit ihren Scheren in Stücke – seltener benützen sie den Stachel zum Töten – und saugen sie aus, da sie keine Kauwerkzeuge besitzen. Der Körper der Skorpione weist drei Abschnitte auf: Den ungegliederten Vorderkörper mit vier Paar Laufbeinen, das Vorderteil des Hinterkörpers und die letzten fünf Segmente des Hinterkörpers, der in einem Stachel endet. Die Augen der

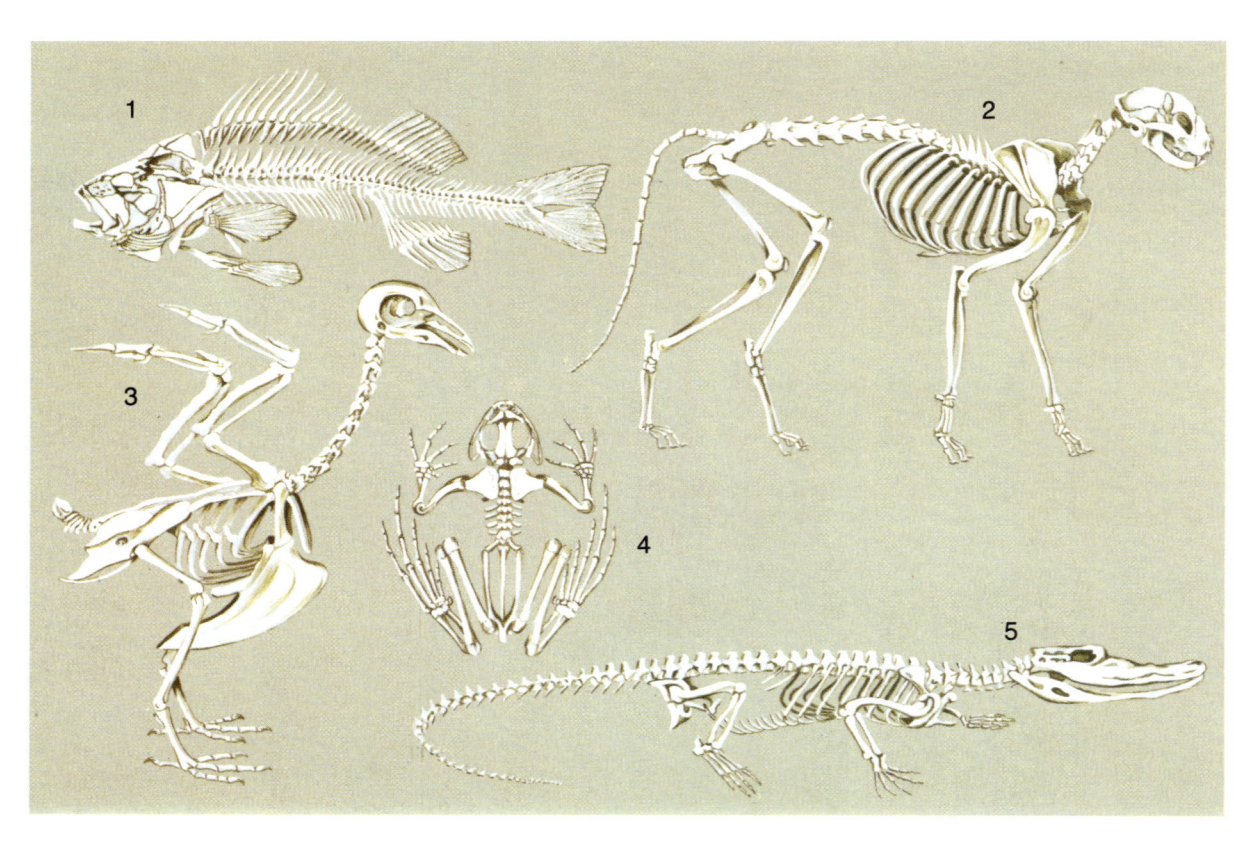

Das Knochengerüst der Tiere ist ihrem Lebensraum und ihrer Lebensweise angepaßt.
Fisch (1), Katze (2), Taube (3), Frosch (4), Krokodil (5)

Der afrikanische Skorpion trägt seinen Stachel am Körperende gekrümmt über dem Rücken. Sein Stich kann für den Menschen tödlich sein

Skorpione (drei bis sechs Paar) sind nicht besonders gut ausgebildet. Bei der Nahrungssuche sind die Tiere deshalb vorwiegend auf ihre mit Borsten besetzten Scheren angewiesen. In Südeuropa ist der 4 cm lange, bräunliche Skorpion beheimatet, dessen Stich dem einer Wespe ähnelt. Außerdem gibt es hier den 8 cm langen Feldskorpion.

Smog

Der Begriff kommt aus dem Englischen (smoke – Rauch; fog – Nebel) und bezeichnet die Anreicherung der **Luft** mit **Abgasen** aus der Industrie, von Kraftwagen usw. Bei **Nebel** können diese Stoffe nicht aufsteigen und sich in höheren Luftschichten verteilen. Der fehlende Luftaustausch kann in Industriezentren und Großstädten zu schweren gesundheitlichen Schäden führen (Vergiftungsgefahr). Man hat deshalb in vielen Städten Überwachungsdienste eingerichtet, die gegebenenfalls *Smogalarm* geben. Dann wird empfohlen, zu Hause zu bleiben, die Fenster zu schließen und sich ruhig zu verhalten. Es kann auch sein, daß das Benutzen von Kraftfahrzeugen verboten wird.

Software

Als Software bezeichnet man alle in Datenverarbeitungsanlagen (**Datenverarbeitung**) einsetzbaren *Programme* und *Daten*, die den Betriebsablauf innerhalb des **Computers** steuern. Ergänzt wird die Software durch die **Hardware**, unter der man die technischen Geräte und Ausrüstungsgegenstände einer Datenverarbeitungsanlage versteht. Die Software wird in *Systemprogramme* und *Anwendungsprogramme* unterteilt. Die Systemprogramme enthalten die Befehlsfolgen, ohne die kein Computer arbeiten kann. In den Anwendungsprogrammen sind die Aufgaben enthalten, die jeweils vom Computer bearbeitet werden sollen.

Sog

Der Sog ist ein *Unterdruck* mit Saugwirkung, der bei Flüssigkeits- und Gasströmungen entstehen kann, so bei einem fahrenden Schiff hinter dem *Heck*. Die Sogwirkung spielt auch eine wesentliche Rolle für den **Auftrieb** der Tragflächen eines **Flugzeugs**. Durch die von der Küste zurückfließenden Strömungen des Meerwassers in der Brandung entsteht ebenfalls ein Sog.

Solarzellen

Solarzellen sind Halbleiterelemente, die **Licht** direkt in **elektrischen Strom** umwandeln. Mehrere Solarzellen zusammen ergeben einen Solargenerator. Mithilfe von Solarzellen lässt sich relativ einfach **Elektrizität** aus **Sonnenenergie** gewinnen. Sie sind einfach gebaut, benötigen keinen Brennstoff und haben eine lange Lebensdauer, da sie in eine Schutzschicht aus Glas oder Kunststoff eingebettet sind. Die Solarzelle dient dazu, die *Photonen* des Lichts (Elementarteilchen, Träger des Lichts), deren Verbreitungsgeschwindigkeit sehr hoch ist, einzufangen. Das aktive Element der Solarzelle ist eine

Notrufsäule mit Solargenerator

Smog: Industrie- und Autoabgase können bei windstillem Wetter wie eine Dunstglocke über den Städten stehen und die Bewohner in starkem Maß gesundheitlich gefährden

Sommersprossen

dünne Halbleiterschicht (meist aus *Silizium*). Die **Elektronen** des Siliziums sind lose gebunden und deshalb empfänglich für Lichtreize. Trifft nun ein Photon auf ein Siliziumatom, kann es ein Elektron aus seiner Bahn reißen und dadurch in der Solarzelle eine elektrische *Spannung* erzeugen.

Sommersprossen

Sommersprossen sind Fehlbildungen der Hautpigmentierung, die man besonders bei rotblonden Personen beobachten kann. Sie treten verstärkt im Sommer auf, vor allem an den Körperstellen, die dem Sonnenlicht ausgesetzt sind, wie Gesicht, Hände und Hals. Es handelt sich dabei um kleine, gelbbräunliche, völlig harmlose Hautflecken, gegen deren Entstehen man etwas tun kann, indem man direkte Sonnenbestrahlung vermeidet und entsprechende Sonnencremes zur Vorbeugung verwendet.

Sonar

Unter Sonar (engl. Abk. für **So**und **n**avigation **a**nd **r**anging) versteht man ein Schallortungsverfahren, bei dem Schall- oder Ultraschallwellen (**Ultraschall**) ausgesandt werden, mit deren Hilfe man die Entfernung eines Hindernisses feststellen kann. Dieses Verfahren wendet man vor allem unter Wasser an, um **Eisberge**, **U-Boote** und **Minen** rechtzeitig orten zu können.

Sonde

In der Medizin verwendet man Sonden, um die Körperhohlräume des Menschen (z. B. den Magen) zu diagnostischen und therapeutischen Zwecken zu untersuchen. Eine solche Sonde ist ein stab- oder röhrenförmiges, biegsames Instrument. Die Sonde eines **Herzschrittmachers** überträgt dessen elektrischen Reiz von der **Batterie** auf den Herzmuskel.
Im **Bergbau** verwendet man Sonden als Prüfgeräte z. B. zum Testen der Bodenbeschaffenheit und bei der Suche nach **Erdöl**. Auch unter den Schneemassen einer **Lawine** verschüttete Menschen können mit Hilfe einer Sonde schneller gefunden werden.
In der Meteorologie (Wetterkunde) lässt man eine Radiosonde, die mit einem Luftdruck-, Temperatur- und Feuchtefühler ausgestattet ist, in einem **Ballon** aufsteigen. Die Messergebnisse werden über Funk an eine Bodenstation übermittelt. Nachdem der Ballon geplatzt ist, kehren die Instrumente an einem **Fallschirm** zur Erde zurück. Solche Messungen werden von den Wetterstationen in aller Welt regelmäßig zweimal täglich (0 und 12 Uhr) durchgeführt.
Die **Raumsonde**, ein unbemannter Flugkörper, erforscht mit Hilfe von Messinstrumenten den Weltraum, die **Planeten** und die **Sonne**.

Sonne

Die Sonne ist das Zentralgestirn des Sonnensystems und wird als **Fixstern** bezeichnet. Sie ist ein glühender Gasball, der durch Umwandlungsprozesse in seinem Inneren als helles Objekt erscheint. Sie besteht aus etwa 75 % Wasserstoff, 23 % Helium und 2 % schwereren Elementen. Das Aussehen der Sonne unterscheidet sich nur deshalb von dem der anderen **Sterne**, weil sie uns sehr viel näher ist als jene. Von der Sonne bis zur Erde braucht das Licht nur etwa 8 Minuten, vom nächsten Stern aber über 4 Jahre. Vergleichende Untersuchungen haben gezeigt, dass die Sonne mit genügend „Brennstoff" versehen ist, um 8–10 Milliarden Jahre alt werden zu können. In jeder Sekunde verschmelzen in der Sonne ca. 597 Mill. t **Wasserstoff** zu 593 Mill. t **Helium**. Auf diese Weise verliert sie pro Sekunde 4 Mill. t **Materie**. Bei den Verbrennungsvorgängen wird **Energie** in Form elektromagnetischer Strahlung frei; sie wird als sichtbares **Licht** abgestrahlt.

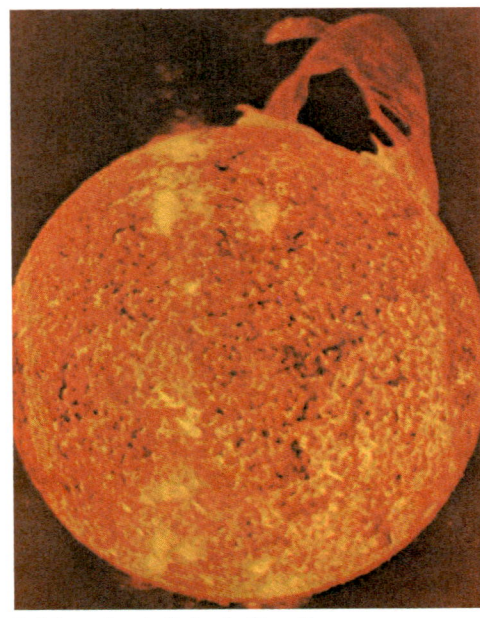

Größere Ausbrüche heißer Gasmassen, so genannte Protuberanzen, lassen sich am Sonnenrand beobachten (im Bild oben)

Die Sonne in Zahlen

Durchmesser	1 392 000 km
	≙ 109 Erddurchmesser
Masse	$1{,}989 \cdot 10^{30}$ kg
	≙ 332 944 Erdmassen
mittlere Dichte	1,41 g/cm³
Rotationsdauer am Äquator	25,03 Tage
Entfernung zur Erde	149,6 Mill. km
Entfernung zum Milchstraßenzentrum	30 000 Lichtjahre
Alter	ca. 4,6 Mrd. Jahre
Temperatur an der Oberfläche	ca. 5700 °C
Temperatur im Kern	10–15 Mill. °C

Sonnenenergie

Der Ursprung fast aller Formen von **Energie**, die sich der Mensch zunutze macht, ist die **Sonne**. Das Sonnenlicht hält den **Wasserkreislauf** in Gang, die Sonnenenergie macht Leben überhaupt erst möglich. Bei der **Fotosynthese** (**Assimilation**) wird Sonnenenergie in chemische Energie umgewandelt. Energierohstoffe wie etwa **Erdöl** und **Erdgas** sind biologisch „gespeicherte" Sonnenenergie, die sich in Millionen von Jahren angesammelt hat. Ebenso wie die **Kohle** werden sie nach menschlichem Ermessen eines Tages erschöpft sein, während die Energie der Sonne noch für einige Milliarden Jahre ausreichen dürfte. In der Sonne verschmelzen jede Sekunde etwa 597 Mill. t **Wasserstoff** zu 593 Mill. t **Helium**. Der dabei entstehende Materieverlust von 4 Mill. t wird als Strahlungsenergie freigesetzt. Davon erhält die **Erde** jedoch nur den zweimilliardsten Teil. Trotzdem übertrifft die von der Sonne auf die Erde gestrahlte Energie den Energieumsatz der Erde ganz erheblich.
Auf der Sonnenoberfläche herrscht eine **Temperatur** von 5700 °C. Mittels geeigneter **Spiegel** oder **Linsen** kann man die auf die Erde fallenden Sonnenstrahlen so konzentrieren, dass Temperaturen erreicht werden, die beinahe so hoch sind wie die der Strahlenquelle. Mit solcher Sonnenkollektorsystemen (**Sonnenkollektoren**) lassen sich u. a. auch Wärmekraftwerke (**Kraftwerk**) mit relativ hohem **Wirkungsgrad** betreiben. Die Nutzung der Sonnenenergie beschränkt sich aber nicht nur auf die direkte Sonnenstrahlung, sondern erstreckt sich auf alle Energieformen, deren Quelle die Sonne ist. Dazu gehören u. a. Wind- und Wasserkraft

Sonnenfinsternis

(**Windenergieanlagen**). Zur Sonnenenergienutzung im engeren Sinne rechnet man alle Techniken, die dazu dienen, das Sonnenlicht direkt in **elektrischen Strom**, in **Wärme** oder in chemische Kraftstoffe umzuwandeln, wie z. B. Sonnenkollektoranlagen und **Solarzellen**.

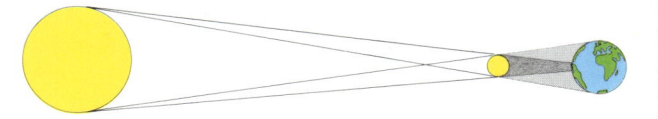

Wenn der Mond sich zwischen Erde und Sonne schiebt, ist in einem schmalen Gebiet der Erde eine Sonnenfinsternis zu sehen

Sonnenfinsternis

Zu den wohl faszinierendsten Naturschauspielen gehört die totale Sonnenfinsternis. Sie kommt dadurch zustande, dass der **Mond** von der **Erde** aus gesehen gleich groß erscheint wie die **Sonne**, obwohl sie tatsächlich 400mal größer ist als er. So dunkelt er die Sonne ab, wenn er auf seiner Bahn um die Erde genau zwischen dieser und der Sonne zu stehen kommt. Sein **Schatten** fällt dann auf die Erde und in einem eng begrenzten Gebiet erleben die Bewohner eine totale Sonnenfinsternis. In einem größeren, angrenzenden Bereich deckt der Mond die Sonne nur teilweise ab; hier kann man eine partielle Finsternis verfolgen. Doch nur dort, wo die Sonne völlig verfinstert wird, erreicht das Naturschauspiel seinen Höhepunkt. Rund um die dunkle Sonnenscheibe leuchtet ein heller Strahlenkranz (*Sonnenkorona*), die äußere Sonnenatmosphäre, auf.

Diese totale Sonnenfinsternis war am 30. Juni 1973 von einem Schiff vor der Küste Nordwestafrikas zu beobachten

Sonnenflecken

Sonnenflecken sind dunkle Flecken auf der Sonnenoberfläche (Photosphäre) mit einer um ca. 1000 °C niedrigeren Temperatur als in der Umgebung. Die Flecken erscheinen mit einer durchschnittlichen *Periode* von 11 1/8 Jahren, dem Sonnenfleckenzyklus. Nach der Theorie des amerikanischen Astronomen Babcock entstehen diese gewaltigen Magnetstörungen auf der Sonne durch eine Art Aufspulung des normalen Sonnenmagnetfeldes unter der Sonnenoberfläche. Sie wird durch die eigenartige Rotationsweise der Sonne hervorgerufen. Messungen der Drehgeschwindigkeit zeigten schon früh, dass die Sonne am **Äquator** schneller rotiert als in polnahen Regionen. Da die Magnetfeldlinien im Inneren der Sonne im heißen Sonnengas gewissermaßen „eingefroren" sind, werden sie am Äquator schneller herumgeführt und „aufgewickelt" als in der Nähe der Polgebiete. Sie rücken bei jeder Umdrehung näher zusammen, so dass schließlich gewaltige Magnetfeldstärken entstehen. Die äußeren Sonnenschichten sind aber in ständiger Bewegung. Heiße Gasmassen steigen von unten auf, kühlen an der Oberfläche ab und sinken wieder nach innen. So werden irgendwann auch die „Magnetschläuche" erfasst und zur Oberfläche getrieben, wo sie aufplatzen. An den Löchern entstehen die Sonnenflecken. In der Umgebung dieser Magnetfeldkrater kommt es zu Gasauswürfen, den so genannten *Protuberanzen* (Abb. S. 258).

Sonnenkollektoren

Sonnenkollektoranlagen sind Systeme, mit denen das Sonnenlicht in **Wärme** umgewandelt und genutzt werden kann. Es gibt die – heute weit verbreiteten – Flachkollektoren und fokussierende Kollektoren. Mit Flachkollektoren können Temperaturen bis zu 200 °C erzielt werden. Sie lassen sich leicht in die Architektur eines Gebäudes integrieren und nutzen nicht nur das direkte **Licht** (bei Sonnenschein), sondern auch das diffuse (bei bedecktem Himmel). Fokussierende Kollektoren konzentrieren mit **Linsen** oder **Spiegeln** die Sonnenstrahlung auf eine kleine Fläche und erreichen deshalb eine wesentlich höhere **Temperatur** (mehrere 100 °C). Sie erzielen somit einen hohen **Wirkungsgrad** und werden u. a. häufig in der **Industrie** eingesetzt.

Sonnenuhr

Bei der Sonnenuhr wird die **Zeit** mithilfe des **Schattens** angezeigt, den ein parallel zur Erdachse stehender Stab auf eine in Stunden eingeteilte Scheibe wirft. Die Ortszeit ergibt sich aus Position und Länge des Schattens. Bei der geringsten Schattenlänge ist es 12 Uhr mittags.

Sonnenuhr mit Sternkreiszeichen

SOS

Das international festgelegte *Notsignal* SOS für Schiffe in Seenot wurde ursprünglich mit diesen Buchstaben charakterisiert, weil sie den Rhythmus des Morsezeichens 3mal kurz, 3mal lang, 3mal kurz (...---...) gut wiedergeben. Erst später hat man die Buchstaben als Abkürzung für **S**ave **O**ur **S**ouls (engl.: Rettet unsere Seelen) gedeutet. Dieses Signal wurde 1912 nach dem Untergang der „Titanic" international eingeführt. Im Funksprechverkehr wird das Notsignal „*Mayday*" (franz.: m'aidez = helft mir) auf der **Frequenz** 2182 kHz gesendet, das sofortige Funkstille fordert. Neben SOS gibt es noch andere Notsignale, so z. B. Knallsignale, Leuchtraketen, das Flaggensignal N über C und Lichtsignale (6mal pro Minute, nach 1 Minute wiederholen).

Speichel

Speichel ist eine Absonderung der Speicheldrüsen im Bereich der Mundhöhle. Es handelt sich um eine dünnflüssige, schleimige Substanz, die sich aus **Wasser**, *Salzen*, Schleimstoffen, **Eiweiß** und verschiedenen *Fermenten* zusammensetzt. Vor allem enthält sie *Pytalin*, ein stärkespaltendes **Enzym**. Täglich werden 1–1½ l Speichel gebildet.

Speicher

Ein Speicher ist ursprünglich ein Dachbodenraum oder ein Gebäude zur Lagerung von Geräten oder landwirtschaftlichen Produkten. In der **Datenverarbeitung** ist er einer der wichtigsten Bestandteile einer Datenverarbeitungsanlage. Er kann Informationen aufnehmen, aufbewahren und wiedergeben. Die kleinste Einheit des Speichers ist das **Bit**. Ergänzt werden in-

Sonnenkollektoren

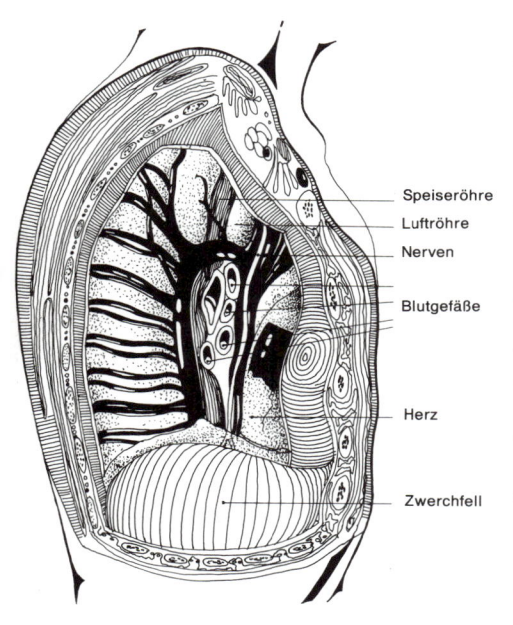

Spiegel

Brustwirbels das *Zwerchfell* und geht schließlich in den **Magen** über. Innen ist die Speiseröhre mit in Falten gelegter Schleimhaut ausgekleidet, wodurch sie sich erheblich ausdehnen kann.

Spektrum

Die farbigen Bestandteile des weißen **Lichts** werden, wenn man sie durch ein Glasprisma schickt, verschieden stark von ihrer Bahn abgelenkt. Dadurch entsteht ein Band aus Regenbogenfarben (*Spektralfarben*), das Spektrum genannt wird. Rot wird dabei am schwächsten, Violett am stärksten gebrochen. Allgemein versteht man unter Spektrum die Folge aller Wellenlängen, die in einer Strahlung enthalten sind. Demnach gehören *Rundfunkwellen*, Licht-, **Röntgen**- und *Gammastrahlen* (**Radioaktivität**) zusammen. Sie bilden als **elektromagnetische Wellen** ein breites Band, das man *elektromagnetisches Spektrum* nennt. Es reicht von den langen Wellen des Wechselstromes bis zu den kurzwelligen Höhenstrahlen, die ständig aus dem **Weltraum** auf die Erde niedergehen.

Spiegel

Ein Spiegel ist eine ebene oder gekrümmte Fläche, meist aus **Glas** oder **Metall**, die Lichtstrahlen reflektiert (**Reflexion**). Bei ebenen Spiegeln (z. B. Garderobenspiegel) erscheint der Gegenstand (oder die Person) in natürlicher Größe, aber seitenverkehrt. Ferner gibt es nach innen gewölbte (*konkave*) Spiegel, wie *Hohl*- und *Parabolspiegel* und nach außen gewölbte (*konvexe*) Spiegel. Befindet sich ein Gegenstand innerhalb der **Brennweite**, erzeugt der *Hohlspiegel* ein virtuelles, vergrößertes Bild (Vergrößerungsspiegel). Befindet sich ein Gegenstand außerhalb der Brennweite, ergibt dies ein reelles, verkehrtes Bild. Parabolspiegel (mit spiegelnder Fläche in Form einer Parabel) strahlen das Licht, das in den **Brennpunkt** trifft, als paralleles Lichtbündel zurück (Scheinwerfer, **Fernrohr**). Das Spiegelteleskop, bei dem statt der Objektivlinse (**Objektiv**) ein Hohlspiegel das Bild des Gegenstands erzeugt, wird vor allem in

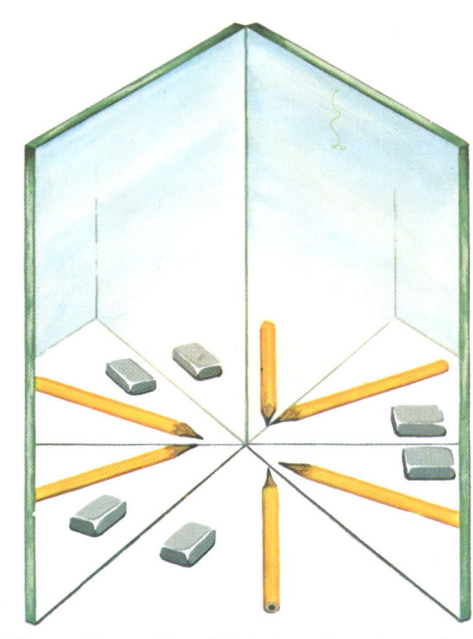

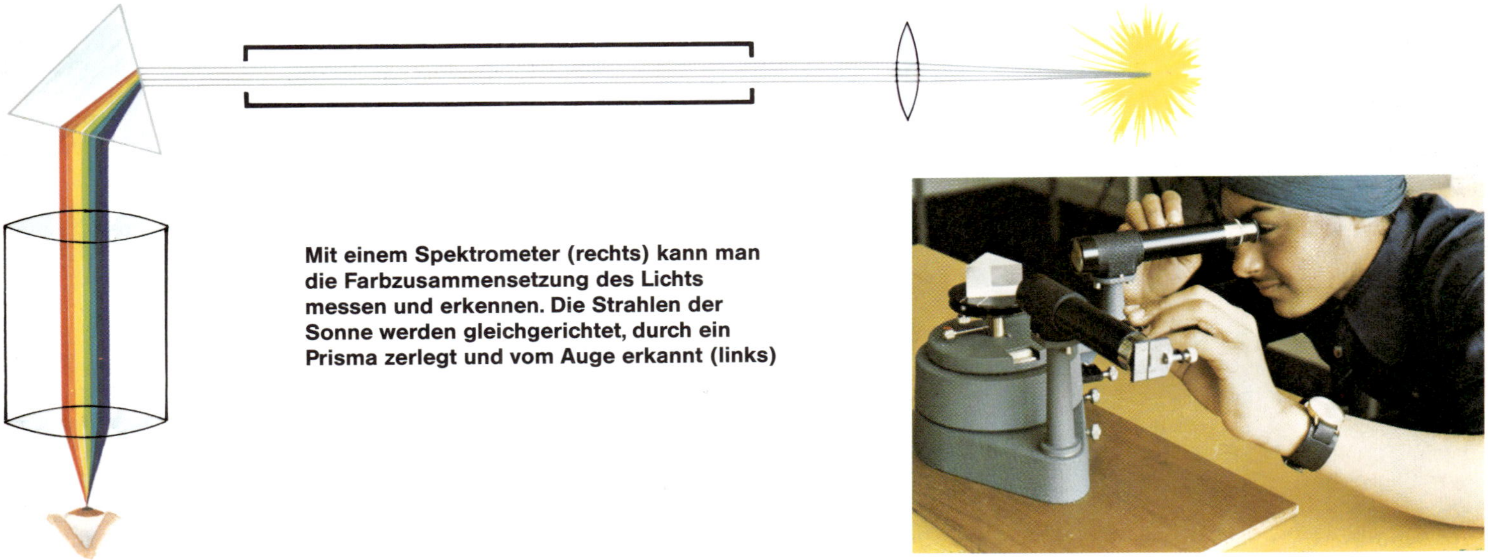

Die Ringmuskulatur der Speiseröhre besorgt den Transport der Nahrung vom Schlund in den Magen

terne (innen liegende) Arbeitsspeicher durch externe (außerhalb liegende) Speicher, z. B. *Magnetbänder* oder Magnetplatten (**Diskette**). Wichtig ist die so genannte Zugriffszeit. Das ist die durchschnittliche Zeitdauer, die zwischen dem Anlegen der Adresse und dem Bereitstellen der Information vergeht.

Speiseröhre

Die Speiseröhre ist ein etwa 27 cm langer, muskulöser Schlauch. Sie beginnt am *Schlund*, durchbricht in Höhe des elften

Mit zwei im rechten Winkel zueinander aufgestellten Spiegeln kann man einen Bleistift und einen Radiergummi „vervielfältigen"

Mit einem Spektrometer (rechts) kann man die Farbzusammensetzung des Lichts messen und erkennen. Die Strahlen der Sonne werden gleichgerichtet, durch ein Prisma zerlegt und vom Auge erkannt (links)

Spinnentiere

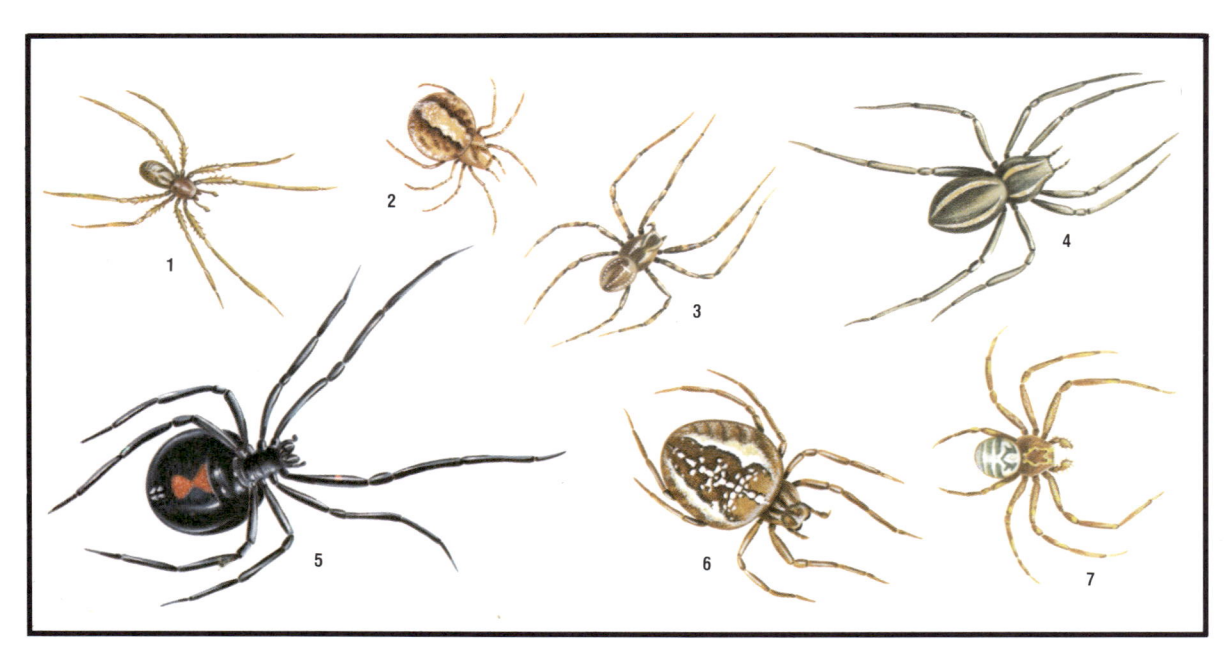

Spinnentiere: Gewöhnliche Hausspinne (Weibchen) (1), Hausspinne (2), Gewöhnliche Hausspinne (Männchen) (3), Wolfsspinne (4), Schwarze Witwe (5), Gewöhnliche Gartenspinne (Weibchen) (6), Krabbenspinne (7)

der **Astronomie** verwendet. Bei konvexen Spiegeln wird das Bild verkleinert wiedergegeben (so z. B. beim Rückspiegel des **Kraftwagens**).

Spinnentiere

Spinnentiere gehören wie die **Skorpione** zur Klasse der **Gliederfüßer**. Ihr Kopf-Brust-Stück, an dem zwei Paar Mundwerkzeuge, ein bis vier Paar Einzelaugen und vier Beinpaare sitzen, ist deutlich vom ungegliederten Hinterleib abgesetzt. Dessen Unterseite ist mit zwei bis acht Spinnwarzen versehen, deren Drüsen ein Sekret absondern, das an der Luft sofort zu Seide erhärtet. Auf diese Weise weben Spinnen kunstvolle, regelmäßige Netze, mit denen sie teilweise auch ihre Beutetiere einfangen (Webespinne). Oder sie töten sie mit ihrem Gift, das aus Giftdrüsen ihrer klauenförmigen Mundwerkzeuge austritt, und saugen sie anschließend aus. Die Spinnen hüllen mit ihren Netzen auch ihre **Eier** ein (Kokon), die sie entweder mit sich herumtragen oder in Schlupfwinkeln ablegen.

Sprengstoff

Sprengstoffe sind **chemische Verbindungen** oder Gemische, die bei bestimmten Bedingungen explodieren. Entsprechend ihrer Zusammensetzung reagieren sie auf **Druck**, Schlag, Stoß, **Reibung** oder **Wärme** explosiv, wobei sie eine hohe Detonationsgeschwindigkeit erreichen. Bei der Explosion werden heiße **Gase** freigesetzt, die auf ihre Umgebung mit einem starken, zerstörerischen Druck einwirken. Sprengstoffe werden z. B. bei Gesteinssprengungen (in Lagerstätten, beim Straßenbau) oder für Granatfüllungen verwendet. Als Sprengstoff ist vor allem das *Dynamit* bekannt, das 1867 von *Alfred Nobel* (1833–1896) erfunden wurde.

Stabilität

Stabilität ist gleichbedeutend mit Standfestigkeit oder Beständigkeit. Als Maßstab für die Stabilität gilt die **Arbeit**, die erbracht werden muss, um einen festen Körper aus einer stabilen Lage (**Gleichgewicht**) in den nächstliegenden labilen Gleichgewichtszustand zu bringen. In der Kernphysik bezeichnet man als Stabilität die Fähigkeit der in der Natur vorhandenen **Atomkerne** und Elementarteilchen, auf unbegrenzte Zeit in ihrem Zustand zu verharren.

Stahl

Als Stahl bezeichnet man **Eisen**, das einen sehr niedrigen Kohlenstoffgehalt hat. Es lässt sich deshalb gut walzen und schmieden. Die ersten Gebläsehochöfen

In diesem kunstvoll gesponnenen Netz fängt die Spinne ihre Beute

zur Erzeugung von Stahl entstanden im 15. Jahrhundert in Deutschland. Durch die hohen **Temperaturen**, die in den **Hochöfen** erreicht werden, erhält man sehr reines **Metall**. Später wurden die Herstellungsverfahren für Stahl weiter verbessert. 1856 entwickelte der Engländer *Henry Bessemer* (1813–1898) ein Verfahren, bei dem Luft durch das geschmolzene Roheisen geblasen wird. Man nennt dieses Verfahren Bessemer-Verfahren und den riesigen Behälter, der dafür notwendig ist, die Bessemer-Birne. Eine weitere Verbesserung der Stahlherstellung bewirkte auch der *Siemens-Martin-Ofen*. Bei einer Ofentemperatur von 1700°C wurde hier erstmals flüssiger Stahl hergestellt. Stahl ist ein sehr widerstandsfähiges Material, das durch Wärmebehandlung noch zäher und durch ein Schmelzverfahren noch dichter gemacht werden kann. Außerdem lassen sich Härte und Widerstandsfähigkeit durch Legierung mit *Chrom* oder *Nickel* verbessern. Stahl verwendet man für Brückenträger, für Maschinenteile und überall dort, wo man ein besonders hartes und haltbares Metall benötigt.

Statistik

Die Statistik ist ein Teilgebiet der **Mathematik**, das bestimmte Massenerscheinungen erfasst und auswertet. Das Ergebnis wird meist in Tabellenform dargestellt. Grundlage der Statistik ist die Erfahrung, dass bei Massenerscheinungen Gesetzmäßigkeiten feststellbar sind, die Einzelereignisse natürlich nicht erkennen lassen. Je größer also die Zahl der zusammengetragenen Einzelfakten ist, desto treffsicherer, wahrscheinlicher und typischer ist die Statistik. Sie zeigt aber nur Tendenzen an, da man Ungenauigkeiten nicht ausschließen kann. Regelmäßig veröffentlicht werden u. a. Industrie-, Preis- und Verkehrsstatistiken.

Steine

Als Stein bezeichnet man allgemein jeden festen *anorganischen* Naturkörper, so die **Gesteine** und die **Mineralien**. Der Steinkult spielte in der Religion vieler Völker eine wichtige Rolle. Bekannte Beispiele sind die Dolmen und Menhire (breton.: langer Stein) in der Bretagne und auf den britischen Inseln (z. B. Stonehenge). In der Kaaba, dem religiösen Heiligtum der Mohammedaner in Mekka, befindet sich der Schwarze Stein, zu dem jeder gläubige Moslem einmal in seinem Leben gepilgert sein sollte.
In der Medizin kennt man z. B. die *Gallensteine*, die sich aus **Cholesterin** und kohlesaurem *Kalk* zusammensetzen.
In der Pflanzenkunde bezeichnet man den verhärteten inneren Teil von **Früchten** als Stein (bei Pflaumen, Aprikosen, Pfirsichen u. a.). (Abb. Seite 264/265)

Steppe

Unter Steppe versteht man eine Landschaftsformation, in der vorwiegend **Gräser**, Kräuter, einzelne Sträucher und verholzte Stauden wachsen; die geringen Niederschläge lassen keinen Baumbewuchs zu. Man unterscheidet zwischen Wüsten-, Gras-, Strauch- und Waldsteppen. Die letztere stellt das Übergangsgebiet von der Steppe zum geschlossenen Wald dar. Hier wechseln sich Waldinseln und Grasland ab. In Nordamerika nennt man die Steppe *Prärie*, in Südamerika *Pampa*.

Stereofonie

Stereofonie bedeutet räumliches Hören. Im **Rundfunk** versucht man mittels einer besonderen Aufnahmetechnik, bei der Wiedergabe durch Stereoempfänger dem Hörer ein räumliches Hörerlebnis zu ermöglichen. Dabei werden die Geräusche (Musik, Sprache) mit mehreren **Mikrofonen** aufgenommen und über jeweils einen Übertragungsweg je einem **Lautsprecher** des **Empfängers** zugeleitet. Die Anordnung der Lautsprecher sollte der der Mikrofone im Aufnahmestudio entsprechen. Wenn man z. B. ein Sinfoniekonzert mit einem Stereoempfänger anhört, sollte man in der linken Lautsprecherbox die ersten Geigen und in der rechten Box die Kontrabässe hören, entsprechend der Aufstellung eines Sinfonieorchesters. (**Hi-Fi**)

Sterne

Sterne lassen sich in **Planeten** und **Fixsterne** unterteilen. Das **Licht** der meisten von ihnen, das uns heute erreicht, ist schon sehr lange unterwegs. Wir sehen die Sterne also nicht so, wie sie sind, sondern wie sie früher einmal waren. Das Licht des nächsten Sterns, *Proxima Centauri* am südlichen Himmel, braucht über vier Jahre. Bei einer Geschwindigkeit von 300 000 km/s legt das Licht im Jahr knapp 10 Billionen km zurück; der Abstand zwischen Erde und Proxima Centauri beträgt also 40 Billionen km. Die Sterne sind nicht nur weit von der Erde entfernt, sie stehen auch in riesigen Abständen im **Weltall**. Ihre Größe ist ganz unterschiedlich. Die **Sonne** ist ein Stern mittlerer Größe; im Vergleich zu den so

Ausschnitt aus dem Sternbild Andromeda mit dem Andromedanebel

Steine

Sandstein (Sedimentgestein)

Sandstein
Merkmale: fein- bis mittelkörnig
Mineralbestand: hauptsächlich Quarzkörner
Nebenbestandteile: Feldspat, Glimmer, Kalzit, Limonit, auch Olivin, Rutil, Magnetit und andere
Farbe: sehr verschieden; grau, gelb, rötlich braun oder grünlich
Bemerkungen: kommt meist zusammen mit anderen Sedimenten vor

Granit (Eruptivgestein, Tiefengestein)

Granit
Merkmale: grob- bis feinkörnig, sehr hart, hoher Quarzanteil
Mineralbestand: Quarz, Alkalifeldspat, Plagioklase, Muskovit, Biotit, Amphibol, Augit
Nebenbestandteile: Apatit, Zirkon, Topas, Turmalin, Beryll, Titanit, Rutil, Magnetit, Hämatit, Pyrit, Fluorit, Granat
Farbe: im Zusammenwirken mit Weiß: grau, dunkelgrau, rötlich, grünlich, gelblich, bläulich oder schwarz, in Hell-Dunkel-Struktur
Bemerkungen: in den Pegmatiten sind schöne Mineralstufen zu finden, ebenso in Klüften und Spalten

Basalt (Eruptivgestein, Ergussgestein)

Basalt
Merkmale: feinkörnig bis sehr dicht, sehr hart, fest, zäh
Mineralbestand: Plagioklase, Nephelin, Leuzit, Augit, Amphibol, Olivin
Nebenbestandteile: Magnetit, Ilmenit, Biotit, Apatit, Haüyn, Zeolithe, Aragonit, Kalzit
Farbe: schwarz, dunkelgrau oder grünlich
Bemerkungen: im Bruchstück meist sehr dicht; einzelne Minerale ohne optische Hilfsmittel nicht zu unterscheiden

Steine

Gneis
Merkmale: mittel- bis feinkörnig, gleichmäßig schiefrig geschichtet
Mineralbestand: Quarz, Orthoklas, Plagioklas, Muskovit, Biotit, Amphibol, Pyroxen
Nebenbestandteile: Apatit, Zirkon, Rutil, Granat, Pyrit und andere
Farbe: abwechselnd helle und dunkle Lagen in grauen, rosa oder braunen Farbtönen
Bemerkungen: Man unterscheidet zwischen Orthogneisen (aus Eruptivgesteinen entstanden) und Paragneisen (aus Sedimentgesteinen entstanden)

Gneis (Metamorphes Gestein, Umwandlungsgestein)

Obsidian
Merkmale: glasig ohne erkennbare Körnung, feinkristallin, durch rasche Abkühlung entstanden
Mineralbestand: Gesteinsglas
Nebenbestandteile: in kleinsten Mengen Quarz oder Feldspat
Farbe: schwarz, dunkelgrau, braun, grünlich; glänzende Flächen bei muscheligem Bruch
Bemerkungen: Obsidian findet auch als Schmuckstein Verwendung, wenn helle Einsprenglinge enthalten sind (Schneeflocken-Obsidian)

Obsidian (Eruptivgestein, Ergussgestein)

Konglomerat
Merkmale: aus gerundeten Körnern, größer als 2 mm, bestehendes Gefüge von sehr unterschiedlichem Aussehen
Mineralbestand: sehr verschieden, beispielsweise Quarz, Kalzit und Kieselschiefer
Nebenbestandteile: verschieden
Farbe: verschieden
Bemerkungen: Konglomerate sind durch Bindemittel (Kalzit, Kieselsäure oder Tonminerale) verfestigte Gerölle

Konglomerat (Sedimentgestein)

Stickstoff

Die Plejaden im Sternbild Taurus umfassen insgesamt mehr als 250 Sterne

genannten Überriesen ist sie winzig. Der *Beteigeuze* (der östliche Schulterstern im Sternbild Orion) könnte z. B. nicht nur die Sonne mit der sie umkreisenden Erde, sondern auch noch die Planetenbahn des **Mars**, deren Durchmesser ca. 455 Mill. km misst, aufnehmen. Die kleinsten Sterne sind nur einige Tausendstel mal so groß wie die Sonne. Auch in der tatsächlichen Helligkeit weichen die Sterne voneinander ab. Die hellsten Sterne sind erster Größe, die weniger hellen zweiter Größe usw., bis zur sechsten Größe. Schon sehr früh haben die Menschen die Sterne in Gruppen zusammengefasst und ihnen Namen von Tieren und legendären Helden gegeben. Einige dieser Sternbilder haben eine gewisse Ähnlichkeit mit den Figuren, deren Namen sie tragen, wie Orion und die *Nördliche Krone*. Von den helleren Sternen bilden einige gut erkennbare Formen: im Sternbild *Schwan* fünf Sterne ein Kreuz und im *Großen Bären* sieben Sterne den wohl bekannten *Himmelswagen*. Über der nördlichen Halbkugel scheint der *Polarstern* stillzustehen, weil er sich fast genau über dem Nordpol befindet. Der südliche Sternenhimmel hat kein dem Polarstern entsprechendes Polgestirn. Verbindet man die Spitze des *Südlichen Kreuzes* durch eine Linie mit dem hellen Stern Achernar, liegt der Himmelssüdpol in der Mitte der Linie. Zu den schönsten der größeren Sternhaufen gehören die *Plejaden*, auch *Siebengestirn* genannt, am nördlichen Himmel. (**Astronomie, Planetensystem**)

Stickstoff

Stickstoff ist ein gasförmiges **chemisches Element** mit dem Zeichen N (von lat. Nitrogenium). Er kommt in anorganischen und organischen Verbindungen vor, ist geruch- und geschmacklos und brennt nicht. Die **Luft** enthält etwa 78 % Stickstoff. Er findet sich aber auch in vielen anderen Stoffen, wie z. B. in **Eiweiß**. Pflanzen leben von Stickstoff, den sie dem Boden entnehmen. Deshalb muss man, um gute Ernten zu erzielen, den Boden damit anreichern. Natürlicher, aber auch künstlicher **Dünger** enthält Stickstoff.

Stimmbänder

Stimmbänder sind Teile unseres Sprechorgans und bestehen aus zwei feinen **Membranen**, die quer in den **Kehlkopf** gespannt sind. Sobald sie **Schwingungen** erzeugen, öffnet und schließt sich ein dazwischen liegender Spalt, die so genannte *Stimmritze*. Bildet diese eine große Öffnung, so entstehen tiefe Töne; ist die Öffnung eng, entstehen hohe Töne.

Stimmbruch

In der **Pubertät** ändert sich die Stimmlage, d. h., die Stimme wird tiefer. Verursacht wird dies durch das rasche Wachsen des **Kehlkopfes** und die Verlängerung der **Stimmbänder**. Bei Knaben senkt sich die **Stimme** um etwa eine Oktave, bei Mädchen weniger. Diesen Vorgang bezeichnet man als Stimmbruch.

Stimme

Unter einer Stimme versteht man eine Lautäußerung, die mit Hilfe von **Stimmbändern** im **Kehlkopf** erzeugt wird. Der Mensch vermag als einziges Lebewesen seine Stimme so zu beherrschen, dass er Vokale und Konsonanten zu Wörtern zusammenfügen und aus ihnen (nach bestimmten Regeln) sinnvolle Sätze bilden kann, die seine Gedanken und Gefühle zum Ausdruck bringen. Diese Fähigkeit bezeichnet man als *Sprache*.
Die Bildung der Stimme erfolgt im Kehlkopf, der dafür Stimm- und Taschenbänder besitzt, zwischen denen die *Stimmritze* liegt. Wenn wir unsere Stimme betätigen, also einen Laut von uns geben, dann bewegen die Kehlkopfmuskeln die Stellknorpel. Dabei werden die **Stimmbänder** gespannt oder gelockert. Es gibt fast 200 verschiedene Stellungen der Bänder. Gleichzeitig verengt sich die Stimmritze zu einem schmalen Spalt. Die Luft, die aus der **Lunge** ausströmt, streicht dann an den Stimmbändern vorbei und versetzt sie in **Schwingungen**. Die Geschwindigkeit, die Stärke und die Menge des Luftstroms bestimmen den Laut, den wir hören. Der Laut oder **Ton** wird durch *Rachen-*, **Mund-** und **Nasenhöhle**, die als *Resonanzräume* dienen, und durch Kehlkopf und *Luftröhre* verstärkt. Auch der Brustraum dient als *Resonanzkörper*. Je nach Höhe und Umfang der Stimme bestimmt sich die *Stimmlage* (z. B. Alt, Tenor).

Stoffwechsel

Unter Stoffwechsel versteht man den gesamten Abbau und die Umwandlung von *Substraten* (Nahrungsmitteln, **Sauerstoff**), besonders aber den Vorgang, der sich nach der Nahrungsaufnahme im Körper vollzieht. Die Nahrung wird in den dafür zuständigen **Organen** (**Magen, Bauchspeicheldrüse**) verdaut und im Körper weiter verarbeitet. Ein Teil gelangt durch feinste Blutäderchen in die Blutbahn und vermischt sich mit dem aus der **Lunge** kommenden Sauerstoff. Das Ganze gelangt ins Körpergewebe und bewirkt dort eine chemische Umwandlung. Im Zuge des Stoffwechsels kommen auch giftige Stoffe in den Körper. Ein gesunder Körper scheidet diese giftigen Stoffe in **Schweiß**, *Kot* und *Harn* jedoch gleich wieder aus. Die Stoffwechselvorgänge im engeren Sinne finden in den **Zellen** statt.

Störche

Störche sind **Zugvögel** mit langen dünnen Beinen und einem geraden, ebenfalls langen Schnabel. Sie nisten auf Dächern (*Horst*). Die Storcheneltern wechseln sich bei der **Brutpflege** der meist drei bis vier **Eier** ab. Die wichtigsten Vertreter der bei uns immer seltener werdenden Störche sind der Weiße Storch (Hausstorch), der bis zu 1 m groß wird und ein weißes Gefieder mit schwarzen Schwingen besitzt, und der seltenere Schwarzstorch (Waldstorch) mit schwarzem Rücken und weißer Bauchunterseite. Der Storch liebt Gebiete mit feuchten Wiesen sowie Sümpfe, wo er reichlich Nahrung (**Lurche, Schnecken**, *Würmer*) findet. Der Weiße Storch verbringt den Winter in Ost- und Südafrika. Im Frühjahr sucht er dann wieder den Horst auf, den er im Vorjahr bewohnt hat. Die Verständigung der Störche erfolgt durch Klappern mit dem Schnabel.

Stoßdämpfer

Stoßdämpfer sind wesentliche Elemente der **Federung** eines **Kraftwagens**. Bei einem hydraulischen (**Hydraulik**) Stoßdämpfer wird ein *Kolben* in einem **Zylinder** bewegt, wobei eine Flüssigkeit, meist Öl, durch **Ventile** verdrängt wird. Dadurch wird die Bewegung stark verzögert. Bei Kraftwagen und **Motorrädern** werden meistens *Teleskopstoßdämpfer* verwendet. Sie bestehen aus zwei ineinander geschobenen Rohren. Am dickeren (äußeren) Rohr ist eine Kolbenstange befestigt, deren *Kolben* sich in der mit Öl gefüllten Kammer des dünneren (inneren) Rohres bewegt. Durch Klappventile im Kolben wird wechselweise nach einer Seite Öl durchgeblasen. Fährt der Wagen über ein Schlagloch, wird der Stoßdämpfer zusammengepresst und das Öl von der einen in die andere Kammer gedrückt (*Einfedern*). Ist der Stoß abgefangen, strömt das Öl durch ein weiteres Ventil wieder zurück. Funktionierende Stoßdämpfer sind für die Verkehrssicherheit eines Fahrzeugs äußerst wichtig, weil sie u. a. ein sicheres Kurvenfahren ermöglichen.

Strahlenschäden

Radioaktive Strahlung (**Radioaktivität**) ionisiert, d. h., sie stößt **Elektronen** aus den Atomhüllen heraus. Dabei können sogar **Moleküle** gespalten werden. Auch der menschliche **Organismus** reagiert auf eine solche *Ionisation*. Körperzellen können verändert oder zerstört werden. Die Störungen hängen von der Strahlenbelastung und von der Art, dem Alter und dem Zustand der betroffenen **Zellen** ab. Von geringen Veränderungen erholen sich die meisten Zellen, große Veränderungen können jedoch zu einer unkontrollierten Vermehrung derartiger Zellen führen (**Krebs**). Die Strahlenkrankheit zeigt sich deshalb in verschiedenen Formen. Sie löst z. B. Schwindelgefühl, Kopfschmerzen, Übelkeit, Erbrechen, Mattigkeit und Appetitlosigkeit aus. Schädigungen der Blut bildenden Organe, wie z. B. des **Knochenmarks**, führen zur *Anämie* (Blutarmut). Mit der Schwächung des körperlichen Allgemeinzustandes können sich Entzündungen und Geschwüre ausbreiten. Der Kräfteverfall des Körpers kann schließlich zum Tod führen. Bereits bei geringer Strahlenbelastung ist in den **Keimzellen** eine Veränderung der Erbanlagen möglich, die nicht mehr rückgängig zu machen ist.

Der Sattelstorch lebt in Sümpfen und an Seen des tropischen Afrika und ist mit 1,30 m Körperhöhe der größte Storch

Strahlenschutz

Unter Strahlenschutz versteht man alle Maßnahmen zum Schutz vor der schädlichen Wirkung ionisierender (radioaktiver) Strahlen. Der Strahlenschutz orientiert sich an Toleranzwerten von Strahlenmengen, denen sich ein Mensch ohne Schaden innerhalb einer bestimmten Zeit aussetzen darf (**Strahlenschäden**). Alphastrahlung lässt sich bereits durch ein Blatt Papier abschirmen; ihre Reichweite beträgt in der Luft nur 10 cm. Sie ist also nur dann gefährlich, wenn Kerne mit Alphastrahlen eingeatmet oder mit der Nahrung aufgenommen werden. Betastrahlen kann man mit Aluminiumblechen abschirmen. Zur Abhaltung von Gammastrahlen sind dicke Schichten aus **Blei** nötig. Personen, die im Bereich radioaktiver Strahlung arbeiten, tragen ständig ein Gerät zur Dosismessung (Dosimeter) bei sich. Sie werden regelmäßig kontrolliert, damit Strahlenbelastungen rechtzeitig erkannt werden können.

Strahlentherapie

Die biologische Wirkung radioaktiver Strahlung lässt sich auch therapeutisch einsetzen. **Krebs** wird z. B. durch örtliche Bestrahlung bekämpft. Dabei werden die **Zellen** des kranken **Gewebes** abgetötet. Auch bei einigen Haut- oder Augenerkrankungen kann eine genau dosierte Strahlenmenge Heilung bringen. Das Bestrahlen von Pflanzensamen kann neue Erbanlagen entstehen lassen. Man möchte auf diese Weise ertragreichere und widerstandsfähigere Sorten hervorbringen.

Strahltriebwerk

Seit dem Ende des Zweiten Weltkriegs baut man Strahltriebwerke. Fast alle großen modernen Verkehrsflugzeuge (**Flugzeug**) werden damit angetrieben. Ein solches Triebwerk arbeitet nach dem *Rückstoßprinzip*. Das kann man am besten am Beispiel eines Luftballons erklären, den man mit **Luft** oder **Gas** füllt. Lässt man den nicht verschlossenen Ballon los, strömt das Gas aus und der Ballon fliegt, solange sich in ihm Gas unter **Druck** befindet, in die dem ausströmenden Gas entgegengesetzte Richtung. Ein modernes Großraumflugzeug hat bis zu vier, meist unter den Tragflächen angebrachte Triebwerke. Bei Strahltriebwerken übernimmt ein Verdichter das Ansaugen der Luft und drückt sie in die Brennkammer. Der ebenfalls in die Brennkammer eingespritzte Kraftstoff (Flugbenzin, *Kerosin*) vermischt sich mit der hochverdichteten Luft und verbrennt. Die Verbrennungsabgase treiben eine **Turbine** an, die ihrerseits den Verdichter antreibt, und entweichen mit hoher Geschwindigkeit aus der *Schubdüse*. Dadurch erhält das Flugzeug einen beträchtlichen Schub, der pro Triebwerk bis

Funktionsprinzip des Strahltriebwerks. Schematische Darstellung am Beispiel einer Rakete

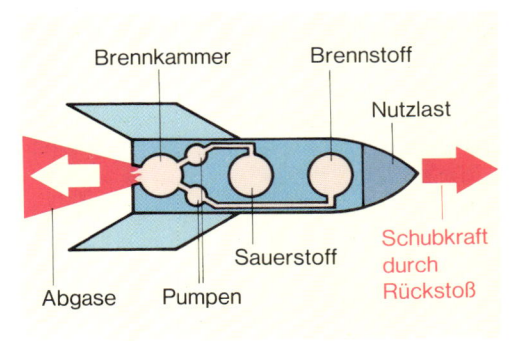

Strand

Die Abbildung zeigt eine typische Brackwasserregion mit den dort anzutreffenden Tieren. Eine Brackwasserregion bildet sich beim Zusammentreffen von Süßwasser und salzigem Meerwasser (z. B. bei einer Flußmündung). Weitere typische Merkmale eines solchen Strandabschnitts sind: kaum noch Gefälle, Rückstau während der Flut, das Wasser wird im Sommer sehr warm, reich an Kleinlebewesen aller Art, von den Fischarten wird Anpassungsvermögen an beide Wassertypen verlangt. So wie diese Strandregion haben auch die übrigen Strandabschnitte (Wattenmeer u. a.) unterschiedliche Lebensbedingungen und daher auch eine ihnen eigene Tier- und Pflanzenwelt

1 Silbermöwe
2 Brandgans
3 Austernfischer
4 Wasserläufer
5 Stichling
6 Neunauge
7 Aal
8 Stint
9 Meerforelle
10 Kaulbarsch
11 Stör
12 Stichling
13 Zander
14 Flohkrebs
15 Finte
16 Taschenkrebs (Krabbe)
17 Flunder

zu 200 000 Newton (N) betragen kann. Erst mit dem Strahltriebwerk war es möglich, die **Schallmauer** zu durchbrechen und die mehrfache **Schallgeschwindigkeit** zu erreichen.

Strand

Als Strand bezeichnet man den mehr oder weniger schmalen Streifen zwischen **Küste** und **Meer**. An Flachküsten ist er meist sandig, an Felsküsten geröllhaltig.

Stress

Als Stress werden starke körperliche und seelische *Belastungen* bezeichnet, die zu physischen und/oder psychischen Schäden führen. Aktuelle *Stressfaktoren* sind Zeit- und *Leistungsdruck* sowie zunehmende Sinnesüberflutung durch optische und akustische *Reize*. Stresssituationen auszuweichen ist aufgrund der Hektik des Alltags und der Anforderungen des Arbeitslebens gewöhnlich nicht möglich. Die Folgen sind erhöhte Quoten bei Erkrankungen, die auf Stress zurückzuführen sind (z. B. *Magengeschwüre*, **Herzinfarkt**). Die Auswirkungen der seelischen Belastung lassen sich am steigenden Verbrauch von Beruhigungsmitteln und *Psychopharmaka* (**Psyche**) ablesen.

Strömung

Unter Strömung versteht man die Bewegung der Wasserteilchen bei geringer Fließgeschwindigkeit des **Wassers**, z. B. von **Flüssen**. Bei hoher Fließgeschwindigkeit kommt es zum Schießen oder Stürzen des Wassers (z. B. bei Gebirgsbächen).

Strudel

Ein Strudel ist ein natürlicher *Wasserwirbel* mit nach innen und nach unten gerichteter meist spiralförmiger Drehung (**Sog**). Er ist der Wasserbewegung beim plötzlichen Ablassen von Wasser aus einem Waschbecken durch das Abflussrohr vergleichbar. Strudel bilden sich z. B. an geöffneten Schleusen vor Stauwehren. Oft werden sie in Flüssen Schwimmern und Kajakfahrern zum Verhängnis.

Sturm

Als Sturm bezeichnet man eine sehr starke Windbewegung, die oft mit einem Gewitter einhergeht. Zu den schlimmsten Stürmen gehören die tropischen Wirbelstürme, die *Zyklone* (**Orkan**) oder die *Taifune* (**Hurrikan**). Man hat geschätzt, dass ein tropischer Sturm in einer Sekunde etwa soviel **Energie** freisetzt wie eine mittlere Atombombe. Ein Sturm kann sich bis zum Orkan steigern.

Eine Spur der Verwüstung hinterließ im September 1989 der Hurrikan „Hugo" auf seinem Weg von der Karibik nach South Carolina (USA). Die Luftaufnahme zeigt eine Wohnsiedlung auf Guadeloupe, nachdem „Hugo" über die Insel gefegt war

Sucht

Als Sucht bezeichnet man ein zur Krankheit gesteigertes Bedürfnis nach **Drogen**, Medikamenten oder Genussgiften (**Alkohol, Nikotin**). Süchtige Menschen sind psychisch und physisch abhängig. Das *Suchtmittel* ist vom Körper in den **Stoffwechsel** eingebaut worden und muss ihm deshalb in regelmäßigen Abständen zugeführt werden. Ein *Entzug*, die Befreiung von der Abhängigkeit, ist mit Schmerzen und psychischen Leiden verbunden. In der Diskussion sind *Ersatzdrogen,* die von Ärzten kontrolliert abgegeben werden und Süchtigen die Rückkehr ins normale Leben erleichtern können.

Supraleiter

Supraleiter sind Materialien, die unterhalb einer bestimmten **Temperatur** sprunghaft ihren elektrischen **Widerstand** verlieren und dadurch Strom ohne Energieverlust leiten. Zur Zeit konzentrieren sich die Forschungen darauf, Supraleiter zu entwickeln, die in großem Umfang technisch anwendbar sind. Insbesondere werden Supraleiter mit hohen „Sprungtemperaturen" gesucht, da die bisher erforderliche Abkühlung auf sehr niedrige Temperaturen mit hohen Kosten verbunden ist. Wirtschaftlich einsetzbare Supraleiter würden die Erzeugung und den Transport von **Elektrizität** bedeutend verbilligen. In der Computertechnik könnte supraleitenden Bauelementen die entscheidende Rolle bei der Entwicklung von ultraschnellen Rechenanlagen zufallen.

Symbiose

Das Zusammenleben verschiedenartiger Lebewesen zum gegenseitigen Nutzen nennt man Symbiose. Ein Beispiel dafür ist die *Ameisenknolle*. Diese tropische Pflanze hat lange Stengel, in die **Ameisen** eindringen. Die Stengel schwellen dadurch an und die Ameisen können darin ihre Nester bauen. Sie haben also den Vorteil, ein geschütztes Nest zu bekommen. Der Vorteil für die Ameisenknolle liegt darin, dass die Ameisen ihr Nest und somit die Pflanze verteidigen, wenn Gefahr durch andere Tiere droht. Auch die Symbiose zwischen Pflanzen allein (**Algen** mit **Pilzen**) ist möglich. Am häufigsten findet sie sich aber zwischen **Insekten** und **Bakterien**. Eindrucksvoll ist die durch Leuchtbakterien verursachte *Leuchtsymbiose* (z. B. bei *Leuchtkäfern*).

Symbol

Ein Symbol (griech.: symbolon = Wahrzeichen, Merkmal) ist ein Sinnbild, ein Zeichen, das das Wesenhafte des Gemeinten wiedergibt, ohne dessen Abbild zu sein. Es steht also stellvertretend für etwas Höheres, oft nicht Darstellbares. Das gilt vor allem für die Bereiche der Literatur, der Kunst und der Religion. Daneben gibt es traditionelle Symbole. Die Waage gilt z. B. als Symbol der Gerechtigkeit.

Synchronisierung

In der Technik ermöglicht die Synchronisierung beim **Kraftwagen** einen leichten und geräuschlosen Gangwechsel (Synchrongetriebe), ohne dass die **Drehzahl** des Motors mit der des **Getriebes** übereinstimmen muss.
Beim Film spricht man von Synchronisierung bzw. *Synchronisation*, wenn Bild- und Tonablauf bei der Übertragung in eine andere Sprache aufeinander abgestimmt werden. Dabei muss derjenige, der z. B. den Sprechpart eines amerikanischen Schauspielers übernimmt, darauf achten, dass der deutsche Sprechtext mit den Mundbewegungen und den Gesten sinnvoll in Übereinstimmung gebracht wird.

Synthese

Allgemein bedeutet Synthese die Verknüpfung zu einer Einheit, eine Verbindung. In der **Chemie** nennt man einen Vorgang, bei dem eine **chemische Verbindung** aus ihren Elementen hergestellt wird, ebenfalls Synthese. Sie ist die Umkehrung einer **Analyse**.

Synthesizer

Der Synthesizer ist ein elektronisches Musikinstrument, das aus einer variablen Kombination von aufeinander abgestimmten **Modulen** besteht: z. B. aus **Generator**, Klangformer und Zusatzgerät. Die Steuerung jedes Moduls kann von Hand oder durch die elektrische Spannung, die ein anderes Modul überträgt, erfolgen. Zusätzliche Steuerspannungen von außen wären **Mikrofon** und **Tonbandgerät**. Dabei kommt es durch Rückkopplung zu Klangabläufen, die der Musiker kaum beeinflussen kann. Daher wirkt das „Spiel" des Synthesizers unberechenbar. Die heute von Popmusik-Gruppen benutzten Synthesizer sind deswegen vorprogrammiert.

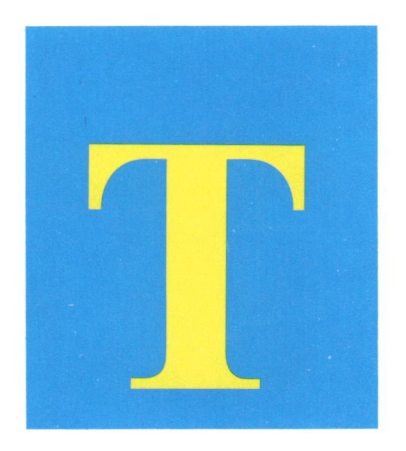

Tachometer

Tachometer sind Geschwindigkeitsmessgeräte in **Kraftwagen** und an **Motorrädern**, denen meist auch ein Zählwerk für die gefahrenen Kilometer angeschlossen ist. Am Vorderrad oder an der *Kardanwelle* (*Differentialgetriebe*) des Kraftfahrzeugs ist die Tachowelle angebracht, die einen **Magneten** im Tachometergehäuse in Drehung versetzt. Je größer die Geschwindigkeit des Fahrzeugs ist, desto größer ist die Umdrehungszahl des Magneten. Dieser dreht sich in einem Aluminiumring, in dem Wirbelströme hervorgerufen werden, und damit ein *Drehmoment*, das mit wachsender **Drehzahl** zunimmt. Eine Spiralfeder sorgt dafür, dass sich dieser Ring zwar bewegt, sich aber nicht um sich selbst drehen kann. Die dadurch bewirkte Verformung der Spiralfeder zeigt durch den Ausschlag des an ihr befestigten Zeigers die gefahrene Geschwindigkeit auf einem Zifferblatt an. Das Kilometerzählwerk wird von der Tachowelle mittels eines Schneckengetriebes in Bewegung gesetzt. Eine bestimmte Anzahl von Umdrehungen des Vorderrades oder der Kardanwelle entspricht 1 gefahrenen Kilometer. Der Kilometerzähler gibt so die Länge der gefahrenen Strecke an.

Ein Tachometer ermittelt die Geschwindigkeit eines Kraftfahrzeugs mit Hilfe eines in einem Metallring befindlichen Magneten und zeigt sie dem Fahrer auf einem Zifferblatt in Stundenkilometern (km/h) an

Tag

Ein Tag ist zum einen der Zeitraum vom Aufgang der **Sonne** bis zu ihrem Untergang (im Gegensatz zur **Nacht**); zum anderen bezeichnet man auch den Zeitraum von 24 Stunden (von Mitternacht an gerechnet) als Tag (= *astronomischer Tag*), in dem sich die **Erde** einmal um ihre Achse dreht. Dabei unterscheidet man den *Sonnentag*, also den Zeitraum der Erdumdrehung in Bezug auf die Sonne, und den *Sterntag*. Der Sonnentag liegt zwischen zwei Mittagen und ist durchschnittlich 24 Stunden lang. Der Sterntag ist um ca. 4 Minuten kürzer als der Sonnentag. Unter *Polartag* versteht man die Zeit, in der die Sonne in den **Polarzonen** länger als 24 Stunden über dem Horizont bleibt, im Unterschied zur *Polarnacht*, in der sie länger als 24 Stunden unter dem Horizont bleibt. Bei uns ist der kürzeste Tag (im Vergleich zur Nacht) am 22. 12., der längste am 22. 6. Auf der südlichen Halbkugel ist es genau umgekehrt. Ein Tag ist in Morgen, Vormittag, Mittag, Nachmittag und Abend gegliedert.

Tagebau

Der Tagebau ist der Abbau z. B. von *Kupfer*- und *Eisenerz* sowie von *Braunkohle* aus **Lagerstätten**, die sich an der Erdoberfläche befinden. Das abzubauende Material wird durch Grabgeräte (u. a. Löffel-, Schaufelradbagger), z. T. auch durch Sprengungen gelöst und mit Fördermitteln abtransportiert. Im Gegensatz dazu gibt es den **Bergbau**, bei dem die **Bodenschätze** (z. B. *Steinkohle*) unter Tage abgebaut werden.

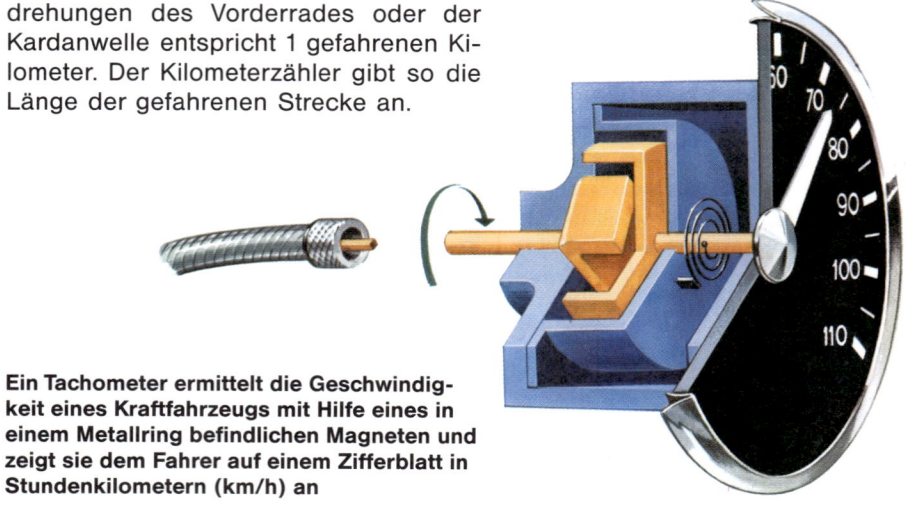

Am Damm von Milford Haven in Südwales liegt der Tanker Esso Ulidia. Große Öltanker wie dieser können bis zu 500 000 Bruttoregistertonnen haben

Taiga

Die Taiga ist ein 950 km breites Gebiet Sibiriens, das vom Nordwesten Russlands bis zum Stillen Ozean reicht und südlich der **Tundra** liegt. Sümpfe wechseln sich mit Wäldern ab, deren Bäume aufgrund der kurzen Wachstumszeit von 3 Monaten nur wenige Zentimeter dick werden.

Talsperre

Eine Talsperre ist ein Bauwerk, das ein tief eingeschnittenes Flusstal abschließt. Ein *Staudamm* aus Stein oder Erde oder eine Staumauer aus **Beton** bzw. Stahlbeton staut das **Wasser**; es entstehen so genannte *Stauseen*. Talsperren dienen zur Gewinnung von Wasserkraft, als Hochwasserschutz und zur **Bewässerung** wie zur Trinkwasserversorgung. Bei der Errichtung einer Talsperre müssen vor allem die statischen Druckkräfte berücksichtigt werden, die auf sie wirken: Das sind hauptsächlich der Wasserdruck und der Eigengewichtsdruck. Bekannt ist der Assuanstaudamm mit einer Länge von 5 km, der den Nil zu einem 5000 km² großen, 550 km langen Stausee aufstaut.

Tanker

Ein Tanker, auch Tankschiff genannt, dient zum Transport flüssiger Ladung, vorwiegend von Mineralölen. Aber es gibt auch Tankschiffe, in denen Gas (**Erdgas**) in verflüssigter Form befördert wird. Das Brückenhaus und die Antriebsanlage liegen oft im hinteren Teil. Die Laderäume (*Tanks*) sind untereinander durch ein Leitungssystem aus Rohren verbunden und verfügen über Lüftungs- und Feuerschutzeinrichtungen. Da diese Spezialschiffe verhältnismäßig leicht zu be- und entladen sind, werden sie mit immer größerem Fassungsvermögen gebaut. Die Supertanker haben bis zu 500 000 BRT (Bruttoregistertonnen).

Taschenrechner

Taschenrechner sind elektronische Kleinrechenmaschinen, die im Prinzip genauso funktionieren wie ein **Computer**. Sie besitzen in der Regel einen Programmspeicher, der für die vier Grundrechenarten und für weitere mathematische Funktionen programmiert ist. Darüber hinaus ist ein Taschenrechner meist noch mit einem kleinen **Speicher** zur Unterbringung von Daten versehen. Es gibt auch bereits Modelle, die an einen externen Speicher angeschlossen werden können und mit verschiedenen Arbeitsprogrammen (auf Magnetstreifen) für bestimmte Aufgaben einsetzbar sind. Alle Rechner haben eine Tastatur für die Eingabe der Daten und eine Zifferanzeige. Die Größe eines Taschenrechners konnte bereits auf die Größe einer Streichholzschachtel reduziert werden. Man unterscheidet Taschenrechner auch nach der Art der Anzeige. Rechner mit Flüssigkristallanzeigen (**LCD-Anzeige**) sind wegen ihres geringeren Stromverbrauchs mehr gefragt als solche mit Leuchtdiodenanzeige. Bei teuren Geräten besteht sogar die Möglichkeit, sie mit **Druckern** zu kombinieren.

Tastsinn

Unter unserer **Haut** liegen etwa 6 000 Tastkörperchen und Tastzellen. Sie sind über den ganzen Körper verteilt und melden sowohl **Druck** als auch Berührung. Wir unterscheiden in diesem Zusammenhang die auf dem Tastsinn beruhende

Zur Ausstattung dieses elektronischen Taschenrechners gehört ein Uhrwerk mit melodischem Zeitalarm

Tau

Tautropfen auf einer Rosenblüte

Oberflächensensibilität der Haut und die Tiefensensibilität der **Gelenke**, *Sehnen* und **Muskeln**. Beim Menschen ist die Wahrnehmung der Gegenstände um so feiner, je dichter die Tastpunkte auf einer Hautstelle liegen. An den Fingern, den Lippen und auf der **Zunge** stehen die Sinnespunkte am engsten nebeneinander.

Bei den meisten Tieren befinden sich auf der ganzen Körperoberfläche in der Haut freie Nervenendungen, die Tastreize aufnehmen können.

Tau

Tau bildet sich im Spätfrühling, im Sommer und im Frühherbst, wenn die Erde von der Sonne erwärmt wird und sich nachts wieder abkühlt. Dadurch kühlt sich auch die Luftschicht über dem Erdboden ab. Der Wasserdampf der **Luft**, der tagsüber nicht zu sehen war, kondensiert zu **Wasser** und setzt sich als **Niederschlag** am Boden und an Gegenständen ab. Sehr feiner Tau heißt *Beschlag*. Sinkt die Temperatur unter 0 °C, so entsteht **Reif**.

Tauchen

Die Erkundung des Meeresbodens hat die Menschen schon immer gereizt. Bereits vor etwa 3000 Jahren banden sich assyrische Taucher Tierhäute auf den Rücken, in denen sie Luftvorräte mit sich führten. Später bediente man sich dann der Taucherhauben oder -glocken. Die Erste wurde 1690 von Dr. Edmund Halley gebaut. Sie bestand aus Holz und wurde durch Bleigewichte nach unten gezogen. An der Glocke waren Schläuche mit helmartigen Gebilden befestigt, die sich die Taucher um den Kopf banden. Somit konnten sie aus der Glocke Luft beziehen. Später wurden diese Taucherglocken zu hölzernen **U-Booten**, die man von Hand oder mit Motoren antrieb. Die größte Tiefe erreichte der Tiefseeforscher *Jacques Piccard* (*1922) mit seiner „Trieste", einem sehr druckbeständigen Unterwasserfahrzeug. Es tauchte im Marianengraben bis über 10 000 m unter dem Meeresspiegel.

Tauchgeräte

Mit Hilfe von Tauchgeräten ist es möglich, sich längere Zeit unter Wasser aufzuhalten. Beim schlauchlosen Kleintauchgerät wird **Luft** in einer Stahlflasche mitgeführt. Damit kann man etwa 40 Minuten bis 12 m tief tauchen. Bei Schlauchgeräten wird die Luft von oben zugeführt. Zur Verständigung mit der Schiffsbesatzung dienen die Signalleine oder ein Fernsprecher, zur Beschwerung Fuß-, Brust- und Rückenplatten aus **Blei**. Auf diese Weise kann man bis zu 50 m tief tauchen und sich 3 Stunden unter Wasser aufhalten. Die Taucherglocke ist ein Tauchgerät für Arbeiten unter Wasser. Mit dem Tauchpanzer kann man Tiefen zwischen 200 und 300 m erreichen, da er mit Druckausgleich arbeitet.

Dem Taucher erschließt sich eine geheimnisvolle Welt voller Faszination. Im Bildvordergrund ist ein Seestern zu sehen

Ein Sporttaucher mit Pressluftflasche. Sie enthält den Atemluftvorrat für etwa 40 Minuten

Technik

Dem heutigen Stand der Technik (griech.: technikós – kunstvoll, fachmännisch) ist eine lange Entwicklung vorausgegangen. Sie wurde bestimmt durch die geistigen und handwerklichen Fähigkeiten des Menschen. Forschungsdrang, Fantasie und Genie spielten neben den natürlichen Gegebenheiten wie den Naturgesetzen eine ausschlaggebende Rolle. Naturwissenschaft und Technik sind seit jeher untrennbar miteinander verbunden. Schon die einfachen Werkzeuge des Steinzeitmenschen vor etwa 600 000 Jahren und der spätere Einsatz des **Feuers** vor ungefähr 400 000 Jahren waren erste technische Errungenschaften, die dem Menschen halfen, Probleme zu lösen. Die früheste Technik im Sinne einer bewussten Umwandlung *anorganischen* Materials war die *Keramik*, die um 5000 v. Chr. erfunden wurde. Eine weitere **Erfindung** ist der *Holzpflug*. Als eine der wichtigsten technischen Errungenschaften des Menschen überhaupt gilt das *Rad* (um 3000 v. Chr.) aus der Kultur der Alten Welt (Sumerer). Im Bauwesen erreichte die Steinbearbeitung mit der Errichtung der *Pyramiden* in Ägypten einen ersten Höhepunkt (Cheopspyramide um 2500 v. Chr.). Den alten Völkern gelang es auch, die Flüsse Euphrat, Tigris und Nil durch *Staudämme* zu bändigen und sie durch Anlegen von *Bewässerungskanälen* nutzbar zu machen. Der *Ziegel* wurde erfunden, als die Menschen lernten, Ton zu formen und ihn an der Luft trocknen zu lassen. Aus der Kultur der Ägypter stammt das **Glas** ebenso wie *Papyrus* und *Pergament* (**Hieroglyphen**). Griechen und Römer bauten bereits Aquädukte (Steinbrücken mit einer Wasserleitung) – das älteste bekannte wurde 700 v. Chr. bei Ninive errichtet –, Kanäle und Straßen. Auch der Abbau von **Eisen**, *Kupfer*, **Blei** und *Zinn* spielte schon damals für den technischen Fortschritt eine große Rolle.

Im Mittelalter wurde um 1320 das Schießpulver in Mitteleuropa bekannt (bei den Chinesen fand es schon lange Verwendung). Um diese Zeit gelangten auch neuartige Energieerzeuger zum Einsatz: das Wasserrad und die Windmühle. Im Bergbau, in der Eisenverhüttung und in der Textilherstellung verzeichnete man Fortschritte. Im 15. Jh. wurde der mit dem Blasebalg betriebene **Hochofen** entwickelt, wodurch Waffenherstellung (Massenproduktion) und *Schiffbau* einen Aufschwung erlebten. Für die kulturelle Entwicklung spielte die Erfindung des *Buchdrucks* durch *Johannes Gutenberg* (1397–1468) Mitte des 15. Jh.s eine entscheidende Rolle. *Leonardo da Vinci* (1452–1519) führte in die Naturwissenschaft als Erster die systematisch beschreibende Methode ein. Er gilt als der erste Techniker der Neuzeit, da er versuchte, seine theoretischen Erkenntnisse mit der handwerklichen Arbeit in Einklang zu bringen.

Im 16. und 17. Jh. wurden Messinstrumente wie **Thermometer, Barometer, Mikroskop** und **Fernrohr** erfunden, die genauere Beobachtungen auf wissenschaftlicher Basis ermöglichten. Einen wesentlichen Beitrag zur Mechanisierung lieferte die Entwicklung der **Dampfmaschine**. Die Textilverarbeitung wurde dadurch zu Beginn des 19. Jh.s zu einer regelrechten **Industrie** (*industrielle Revolution*). Die *Industrialisierung* brachte natürlich auch Nachteile mit sich, so gingen z. B. viele Arbeitsplätze verloren. Die Dampfmaschine ermöglichte aber eine Steigerung der Kohle- und Erzförderung. Die Ausnutzung des **Dampfes** unter hohem **Druck** erfolgte zu Beginn des 19. Jh.s im Zuge des Eisenbahn- und des Dampfschiffbaus. Weitere Entwicklungen dieses Jahrhunderts waren die **Dampflokomotive** und der **Verbrennungsmotor** sowie die Elektrotechnik, die mit der Erfindung der voltaschen Säule, einer einfachen elektrochemischen **Batterie**, bereits 1799 ihren Anfang genommen hatte. Der Nachweis, dass **Magnetismus Elektrizität** erzeugen kann, und umgekehrt, führte zur Herstellung von **Generatoren** und **Elektromotoren**. Die verkehrstechnischen Möglichkeiten verbesserten sich zunächst durch die Konstruktion des mit einem **Verbrennungsmotor** betriebenen *Automobils*, später durch die Flugtechnik (**Flugzeug**).

Durch die Erfindung der **Elektronenröhre** (1904) wurde das Zeitalter der **Elektronik** eingeleitet, dessen wichtigste Errungenschaften **Rundfunk, Fernsehen** und der **Computer** sind.

Die zerstörerische Wirkung der Technik zeigte sich beim Abwurf der *Atombomben* über Hiroshima und Nagasaki (1945). Seither ist man bemüht, die Atomkraft friedlich zu nutzen. Der Bau zahlreicher **Kernkraftwerke** in aller Welt soll dem steigenden Energiebedarf Rechnung tragen, ist aber nach wie vor heftig umstritten. Eine neue industrielle Revolution zeichnet sich durch den verstärkten Einsatz von Computern und **Mikroprozessoren** ab. Erst durch sie wurde die Eroberung des Weltalls möglich. Mit der bemannten *Mondlandung* (erstmals 1969) erreichte die Technik einen neuen Höhepunkt.

Der Fortschritt hat allerdings auch seinen Preis: Mit dem blinden Vertrauen in Wissenschaft und Technik geht eine wachsende Ausbeutung und Schädigung der **Umwelt** einher. So müssen wir heute gegen die Verschmutzung der Luft durch giftige **Abgase** von Kraftfahrzeugen und Industrie (**Smog**) und gegen die Verunreinigung des **Wassers** durch Öl und chemische Abfälle ankämpfen, die verantwortungslos in Flüsse, Seen und Meere abgeleitet werden. Diese negativen Auswirkungen einer unkontrollierten Technik wecken im Menschen allerdings allmählich ein neues *Umweltbewusstsein* (**Umweltverschmutzung, Umweltschutz**). So wird heute verstärkt an der Entwicklung alternativer Methoden der Energiegewinnung (aus Wind- und aus **Sonnenenergie**) gearbeitet, denn einerseits belastet auch die Verarbeitung herkömmlicher Energieträger wie **Erdöl** und **Kohle** die Umwelt und andererseits sind diese Reserven nicht unerschöpflich.

Technologie

Allgemein versteht man unter Technologie die Herstellung und Verarbeitung von Produkten auf wissenschaftlich-technischer Grundlage. Viele Bereiche haben ihre eigene Technologie (**Computer, Raumfahrt**). Man kann mit diesem Begriff aber auch eine Verfahrensweise bezeichnen, mit der Dinge abgewickelt werden; z. B. bedienen sich Büros oder Banken bestimmter Technologien, um eine sinnvoll geplante Arbeit leisten zu können.

Technologie

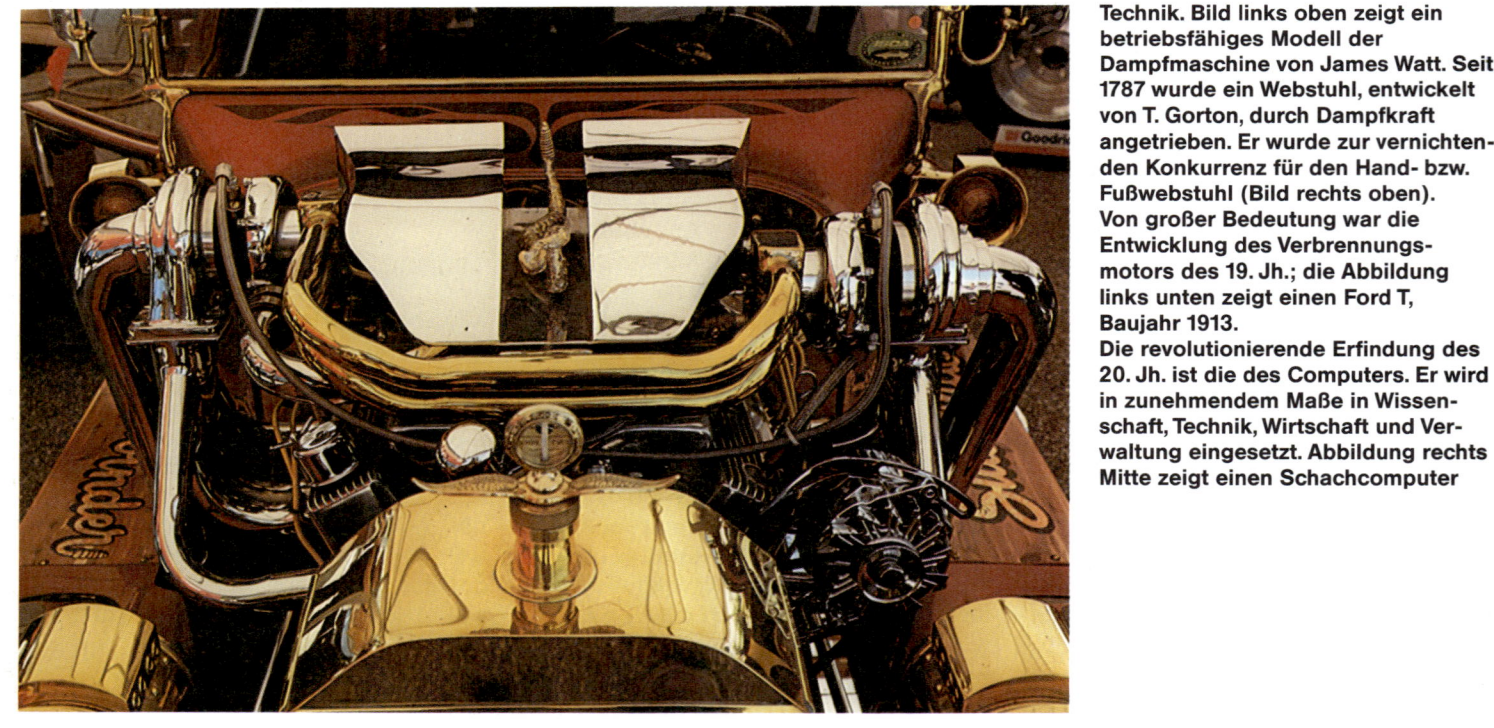

Technik. Bild links oben zeigt ein betriebsfähiges Modell der Dampfmaschine von James Watt. Seit 1787 wurde ein Webstuhl, entwickelt von T. Gorton, durch Dampfkraft angetrieben. Er wurde zur vernichtenden Konkurrenz für den Hand- bzw. Fußwebstuhl (Bild rechts oben). Von großer Bedeutung war die Entwicklung des Verbrennungsmotors des 19. Jh.; die Abbildung links unten zeigt einen Ford T, Baujahr 1913.
Die revolutionierende Erfindung des 20. Jh. ist die des Computers. Er wird in zunehmendem Maße in Wissenschaft, Technik, Wirtschaft und Verwaltung eingesetzt. Abbildung rechts Mitte zeigt einen Schachcomputer

Tee

Tee wird aus den fermentierten und getrockneten Blättern des Teestrauchs gewonnen. Er wächst in den **Tropen** und Subtropen, da er Feuchtigkeit und Wärme braucht. Geerntet wird in der Regel vom 4. bis zum 12. Jahr. Man nimmt dabei die **Knospe** und die folgenden zwei bis drei **Blätter** im Abstand von etwa 8 Tagen. Die besten Sorten des im Handel befindlichen schwarzen Tees sind: Pekoe, Souchong, Congo, Oolong. Der grüne Tee wird nicht fermentiert, sondern nach kurzem Welken getrocknet. Die getrockneten Teeblätter enthalten 1,8–4,2% *Koffein* (*Tein* genannt) und etwa 10% *Gerbstoffe*. Die führenden Ausfuhrländer für Tee sind Indien, Sri Lanka, die Volksrepublik China, Kenia und Indonesien.

Teer

Teer ist ein dunkelbraunes bis schwarzes Gemisch aus *organischen* Verbindungen, das durch trockene **Destillation** von organischen Stoffen, wie *Braun-* oder *Steinkohle*, **Holz**, *Torf, Ölschiefer* u. a., gewonnen wird. Seine Beschaffenheit ist zähflüssig. Braunkohlenteer enthält vorwiegend Kohlenwasserstoffe der Paraffinreihe. Die durch die Destillation gewonnenen Gemische werden ähnlich wie **Erdöl** aufbereitet: Leichtöl zu Benzin, die schwereren Gemische zu Dieselöl, die hochsiedenden zu Paraffin und Heizöl. Steinkohlenteer bildet sich neben *Koks* durch die Verkokung von Steinkohle. Mittels Destillation wird er in Leicht-, Mittel- und Schweröl zerlegt. Als weiteres Produkt (Destillationsrückstand) entsteht *Pech*. Letzteres wird bei der Herstellung von Straßenbaustoffen, Dachpappen und Dichtungsmassen verarbeitet.

Neben **Nikotin** ist Teer der gefährlichste Giftstoff, der im Tabak enthalten ist.

Telefax

Als Telefax bezeichnet man einen Fernkopierdienst der *Post*, der über das Telefonnetz (**Telefon**) läuft. Mit Fernkopiergeräten können Briefe, Dokumente und Zeichnungen von einem Telefaxanschluss zu einem anderen übertragen werden. Die Vorlage wird dabei zeilenweise elektronisch abgetastet, die Abtastwerte werden als **Impulse** zum Empfangsgerät gesendet und dort wieder in eine grafische Form umgesetzt. Für die Dauer der Übertragung werden die üblichen Fernsprechgebühren berechnet, so dass die Kommunikation per Telefax unter Umständen wesentlich billiger ist als ein Telefongespräch.

Telefon

Das Telefon ermöglicht Sprechverbindungen über beliebig große Entfernungen. Die erste Tonübertragung auf einer Leitung gelang 1861 *Johann Philipp Reis* (1834–1874). Der Amerikaner *Alexander Graham Bell* (1847–1922) konstruierte 1877 den ersten Fernhörer, sein Landsmann *David Edward Hughes* (1831–1900) das *Kohlekörnermikrofon*. Erst mit diesen beiden **Erfindungen** begann die Fernsprechtechnik. 1892 gelang es, mittels des Drehwählers, das Selbstwählsystem einzuführen. Das Prinzip des Telefons baut auf Schallschwingungen auf. Die Schallschwingungen der Sprache werden in elektrische **Signale** verwandelt, über eine Leitung geschickt und am Ende wieder in Schallschwingungen zurückverwandelt. Das Kohlekörnermikrofon,

Teepflücken ist immer noch Handarbeit – hier auf einer Teeplantage in Sri Lanka

70 Jahre liegen zwischen diesen beiden Telefonapparaten. Nicht nur Form und Design, sondern vor allem auch das „technische Innenleben" haben sich in dieser Zeit grundlegend geändert (Foto: Telenorma)

Telegrafie

Satphone, ein Satellitentelefon in Kofferversion, ermöglicht weltweite Kommunikation

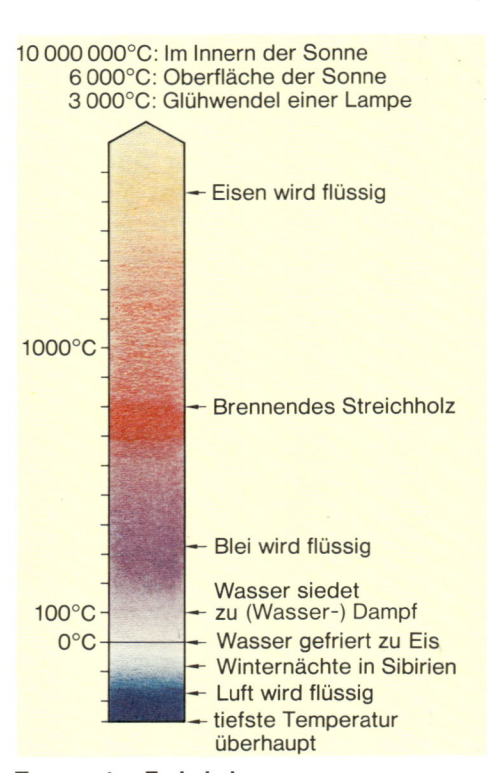

Temperatur-Farbskala

10 000 000 °C: Im Innern der Sonne
6 000 °C: Oberfläche der Sonne
3 000 °C: Glühwendel einer Lampe
– Eisen wird flüssig
1000 °C
– Brennendes Streichholz
– Blei wird flüssig
100 °C — Wasser siedet zu (Wasser-) Dampf
0 °C — Wasser gefriert zu Eis
– Winternächte in Sibirien
– Luft wird flüssig
– tiefste Temperatur überhaupt

das als Sprechkapsel dient, enthält einen mit Grafitkügelchen gefüllten Behälter. Diese Kügelchen werden durch eine von den **Schallwellen** bewegte **Membran** zusammengepresst. Dabei ändert sich der Übergangswiderstand zwischen der Membran und den Körnchen. Der durchfließende Strom wechselt im Rhythmus der Schallschwingungen. Die Hörkapsel dient dazu, die Stromschwankungen wieder in Schallschwingungen zu verwandeln. Sie arbeitet wie ein elektromagnetischer **Lautsprecher**. Ein Telefon besteht aus einer **Batterie**, einem **Mikrofon** und einer Hörkapsel, die durch eine zweiadrige Leitung miteinander verbunden sind. Im Telegrafenamt liefert eine Zentralbatterie den Betriebsstrom.

Heute kann man bereits bis nach Amerika und Japan im Selbstwählverkehr telefonieren. Die Telefonverbindung nach Übersee läuft z. T. über Unterseekabel. Die Verbindung in ferne Länder wird mit Hilfe von *Fernmeldesatelliten* hergestellt. Über eine Funkstelle (Richtfunk) auf der Erde werden die Gespräche zu einem **Satelliten** gesandt, der diese dann verstärkt in verschiedene Erdteile weitergibt. Zunehmender Beliebtheit erfreuen sich drahtlose Mobilfunktelefone, so genannte *Handys* (engl.: handlich, praktisch).

Das Telefonieren mit einem Handy ist über verschiedene Netze möglich.

Telegrafie

Als Telegrafie bezeichnet man das Übermitteln von Nachrichten über Drahtleitungen oder drahtlos. Man bedient sich dabei telegrafischer Zeichen, die am Empfangsort abgehört und in Klarschrift aufgezeichnet werden. Früher setzte man dafür den *Morseapparat* ein, der heute durch *Fernschreiber* (*Telex*), Bildschreiber und Drucktelegraf ersetzt wird. Bei der drahtlosen Telegrafie werden Trägerschwingungen mit hoher **Frequenz** dem Takt der Telegrafiezeichen entsprechend umgewandelt. In der Überseetelegrafie benutzt man **Kurzwellen**, im Kontinentalverkehr auch Langwellen. Die Telegrafie wird in der Bundesrepublik durch die *Post* betrieben.

Telekommunikation

Alle Formen der Informationsübertragung (von Sprache, Text, Daten und Bildern) über größere Entfernungen mit den Mitteln der **Nachrichtentechnik** werden unter dem Begriff Telekommunikation zusammengefasst. Dazu gehören traditionelle Formen wie **Telefon**, Fernschreiben (*Telex*, **Telefax**) und **Rundfunk, Fernsehen, Video**text ebenso wie moderne Systeme zur **Datenfernübertragung** (*ISDN*) und mobile Funkdienste (**CB-Funk**).

Temperatur

Unter Temperatur versteht man eine physikalische Größe, die den Wärmezustand eines festen Körpers, einer Flüssigkeit oder eines Gases angibt. Sie ist von den unterschiedlich starken Bewegungen der kleinsten Teilchen (**Moleküle, Atome**) eines Stoffes abhängig. Die Höhe der Lufttemperatur sowie ihre Veränderungen während des Tages und auch während des Jahres hängen in erster Linie vom Sonnenstand ab, in zweiter Linie von der Beschaffenheit der Erdoberfläche. Fast überall auf der Welt werden die höchsten Temperaturen zwischen 14 und 15 Uhr erreicht. Die Temperaturunterschiede zwischen Tag und Nacht liegen im Meer bei 1–1,5 °C, im Landesinneren bei etwa 20 °C und können in der **Wüste** sogar 40 °C und mehr betragen. Die Temperatur wird mit einem **Thermometer** gemessen, dessen Skala entweder in Celsiusgrade (°C) oder in Fahrenheitgrade (0 °C = 32 °F) eingeteilt ist. Der absolute Nullpunkt, d. h. die tiefstmögliche Temperatur eines Stoffes, liegt bei –273,15 °C.

Temperatursinn

Die Fähigkeit von Lebewesen, Wärme- und Kältereize aufzunehmen und entsprechend darauf zu reagieren, bezeichnet man als Temperatursinn. Er ist beim Menschen auf die **Haut** und bestimmte **Schleimhäute** vorwiegend in der Mund- und Nasenhöhle, am **Kehlkopf** und in der **Speiseröhre** beschränkt. Empfänglich für Temperaturunterschiede sind dabei dicht beieinander stehende Hautpunkte. Die dazwischen liegenden Hautstellen sind temperaturunempfindlich. Auf 1 cm² Haut liegen im Durchschnitt zwölf Kälte- und ein bis zwei Wärmepunkte.

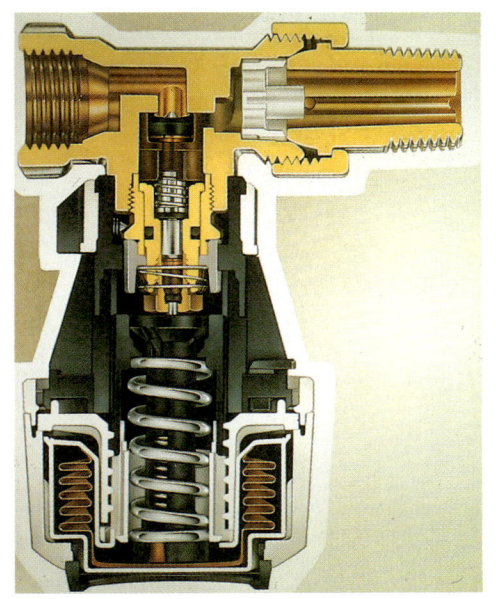

Tertiär

Das Tertiär ist eine Formation der *Erdneuzeit* (**Erdgeschichte**), das vor etwa 65 Mill. Jahren begann. Es gliedert sich in Alttertiär (Paläozän, Eozän, Oligozän) und in Jungtertiär (Miozän, Pliozän). Kennzeichnend für das Tertiär sind die Entstehung und Vollendung der *Faltengebirge* und der *Vulkanismus*. Es bildeten sich Braunkohle- (**Kohle**) und Salzlagerstätten. Die heutigen Festlandsräume formten sich gegen Ende des Tertiärs. Der gemeinsame Stamm der Vorfahren von **Menschen** und **Affen** teilte sich. Die **Säugetiere** (*Raubtiere, Huftiere, Primaten, Wale* und *Robben*) traten vermehrt in Erscheinung.

Thermometer

Ein Thermometer ist ein Temperaturmessgerät, das mit Hilfe von **Quecksilber**, einem flüssigen **Metall**, die Wärme bzw. Kälte eines Stoffes angibt. Das Quecksilber befindet sich in einem dünnen Glasröhrchen, hinter dem eine *Skala* angebracht ist. Bei gleich bleibender Temperatur bewegt sich das Quecksilber nicht. Erst wenn die Temperatur steigt, dehnt es sich in dem Glasröhrchen aus. Umgekehrt zieht es sich zusammen, wenn die Temperatur sinkt. Beide Vorgänge lassen sich auf der Skala ablesen. Je dünner das Glasröhrchen ist, desto genauer kann man die Temperatur messen. Manche sind dünner als ein Menschenhaar, sie werden **Kapillare** genannt. Beim *Fieberthermometer* ist die Röhre beispielsweise viel dünner als beim normalen Thermometer. Deshalb zieht sich das Quecksilber nicht mehr zusammen und man muss das Fieberthermometer schütteln, um das Quecksilber an das untere Ende der Röhre zu bringen. Neben Flüssigkeitsthermometern sind auch Gas- und Bimetallthermometer gebräuchlich.

Thermostat

Ein Thermostat sorgt dafür, dass eine vorgegebene **Temperatur** innerhalb eines Raumes gleich bleibt. Er wirkt also temperaturregulierend. Ein aus zwei Metallstreifen bestehender Regler schaltet ein Heizelement nach Bedarf ein und aus. Thermostate finden Verwendung bei Raumheizungen, Kühlschränken und Backöfen.

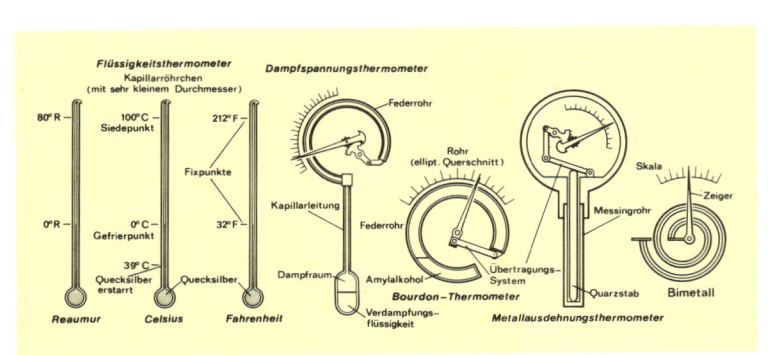

Schnittzeichnung durch einen Heizkörperthermostaten

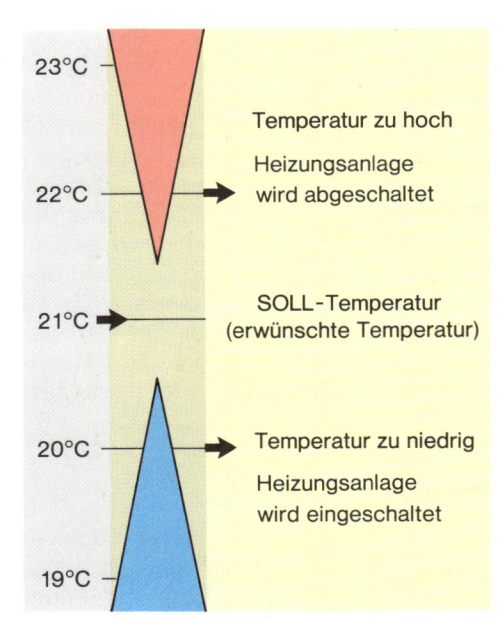

Temperaturskala für einen Thermostaten (Zweipunktregler)

Verschiedene Thermometer und Temperaturskalen

Tiefbau

Tiefbau als Gegensatz zum **Tagebau** (**Bergbau**) bezeichnet den Abbau von Minerallagerstätten unter der Erde und wird auch Untertagebau genannt. Im Bereich der Technik umfasst der Tiefbau (im Unterschied zum **Hochbau**) den Bau von *Straßen*, **Eisenbahn**- und **U-Bahn**-Strecken, **Talsperren** und *Kanalisationen*.

Tiefdruckgebiet

In einem Tiefdruckgebiet nimmt der **Luftdruck** zum Kern des Gebiets hin ab. Auf der Nordhalbkugel umkreist der **Wind** den Kern entgegen dem Uhrzeigersinn, auf der Südhalbkugel im Uhrzeigersinn. Im Strömungsbereich des Tiefs wechseln in mittleren und höheren Breiten wärmere mit kälteren Luftmassen ab. In Bodennähe verhärten sich deren Grenzen zu Fronten; die **Luft** steigt auf, kühlt dabei ab, und die Feuchtigkeit in ihr kondensiert – es kommt zur Bildung von **Wolken** und zu **Niederschlägen**.

Tiefgang

Unter Tiefgang versteht man beim Schiff den Abstand von seinem tiefsten Punkt bis zur *Wasserlinie*, wobei dieser Abstand von der Beladung des Schiffes abhängt. Voll beladene Schiffe haben einen großen Tiefgang. Er ist durch am Schiffskörper angebrachte Tiefgangsmarken ablesbar.

Tiefkühlung

Unter Tiefkühlung versteht man das *Einfrieren* von Lebensmitteln bei Temperaturen von −20 °C bis −40 °C („Schockgefrieren") und ihre Lagerung bei −18 °C bis −22 °C in der Haushaltstiefkühltruhe. Die Tiefkühlung ermöglicht den jahreszeitlich unabhängigen Genuss von Obst und Gemüse und das Anlegen eines größeren Lebensmittelvorrats. Durch diese Art der Konservierung wird nämlich die Bakterienvermehrung reduziert oder sogar verhindert.

Tiere

Tiere sind ein- oder mehrzellige Lebewesen, die auf organische Nahrung angewiesen sind. Im Gegensatz zu den **Pflanzen** liegen die Gasaustausch- und die Fortpflanzungsorgane meist im Körperinneren. Bei den höher entwickelten Tieren sind Sinneswahrnehmung und Bewegungskoordination stark ausgeprägt. Es gibt über 1 Mill. Tierarten, wie z. B. **Fische**, **Vögel**, **Insekten**, **Säugetiere**, **Reptilien** und viele mehr. (Übersicht „Stammbaum der Tiere" S. 280/281)

Tintenfische

Der Tintenfisch gehört zum Stamm der **Weichtiere** und zur Ordnung der *Kopffüßer*, die meist Meeresbewohner sind. Ihre Füße bzw. Arme sind direkt am Kopf angewachsen. Zwei der insgesamt zehn Fangarme, die die Mundöffnung des Tintenfisches umgeben, sind wesentlich länger als die übrigen. An der Innenseite sind alle Arme mit *Saugnäpfen* besetzt. Das Tier bewegt sich wellenförmig auf einem Flossensaum fort und wechselt bei Erregung seine Farbe. Dieser Farbwechsel wird durch zwei verschiedenartige **Zellen** ermöglicht. In der tieferen Hautschicht liegen die „Glanzzellen", die das einfallende Licht reflektieren und den betreffenden Hautstellen einen weißen oder grünblauen Schimmer verleihen. Die Farbzellen erzeugen dunklere Töne. Bei Gefahr kann sich der Tintenfisch „einnebeln". Er spritzt dabei aus einer **Drüse**, dem Tintenbeutel, einen schwarzbraunen Farbstoff, die *Sepia*. Der Tintenfisch wird vom Menschen, von Fischen und von Vögeln stark verfolgt. Aber auch er selbst ist ein Räuber, seine Beute sind **Muscheln**, *Krebse* oder kleine **Fische**. Er schnellt seine zwei langen Fangarme plötzlich vor und zieht das Beutetier in den Bereich der übrigen Arme, wobei die Saugnäpfe die Beute gut festhalten. Die Tintenfische gehören wie die übrigen Kopffüßer zu den am höchsten entwickelten Weichtieren. Sie sind getrenntgeschlechtlich. Die **Eier** werden einzeln oder an Pflanzen oder Steinen im Meer abgesetzt, die weitere Entwicklung erfolgt ohne Larvenstadium.

Tod

Der Tod ist der Stillstand aller Lebensfunktionen, das Zugrundegehen des lebenden **Organismus**. Fällt z. B. wegen Alter, Krankheit oder Verletzung ein lebenswichtiges Organ wie das **Herz**, die **Lunge**, das **Gehirn** u. a. aus, so wird der ganze Körper sehr bald in Mitleidenschaft gezogen und der Organismus hört auf zu arbeiten. Als sichere Todeszeichen gelten u. a. *Leichenstarre*, *Leichenflecken* und **Fäulnis**.

Ton

Töne bestehen aus einer Reihe von **Schwingungen**, die ein vibrierender Gegenstand wie etwa eine Glocke oder die **Stimmbänder** erzeugen. Diese Schwingungen pflanzen sich in der Luft, im Wasser oder in festen Materialien fort. Im **Ohr** nimmt das *Trommelfell*, das sehr schnell vibrieren kann, diese Schwingungen auf. Ob wir einen Ton hören oder nicht hören, hängt wiederum von der **Tonfrequenz** ab.

Saiteninstrumente wie z. B. die Laute erzeugen Töne durch die Schwingungen (Vibrationen) ihrer Saiten

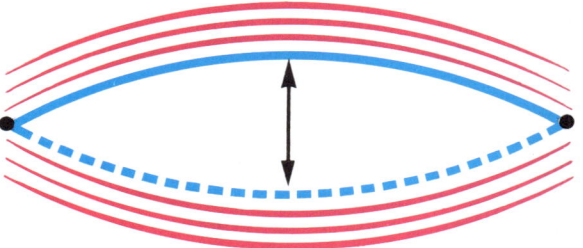

Tonbandgerät

Tonbandgeräte werden hauptsächlich in Rundfunk- und Fernsehanstalten eingesetzt, wo Kommentare, Reportagen, Interviews, Konzerte und Sachberichte aufgenommen werden. Sie erfreuen sich aber auch im privaten Bereich großer Beliebtheit. Die Aufnahme und die Wiedergabe erfolgen mit Hilfe des *Magnettonverfahrens*, einer magnetischen Schallaufzeichnung. Im Aufnahmemikrofon werden die Schallschwingungen in elektrische **Schwingungen** umgewandelt und über einen Verstärker dem **Elektromagneten** (Sprechkopf) des Tonbandgerätes zugeführt. Das Tonband, ein Kunststoffband mit Magnetitauflage, in der winzige Magnetitkristalle (feinste Metallteilchen) ungeordnet enthalten sind, wird an den Polen des *Sprechkopfs* mit konstanter Geschwindigkeit vorbeigeführt. Die Bandgeschwindigkeit kann 4,75 cm/s, 9,5 cm/s oder 19 cm/s (bei hochwertigen Studiomaschinen 38 cm/s oder mehr) betragen. Die beste Aufnahme- und Wiedergabequalität wird bei 19 cm/s erreicht. Läuft nun das Band von der einen Spule auf die andere, werden die Mikromagnete in der Magnetitauflage geordnet, d. h., das Band wird magnetisiert und damit bespielt bzw. besprochen. Bei der Tonwiedergabe mit der gleichen Bandgeschwindigkeit wird das Band am *Hörkopf*, ebenfalls einem Elektromagneten, vorbeigeführt, wobei die elektrischen Schwingungen über einen **Verstärker** in Schallschwingungen zurückverwandelt werden. Damit kann das auf das Magnetband Aufgezeichnete wieder abgehört werden. Das Löschen des Bandes erfolgt über den so genannten Löschkopf. Die Mikromagnete werden dadurch wieder ungeordnet gelagert, d. h., das Band wird entmagnetisiert. Die erste Aufnahme kann aber auch durch erneutes Überspielen gelöscht werden. Das Band ist theoretisch unbegrenzt verwendbar. Bei Stereoaufnahmen werden zwei Spuren zu gleicher Zeit magnetisiert, bei Monoaufnahmen werden sie nacheinander und in entgegengesetzter Richtung geprägt. An Tonbandaufnahmen werden heute höchste Qualitätsansprüche bezüglich der originalgetreuen Wiedergabe gestellt. High-Fidelity (**Hi-Fi**) wird diesen Ansprüchen gerecht.

Tonfilm

Der moderne Tonfilm basiert auf dem *Magnettonverfahren* (**Tonbandgerät**). Für die **Synchronisierung** verwendet man Rohfassungen von Bild- und Tonaufzeichnungen, die so geschnitten werden, dass sie bei der Wiedergabe völlig übereinstimmen. Dazu benutzt man als optisches und akustisches Hilfsmittel die Klappe, eine kleine schwarze Tafel, auf der Nummer, Szene und andere Hinweise vermerkt sind. Das Klappgeräusch wird auf der Tonspur aufgezeichnet. Das Übereinstimmen des Bildes der gefilmten Klappe mit dem Klappgeräusch ermöglicht eine genaue *Synchronisation*. Die Aufnahme von Ton und Bild auf einen einzigen Filmstreifen ist problematisch, weil sich Schwierigkeiten beim Filmschnitt ergeben. Da der Filmstreifen ruckartig am Bildfenster vorbeigezogen wird (**Filmprojektor**), entstehen Verschiebungen zwischen Bild und Ton. Der separat aufgenommene Magnetton wird nach der Synchronisierung auf die fertige Filmkopie übertragen. Die Wiedergabe erfolgt wie bei einem Tonbandgerät.

Tonfrequenz

Je mehr Schallschwingungen in einer bestimmten Zeit stattfinden, desto höher ist der **Ton**, den wir hören. Das menschliche **Ohr** kann zwischen 20 und 20 000 **Schwingungen** pro Sekunde (Hz) wahrnehmen. Was über 20 000 Hz liegt, nennt man **Ultraschall**, was unter 20 Hz liegt **Infraschall**. **Fledermäuse** z. B. geben Laute

Tower des Flughafens Frankfurt/Main

von sich, die im Ultraschallbereich liegen, und orientieren sich dann nach dem Prinzip der Echopeilung am **Echo** dieser **Schallwellen**.

Topografie

Als Topografie wird die Beschreibung der Bodenformen und Gewässer, der **Vegetation**, der Besiedlung und der Verkehrswege usw. eines Ortes, einer Landschaft oder eines Landes bezeichnet.

Tower

Der Tower ist der Kontrollturm einer Flughafenanlage (**Flughafen**). Dort sitzen die **Fluglotsen**, die den Flugraum überwachen und die Anweisung zum Starten und Landen der **Flugzeuge** geben; sie kontrollieren und koordinieren den Flugbetrieb. Der Tower ist somit der Zentralbereich der **Flugsicherung**.

Trächtigkeit

Die Trächtigkeit ist die **Schwangerschaft** bei **Tieren**. Ihre Dauer wird auch *Tragezeit* genannt. Sie hängt von der Körpergröße der Art ab und ist um so länger, je weniger Junge geboren werden.

Tragflächenboot

Motorschiffe, an denen seitlich Tragflügel angebracht sind, können sich bei hoher Geschwindigkeit bis auf die Enden der heruntergeklappten Tragflügel aus dem Wasser erheben, dadurch die **Reibung** verringern und Geschwindigkeiten bis etwa 75 km/h erreichen.

Transformator

Ein Transformator besteht aus zwei Spulen (Primär- und Sekundärspule), die keine leitende Verbindung haben, und einem Eisenkern. Wird Strom eingeschaltet, baut sich in der Primärspule und um den Eisenkern ein starkes Magnetfeld auf. Dieser **Elektromagnet** erzeugt durch *Induktion* in der Sekundärspule eine *Spannung*, genauer eine *Induktionsspannung*. Wird kein Strom mehr zugeführt, bricht das Magnetfeld zusammen. Dabei wird in der Sekundärspule nochmals kurzzeitig eine Spannung induziert. Die von Wechselstrom durchflossene Primärspule erzeugt

Tragflächenboote, die zu den schnellsten Wasserfahrzeugen zählen, werden vor allem zur Personenbeförderung eingesetzt

Stammbaum der Tiere

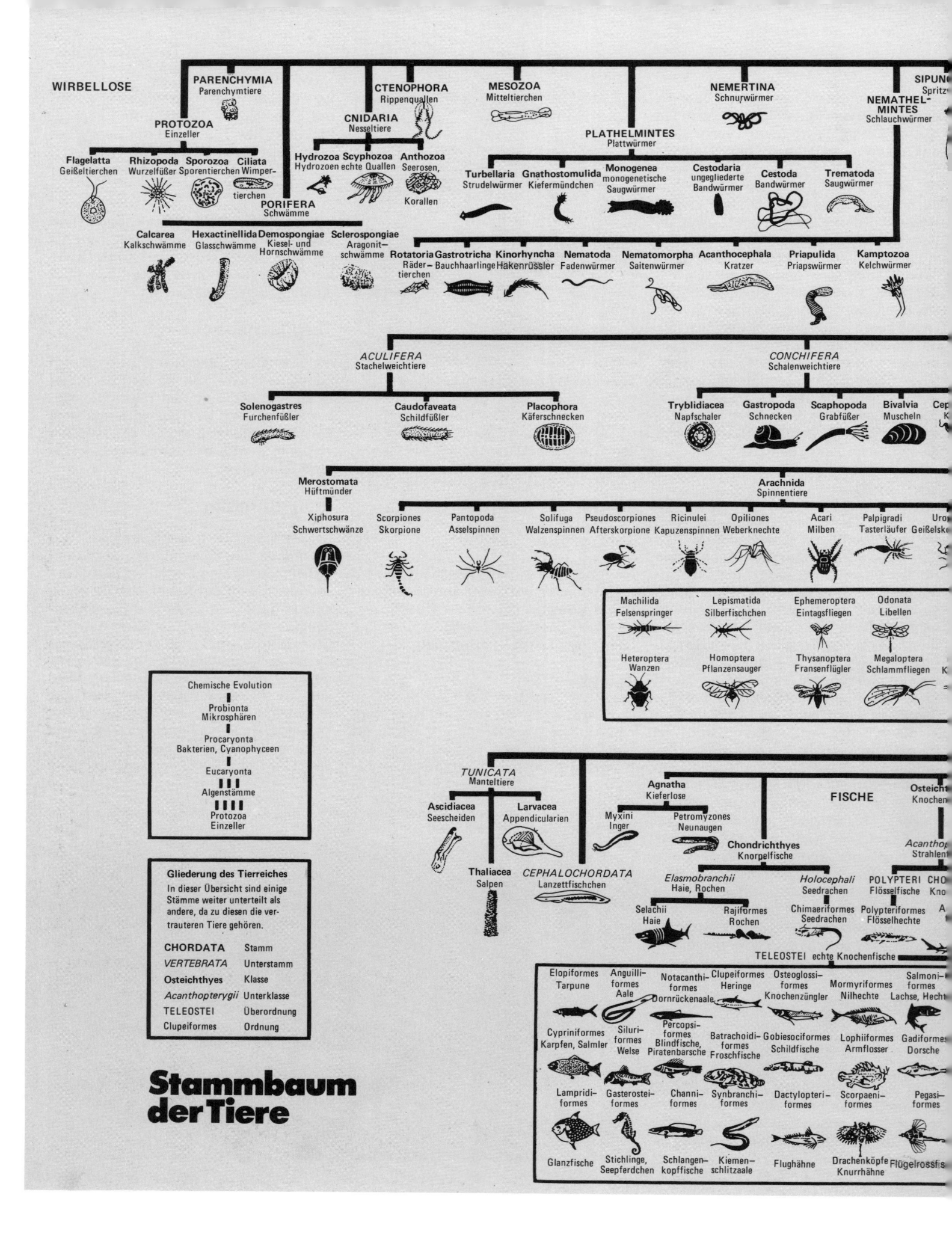

WIRBELLOSE

PARENCHYMIA — Parenchymtiere
- **PROTOZOA** Einzeller
  - Flagellata — Geißeltierchen
  - Rhizopoda — Wurzelfüßer
  - Sporozoa — Sporentierchen
  - Ciliata — Wimpertierchen
- **PORIFERA** — Schwämme
  - Calcarea — Kalkschwämme
  - Hexactinellida — Glasschwämme
  - Demospongiae — Kiesel- und Hornschwämme
  - Sclerospongiae — Aragonitschwämme

CNIDARIA — Nesseltiere
- Hydrozoa — Hydrozoen
- Scyphozoa — echte Quallen
- Anthozoa — Seerosen, Korallen

CTENOPHORA — Rippenquallen

MESOZOA — Mitteltierchen

PLATHELMINTES — Plattwürmer
- Turbellaria — Strudelwürmer
- Gnathostomulida — Kiefermündchen
- Monogenea — monogenetische Saugwürmer
- Cestodaria — ungegliederte Bandwürmer
- Cestoda — Bandwürmer
- Trematoda — Saugwürmer

NEMERTINA — Schnurwürmer

SIPUN... — Spritz...

NEMATHELMINTES — Schlauchwürmer
- Rotatoria — Rädertierchen
- Gastrotricha — Bauchhaarlinge
- Kinorhyncha — Hakenrüssler
- Nematoda — Fadenwürmer
- Nematomorpha — Saitenwürmer
- Acanthocephala — Kratzer
- Priapulida — Priapswürmer
- Kamptozoa — Kelchwürmer

Mollusca

ACULIFERA — Stachelweichtiere
- Solenogastres — Furchenfüßler
- Caudofaveata — Schildfüßler
- Placophora — Käferschnecken

CONCHIFERA — Schalenweichtiere
- Tryblidiacea — Napfschaler
- Gastropoda — Schnecken
- Scaphopoda — Grabfüßer
- Bivalvia — Muscheln
- Cep... K...

Arthropoda

Merostomata — Hüftmünder
- Xiphosura — Schwertschwänze

Arachnida — Spinnentiere
- Scorpiones — Skorpione
- Pantopoda — Asselspinnen
- Solifuga — Walzenspinnen
- Pseudoscorpiones — Afterskorpione
- Ricinulei — Kapuzenspinnen
- Opiliones — Weberknechte
- Acari — Milben
- Palpigradi — Tasterläufer
- Uro... — Geißelske...

Insecta

Machilida Felsenspringer	Lepismatida Silberfischchen	Ephemeroptera Eintagsfliegen	Odonata Libellen
Heteroptera Wanzen	Homoptera Pflanzensauger	Thysanoptera Fransenflügler	Megaloptera Schlammfliegen

Chordata

Chemische Evolution
↓
Probionta — Mikrosphären
↓
Procaryonta — Bakterien, Cyanophyceen
↓
Eucaryonta — Algenstämme
↓
Protozoa — Einzeller

Gliederung des Tierreiches
In dieser Übersicht sind einige Stämme weiter unterteilt als andere, da zu diesen die vertrauteren Tiere gehören.

CHORDATA	Stamm
VERTEBRATA	Unterstamm
Osteichthyes	Klasse
Acanthopterygii	Unterklasse
TELEOSTEI	Überordnung
Clupeiformes	Ordnung

TUNICATA — Manteltiere
- Ascidiacea — Seescheiden
- Larvacea — Appendicularien
- Thaliacea — Salpen

CEPHALOCHORDATA — Lanzettfischchen

Agnatha — Kieferlose
- Myxini — Inger
- Petromyzones — Neunaugen

FISCHE

Chondrichthyes — Knorpelfische
- *Elasmobranchii* — Haie, Rochen
  - Selachii — Haie
  - Rajiformes — Rochen
- *Holocephali* — Seedrachen
  - Chimaeriformes — Seedrachen

Osteichthyes — Knochenfische
- *Acanthopterygii* — Strahlenflosser
- POLYPTERI — Flösselfische
  - Polypteriformes — Flösselhechte

TELEOSTEI — echte Knochenfische

Elopiformes Tarpune	Anguilliformes Aale	Notacanthiformes Dornrückenaale	Clupeiformes Heringe	Osteoglossiformes Knochenzüngler	Mormyriformes Nilhechte	Salmoniformes Lachse, Hecht
Cypriniformes Karpfen, Salmler	Siluriformes Welse	Percopsiformes Blindfische, Piratenbarsche	Batrachoidiformes Froschfische	Gobiesociformes Schildfische	Lophiiformes Armflosser	Gadiformes Dorsche
Lampridiformes Glanzfische	Gasterosteiformes Stichlinge, Seepferdchen	Channiformes Schlangenkopffische	Synbranchiformes Kiemenschlitzaale	Dactylopteriformes Flughähne	Scorpaeniformes Drachenköpfe Knurrhähne	Pegasiformes Flügelrossfis...

Systematik des Tierreichs

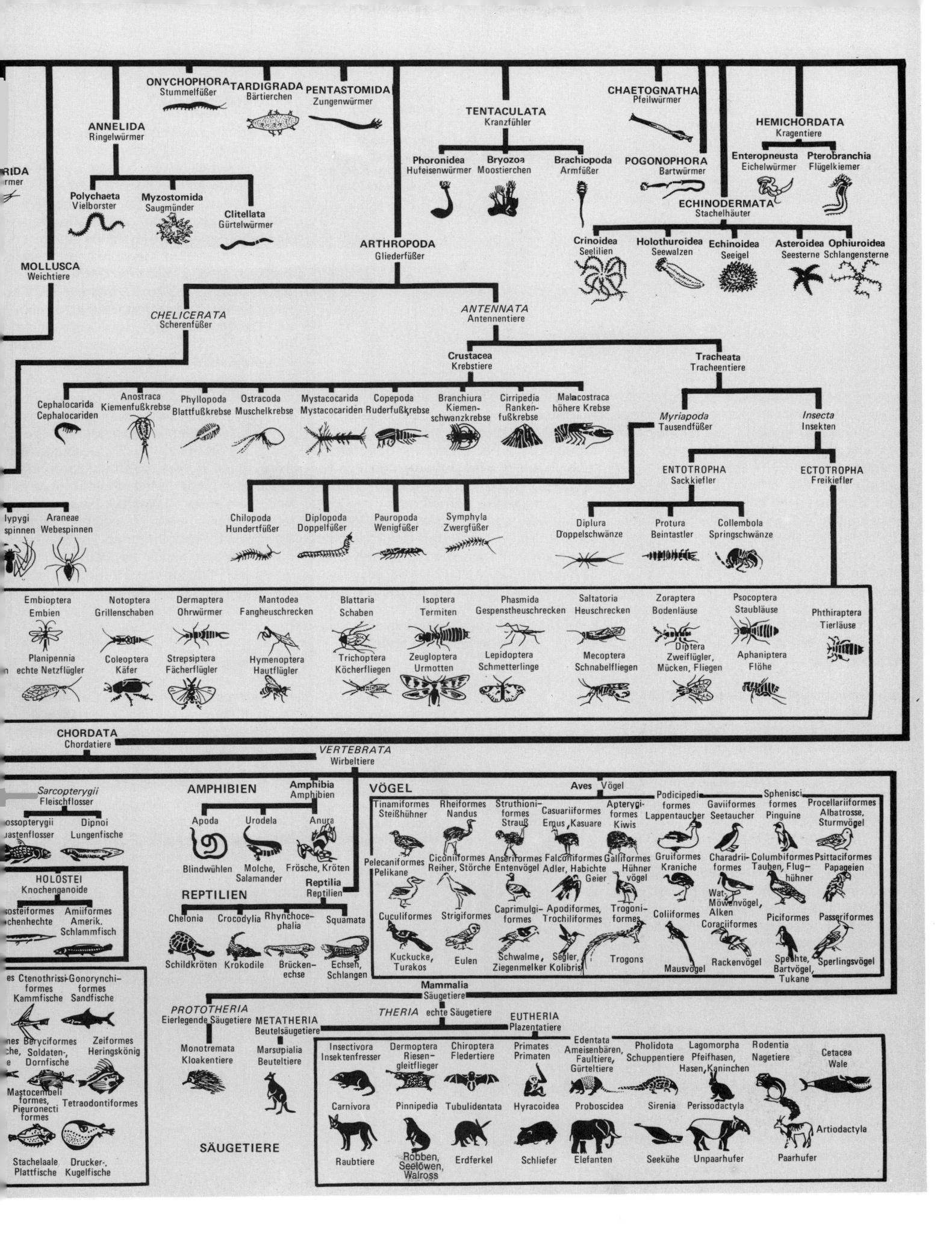

ONYCHOPHORA — Stummelfüßer
TARDIGRADA — Bärtierchen
PENTASTOMIDA — Zungenwürmer
ANNELIDA — Ringelwürmer
- Polychaeta — Vielborster
- Myzostomida — Saugmünder
- Clitellata — Gürtelwürmer

TENTACULATA — Kranzfühler
- Phoronidea — Hufeisenwürmer
- Bryozoa — Moostierchen
- Brachiopoda — Armfüßer

CHAETOGNATHA — Pfeilwürmer
POGONOPHORA — Bartwürmer

HEMICHORDATA — Kragentiere
- Enteropneusta — Eichelwürmer
- Pterobranchia — Flügelkiemer

ECHINODERMATA — Stachelhäuter
- Crinoidea — Seelilien
- Holothuroidea — Seewalzen
- Echinoidea — Seeigel
- Asteroidea — Seesterne
- Ophiuroidea — Schlangensterne

MOLLUSCA — Weichtiere

ARTHROPODA — Gliederfüßer

CHELICERATA — Scherenfüßer
- (...)lypygi
- Araneae — Webespinnen

ANTENNATA — Antennentiere

Crustacea — Krebstiere
- Cephalocarida — Cephalocariden
- Anostraca — Kiemenfußkrebse
- Phyllopoda — Blattfußkrebse
- Ostracoda — Muschelkrebse
- Mystacocarida — Mystacocariden
- Copepoda — Ruderfußkrebse
- Branchiura — Kiemenschwanzkrebse
- Cirripedia — Rankenfußkrebse
- Malacostraca — höhere Krebse

Tracheata — Tracheentiere

Myriapoda — Tausendfüßer
- Chilopoda — Hundertfüßer
- Diplopoda — Doppelfüßer
- Pauropoda — Wenigfüßer
- Symphyla — Zwergfüßer

Insecta — Insekten

ENTOTROPHA — Sackkiefler
- Diplura — Doppelschwänze
- Protura — Beintastler
- Collembola — Springschwänze

ECTOTROPHA — Freikiefler
- Embioptera — Embien
- Notoptera — Grillenschaben
- Dermaptera — Ohrwürmer
- Mantodea — Fangheuschrecken
- Blattaria — Schaben
- Isoptera — Termiten
- Phasmida — Gespenstheuschrecken
- Saltatoria — Heuschrecken
- Zoraptera — Bodenläuse
- Psocoptera — Staubläuse
- Phthiraptera — Tierläuse
- Planipennia — echte Netzflügler
- Coleoptera — Käfer
- Strepsiptera — Fächerflügler
- Hymenoptera — Hautflügler
- Trichoptera — Köcherfliegen
- Zeugloptera — Urmotten
- Lepidoptera — Schmetterlinge
- Mecoptera — Schnabelfliegen
- Diptera — Zweiflügler, Mücken, Fliegen
- Aphaniptera — Flöhe

CHORDATA — Chordatiere

VERTEBRATA — Wirbeltiere

Sarcopterygii — Fleischflosser
- (Cr)ossopterygii — (Qu)astenflosser
- Dipnoi — Lungenfische

HOLOSTEI — Knochenganoide
- (Lepi)osteiformes — (Kno)chenhechte
- Amiiformes — Amerik. Schlammfisch

(Teleostei)
- Ctenothrissiformes — Kammfische
- Gonorynchiformes — Sandfische
- Beryciformes — Soldaten-, Dornfische
- Zeiformes — Heringskönig
- Mastacembeliformes — Stachelaale
- Pleuronectiformes — Plattfische
- Tetraodontiformes — Drucker-, Kugelfische

AMPHIBIEN — Amphibia — Amphibien
- Apoda — Blindwühlen
- Urodela — Molche, Salamander
- Anura — Frösche, Kröten

REPTILIEN — Reptilia — Reptilien
- Chelonia — Schildkröten
- Crocodylia — Krokodile
- Rhynchocephalia — Brückenechse
- Squamata — Echsen, Schlangen

VÖGEL — Aves — Vögel
- Tinamiformes — Steißhühner
- Rheiformes — Nandus
- Struthioniformes — Strauß
- Casuariiformes — Emus, Kasuare
- Apterygiformes — Kiwis
- Podicipediformes — Lappentaucher
- Gaviiformes — Seetaucher
- Sphenisciformes — Pinguine
- Procellariiformes — Albatrosse, Sturmvögel
- Pelecaniformes — Pelikane
- Ciconiiformes — Reiher, Störche
- Anseriformes — Entenvögel
- Falconiformes — Adler, Habichte, Geier
- Galliformes — Hühnervögel
- Gruiformes — Kraniche
- Charadriiformes — Wat-, Möwenvögel, Alken
- Columbiformes — Tauben, Flughühner
- Psittaciformes — Papageien
- Cuculiformes — Kuckucke, Turakos
- Strigiformes — Eulen
- Caprimulgiformes — Schwalme, Ziegenmelker
- Apodiformes, Trochiliformes — Segler, Kolibris
- Trogoniformes — Trogons
- Coliiformes — Mausvögel
- Coraciiformes — Rackenvögel
- Piciformes — Spechte, Bartvögel, Tukane
- Passeriformes — Sperlingsvögel

SÄUGETIERE — Mammalia — Säugetiere

PROTOTHERIA — Eierlegende Säugetiere
- Monotremata — Kloakentiere

THERIA — echte Säugetiere

METATHERIA — Beutelsäugetiere
- Marsupialia — Beuteltiere

EUTHERIA — Plazentatiere
- Insectivora — Insektenfresser
- Dermoptera — Riesengleitflieger
- Chiroptera — Fledertiere
- Primates — Primaten
- Edentata — Ameisenbären, Faultiere, Gürteltiere
- Pholidota — Schuppentiere
- Lagomorpha — Pfeifhasen, Hasen, Kaninchen
- Rodentia — Nagetiere
- Cetacea — Wale
- Carnivora — Raubtiere
- Pinnipedia — Robben, Seelöwen, Walross
- Tubulidentata — Erdferkel
- Hyracoidea — Schliefer
- Proboscidea — Elefanten
- Sirenia — Seekühe
- Perissodactyla — Unpaarhufer
- Artiodactyla — Paarhufer

Transistor

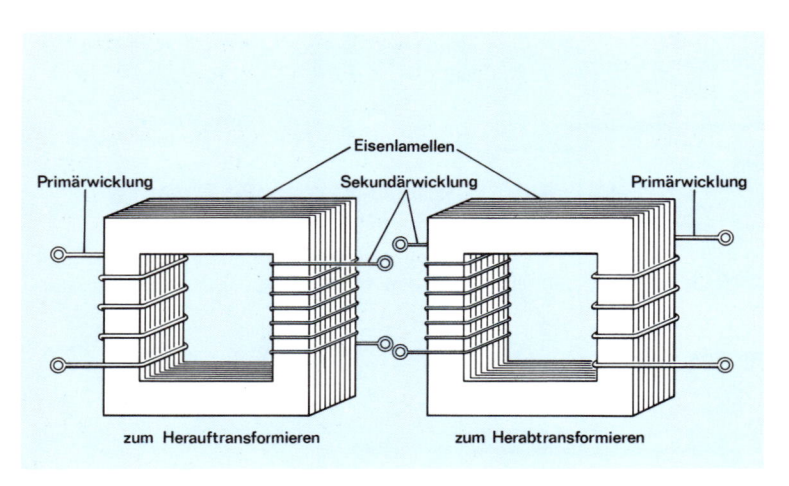

Schematischer Aufbau eines Transformators. Die Sekundärwicklung besitzt mehr Windungen als die Primärwicklung

ein sich ständig änderndes Magnetfeld. Dies führt bei der Sekundärspule zu einer Induktionsspannung. Deshalb werden Transformatoren mit Wechselstrom betrieben, sie können Wechselspannungen umwandeln. Sie erlauben, Spannungen und Stromstärken so anzugleichen, wie man sie benötigt. Dabei verhalten sich die Spannungen an den Spulen wie deren Windungszahlen, die *Stromstärken* dagegen umgekehrt. Transformatoren haben eine große Bedeutung für die wirtschaftliche Übertragung elektrischer **Energie**. (**elektrischer Strom**)

Transistor

Transistoren sind Halbleiterverstärker mit mindestens drei *Elektroden* (**Anode**), die ähnlich wie **Elektronenröhren** eingesetzt werden. Sie steuern elektrische Ströme und sind in allen modernen elektronischen Geräten wie **Rundfunk-** und *Fernsehgeräten* und auch in **Computern** zu finden. Transistoren bestehen aus drei verschiedenen Metallkristallen, meist aus *Silizium*, verbunden mit winzigen Mengen *Arsen* oder *Indium*. Arsen ruft in Silizium einen Elektronenüberschuss hervor, was eine negative Ladung bedeutet (n-Silizium). Indium oder Aluminium bewirken dagegen in Silizium Elektronenmangel, also eine positive Ladung (p-Silizium). Ein Transistor besteht nun aus zwei positiv und einem negativ geladenen **Kristall**. Den in der Mitte liegenden n-Kristall nennt man Basis, die beiden äußeren p-Kristalle *Emitter* und **Kollektor**. Gesteuert wird ein derartiger Transistor z. B. dadurch, dass man an den Emitter eine positive und an den Kollektor eine negative Spannung gegenüber der Basis anlegt. Auf diese Weise kommen geringe Spannungsänderungen am Emitter und hohe Stromänderungen am Kollektor zustande. Aufgrund ihrer geringen Größe, ihrer Robustheit und ihres minimalen Stromverbrauchs sind Transistoren in der Elektrotechnik unentbehrlich geworden. Für hohe Leistung z. B. bei Computern benutzt man **integrierte Schaltungen**, die aus Tausenden von mikroskopisch kleinen Transistoren und anderen elektronischen Bauteilen bestehen, die zusammen einen **Chip** ergeben. Die Staubkorngröße dieser Bauelemente bedeutet winzige Schaltstrecken und damit Schaltgeschwindigkeiten, die weniger als eine Milliardstelsekunde (Nanosekunde) betragen.

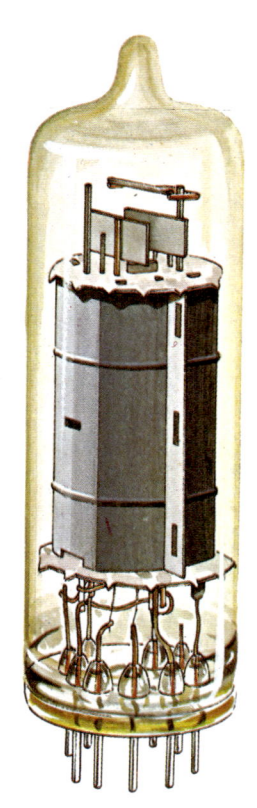

Elektronenröhren (links) findet man heute noch in sehr empfindlichen Kurzwellenempfängern und Sendern mit großer Leistung. Technisch ausgereifte Transistoren (unten) wurden erstmals 1948 in Amerika gebaut

Transplantation

Eine Transplantation ist die Verpflanzung menschlichen, tierischen oder pflanzlichen **Gewebes** an eine andere Stelle desselben oder auf ein anderes Lebewesen. So werden zerstörte Gewebestücke (**Haut** oder **Knochen**) durch die Transplantation entsprechender Teilstücke ersetzt. Immer neue Möglichkeiten entwickelt die Medizin auf dem Gebiet der *Organverpflanzung*. Man kann heute bereits **Herz, Lunge, Leber** und *Nieren* verpflanzen. Das Problem ist dabei allerdings, daß der Körper das neue Organ mit seinen Abwehrstoffen, nämlich den weißen *Blutkörperchen*, angreift und es abzustoßen versucht. Der erste Mensch, der mit einem fremden Herzen lebte, war Louis Washkansky, dem der südafrikanische Chirurg Professor Barnard 1967 in Kapstadt das Herz einer tödlich verunglückten Frau eingesetzt hatte. Dieser Patient lebte allerdings nur etwa 2 Wochen. Heute gibt es jedoch immer mehr Menschen, die seit Jahren mit einem fremden Herzen oder einem anderen neu eingepflanzten **Organ** leben. Bei Pflanzen dient die Transplantation vor allem zur Veredlung von Obstgehölzen und Rosen. Sie wird als *Pfropfung* bzw. *Okulation* bezeichnet.

Treibeis

Als Treibeis bezeichnet man das auf Meeren und Flüssen treibende **Eis**. Da es die Schifffahrt und die **Hochseefischerei** behindern kann, ist die Kenntnis der Treibeisgrenzen äußerst wichtig. Durch die kalten **Meeresströmungen** treiben Eisschollen und **Eisberge** von den Polarregionen bis in mittlere Breiten, vor allem in den Monaten April bis August. So erstrecken sich die südwärts treibenden Eismassen der **Arktis** bis zu 36° nördlicher Breite, die nordwärts treibenden Eismassen der **Antarktis** bis etwa 38° südlicher Breite.

Die drei Kristalle des Transistors

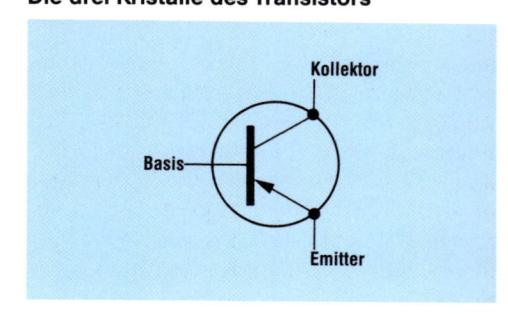

Treibhaus in einem botanischen Garten für tropische Pflanzen

Treibhaus

Ein Treibhaus ist ein beheiztes *Gewächshaus* aus Glas, in dem ein so günstiges **Klima** herrscht, dass einheimische Pflanzen sich rascher vermehren (= treiben). Dies ist bei Temperaturen von 12–15 °C der Fall. Tropische Pflanzen gedeihen im Treibhaus bei Temperaturen zwischen 15 und 30 °C, wie z. B. in Palmenhäusern. Die Erwärmung des Treibhauses erfolgt in der Regel durch Warmwasser- oder Dampfheizung.

Treibhauseffekt

Als Treibhauseffekt bezeichnet man den Anstieg der **Temperatur** in der **Atmosphäre**, der durch den erhöhten Kohlendioxidgehalt der Luft zustande kommt. Klimaforscher befürchten, dass der Treibhauseffekt zu einem Abschmelzen der Eismassen in den Polarregionen führen wird. Das bedeutet einen Anstieg des Meeresspiegels und weltweite Überflutungsgefahr (**Klimaveränderung**).

Trickfilmtechnik

Trickaufnahmen spielen in der Filmproduktion eine wichtige Rolle. Ein häufig angewandter Trick ist die Hintergrundprojektion, die darin besteht, dass man einen Hintergrund (z. B. eine Landschaft) vortäuscht. Man projiziert (**Filmprojektor**) einen Film von hinten auf eine halbdurchsichtige Leinwand, vor der die Schauspieler agieren. So ist es möglich, z. B. Cowboyfilme im Studio zu drehen, was natürlich wesentlich billiger ist als an den Originalschauplätzen. Die Trickfilmtechnik beinhaltet auch **Zeitlupen-** oder *Zeitrafferaufnahmen* (**Kamera**). Ebenfalls zum Gebiet des Trickfilms gehören *Zeichentrickfilme*. Dabei werden Bilder auf eine durchsichtige Folie gezeichnet. Für jedes Bild sind meist drei Zeichnungen notwendig, je eine für den Vordergrund, für Figuren und für den Hintergrund. Dabei muss jede Veränderung gegenüber dem vorherigen Bild gezeichnet werden. Bild für Bild wird nun mit einer Spezialkamera aufgenommen und bei der Wiedergabe mit normaler Filmgeschwindigkeit abgespielt. Auch bei Filmbauten benutzt man Trickaufnahmen: Das Bauwerk wird im Miniaturmaßstab nachgebaut, nahe an die Kamera herangestellt und gefilmt. So vermittelt man dem Zuschauer den Eindruck, es handle sich um ein Bauwerk in natürlicher Größe.

Tropen

Als Tropen bezeichnet man die zwischen den **Wendekreisen** beiderseits des **Äquators** gelegenen Klimazonen. Sie zeichnen sich durch hohe Luftfeuchtigkeit aufgrund der zahlreichen **Niederschläge** aus (tropischer *Regenwald*, vor allem entlang des Äquators auf einer Fläche von rund 18 Millionen km^2), ebenso durch artenreiche Vegetation. Die Temperaturen sind tagsüber sehr hoch, da sie durch die Einstrahlung der fast senkrecht stehenden **Sonne** zustande kommen; nachts ist es jedoch merklich kühler (Tageszeitenklima). Man unterscheidet von den warmen Tropen die kalten Tropen der Gebirge, in denen die Temperaturen zwar gleichmäßig, jedoch entsprechend der Höhe geringer sind. Die Unterteilung in *innere Tropen* mit kurzen Trockenzeiten und in *wechselfeuchte Tropen* mit längeren Regen- und Trockenzeiten beruht auf dem Zeitpunkt der Niederschläge (immerfeuchte innere Tropen, sommerfeuchte äußere Tropen, **Klima**). Dieser Zeitpunkt ist erreicht, wenn die Sonne ihren Höchststand überschreitet. (Abb. auch S. 284)

Tuberkulose

Die Tuberkulose ist eine in der Regel chronisch verlaufende *Infektionskrankheit*, deren Erreger ein säurefestes Bakterium (Tuberkelbazillus) ist. Der Biologe *Robert Koch* (1843–1910) entdeckte diese **Bakterien** 1882. In vielen Fällen wird zunächst die **Lunge** befallen, es können aber auch fast alle anderen Organe des Körpers erkranken. Dies hängt von der Widerstandskraft des Körpers und den hygienischen Umständen ab. Die Erreger gelangen durch Tröpfcheninfektion (**Infektion**) in den **Organismus**, z. B. über den Mund-Magen-Darm-Trakt oder über kleine Verletzungen der **Haut** oder der **Schleimhäute**. Man unterscheidet beim Krankheitsverlauf drei Phasen, die jedoch nicht zwingend eintreten müssen: Frühphase, Phase der Streuung und Spätphase. Die **Inkubationszeit** beträgt ca. 6 Wochen. Heute stehen für die Tuberkulose beste Behandlungsmöglichkeiten zur Verfügung. Wesentlich ist dabei die Früh-

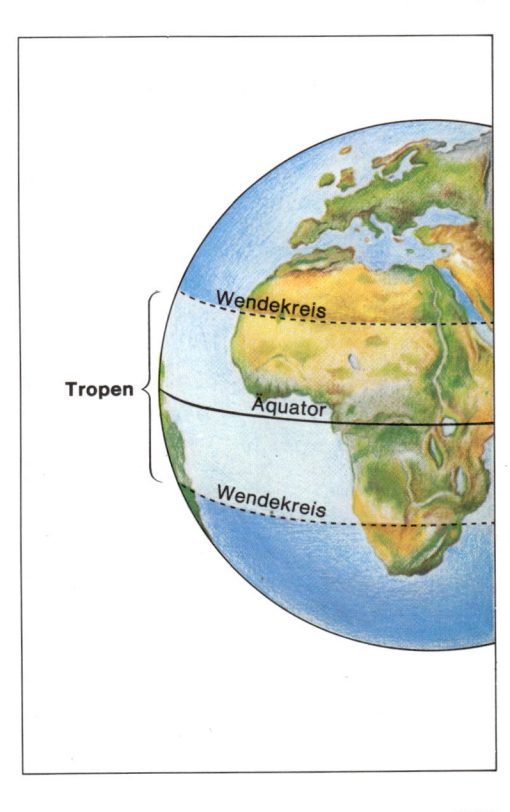

Tundra

Der tropische Regenwald ist sehr artenreich, meist mit drei Baumstockwerken; das oberste besteht aus 50-60 m hohen Baumriesen, das mittlere aus 30-40 m hohen Bäumen und das untere erreicht eine Höhe von 15 m

In der niederschlagsarmen Tundra gibt es lange Winter und kurze Sommer. Der Boden taut nur an der Oberfläche auf

erkennung, durch die schwere Krankheitsbilder vermieden werden können. Heute ist es möglich, die Tuberkulose in vielen Fällen durch chemotherapeutische Mittel zum Stillstand zu bringen.

Tundra

Die Tundra ist ein vegetationsarmes Gebiet nördlich der Baumgrenze in polaren Zonen. Man findet sie vor allem in Sibirien und Nordamerika. Die dort lebenden **Rentiere** ernähren sich von **Flechten**, **Moosen**, Gräsern und Zwergsträuchern. Da der Boden im Sommer nur zwei bis drei Monate an der Oberfläche auftaut (Dauerfrostboden), beschränkt sich der Bewuchs auf wenige, anspruchslose Arten.

Tunnel

Ein Tunnel ist ein unterirdischer Verkehrsweg, der durch Berge geht oder unter Flüssen, Seen und sogar unter dem **Meer** hindurchführt. Der älteste überlieferte Tunnel wurde 2160 v. Chr. von den Babyloniern gebaut. Durch ihn konnte der König von seinem Palast zu einem Tempel auf der anderen Seite des Euphrat gelangen. Der Tunnelbau ist allerdings ziemlich schwierig und erfordert großen technischen Aufwand. Je nach **Gestein** müssen die Wände besonders verstärkt und abgestützt werden, um eine Einsturzgefahr zu vermeiden. Unter großen Städten befinden sich oft ausgedehnte Tunnelsysteme, in denen zum Beispiel die **U-Bahn** verkehrt. Zu den längsten Tunneln gehört der 36 km lange Seikan-Tunnel in Japan. In den Alpen führen Straßen und Schienenwege wegen der gebirgigen Landschaft oft durch Tunnels. Das spektakulärste Projekt ist der 50 km lange und etwa 40 m unter dem Meeresboden verlaufende Eisenbahntunnel unter dem Ärmelkanal, der England mit Frankreich seit Mai 1994 verbindet.

Turbine

Eine Turbine ist eine Maschine zur Krafterzeugung, in der die *Strömungsenergie* von **Dampf**, **Gas** oder **Wasser** in *Rotationsenergie* umgesetzt wird. Bei der Dampfturbine strömt der Dampf unter Hochdruck in die Turbine ein, wird auf Schaufelräder gepresst und versetzt diese in eine schnelle Drehung. Bei der Gasturbine werden Verbrennungsgase zum **Antrieb** der Turbinenräder ausgenutzt. Durch einen Verdichter wird komprimierte Luft in

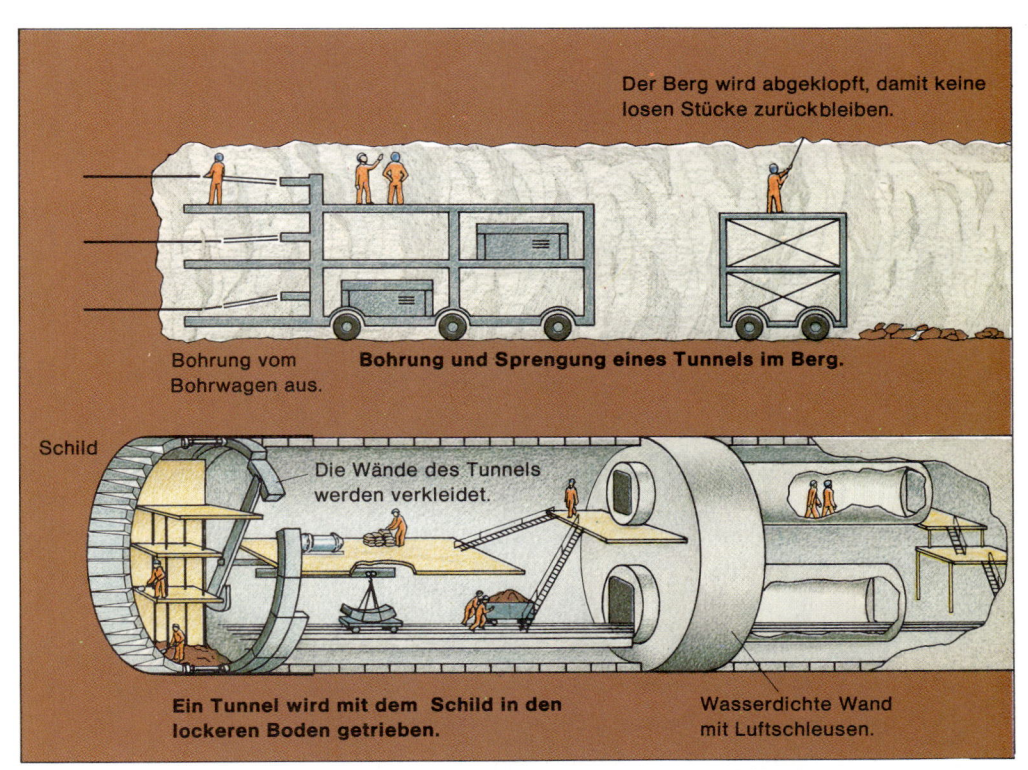

Tunnelsprengung und -vortrieb mit dem Schild (einer zylindrischen Röhre)

Das letzte Teilstück des Ärmelkanaltunnels zwischen England und Frankreich wurde im November 1990 durchstoßen. Im Bildhintergrund ist der Bohrkopf der zylinderförmigen Tunnelvortriebsmaschine zu erkennen

Turbolader

Ein Ingenieur arbeitet in einer Dampfturbine für ein Kernkraftwerk

Je nach der Energiezufuhr spricht man von Dampf- oder Wasserturbine

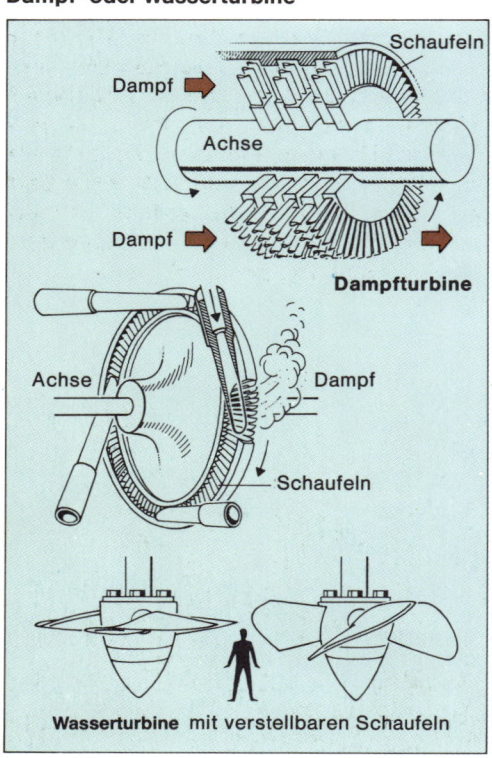

Wasserturbine mit verstellbaren Schaufeln

eine oder mehrere Brennkammern geleitet, der gasförmige oder flüssige Betriebsstoff zugesetzt und entzündet. Gasturbinen werden mit Leistungsstärken von 88 kW (120 PS) für **Kraftwagen** oder 7350 kW (10 000 PS) und mehr für **Kraftwerke** gebaut. Bei der Wasserturbine wird die Bewegungsenergie des Wassers zum Antrieb der Laufräder genutzt.

Turbolader

Der Turbolader ist eine technische Vorrichtung, mit der die Motorleistung bei **Kraftwagen** erhöht wird. Die zur Verbrennung notwendige Luft wird nicht, wie bei herkömmlichen **Motoren**, angesaugt, sondern in verdichtetem Zustand in den Motor hineingepresst. Dadurch werden niedrige **Drehzahlen** bei hoher Fahrgeschwindigkeit ermöglicht. Bei **Dieselmotoren** verbessern Turbolader das Lärm- und Abgasverhalten und senken den Kraftstoffverbrauch. Die Verdichtung der Luft wird mit einer **Turbine** erreicht, die von den heißen **Abgasen** des Motors angetrieben wird.

Typhus

Diese schwere, meldepflichtige *Infektionskrankheit* wird durch eine bestimmte Salmonellenart (Salmonella typhosa) verursacht. Die **Infektion** erfolgt durch die Aufnahme von verunreinigten Nahrungsmitteln oder infiziertem Wasser in den Verdauungstrakt. Die **Inkubationszeit** beträgt 1–3 Wochen. Zunächst treten Mattigkeit, Kopfschmerzen, Husten, Brechdurchfälle oder auch Verstopfung auf. Es kommt dann zu starkem Fieberanstieg; die Atmung verlangsamt sich, ebenso die Herztätigkeit. Nach einer Woche erscheint meist der charakteristische rote Typhusausschlag. Komplikationen sind heute aufgrund sehr guter Behandlungsmöglichkeiten selten geworden. Die Erregersalmonellen lassen sich mit **Antibiotika** nachhaltig bekämpfen. Der geschwächte **Organismus** (Wasserverlust wegen starker Durchfälle und hohen Fiebers) muss mit *Infusionen* gestärkt werden.
Vor der Entlassung der Erkrankten muss sichergestellt sein, dass keine Typhusbakterien mehr ausgeschieden werden.

U

U-Bahn

U-Bahn ist die Abkürzung für *Untergrundbahn*. Sie ist in vielen Großstädten inzwischen unentbehrlich geworden, da sie schnell, sicher und bequem ist. Äußerlich ähnelt sie der Straßenbahn, fährt im Gegensatz zu dieser aber überwiegend in unterirdischen Tunnels. Sie ist daher vom örtlichen Straßenverkehrsnetz im Wesentlichen unabhängig. Nur selten liegt die Gleisführung auch über der Erde (Hochbahn). Die Stromversorgung (*Gleichstrom*) erfolgt über eine Stromschiene entlang den Fahrschienen. Wegen der hohen Geschwindigkeit und der schnellen Aufeinanderfolge der einzelnen Züge ist auch ein automatisches Sicherungssystem erforderlich. Es entspricht im Wesentlichen dem der **Eisenbahn**.

Überschwemmung

Zu Überschwemmungen kommt es, wenn in kurzer Zeit übermäßig viel **Regen** fällt (Wolkenbrüche) oder wenn es lange ohne Unterbrechung stark regnet. Dann führen die **Flüsse** wesentlich mehr Wasser als gewöhnlich, das als *Hochwasser* über die Ufer tritt. Da aber der Erdboden durch die Regenfälle völlig aufgeweicht ist (auch der Spiegel des **Grundwassers** ist gestiegen), kann er das über die Ufer getretene Flusswasser nicht mehr aufnehmen. Es fließt also in breiten Strömen neben dem Fluss her und verwüstet das umliegende Land, schwemmt Äcker hinweg und reißt Bäume, Sträucher und Häuser mit sich fort. Zu regelmäßigen Überschwemmungen kommt es in Flussgebieten, in denen nur ein- oder zweimal im Jahr – allerdings heftige – Regenfälle zu erwarten sind. Das Land ist ausgedörrt, der Boden nicht in der Lage, in kurzer Zeit viel Wasser aufzunehmen, da er aufgrund seiner Trockenheit einfach weggespült wird. Regelmäßige große Überschwemmungen gibt es z. B. im Tal des Nil, am Ganges in Indien (**Monsun**), in der Poebene in Oberitalien sowie im Delta des Mekong in Vietnam. Überschwemmtes Land ist fruchtbar und eignet sich besonders für den Anbau von **Reis**.

U-Boot

Das U-Boot (Unterseeboot) gehört zu den wichtigsten Schiffen einer Kriegsmarine. Seine Bedeutung wurde schon im Ersten Weltkrieg deutlich. Der **Auftrieb** des Schiffsrumpfes wird durch eingebaute Tauchtanks, die mit Wasser geflutet werden können, aufgehoben. Das U-Boot verschwindet unter der Wasseroberfläche, wenn sein Gewicht größer ist als die von ihm verdrängte Wassermenge. Da bei der Unterwasserfahrt ein hoher Wasserwiderstand überwunden werden muss, baut man U-Boote möglichst stromlinienförmig. Auf dem Rumpf befindet sich der kurze, gedrungene Kommandoturm mit **Radar**, Sehrohr und Schnorchel. Fährt man knapp unter der Wasseroberfläche, können zum Beobachten und zur Belüftung Sehrohr und Schnorchel ausgefahren werden. Im Zweiten Weltkrieg wurden Unterseeboote mit einem **Dieselmotor** für die Überwasserfahrt und mit batteriegespeisten Elektromotoren für Tauchfahrten ausgerüstet. Heute baut man *Atom-Unterseeboote*. Sie werden mit **Kernenergie** betrieben, erreichen eine Geschwindigkeit von über 30 Knoten (55 km/h) über und unter Wasser und eine Tauchtiefe von über 500 Metern. Dabei kann das Boot mehrere Wochen unter Wasser bleiben, da die Atemluft für die Besatzung chemisch aufbereitet wird. Aufgrund des Antriebs mit Atomenergie ist seine Reichweite praktisch unbegrenzt. Bewaffnet sind Atom-U-Boote mit **Raketen**, die mehrere Atomsprengköpfe (**Kernwaffen**) tragen und auch unter Wasser abgefeuert werden können. Daneben gibt es als Waffe gegen Kriegsschiffe *Torpedos*, die Ziele im Wasser selbstständig aufspüren und zerstören können. Außerdem wurden Sondertypen für spezielle Aufgaben entwickelt. (Weitere Abb. S. 288)

Die U-Bahn ist die schnellste innerstädtische Verkehrsverbindung

1898 entwickelte J. P. Holland das erste funktionstüchtige U-Boot (rechts). Moderne U-Boote wie das amerikanische Polaris-U-Boot „James Monroe" (rechts außen) werden mit Kernkraft angetrieben

Uhren

Mit diesem Spezial-U-Boot sind Forschungsarbeiten in Meerestiefen bis zu 6000 m möglich. Die Außenwände des Bootes können einem Druck von 600 kg/m² standhalten

Uhren

Uhren sind Messinstrumente, die den Ablauf der Zeit angeben. Jede Art der Zeitmessung besteht darin, dass man einen Vorgang mit einem periodisch verlaufenden Prozess vergleicht. Bei der *Eiersanduhr* läuft eine bestimmte Menge Sand in einer bestimmten Zeit vom oberen Gefäßteil in den unteren, dann muss das Gefäß umgedreht werden. Bei *Pendeluhren* gibt ein mit gleich bleibender Schwingungsdauer hin- und hergehendes **Pendel** ein Gangwerk regelmäßig frei und unterbricht es wieder. Grundsätzlich lässt sich jeder Schwingungsvorgang zur Steuerung eines Zeitmessers nutzen. Die *Digitaluhr* ist eine elektronische Uhr, bei der die gemessenen Werte (Uhrzeit) in Ziffern dargestellt werden. Sie erscheinen auf einer **LCD-Anzeige**. Die Zeit lässt sich außerdem mit **Quarzuhren, Sonnenuhren** und **Chronometern** messen. Im weiteren Sinne spricht man auch bei Flüssigkeits- und Gasmessgeräten von Uhren (Wasseruhr, Benzinuhr, Gasuhr). (Abb. S. 290/291)

Ein Uhu auf nächtlicher Beutejagd

Uhu

Der Uhu ist ein zur Familie der **Eulen** gehörender Waldvogel, der bis 70 cm lang wird und ein gelblich-schwarzes Federkleid trägt. Er geht in der Dämmerung und während der **Nacht** auf Jagd. Seine Beute sind Hasen, Kaninchen und anderes Kleingetier. In Mitteleuropa findet man den Uhu nur noch selten, er wurde deshalb unter **Naturschutz** gestellt.

Ultraschall

Die von einer bestimmten Schallquelle ausgesandten **Schwingungen** sind normalerweise als verschieden hohe **Töne** hörbar. Die oberste Grenze ist bei 20 000 Schwingungen pro Sekunde (20 000 Hz) erreicht. Alle **Frequenzen**, die darüber liegen, können vom menschlichen **Ohr** nicht mehr wahrgenommen werden. Man bezeichnet sie als Ultraschall. Der Ultraschall kommt vor allem in der **Technik** und Medizin zur Anwendung. Mit seiner Hilfe lassen sich Werkstücke prüfen, Gegenstände orten **(Echolot), Bakterien** abtöten (Sterilisation) und medizinische **Diagnosen** erstellen (z. B. in der Unfallchirurgie und Gynäkologie).

ultraviolette Strahlung

Bei der ultravioletten Strahlung (UV-Strahlung) handelt es sich um unsichtbare elektromagnetische **Wellen**, die sich im **Spektrum** an das gerade noch sichtbare violette **Licht** anschließen. Sie werden von sehr heißen Körpern wie der **Sonne**, Bogenlampe, Quecksilberdampflampe u. a. ausgesandt. Die Quecksilberdampflampe findet als so genannte Höhensonne Verwendung, mit ihr lässt sich eine natürlich wirkende Hautbräunung erzielen. Die UV-Strahlung der Sonne wird von der Erdatmosphäre weitgehend absorbiert, ist im **Gebirge** und am **Meer** jedoch relativ intensiv. Deshalb muss man den Körper in diesen Gebieten besonders vor der zu starken Einwirkung ultravioletter Strahlen schützen, um bleibende Schäden (Hautkrebs, Netzhautablösung) zu vermeiden. Problematisch ist auch die allmähliche Zerstörung der die Erde umgebenden Ozonschicht (**Ozon**). Wenn ein Ozonloch entsteht, können die ultravioletten Strahlen ungehindert die Erdoberfläche erreichen und neben der oben erwähnten organischen Schädigung eine weltweite **Klimaveränderung** bewirken. In der richtigen Dosierung sind UV-Strahlen aber ge-

Umweltverschmutzung

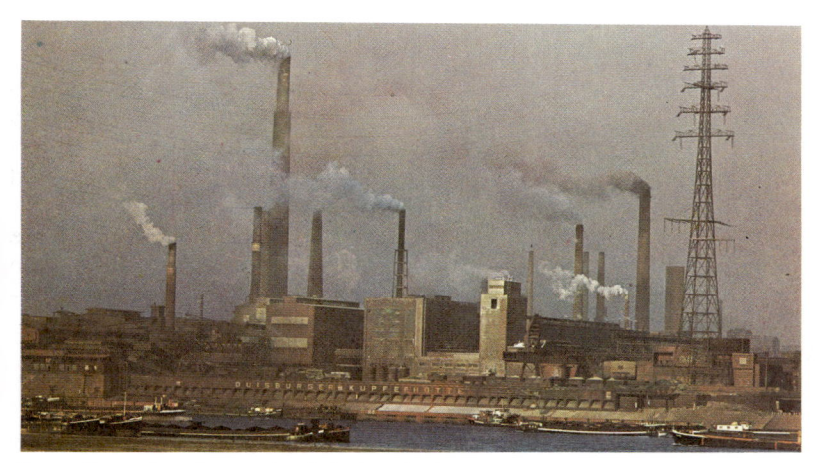

Umweltverschmutzung durch Industrieabgase im Ruhrgebiet. Zu den abgestoßenen Schadstoffen zählen u. a. Schwefeldioxid und Stickoxide

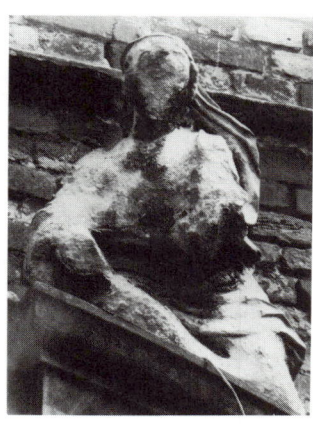

Die Luftverschmutzung kann an historischen Gebäuden große Schäden anrichten: Figur am Portal des Schlosses von Herten 1908 (links) und 1969 (rechts)

sundheitsfördernd, da sie **Bakterien** abtöten und das für den Knochenbau wichtige **Vitamin** D bilden.

Umwelt

Allgemein versteht man unter dem Begriff Umwelt die soziale Umgebung eines **Menschen**. Im engeren Sinn bezeichnet er den vom Menschen an seine Lebensbedürfnisse angepassten und von der **Technik** beeinflussten und geprägten *Lebensraum* (Wohn- und Arbeitsumwelt). Im Unterschied zu den Tieren ist der Mensch als einziges Lebewesen nicht an eine bestimmte Naturumwelt gebunden. In der **Biologie** ist mit Umwelt die Eigenwelt eines Lebewesens gemeint, die das Verhalten der einzelnen Artvertreter bestimmt. In der **Vererbungslehre** stehen den Erbfaktoren (*Gene*) die außerhalb des **Organismus** liegenden Umweltfaktoren gegenüber. Die Umwelteinflüsse (*Reize*) nehmen wir mit den **Sinnesorganen** auf.

Umweltschutz

Umweltschutz umfasst alle Maßnahmen die der Verpestung der **Luft**, der Verschmutzung des **Wassers** und der Verseuchung des **Bodens** vorbeugen und entgegenwirken. Dazu gehören u. a. das Anlegen von Grünflächen und Parks in Ballungsgebieten, die *Abgaskontrolle* bei Kraftfahrzeugen und die Einrichtung von Überwachungsdiensten, die die Verunreinigung der Luft kontrollieren (Smogalarm). In **Kläranlagen** wird das **Abwasser** gereinigt und entgiftet. Ungeordnete Müllhalden werden durch so genannte geordnete *Deponien* ersetzt (**Müll**). Zum Schutz der **Umwelt** gibt es heute besondere Gesetze und Verordnungen. Darunter fallen u. a. die Anwendung von **Pestiziden** und chemischen Düngemitteln. Im Interesse des Umweltschutzes wird eine Umstrukturierung der Weltwirtschaft und die Umstellung auf erneuerbare Energien gefordert. Auf der UN-Klimakonferenz 1995 in Berlin beschlossen die teilnehmenden Länder keine verbindlichen Maßnahmen.

Umweltverschmutzung

Die Bevölkerungsexplosion auf der **Erde** stellt die Menschheit vor immer größere Probleme. Sie lassen sich nur dann lösen, wenn die **Industrie** immer mehr produziert, in der **Landwirtschaft** immer höhere, bessere Erträge erzielt werden und jeder Einzelne die Möglichkeit hat, von den wissenschaftlichen und technischen Fortschritten zu profitieren. Diese Ziele können nur erreicht werden, wenn man gleichzeitig eine Gefährdung der **Umwelt** des **Menschen** und aller anderen Lebewesen in Kauf nimmt. Je mehr Güter produziert werden, desto mehr Abfall- und Giftstoffe fallen an. Sie werden in die **Luft**, in den **Boden** oder in das **Wasser** abgegeben. Unter dem Begriff Umweltverschmutzung fasst man die Verpestung der Luft, die Verschmutzung des Wassers und die Verseuchung des Bodens zusammen. Der lebensnotwendige **Sauerstoff**, der in der Luft zu 20 % enthalten ist, muss ständig erneuert werden. Dies geschieht nor-

Umweltkatastrophe am Persischen Golf 1991: Brennende Ölquellen in Kuwait

Uhren

Eine ägyptische Wasseruhr (links) (1415–1380 v. Chr.). In eine „leckende" Wasserschale wurde Wasser gefüllt. Der fallende Wasserspiegel zeigte zwischen den Rillen die Zeit an. Chinesische Sanduhren aus dem Jahre 1720 (rechts)

Die Hemmung ist in allen mechanischen Uhren notwendig. Sie sitzt zwischen dem Schwingsystem und dem Gangwerk und steuert die Energiezufuhr. Die Spindelhemmung wurde bis ins späte 19. Jh. benutzt. Später wurde sie durch die Ankerhemmung ersetzt. Galileo Galilei war der erste, der entdeckte, dass auch ein Pendel die Hemmung kontrollieren kann

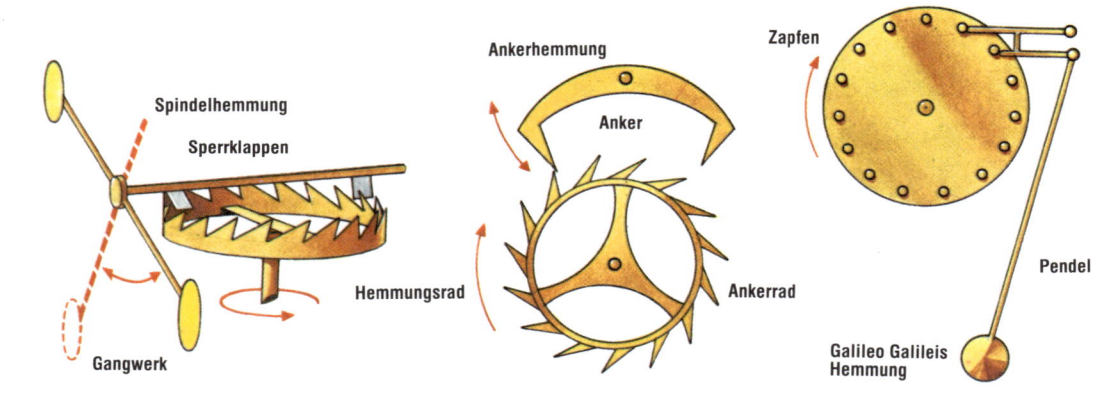

Spindelhemmung — Sperrklappen — Gangwerk

Ankerhemmung — Anker — Hemmungsrad — Ankerrad

Zapfen — Pendel — Galileo Galileis Hemmung

Holländische Tischuhr aus dem 17. Jh.

Der berühmte Harrison-Chronometer wurde von britischen Seeleuten benutzt. 1764 ging die Uhr nach einer sechswöchigen Reise auf See nach Barbados nur 5 Sekunden nach

Uhren

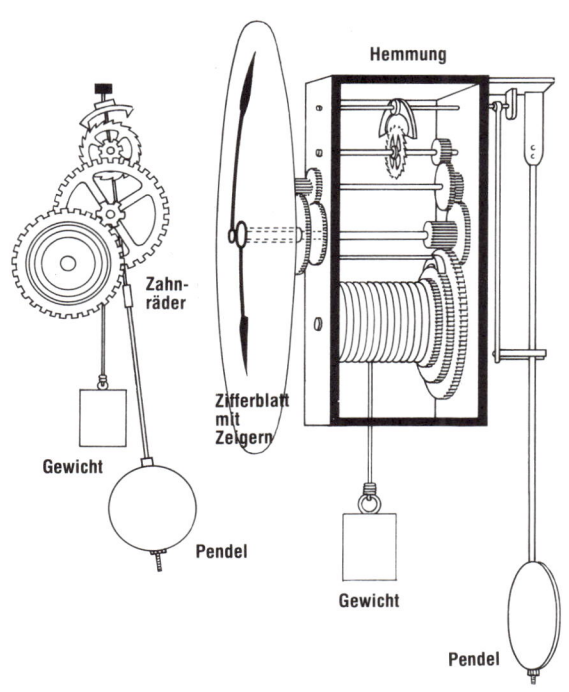

Die Abbildung zeigt die Hauptbestandteile einer Uhr und ihre Funktionsweise. Die Uhr mit dem Gewicht und den Zahnrädern (links) geht genauer als die Uhr mit der Feder (rechts), denn das Gewicht bleibt konstant, die Feder aber läuft ab

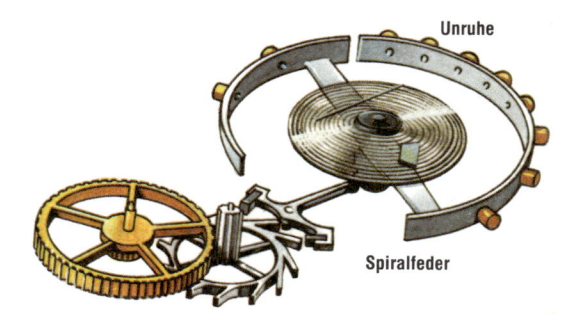

Unruhe und Spiralfeder einer Uhr (oben). Die Spiralfeder einer modernen Uhr (links). Bei modernen Taschen- und Armbanduhren wird die Funktion des Pendels von einer kreisförmigen Schwungmasse übernommen, die man Unruhe nennt. An der Welle der Unruhe ist eine Spiralfeder befestigt

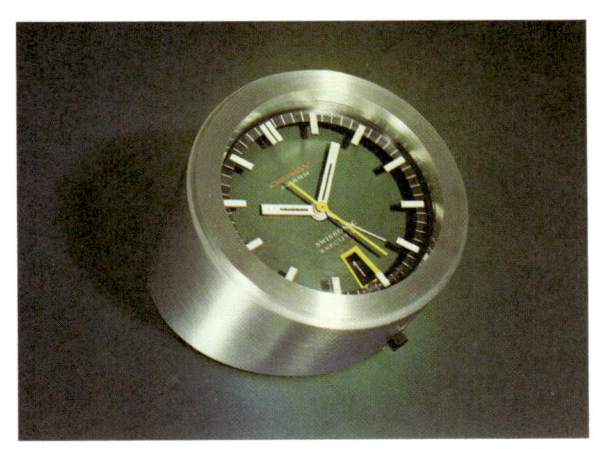

Der Antrieb elektronischer Uhren erfolgt durch Mikroprozessoren, die von Batterien gespeist werden. Diese Uhren gehen über Jahre hinweg sehr genau

Die bisher exakteste Zeitmessung wird mit der Atomuhr erreicht. Sie nutzt die Eigenschwingungen von Gasatomen oder Gasmolekülen

Uran

Braunkohlenstaub, der bisher die Umwelt stark verschmutzte, wird in einer Mahlanlage der Brikettfabrik Sonne in Freienhufen bei Cottbus gesammelt und verladen

malerweise durch **Pflanzen** (**Fotosynthese**). Da aber viele Grünflächen und große Waldbestände den Städteplanern und der **Industrie** zum Opfer fallen, ist das natürliche **Gleichgewicht** gestört. Die Luft wird in zunehmendem Maße mit Giftstoffen angereichert, wofür vor allem die Fabriken und der immer dichter werdende Verkehr verantwortlich sind. Die Verschmutzung des Wassers ist ebenfalls ein ernstes Problem. Pro Tag werden Millionen Tonnen **Abwasser** in **Flüsse**, Seen und **Meere** geleitet. Insektizide, Unkrautvertilgungsmittel, Ölrückstände von Autos, chemische Düngemittel u. a. verseuchen und verderben den Boden und folglich auch das **Grundwasser**, das für die Trinkwasserversorgung wichtig ist. Große Gefahr für den Boden besteht in der Nähe von Müllhalden, da Giftstoffe dort in hohen Konzentrationen vorkommen. Die Gefährdung der Umwelt hat bereits ein Ausmaß angenommen, das umfangreiche Schutz- und Vorkehrungsmaßnahmen erforderlich macht (**Umweltschutz**).

Uran

Uran ist ein radioaktives Schwermetall, das sich an der **Luft** mit einer grauen Oxidschicht überzieht. Wird es aus natürlichen Uranerzvorkommen gewonnen, liegt ein Isotopengemisch aus Uran 238 und Uran 235 vor. Das nicht spaltbare Uran 238 kann durch Isotopentrennung in das spaltbare **Plutonium** verwandelt werden, Uran 235 spaltet sich dagegen von selbst. Die bedeutendsten Uranvorkommen befinden sich in Kanada, Süd- und Westafrika, Australien und in der ehemaligen Sowjetunion. Man verwendet Uran vor allem als Spaltmaterial in **Kernkraftwerken**. Das durch Spaltung entstandene Plutonium wird nicht nur zur Energiegewinnung, sondern auch zur Herstellung von **Kernwaffen** eingesetzt.

Urknall

Nach der naturwissenschaftlichen Theorie vom Urknall ist das gesamte **Weltall** im Bruchteil einer Sekunde durch die **Explosion** eines einzigen, extrem dicht gepackten Materieteilchens entstanden. Seit dieser Explosion, dem Urknall, dehnt sich das Weltall immer weiter aus.

Urwald

Mit Urwald (*Dschungel*) wird – im Gegensatz zum *Forst* – der vom Menschen nicht oder kaum berührte Naturwald der verschiedenen Vegetationszonen der Erde benannt. Zu diesen Naturwäldern zählen u. a. die *Regenwälder* der inneren **Tropen** und die Monsunwälder (**Monsun**) Indiens. Da das natürliche Gleichgewicht durch großflächige Abholzung und Bodenerosion stark gefährdet ist (Brasilien, Australien), müssen Schutzmaßnahmen getroffen werden. Einige Urwaldgebiete wurden deshalb zu **Nationalparks** erklärt.

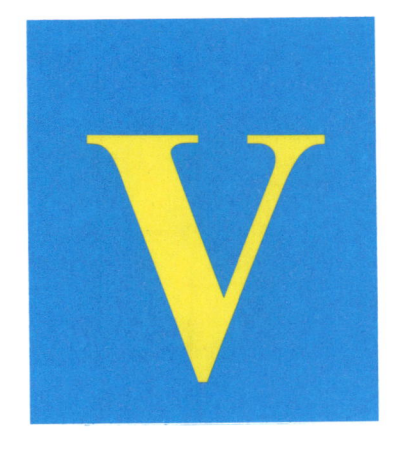

Vakuum

Ein Vakuum ist ein nahezu luftleerer Raum, der mit Hilfe einer Hochvakuumpumpe erzeugt wird. Die *Hochvakuumtechnik* macht es möglich, sehr niedrige Gasdrucke (**Druck**) herzustellen und für längere Zeit aufrechtzuerhalten.

Vegetation

Mit Vegetation bezeichnet man allgemein das Leben und **Wachstum** der **Pflanzen**. Im engeren Sinn umfasst der Begriff die Pflanzenwelt und den Pflanzenbestand einer bestimmten Region. Dabei spielen die klimatischen Verhältnisse (**Wärme, Kälte, Niederschläge**) eine große Rolle.

Großflächige Brandrodung in Ecuador. Pro Jahr werden weltweit etwa 20 Mill. Hektar Tropenwald vernichtet

Die **Jahreszeit**, in der das Wachstum einer Pflanze am kräftigsten ist, nennt man *Vegetationsperiode*.

Ventil

Ventile sind Regeleinrichtungen, die strömende Flüssigkeiten oder Gase absperren (Absperrventil) oder ihre Durchflussmenge regulieren. Es gibt verschiedene Ventilarten, z. B. *Sitzventile*, bei denen zum Absperren ein Zapfen (Ventilkegel) gegen einen Dichtungsring (Ventilsitz) gepresst wird. Der Wasserhahn ist ein derartiges Sitzventil; durch das Drehen einer Schraubenspindel wird eine Platte als Ventilkegel auf den Ventilsitz gepresst. Ventile regeln auch das Ausströmen der **Abgase** beim **Verbrennungsmotor**. Besondere Bedeutung haben *Sicherheitsventile*, die Druckverhältnisse regeln und verhindern, dass sich ein Überdruck aufbaut. Die Verschlussvorrichtung wird dabei durch ein Gewicht oder eine **Feder** gesichert, die ab einer bestimmten Belastung das Ventil öffnet.

Ventilator

Unter einem Ventilator versteht man ein propellerartiges Gerät, das von einem **Elektromotor** betrieben wird. Es dient zur Be- und Entlüftung von Räumen oder deren Kühlung durch einen Luftstrom. Beim Heizlüfter wird die Luft erwärmt und in den Raum geblasen.

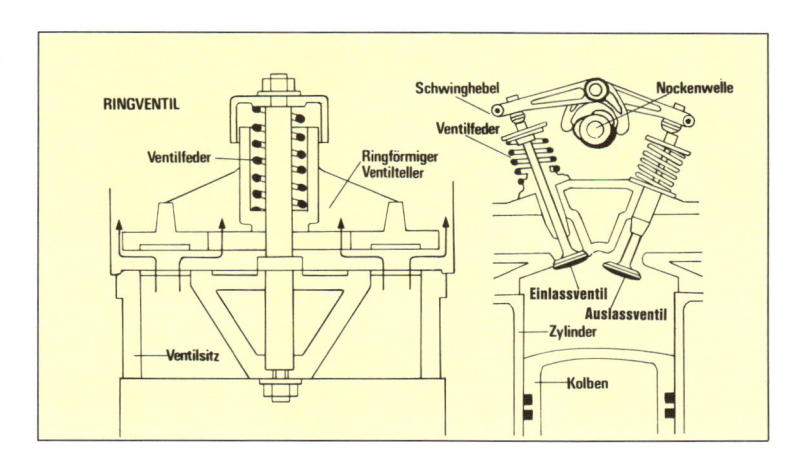

Venus

Die Venus ist der zweite **Planet** des Sonnensystems, sie umkreist die **Sonne** mit einem mittleren Abstand von 108 Mill. km in 225 Tagen. Dabei legt sie 35 km/s zurück. Der Durchmesser der Venus beträgt 12 300 km, ihre Oberflächentemperatur 470°C. Bis vor einiger Zeit war es nicht möglich, genauere Angaben zu diesem Planeten zu machen. Erst die Messungen der sowjetischen **Raumsonden** Venus 8, 9 und 10 zeigten, dass die Venusatmosphäre zu 97% aus **Kohlendioxid** besteht, organisches Leben also nicht möglich ist. Die Oberfläche des Planeten ist leicht hügelig und weist als Besonderheit ein auf der Nordhalbkugel befindliches Hochplateau auf.

Verbrennungsmotor

Der Verbrennungsmotor ist eine *Wärmekraftmaschine*, bei der unmittelbar in der **Maschine** durch das Verbrennen eines Gemisches aus **Luft** und Brennstoff Antriebskraft erzeugt wird. Der Verbren-

Ventile am Verbrennungsmotor

Funktionsweise eines Viertaktmotors, der in Kraftfahrzeugen Anwendung findet (oben). Bei einem Turbopropriebwerk wird ein Propeller über ein Getriebe von einer Turbine angetrieben. Beim Turboluftstrahltriebwerk geben die Verbrennungsgase nur so viel Energie an die Turbine ab, wie zum Antrieb des Kompressors und der Zusatzaggregate erforderlich ist. Der verbleibende größte Teil der Energie liefert den Schub für das Triebwerk

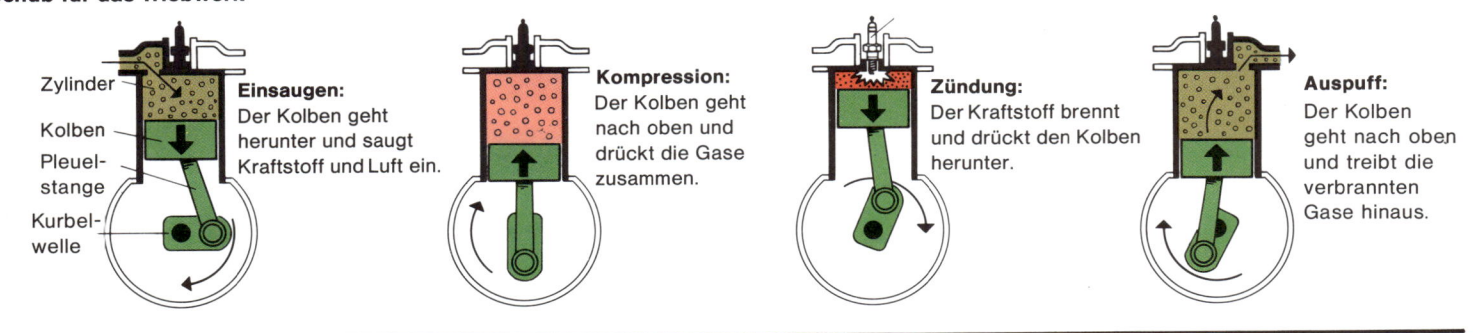

Einsaugen: Der Kolben geht herunter und saugt Kraftstoff und Luft ein.

Kompression: Der Kolben geht nach oben und drückt die Gase zusammen.

Zündung: Der Kraftstoff brennt und drückt den Kolben herunter.

Auspuff: Der Kolben geht nach oben und treibt die verbrannten Gase hinaus.

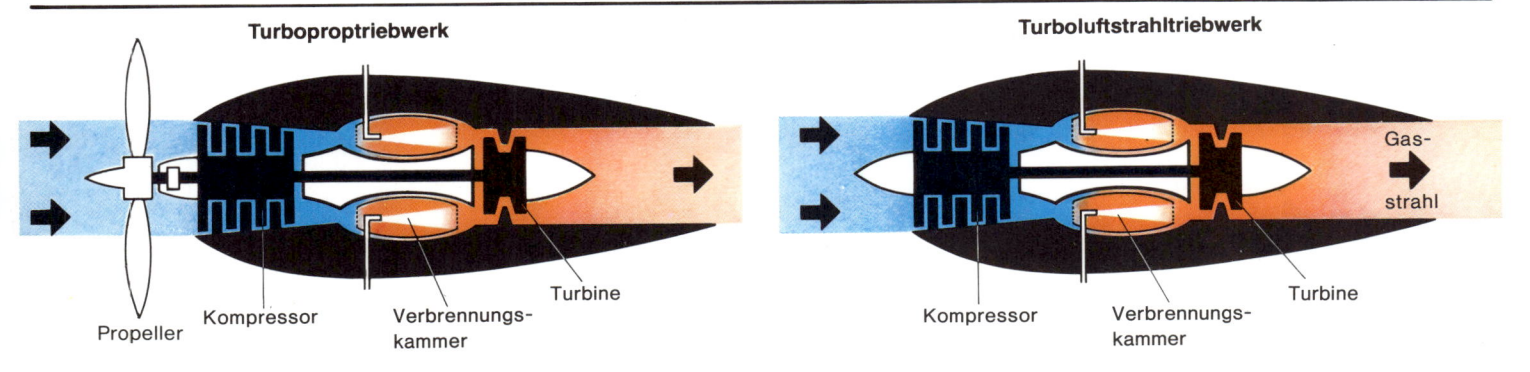

Verdauung

nungsmotor findet vorwiegend im Kraftfahrzeugbau **(Kraftwagen),** in weiterentwickelter Form aber auch im Flugzeug- und Schiffsbau (es gibt Benzin- und **Dieselmotoren**) Verwendung.
Beim so genannten *Viertakt-Ottomotor* (*Benzinmotor*) fließt Benzin aus dem Tank durch eine kleine **Pumpe**, die man Kraftstoffpumpe nennt. Mittels dieser Pumpe gelangt das Benzin in den **Vergaser**. Dort wird es so fein versprüht, dass es einen gasförmigen Zustand annimmt. Gleichzeitig wird Luft beigemischt. Es entsteht ein Benzindampf-Luftgemisch, das durch Rohre in die **Zylinder** geleitet wird. Die in den Zylindern sitzenden *Kolben* können sich auf- und abwärts bewegen (*Hub*). Beim ersten *Takt* saugt der abwärts gehende Kolben das Brennstoff-Luftgemisch aus dem Vergaser durch ein geöffnetes Einlassventil in den Zylinder. Beim zweiten Takt wird das Gemisch durch den aufwärts gehenden Kolben stark zusammengepresst, d. h. verdichtet. Ein- und Auslassventil sind dabei geschlossen. Beim dritten Takt bringt der Funken aus einer **Zündkerze** das Gemisch zur **Explosion**; dabei wird der Kolben wieder nach unten getrieben und leistet **Arbeit**. Beim vierten Takt werden die Verbrennungsgase von dem nun wieder aufwärts gehenden Kolben durch das geöffnete Auslassventil aus dem Zylinder getrieben. Arbeit wird aber immer nur beim dritten Takt geleistet. Eine eingebaute *Schwungscheibe* hält den Motor bis zum nächsten Arbeitstakt in Bewegung und sorgt auf diese Weise für einen gleichmäßigen Lauf. Das Öffnen und Schließen der Ventile besorgt eine *Nockenwelle*. Etwas anders arbeitet der **Zweitaktmotor**.

Verdauung

Als Verdauung bezeichnet man die Umwandlung von Nahrungsstoffen in kleinste Teilchen, die von den Körperzellen aufgenommen werden können. Sie beginnt schon im **Mund**, wo die *Nahrung* nicht nur zerkleinert, sondern auch mit **Speichel** versetzt wird. Das **Enzym** Ptyalin verwandelt dabei **Kohlenhydrate** in Traubenzucker. Die Nahrung gelangt dann durch die wellenförmige Bewegung der **Speiseröhre** in den **Magen**. Dort wird sie mit *Magensäften* vermischt, verflüssigt und weitergegeben. In der **Leber**, *Gallenblase* und **Bauchspeicheldrüse** werden weitere *Verdauungssäfte* abgeschieden. Sie dienen alle dazu, unlösliche Nahrungsbestandteile so aufzuschließen,

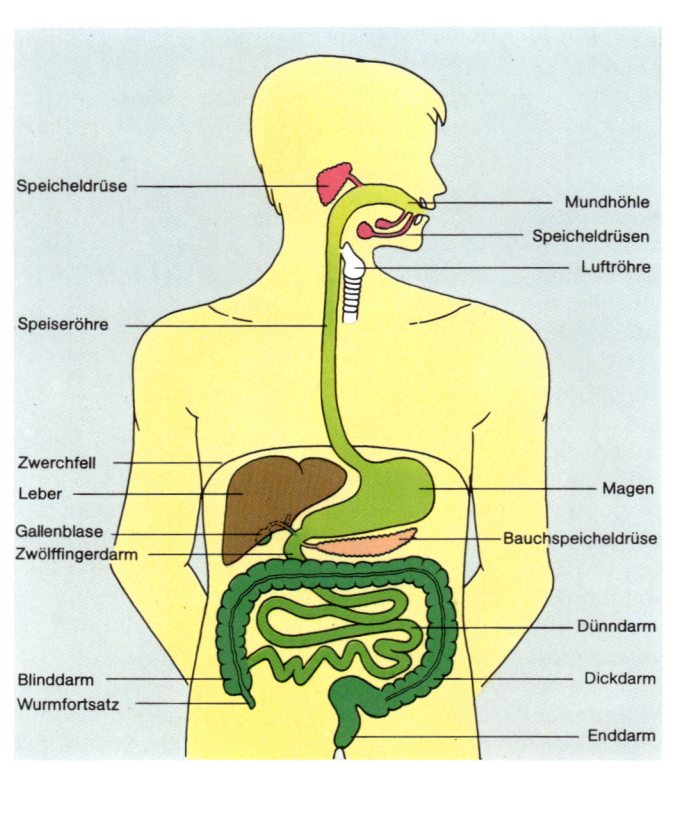

Die schematische Darstellung zeigt den Weg der Nahrung durch den menschlichen Körper

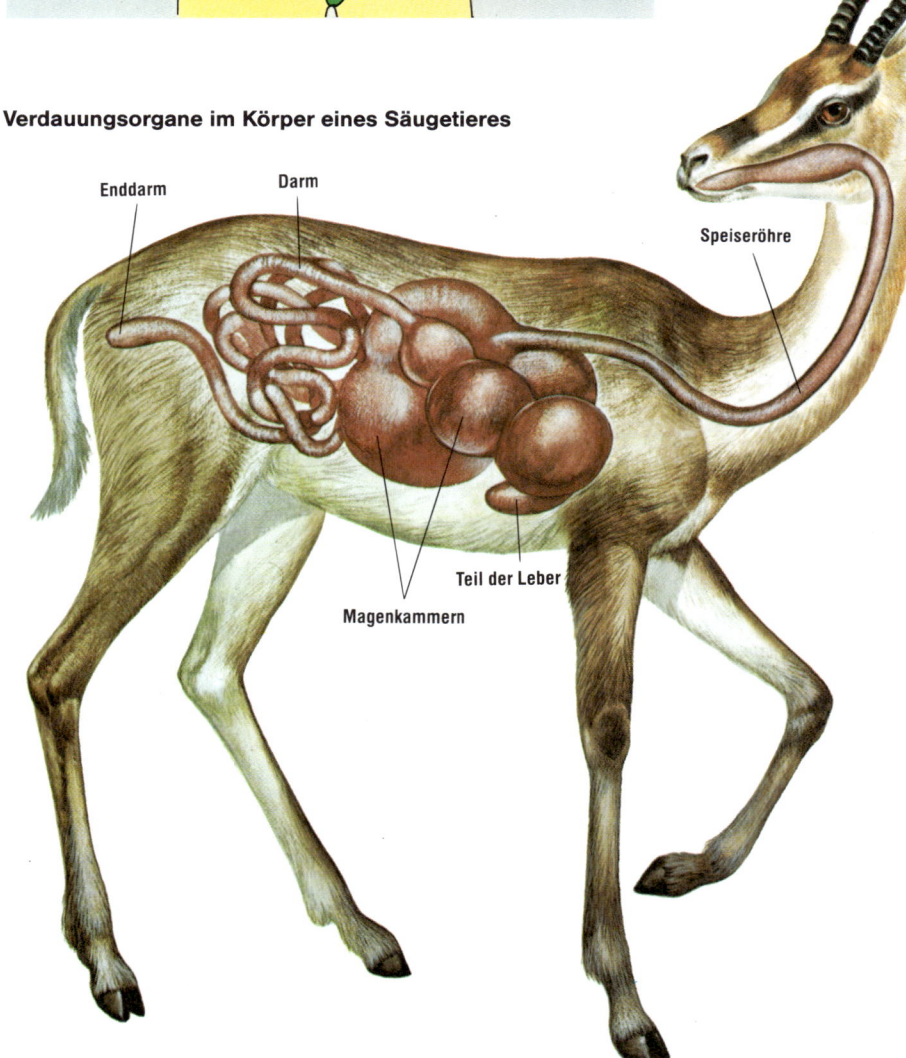

Verdauungsorgane im Körper eines Säugetieres

dass sie wasserlöslich (hydrophil) werden. Dies geschieht durch bestimmte *Fermente* und **Enzyme,** ohne die eine Verdauung überhaupt nicht stattfinden könnte. Schließlich gelangt der flüssige Speisebrei in den *Dünndarm* (**Darm**), in dem die Zerlegung der **Nährstoffe** in kleinste Teilchen abgeschlossen wird. Sie gelangen durch die Wand des Dünndarms ins **Blut** (Resorption) und werden von dort zu allen Körperzellen transportiert. Im *Dickdarm* werden unverdauliche und giftige Nahrungsreste eingedickt und durch den **After** als Kot ausgeschieden.

Verdunstung

Den langsamen Übergang einer Flüssigkeit in den gasförmigen Zustand bezeichnet man als Verdunstung. Verdampft **Wasser** unter seinem Siedepunkt, so verdunstet es. Bei diesem Vorgang bewegt sich ein Wassermolekül mit größerer Geschwindigkeit auf die Wasseroberfläche zu, stößt durch sie hindurch und vermischt sich mit den **Molekülen** der **Luft**. So entsteht durch Verdunsten nach und nach gasförmiges Wasser, d. h. Wasserdampf. Die Luft nimmt aber immer nur eine bestimmte Wassermenge auf. Ist sie mit Wasser gesättigt, hört die Verdunstung auf. Dies ist zum Beispiel bei **Nebel** der Fall: Die Luft ist so feucht, dass sie zusätzliche Feuchtigkeit nur schlecht aufnimmt. Nasse Wäsche oder Haare trocknen unter diesen Umständen kaum. Zum Verdunsten ist Wärme nötig; sie wird der verdunstenden Flüssigkeit und ihrer Umgebung entzogen. Diesen Verlust an Wärme bezeichnet man als *Verdunstungskälte*. Auf diesem Prinzip beruht die Arbeitsweise von Kühlschränken und Tiefkühlgeräten (**Kühlung**). In der Natur ist die Verdunstung ein wesentliches Glied im Kreislauf des Wassers zwischen Meer, Atmosphäre und Festland. (**Wasserhaushalt**)

Vererbung

Die Weitergabe von **Erbanlagen** wird als Vererbung bezeichnet. Man versteht darunter die Fähigkeit von Lebewesen, die besonderen Merkmale ihrer **Art** über ihre Geschlechtszellen, die **Chromosomen**, an ihre Nachkommen weiterzugeben. Auf vielfältige und komplizierte Weise regeln die *Gene* alle Vorgänge in einem Lebewesen, wie z. B. **Wachstum, Stoffwechsel** sowie die Ausbildung bestimmter **Zellen**. Nicht nur die **Keimzelle** enthält in ihrem Zellkern die gesamten Erbanlagen, sondern auch jede andere Körperzelle. Bei der *Zellteilung* müssen die Erbanlagen so von Zelle zu Zelle weitergegeben werden, dass dabei keine Erbfaktoren verloren gehen. Pflanzen, Tiere und Menschen wachsen durch Zellteilung, wobei die beiden daraus entstandenen Tochterzellen dieselbe Anzahl von Chromosomen aufweisen wie die Mutterzelle. Bei der Entstehung eines neuen Lebewesens durch geschlechtliche **Fortpflanzung** verschmelzen bei der **Befruchtung** die Zellkerne der männlichen und weiblichen **Keimzellen**. Das Produkt dieser Verschmelzung, die *Zygote*, müsste nun den doppelten Chromosomensatz – von Vater und Mutter –, also 2 x 46 Chromosomen, aufweisen. Beim Menschen würde das für ein Kind 92, für das Enkelkind 184 Chromosomen bedeuten. Da aber der Zellkern ein auf diese Weise vervielfachtes Chromosomenmaterial nicht fassen kann, findet die Chromosomenverdopplung nicht statt. Bei der Bildung der Keimzellen lässt sich eine so genannte Reduktionsteilung beobachten, die die Anhäufung von Chromosomen verhindert. Man bezeichnet diese Art der Zellteilung, bei der die Chromosomenzahl immer gleich bleibt, als *Meiose*.

Vererbungslehre

Die Vererbungslehre, auch *Genetik* oder *Erblehre* genannt, erforscht die Grundlagen und Gesetzmäßigkeiten der **Vererbung**. Im weiteren Sinne umfasst sie auch die Lehre von der Entwicklung der **Organismen**. Entdeckt hat die grundlegenden Vererbungsgesetze der Biologe und Naturgeschichtler *Gregor Johann Mendel* (1822–1884). Bei Kreuzungsversuchen (**Kreuzung**) mit Bohnen und Erbsen fand er die mendelschen Gesetze, nach denen die Vererbung einfacher Merkmale abläuft. Diese Gesetze sind heute für Menschen, Tiere und Pflanzen anerkannt.

Vergaser

Vergaser erzeugen das Kraftstoff-Luft-Gemisch, das für den Betrieb von **Verbrennungsmotoren** notwendig ist. Dabei wird die von den **Kolben** (**Kolbenmaschine**) angesaugte Luft durch einen Luftfilter und ein Ansaugrohr am eigentlichen Vergaser vorbeigeführt. Dieser besteht aus einem Gehäuse, in dem sich ein Schwimmer befindet, der in einer so genannten Schwimmerkammer mit Hilfe eines **Ventils**

Schema der Funktionsweise eines Vergasers

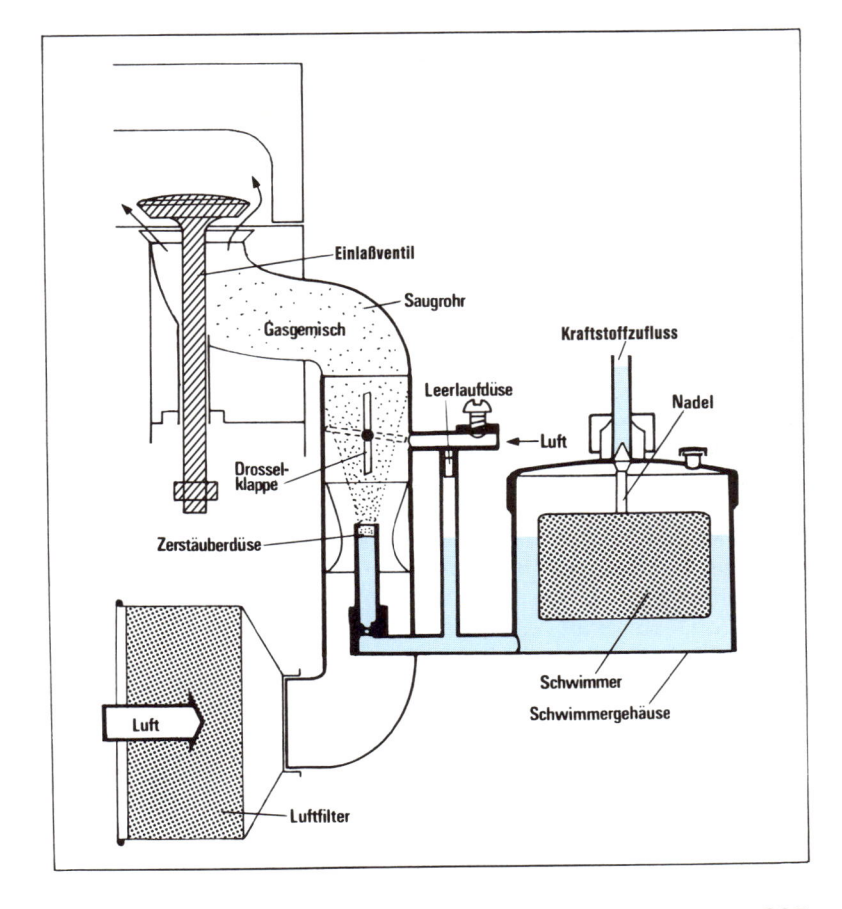

Verhaltensforschung

den Benzinzufluss regelt. Durch eine Düse wird das Benzin von einem Mischrohr in das Ansaugrohr geleitet. Wird nun durch das Betätigen des Gaspedals (**Kraftwagen**) die im Ansaugrohr befindliche Drosselklappe geöffnet, dann wird das Benzin in Tröpfchenform von dem Luftstrom mitgerissen und als Gemischnebel in den **Zylinder** geführt, wo das Gasgemisch im zweiten Takt verdichtet und im dritten Takt, dem Arbeitstakt, gezündet wird.

Verhaltensforschung

Die Verhaltensforschung ist ein Teilgebiet der **Biologie**, das sich mit dem natürlichen Verhalten von Menschen und Tieren beschäftigt. Man versucht dabei festzustellen, welche Verhaltensweisen von **Instinkten** und **Reflexen** bestimmt werden, also angeboren sind, und in welchem Maß eine Weiterbildung (Erziehung) möglich ist. Als Begründer der vergleichenden Verhaltensforschung gilt der österreichische Naturwissenschaftler *Konrad Lorenz* (1903–1989), der durch seine Untersuchungen über instinktives Verhalten weltberühmt wurde. Bei seinen vielbeachteten Experimenten mit **Gänsen** konnte er das Phänomen der Prägung nachweisen. Verhaltensstörungen bei Mensch und Tier sind behandlungsbedürftig. In einer Therapie wird versucht, das Verhalten an die Umstände anzupassen oder eine Veränderung der Umstände herbeizuführen.

Verklappung

Als Verklappung bezeichnet man die Einleitung meist giftiger industrieller Abfälle durch Spezialschiffe ins Meer. Durch Verklappung gelangen Schadstoffe, besonders **Schwermetalle**, ins Wasser. Hauptverklappungsgebiet der mitteleuropäischen Staaten ist die *Nordsee*. Die Schadstoffbelastungen führen zu einem anhaltenden Sauerstoffmangel des Wassers. Die Abfallstoffe werden vom tierischen und pflanzlichen **Plankton** aufgenommen und gespeichert, gelangen so in die Nahrung der Menschen und gefährden ihre Gesundheit.

Videotechnik

Ähnlich wie Geräusche (**Tonbandgerät**) lassen sich auch Bildsignale auf einem Magnetband aufzeichnen. Videosignale sind niederfrequente (**Frequenz**), bereits durch die Videokamera bzw. durch das Fernsehgerät zerlegte Bildsignale. Das Videoaufnahmegerät (Videorecorder) arbeitet nach dem gleichen Prinzip wie das elektronische Bildaufzeichnungssystem der Fernsehanstalten. Genau wie beim Tonbandgerät lassen sich Videoaufzeichnungen überspielen und löschen. Die erfolgreichste Neuerung auf dem Videomarkt zu Beginn der 90er Jahre sind so genannte *Camcorder,* das sind Kameras mit eingebautem Aufzeichnungsgerät, das auch separat genutzt werden kann. Jüngste Entwicklungen zielen auf erhöhten Bedienungskomfort sowie auf eine Verbesserung der Bild- und Klangqualität (Super-VHS, digitale Bildverarbeitung).

Schnittzeichnung durch einen Kamerarecorder (Camcorder)

Videorecorder mit Editierfunktionen für die kreative Nachbearbeitung. Auf einem Spezialbildschirm kann sowohl das von der Kamera zugespielte Bild als auch das Bild des Recorders gleichzeitig gezeigt werden

Vierfarbendruck

Vierfarbendruck nennt man den Druck mehrerer Farben über- und nebeneinander. Dabei wird für jeweils eine Farbe eine *Druckplatte* verwendet, die man meist aus *Negativen* von Farbfilmen (**Filmentwicklung**) herstellt. Als **Drucktechnik** für den Vierfarbendruck können fast alle Druckverfahren angewandt werden. Beim Vierfarbendruck verwendet man vier Platten, je eine für Gelb, Rot, Blau und Schwarz. Durch Übereinanderdrucken lassen sich auch Zwischenfarbtöne (z. B. Grün) erzielen. Die schwarze Platte bewirkt darüber hinaus eine Vertiefung der Bildzeichnung.

Virus

Virus (Mehrzahl Viren) ist eine Sammelbezeichnung für Kleinstlebewesen, die noch kleiner als **Bakterien** und von kugel- oder stäbchenförmigen Bau sind. Sie sind nur unter dem *Elektronenmikroskop* zu sehen. Viren sind Erreger verschiedener Krankheiten, die auch als Virusinfektionen bezeichnet werden. Dazu zählen Masern, *Pocken*, infektiöse *Gelbsucht*, **Kinderlähmung** u. a. Auch **Tiere** und **Pflanzen** können von Viren befallen werden (Tollwut, Maul- und Klauenseuche bzw. Blattrollkrankheit). Während man Bakterien mit **Antibiotika** wirksam bekämpfen kann, gibt es noch keine Medikamente, die Viren abtöten oder in ihrer Vermehrung hemmen. Hat man eine Viruserkrankung überstanden, bleibt oft für das ganze Leben eine **Immunität** erhalten. Gegen viele Viruserkrankungen kann man sich durch **Impfung** schützen (**Infektion**). Nach neuesten Erkenntnissen sind bestimmte Viren für die Entstehung von Krebs verantwortlich.

Viskosität

Unter Viskosität (lat. Zähigkeit) versteht man die den Flüssigkeiten und Gasen eigene innere **Reibung**. Sie ist von der Größe der **Moleküle** und der Höhe der **Temperatur** abhängig. Die Viskosität nimmt mit zunehmender Temperatur ab, da die Reibung zwischen den Molekülen überwunden wird. Man kann dieses Phänomen messen, indem man die Ausflussgeschwindigkeit einer bestimmten Flüssigkeit aus einem Rohr (Viskosimeter) ermittelt. So lässt sich wissenschaftlich nachweisen, dass Öl beispielsweise zähflüssiger ist als Wasser, also eine höhere Viskosität aufweist.

Gelangt ein Virus in eine Zelle, beginnt es sofort sich mit großer Geschwindigkeit zu vermehren

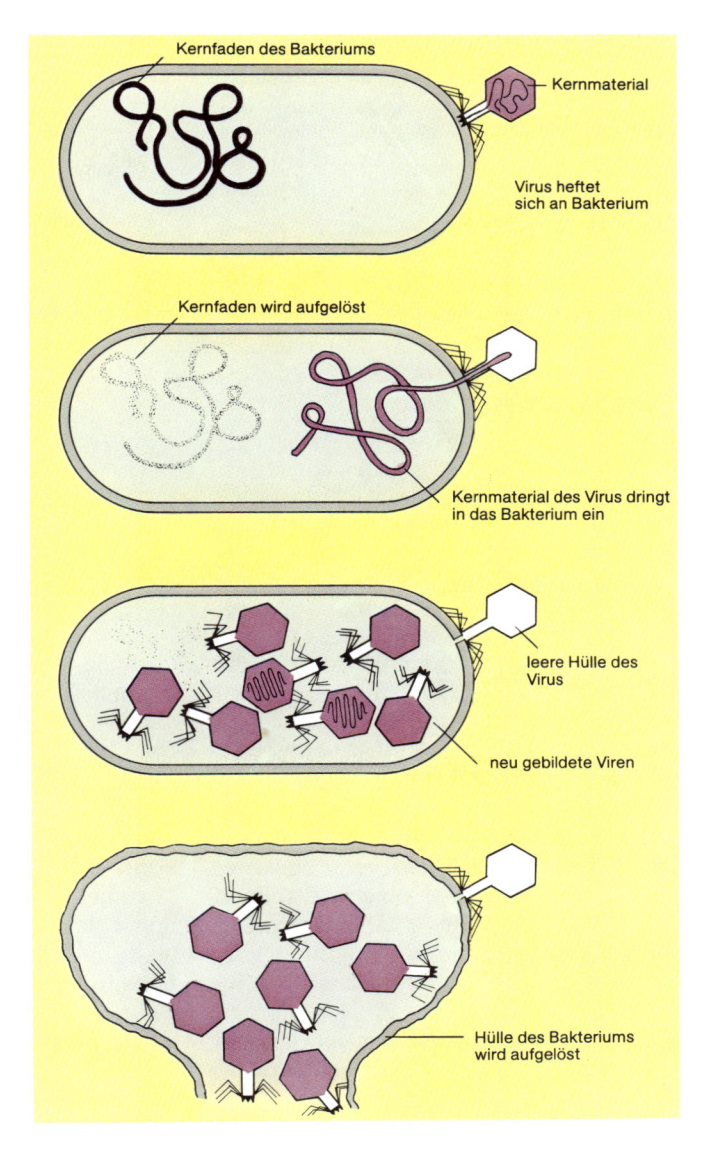

Vitamine

Vitamine sind wasser- oder fettlösliche Wirkstoffe, die mit der Nahrung aufgenommen werden müssen, da der menschliche Körper sie nicht selbst produziert. Einige von ihnen sind lebensnotwendig; sie wirken als Katalysatoren und bilden die für den **Stoffwechsel** notwendigen **Enzyme**. Nimmt man zu wenige Vitamine zu sich, so können Mangelerscheinungen auftreten.
Zu den wichtigsten Vitaminen gehören:
Vitamin A: Es ist für die Gesundheit der Atemorgane und das Sehen bei Dunkelheit (Aufbau des Sehpurpurs) wesentlich. Vitamin A ist in tierischen Nahrungsmitteln (Kalbsleber, Eidotter, Milch) enthalten und kann auch über den Wirkstoff *Karotin*, der in Karotten und Tomaten vorkommt, aufgenommen werden.

Vitamin B: Unter der Bezeichnung Vitamin B sind mehrere verschiedene Substanzen zusammengefasst (B_1, B_2, B_6 und B_{12}). Fehlt eines der Vitamine, kommt es – je nach Mangelzustand – zu Blutarmut, Nervosität, Appetitlosigkeit, Haut- und Schleimhautveränderungen oder Haarausfall. Um dem entgegenzuwirken, sollte man Hefe, Eier, Leber und Muskelfleisch sowie Vollkornprodukte in ausreichender Menge zu sich nehmen.
Vitamin C: Der Körper braucht dies Vitamin, um eine Substanz zu bilden, die das Körpergewebe festigt. Mangelt es an Vitamin C, so ist die Widerstandskraft, vor allem gegenüber Erregern von Erkältungskrankheiten, geschwächt. Deshalb sollte man im Winter viel Vitamin C zu sich nehmen. Es ist vor allem in frischem Obst (z. B. Zitronen und Orangen) und Gemüse enthalten.

Vögel

Die wichtigsten Vitamine in der Übersicht

	Vitamin A	Vitamine der B-Gruppe	Vitamin C	Vitamin D
Das Vitamin ist hauptsächlich enthalten in:	Lebertran, Milch, Eigelb, Kalbsleber, Spinat, Provitamin Karotin in Karotten und Tomaten	Hefe, Weizenkleie, Schweinefleisch, Hülsenfrüchte, Eier, Milch, Leber, Nüsse	Zitrusfrüchte, frisches grünes Gemüse, Tomaten, Kartoffeln	Lebertran, Fisch, Milch, Eigelb, Butter
Das Vitamin ist notwendig für:	gesunde Haut und Augen	Stoffwechsel und Nerven, Blutbildung	Abwehrkräfte des Organismus, gegen Entzündungen	Aufbau der Knochen
Der tägliche Bedarf beträgt:	1,3 mg	1,8 mg	75 mg	0,01 mg
Wenn es fehlt, kommt es zu folgenden Störungen:	Nachtblindheit, Hautkrankheiten, Wachstumsstörungen	Beriberi, Verdauungsstörungen, Herzschwäche, Blutarmut	Zahnfleischbluten, Müdigkeit, Gelenk- und Knochenschmerzen, Anfälligkeit für Krankheiten	Knochenerweichung (Rachitis), Knochenverkrümmung und Missbildung

Vitamin D: Dieses Vitamin fördert das Wachstum von Knochen und Zähnen; fehlt es, so besteht die Gefahr der Knochenverformung. Man kann ihr entgegenwirken, indem man sich dem Sonnenlicht aussetzt, das die Bildung von Vitamin D begünstigt. Man findet es außerdem in Fisch, Lebertran und in verschiedenen Milchprodukten. Eine typische Krankheit, die auf Mangel an Vitamin D zurückzuführen ist, ist die *Rachitis*, von der früher viele Kinder in sonnenarmen Industriestädten befallen waren.

Vitamin K: Es wird von der Leber benötigt, um eine Substanz zu bilden, die für die normale *Blutgerinnung* notwendig ist. Vitamin K kommt in vielen frischen Gemüsearten vor. Es wird aber auch von einigen Darmbakterien produziert.

Vögel

Vögel sind warmblütige **Wirbeltiere** und stammen entwicklungsgeschichtlich von den Kriechtieren (**Reptilien**) ab. Die älteste bekannte, als Fossil (**Fossilien**) erhaltene Vogelform ist der *Archaeopteryx* (Urvogel), der noch deutliche Merkmale der Kriechtiere aufweist. Vögel haben ein *Federkleid*, das zur Wärmeregulierung dient und beim Männchen oft sehr schön gefärbt ist. Die zu Flügeln umgebildeten Vordergliedmaßen ermöglichen den Vögeln eine Verbreitung über die ganze Erde. Nur wenige sind gezwungen, am Boden zu bleiben, weil ihre Schwingen verkümmert sind (*Strauße, Emus*); sie werden als *Laufvögel* bezeichnet. Bei den **Pinguinen** sind die Flügel zu Flossen umgebildet. Bei den Hintergliedmaßen unterscheidet man zwischen Greif-, Ruder-, Scharr-, Schwimm-, Klammer- und Straußenfuß. Die Knochen des Vogelskeletts sind hohl und dadurch besonders leicht, was den Vögeln das Fliegen erleichtert.

Jede Vogelart hat eine charakteristische Schnabelform, entsprechend der Nahrung, die aufgenommen wird

Flamingo

Kreuzschnabel

Gans mit vorne abgeflachtem Schnabel

Eisvogel

Kolibri

Buntspecht

Vögel legen kalkschalige **Eier**, je nach Vogelart von unterschiedlicher Größe, Form und Farbe, die sie in selbst gebauten, oft kühn konstruierten *Nestern* ablegen. Die ausgeschlüpften Jungen werden entweder bis zur Flugfähigkeit im Nest mit Nahrung versorgt, dann sind es *Nesthocker*, oder sie suchen sich von Anfang an ihre Nahrung selbst, dann sind es *Nestflüchter*. Zu den Nesthockern zählt z. B. die *Amsel*, zu den Nestflüchtern der *Fasan* und die *Ente*. Vögel ernähren sich hauptsächlich von **Insekten** und **Samen**, auch von *Würmern* und **Schnecken**. Ihre Hornschnäbel sind jeweils artspezifisch entsprechend der Ernährungsweise geformt. **Singvögel** haben ein speziell ausgestattetes Stimmorgan. **Zugvögel** wechseln im Winter in wärmere Klimazonen, nachdem sie den Sommer in nördlichen Gefilden verbracht haben. (Abb. S. 300/301)

Volt

Als der italienische Physiker *Luigi Galvani* (1737–1798) an einem Regentag des Jahres 1789 gesalzene Froschschenkel an einem Kupferdraht am Balkongeländer aufhängen wollte, zuckten die Schenkel bei der Berührung mit dem Eisengitter wie elektrisiert auf. Der Gelehrte vermutete hinter dieser Erscheinung eine besondere „Tierelektrizität". Heute kennt man den tatsächlichen Grund für dieses Phänomen: Kupferdraht und Eisendraht (zwei verschiedene **Metalle**) bekommen Kontakt mit den feuchten, gesalzenen Froschschenkeln, wodurch eine elektrische Spannung aufgebaut wird. Ein Landsmann Galvanis, *Alessandro Graf von Volta* (1745–1827), baute nach dieser Entdeckung das erste brauchbare elektrische Element. Seine *Elektronenpumpe* bestand aus einer Zinkplatte und einer Kupferplatte, die beide in eine Lösung aus verdünnter Schwefelsäure getaucht wurden. Das dabei entstehende elektrische Gefälle wurde zur Maßeinheit für die elektrische *Spannung* bestimmt. Ein voltasches Element hat immer die Spannung von 1 Volt (V).

Vulkan

Als Vulkan bezeichnet man eine geologische Formation, die durch enorme Hitze und Druckkräfte entstanden ist. Dabei steigt **Magma** aus dem Erdinneren auf und sammelt sich in einem Becken unterhalb der Erdkruste. Das Magma versucht, an die Oberfläche zu gelangen. An Schwachstellen wird durch den ungeheuren Druck die Erdkruste aufgerissen und das heiße Gestein, **Lava** genannt, kann nach außen dringen. Zusätzlich werden Asche und Schlacken herausgeschleudert. Zu den häufigsten Vulkanformen gehören die Schicht- oder Stratovulkane, für die die Wechsellagerung von Asche- und Lavaschichten charakteristisch ist (Vesuv-Typ). Schildvulkane vom Hawaii-Typ sind flach, ihr Krater enthält meistens einen See aus kochender Lava. Ferner gibt es Schlackenvulkane (Stromboli-Typ), Explosivvulkane (Krakatau-Typ) und Stau- oder Stoßkuppen (Pelée-Typ). Es gibt gegenwärtig etwa 500 tätige Vulkane. Ihre Verbreitung ist durch Zerrüttungszonen der Kettengebirge und durch die großen Bruchzonen gegeben, in denen das Magma leichter aufsteigen kann. Vulkanausbrüche können katastrophale Ausmaße annehmen und werden mit der Entstehung von **Erdbeben** in Verbindung gebracht. Andererseits sind vulkanische Böden aufgrund ihres hohen Mineraliengehalts äußerst fruchtbar.

Vulkanausbruch auf Island

Schematischer Längsschnitt durch einen Vulkan

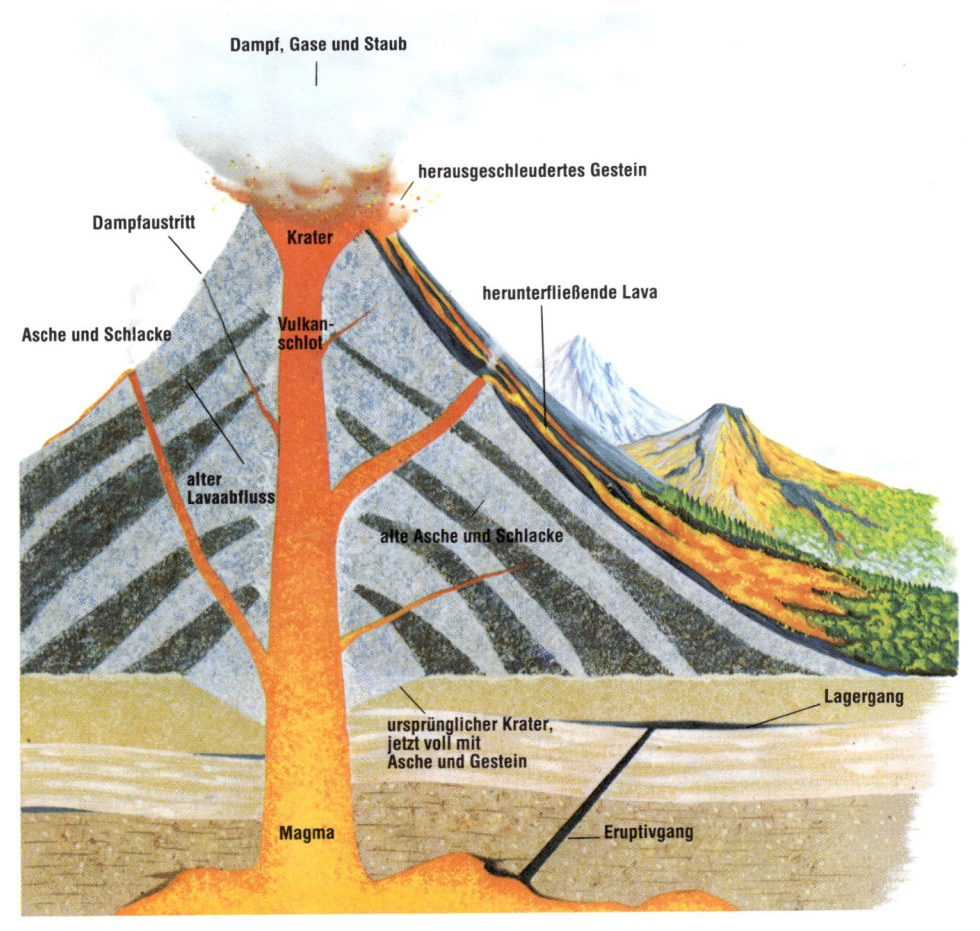

Vögel

Kleinspecht

Feldsperling

Fasan

Säbelschnäbler

Vögel

Weißstorchpaar am Nest

Mäusebussard

Turmfalke am Horst

Waldkauzpaar

Wachstum

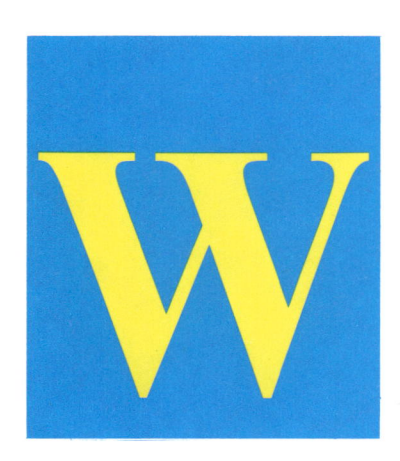

Wachstum

Als Wachstum bezeichnet man bei Lebewesen die Fähigkeit, an Größe und Gewicht zuzunehmen. Alle Lebewesen bestehen aus **Zellen**, die sich durch Teilung (*Zellteilung*) vermehren. Dabei entstehen aus einer Mutterzelle zwei Tochterzellen, die heranwachsen und sich schließlich ebenfalls teilen können. Die Vermehrung und Vergrößerung der Zellen wird durch **Hormone** der Hirnanhangdrüse, der Schilddrüse und der Keimdrüsen gesteuert. Die Wachstumsintensität hängt auch von äußeren Faktoren ab (**Ernährung, Temperatur** und – bei **Pflanzen** – **Licht**).

Wahrnehmung

Unter Wahrnehmung versteht man bei Mensch und Tier das Aufnehmen von Reizen aus der Außenwelt mit Hilfe der **Sinnesorgane**. Man unterscheidet dabei Nahsinne, wie **Tast-, Geschmacks-** und **Temperatursinn**, und Fernsinne, wie *Seh-, Gehör-* und **Geruchssinn**. Die Sinneseindrücke werden geordnet, verarbeitet und gespeichert. So ist es für ein Individuum möglich, seine Umwelt nicht nur wahrzunehmen, sondern sich auch der Situation entsprechend richtig zu verhalten.

Wald

Unter einem Wald versteht man ein zusammenhängendes Ökosystem mit starkem Baumbewuchs. Man unterscheidet zwischen *Nadelwäldern, Laubwäldern, Mischwäldern, Regenwäldern* und *Bergwäldern*. Eine Sonderform stellt der **Urwald** dar, der sich im Idealfall von Menschen unberührt nach seinen eigenen Gesetzen entwickelt. Die verschiedenen Waldtypen weisen jeweils eine spezielle **Tier-** und Pflanzenwelt und für sie charakteristische **Klima-** und Bodenbedingungen auf. Früher waren große Gebiete Europas und Nordamerikas von Wäldern bedeckt. Durch übermäßiges Abholzen entstanden kahle Flächen, die heute teilweise von natürlich nachwachsendem *Sekundärwald* bestanden sind. Wo dies nicht geschah, verödete das Land zur **Heide, Steppe** oder gar zur **Wüste**. Um dem entgegenzuwirken, pflanzte man künstliche Wälder (*Forste*) an. Man hat inzwischen erkannt, dass Wälder nicht nur Holzlieferanten sind. Ihre wichtigsten Funktionen erstrecken sich auf den Schutz vor Bodenerosion und Lawinen, die Reinhaltung von **Luft** und **Wasser** und die Regulierung des **Klimas**. Viele Städte sind dazu übergegangen, breite Waldzonen anzulegen, die der Bevölkerung als Naherholungsgebiete zur Verfügung stehen. Man hat die Bedeutung des Waldes theoretisch zwar erkannt, in der Praxis werden aber trotzdem große Baumbestände gerodet, um **Holz** und landwirtschaftliche Nutzflächen zu gewinnen. Die Folgen, die dieser anhaltende Raubbau für das Weltklima und die gesamte **Natur** haben werden, sind nicht abzusehen.

Waldsterben

Waldsterben ist der allgemein geläufige Begriff für großflächige Walderkrankungen, die seit den 70er Jahren, insbesondere in Europa und den USA, beobachtet werden. Das Waldsterben beeinträchtigt die Funktionen des Waldes, der einerseits für den **Wasserhaushalt** und das **Klima** eine große Rolle spielt und andererseits vor **Winden**, *Bergrutschen*, **Erosion** und

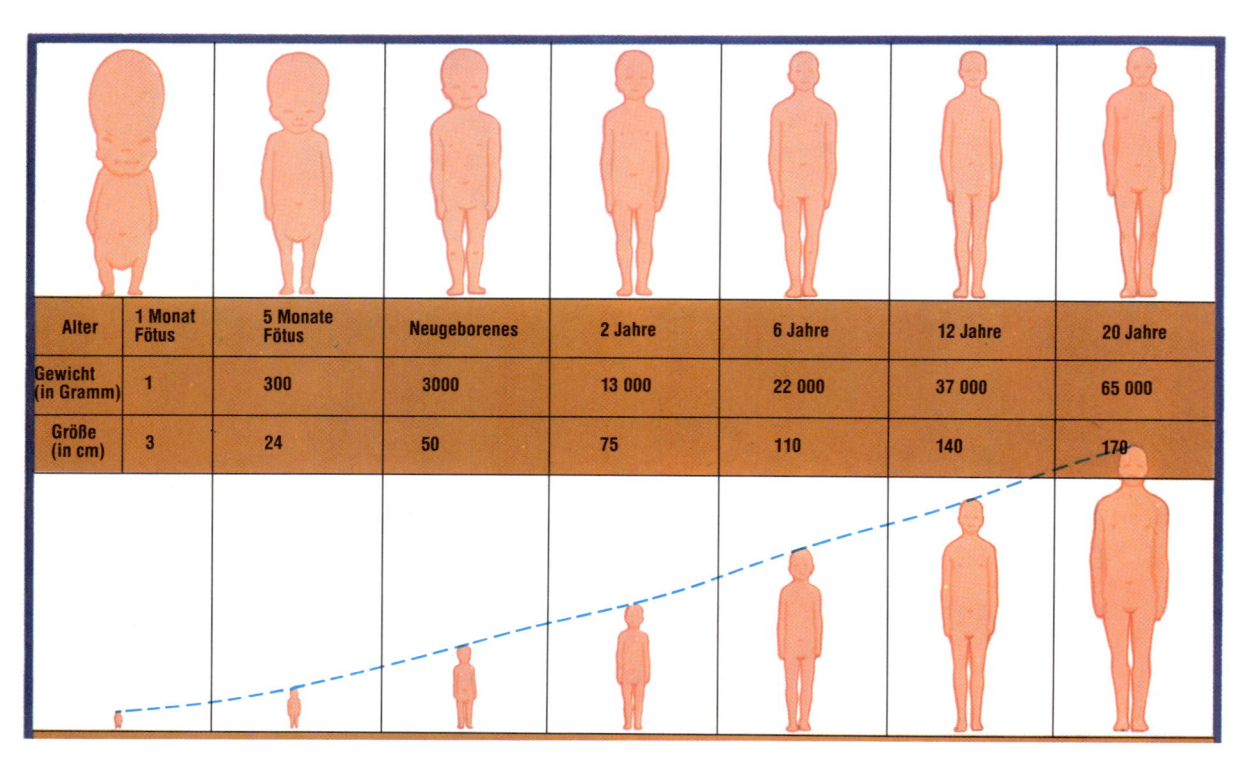

Wachstum: Die Grafik zeigt oben die Wandlung der Körperform in den einzelnen Lebensabschnitten und unten die Größenzunahme

Alter	1 Monat Fötus	5 Monate Fötus	Neugeborenes	2 Jahre	6 Jahre	12 Jahre	20 Jahre
Gewicht (in Gramm)	1	300	3000	13 000	22 000	37 000	65 000
Größe (in cm)	3	24	50	75	110	140	170

Wald

Baumgrenze in den Alpen. Die Bewaldung wird mit zunehmender Höhe immer spärlicher

Verschneiter Fichtenwald

Waldbestand aus europäischen Lärchen

Ein geschlossener Waldrand schützt die Bäume vor Windbruch

Wale

Blätter bzw. Nadeln verschiedener Waldbäume

Lawinen schützt. Für das Waldsterben werden sowohl biologische (Schädlinge, z. B. der *Borkenkäfer*) als auch nicht biologische Faktoren (**Umweltverschmutzung**, saurer Regen) verantwortlich gemacht, deren Zusammenwirken jedoch nicht genau geklärt ist.

Wale

Wale sind **Säugetiere**, die in jedem **Meer** zu finden sind, besonders häufig aber in kalten Meeren. Sie gehen niemals an Land, da sie sich durch ihr enormes Körpergewicht selbst erdrücken würden. Man unterscheidet *Bartenwale* (Blauwal, Grönlandwal, Finnwal u. a.) und *Zahnwale*, (Pottwal, Schwertwal, **Delfin**, Tümmler u. a.). Die Zahnwale besitzen bis zu 200 **Zähne**, sie jagen **Fische, Tintenfische, Seehunde** und sogar Artgenossen. Bartenwalen fehlen die Zähne, dafür haben sie so genannte Barten (Hornplatten), die vom Gaumen herabhängen. Damit filtern sie ihre Nahrung, vor allem **Plankton** und Kleinlebewesen wie Schnecken und Krebse, in ihren Schlund.

Der stromlinienförmige Körper der Wale ist haarlos. Die Vordergliedmaßen sind zu Flossen umgebildet, Hintergliedmaßen fehlen völlig. Charakteristisch sind die waagrecht gestellte Schwanzflosse, die kleinen **Augen** und die verschließbaren Nasenöffnungen, die an einer erhöhten Stelle des Körpers liegen. Wale kommen im Abstand von zehn Minuten bis zu einer Stunde an die Wasseroberfläche, um Luft zu holen. Dabei stoßen sie die verbrauchte Atemluft in einer hohen Fontäne durch die Nasenöffnungen (Spritzlöcher) aus.

Die einzelnen Arten können bis 33 m lang werden, ihr Gewicht bewegt sich zwischen 25 kg und 135 t. Gegen **Kälte** sind Wale durch eine bis 40 cm dicke Fettschicht geschützt. Diese sowie Fleisch und Knochen der Wale werden schon seit langer Zeit industriell genutzt, was zu einer spürbaren Dezimierung der Tiere geführt hat (**Walfang**).

Walfang

Seit Jahrhunderten werden **Wale** wegen ihres Fettes gejagt, das man zu Walöl und Tran für Beleuchtungszwecke verarbeitete. Man erlegt die Tiere heute mithilfe von Harpunen von einem speziell dafür konstruierten Walfangboot aus. Der Körper wird daraufhin mit Druckluft aufgepumpt

Der etwa 4 m lange Weißwal trägt den russischen Namen Beluga. Er zieht gelegentlich auch in südliche Gewässer. 1966 verirrte sich ein Beluga sogar in den Rhein. Auf diesem Bild ist deutlich zu sehen, wie die verbrauchte Atemluft durch die Nasenöffnung ausgestoßen wird

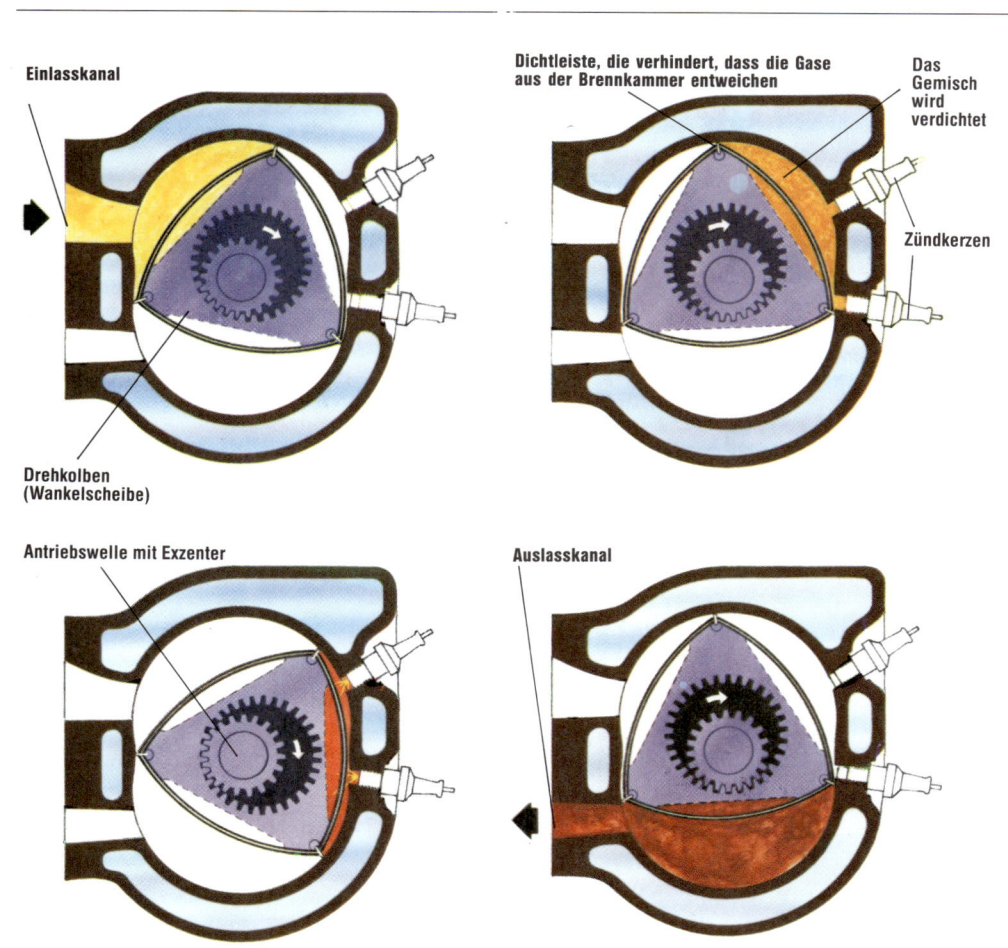

Funktionsweise eines Wankelmotors: Ansaugen – Verdichten – Zünden – Ausstoßen

(damit er nicht untergeht) und zu einer schwimmenden Fabrik, dem Walfangmutterschiff, geschleppt. Dort wird er vollständig verarbeitet. Besonders begehrt ist *Ambra*, eine Absonderung des Pottwals, das ein teurer Rohstoff für die Parfümherstellung ist. Die Walbestände wurden inzwischen so stark vermindert, dass manche Arten vom Aussterben bedroht sind. Naturschützer (**Naturschutz**) bekämpfen daher den Walfang, den vor allem Japaner und Russen immer noch intensiv betreiben.

Wankelmotor

Der Wankelmotor (*Rotationskolbenmotor*) wurde von dem deutschen Ingenieur *Felix Wankel* (1902–1988) erfunden. Der Motor arbeitet im Unterschied zu den üblichen **Verbrennungsmotoren** mit einem Drehkolben, der die Form eines Dreiecks mit nach außen gebogenen (konvexen) Seiten hat. Er beschreibt in einem Gehäuse (Brennkammer) eine Kreisbewegung, wobei durch die Kanten des Kolbens jeweils drei gasdicht voneinander getrennte Räume entstehen. Bei diesem Vorgang werden die Arbeitstakte Ansaugen, Verdichten, Zünden und Ausstoßen des Kraftstoffgemischs gleichzeitig von je einer Seite des Drehkolbens bewältigt. **Ventile**, Pleuel oder andere bewegliche Teile sind dabei nicht erforderlich, da der Kolben die Steuerung des Gaswechsels selbst übernimmt. Die Vorteile des Wankelmotors liegen darin, dass er bei gleicher Leistung wesentlich kleiner und leichter ist als herkömmliche Verbrennungsmotoren und selbst im höheren Drehzahlbereich äußerst ruhig läuft. Die hohen Drehzahlen des Motors haben allerdings den Nachteil, dass er viel Benzin verbraucht und eine geringere Lebensdauer hat.

Wärme

Die Wärme ist eine Energieform, die eng mit der **Temperatur** zusammenhängt, mit dieser aber nicht gleichgesetzt werden kann. So besitzt z. B. ein Eimer mit kochendem Wasser eine größere Wärme als eine Tasse mit kochendem Wasser, obwohl beide die gleiche Temperatur haben.

Wasserhaushalt

Die **Energie** der Wärme entsteht aus den Bewegungen der **Moleküle** und **Atome** eines **Körpers**. Wenn diese Bewegungen immer stärker werden, sich der Körper also immer mehr erwärmt, dehnt er sich aus. Die Wärme verflüssigt feste Stoffe und verdampft flüssige. Die *Wärmemenge* wird in **Joule** (J) gemessen. *Wärmeenergie* lässt sich mit einem bestimmten **Wirkungsgrad** in andere Energieformen umwandeln, z. B. in mechanische oder elektrische Energie. (**Dampfmaschine**)

Wasser

Wasser ist eine chemische Verbindung von **Sauerstoff** und **Wasserstoff** mit der Formel H_2O. Bei 100 °C geht Wasser in **Dampf** über (Siedepunkt), bei 0 °C erstarrt es zu **Eis** (Schmelzpunkt). Diese **Temperaturen** wurden als Fixpunkte für die Celsius-Temperaturskala gewählt. Bei 4 °C hat Wasser seine größte **Dichte** erreicht, es dehnt sich bei höheren oder niedrigeren Temperaturen wieder aus. Dies ist der Grund dafür, dass Eis immer an der Wasseroberfläche schwimmt. Reines Wasser leitet **elektrischen Strom** fast überhaupt nicht, es kommt in der **Natur** allerdings kaum vor. Meistens enthält es Verunreinigungen wie Staub, **Bakterien**, **Salze**, **Kohlendioxid**, *Chlor* und *Kalk*. Da die Qualität des Wassers stark unter der **Umweltverschmutzung** leidet, muss man es in **Kläranlagen** sorgfältig reinigen und aufbereiten (vor allem *Trinkwasser*). Chemisch reines Wasser erhält man durch **Destillation** oder über Ionenaustauscher. Es findet vor allem in Medizin und **Technik** (z. B. in Autobatterien) Verwendung, da es kein besseres Lösungs- und Transportmittel für feste Stoffe und **Gase** gibt. Wasser bedeckt ungefähr drei Viertel der Erdoberfläche und ist in der **Atmosphäre** bis zu 4 % als Wasserdampf enthalten. Der **Mensch** und die höheren **Tiere** bestehen zu 60–70 % aus Wasser, **Pflanzen** sogar bis zu 95 %. Ohne diesen Grundstoff wäre auf der **Erde** kein Leben möglich. Er dient als Lösungs- und Transportmittel für **Nährstoffe**, sorgt für die Aufrechterhaltung des osmotischen Drucks in den **Zellen** und ist für die **Fotosynthese** unentbehrlich.

Wasserhaushalt

Unter dem Begriff Wasserhaushalt versteht man die für alle **Organismen** lebensnotwendige Aufnahme und Abgabe von **Wasser**. Die Wasseraufnahme erfolgt

Wasser

In Form von Meeren, Flüssen, Seen und Eis bedeckt Wasser etwa drei Viertel der Erdoberfläche (Bild ganz oben)

Einige Gebiete der Erde sind fast wasserlos. Die Menschen fanden Mittel und Wege, dieses lebensnotwendige Element an die gewünschten Orte zu leiten, wie das Foto von einem Wüstenkanal zeigt (Bild oben)

Die Niagara-Wasserfälle in Nordamerika (Bild rechts)

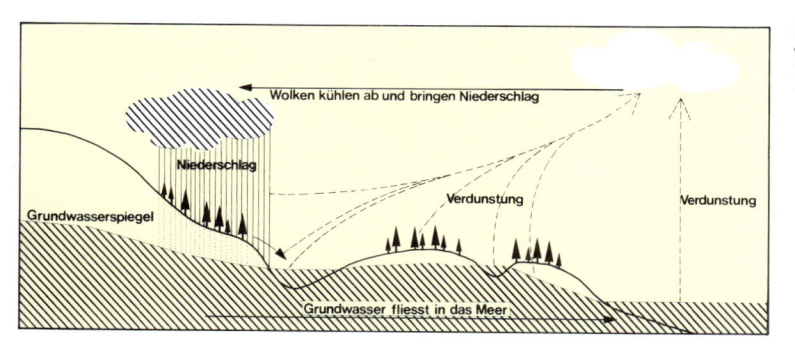

Der Kreislauf des Wassers in der Natur

entweder über die Körperoberfläche (bei Meerestieren), die Nahrung oder das Trinken. Höhere **Pflanzen** nehmen Wasser über die **Wurzeln** auf. Abgegeben wird es über Ausscheidungsorgane oder die **Haut** *(Transpiration).* In Wäldern findet sich meist ein sehr ausgewogener Wasserhaushalt. In niederschlagsreichen Zeiten speichert der **Wald** Wasser, in Trockenzeiten gibt er es wieder ab. Auf diese Weise wird der Stand des **Grundwassers** geregelt (**Moose**). Der Wald verbraucht viel Wasser, das er dem **Boden** mit Hilfe von Baum- und Pflanzenwurzeln entzieht. Über **Blätter** bzw. Nadeln gelangt es durch **Verdunsten** dann wieder in die **Luft**. Ein Hektar Buchenwald beispielsweise kann täglich bis zu 40 t (40 000 l) Wasser verdunsten. Dieses gelangt durch **Niederschläge** wieder in den Boden, wo der Kreislauf von neuem beginnt (**Wasserkreislauf**).

Wasserkreislauf

Meerwasser verdunstet unter der Einwirkung von Sonnenwärme, steigt als **Dampf** auf und kondensiert. Ein Teil davon fällt als **Regen** oder **Schnee** ins **Meer** zurück (kleiner Kreislauf), der Rest wird vom **Wind** aufs Festland getragen. Der **Niederschlag** des Landes verdunstet ebenfalls wieder teilweise, der übrige fließt entweder ins Meer und in Binnenseen oder versickert im Erdboden (**Grundwasser**) und tritt an anderer Stelle als **Quelle** wieder aus. In Flüssen wird das Wasser dann zum Meer oder zu Binnenseen zurückgeführt (großer Kreislauf).

Wasserstoff

Wasserstoff (griech.: Hydrogenium, Abkürzung H) ist ein farb- und geruchloses **Gas** und das leichteste aller **chemischen Elemente**. Er brennt mit einer sehr heißen, schwach sichtbaren Flamme, seine Verbrennungsgase schlagen sich dabei an einem kalten Trichter als **Wasser** nieder. Auf der **Erde** findet sich Wasserstoff vor allem im Wasser (H_2O) und in organischen Verbindungen. In der **Atmosphäre** kommt er auch in freiem Zustand vor, allerdings nur in geringen Mengen. Im **Laboratorium** stellt man Wasserstoff mit dem so genannten kippschen Apparat her, indem man verdünnte *Schwefelsäure* oder *Salzsäure* auf *Zink* einwirken lässt. In der **Technik** wird Wasserstoff durch **Elektrolyse** wässriger Lösungen von Natrium- oder Kaliumchlorid gewonnen. Mischt man Wasserstoff und **Sauerstoff** im Verhältnis 2:1, entsteht ein Gas, das explosionsartig verbrennt (*Knallgas*). Es findet in *Knallgasgebläsen* beim **Schweißen** Anwendung. Flüssiger Wasserstoff ist ein wichtiger Bestandteil von Kühlmitteln für **Generatoren** und Kältemaschinen sowie von Raketentreibstoffen.

Wasserstoffbombe

Die Wasserstoffbombe zählt zu den **Kernwaffen**. Im Gegensatz zu herkömmlichen Atombomben beruht ihre **Wirkungsweise** nicht auf der Spaltung (**Kernspaltung**), sondern der Vereinigung von *Atomkernen*. Bei der Zündung einer Wasserstoffbombe wird zwar in etwa dieselbe **Kernenergie** freigesetzt, wie z. B. bei Uran- oder Plutoniumbomben, dennoch können mit Wasserstoffbomben stärkere **Explosionen** erzeugt werden. Die erste Wasserstoffbombe wurde 1952 in den USA gezündet. Gegenwärtig sind außer den USA einige Staaten der ehemaligen Sowjetunion, China, Großbritannien und Frankreich im Besitz von Wasserstoffbomben.

Wasserversorgung

Unter Wasserversorgung versteht man alle Einrichtungen und Maßnahmen, die dazu dienen, die Bevölkerung, Industrie und Landwirtschaft mit **Wasser** zu versorgen. Es sind dafür besondere Anlagen vorhanden, die Grund-, Quell- und Oberflächenwasser aufnehmen, speichern, aufbereiten sowie zuleiten und verteilen. *Trinkwasser* wird in einer Wasseraufbereitungsanlage aufbereitet (**Kläranlage**). Zur Förderung des Leitungswassers werden ein- und mehrstufige Kreiselpumpen oder Tauchpumpen eingesetzt (**Pumpe**). Das aufbereitete Wasser wird in Hochbehältern gespeichert, die auch dazu dienen, in den Leitungen einen konstanten Wasserdruck aufrechtzuerhalten. Das Wasserversorgungsnetz verteilt das vom Wasserwerk gelieferte Wasser an die einzelnen Verbraucher. In der Bundesrepublik Deutschland werden, statistisch gesehen, pro Tag und Einwohner rund 150 l Trinkwasser verbraucht.

Watt

Unter Watt versteht man den aus Sand und Schlick bestehenden Teil des *Meeresbodens*, der bei *Flut* unter Wasser liegt und bei *Ebbe* zum Strand gehört (**Gezeiten**). An manchen Stellen der Nordsee ist diese *Gezeitenzone* über 30 Kilometer breit. Im und am Watt leben *Würmer*, **Schnecken, Muscheln**, *Krebse*, **Fische** und *Seevögel* in großer Zahl und Vielfalt. Aus entwässertem und eingedeichtem Watt gewinnt man den äußerst fruchtbaren *Marschboden*.

In der Physik ist das Watt die Einheit für jede Art von **Leistung**.

Wattenmeer bei Büsum an der Nordsee

Mechanische Baumwollwebstühle in einer Fabrik für Textilverarbeitung. Die Aufnahme datiert aus dem Jahr 1906

Webstuhl

Die Herstellung von Geweben aus Textilfäden *(Garn)* erfolgt meist mithilfe von Webstühlen. Im Webstuhl werden zwei sich rechtwinklig kreuzende Fadensysteme miteinander verflochten: die *Kettfäden,* die in Längsrichtung des Gewebes laufen, und die *Schussfäden,* die mit dem *Schiffchen* quer dazu durchgeführt (in der Fachsprache: durchgeschossen) werden. Nach jedem Schuss wird der Schussfaden mit einem feinen Stahlkamm (Weberkamm) an das schon fertige *Gewebe* gedrückt und auf den Warenbaum gewickelt. Die ältesten Gewebe reichen bis in die Jungsteinzeit zurück; Hilfsmittel war zu jener Zeit ein einfacher Webrahmen. Im 13. Jh. kam der erste Trittwebstuhl auf, 1784 erfand man in England den ersten mechanischen Webstuhl und bereits 1787 wurden Webstühle mit Dampfkraft angetrieben. Ein wichtiger Entwicklungsschritt war dann der erste elektrische Webstuhl von 1879.

Wechseljahre

Als Wechseljahre *(Klimakterium)* der Frau bezeichnet man den Zeitraum zwischen dem 45. und 55. Lebensjahr, in dem die Funktion der *Keimdrüsen* nachlässt und allmählich erlischt. Äußeres Anzeichen der Wechseljahre ist das Ausbleiben der Menstruation *(Menopause),* oft begleitet von vegetativen Störungen (z. B. Hitzewallungen) und psychischen Störungen wie Reizbarkeit und Depressionen.

Weichtiere

Weichtiere *(Mollusken)* sind wirbellose Tiere, an deren Körper sich die Abschnitte Kopf, Fuß und Eingeweidesack voneinander unterscheiden lassen. Durch eine Hautfalte, den so genannten Mantel, wird der Körper ganz oder teilweise geschützt. An ihren Rändern befinden sich Kalkdrüsen, die für die Entstehung einer Schale verantwortlich sind *(Schalentiere).* **Muscheln** und *Kopffüßer* sind sogar mit zwei Kalkschalen bedeckt. **Schnecken** tragen auf ihrem Rücken ein spiralförmig gewundenes Gehäuse, in das sie sich zurückziehen können. Auf ihrem Kopf befinden sich wie bei vielen Weichtieren Fühler und Augen. Das **Nervensystem** besteht aus paarigen, durch *Nervensträngen* verbundenen **Ganglien**. Die drüsenreiche Haut sondert neben Schleim auch Farb- und Giftstoffe ab. Die Kalkgehäuse der abgestorbenen Weichtiere haben als *Sediment* wesentlich zur Gesteinsbildung (Kalk, Kreide) beigetragen. Von wirtschaftlicher Bedeutung sind heute **Tintenfische,** Perlmuscheln, Kaurischnecken, Miesmuscheln und Weinbergschnecken.

Weizen

Weizen ist eine Getreideart, die zur Gattung der Süßgräser gehört und hauptsächlich in Europa, Nordamerika und Asien angebaut wird. Man unterscheidet zwischen Hartweizen, Rauweizen und Saatweizen, wobei letzterer entweder im Sommer oder im Winter wächst *(Sommerweizen, Winterweizen).* Diese Getreideart ist ziemlich anspruchsvoll, sie gedeiht in der Regel nur in einem feuchten, nährstoffreichen Boden. Man verwendet Weizen vor allem als Brotgetreide, zur Bier- und Branntweinherstellung und als Viehfutter.

Welle

Unter einer Welle versteht man die periodische Zustandsänderung einer physikalischen Größe, die sich ähnlich wie eine Wasserwelle ausbreitet. Bei diesem Vorgang wird Energie transportiert, aber keine Masse. Die Stellen der größten Entfernung von der Ruhelage (**Amplitude**) bezeichnet man als Schwingungsbäuche, den Abstand zweier aufeinander folgender Punkte gleicher Schwingungsphase als *Wellenlänge* und die Schwingungszahl als **Frequenz** (**Schallwellen**). Im Maschinenbau bezeichnet eine Welle eine runde, in Zapfen gelagerte Stange, die zur Übertragung von Drehbewegungen dient.

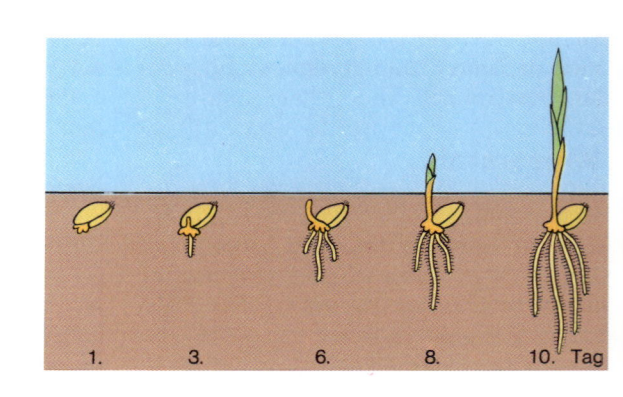

Weizen. Das Samenkorn dieser Getreideart keimt in gutem nährstoffreichem Boden schon 10 Tage nach der Aussaat

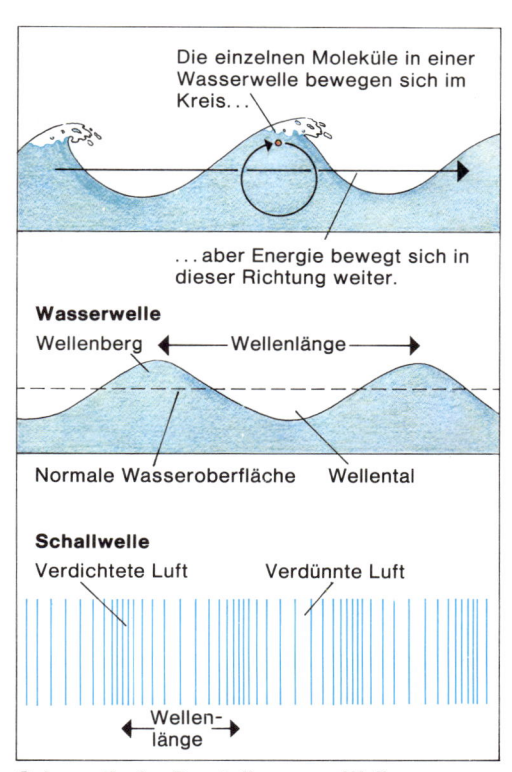

Schematische Darstellung von Wellen

Die einzelnen Moleküle in einer Wasserwelle bewegen sich im Kreis...

...aber Energie bewegt sich in dieser Richtung weiter.

Wasserwelle
Wellenberg — Wellenlänge
Normale Wasseroberfläche — Wellental

Schallwelle
Verdichtete Luft — Verdünnte Luft
Wellenlänge

Weltall

Das Weltall (*Universum, Kosmos*) ist eine andere Bezeichnung für den *Weltraum* mit der gesamten darin befindlichen Materie und Strahlung. Bis jetzt hat die wissenschaftliche Forschung noch keine Grenzen des Universums entdeckt, sondern nur eine *Raumkrümmung*. Um an die Grenzen dieses gekrümmten Raumes zu gelangen, bräuchte man selbst bei einer Reisegeschwindigkeit von 300 000 km/s (*Lichtgeschwindigkeit*) 6000 Mill. Jahre. Die verschiedenen Körper und Gebilde im Weltall, die sich alle von uns zu entfernen scheinen, reichen von kleineren Systemen (**Planetensysteme**, Doppelsterne) bis zu ganzen Gesellschaften von Milchstraßensystemen (**Milchstraße**, *Spiralnebel* u. a.). Man ist heute der Meinung, dass das Weltall vor etwa 10–13 Milliarden Jahren durch eine **Explosion**, den so genannten **Urknall**, entstanden sein muss.

Wendekreis

Die Wendekreise sind die jeweils in 23° 27′ nördlicher und südlicher Breite zum **Äquator** parallelen Kreise, über denen die **Sonne** bei ihrem jährlichen Lauf stillzustehen scheint, um sich wieder dem Äquator zu nähern, d. h. zu „wenden". Man unterscheidet zwischen dem Wendekreis des Krebses auf der Nordhalbkugel, den die Sonne am 22. Juni erreicht (auf der Nordhalbkugel die *Sommersonnenwende*), und dem Wendekreis des Steinbocks auf der Südhalbkugel, den die Sonne am 23. 12. erreicht (*Wintersonnenwende*).

Wetter

Als Wetter bezeichnet man zusammenfassend alle Erscheinungen, die sich in der Lufthülle der **Erde** zu einem bestimmten Zeitpunkt abspielen. Die *Großwetterlage* in Europa wird vor allem durch drei Aktionszentren bestimmt: durch das *Islandtief*, durch das *Azorenhoch* und durch das *zentralasiatische Tiefdruckgebiet* im Sommer bzw. *Hochdruckgebiet* im Winter. Diese drei Zentren stehen in ständiger Wechselwirkung zueinander. Die Wetterbeobachtungen werden zu Wettermeldungen zusammengefasst, die vom Wetterdienst herausgegeben werden. Neben der Wetterkunde (*Meteorologie*) gibt es viele volkstümliche Wetterregeln.

Wettersatellit

Wettersatelliten sind unbemannte **Satelliten**, die die **Erde** umkreisen und sie dabei mit Hilfe von Spezialgeräten fotografieren. Die Bilder und Messdaten werden automatisch zur Erde gefunkt und dort von Bodenstationen empfangen und ausgewertet. So gewinnt man einen ziemlich genauen Überblick über die Wettersituation (Wolkenhöhe und -bewegungen, **Winde**, **Temperatur**, Luftfeuchtigkeit). Die Wettersatelliten sind heute auch mit *Infrarot-Radiometern* ausgestattet, die Aufnahmen bei Nacht ermöglichen. Bei der Wettervorhersage im **Fernsehen** ist es inzwischen üblich, von Satelliten aufgenommene Fotos zu zeigen. (Abb. S. 310)

Den größten Anteil des Rindermagens nimmt der Pansen ein

Wiederaufbereitungsanlage

Eine Wiederaufbereitungsanlage (*WAA*) ist eine technische Anlage, in der verbrauchter Kernbrennstoff aus **Kernkaftwerken** in wieder verwendbares **Uran** und **Plutonium** sowie in radioaktive Abfälle zur *Endlagerung* zerlegt wird. Uran und Plutonium werden zu neuen Brennelementen verarbeitet und den Kernkraftwerken wieder zugeführt. Die seit 1985 im Bau befindliche Wiederaufbereitungsanlage in Wackersdorf (Bayern) wurde 1989 nach massiven Protesten aufgegeben. Radioaktive Brennelemente aus Deutschland sollen künftig zur Wiederaufbereitung nach Frankreich (La Hague) und Großbritannien (Sellafield) geschickt werden.

Wiederkäuer

Die Wiederkäuer gehören zur Ordnung der *Paarhufer* (**Huftiere**), die die *Horntiere* (**Rind**), *Hirsche*, Zwergmoschustiere und **Giraffen** umfasst. Ihr Name bezieht sich auf die Tatsache, dass sie ihre schwer verdauliche pflanzliche Nahrung nach einiger Zeit aus ihrem vierteiligen **Magen** ins Maul zurückpressen, wo sie erneut eingespeichelt und durchgekaut wird. Die pflanzliche Kost ist deshalb schwer verdaulich, weil den Tieren bestimmte **Enzyme** fehlen, die die aus **Zellulose** bestehenden Zellwände auflösen könnten. Dies besorgen **Bakterien**, die in Massen im Magen der Wiederkäuer leben. Sie ernähren sich von der Zellulose der Zellwände und setzen so den Zellinhalt frei. Bakterien und Wiederkäuer bilden also eine Gemeinschaft zum gegenseitigen Nutzen, eine **Symbiose**. Die Nahrung gelangt vom Maul zuerst in den größten Teil des Magens, den *Pansen*, der ein Fassungsvermögen von 200 l hat. Nachdem

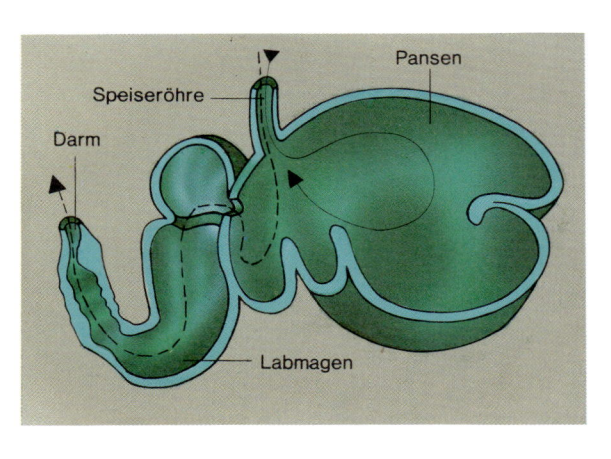

Wettersatellit

Gewitter über dem Amazonasbecken, aufgenommen von einem Wettersatelliten. Die Spitze der Haufenwolkenformation ist deutlich in der Mitte zu erkennen

Windenergieanlagen

Skala der Windstärken (nach Francis Beaufort)

Wind-stärke	Bezeichnung	Auswirkungen des Windes im Binnenland	Windgeschwindigkeit (gemessen in 10 m Höhe)		
			m/s	km/h	Knoten (kn)
0	still	Windstille; Rauch steigt senkrecht empor	0,0– 0,2	0,0– 0,7	0,0– 0,4
1	leiser Zug	Windrichtigung angezeigt nur durch Zug des Rauches	0,3– 1,5	1,1– 5,4	0,6– 2,9
2	leichte Brise	Wind im Gesicht fühlbar; Blätter säuseln; Windfahne bewegt sich	1,6– 3,3	5,8– 11,9	3,1– 6,4
3	schwache Brise	Blätter und dünne Zweige bewegen sich; Wind streckt einen Wimpel	3,4– 5,4	12,2– 19,4	6,6–10,5
4	mäßige Brise	Wind wirbelt Staub und loses Papier auf; bewegt Zweige und dünnere Äste	5,5– 7,9	19,8– 28,4	10,7–15,3
5	frische Brise	kleine Laubbäume beginnen zu schwanken; Schaumkämme bilden sich auf Seen	8,0–10,7	28,8– 38,5	15,6–20,8
6	starker Wind	starke Äste in Bewegung; Überlandleitungen beginnen zu pfeifen; Regenschirme schwierig zu benutzen	10,8–13,8	38,9– 49,7	21,0–26,8
7	steifer Wind	ganze Bäume schwanken; fühlbare Hemmung beim Gehen gegen den Wind	13,9–17,1	50,0– 61,6	27,0–33,3
8	stürmischer Wind	Wind bricht Zweige von den Bäumen; erschwert erheblich das Gehen im Freien	17,2–20,7	61,9– 74,5	33,4–40,2
9	Sturm	kleinere Schäden an Häusern (Schornsteinhauben und Dachziegel stürzen herunter)	20,8–24,4	74,9– 87,8	40,4–47,4
10	schwerer Sturm	beträchtliche Schäden an Häusern; Bäume werden entwurzelt	24,5–28,4	88,2–102,2	47,6–55,2
11	orkanartiger Sturm	verbreitete Sturmschäden (sehr selten im Binnenland)	28,5–32,6	102,6–117,4	55,4–63,4
12	Orkan	ganze Gebiete verwüstet	32,7–36,9	117,7–132,8	63,6–71,7

starke Winde bezeichnet man als **Sturm**, *Wirbelsturm* oder **Hurrikan**.

Windenergieanlagen

Windenergieanlagen nutzen die **Kraft** des **Windes**, indem sie sie in mechanische Energie umwandeln. Die älteste und wohl bekannteste Windenergieanlage ist die *Windmühle*. Bei der holländischen *Windmühle* ist auf einem unbeweglichen Gebäude aus Stein ein drehbares Dach mit Flügeln angebracht. Ein **Zahnrad** mit **Getriebe** überträgt die durch den Wind erzeugte Bewegungsenergie der Flügel auf die Windradwelle und setzt somit den Mahlgang in Bewegung. *Windpumpen* dienen der Förderung von **Grundwasser**. *Windkraftwerke* und *Windturbinen* wandeln die Rotationsenergie schnell umlaufender Windräder in elektrischen Strom um. Neuere Konzepte zur Nutzung von Windenergie für die öffentliche Stromver-

Einflügler-Großwindanlagen des Typs „Monopteros 50" im Jade-Windenergiepark bei Wilhelmshaven. Der Turm misst bis zur Nabenhöhe 60 m, der Rotordurchmesser beträgt 56 m.

sie dort vorbereitet wurde, tritt sie in den *Netzmagen* über, wo sie zu kleinen Ballen geformt und dann ins Maul zurückgepresst wird. Dort wird die Nahrung mit **Speichel** vermengt und nochmals gründlich durchgekaut. Der nunmehr flüssige Nahrungsbrei gleitet durch die **Speiseröhre** und die anschließende Schlundrinne direkt in den **Blättermagen**. Von hier wird er in den *Labmagen*, den letzten Abschnitt des Magens, befördert, wo Verdauungssäfte die eigentliche (enzymatische) Verdauung in Gang setzen. Im langen **Darm** (mit etwa zwanzigfacher Körperlänge) wird sie unter Beigabe weiterer Verdauungssäfte fortgesetzt und beendet. Die unverdaulichen Reste werden ausgeschieden.

Wind

Es ist ein physikalisches Gesetz, dass sich erwärmte **Luft** ausdehnt und aufsteigt, da sie von der schwereren kalten Luft verdrängt wird. Durch das dabei hervorgerufene Druckgefälle entstehen Luftströmungen, die man als Winde bezeichnet. Man misst sie mit einem speziell dafür entwickelten Messgerät, das die Windstärke auf der so genannten Beaufort-Skala anzeigt. Der britische Admiral *Francis Beaufort* (1774–1857) führte diese Skala, die heute international anerkannt ist, im Jahre 1806 ein. Sie unterscheidet zwischen zwölf Windstärken, deren Geschwindigkeit im Allgemeinen in m/s oder Knoten/Stunde angegeben werden. Sehr

Windkanal

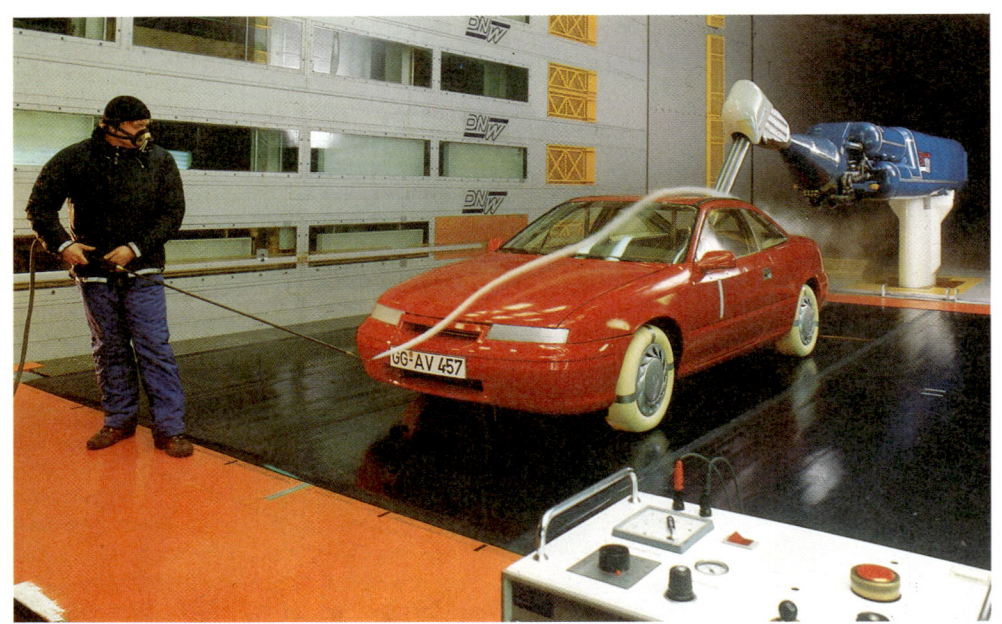

Im Windkanal werden Kraftfahrzeuge auf ihre Anfälligkeit gegen den Luftwiderstand geprüft (ganz oben). Auf dem unteren Bild ist der Verlauf der Luftströmung zu erkennen

sorgung in der Bundesrepublik setzen auf den Einsatz von *Großwindanlagen* mit ein- oder mehrflügeligen Rotoren. *Windenergieparks*, die auf der Basis solcher großen Anlagen arbeiten, entstehen wegen der Windverhältnisse vor allem im norddeutschen Küstenbereich. Der größte deutsche Windpark bei Husum hat 50 Windräder und kann 8000 Haushalte mit Strom versorgen. Weltweit zählen die USA und Dänemark zu den Hauptnutzern von Windenergieanlagen.

Windkanal

Der Windkanal ist eine Anlage, in der Gegenstände, z. B. Fahrzeuge, Flugzeugmodelle u. a., auf ihre strömungstechnischen Eigenschaften hin geprüft und getestet werden (**Aerodynamik**). Dazu wird in eine geschlossene Messstrecke, die von allen Seiten durch feste Wände begrenzt ist, ein Luftstrom mit hoher Geschwindigkeit möglichst gleichförmig und wirbelfrei eingeführt.

Wirbelsäule

Die Wirbelsäule ist das charakteristische Merkmal von Lebewesen mit einem gegliederten Achsenskelett, zu denen auch der **Mensch** gehört. Seine Wirbelsäule ist in der Seitenansicht S-förmig gekrümmt und besteht aus 33 bis 34 *Wirbeln*, von denen 24 zueinander beweglich sind (sieben Halswirbel, zwölf Brustwirbel, fünf Lendenwirbel). Fünf Wirbel sind meist miteinander zum *Kreuzbein*, vier bis fünf zum *Steißbein* verwachsen. Die einzelnen Wirbel sind mit Bändern, **Muskeln** und knorpeligen *Bandscheiben* miteinander ver-

Im Gegensatz zu den Katzen sind Wölfe reine Rudel- und Hetzjäger

bunden. Die Bandscheiben mildern die Erschütterungen und Stöße ab, denen die Wirbelsäule fast ständig ausgesetzt ist, und sorgen damit für einen ungestörten Bewegungsablauf. Die oberen Knochenfortsätze der Wirbel bilden zusammen den Wirbelkanal, der das *Rückenmark* enthält. Zwischen zwei Wirbeln befindet sich beiderseits eine kleine Öffnung, durch die die **Nerven** in den Wirbelkanal eintreten. Die Wirbelsäule geht in den *Schädel* und – soweit vorhanden – in einen Beckengürtel über.

Wirbeltiere

Alle Wirbeltiere besitzen ein festes **Skelett**, ein *Rückgrat* (**Wirbelsäule**), ein **Zentralnervensystem** und einen geschlossenen **Blutkreislauf** mit einem **Herzen**. Zwei Paar *Gliedmaßen* (Arme, Beine) sind oft, manchmal jedoch nur in verkümmerter Form, vorhanden. Der Körper ist deutlich in die Abschnitte Kopf, Rumpf und Schwanz gegliedert. Eine Verbindung mit der Wirbelsäule wird durch den Schulter- und Beckengürtel ermöglicht. Im Schädel befinden sich die meist gut ausgebildeten **Sinnesorgane** (*Hör-*, **Geruchs**- und *Gesichtssinn*). Die **Haut** der Wirbeltiere ist vielschichtig: Sie besteht aus der mehrschichtigen Oberhaut (*Epidermis*) und der darunter liegenden Lederhaut (*Cutis*). Die **Atmung** erfolgt mit Hilfe von **Lungen** oder **Kiemen**. Zu den Wirbeltieren zählen die Knorpelfische, die Knochenfische (**Fische**), die **Lurche, Reptilien, Vögel** und die **Säugetiere** einschließlich des **Menschen**.

Wirkungsgrad

Bei der Energieumwandlung in **Maschinen** und andere technische Geräte bezeichnet der Wirkungsgrad das Verhältnis zwischen der eingesetzten **Energie** (*Antriebsenergie*) und der erzeugten Energie (*Nutzenergie*). Aufgrund von *Reibungsverlusten*, die in Form von Wärme abgegeben werden, ist das Verhältnis immer kleiner als 1:1. Ein moderner **Verbrennungsmotor** hat einen Wirkungsgrad von ca. 45%, während manche **Turbinen** bis zu 90% der zugeführten Energie umwandeln können.

Wolf

Der Wolf gilt als Stammvater des **Hundes**. In Mitteleuropa ist er inzwischen fast ausgestorben, man findet ihn nur noch in Osteuropa, Asien und Nordamerika. Seine Körperlänge bewegt sich – je nach Verbreitungsgebiet – zwischen 120 cm und 160 cm, seine Schulterhöhe zwischen 65 cm und 90 cm. Die Färbung des Fells ist unterschiedlich, das Spektrum reicht von schwarz (*Timberwolf*) über rot (*Rotwolf*) bis hin zu weiß (*Polarwolf*). Der Lebensraum der Wölfe ist überwiegend der **Wald**, sie kommen aber auch in Steppen und in Polargebieten vor. In Kanada ziehen die Wölfe mit den **Rentieren** im Frühjahr als ständige Begleiter in die **Tundren**, um ihre wichtigsten Nahrungslieferanten nicht zu verlieren. Tagsüber machen sie sich dann in kleinen **Rudeln** auf die Jagd nach einem Opfer aus der Rentierherde, das sie durch ihre Ausdauer (Wölfe sind Lauftiere) und ihr taktisches Vorgehen zermürben. Junge Wölfe lassen sich zähmen und zeigen bereits alle Eigenheiten des Haushundes.

Der entwicklungsgeschichtliche Stammbaum der Wirbeltiere in vereinfachter Darstellung

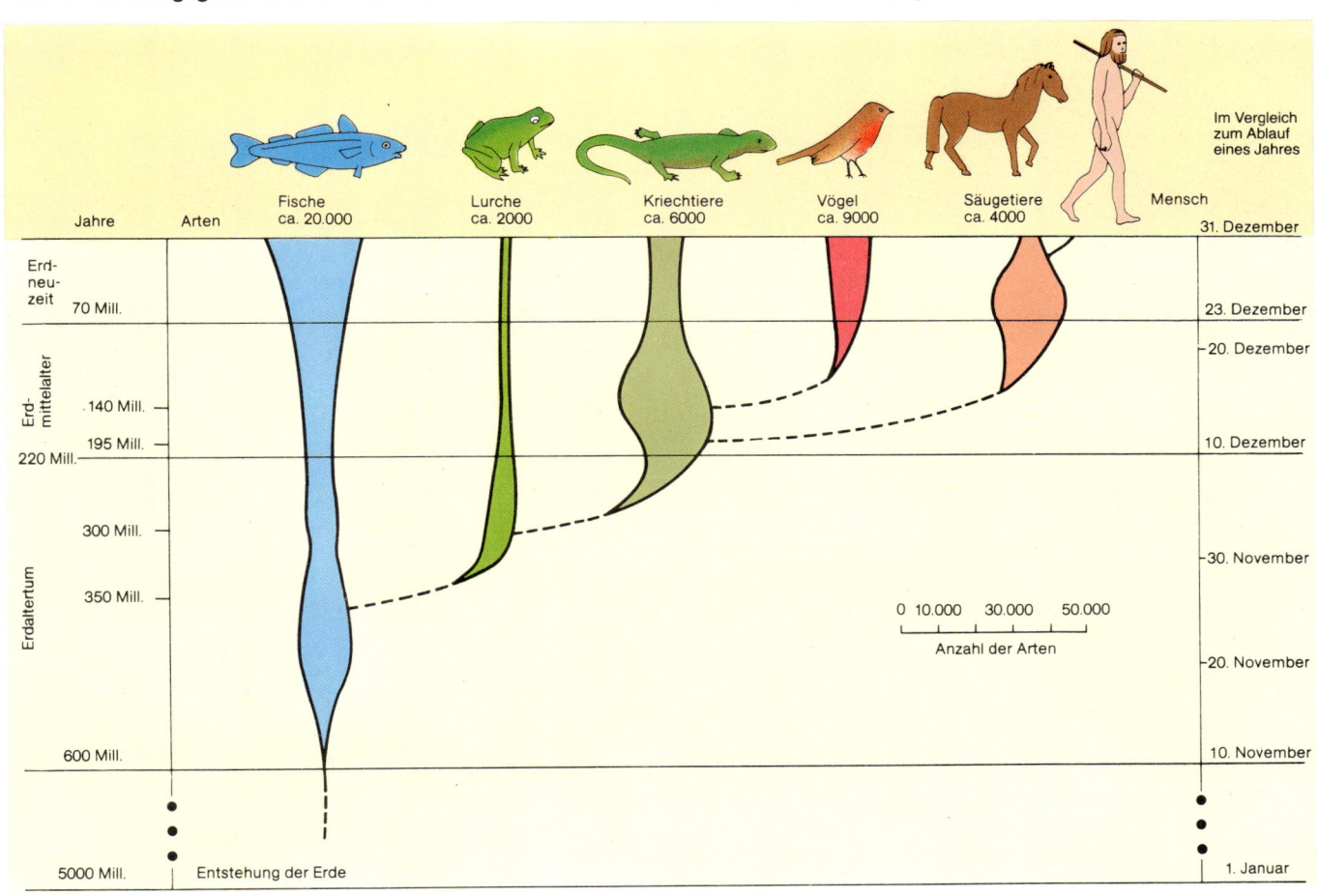

Wolken

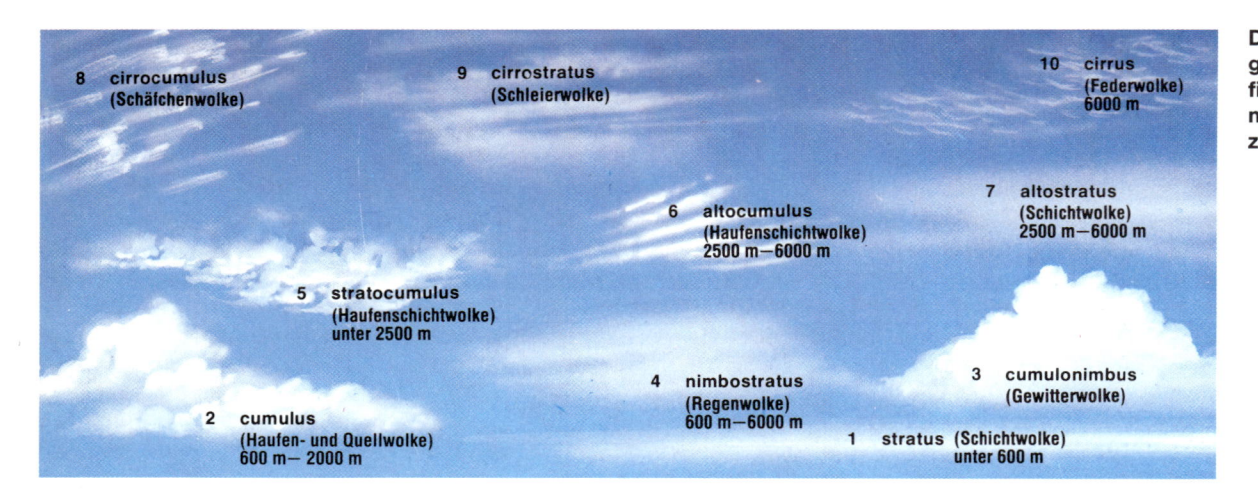

Die international festgelegte Wolkenklassifikation unterscheidet nach Form und Höhe zehn Wolkengattungen

- 8 cirrocumulus (Schäfchenwolke)
- 9 cirrostratus (Schleierwolke)
- 10 cirrus (Federwolke) 6000 m
- 6 altocumulus (Haufenschichtwolke) 2500 m–6000 m
- 7 altostratus (Schichtwolke) 2500 m–6000 m
- 5 stratocumulus (Haufenschichtwolke) unter 2500 m
- 4 nimbostratus (Regenwolke) 600 m–6000 m
- 3 cumulonimbus (Gewitterwolke)
- 2 cumulus (Haufen- und Quellwolke) 600 m–2000 m
- 1 stratus (Schichtwolke) unter 600 m

Wolken

Warme **Luft** kann größere Mengen Wasserdampf aufnehmen als kältere. Wenn warme Luft aufsteigt und sich dabei abkühlt, kondensiert der Wasserdampf und bildet eine Wolke aus kleinen Wassertröpfchen. Man kann oft beobachten, dass Berge von Wolken eingehüllt sind. Der Grund liegt darin, dass der Berg für die Luft ein Hindernis darstellt, das sie überwinden muss. Bei diesem Vorgang kühlt sie sich ab, es wird Wasserdampf frei, der als Wolke sichtbar wird. Es gibt verschiedene Wolkenarten, die nach ihrer Entstehung unterteilt werden in Schichtwolken, Haufenwolken, Federwolken, Schleierwolken und Schäfchenwolken.

Wurzel

Als Wurzel bezeichnet man den Teil einer **Pflanze**, der sich normalerweise im Erdboden befindet (seltener sind Luftwurzeln, z. B. bei Mangroven). Die Wurzeln bilden meist ein weit verzweigtes Wurzelsystem, das dazu dient, die **Pflanze** im Boden zu verankern und sie mit **Nährstoffen** und **Wasser** zu versorgen. Je nach ihren Funktionen unterscheidet man Anker-, Nähr- oder Speicherwurzeln. An den Wurzeln kann man drei verschiedene Zonen erkennen: den Vegetationspunkt, die Wachstumszone und die Zone der *Wurzelhaare*. Der Vegetationspunkt befindet sich am äußersten Ende der Wurzel, er wird von einer dicken Schicht aus trockenen **Zellen** (Wurzelhaube) geschützt. Daran schließt sich die Wachstumszone an, die für das Längenwachstum der Wurzel verantwortlich ist. Sie geht wiederum in die Zone der Wurzelhaare über, die zwischen die Bodenpartikel eindringen. Aufgrund der vergrößerten Oberfläche können Wasser und Nährsalze hier leichter aufgenommen werden. Die Wurzelhaare leben nur wenige Tage und werden immer wieder nachgebildet.

Wüste

Unter einer Wüste versteht man ein vegetationsarmes, lebensfeindliches Gebiet, in dem entweder Wassermangel (*Trockenwüste*) oder Kälte (*Kältewüste*) der vorherrschende Faktor ist. Trockenwüsten gibt es in den **Tropen** und *Subtropen*. Je nach ihrer Bodenbeschaffenheit unterscheidet man zwischen Sandwüsten (Sahara), Kies- und Felswüsten (Wüste Gobi) und Salzwüsten (im US-Staat Utah). Charakteristisch für die Trockenwüsten sind geringe Niederschlagsmengen und große Temperaturschwankungen zwischen Tag und Nacht. Das Leben in der Wüste ist den natürlichen Gegebenheiten angepasst. Zu den wenigen Gewächsen, die unter diesen extremen Bedingungen existieren können, gehören **Kakteen** und **Agaven**. Einen reicheren Pflanzenwuchs (z. B. **Palmen**) findet man aufgrund der Wasservorkommen (**Quellen, Grundwasser**) nur in **Oasen**. Kältewüsten beschränken sich

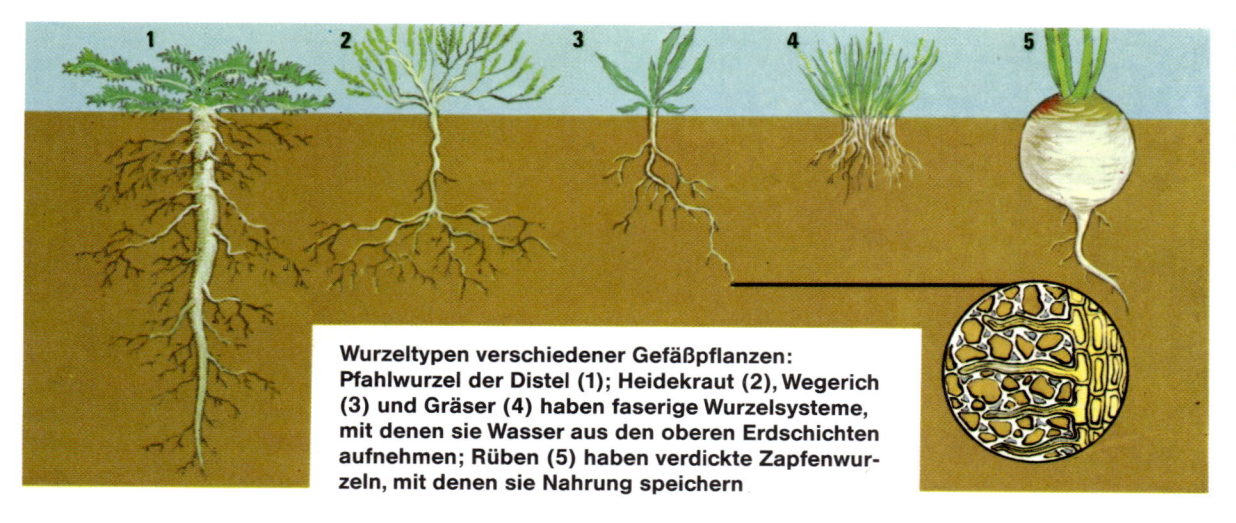

Bei allen Wurzelsystemen wird das Wasser mit feinen Haarwurzeln aufgenommen, die zwischen die Erdpartikel reichen (Querschnitt)

Wurzeltypen verschiedener Gefäßpflanzen: Pfahlwurzel der Distel (1); Heidekraut (2), Wegerich (3) und Gräser (4) haben faserige Wurzelsysteme, mit denen sie Wasser aus den oberen Erdschichten aufnehmen; Rüben (5) haben verdickte Zapfenwurzeln, mit denen sie Nahrung speichern

Zahn

auf polare und subpolare Regionen sowie Teile von Hochgebirgen. Ist ein Gebiet vollkommen von **Schnee** und **Eis** bedeckt, spricht man von einer *Eiswüste*. Auf der Erde gibt es einen nördlichen Wüstengürtel (Sahara, Arabien, Gobi, Colorado, Nevada u. a.) und einen südlichen (Australien, Atacama in Chile, Namib in Südwestafrika). Einige Wüsten sind heute von großer wirtschaftlicher Bedeutung, da man in ihnen **Bodenschätze** wie **Erdöl**, Phosphate, **Erze** und **Diamanten** entdeckt hat.

Die Sahara ist der größte Wüstenraum der Erde. Jedoch ist nur ein Teil reine Sandwüste (Erg) mit den typischen Sanddünen (rechts oben). Ahaggarmassiv in Südostalgerien (unten links). Nomade an einer Wasserstelle (unten rechts)

Zahn

Zähne sind harte Gebilde in der Mundhöhle, die der Zerkleinerung der Nahrung dienen. Sie gliedern sich in eine aus dem *Kiefer* ragende *Zahnkrone*, den im *Zahnfleisch* liegenden *Zahnhals* und die im Kieferknochen verankerte *Zahnwurzel*. Die Zähne sind außen von einer harten Schicht (*Schmelz*) umgeben, im Inneren befinden sich *Blutgefäße* und **Nerven**. Die Gesamtheit der Zähne bezeichnet man als *Gebiss*. Es besteht beim Menschen aus 32 Zähnen, wobei je die Hälfte auf den Ober- bzw. den Unterkiefer entfällt. Unterschieden werden vier verschiedene Zahnarten: *Schneidezähne, Eckzähne*, vordere *Backenzähne* und hintere Backenzähne (Mahlzähne). Die vier hintersten Mahlzähne nennt man *Weisheitszähne*. Sie sind zwar bei jedem Menschen angelegt, brechen aber nicht immer durch. Jeder Zahn hat – seiner Funktion entspre-

Längsschnitt durch einen Backenzahn des Unterkiefers

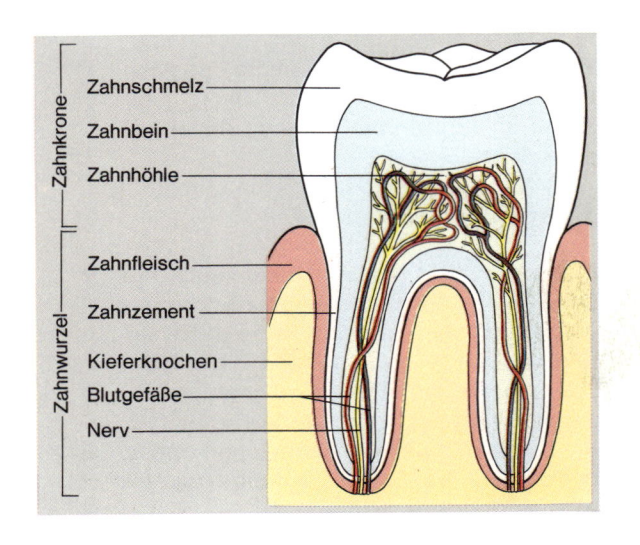

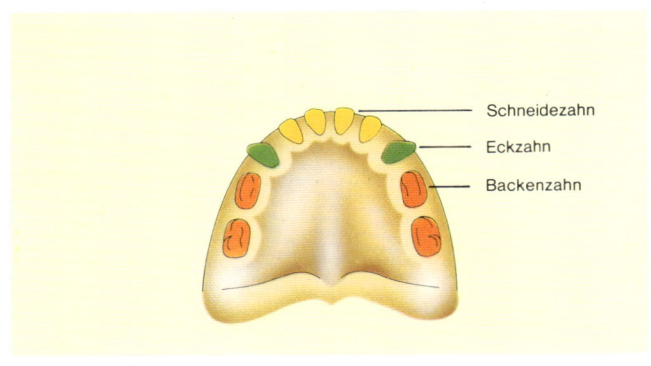

Zahnrad

Kindergebiss (Schneidezahn, Eckzahn, Backenzahn)

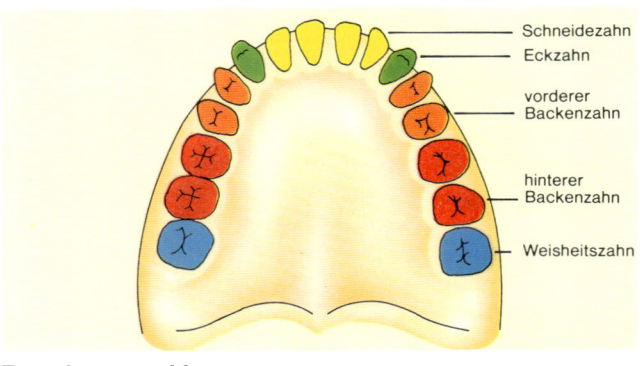

Erwachsenengebiss (Schneidezahn, Eckzahn, vorderer Backenzahn, hinterer Backenzahn, Weisheitszahn)

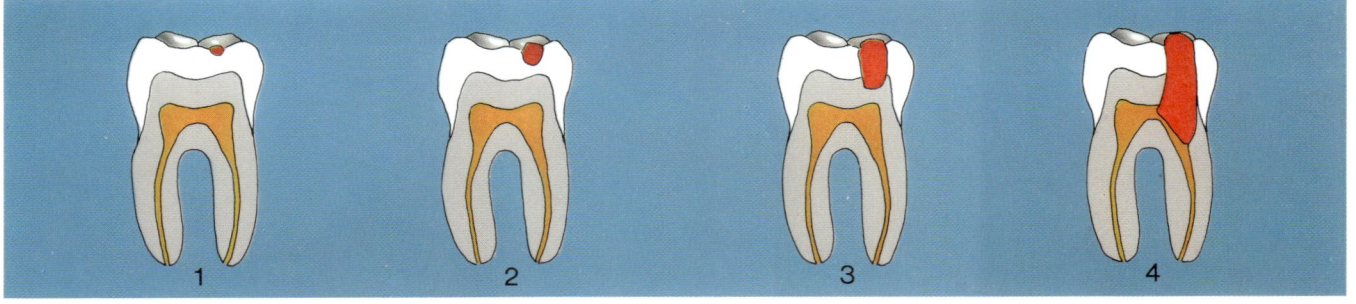

Fortschreitende Zerstörung eines Backenzahns durch Karies (Zahnfäule): Wachsendes Loch im Zahnschmelz (1 und 2). Das Zahnbein wird angegriffen (3). Die Zerstörung geht auf das Zahnmark über und kann auch den Kiefer befallen (4)

chend – ein anderes Aussehen: Schneidezähne weisen eine scharfe Kante zum Abbeißen der Nahrung auf, Eckzähne sind meist vorn zugespitzt, Backenzähne haben eine zwei- bis dreihöckrige Krone, mit der die Nahrung zermahlen wird. Kinder bekommen bereits ab dem sechsten Lebensmonat die ersten Zähne. Man nennt diese Zähne *Milchzähne*, da sie von hellweißer Farbe sind und eine dicke Schmelzschicht haben. Mit etwa zweieinhalb Jahren hat das Kind dann ein vollständiges Gebiss aus acht Schneidezähnen, vier Eckzähnen und acht Mahlzähnen. Der Zahnwechsel zum bleibenden Erwachsenengebiss beginnt im sechsten bis achten Lebensjahr und ist in aller Regel im dreizehnten Lebensjahr abgeschlossen.

Zahnrad

Zahnräder sind Maschinenelemente, die zur Kraft- und Bewegungsübertragung von einem Rad auf das andere dienen und dabei eine große Laufruhe besitzen. Die eingefrästen Zähne sind so angeordnet, dass sie bei drehender Bewegung in die entsprechenden Zahnlücken eines anderen Rades, einer *Zahnstange* oder eines *Zahnbogens* eingreifen.

Zahnradbahn

Eine Zahnradbahn ist ein Schienenfahrzeug, das aus einer **Lokomotive** und stufenförmig angeordneten Wagen besteht. Der Antrieb erfolgt durch einen **Motor**, der

Stuttgarter Zahnradbahn

die im Fahrgestell der Lokomotive befindlichen **Zahnräder** in Bewegung setzt. Diese greifen in eine zwischen den Schienen liegende *Zahnstange* ein. Auf diese Weise können erhebliche Steigungen überwunden werden. Ein automatisches Bremssystem sorgt dafür, dass die Zahnradbahn nicht unkontrolliert bergab rasen kann. 1866 wurde in Amerika (Mount Washington) die erste Zahnradbahn in Betrieb genommen. Die größte Steigung (48 %) überwindet die Pilatusbahn in der Schweiz.

Zeichensprache

Die Zeichensprache ersetzt die gesprochene bzw. geschriebene Sprache, indem sie sich bei der Übermittlung von Informationen bestimmter festgelegter Zeichen (**Signale**) bedient. Am bekanntesten ist die Zeichensprache der Taubstummen (Hand- oder Fingersprache).

Zeit

Der Begriff Zeit beschreibt ein Nacheinander von Ereignissen, den Ablauf bestimmter Vorgänge oder Bewegungen. Die zwischen zwei aufeinander folgenden Geschehnissen liegende Zeitspanne lässt

Zeitlupenaufnahme

Verschiedene Zahngetriebe: Das Ritzel dreht sich in entgegengesetzter Richtung zum Getrieberad; es macht eine 180°-Drehung, während das Getrieberad – mit der doppelten Anzahl von Zähnen – sich um 90° dreht (1). Wird ein Zwischenrad zwischen Getrieberad und Ritzel gebracht, dann dreht sich das Ritzel in gleicher Richtung wie das Getrieberad (2).
Stirnradgetriebe (3).
Beim Schrägzahngetriebe sitzen die Zähne in einem bestimmten Winkel zur Welle (4).
Zahnstangengetriebe (5)
Schneckengetriebe (6)
Konisches Räderwerk (7)
Planetengetriebe (8)

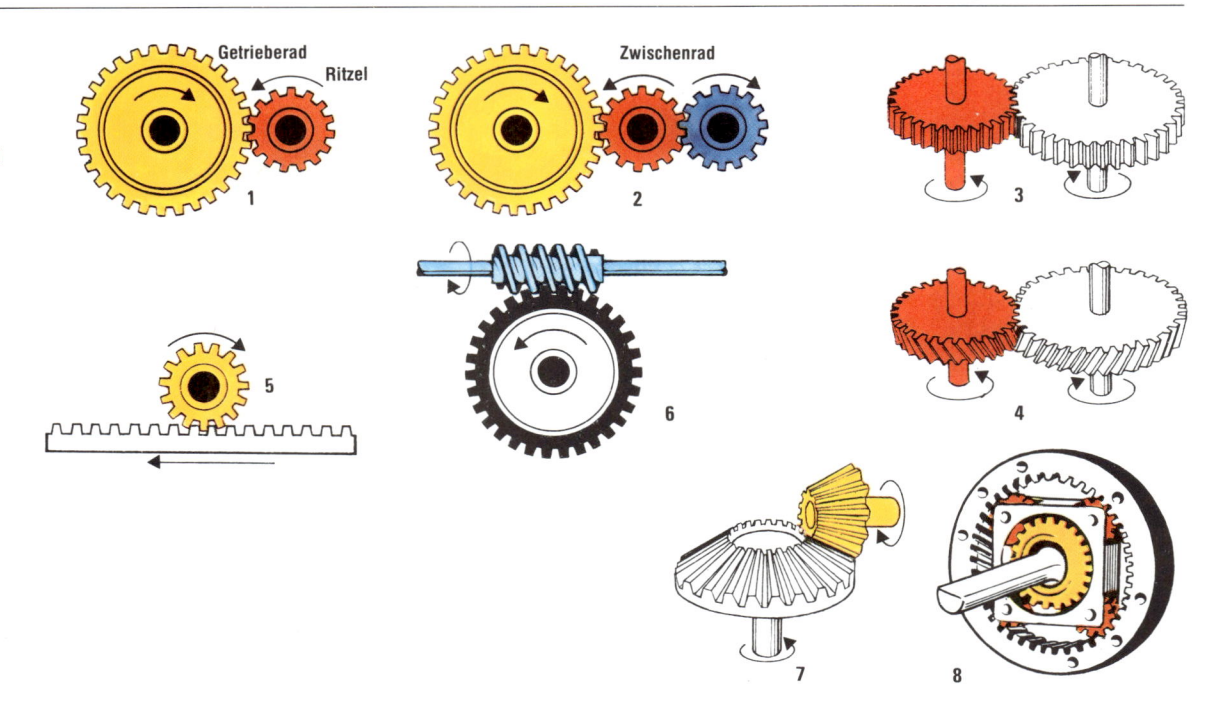

sich mit einer **Uhr** messen, zeitlose Vorgänge gibt es nicht. Die Zeitmessung hat sich aus der **Astronomie** entwickelt. Lange bevor es mechanische Uhren gab, kannte man eine Zeiteinteilung. Maßgebend dafür war der jeweilige Stand der **Sonne** im Jahr und am Tag (**Datumsgrenze, Kalender, Zeitzone**).

Zeitlupenaufnahme

Zeitlupenaufnahmen werden durch eine Filmkamera (**Kamera**) ermöglicht, die pro Zeiteinheit eine hohe Bildzahl aufnehmen kann. Bei der Wiedergabe des Films (*Filmprojektor*) mit normaler Geschwindigkeit scheint der zeitliche Ablauf gedehnt und auseinander gezogen. Das Gegenteil davon ist der *Zeitraffer*, eine Aufnahmetechnik, die langsam ablaufende Vorgänge – beispielsweise das Wachstum von Pflanzen – bei der Wiedergabe durch den Filmprojektor verkürzt (gerafft) darstellt. Beide Verfahren sind wesentliche **Trickfilmtechniken**.

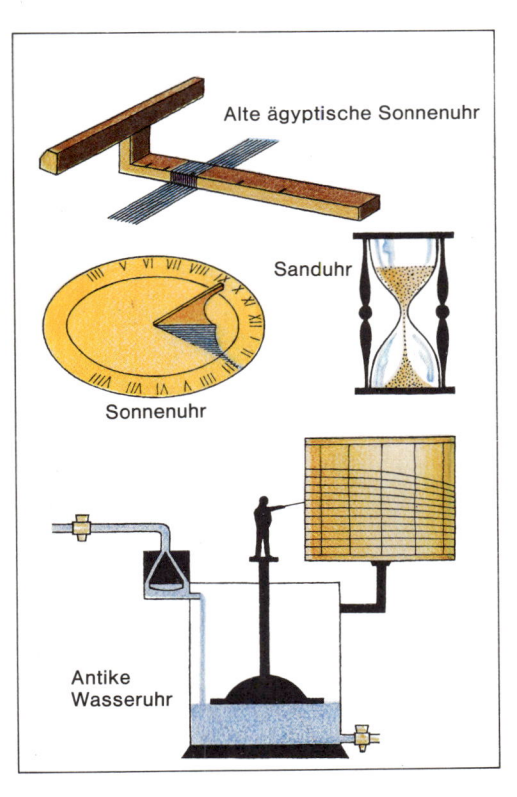

In der Antike, also lange bevor es mechanische Uhren gab, bediente man sich bei der Zeitmessung verschiedener Hilfsmittel

Zeitlupenaufnahmen ermöglichen das Beobachten von Bewegungsabläufen und schnell verlaufenden Vorgängen (unten)

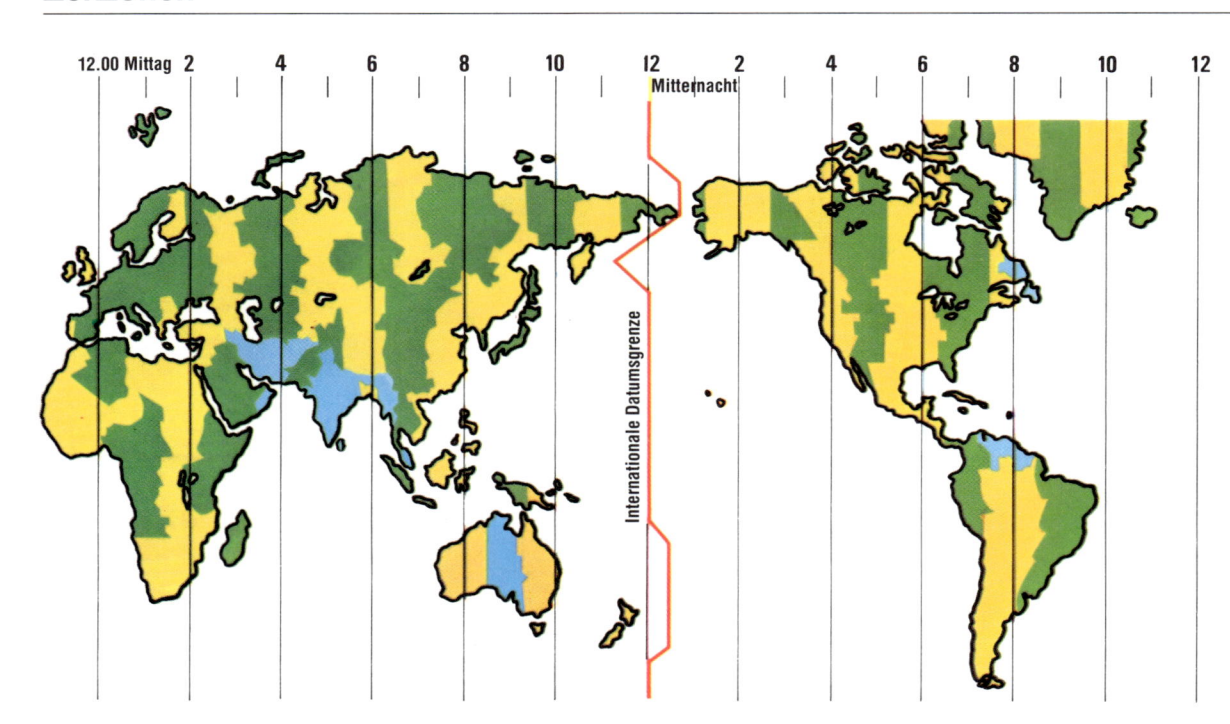

Zeitzonen

Zeitzonen. In 24 Stunden dreht sich die Erde um 360°, in einer Stunde also 15°. Um für jeden Ort auf der Welt die entsprechende Lokalzeit errechnen zu können, wurde die Erde in 24 Zeitzonen eingeteilt (1 Zeitzone = 15° = 1 Stunde). Auf der Karte beträgt die Differenz bei den blauen Flächen eine halbe Stunde zu ihren Nachbarn, bei den grünen und gelben Flächen eine Stunde. Rot ist die Datumsgrenze dargestellt

Zeitzonen

Wegen der ungleichmäßigen Geschwindigkeit der **Sonne** ist die Sonnenzeit kein konstantes Zeitmaß. Deshalb nahm man 1884 eine Einteilung der **Erde** in 24 gleich große Zeitzonen vor. Die Mittellinien der Zeitzonen sind jeweils 15° voneinander entfernt, man bezeichnet sie als **Meridiane**. Der Zeitunterschied zwischen den einzelnen Zonen beträgt – von wenigen Ausnahmen abgesehen – eine Stunde. In manchen Fällen wurde der Verlauf der Zeitzonen geografischen und politischen Grenzen angepasst.

Zelle

Der englische Naturforscher *Robert Hooke* (1635–1703) entdeckte 1665 unter einem selbstgebauten **Mikroskop** die kleinsten Einheiten des Lebens, die Zellen. Allerdings dauerte es noch bis 1839, ehe man erkannte, dass alle Lebewesen aus Zellen bestehen. Sie regeln und steuern das **Wachstum**, schließen sich zu einem Verband zusammen, um **Blut**, **Knochen**, **Muskeln** und andere Körperbestandteile zu bilden, produzieren chemische Substanzen und wehren eindringende **Keime** ab. Die Zelle ist außen von einer Hülle (*Zellmembran*) umgeben, die den Ein- und Ausgang von Nahrung und **Sauerstoff** kontrolliert. Innen lässt sich ein Kanalsystem erkennen, in dem **Chemikalien** gelagert und weitertransportiert werden, die für die Energieerzeugung notwendig sind. Besonders wichtig ist der *Zellkern*, er enthält die **Chromosomen**, auf denen die Erbinformationen (*Gene*) angeordnet sind. Zellen werden über das **Blut** mit **Energie** und **Sauerstoff** versorgt. Zellen vermehren sich durch *Teilung*, wobei alte, abgestorbene Zellen durch neue ersetzt werden. Dies ist vor allem deswegen notwendig, weil manche Zellen sehr schnell altern. So leben Darmzellen nur etwa sechs Tage, Geschmackszellen sieben Tage, rote **Blutkörperchen** vier Monate, Knochenzellen dagegen zwischen 10 und 30 Jahren. Der Körper des Menschen ist aus ca. 50 Billionen Zellen aufgebaut. Sie sind nicht alle gleich, sondern lassen sich ihrer Funktion entsprechend verschiedenen Zelltypen zuordnen (*Zelldifferenzierung*). Die Zellen werden dabei nicht nur von ihrem Zellkern gesteuert, sondern vom gesamten **Organismus**. Zellen, die sich dieser Steuerung entziehen, nennt man *Krebszellen*.

Verschiedene Stadien der Chromosomen- bzw. Zellteilung

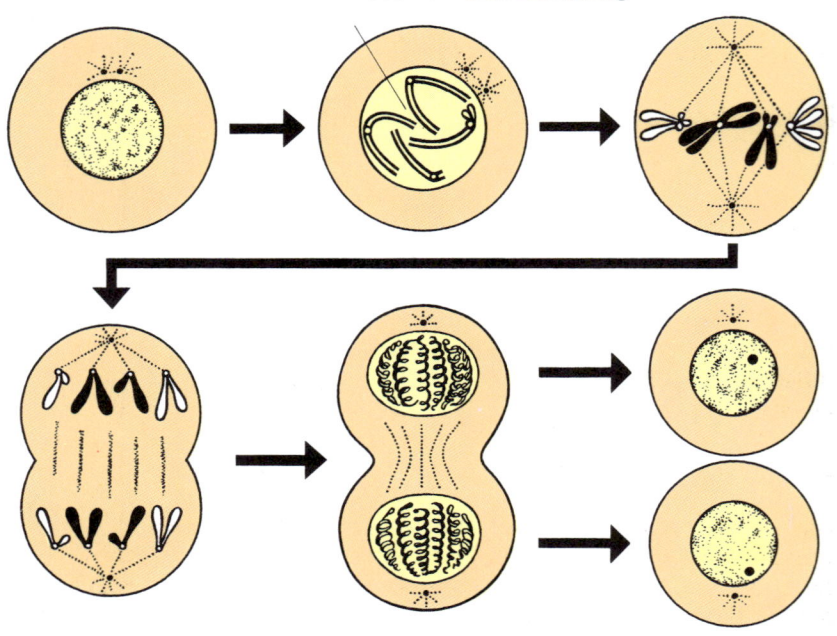

Zellulose

Unter Zellulose versteht man eine feste, farb- und geruchlose Substanz, die zu den **Kohlehydraten** gehört. Sie besteht aus mehr als 10 000 Glukosemolekülen und ist Hauptbestandteil der pflanzlichen *Zellwände*. Der Mensch nimmt Zellulose z.B. in Form von Gemüse zu sich. Da die Verdauungsorgane (**Verdauung**) über kein **Enzym** verfügen, das die wasserunlösliche Zellulose spalten könnte, wird sie als so genannter **Ballaststoff** unverdaut ausgeschieden. In der chemischen Industrie spielt Zellulose eine wichtige Rolle bei der Herstellung von **Papier**, Zellwolle und Viskose.

Zement

Zement ist ein pulverförmiger Baustoff, der ein Bindemittel für *Mörtel* und **Beton** darstellt. Zement besteht aus Kalziumhydrat, *Kieselsäure, Tonerde* und *Eisenoxid*, die eine Verbindung miteinander eingehen. Dann wird das Material in bis zu 150 m langen Drehöfen getrocknet und fein gemahlen. Mit Wasser vermischter Zement erstarrt nach einigen Stunden unter Ablauf von chemischen *Reaktionen*. Zementstein ist sehr widerstandsfähig gegen **Wasser**, wird aber von *Säuren* angegriffen. Sand und Zementstein bilden den Zementmörtel, der als Putz und Fußbodenbelag verwendet wird.

Zenit

Als Zenit oder *Scheitelpunkt* wird der höchste Punkt über dem Kopf eines Beobachters am Himmel bezeichnet. Das Gegenteil ist der *Nadir* (Fußpunkt).

Zentralkraft

Bindet man einen Ball oder einen anderen Körper an eine Schnur und schwingt ihn im Kreis, so verspürt man eine **Kraft**, die den Ball zur Mitte seiner Bahn zieht, die Zentralkraft *(Zentripetalkraft)*. Ihr entgegen, vom Zentrum weg nach außen, wirkt mit gleicher Stärke die *Zentrifugalkraft* (**Fliehkraft**), die durch die *Trägheit* der **Masse** (**Körper**) bedingt ist.

Zentralnervensystem

Das Zentralnervensystem des **Menschen** und der **Wirbeltiere** besteht aus dem **Gehirn**, den **Nerven** und den in der **Wirbelsäule** befindlichen *Nervenbahnen*, die aus dem *Rückenmark* austreten. Bei jeder geistigen Aktivität sind viele Abschnitte des Gehirns, das auf *Reize* reagiert, beteiligt. Ein einfacher Vorgang wie das Lesen wird unter anderem von den Zentren für Sehen, Hören, Sprechen und Muskelbewegung gesteuert. Sie müssen über zahlreiche verbindende Nervenzellen koordiniert werden. (Abb. S. 320)

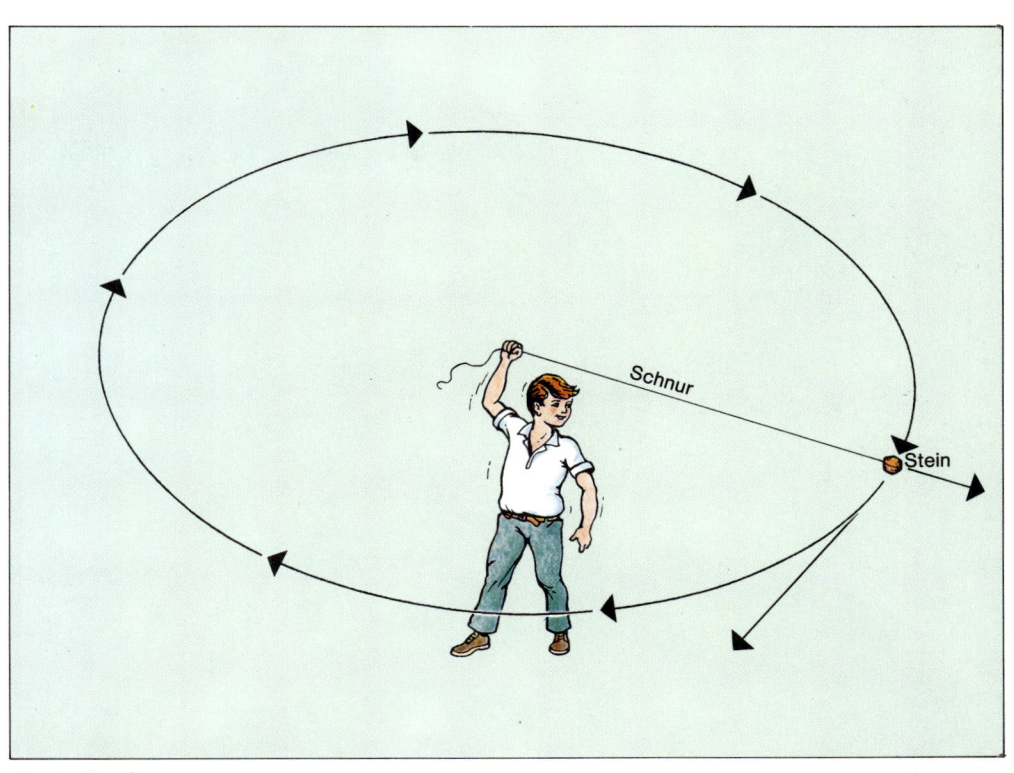

Zentralkraft

Zentrifuge

Eine Zentrifuge, auch Trennschleuder genannt, ist ein Gerät, mit dem man Stoffe aufgrund von *Zentrifugalkräften* (**Fliehkraft**) trennen kann. In der Technik benützt man Filtrierzentrifugen zum Abtrennen von Feststoffen aus Flüssigkeiten. Sieb- oder Klärzentrifugen finden in **Kläranlagen** Verwendung. Bei der Milchherstellung verwendet man die Milchschleuder: Die **Milch** wird dabei getrennt, die schwerere Magermilch wird nach außen geschleudert, der leichtere Rahm bleibt innen.

Zivilisation

Allgemein versteht man unter Zivilisation (von lat.: civis = Bürger) eine verfeinerte Lebensweise. In engerem Sinn sind damit die von Wissenschaft und **Technik** geprägten materiellen und sozialen Lebensbedingungen gemeint. Damit steht sie im Gegensatz zum einfachen, naturgegebenen menschlichen Zusammenleben. Die optimistische Auffassung von der Zivilisation gilt seit dem 18. Jh. als umstritten, da sie zwar einerseits über dem natürlichen Zustand stehe, sich aber andererseits auch immer mehr von ihm entferne. Der Zivilisationsüberdruss äußert sich schlagwortartig in der Maxime des Aufklärers *Jean-Jacques Rousseau* (1712–1778): „Zurück zur Natur". Der Begriff der Zivilisation lässt sich gegen den der *Kultur* nur schwer abgrenzen. Nach *Oswald Spengler* (1880–1936) ist die Zivilisation das Endstadium einer alternden Kultur. Das menschliche Leben wird nach Ansicht vieler Gesellschaftskritiker in Wahrheit durch die Zivilisation nicht bereichert, sondern eingeengt. Folglich verändert sich auch das Leben des Menschen, dessen Eigenständigkeit immer mehr reduziert wird (*Massengesellschaft*). Die ideellen Werte treten gegenüber den materiellen Werten durch die Orientierung am Konsum und an erhöhtem Lebensstandard in den Hintergrund. Ein Erscheinungsbild der Zivilisation sind die so genannten *Zivilisationskrankheiten*: Schädigungen durch Überlastung (**Stress**), *Lärm* und *Reizüberflutung*.

Zentralnervensystem

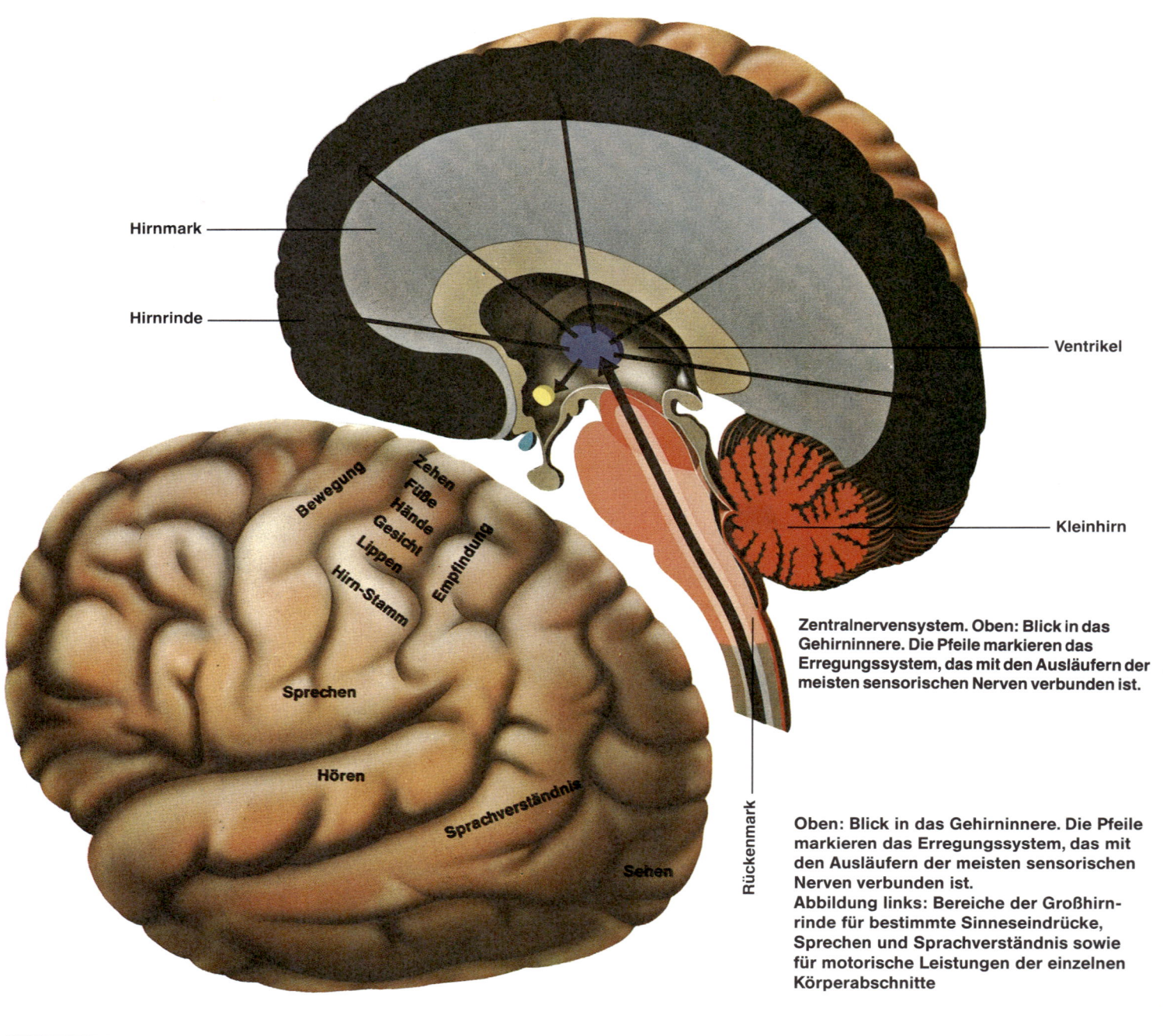

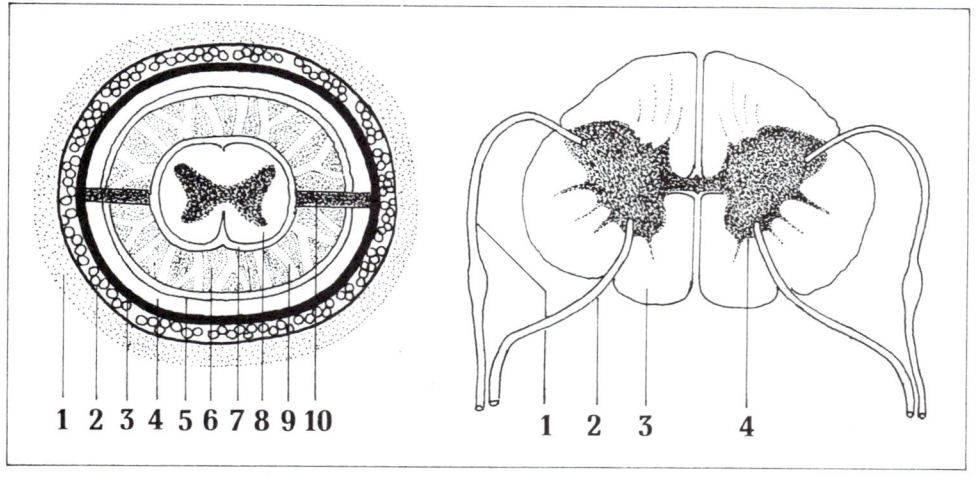

Labels (oberes Bild): Hirnmark, Hirnrinde, Ventrikel, Kleinhirn, Rückenmark

Labels (Großhirn): Bewegung, Zehen, Füße, Hände, Gesicht, Lippen, Hirn-Stamm, Empfindung, Sprechen, Hören, Sprachverständnis, Sehen

Zentralnervensystem. Oben: Blick in das Gehirninnere. Die Pfeile markieren das Erregungssystem, das mit den Ausläufern der meisten sensorischen Nerven verbunden ist.

Oben: Blick in das Gehirninnere. Die Pfeile markieren das Erregungssystem, das mit den Ausläufern der meisten sensorischen Nerven verbunden ist.
Abbildung links: Bereiche der Großhirnrinde für bestimmte Sinneseindrücke, Sprechen und Sprachverständnis sowie für motorische Leistungen der einzelnen Körperabschnitte

Das Rückenmark und seine häutigen Hüllen (linkes Bild): 1 Wirbelkanal, 2 Venengeflecht, 3 harte Hirnhaut, 4 subduraler Raum, 5 Spinnwebenhaut, 6 Rückenmarksflüssigkeit, 7 weiche Hirnhaut, 8 weiße Marksubstanz, 9 innere Spinnwebenhaut, 10 Aufhängebänder.
Schnittzeichnung durch das Rückenmark (rechtes Bild): 1 hintere Wurzel der Gefühlsnerven, 2 vordere Wurzel der Bewegungsnerven, 3 weiße Marksubstanz, 4 graue Marksubstanz

Zoll

Zoll ist ein altes Längenmaß, das in den einzelnen Ländern allerdings uneinheitlich verwendet wird. Meist beträgt ein Zoll 2,6 cm; in den USA sind es 2,54 cm, ebenso in England.

Züchtung

Von Züchtung spricht man, wenn pflanzliche oder tierische **Fortpflanzung** mit dem Ziel beeinflusst wird, möglichst wertvolles Pflanzen- oder Tiergut zu erhalten. Durch Züchtung entstehen aus Wildformen Kulturformen. Zucht bedeutet die Entwicklung solcher Formen mit Eigenschaften, wie sie dem Menschen nützlich sind. Die Züchtung hat eine lange Geschichte, sie steht in engem Zusammenhang mit der Entwicklung des Ackerbaus und der Haustierhaltung. Früher wurde die Zucht vom Menschen nur gefühlsmäßig und anhand überlieferter Erfahrung vorgenommen. Zunächst hat er wahrscheinlich einmal den **Samen** besonders kräftiger Pflanzen wieder ausgesät. Seit ungefähr 100 Jahren wendet man planmäßig und gezielt auch die Erkenntnisse der **Vererbungslehre** bei der Tier- und Pflanzenzüchtung an. (**Kreuzung**)

Zugvögel

Alljährlich brechen im Herbst die Zugvögel (z. B. der nur 8 g schwere *Fitislaubsänger* oder die **Störche**) aus nördlichen Gefilden in südliche Winterquartiere auf. Dabei legen sie ungeheure Entfernungen zurück. Die Küstenseeschwalbe fliegt z. B. von der **Arktis** bis zur **Antarktis**, das sind 20 000 km. Die Zugvögel wählen je nach Vogelart im Wesentlichen immer dieselbe Flugroute. Störche z. B. überfliegen Gibraltar oder den Bosporus und die Sinai-Halbinsel, um nach Süden zu gelangen. Die Gartengrasmücken legen ihren Flug über das Mittelmeer und die Sahara in 60 Stunden ohne Rast zurück. Früher war man der Meinung, dass Zugvögel aufgrund von äußeren Einflüssen wie Kälte und Nahrungsmangel in den Süden aufbrechen. Nach neuesten Erkenntnissen erfolgt der Flug jedoch nach einem „inneren Jahreskalender" und nach angeborenen „Flugplänen". Ihm geht eine hormonal (**Hormone**) gesteuerte Ablagerung von Fett im Körper als Nahrungsvorsorge voraus. Die **Orientierung** richtet sich nach einem *biologischen Kompass*, mit dem die Vögel das Erdmagnetfeld wahrnehmen.

Wenn sich die Zugvögel im Herbst in südliche, warme Gebiete aufmachen, benutzen sie bestimmte Flugrouten, auf denen sie große Entfernungen über Land und Wasser zurücklegen. Die roten Linien zeigen die Routen; die Zahlen geben an, um welchen Vogel bzw. welches Brutgebiet es sich handelt

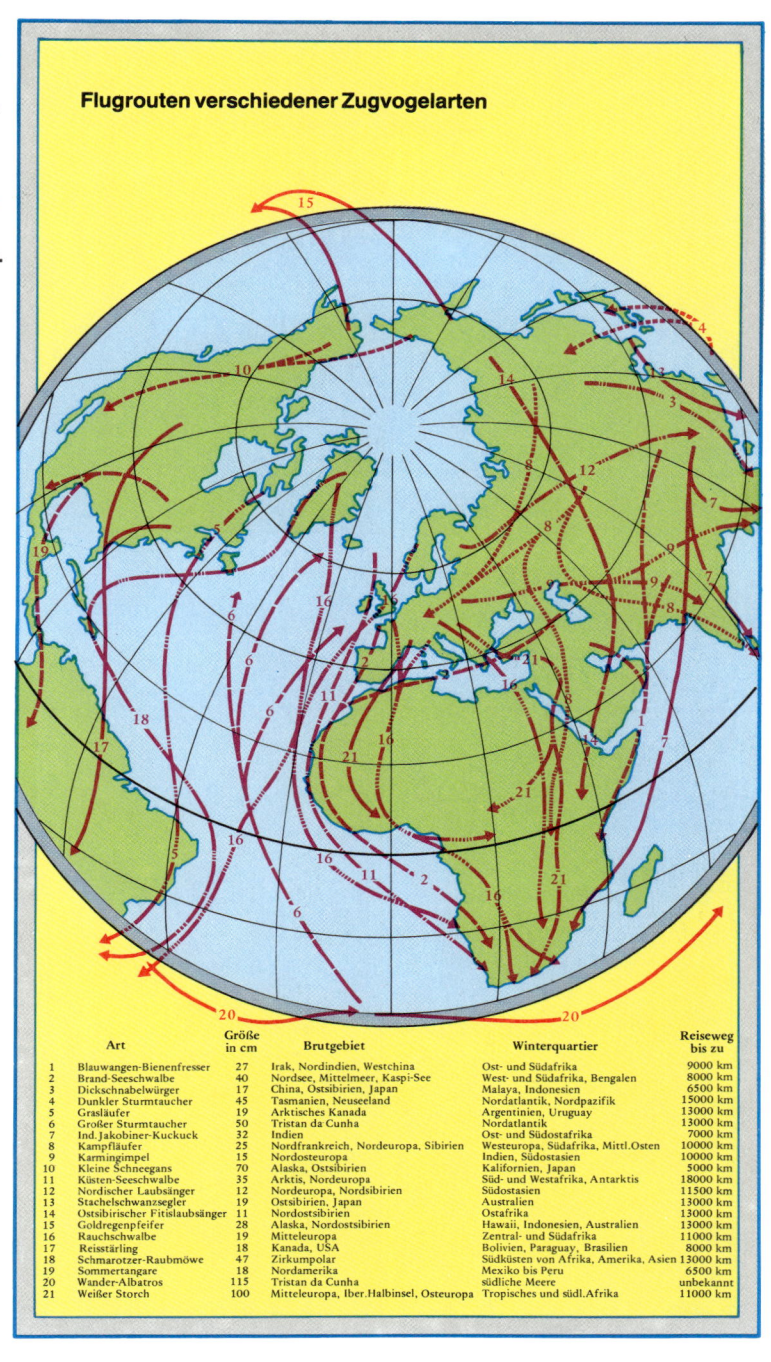

Flugrouten verschiedener Zugvogelarten

	Art	Größe in cm	Brutgebiet	Winterquartier	Reiseweg bis zu
1	Blauwangen-Bienenfresser	27	Irak, Nordindien, Westchina	Ost- und Südafrika	9000 km
2	Brand-Seeschwalbe	40	Nordsee, Mittelmeer, Kaspi-See	West- und Südafrika, Bengalen	8000 km
3	Dickschnabelwürger	17	China, Ostsibirien, Japan	Malaya, Indonesien	6500 km
4	Dunkler Sturmtaucher	45	Tasmanien, Neuseeland	Nordatlantik, Nordpazifik	15000 km
5	Grasläufer	19	Arktisches Kanada	Argentinien, Uruguay	13000 km
6	Großer Sturmtaucher	50	Tristan da Cunha	Nordatlantik	13000 km
7	Ind. Jakobiner-Kuckuck	32	Indien	Ost- und Südostafrika	7000 km
8	Kampfläufer	25	Nordfrankreich, Nordeuropa, Sibirien	Westeuropa, Südafrika, Mittl.Osten	10000 km
9	Karmingimpel	15	Nordosteuropa	Indien, Südostasien	10000 km
10	Kleine Schneegans	70	Alaska, Ostsibirien	Kalifornien, Japan	5000 km
11	Küsten-Seeschwalbe	35	Arktis, Nordeuropa	Süd- und Westafrika, Antarktis	18000 km
12	Nordischer Laubsänger	12	Nordeuropa, Nordsibirien	Südostasien	11500 km
13	Stachelschwanzsegler	19	Ostsibirien, Japan	Australien	13000 km
14	Ostsibirischer Fitislaubsänger	11	Nordostsibirien	Ostafrika	13000 km
15	Goldregenpfeifer	28	Alaska, Nordostsibirien	Hawaii, Indonesien, Australien	13000 km
16	Rauchschwalbe	18	Mitteleuropa	Zentral- und Südafrika	11000 km
17	Reisstärling	18	Kanada, USA	Bolivien, Paraguay, Brasilien	8000 km
18	Schmarotzer-Raubmöwe	47	Zirkumpolar	Südküsten von Afrika, Amerika, Asien	13000 km
19	Sommertangare	18	Nordamerika	Mexiko bis Peru	6500 km
20	Wander-Albatros	115	Tristan da Cunha	südliche Meere	unbekannt
21	Weißer Storch	100	Mitteleuropa, Iber.Halbinsel, Osteuropa	Tropisches und südl. Afrika	11000 km

Nach dem Überwintern erfolgt der ebenfalls genetisch (**Chromosomen**) bestimmte Rückflug in die Heimat der Zugvögel.

Zündholz

Zündhölzer sind Holz- oder Papierstäbchen mit einer Zündmasse an der Kuppe, die sich beim Reiben an einer rauen Oberfläche entzündet. Die Reibflächenmasse – sie befindet sich z. B. an den äußeren Seitenflächen einer Zündholzschachtel – besteht aus rotem **Phosphor**. Die Zündmasse enthält Bindemittel (z. B. *Gummi*), Sauerstoffträger (Braunstein) und einen die Reibung erhöhenden Stoff (Glaspulver). Beim Aufflammen der Zündkuppe entstehen **Temperaturen** bis zu 2000 °C. Heute sind die Phosphorzündhölzer von den so genannten Sicherheitszündhölzern verdrängt worden, die das Nachglimmen der Hölzchen verhindern. Überallzündhölzer lassen sich durch Reiben an beliebigen rauen Flächen entzünden.

Zündung

Zugvögel:
Bachstelze (oben links),
Pirol (oben),
Steinschmätzer (links),
Sumpfrohrsänger (unten)

Zündung

Zündung nennt man bei **Verbrennungsmotoren** sowohl die Entzündung des Kraftstoff-Luft-Gemisches im **Zylinder** als auch die gesamte Zündanlage des Motors. Bei **Dieselmotoren** entfällt die Zündanlage, da sich das Gemisch durch die hohe **Verdichtung** (*Kompression*) von selbst entzündet. Bei *Ottomotoren* wird das Gasgemisch elektrisch durch einen Zündfunken zur Explosion gebracht. Der Zündfunke wird in der *Zündspule*, einer Art **Transformator**, erzeugt. Dieser verstärkt für kurze Zeit den Strom der Autobatterie (**Batterie**) von 12 V auf 25 000 V. Der Zündverteiler sorgt dafür, dass jede *Zündkerze* (beim Benzinmotor hat jeder Zylinder an seinem oberen Ende eine Zündkerze) in einer bestimmten Reihenfolge den Zündstrom erhält. Das Gemisch

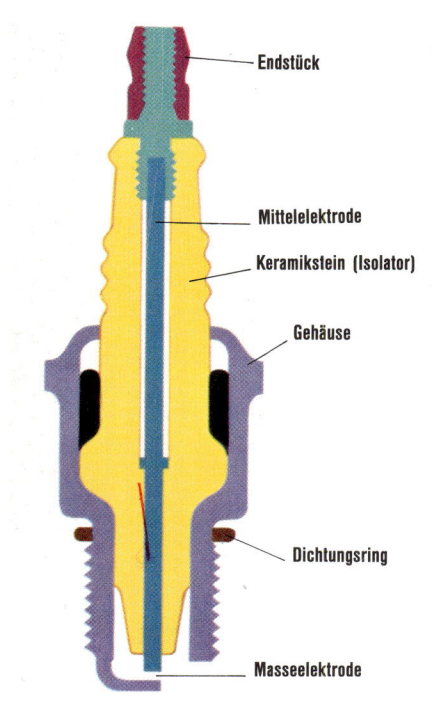

Längsschnitt durch eine Zündkerze

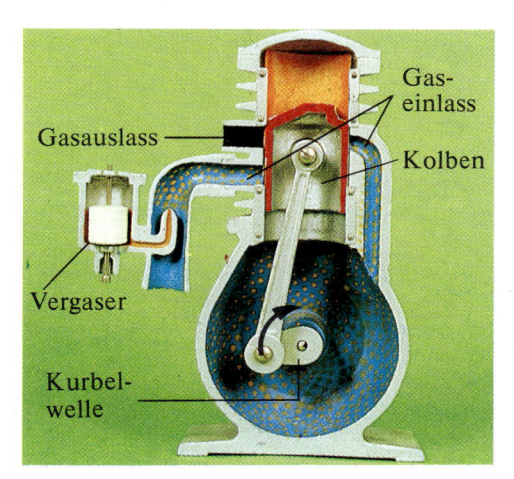

Schnitt durch ein Zweitaktmotor-Modell

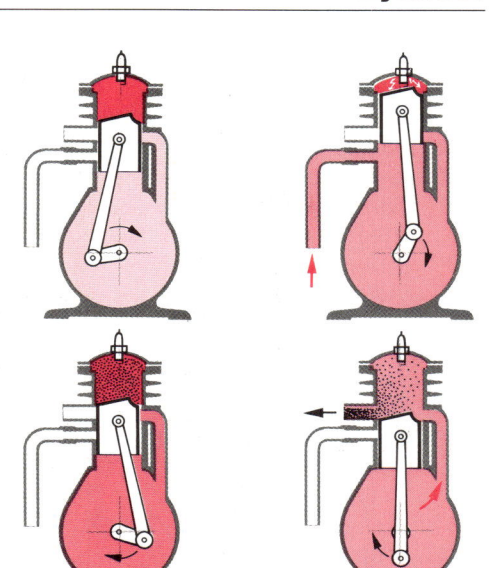

Funktionsweise eines Zweitaktmotors

wird dadurch zur Explosion gebracht, dass von der Mittel- zur Masseelektrode (**Anode**) der Zündkerze über eine Entfernung von ca. 0,7 mm ein Zündfunke überspringt.

Zunge

Die Zunge ist ein bewegliches Muskelorgan, das beim **Menschen** und den meisten **Wirbeltieren** am Boden der Mundhöhle befestigt ist. Die Zunge hilft bei der Zerkleinerung und dem Transport der Nahrung und spielt eine wichtige Rolle bei der Artikulation von Lauten. Sie ist von einer **Schleimhaut** überzogen und weist warzenförmige Höcker auf, in die die so genannten Zungenpapillen eingebettet sind. Es gibt verschiedene Arten von *Papillen*: fadenförmige Papillen mit Tastfunktion, die der Zunge eine samtartige Oberfläche verleihen, pilzförmige Papillen, die wie Stecknadelköpfe aussehen, und Blätterpapillen, die besonders viele *Geschmacksknospen* aufweisen. Die Geschmacksknospen stehen mit Sinneszellen in Verbindung, die eine bestimmte Empfindung direkt zum **Gehirn** weiterleiten. Auf diese Weise ist es möglich, die verschiedenen Geschmacksrichtungen voneinander zu unterscheiden. Die Zunge kann vier Arten des Geschmacks ermitteln: sauer, süß, salzig und bitter. (**Geschmackssinn**)

Zweitaktmotor

Im Gegensatz zum *Viertaktmotor* (**Verbrennungsmotor**) besitzt der Zweitaktmotor keine **Ventile**, sondern nur Schlitze in der Zylinderwand (**Zylinder**), die der *Kolben* beim Auf- und Niedergehen öffnet bzw. schließt (ähnlich wie beim **Wankelmotor**). Bei kleineren Zweitaktmotoren (**Motorrad**) wird das Schmieröl dem Kraftstoff beigemischt (**Gemisch**) und gelangt so in das Kurbelgehäuse und an die Schmierstellen von Kurbelwelle und Kolben. Dabei wird das Öl leicht in den Verbrennungsraum mitgerissen und dort verbrannt. Daher ist für derartige Zweitaktmaschinen der blaue Auspuffqualm typisch. Nach der Zündung des Gemischs im Brennraum erfolgt die Arbeitsleistung durch die Abwärtsbewegung des Kolbens. Dabei wird der Auslassschlitz in der Zylinderwand geöffnet und die **Abgase** entweichen. Bevor der Kolben den untersten Punkt (Totpunkt) erreicht hat, wird durch den Einlassschlitz des Kurbelgehäuses frisches Kraftstoff-Luft-Gemisch vom **Vergaser** her angesaugt und verdichtet. Wenn der Kolben nun den untersten Punkt im Zylinder erreicht hat, ist der Überströmschlitz geöffnet und das unter **Druck** stehende Gasgemisch strömt aus dem Kurbelgehäuse in den Zylinder. Beim Aufwärtsgang des Kolbens wird es verdichtet und für den Arbeitsgang gezündet. Gleichzeitig entsteht im Kurbelgehäuse ein Unterdruck, wodurch beim Niedergehen des Kolbens wieder Gas angesaugt wird. So werden die Arbeitstakte eines Viertaktmotors, nämlich Ansaugen, Verdichten, Arbeiten und Ausstoßen, auf zwei Takte – ohne Steuerung durch Ventile – reduziert.

Zwitter

Als Zwitter werden Lebewesen bezeichnet, die sowohl weibliche als auch männliche **Geschlechtsorgane** besitzen (z. B. *Bandwürmer* und **Schnecken**). Bei Pflanzen, die einen (männlichen) Fruchtknoten und zugleich (weibliche) Staubgefäße haben, nennt man das Zwittertum auch *Einhäusigkeit*.

Zyan

Zyan ist eine chemische Verbindung von **Kohlenstoff** mit *Stickstoff*. Das stechende, die Augen reizende Gas bildet mit **Wasserstoff** die hochgiftige, nach Bittermandel riechende *Blausäure*, die bei der Bekämpfung von Pflanzenschädlingen und bei der Kunststoffherstellung verwendet wird. Das Kaliumsalz *(Zyankali)* ist ebenfalls sehr giftig.

Zylinder

Bei **Kolbenmaschinen** ist der Zylinder der Raum, in dem der Kolben auf- und niedergeht und seine Bewegung über eine *Kurbelwelle* in eine Kreisbewegung umsetzt. Entweder wird der Kolben durch **Dampf** bewegt (**Dampfmaschine**), der durch ein **Ventil** in den Zylinder einströmt, oder durch ein Gasgemisch, das in den Zylinderraum gedrückt wird (**Verbrennungsmotor**).

Erfindungen

Erfindungen und Entdeckungen in Natur und Technik seit 1500 (in Auswahl)

Jahr	Erfindung/Entdeckung	Erfinder/Entdecker
1510	Taschenuhr	Henlein
1553	Kleiner Blutkreislauf	Serveto
1569	Schraubendrehbank	Besson
1585	Dezimalrechnung	Stevin
1590	Mikroskop	Janssen
1609	Fall- und Pendelgesetze	Galilei
1610	Astronomisches Fernrohr	Kepler
1614	Logarithmentafel	Napier
1623	Rechenmaschine	Schickard
1628	Großer Blutkreislauf	Harvey
1641	Addiermaschine	Pascal
1643	Quecksilber-Barometer	Torricelli
1657	Penduhr	Huygens
1663	Luftpumpe	v. Guericke
1669	Spiegelteleskop	Newton
1674	Multipliziermaschine	Leibniz
1675	Lichtgeschwindigkeit	Römer
1687	Gravitationsgesetze	Newton
1693	Porzellan (in Europa)	v. Tschirnhaus
1711	Dreifarbendruck	Le Blond
1718	Quecksilber-Thermometer	Fahrenheit
1725	Stereotypie	Ged
1735	„Natürliches System"	Linné
1742	100°-Einteilung des Thermometers	Celsius
1742	Gussstahl	Huntsman
1752	Blitzableiter	Franklin
1754	Eisenwalzwerk	Cort
1765	Dampfmaschine	Watt
1766	Wasserstoff	Cavendish
1769	Flügel-Spinnmaschine	Arkwright
1771	Sauerstoff	Scheele
1772	Stickstoff	Rutherford
1774	Zylinderbohrwerk	Wilkinson
1782	Dampfmaschine mit Drehbewegung	Watt
1783	Heißluftballon	Montgolfier
1785	Drehwaage	Coulomb
1785	Mechanischer Webstuhl	Cartwright
1791	Künstliche Soda	Leblanc
1796	Hydraulische Presse	Bramah
1796	Steindruck	Senefelder
1799	Papiermaschine	Robert
1804	Dampfbagger	Evans
1805	Musterwebstuhl	Jacquard
1808	Polarisation des Lichts	Malus
1809	Elektrochemischer Telegraf	Soemmerring
1812	Schnellpresse	Koenig
1817	Lenkbares Laufrad	Drais
1820	Elektromagnetismus	Oersted
1821	Dezimalwaage	Quintenz
1824	Kunstleder	Hancock
1825	Benzol im Ölgas	Faraday
1825	Elektromagnet	Sturgeon
1826	Schiffsschraube	Ressel
1826	Ohmsches Gesetz	Ohm
1827	Aluminium	Wöhler
1827	Molekularbewegung	Brown
1828	Harnstoffsynthese	Wöhler
1829	Dampflokomotive	Stephenson
1830	Nähmaschine	Madersperger
1831	Elementaranalyse	Liebig
1832	Stromerzeuger	Pixii
1833	Elektrolyse	Faraday
1834	Elektromotor	v. Jacobi
1834	Mähmaschine	McCormick
1834	Drahtseil	Albert
1835	Revolver	Colt
1837	Telegraph	Morse
1839	Fotografie	Niepce, Daguerre
1839	Vulkanisation des Kautschuks	Goodyear
1839	Karusselldrehbank	Bodmer
1841	Samenfäden als Befruchtungsträger	Kölliker
1844	Papier aus Holzschliff	Keller
1844	Portland-Zement	Johnson
1847	Nitroglycerin	Sobrero
1848	Sicherheitszündholz	Boettger
1851	Stahlformguss	Mayer
1853	Fahrrad mit Tretkurbel	Fischer
1854	Elektrische Glühlampe	Goebel
1856	Teerfarbstoff	Perkin
1858	Kathodenstrahlen	Plücker
1859	Spektralanalyse	Kirchhoff, Bunsen
1859	Akkumulator	Planté
1860	Gasmotor	Lenoir
1861	Seilschwebebahn	v. Dücker
1861	Telefon	Reis
1863	Ammoniak-Soda-Verfahren	Solvay
1863	Buchdruck-Rotationsmaschine	Bullock
1864	Siemens-Martin-Stahl	Siemens, Martin
1864	Schlafwagen	Pullman
1864	Schreibmaschine	Mitterhofer
1865	Vererbungsregeln	Mendel
1866	Dynamomaschine	v. Siemens
1867	Dynamit	Nobel
1867	Eisenbeton	Monier
1869	Lichtdruck	Albert
1869	Periodensystem der Elemente	Mendelejew, Meyer
1871	Sandstrahlgebläse	Tilghman
1872	Speisewagen	Pullman
1872	Luftdruckbremse	Westinghouse
1876	Viertaktmotor	Otto
1877	Sprechmaschine und Mikrofon	Edison
1879	Elektrolok	v. Siemens
1879	Glühlampe mit Schraubsockel	Edison
1880	Lochkartenmaschine	Hollerith
1881	Elektrische Straßenbahn	v. Siemens
1882	Tuberkel-Bazillus	Koch
1883	Benzinmotor	Daimler, Maybach
1883	Maschinengewehr	Maxim
1884	Dampfturbine	Parsons
1884	Setzmaschine „Linotype"	Mergenthaler
1884	Film als fotografischer Schichtträger	Goodwin, Eastman

Erfindungen

Jahr	Erfindung	Erfinder
1885	Kraftwagen	Benz, Daimler
1885	Gasglühlicht	Auer
1886	Elektrischer Schmelzofen	Héroult
1887	Schallplatte und Plattenspieler	Berliner
1888	Spannbeton	Doehring
1888	Elektromagnetische Wellen	Hertz
1889	Dampfturbine	de Laval
1890	Luftreifen	Dunlop
1890	Gleitflug	Lilienthal
1893	Fotozelle	Elster, Geitel
1895	Röntgenstrahlen	Röntgen
1895	Elektronentheorie	Lorentz
1895	Antenne	Popow
1895	Verflüssigung der Luft	v. Linde
1895	Kinematograph	Lumière
1896	Uran-Strahlen	Becquerel
1897	Dieselmotor	Diesel
1897	Setzmaschine „Monotype"	Lanston
1897	Drahtlose Telegrafie	Marconi
1897	Braunsche Röhre	Braun
1898	Radium	Curie
1900	Quantentheorie	Planck
1900	Lenkbares Luftschiff	Zeppelin
1901	Motorflug	Whitehead
1901	Mutationslehre	de Vries
1901	Autogenes Schneiden	Menna
1902	Bosch-Magnetzündung	Honold
1903	Motorflug	Gebr. Wright
1903	Schiffskreisel	Schlick
1904	Bildtelegrafie	Korn
1904	Elektronenröhre	Flemming
1904	Offsetdruck	Rubel
1905	Spez. Relativitätstheorie	Einstein
1905	Cellophan	Brandenberger
1906	Metallspritzverfahren	Schoop
1906	Gasturbine	Holzwarth
1906	Elektron	Thomson
1907	Betongussverfahren	Edison
1907	Zeitlupe	Musger
1909	Synthetischer Kautschuk	Hofmann
1911	Hochfrequenzverstärker	v. Bronk
1912	Echolot	Behm
1913	Ammoniak-Synthese	Haber, Bosch
1913	Atom-Modell	Bohr
1913	„Geiger-Zähler"	Geiger
1913	Röhrensender	Meißner
1913	Kohlehydrierung	Bergius
1915	Allgem. Relativitätstheorie	Einstein
1915	Metallflugzeug	Junkers
1918	Leichtflugzeug	Klemm
1919	Kernreaktionen	Rutherford
1919	Massenspektrograf	Aston
1919	Tonfilm	Vogt, Engl, Massolle
1920	Protonen	Rutherford
1921	Insulin	Banting, Best
1924	Projektions-Planetarium	Bauersfeld
1924	Elektrodynamischer Lautsprecher	Riegger
1925	Quantenmechanik	Heisenberg
1926	Elektronenoptik	Busch
1926	Nordpolflug	Byrd
1927	Flug New York – Paris	Lindbergh
1928	Magnetophon	Pfleumer
1928	Penizillin	Fleming, Chaim
1928	Acrylglas	Bauer
1930	Zyklotron	Lawrence
1930	Strahltriebwerk	Schmidt
1932	Neutronen, Positronen	Chadwick, Joliot-Curie
1932	Fernsehen	Witzleben
1933	Elektronenmikroskop	Brüche, Johannsen, Knoll, Ruska
1934	Künstliche Radioaktivität	Joliot, J.-Curie
1935	UKW-Sender	Witzleben
1935	Sulfonamide	Domagk
1937	Hubschrauber	Focke
1937	Xerografie	Carlson
1938	Künstliche Kernspaltung	Hahn, Straßmann
1938	Perlonfaser	Schlack
1938	Nylonfaser	Carothers
1939	Flugzeug mit Strahltriebwerk	Heinkel
1940	Betatron	Kerst
1941	Programmierter Relaisrechner	Zuse
1941	Raketenflugzeug	Messerschmitt
1943	Kernreaktor	Fermi
1942	Elektronische Rechenmaschine	Mauchly, Eckert
1945	Atombombe	USA
1948	Transistor	Bardeen, Brattain, Shockley
1949	Holografie	Gábor
1950	Anti-Baby-Pille	Marker
1951	Farbfernsehen	USA
1951	Wasserstoffbombe	USA
1951	Kernkraftwerk	USA
1954	Nierentransplantation	Murray
1954	Fotosetzmaschine	USA
1955	Antiproton	Chamberlain, Segrè
1955	Maser	Townes
1957	Atomeisbrecher	UdSSR
1957	Erster Erdsatellit	UdSSR
1958	Drehkolbenmotor	Wankel
1960	Laser	Maiman
1961	Erster Weltraumflug	Gagarin
1962	Nachrichtensatellit Telstar	USA
1963	Farbfernsehsystem PAL	Bruch
1964	Hepatitis-Virus	Blumberg
1965	Erster Mensch im Weltraum	Leonow
1966	Erste Venus-Sonde	UdSSR
1969	Einpflanzung künstlicher Arterien	Barnard
1969	Erste Mondlandung	Armstrong (USA)
1969	Schwerkraftwellen	Weber
1971	Erste Raumstationen	UdSSR
1971	Erste Mars-Sonde	USA
1973	Erstes Himmelslabor (Skylab)	USA
1973	Erste Jupiter-Sonde	USA
1977	Neutronenbombe	USA
1978	Erste Kopplung an Raumstation (Sojus-Saljut)	UdSSR
1986	Hochtemperatur-Supraleitung	Müller, Bednorz
1989	3 Quark-Familien	CERN (Schweiz)
1994	Nachweis des Top-Quarks	Fermilab (USA)

Register Die folgenden Stichwörter sind auf den jeweils angegebenen Seiten *kursiv* gedruckt.

A

Aas 107
Abbildung, dreidimensionale 132
Abbildungstiefe 42
Abfallbeseitigung 77
Abfallbeseitigungsgesetz 191
Abgaskontrolle 289
Abort 248
Abrasion 6
ABS 20
Abwehrreaktion 94
Abwehrstoffe 30, 147
Acetylcholin 108
Acetylen 249
Ackerbau 168
Actin 193
Adamsapfel 147
Agranulozyten 44
Ähren 123
Aktion 219
alkalische Substanzen 186
alkoholische Gärung 109
Alkoholvergiftung 118
Allergene 13
Allesfresser 32, 55, 191
Allopathie 22
Alpaka 143
Alphastrahlung 218
Alt 266
Altersbestimmung, geologische 14
Altpapier 206
Altsteinzeit 178
Amboss 201
Ambra 305
Ameisenknolle 269
Amethyst 216
Aminogruppe 17
Ammoniak 165, 233
Ammonshorn 17
Ampère, André Marie 18
Amsel 255, 299
Amundsen, Roald 20
Anabolismus 19
Anaerobiont 8
Anakonda 229
analytische Chemie 50
Anämie 172, 250, 267
Aneinanderhaften 8
Aneroidbarometer 33
angewandte Mathematik 180
Angriffskrieg 11
Anlasser 163, 190

Anodenspannung 19
Anodenstrom 19, 75
Anophelesmücke 139, 178
anorganisch 263, 273
anorganische Chemie 20, 49
Anpassung 22
Antennenverstärker 20
Anti-Baby-Pille 76
Antibiose 207
Antigene 20
Antriebsenergie 313
Anus 11
Anwendungsprogramme 257
Anziehungskraft 78, 228, 249
Aorta 45
Apfelschimmel 241
Äquator 129
Arbeit, mechanische 77
Arbeitsspeicher 57
Archaeopteryx 298
Archimedes 31, 97, 114
Archipele 139
Argon 50
Arkebusen 117
Arsen 118, 282
Arterien 8
Arterienverkalkung 51
Asseln 164
Astronautik 221
astronomischer Tag 270
ätherische Öle 65
Äthylalkohol 13
atomare Waffen 5
Atombombe 149, 212, 273
Atomenergie 148
Atomkern 25, 139, 204, 216, 307
Atomkraftwerk 148
Atommoleküle 186
Atomphysik 26
Atomraketen 149
Atom-Unterseeboot 287
Atomwaffen 149
Auerochse 230
Aufhängung 91
Augenbrauen 26
Augenlider 26
Ausblendung 42
ausbrüten 68
äußeres Ohr 201
Auswahl 27
Autofokus 200
autogenes Schweißen 249
Autokarosserie 9
Automation 28

Automobil 161, 273
Automobilindustrie 28
Autopilot 28
Autoreifen 64
Avogadro, Amedeo 187
Azorenhoch 309

B

Bache 249
Backenzähne 315
Badeschwamm 248
Balkendiagramm 235
Balsabaum 133
Balz 139
Bänder 127
Bandscheiben 153, 312
Bandwürmer 8, 323
Baobab 11
Bar 174
Bärlappgewächse 90
Bartenwale 304
Basiseinheiten 179
Bauch 182
Bauxit 16
Beaufort, Francis 311
Becquerel, Henri 218
Belastungen (Psychologie) 269
Belastungsstoffe 123
Bell, Alexander Graham 275
Benz, Carl 163
Benzinmotor 294
Bergkristall 216
Bergrutsch 302
Bergwälder 302
Beriberikrankheit 228
Beschlag 272
Bessemer, Henry 263
Betastrahlung 171, 218
Beteigeuze 266
Bevölkerungsdichte 201
Bewässerungskanäle 273
Bewegung 180
Biegungsfeder 91, 133
Bienenstock 38, 133
Bier 133
Bilderschrift 130
Biluxlampe 207
Bimetallstreifen 254
Bindungsenergie, chemische 77
Binnenhäfen 125
Binnenmeere 181
biologische Waffen 5
biologischer Kompass 321

Biomorphologie 189
Biotop 201
Birke 169
Bitumen 22
Blättermagen 311
Blätterpilze 210
Blattfeder 91
Blattknospen 153
Blattläuse 16
Blausäure 323
Blauwal 304
bleifreier Kraftstoff 36
Bleiglanz 42
Bleisatz 106
Blinddarm 56
Blindflug 100
Blindflugeinrichtungen 100
Blitzlicht 176
Blumentiere 159
Blutdruck, niedriger 44
Blütenblätter 44
Blütenknospen 153
Blütenpflanzen 113
Blütenstaub 34, 36, 44, 213
Blutgefäße 44, 144, 153, 171, 192, 315
Blutgerinnung 44, 172, 298
Bluthochdruck 44
Blutkörperchen 44, 126, 148, 172, 229, 254, 282
Blutkrebs 173
Blutplasma 44
Blutsauger 98
Blutsenkung 44
Blutzuckerspiegel 58
Boas 229
Bockkräne 164
Borkenkäfer 304
Böttger, F. J. 213
Braid, James 136
Braille, Louis 42
Braun, Wernher von 219
Braunkohle 36, 154, 270, 275
Braunschimmel 241
Brechung 46, 226
Breitbandantibiotika 20
Breitengrad 21
Breitenkreise 79
Bremse 64, 228
bremsen 254
Bremsweg 163
Brennelemente 77
Brennspiritus 13
Brillenschlange 153
Brom 50
Bronchialasthma 13
Bronchien 175

326

Register

Bruchwald 188
Brüllaffen 10
Brunftzeit 226
Brust 116, 185
Brustbein 153
Brustfell 230
Brustlymphgang 176
Bruttoregistertonnen 239
Buchdruck 64, 273
Buche 169
Buchstabenrechnen 13
Bucht 167
Büffel 128
Bug 69
Bulle 230
Bundespost 16
Bunsen, Robert Wilhelm 48
Bussard 221

C

Camcorder 296
CD 54
Celluloid 94
Chemie
– analytische 50
– anorganische 20, 49
– organische 20, 49, 155
– physikalische 50
– synthetische 50
Chemikalien 123
chemische Bindungs-
  energie 77
chemische Reaktion 120, 319
chemische Waffen 5
Chipkarte 50
Chlor 50, 151, 231, 305
Chlorid 185
Chlorophyll 41, 208, 209
Cholesterinspiegel 51
Chrom 172, 182, 230, 263
Cinemascope 46
Cinerama 46
Conchiolin 191
Concorde 102
Containerschiffe 125, 239
Coriolis, Gaspard
  Gustave de 207
Corioliskräfte 207
Creuzfeldt-Jakob-
  Syndrom 48
Crew 102
Curie, Marie 218
Curie, Pierre 217, 218, 219

D

Daimler, Gottlieb 163
Damhirsche 131
Dampfkraftwerke 163
Darmschmarotzer 8
Darwin, Charles 6, 27
Darwinismus 6, 27
Daten 48, 208, 257
Datenausgabegerät 57
Datenautobahnen 56
Dateneingabegerät 57
Datenhelm 54
Datenschutzbeauftragter 57
Datensichtgerät 40
Datenträger 214
Daunen 91
Deck 102
Decoder 50
Deflation 7
denken 214
Denudation 6
Deponie 191, 289
Designerdrogen 63
Deuterium 148
Dezibel 208
Dias 94
diastolisch 44
Diät 58
Dickdarm 55, 295
Diesel, Rudolf 59
Dieselöl 36
Differentialgetriebe 270
diffuse Reflexion 226
Digitaluhr 60, 288
DIN-Norm 197
Diode 75
Diphtherie 137
DNS 58, 113
Dolomit 213
Dosenbarometer 33
Dotter 67
Drais, Karl von 87
Drehgelenke 113
Drehkondensator 231
Drehmoment 74, 116, 270
Drehstrommotor 74
dreidimensionale Abbil-
  dung 132
Dreifelderwirtschaft 168
Dreiphasenstrom 73
Dreiwegekatalysator 145
Drift 181
Dritte Welt 77, 220
Drogensüchtige 63
Drohnen 38
Drossel 255
Druck, hydraulischer 143
Druckausgleich 242
Druckformen 106
Druckplatte 297
Druckverfahren 64
Druckwelle 85
Dschungel 292
Duales System 225
Dugong 251
Dünndarm 55, 77, 108, 295
Duroplaste 166
Düsenflugzeuge 65, 219
Dynamit 197, 262

E

Ebbe 118, 307
Ebene, schiefe 66, 179
Eber 249
EBV 235
Echsen 11, 49, 67, 229
Eckzähne 315
Ecstasy 63
Edison, Thomas Alva 121
EDV 57
Effekt, piezoelektrischer 216
Eiche 169
Eiersanduhr 288
Eierstöcke 116, 134
Eigelenke 113
Eileiter 35, 116
einfach ungesättigte Fett-
  säuren 93
Einfallswinkel 226
einfrieren 278
eingeschlechtliche Fort-
  pflanzung 104
Eingeweide 192
Einhäusigkeit 323
Einphasenstrom 73
Einspritzdüsen 65
Einspritzpumpe 68
Einstein, Albert 228
Einzelgänger 234
Einzeller 184
Eiplasma 67
Eisbär 32
Eisenerz 69, 126, 131, 270
Eisenoxid 319
Eismeer 21
Eiswüste 315
Eizelle 34, 67, 76, 104, 116, 148, 165
EKG 73
Ektoparasiten 207
Ekzeme 13
elektrisches Feld 73, 88
Elektroden 19, 73, 75, 108, 130, 209, 282
Elektrolokomotive 69
Elektrolyt 33, 108
elektromagnetische Induk-
  tion 113
elektromagnetische Wechsel-
  felder 75
elektromagnetisches Spek-
  trum 261
Elektronen 113
Elektronenhülle 25, 74
Elektronenmikroskop 51, 185, 297
Elektronenpumpe 299
Elektronenstrahl 40, 90, 235
Elektronenstrom 75
Elementarmagnete 177
Elementarteilchen 209, 216
Elfenbein 72
e-mail 56
Emaille 230
Emitter 282
Empfangsantennen 20, 93
Empfängnis 248
Empfindung 243, 255
Emu 298
Emulgatoren 76
Endlagerung 77, 309
Endoparasiten 207
Energie
– innere 77
– kinetische 77
– magnetische 74
– potentielle 77
Energieträger 156
Entbindung 143
Ente 299
Entwicklerbad 95
Entzug 269
Entzugserscheinungen 63
Entzündungen 94
Epidermis 313
Epithelgewebe 117
Epizentrum 78
Erbanlagen 34, 51, 68
Erbkrankheiten 139
Erblehre 295
Erbsprünge 193
Erdaltertum 144
Erdbebenwarten 201
Erdkern 81
Erdkruste 176
Erdkunde 114
Erdmantel 81
Erdmittelalter 141, 164
Erdmittelpunkt 221
Erdneuzeit 216, 277
Erdölraffinerie 59

Register

Erdrinde 78, 176
Erdteile 158
Ernährung, heterotrophe 210
Erosion 6
Ersatzdrogen 269
Erstarrungsgesteine 176
Erstarrungspunkt 11
erste kosmische Geschwindigkeit 221
Erster Weltkrieg 5
Erythrozyten 44, 126
Eskimos 22
essentielle Fettsäuren 93
Euklid 114
Euter 185
Exosphäre 24

F

Fabriken 137, 164
Fabrikschiffe 88, 132
Fahrwerk 86
Fäkalien 151
Fallsucht 78
Fallwinde 104
Faltengebirge 14, 20, 110, 277
Familien 204
Faraday, Michael 73, 88, 113
faradaysche Gesetze 73
Farbenfehlsichtigkeit 89
Farbstoffe 13, 144
Färse 230
Fasan 299
Faserpflanze 127
Fata Morgana 174, 202
Fäulnis 30
FCKW 102
Federkleid 298
Fehlgeburt 62, 248
Feingehalt 144
Feld, elektrisches 73, 88
Feldlinie 72, 73
Feldspat 122, 213
Feldstärke 73
Felgenbremse 87
Fell (Decke) 226
Ferkel 249
Fermente 77, 260, 295
Fernglas 92
Fernmeldesatellit 276
Fernschreiber 276
Fernsehbildschirm 102
Fernsehgerät 38, 40, 169, 282
Fernsehkamera 92, 93, 193, 230

Fernwärme 132
Feststoffraketen 219
Fettsäuren 77, 93, 249
– einfach ungesättigte 93
– essentielle 93
– gesättigte 93
– mehrfach ungesättigte 93
– ungesättigte 93
Fibrillen 193
Fibrin 44
Fibrinogen 44
Fichte 194
Fieberthermometer 277
Figuren 180
Filmprojektor 317
Findlinge 70
Fink 255
Finnwal 304
Fischkutter 88
Fitislaubsänger 321
fixen 63
Flachdruck 64
Fläche 66
Flachmoore 188
Flammpunkt 35
Flattertiere 234
Fleisch 71
Fleischfresser 56
Fleming, Alexander 210
Flossen 95
Flossenfüßer 250
Flughunde 97
Flugtechnik 9
Fluor 50
Fluorid 185
Flussbett 102
Flüssigkeiten 136
Flüssigkeitsraketen 220
Flüssigkristallanzeige 171
Flüssigkristalle 171
Flut 118, 307
fluten 242
Flutwellen 78
Fohlen 208
Föhnkrankheit 104
Fokus 46
Ford, Henry 163
Forst 292, 302
Fortpflanzung
– eingeschlechtliche 104
– geschlechtliche 104
– ungeschlechtliche 104
FORTRAN 214
Foto 229
Foucault, Léon 208
Franklin, Benjamin 43
Freihafen 125
Frenatae 246
Frigen 165
Frischling 249
Froschlurche 175

Fruchtbarkeit 134, 174
Fruchtblase 75, 110
Fruchtblätter 44
Fruchtgehäuse 107
Fruchtknoten 34
Früherkennung 243
Frühgeburt 248
Frühling 140
Fuchsbau 107
Fuchsschimmel 241
fühlen 214
Fühler 138
Füllen 208
Funk 91
Funken 238
Funknavigation 196
Funkpeilung 196
Futtermais 178

G

Gagarin, Jurij 223
Galaxien 185
Galilei, Galileo 88
Gallenblase 108, 171, 223, 294
Gallenstein 263
Galvani, Luigi 33, 299
Galvanisierbad 108
Gammastrahlen 218, 261
Gang 163
Gangway 98
Gänsevögel 109
Garn 308
Garnelen 164
Gartengrasmücke 255
Gärung, alkoholische 109
Gasballons 31
Gaspedal 28
Gasschweißen 249
Gattung 22, 88, 204
Gaumenmandeln 110
Gaumensegel 110
Gauß, Carl Friedrich 24
Gebärmutter 35, 76, 110, 116, 143, 248
Gebirge, vulkanisches 110
Gebiss 315
Gefällekraft 66
Gefäßbarometer 33
Gefrierpunkt 228
Gehör 68
Gehörknöchelchen 16, 201
Gehörsinn 83, 201, 214, 220, 302
Geiervogel 158
Geiger, Johannes G. 112
Geißelträger 68
Gelbsucht 139, 297

Gelenkkapsel 113
Gelenkkopf 112
Gelenkpfanne 112
Gemsen 231
Gene 14, 51, 78, 85, 289, 295, 318
Generationen 113
Genetik 295
genetische Information 58
Genitalien 115
Genmanipulation 114
Gentechnologie 113
Geologie 80, 195
geologische Altersbestimmung 14
Geomorphologie 189
geothermische Kraftwerke 163
Gepard 145
Gerbstoffe 275
Geröll 6, 189
Gerste 122
Gesamteiweiß 185
gesättigte Fettsäuren 93
Geschlecht 106, 115
geschlechtliche Fortpflanzung 104
geschlechtliche Reife 214
Geschlechtlichkeit 254
Geschlechtsmerkmale
– primäre 115
– sekundäre 115
Geschlechtstiere 16
Geschlechtsverkehr 11, 35, 139, 158
Geschlechtszellen 34, 104
Geschmacksknospen 323
Geschwindigkeit 77, 160
– erste kosmische 221
– zweite kosmische 221
Geschwulst 94, 108
Geschwulstkrankheit 164
Gesetze 203
Gesichtssinn 313
Gesteine, magmatische 176
gesunder Organismus 40
Getreide 122, 155, 168
Gewächshaus 283
Gewebe 308
Gewebeflüssigkeit 176
Geweih 71, 226, 229
Gewicht 160, 174, 250
Gewölbe 47
Gezeitenkraftwerke 163
Gezeitenzone 307
Giftschlange 153
Glasfaserkabel 56, 141
Glasfibern 119
Glasur 213
Gleichgewicht, ökologisches 201

Register

Gleichrichter 40, 93
Gleichstrom 73, 172, 287
Gleichstrommotor 74
Gleichungen 13
Gleitreibung 228
Glenn, John 223
Gletscherspalte 121
Gletscherzunge 121
Glied 34, 115, 158
Gliedmaße 75, 313
Glimmer 122
globale Netzwerke 56
Glühkatode 39, 40
Glyzerin 77, 93
Golfstrom 181
Gorilla 10, 182
Grand Canyon 49
Granulozyten 44
Grasfrosch 106
Graugans 109
Grauguß 132
Graupel 197
Gravitation 82
Greifvögel 8, 87, 124, 221
Grippe 137
Grizzly 32
Grönlandwal 304
Größe, physikalische 172, 179
Großer Bär 266
Großfamilie 88
Großhirn 111
Großwetterlage 309
Großwindanlage 312
Grundrechenarten 5
Gruppe (Biologie) 22
Guanako 143
Gummi 71, 147, 321
Gutenberg, Johannes 273
Güterbahnhöfe 30

H

Haargefäße 144
Haarschaft 124
Haarwurzel 124
Hafer 122
Haftreibung 227
Hahn, Otto 149
Halbleiter 72
Halbmond 187
Halligen 139
Halogenzusatz 126
Hammer 201
Hämoglobin 44
Hämolyse 126
Handelsregister 226
Handy 276
Hängebrücken 48
Hängegleiter 62
Harn 27, 83, 266
Harnröhre 27, 115,
Harnstoff 27, 172, 249
Härtegrad 59, 69
Harze 13, 35, 65
Haschisch 63, 127
Hautatmung 107
Hautfarbe 182
Hautflügler 16
Hebelgesetz 97
Hecht 168, 221
Heck 257
Hefe 13
Hefepilze 109, 210, 241
Heilimpfung 137
Heilkunde 22
Heilpflanzen 46
Heißluftballons 31
Heizkosten 138
Heizwert 154
Helikopter 134
heliozentrisches Weltbild 24
Hemiparasiten 207
Hengst 208
Herbst 140
Herde 234
Hering 95
Heroin 63
Herrentiere 182
Hertz 208
Hertz, Heinrich Rudolf 235
Herzkammer 175
Herzkranzgefäße 129, 130
Herzmuskel 73, 129, 192
Herzschlag 129
Herzvorhof 175
Heterosexualität 133
heterotrophe Ernährung 210
Heulboje 255
Heuschnupfen 13, 213
Himmelskunde 23
Himmelsrichtung 156
Himmelswagen 266
Hinterlader 117
Hirnanhangdrüse 134
Hirnnerven 111
Hirnstamm 111
Hirnströme 73
Hitzeschild 224
Hochdruck 33, 64
Hochdruckgebiet 309
Hochdruckreiniger 64
Hochmoore 188
Hochtechnologie 130
Hochvakuumtechnik 292
Hochwasser 287
Hoden 115, 134, 233
Hohlorgane 242
Hohlspiegel 261
Holoparasiten 207
Holozän 216
Holzpflug 273
Home Page 56
Hominidae 182
Homöopathie 22
Homologie 85
Homo sapiens 182
Honigtau 17
Hooke, Robert 318
Hopfenspargel 133
Horizont 182
Hormonhaushalt 133
Horn 91
Hörnchen 194
Horntiere 230, 309
Horoskop 23
Hörschall 235
Hörsinn 313
Horst 266
Hovercraft 174
Hub 294
Huf 134
Hüfte 153
Hughes, David Edward 275
Huhn 128
Hülsenfrüchte 155
Hummer 164
Hundeartige 134
hundeartiges Raubtier 107
Hutschlange 153
hydraulischer Druck 143
Hygiene 160
Hypertonie 44
Hyphen 210, 241
Hypophyse 134
Hypotenuse 215
Hypothalamus 134
Hypotonie 44

I

Igel 234
Imago 183
Imker 38
Immunsystem 11
Impfstoff 78
Indium 282
Indris 126
Induktion 279
– elektromagnetische 113
Induktionsspannung 279
Induktionsstrom 113
Industrialisierung 273
industrielle Revolution 273
Industrieroboter 230
Infektionskrankheiten 11, 48, 78, 94, 137, 283, 286
Information, genetische 58
Infrarot-Radiometer 309
Infusionen 286
Injektion 22
Innenohr 201, 250
innere Energie 77
innere Tropen 283
Insulin 33, 58, 113
integrierte Schaltungen 75
integrierter Schaltkreis 50
Intelligenzquotient 139
Intelligenztest 139
Interkontinentalraketen 220
Internet 56, 214
Intrusion 176
Inzest 139
Ionenmoleküle 186
Ionisation 112, 267
Ionosphäre 24, 231
Iridium 66
Iris 26
ISDN 56, 186, 276
Islandtief 309
Isobaren 174
Isolatoren 72, 172

J

Jaguar 145
Jahresringe 133
Jansen, Johann 185
Jansen, Zacharias 185
JAVA 56, 214
Jod 185, 240
Jugatae 246

K

Kabriolett 161
Käfer 138
Kaffeebohnen 142
Kaianlagen 124
Kalanderanlage 207
Kalium 185
Kalk 119, 128, 143, 191, 213, 256, 263, 305
Kalorie 140
Kaltblutpferde 208
Kältewüste 314
Kammer 129
Kammerwasser 26
Kampfflugzeuge 102
Kampf ums Dasein 11
Kanal 242

Register

Kanalisationen 277
Kanalsystem 7
Känguru 37, 234
Kaninchen 128
Kaolin 213
Karat 67
Karbide 20
Karbonate 20
Kardanantrieb 190
Kardanwelle 60, 270
Karosserie 161
Karotin 297
Karzinogene 164
Kassettendeck 145
Kathete 215
Katode 12, 75, 209
Katodenstrahl 217
Kaulquappe 107, 168, 176, 183
Kauz 221
Kegelschnitt 75
Kehlkopf 107
Keiler 249
Keimbläschen 75
Keimdrüsen 308
Keimling 75
Kelchblätter 44
Kepler, Johannes 24, 92, 148
Keramik 213, 273
Kernphysik 26, 209, 216
Kernreaktor 148, 163, 212
Kerosin 219, 267
Kette 87, 190
Kettenschaltung 87
Kettfäden 308
Keuchhusten 137
Kickstarter 189
Kiefer 194, 315
Kieselsäure 16, 319
Kinetik 181
kinetische Energie 77
Klappen (Anatomie) 129
Klärschlamm 191
Klasse 204
Klassifizierung 204
Klebezunge 49
Kleinfamilie 88
Kleinhirn 111
Klimakterium 308
Klimazonen 151
Klitoris 116
Kloakentiere 233
Klopffestigkeit 201
Knallgas 307
Knallgasgebläse 307
Knautschzonen 161
Kniesehnenreflex 196
Knochenfische 95, 144, 150
Knochenhaut 153

Knochenmasse 226
Knorpelfische 95, 126, 144, 150
Knoten (Seefahrt) 239
Koalabär 234
Koaxialkupferkabel 141
Kobalt 177, 182
Kobel 67
Koboldmakis 126
Koch, Robert 283
Kochsalz 83, 231, 232, 249
Koffein 63, 142, 275
Kohle 152
Kohlekörnermikrofon 275
Kohlenstoff 17
Kohlenwasserstoff 145, 172
Kokain 63
Kokon 246
Koks 131, 154, 155, 275
Kolben 11, 45, 55, 134, 136, 155, 157, 267, 294, 295, 323
Kolben (Mais) 178
Kolbenkompressor 157
Kolbenpumpe 214
Kolbenstange 155
Koma 156
Kombi 161
Kommutatormotor 156
Kompass, biologischer 321
Kompassnadel 58
Kompatibilität 208
Komplexauge 86
Kompression 322
Kondensator 231
Kondensstreifen 158, 218
Koniferen 194
Königin 16, 38
Königswasser 122
konkave Spiegel 261
Konkavlinsen 173
Konservierungsmittel 13
Konstellation 23, 96
Kontakte (Elektrizität) 237
Kontinentalschelfe 181
Kontinentalsockel 181
Kontrastfarben 89
Konvexlinsen 173
konvexe Spiegel 261
Koordinaten 166
Kopernikus, Nikolaus 24
Kopfbahnhof 30
Köpfchenschimmel 241
Kopffüßer 278, 308
Korn 123
Körper 214
Körperkreislauf 129
Körpertemperatur 44
Korrasion 7
Korrosionsschutz 161
Kosmonaut 23, 221, 224

Kosmos 309
Kot 266
Krabben 164
Kraftarm 97, 129
Kräfte, mechanische 57
Kraftstoff, bleifreier 36
Kraftwerke, geothermische 163
kranker Organismus 40
Krankheitserreger 50
Krebse 12, 164, 278, 307
Krebs erregende Substanzen 104
Krebstiere 121, 164
Krebszellen 318
Kreide 143
Kreiselkompass 58
Kreiselpumpe 214
Kreuzbein 312
Kreuzotter 242
Kriechtiere 60, 67, 241
Kristallisation 165
Krone 33
Kropf 240
Kröten 18, 175
Krummdarm 56
Krümmung 166
Krypton 50
Kugelblitze 43
Kugelkopf 247
Kühlmittel 102
Kühlschränke 165
Kultur 319
Kunstdünger 65, 168, 208
Kunstharz 230
künstliche Intelligenz 54
Kunstseide 65
Kupfer 172, 182, 247, 250, 273
Kupfererz 270
Kurbelwelle 63, 155, 323
Kurzstreckenraketen 220
Kurzwellenstrahlung 205, 219

L

Labmagen 311
Labor 167
Laborant 167
Labormedizin 19
Labyrinth 201
Lachs 95, 168
Ladung (Elektrizität) 72, 73
Lähmungen 150
Lama 143
Lamantine 251
Lamarck, Jean Baptiste 6

Landefähre 224
Landsäugetiere 71
Landwirtschaft 129
Längenkreis 182
Langstreckenraketen 220
Langusten 164
Langwellen 231
Lärche 194
Lärm 137, 319
Laserdrucker 64, 169
Lastarm 97, 129
Latex 145
Laubfrosch 107
Laubwälder 302
Läufer 65
Laufkatze 164
Laufvögel 298
Lauge 231
Lautstärke 208
Lebenserwartung 14
Lebensmittelvergiftung 118
Lebensraum 40, 289
Leberzirrhose 172
Leerdarm 56
Leeuwenhoek, Antony van 68
Leguane 11
Leichenflecken 278
Leichengift 90
Leichenstarre 278
Leichtmetalle 143, 182
Leistenpilze 210
Leistungsdruck 269
Leiter 72
Leitstrahl 100
Lemuren 126
lenken 254
Leonardo da Vinci 31, 102, 273
Leopard 145
Lerche 255
lernen 214
lesbische Liebe 133
Leuchtdioden 217
Leuchtfarbe 172
Leuchtgas 58
Leuchtkäfer 269
Leuchtschirm 39
Leuchtstoffröhren 55, 66
Leuchtsymbiose 269
Leukozyten 44, 172
Libellen 139
Lichtbogenschweißung 249
Lichtempfindlichkeit 95
Lichtgeschwindigkeit 74, 173, 202, 216, 228, 231, 309
Lichtmaschine 163
Lichtpausverfahren 159
Lichtsignal 255
Lichtstreuung 173

Register

Lichtwellenleiter 119
Lider 26
Liebe, lesbische 133
Liegegebühren 125
Lifte 26
Liliengewächse 14
Lilienthal, Otto 102
Limousine 161
Linné, Carl von 22, 208
Linsenfernrohr 24
Lipizzaner 208
Lithographie 64
Litzen 141
Lochkarte 57
Lochstreifen 57
Lorenz, Konrad 109, 296
Loris 126
Lösungsmittel 13
Löwe 145
LSD 63
Luchs 145
Luftröhre 147, 266
Luftschiffe 31
Luftschleuse 242
Luftstraßen 102
Luftwiderstand 88, 102
Lungenarterie 175
Lungenbläschen 175
Lupe 46, 92
Lurche 106
Lymphgefäße 176
Lymphozyten 44, 172, 176
Lymphströmung 176

M

Mach-Zahl 237
Maden 139, 246
Magengeschwür 269
Magensaft 64, 294, 232
magmatische Gesteine 176
Magnesium 182
Magnetbänder 57, 261
Magnetfeld 73, 74, 169, 177, 216
magnetische Energie 74
Magnetpole 177
Magnettonverfahren 278, 279
Mais 155
Makrophysik 208
Malvengewächse 34
Mamba 242
Mangan 250
Manometer 217
Marconi, Guglielmo Marchese 231
Marder 55, 197, 220
Marihuana 63
Marmor 143, 183
Marschboden 307
Maschinensatz 11
Masern 112, 137
Masse
– schwere 179
– träge 179
Massengesellschaft 319
Massenmittelpunkt 250
Massenzahl 26
Mastdarm 11, 56
Maßstab 144
Mathematik
– angewandte 180
– reine 180
Matrize 237
Mauereidechse 68
Maulesel 83
Maultier 83
Maulwurf 234
Mäuse, Echte 220
Mayday 260
MAZ 93
mechanische Arbeit 77
mechanische Kräfte 57
Medikamente 22
Medizin 58
Meeresboden 307
Meeressäugetiere 58
Meersalz 231
mehrfach ungesättigte Fettsäuren 93
mehrstufige Raketen 219
Meiose 295
Meise 255
Membranpumpe 215
Mendel, Gregor Johann 295
Mengenelemente 185
Meniskus 113
Mennige 230
Menopause 24, 308
Menschenartige (Hominidae) 182
Mercalliskala 78
Merkur 211
Mesopause 24
Mesosphäre 24
Messing 172
Metalloxid 231
Metallsalz 73, 232
Metastasen 164
Meteorologie 309
Methan 104, 141, 172, 233
Methanol 104
Mikroelektronik 50
Mikrophysik 209
Mikrowellenherd 185
Milchbrustgang 176
Milchdrüsen 48, 185, 234
Milchsäuregärung 109
Milchzähne 316
Milchzucker 185
Millibar 174
Milz 178
Milzbrand 5
Mimosengewächse 12
Minerale 185
Mineralogie 185
Minuspol 212
Mischelemente 50
Mischwälder 302
Missweisung 156
Mistel 207
Mittagskreis 182
Mittellinie 7
Mittelohr 201
Mittelstreckenraketen 220
Mittelwellen 231
Modifikation 193
Modultechnik 54
Mofa 189
Mohngewächse 186
Mokick 189
Molekularkräfte 8
Mollusken 308
Molybdän 182
Mondfähre 225
Mondlandung 273
Mondphasen 187
Monokultur 7
Montgolfier 31
Moorkultur 188
Moped 189
Morphinismus 189
Morseapparat 276
Mörtel 216, 319
Motorlogger 88
Müller, E. W. 112
Müllkippen 191
Müllkompost 191
Müllverbrennung 191
Mumps 137
Mundhöhle 110
Mundhöhlenatmung 107
Mündung 102
Murmeltier 194, 234
Muskelfasern 193
Muskelgewebe 117
Muskeln, vegetative 192
Mutterkuchen 110, 134, 248
Muttermund 110, 116
Mykologie 211
Mykose 241
Myosin 193
Myzelien 210

N

Nabelschnur 76
Naben 87
Nabenübersetzung 87
Nachgeburt 110
Nachtigall 255
Nachtraubvögel 83
Nachtschattengewächs 144
Nacktsamige 34
Nadelwälder 302
Nadir 319
Nahrung 30, 294
Nährwert 185
Narbe 165
Narkose 19
Nasenhöhle 110, 194
Nasskopierer 159
Natrium 156, 185, 231
Natriumchlorid 231, 232
Natronlauge 231
Naturdünger 65
Naturvölker 83, 94, 140
Naturwissenschaften 195
Nebelhorn 255
Nebelkammer 218
Nebenniere 134
Negativ 95, 237, 297
Negativfilm 94, 229
Neon 50
Neptun 211
Nervenbahnen 319
Nervenfasern 196
Nervengewebe 117
Nervenknoten 108
Nervenstränge 308
Nervensystem
– peripheres 111, 196
– vegetatives 111, 129, 196, 243, 249, 64
Nesselsucht 13
Nest 67, 299
Nestflüchter 299
Nesthocker 32, 299
Netzhaut 169
Netzmagen 311
Neumond 187
Neutralisation 231
Neutronenbombe 197
Newton, Isaac 102, 161, 219
Nickel 172, 177, 182, 230, 263
niedriger Blutdruck 44
Nieren 27, 282
Nobel, Alfred 197, 262
Nockenwelle 294
Nördliche Krone 266
Nordpol 21, 78, 79, 177, 212
Nordsee 296

Register

Normalbenzin 35
Normdüsen 65
Normen 203
Notsignal 260
Nutzenergie 313
Nutzungsrecht 83

O

Ochse 230
Oersted, Hans Christian 74
Offsetdruck 64
Ohr, äußeres 201
Okapi 119
ökologisches Gleichgewicht 201
Okular 92, 129, 185
Okulation 282
Öle 136
– ätherische 65
Ölheizungen 59
Ölschiefer 275
Ölteppiche 202
Online-Dienste 56
Operation 143
Operatoren 225
Opium 186, 189
Opossum 234
Orang-Utan 10, 182
Ordnung 204
organisch 17, 20, 275
organische Chemie 20, 49, 155
organische Verbindungen 154
Organismus
– gesunder 40
– kranker 40
Organsystem 204
Organverpflanzung 282
Orientierungssinn 47
Osmium 66
Osmose 60
Oszillator 231
Ottomotor 59, 322
Oxidationsmittel 205
Ozelot 145
Ozonschicht 102, 205

P

Paarhufer 131, 134, 230, 249, 309
Paarung 48, 115
Packeis 21
Palladium 66, 145, 182
Pampa 263

Pankreas 33
Pansen 309
Pantoffeltierchen 68
Panzerechsen 165
Papillen 323
Papyrus 206, 273
Parabolspiegel 261
Paragliding 120
Parasailing 120
PASCAL 214
Passate 181
Passgang 119
Patent 83
Paternoster 26
Patrone 117
Paviane 10
PC 58, 208
Pech 275
Pedale 87
Peilung 195, 254
Peilungsgeräte 239
Pendeluhren 288
Penizillin 20, 210
Penicillium 241
Penis 115
Pergament 273
Periode 182, 208, 260
peripheres Nervensystem 111, 196
Perlon 197
Perpetuum mobile 181
Pest 5, 220
Petrologie 116
Pferdestärken (PS) 172
Pflanzenfresser 56
Pflanzenkrankheiten 13
Pfropfung 282
Pharmaka 62
Pharmakologie 22
Pharmazeuten 22
Phosphate 208
Photonen 216, 257
physikalische Chemie 50
physikalische Größe 172, 179
Piccard, Jacques 272
Piere 125
piezoelektrischer Effekt 216
Pinie 194
Platin 182
Platinmetalle 66
Plattenspieler 169, 186
Plazenta 75, 193, 248
Plazentatiere 233
Pleistozän 216
Plejaden 266
Pleuelstange 155
Pluspol 212
Pocken 137, 139, 297
Pockholz 133
Polarfront 213

Polarkreis 213
Polarmeer 20
Polarnacht 270
Polarstern 266
Polartag 270
Polarwolf 313
Poliomyelitis 150
Pollenanalyse 213, 216
Polonium 218
Polyamide 197
Polypen 132, 159
Ponton-Brücke 48
Pony 208
Poren 248
Portulane 144
Positiv 95
Post 40, 56, 275, 276
potentielle Energie 77
Pottwal 304
Prärie 263
Präservativ 158
Presse 136
primäre Geschlechtsmerkmale 115
Primaten 277
Prismenglas 92
Programme (EDV) 48, 54, 214, 257
Programmiersprache 33, 51
Prostata 115
Proteine 71, 77, 194
Protoplasma 71
Protuberanzen 260
Provider 56
Proxima Centauri 263
Psychiater 214
Psychoanalyse 214
Psychologie 214
Psychopharmaka 214, 269
Psychosomatik 214
Psychotherapie 214
Ptolemäus, Claudius 144
Punkte (Mathematik) 66
Puppe 139, 142, 183, 246
Pylonen 48
Pyramiden 273
Pyramidenpappel 169
Pytalin 260
Pythagoras 114, 215
Pythonschlangen 229

Q

Quantenmechanik 216
Quarantäne 139
Quarantänestation 78
Quarzkristall 216
Quellwolken 125

R

Rachen 266
Rachenmandeln 110
Rachitis 298
Rad 273
Radfelgen 87
Radio 186
radioaktive Stoffe 218
radioaktive Strahlung 126
radioaktive Verseuchung 87
Radionuklide 126
Radioteleskope 24
Radium 218
Radon 50
Raffinerien 125
Rahmen 86
Rakel 64
Raketen, mehrstufige 219
Randmeere 181
Rangierbahnhöfe 30
Rappschimmel 241
Rassen 193
Raubfische 221
Raubfliegen 221
Raubkäfer 221
Raubtier 277
– hundeartiges 107
Raubvögel 221
Rauchquarz 216
Raum 228
Raumfahrer 23
Rauminhalt 27
Raumkrümmung 309
Raumsinn 204
Raumtechnik 221
Raupe 139, 168, 246
Reaktion 219
– chemische 120, 150, 319
Reflexion, diffuse 226
Reflexionsgesetz 226
Reflexionswinkel 226
Refraktoren 92
Regel 182
Regenbogenhaut 13, 26
Regenwald 197, 283, 292, 302
Reibungskraft 161, 228
Reibungsverluste 313
Reife, geschlechtliche 214
Reinelemente 50
reine Mathematik 180
Reis 155
Reis, Johann Philipp 275
Reize 225, 255, 269, 289, 319
Reizschwelle 255
Reizsituation 139
Reizüberflutung 319
Resonanzboden 229

Register

Resonanzkörper 266
Resonanzräume 266
Retortenbaby 165
Revolution, industrielle 273
Rhinozeros 195
Rh-negativ 229
Rhodium 66, 145
Rh-positiv 229
Richterskala 78
Riede 188
Riesenmammutbaum 34
Rinderwahnsinn 48
Ringelwürmer 45
Rippen 153
Rippenknorpel 153
Rispe 123, 178, 228
Robben 20, 250, 277
Roggen 122
Rohöl 81
Röhrenpilze 210
Rohstoffe 45
Rollreibung 228
Röntgen, Wilhelm Conrad 230
Röntgenbestrahlung 230
Röntgendiagnostik 230
Röntgenschirm 102
Rosenquarz 216
Rostschutzmittel 230
Rotationsdruck 64
Rotationsenergie 285
Rotationskolbenmotor 305
Rötegewächse 142
Rote Liste 22
Röteln 42, 137
Rothirsch 131
Rotkehlchen 255
Rotor 134
Rotwolf 313
Rousseau, Jean Jacques 319
Rückenmark 111, 225, 313, 319
Rückenmarksnerven 112
Rückgrat 175, 313
Rückkopplungssysteme 167
Rückstoß 219
Rückstoßprinzip 267
Rücktrittbremse 87
Rundfunkwellen 261
Ruß 155
Rüssel 71
Ruthenium 66

S

Salmonellose 231
Salpetersäure 66
Salze 260
Salzsäure 217
Salzwasserfische 95
Samenerguss 34
Samenfaden 114
Samenleiter 115
Samenpflanzen 208
Samenzelle 34, 104, 148
Sammellinse 92, 173
Sandstrahlgebläse 64
Sattelgelenke 113
Saturn 211
Sau 249
Sauerstoffgerät 233
säugen 48
Säugetier 181
Saugnäpfe 278
Saugrüssel 243
Säure 90, 231, 235, 319
Saurier 141
Schachtelhalmbaum 144
Schachtelhalme 141
Schädel 313
Schädlingsbekämpfung 208
Schaf 128
Schakale 136
Schalentiere 308
Schalter 75
Schaltgetriebe 28
Schaltjahr 143
Schaltkreis, integrierter 50
Schaltungen, integrierte 75
Schambehaarung 124
Schamlippen 116
Scharlach 112
Scharniergelenke 113
Schaufelräder 238
Scheide 35, 76, 116, 158
Scheinfrucht 107
Scheinfüßchen 18
Scheitelpunkt 319
Schelfinseln 139
schiefe Ebene 66, 179
Schienen 120
Schießpulver 249
Schiffbau 273
Schiffchen 308
Schiffsschraube 18, 238
Schimpanse 10, 182
Schlacken 132
Schlagadern 8
schlagende Wetter 36
Schleimhaut 176
Schleuder 98
Schluckimpfung 137, 151
Schlund 261
Schmarotzer 207
Schmelz 315
Schmelzpunkt 11, 41
schmieden 16

Schmierinfektion 150
Schnabeltier 234
Schnecke 201
Schneidezähne 194, 315
Schollengebirge 110
Schraube 27
Schub 102, 219
Schubdüse 267
Schuppen 95, 241, 243
Schuppenkriechtiere 67, 229
Schussfäden 308
Schutzanpassung 185
Schützenpanzer 206
Schutzimpfung 137
Schwachstromanzeiger 108
Schwalbe 255
Schwan 109, 266
Schwanzlurche 175
Schwärmsporen 13
Schwefeldioxid 77
Schwefelsäure 12, 307
Schweif 156
Schweißdrüsen 160
Schweißen, autogenes 249
schwere Masse 179
Schwerkraft 160, 214, 221
Schwertwal 304
Schwimmblase 95
Schwingungen 138
Schwingungskreis 20
Schwingungsvorgänge 204
Schwungrad 155
Schwungscheibe 294
Scott, Robert Falcon 20
Sediment 308
Sedimentation 6
Seehäfen 125
Seele 214
Seemeile 239
Seepferdchen 48
Seevögel 307
Seezeichen 172, 195
Segelflieger 12
Segler 155
Sehnen 127, 272
Sehsinn 68, 302
Seide 87
Seidenäffchen 10
Seidenspinner 139
Seismogramm 254
Sekrete 64
sekundäre Geschlechtsmerkmale 115
Sekundärwald 302
Selektion 27
Sendeantennen 20
Sepia 278
Sepsis 137
Servolenkung 162
Setzerei 106

Seuche 78
Seveso-Gift 62
Sexualhormone 116
Sialzone 81
Sicherheitsventile 293
Siebdruck 64
Siebengestirn 266
Siedepunkt 11, 55, 118
SI-Einheiten 179
Siemens-Martin-Ofen 263
Signalanlagen 69
Signalflagge 255
Silber 66, 182, 230
Silizium 258, 282
Simazone 81
Sinnestäuschung 112, 126
Sitzventile 293
Skala 277
Smaragdeidechse 68
Smogalarm 257
Sobrero, Ascanio 197
Sohlengänger 32
Solarenergie 156
Solarkollektor 156
Solesalz 231
Sommer 140
Sommersonnenwende 309
Sommerweizen 308
Sonnenkorona 259
Sonnenkraftwerke 163
Sonnensystem 79, 211
Sonnentag 270
Sonnentau 97
Spacelab 224
Spaceshuttle 220, 224
Spannbeton 37
Spannung (Elektrizität) 73, 108, 113, 171, 172, 258, 279, 299
Speicherchip 50
Speichereinheiten 41, 226
Speicherstelle 48
Spektralfarben 89, 202, 226, 261
Spektrum, elektromagnetisches 261
Spengler, Oswald 319
Spiegel
– konkave 261
– konvexe 261
Spiegelfernrohr 24
Spiegelreflexkamera 105, 200
Spiegelteleskope 92
Spinndüsen 65
Spiralfeder 91
Spiralnebel 309
Sporen 90, 188
Sporenpflanzen 34, 208
Sporenträger 68
Sprache 266

Register

Sprechfunk 49
Sprechfunkgeräte 49
Sprechkopf 278
Springquelle 118
Sprossen 104
Sprosspflanzen 90
Sprungtemperatur 269
Spule 75, 113, 178, 231
Spurenelemente 186, 250
Spurengase 152
Stachelhäuter 250
Stachelschweine 194
Stadtgas 80, 172
Stahlbeton 48
Stalagmiten 132
Stalaktiten 132
Stamm 33, 68, 204
Standardisierung 197
Standlinien 100
Star 255
Stärke 58, 83, 123, 144, 155, 208
Starkstrom 163
Starkstromkabel 141
Statik 181
Staubblätter 44
Staubfäden 12
Staudamm 271, 273
Stausee 271
Stechpalme 169
Stecker 75
Steigbügel 201
Steigungswinkel 117
Steinfrüchte 107
Steinkohle 154, 270, 275
Steinsalz 231
Steinschlossgewehr 117
Steißbein 312
Stellenwert 58
Stellwerk 70
Stempel 44
Stephenson, G. 69
Steppe 118, 122
Sternbilder 96
Sternkunde 23
Sternschnuppe 156, 184, 211
Sterntag 270
Sternwarten 24, 200
Stichling 48, 96
Stickoxid 145
Stickstoff 323
Stier 230
Stilanalysen 19
Stimmbänder 107
Stimmlage 266
Stimmritze 266
Stoffe, radioaktive 218
Stoffwechselerkrankungen 40

Stoßzähne 71
Strahlen 6, 76
Strahlenbelastung 123
Strahlung 137
– radioaktive 126
Strahlungsenergie 180
Strahlungsstärke 218
Straßen 277
Straßmann, Fritz 149
Stratopause 24
Stratosphäre 24
Strauß 298
Stressfaktoren 269
Strichcode 235
Ströme (Geologie) 102
Stromkreise 18, 73, 172, 228, 254, 282
Strömungsenergie 285
Stummheit 112
Sturzflug 207
Stute 208
Stützgewebe 117
Substanzen
– alkalische 186
– Krebs erregende 104
Substrate 266
Subtropen 314
Sucher 105
Suchtmittel 269
Südpol 20, 78, 79, 177, 212
Sukkulenz 143
Superbenzin 36
Süßwasserfische 95
Sympathikus 176
Symptome 58
Synchronisation 270, 279
synthetische Chemie 50
Systematik 204
Systemprogramme 257
systolisch 44

T

Tafeleisberge 69
Tag, astronomischer 270
Tagebau 36
Tagundnachtgleiche 194
Taifun 204, 269
Takt 294
Tandem 87
Tank 271
Tankschiffe 239
Tanne 194
Tantal 182
Tatzen 145
Taubheit 112
Taubstummheit 112
Technik 138
Teich 40

Teilchenbeschleuniger 216
Tein 275
Teleobjektiv 200
Teleskopstoßdämpfer 267
Telex 56, 276
Tenor 266
Terminal 40
Termiten 123, 139, 247
Textanalysen 19
Textilien 34
Textverarbeitung 208
Thales 114
Therapie 40, 58
Thermik 251
Thermodynamik 77
Thermoplaste 166
Thermosphäre 24
Theropoden 62
Thrombin 44
Thrombozyten 44
Tiefdruck 33, 64
Tiefdruckgebiet, zentralasiatisches 309
Tiefengestein 122
Tiefenschärfe 42
Tiegelofen 243
Tierwelt 90
Tiger 145
Timberwolf 313
Titanic 69
Tollwut 137
Tonbandkassetten 145
Tonerde 319
Tonstärke 65
Torf 109, 188, 275
Torpedo 287
Torricelli, Evangelista 32, 174
Tracheen 24, 121
Tracheensystem 139
träge Masse 179
Tragezeit 279
Trägheit 319
Trägheitsprinzip 97
Tränendrüsen 27
Transpiration 307
Traubenzucker 109
Trauerweide 169
Trawler 88
Treibmittel 102
Triebfeder 91
Trinkwasser 143, 305, 307
Trinkwasserversorgung 123
Triode 75
Tritium 171
Trockenkopierer 159
Trockenwüste 314
Trommelfell 106, 181, 201, 237, 278
Tropen
– innere 283

– wechselfeuchte 283
Tröpfcheninfektion 150
Tropopause 24
Troposphäre 24
Trughirsche 228
Tschernobyl 110
Tschirnhaus, E. W. von 213
Tsetsefliege 139
Tuberkulose 112
Tümmler 304
Tumor 164
Typenhebel 247
Typenrad 247
Typhus 5
Typhus-Cholera-Epidemie 78
Tyrannosaurus rex 62

U

Überbein 108
Überdosis 63
Überdruck 26
Überlandleitungen 163
Übersetzung 87, 116
Ufer 102
UKW 16
Ulme 169
Ultrakurzwellen 228, 231
Ultraschallwellen 97
Umlaufblende 144
Umweltbewusstsein 273
ungesättigte Fettsäuren 93
ungeschlechtliche Fortpflanzung 104
Universum 309
Unkrautbekämpfung 129
Unpaarhufer 134, 234
Unterdruck 257
Untergrundbahn 287
Unterhaltungselektronik 54
Untertagebau 36
Uranus 211
Urform 6
Urin 27

V

Vegetationsperiode 293
vegetative Muskeln 192
vegetatives Nervensystem 64, 111, 129, 196, 243, 249
Venen 8
Venturidüsen 65
Verbindungen, organische 154

Register

Verbrennung 94
Verbrennungsvorgänge 5
verchromen 108
verdampfen 158
Verdauungssäfte 294
Verdauungstrakt 176
Verdichtungspunkt 11
Verdunstungskälte 295
vergolden 108
verholzen 6
Verhütungsmittel 76
Verkohlung 110
Vermessungstechnik 169
Verschluss 105
Verseuchung, radioaktive 87
versilbern 108
Verzögerung 36
Viehzucht 168
Vierradantrieb 163
Viertaktmotor 323
Viertakt-Ottomotor 294
Vierte Welt 77
Vietnamkrieg 5
virtuelle Realität 54
Visier 117
Vitamin A 297
Vitamin B 297
Vitamin C 297
Vitamin D 298
Vitamin K 298
Völkerrecht 11
Vollblüter 208
Vollmond 187
Volta, Alessandro Graf von 33, 299
Vorderlader 117
Vorhof 129
Vorland 57
Vorsteherdrüse 115
vulkanisches Gebirge 110
vulkanisieren 145, 249
Vulkanismus 277

W

WAA 309
Waben 133
Waffen
– atomare 5
– biologische 5
– chemische 5
Wahnsinn 112
wahrnehmen 214
Waldeidechse 68
Waldkauz 83
Wallach 208
Wankel, Felix 305
Warmblutrassen 208
Wärmeabstrahlung 137
Wärmeausstrahlung 5
Wärmedämmung 22
Wärmeenergie 140, 305
Wärmeisolierung 138
Wärmekraftmaschine 293
Wärmekraftwerke 163
Wärmemenge 305
Wärmestrahlung 138
Waschbär 32
Wasserflöhe 164
Wasserfrosch 107
Wasserkraftwerke 163
Wasserlinie 277
Wasserpflanzen 13
Wasserstoffbombe 150
Wasserwirbel 269
Watt 172
Watt, James 55
Wechselfelder, elektromagnetische 75
wechselfeuchte Tropen 283
Wechselstrom 73
Wechselstrommotor 74
wechselwarm 67, 175
Wehen 110
Weichen 70
Weichtiere 67
Weisheitszähne 315
Weitwinkelobjektiv 200
Weizen 122
Wellenlänge 74, 128, 138, 166, 202, 308
Wellensittich 206
Weltbild, heliozentrisches 24
Weltraum 221, 225, 309
Werften 164
Werkzeuge 182
Wetterwarten 201
Widerstand 72, 75, 179, 201
Widerstandskraft 169
Wiederkäuer 143
Wimpern 26
Wimpertierchen 68
Windenergiepark 312
Windkraftwerke 163, 311
Windmühle 311
Windpumpe 311
Windstärke 311
Windturbine 311
Windung 166
Winter 140
Winterruher 32
Winterschläfer 32
Wintersonnenwende 309
Winterstarre 67
Winterweizen 308
Wirbel 153, 312
Wirbelsturm 311
Wisent 41
Wolfram 121, 182
World-Watch Institute 22
World Wide Web 56
Wright, Orville 102
Wright, Wilbur 102
Wühlmaus 40
Wundstarrkrampf 137
Würmer 17, 134, 241, 266, 299, 307
Wurmfortsatz 56
Wurzelfüßer 68
Wurzelgemüse 155
Wurzelhaare 314

X

Xenon 50
Xerografie 159

Z

Zahlen 180
Zahnbogen 316
Zahnfleisch 315
Zahnhals 315
Zahnkrone 315
Zahnstange 316
Zahnwale 304
Zahnwurzel 315
Zauneidechse 67
Zaunkönig 255
Zebra 208
Zehen 107
Zehennägel 95
Zeichentrickfilm 283
Zeisig 255
Zeitraffer 317
Zeitrafferaufnahme 144, 283
Zelldifferenzierung 318
Zellkern 68, 318
Zellmembran 318
Zellteilung 14, 18, 107, 114, 164, 295, 302, 318
Zellwand 181, 319
zentralasiatisches Tiefdruckgebiet 309
Zentrifugalkraft 319
Zentripetalkraft 97, 319
Zerstreuungslinsen 173
Zeugung 104
Ziege 128
Ziegel 131
Zink 172, 182, 243, 247, 250, 307
Zinn 230, 243, 273
Zinnober 217
Zitze 37, 185
Zivilisationskrankheiten 319
Zodiakallicht 211
Zoologie 40
Zoom-Varioobjektiv 200
Zucht 128
Zucker 58, 83, 122, 155, 208
Zuckerkrankheit 58
Zuckerrohr 122
Zündkerze 322
Zündnadelgewehr 117
Zündspule 322
Zündung 117
Zweiphasenstrom 73
zweite kosmische Geschwindigkeit 221
Zwerchfell 243, 261
Zwischenhirn 111
Zwitter 104
Zwölffingerdarm 33, 56, 108, 176
Zyankali 323
Zygote 165, 295
Zyklon 136, 269
Zyklotrone 148
Zyklus 182

Bildquellenverzeichnis

Umschlag:
Tony Stone Images, München: o. re. (Ed Honowitz), u. Mi. (Gregg Adams), u. re. (Donald Johnston), Freisteller (Earth Imaging); The Image Bank, Düsseldorf: o. li. (Antonio Rosario), u. li. (Hans Deumling).

Innenteil:
Aggertalklinik, Engelskirchen; Burkhard Aickele, Hildesheim; Toni Angermayer, Holzkirchen; Bavaria-Verlag, Gauting; Helmut Bechtel, Düsseldorf; Horst Berger, Bad Vilbel; Kurt Bethke, Kelkheim/Ts.; BHB-Photo, Friedberg; BMW, München; Prof. G. Born, Krefeld; Georg Braun, Hörle; F. Bretzendorfer, Ludwigsburg; Günter Brinkmann, Hamburg; Brune Motoren, Heddesheim; Bundesanstalt für Flugsicherung, Frankfurt/Main; Bundeszentrale für gesundheitliche Aufklärung, Köln; Hermann Buresch, Braunschweig; CASIO Computer; Continental Gummi-Werke, Hannover; Deutsche Bundesbahn, Mainz und Nürnberg; Deutsche Lufthansa, Köln; Deutsches Museum, München; Deutsche Presse-Agentur, Frankfurt/Main; Deutsche Verlagsanstalt, Stuttgart; Deutscher Wetterdienst, Offenbach; DIA, Isernhagen; Dr. Horst Eichler, Heidelberg; Alfred Eisele, Kiel; ERNO Raumfahrttechnik, Bremen; ESSO, Hamburg; Falken-Verlag, Niedernhausen/Ts.; Hoechst AG, Frankfurt; Fischwirtschaftliches Marketing-Institut, Bremerhaven; Flughafen Frankfurt, Frankfurt/Main; Förlagshuset Norden, Malmö; Horst Furrington, Heilbronn; W. Gitzinger, Neuweier; Hermann-M. Hahn, Köln; Prof. Dr. Alfred Herold, Gerbrunn; Toni Hiebeler, München; Verlag Ferdinand Hirt, Kiel; Hermann Jäger, Hamburg; Friedrich Jantzen, Arolsen; Dr. Werner Jopp, Wiesbaden; Wilhelm Kaßbaum; Keystone, München; Franz Kind, Hamburg; Arnold Kludas, Bremerhaven; Krauss-Maffei, München; Otto Kunkel, Otzberg; laenderpress, Düsseldorf; Landesdenkmalsamt Westfalen-Lippe, Münster; Franz-Karl Frhr. von Linden, Waldsee; Bildarchiv Lindenburger, Kastl; Wally Löw, Wallau; Barbara Lücht, Köln; Macdonald & Co., London; Mannesmann, Düsseldorf; MBB, München; J. Musehold, Braunschweig; Wolfgang Nagl, Stephanskirchen; Adam Opel AG, Rüsselsheim; Anita Papst, Hochfelden; H. Pfletschinger, Ebersbach/Fils; D. Quist; Dr. Lothar Reinbacher, Kempten; Tierfoto Reinhard, Eiterbach; Dr. Günter Rüdiger; Axel Ruske, Taunusstein-Wehen; RWE, Essen; Sandy Elektronics, München; Dr. F. Sauer, Karlsfeld; Horst Schmiedekampf, Berlin; Heinz Schrempp, Oberrimsingen; Dieter Schumann, Niederhausen/Ts.; Prof. Dr. H. M. Seitz, Tübingen; Stiftung Preußischer Kulturbesitz, Berlin; Teldec, Hamburg; Texas Instruments, Freising bei München; Sally Ann Thompson, London; TOM Foto, Bergisch Gladbach; Treugesell Verlag, Düsseldorf; Susanne Ueber; US International Communication Agency, Bonn; Verband Deutscher Papierfabriken, Bonn; Verband Deutscher Reeder, Hamburg; Herwarth Voigtmann; vwi-Verlag, Herrsching; Prof. Dr. H.-G. Wagner, Würzburg; Georg Westermann Verlag, Braunschweig; Helmut Winkelmann, Bochum; Joachim Zech, Landau; Erich Zecha, München.

S. 254: Luftbildaufnahme Aero-Lux, Frankfurt/M. Freigeg. Reg.-Präs. Darmstadt Nr. 1112/67

ADAC, München: 175 o.; Toni Angermayer, Holzkirchen: 2 u.l., 185 (H. Pfletschinger); Archiv für Kunst und Geschichte, Berlin: 308 o.; Atlas Elektronik GmbH, Bremen: 276 o.l.; BMW, München: 145 u., 161 u., 189 u.; Bundeszentrale für politische Bildung, Bonn: 168; Canon Deutschland GmbH, Neuss: 159 o.; Canon Euro-Photo GmbH, Willich: 105 o.; Danfoss, Offenbach: 277 o.l.; DeTeWe, Berlin: 56; Deutsche Airbus, Hamburg: 9 o., 51 o.r.; Deutsche Bundesbahn, Mainz: 174 o.; Dornier GmbH, Friedrichshafen: 233 o.; dpa, Frankfurt/Main: 2 M.l., 216 u.l., 242 u.r. (Sammer) 257 u.r. (Michel), 2 u.M., 120 u. (Sperling), 14 (Greenpeace), 22, 110, 211 (TASS), 31 o.r. (Maechler), 36 o.r. (Tschauner), 78 (THW Helferservice), 130 o. (Joerg Schmitt), 242 u. (Scheidemann), 269 (Agence France), 285 u. (London Express), 288 o. (Lehtikuva Oy), 289 u. (AFP) 292 u. (Patzelt), 307 u. (Karl Petersen), 316 u. (Michel), 317 u.r. (Camera Press); Glaser-Dirks Flugzeugbau, Bruchsal: 251 o.r.; Hessischer Rundfunk, Frankfurt/Main: 231 (Heinz J. Schlüter); Howaldtswerke-Deutsche Werft AG, Kiel: 62; IBM Deutschland GmbH, Stuttgart: 54 o.; Hans G. Isenberg, Fellbach: 101 (Bild 10), 279 u.; JWE Jade-Windenergie GmbH, Wilhelmshaven: 311; Kettler, Ense-Parsit: 86 u.; Komplett-Büro, München/Eschenbach Porzellan: 213 u.; Krauss Maffai, München: 2/3 M., 178 o.; Laubag Archiv, Cottbus: 292 o.l.; MBB, München: 194 o., 224 u.; Adam Opel AG, Rüsselsheim: 2/3 o., 28, 230 o., 312 o. und M.; Reinhard-Tierfoto, Heiligkreuzsteinach-Eiterbach: 135; Siemens AG, München: 149 u.; Silvestris-Fotoservice, Kastl/Oberbayern; 2 o.l. und M., 40 o.r. (Wilfried Egly), 46 o.l., 131 o., 210 o.l. (W. Wiesniewski), 232 o. (The Telegraph Colour Library), 71 u., 96 u. (Ladislav Janicek), 139, 299 o. (Frank Lane); Sony, Köln: 296 o. und M.; Tourismuszentrale Hamburg: 125 u.; USIS, Bonn: 2/3 u., 221 u.; ZDF, Mainz: 89 u.r., 90 o., 186 o.